Wolfgang Müll

Das Gegenwort-Wörterbuch

Das Gegenwort-Wörterbuch

Ein Kontrastwörterbuch mit Gebrauchshinweisen

von

Wolfgang Müller

Walter de Gruyter · Berlin · New York
2000

Unveränderter Nachdruck der Ausgabe von 1998.

Die Deutsche Bibliothek — *CIP-Einheitsaufnahme*

Müller, Wolfgang:
Das Gegenwort-Wörterbuch : ein Kontrastwörterbuch mit Gebrauchshinweisen / von Wolfgang Müller. — Unveränd. Nachdr.
der Ausg. von 1998. — Berlin ; New York : de Gruyter, 2000
ISBN 3-11-016885-5

Printed in Germany
Einbandgestaltung: Christopher Schneider, Berlin
Satz: Arthur Collignon GmbH, Berlin
Druck und buchbinderische Verarbeitung: Hubert & Co. GmbH & Co. KG, Göttingen

Allein ist der Mensch ein unvollkommenes Ding;
er muß einen zweiten finden, um glücklich zu sein.

Blaise Pascal

Für Dithchen

Inhaltsverzeichnis

WÖRTERBUCHTEIL

1 Vorwort

Unser Denken und somit auch unsere Sprache sind in starkem Maße antonymisch – gegensätzlich – strukturiert.

Die Welt ist bipolar aufgebaut: Es gibt keine Nacht ohne Tag, es gibt nur das Oben im Gegensatz zum Unten, es gibt kein Schwarz ohne Weiß, kein Links ohne Rechts, keine Ebbe ohne Flut und kein Einatmen ohne Ausatmen. Im alten China wurden diese beiden Pole mit Yin und Yang bezeichnet, so wie man den einen Pol des Magneten Minus und den anderen Plus nennt (SIEMS, COMING OUT 89).

Das vorliegende binär konzipierte Antonymenwörterbuch enthält diese die Welt und die Sprache strukturierenden Bipolaritäten. Das sind antonymische Wortpaare und Wendungen – standardsprachliche, salopp-umgangssprachliche und fachsprachliche –, antonymische Wortbildungsmittel und antonymische grammatische Ausdrucksmittel. Einbezogen ist auch das Sexualvokabular, das in den Wörterbüchern oft gar nicht oder nur defizitär berücksichtigt wird.

Dieses Wörterbuch enthält zahlreiche Gegenwortpaare, die in der Sprachpraxis üblich sind, die sich aber trotzdem in den Wörterbüchern nicht als solche registriert finden, zum Beispiel: **Angstgegner/Wunschgegner, Außenseiter/Favorit, Außenstände/Schulden, Familienname/Vorname, Fan/Idol, Froschperspektive/Vogelperspektive, Gastgeber/Gast, Geiselnehmer/Geisel, Knicks/Diener, Nachfolger/Vorgänger, Offizialdelikt/Antragsdelikt, Quelle/Mündung, Täter/Opfer, Versuchsleiter/Versuchsperson, stecken in/nehmen aus** (in den Mund, in die Tasche stecken/aus dem Mund, aus der Tasche nehmen).

Wichtige Gegensatzkategorien sind oben/unten (zum Beispiel: Himmel/Erde, Unterführung/Brücke, Boden/Keller), hinten/vorn (zum Beispiel: Bug/Heck, Besanmast/Fockmast, Rücken/Bauch), viel/wenig (zum Beispiel: reich/arm), rechts/links (zum Beispiel: Epistelseite/Evangelienseite, schwarz/rot), groß/klein (zum Beispiel: Erwachsener/Kind), gut/schlecht (zum Beispiel: Engel/Teufel), hell/dunkel (zum Beispiel: Sonnenseite/Schattenseite), mit/ohne (zum Beispiel: bärtig/bartlos), männlich/weiblich (zum Beispiel: Junge/Mädchen, Herrensattel/Damensattel) u. a.

Dieses Wörterbuch gibt Antwort auf viele und unterschiedliche Fragen zur Antonymie. Um die Breite des Angebots zu skizzieren, seien einige Beispiele genannt.

Es findet sich zu **schwer** *leicht*, zu **gesund** *krank* (er ist gesund/krank), zu **gesund**/*ungesund* (gesunde/ungesunde Ernährung), zu **Maniküre** *Pediküre*, zu **Pazifist** *Bellizist*, zu **Münztelefon** *Kartentelefon*, zu **Stummfilm** *Tonfilm*, zu **Zauberer** *Zauberin*, zu **Stier** *Kuh* (männlich/weiblich), zu **Stier** *Ochse* (zeugungsfähig/

nicht zeugungsfähig), zu **Hinübersetzung** *Herübersetzung*, zu **Krankenschwester**
[Kranken]pfleger, zu **Rogen** *Milch*, zu **David** *Goliath*, zu **Leerkilometer** *Nutzkilo-
meter,* zu **konvex** *konkav,* zu **Stalaktit** *Stalagmit,* zu **Auswärtsspiel** *Heimspiel,* zu
ein Modemuffel sein *modebewußt sein,* zu **Potenzprotz** *Sexmuffel,* zu **Naßrasierer**
Trockenrasierer, zu **Handbremse** *Rücktritt,* zu **Großraumwagen** *Abteilwagen,* zu
reiner Reim *unreiner Reim,* zu **Gynäkologe** *Androloge,* zu **Systole** *Diastole,* zu
HDL-Cholesterin *LDL-Cholesterin,* zu **Pseudonym** *Autonym,* zu **Nymphomanie**
Satyriasis, zu **Peter-Pan-Syndrom** *Cinderella-Syndrom,* zu **Testosteron** *Östrogen,*
zu **Fellatio** *Cunnilingus,* zu **Penis** *Vagina,* zu **Butch** *Femme,* zu **Simultandolmet-
scher** *Konsekutivdolmetscher,* zu **Matrixsatz** *Konstituentensatz,* zu **Cyber money**
Bargeld, zu **Internet** *Intranet.*

Den Antonymenpaaren sind Gebrauchsbeispiele und/oder Bedeutungserläute-
rungen und/oder Fachbereichsangaben beigegeben, die die semantische Identifi-
kation des betreffenden Gegenwortes herstellen.

Dies ist das erste deutsche binär gestaltete Antonymenwörterbuch. Es ist kein
Gegenwortfeld-Wörterbuch, sondern ein Gegenwort-Wörterbuch. Es enthält antonymische Wortpaare (**dick**/dünn) im Unterschied zu den kumulativen Gegen-
wortfeld-Wörterbüchern, die Wörter zur Auswahl anbieten (zum Beispiel zu **dick**/
schlank, dünn, dürr, mager, hager), diese aber kollokativ (in bezug auf charakte-
ristische Wortverbindungen) nicht oder nicht eindeutig zuordnen, und die einen
sprachkompetenten Benutzer voraussetzen, der selbst die Auswahl aus dem Angebot treffen muß. Das sind Antonymenwörterbücher mit Synonymgruppen, denen
jeweils ein Gegenwort vorangestellt ist.

Dieses Wörterbuch ist der Pragmatik verpflichtet; es will in erster Linie eine
Hilfe für die Sprachpraxis, aber darüber hinaus auch eine Dokumentation der
vielfältigen gegensätzlichen Sprachstrukturen sein.

Es gibt unterschiedliche antonymische Aspekte, unterschiedliche Antonymien,
so daß ein und dasselbe Wort in zwei oder mehreren Antonymenpaaren auftreten
kann:

Herr/Dame (meine Damen und Herren), **Herr/Frau** (Herr und Frau Batzke);
Hahn/Henne (männlich/weiblich), **Hahn/Kapaun** (nicht kastriert/kastriert); **auf-
machen/zumachen** (das Fenster aufmachen/zumachen), **aufmachen/zulassen** (das
Fenster aufmachen/zulassen), **rausgehen/reingehen** (ich gehe raus und wieder
rein), **rausgehen/reinkommen** (ich gehe raus, und er kommt rein), **reinkommen/
rauskommen** (er soll zu mir reinkommen, und sie soll zu ihm rauskommen),
schon/noch (er ist schon alt/er ist noch jung), **schon/noch nicht** (er ist schon alt/
er ist noch nicht alt).

Gegensätze − Antonymien − werden gern stilistisch, wortspielerisch und in
ganz unterschiedlicher Weise genutzt. Welch bedeutende Rolle sie spielen, können
einige Belege aus unserem sprachlichen Alltag vor Augen führen:

- Immer *mehr Alte*, immer *weniger Junge*;
- *Warme* Atmosphäre im *kalten* Helsinki;
- Wie war ich so *reich* damals, als ich *arm* war!;

- Ihr da *oben*, wir hier *unten* — *große* Sorgen *kleiner* Leute;
- In der *Engels*gasse ist der *Teufel* los;
- *Schwarze* Schafe in *weißen* Kitteln;
- Wie *arme Schlucker* schnell zu *Millionären* werden können;
- Die eine der Frauen *ist eine Kraftnatur*, die andere *anlehnungsbedürftig*;
- *Schlanke* Verwaltung oder *aufgeblähter* Apparat;
- *Graue Haare* — *junge* Pläne;
- Von *Chemie* hielt er *wenig, viel* aber von alten *Hausmitteln*;
- *Erd-* und *freiverlegte* Rohre;
- Was ich im *Kopf* gelöst habe, das ist das eine, was mein *Bauch* sagt, das andere;
- Autofahrer *ohne* Führerschein, aber *mit* Promille;
- Wieviel Lebens- und Höllenvision sich in Tschaikowskys Tondichtungen *verbirgt* oder *entbirgt*, ist nicht abschließend ausgemacht;
- Fred, der *wenig* Haare, aber *viel* Schuppen hat;
- Meine Mutter wehrte sich mit *mageren* Beinen und *fetten* Händen;
- Meine *Nächte* sind schöner als deine *Tage*;
- Wer *heute* liest, ist nicht von *gestern*;
- Ein *harter* Tag braucht einen *weichen* Pullover;
- Der Junge, der im Heim *groß* und im Knast nicht *klein* wurde;
- Die *Fern*wärme *naht*;
- Die deutsche *Früh*kartoffel ist ein *Spät*entwickler;
- Wenn der sich *auszieht, zieht* er alle Frauen *an*;
- Dann wird das *Fahr*zeug immer mehr zum *Steh*zeug;
- Aus dem Leben eines Tauge*viels*;
- Die *Verbesserlichen*;
- Ihr Pelz *übersommert* am besten in unseren klimatisierten Konservierungsräumen;
- *Streichholzkurze* Haare;
- Eine *eindrucksleere* Dokumentation.

Beliebt sind auch auf Antonymie aufgebaute Paradoxien:

- *Zurück* in die *Zukunft*;
- *Vorwärts* in die *Vergangenheit*;
- Ein *Rückschritt*, der ein *Fortschritt* ist.

Sowohl Deutsch lernenden Ausländern als auch Muttersprachlern kann dieses Antonymenbuch eine Hilfe sein — bei jeweils anderen Fragestellungen und Schwerpunkten. Daß im Hinblick auf Antonyme ein Frage- und Informationsbedürfnis besteht, geht aus Sprachanfragen an die Dudenredaktion hervor.

Dieses Wörterbuch ist auf Grund jahrelanger Sammlungen und Beobachtungen entstanden. Ihm wurde mancherlei Hilfe und Wohlwollen zuteil. Ich möchte allen danken, die mit zum Gelingen dieses Projekts beigetragen haben.

Danken möchte ich zuallererst meiner Familie: meiner Frau und meiner Tochter für mancherlei Anregungen und Hinweise; ganz besonderen Dank schulde ich
meinen Söhnen: meinem Sohn Wolf-Tilo Müller, der mich mit dem PC vertraut
gemacht hat, denn ohne die elektronische Basis hätte das Projekt gar nicht realisiert werden können, und meinem Sohn Dr. Klaus-Rainer Müller, der das gesamte
Projekt sehr engagiert begleitet und gefördert hat − sowohl inhaltlich wie auch
als Fachmann der elektronischen Wissenschaft.

Herzlich danken möchte ich auch Herbert Ernst Wiegand, der mit eigenen
metalexikographischen Forschungsarbeiten der Lexikographie zahlreiche An-
stöße gegeben hat und der sich stets entdeckerisch-aufgeschlossen und fördernd
denen zuwandte und zuwendet, die auf dem Gebiet der Lexikographie und Lexikologie in neue Bereiche vorzudringen sich bemühen. Durch seine wohlwollende
und aktive Vermittlung hat er zur Veröffentlichung dieses Buches wesentlich beigetragen.

Dem de Gruyter Verlag danke ich ganz allgemein und Frau Dr. Brigitte Schö-
ning im besonderen für die Aufnahme meines Buches in die Verlagsproduktion.

Dieses Buch ist für manche vielleicht ein ungewöhnliches Buch − eine Mi-
schung aus Wörterbuch und Lexikon. Die einen werden mehr darin finden, als
sie vermuten, andere wiederum werden vielleicht nicht das finden [können], was
sie suchen, denn nicht zu jedem Wort gibt es das binäre Gegenwort.

Für Hinweise im Hinblick auf Ergänzungen und Verbesserungen sowie für
weiterführende Anregungen und förderliche Kritik − natürlich auch für Zustim-
mung − bin ich dankbar.

Um es mit einer bekannten antonymischen Redewendung zu sagen:

Wenn Sie zufrieden sind, sagen Sie es weiter.
Wenn Sie unzufrieden sind, sagen Sie es mir.

Mannheim im Herbst 1997   Wolfgang Müller

2 Einführung in die Thematik

2.1 Was sind Antonyme?

Antonymenpaare stehen in einer gegensätzlichen Bedeutungsbeziehung. Es sind Wörter, in deren Bedeutungsstruktur jeweils mindestens ein differenzierendes gegensätzliches Bedeutungsmerkmal (Sem) bei Gleichheit aller übrigen Bedeutungsmerkmale auftritt. **Kuh** und **Bulle**, beides sind Rinder, der Unterschied liegt in weiblich/männlich. **Bulle** und **Ochse**, beides sind männliche Rinder, der Unterschied liegt in zeugungsfähig und zeugungsunfähig. **Aktiver Offizier** und **Reserveoffizier**, beide sind Offiziere, der Unterschied liegt in aktiv und nicht (mehr) aktiv.

Die Antonymien können einerseits <u>inhaltlich</u> und andererseits <u>morpholexikalisch</u> gegliedert werden.

Über begriffliche Zuordnungen und Unterbenennungen gehen die Meinungen der Fachleute – wie so oft bei sprachwissenschaftlichen Termini – zwar auseinander, doch sind sie sich im Prinzip darin einig, daß es sich bei Antonymen um Lexem<u>paare</u>, um <u>Wort</u>paare, um Binarität (hoch/tief, Liebe/Haß, mit/ohne, lachen/weinen) handelt. Gelegentlich kommen allerdings auch triadische (ternäre) Einheiten – Tripel – vor wie **Vergangenheit/Gegenwart, Zukunft**, die sich auch wieder binär auflösen lassen mit einerseits polarer Spannung [Vergangenheit/Zukunft] und andererseits segmental [Gegenwart/Zukunft] bzw. [Gegenwart/Vergangenheit].

Dreiergruppen gibt es auch bei konkurrierenden Bildungen (**mobilisieren/demobilisieren, entmobilisieren; tolerant/intolerant, untolerant; abrüsten/rüsten, aufrüsten**) und bei konkurrierenden Benennungen (**Hauptsatz/Nebensatz, Gliedsatz; Vordersteven/Hintersteven, Achtersteven**).

Es gibt Primärantonyme (laden, reinstecken) und Sekundärantonyme (entladen, rausziehen). Ein Sekundärantonym existiert erst durch das Primärantonym – es macht den vom Primärantonym bewirkten Zustand wieder rückgängig.

Gegenwörter haben die gleiche Kontextfähigkeit (Sachverhaltsindentität); oft haben sie auch die gleiche Kotextfähigkeit (gleiche Kollokationen, gleiche Wortverknüpfungen), lassen sich in gleiche Texte einsetzen (**viel/wenig**: viele Menschen/wenige Menschen; **Abreise/Anreise**: die Abreise/Anreise erfolgt am ...; **gemütlich/ungemütlich**: ein gemütlicher/ungemütlicher Raum). Sie haben jedoch dann nicht die gleiche Kotextfähigkeit, wenn auf Grund der antonymischen Semantik andere Kollokatoren auftreten oder wenn semantische Unverträglichkeiten damit verbunden sind (**loben/tadeln**: er wurde wegen seines Fleißes gelobt/er wurde wegen seiner Faulheit getadelt; **hoch/tief**: hoch steigen/tief fallen; **Abreise/Anreise**: eine überstürzte Abreise/nicht: *eine überstürzte Anreise; **gemütlich/**

ungemütlich: mein gemütliches/nicht: *ungemütliches Heim [weil das Adjektiv ungemütlich mit dem Inhalt des Wortes Heim nicht vereinbar ist]).

Ich unterscheide zwischen dem binär verankerten **Gegen-Wort** (usuelles Antonym) und dem nicht binär verankerten **Gegenfeld-Wort** (okkasionelles Antonym). Das Gegenfeld-Wort ist ein antonymisches Wort aus einer Gruppe sinnverwandter Wörter, das mit anderen sinnverwandten konkurriert.

Beim **Gegenwort** besteht eine feste Kopplung (oben/**unten**, lachen/**weinen**). Beim **Gegenfeldwort** gibt es die lexikologischen und stilistischen Variationsmöglichkeiten (lachen/**Tränen vergießen, heulen, flennen**). Man könnte auch von obligatorischen und fakultativen Gegenwörtern sprechen.

Zur Veranschaulichung einige Beispiele:

Usuell-antonymische Wortpaare sind *jung/alt*: er ist (noch) jung/er ist (schon) alt; *Vorteil/Nachteil*; *zahlungsfähig/zahlungsunfähig*; *solvent/insolvent, liquid/ illiquid.*

Okkasionell-antonymisch sind *jung/nicht mehr der Jüngste, bejahrt*: er ist (noch) jung/er ist nicht mehr der Jüngste, er ist (schon) bejahrt; *Vorteil/Handicap, Benachteiligung, Hintertreffen; zahlungsunfähig/solvent, liquid.*

Das vorliegende binäre Gegen<u>wort</u>-Wörterbuch ist ein erklärendes, ein deskriptives Antonymenwörterbuch, und zwar insofern, als es zu den einzelnen Lexemen (Wörtern)/Sememen (Wortbedeutungen) Gebrauchsbeispiele und/oder Erläuterungen zum Wortinhalt und/oder Angaben zum Fachbereich enthält.

Alle Arten von Gegenwortpaaren werden berücksichtigt. Es gibt kontradiktorische, konträre, polare, komplementäre, korrelative, konverse und alternative Antonyme, doch oft ist die klassifikatorische Zuordnung ambivalent.

Bei alternativen Antonymenpaaren handelt es sich um die Alternative „entweder – oder", zum Beispiel: Steht die Ampel auf *Rot* oder auf *Grün*? Ist dieses ein *Münz-* oder ein *Kartentelefon*? Ist er *pflicht-* oder *freiwillig versichert*? Möchten Sie eine Platzreservierung im *Großraumwagen* oder im *Abteilwagen* des ICE? Liebt er *heterosexuell* oder *homosexuell*? Ist er *aktiver Offizier* oder *Reserveoffizier*?

Wenn das antonymische – das gegensätzliche – Bedeutungsmerkmal nicht vorhanden ist – zum Beispiel bei *Oberleutnant/Oberst* –, dann handelt es sich nicht um Antonyme, es sei denn ein entsprechender Kontext macht sie okkasionell dazu.

Diese antonymischen Alternativen (mit dem gegensätzlichen Bedeutungsmerkmal: entweder dies oder das) machen deutlich, daß es sich bei Zwischenstufen – wie im folgenden – nicht um Antonyme handelt.

Ein Antonymenpaar ist **rot/grün** (stehenbleiben/<u>fahren</u>), aber nicht: rot/gelb oder grün/gelb; um Antonyme handelt es sich bei **heterosexuell/homosexuell** (das <u>andere</u> Geschlecht/das <u>eigene</u> Geschlecht liebend), aber nicht: homosexuell/bisexuell oder heterosexuell/bisexuell. **Monogamie/Polygamie** (Völkerkunde) sind Antonyme; Monogamie/Bigamie sind es nicht.

Antonyme gibt es in allen Grundwortarten – bei Adjektiven (alt/neu, regenreich/regenarm), Substantiven (Liebe/Haß, Spannsatz/Kernsatz), Adverbien (oben/unten, stromabwärts/stromaufwärts), Verben (weinen/lachen, tabuisieren/ enttabuisieren), Präpositionen (mit/ohne), Zahlwörtern (viel/wenig), Pronomen (dieser/jener, nichts/alles, du/Sie).

Die Antonymie erstreckt sich nicht nur auf Lexeme (Wörter)/Sememe (Wortbedeutungen), sondern auch auf Syntagmen (Wortgruppen) und Wendungen (in Pacht nehmen/in Pacht geben; Gott sei Dank/leider, nach Maß/von der Stange).

Neben den in der semantischen Struktur des Wortschatzes begründeten primären Basisantonymen (groß/klein, Tag/Nacht) und den derivativen (abgeleiteten) Antonymen (belasten/entlasten, einschalten/ausschalten) sowie Konversionen (Start/Landung) und den mit Antonymen zusammengesetzten Komposita (Hinterhaus/Vorderhaus, Sommermantel/Wintermantel, bergab/bergauf) gibt es auch aus dem Welterleben heraus ad hoc zusammengefügte oder geschaffene Antonymenpaare mit sowohl primären als auch zusammengesetzten/abgeleiteten Lexemen/Sememen (rot/schwarz [politisch], rot/grün [Verkehr], rosa/hellblau [bei den Babys: für Mädchen/für Jungen], Ständer/Läufer [Technik], Freilandgemüse/ Treibhausgemüse).

Neue Antonymenpaare bilden sich auf Grund neuer gesellschaftlicher und/oder technologischer Entwicklungen: das **Kartentelefon** machte aus dem Telefon das Antonymenpaar **Kartentelefon/Münztelefon**; die Erfindung des elektrischen Rasierapparates brachte das Antonymenpaar **Trockenrasierer/Naßrasierer** hervor. Gegenwortpaare entstehen auch durch etwas vom Üblichen Abweichendes (**Falschmeldung/Meldung**); zum Beispiel auch, wenn etwas spezifisch Männliches oder spezifisch Weibliches auf das jeweils andere Geschlecht übertragen wird, **Tennis/Damentennis**, **Fußball/Damenfußball**, **Handtasche/Herrenhandtasche**, **Torte/Herrentorte**.

Es gibt Antonymenpaare mit zwei resultativen (Resultate bewirkenden, das Ende eines Geschehens ausdrückenden) Verben (**zumachen/aufmachen**) und Antonymenpaare mit einem resultativen und einem durativen (den Zustand belassenden) Verb – segmental-alternative Antonyme – (**zumachen/auflassen, aufmachen/zulassen, gehen/bleiben**) und Antonymenpaare mit zwei durativ-konträren Verben (**auflassen/zulassen**).

Die Gegenwortpaare können sowohl unter lexemstrukturellem Aspekt als auch unter inhaltlich-begrifflichem analysiert und typologisiert werden.

Sowohl die lexemstrukturelle Gliederung (nach der Wortbildung: Ableitung – speziell auch die Movierung –, Komposition, Konversion) als auch die inhaltlich-begriffliche Gliederung (nach kontradiktorisch, konträr, polar, konvers, komplementär, sexusbedingt-komplementär usw.) bilden die Basis für die Zusammenstellung der Antonymenpaare des binären Antonymenwörterbuches.

2.1.1 Die lexemstrukturelle Gliederung der Antonymenpaare

Es gibt Antonymenpaare mit impliziter und expliziter Antonymie sowie Kompositionsantonyme, die folgendermaßen gekennzeichnet sind:

1. <u>implizite Antonyme</u> (primäre Lexeme/Sememe, Basislexeme/-sememe), also Antonyme, die nicht durch Wortbildungsmittel (Ableitungen) oder durch Komposition/Konversion entstanden sind: *alt/jung, gesund/krank, lachen/ weinen, kommen/gehen, starten/landen, Ebbe/Flut, Glück/Pech, Obstipation/ Diarrhö, oben/unten, hinten/vorn, rechts/links, gestern/heute, morgen, mit/ ohne, niemand/alle;*

2. <u>explizite Antonyme</u>, realisiert durch folgende unterschiedliche antonymische Wortbildungsmittel (Ableitungen):

   a) realisiert durch **zwei** unterschiedliche Präfixe/Präfixoide/Anfangskonfixe
   - mit <u>gleichem Basiswort</u>: sich verloben/sich entloben, aufrüsten/abrüsten, unterversorgt/überversorgt, Überversorgung/Unterversorgung, Oberhaus/Unterhaus, antiamerikanisch/proamerikanisch;
   - mit <u>nicht gleichem Basiswort</u>: abstoßen/anziehen, aufziehen/zuschieben;

   b) <u>realisiert durch eine Nullstelle und **ein** Präfix</u>: rüsten/abrüsten, tabuisieren/ enttabuisieren, chiffrieren/dechiffrieren, gesund/ungesund, relevant/irrelevant, Argument/Gegenargument, Motivation/Demotivation.

   Als Antonyme werden manchmal auch Paare wie keimen/entkeimen, harzen/entharzen, wässern/entwässern bezeichnet, doch handelt es sich hier nicht um Antonymenpaare vom Typ tabuisieren/enttabuisieren, bei dem das sekundäre Antonym (enttabuisieren) einen Zustand wieder aufhebt, der durch das primäre Antonym (tabuisieren) herbeigeführt worden ist. Bei keimen/entkeimen, harzen/entharzen usw. werden zwar auch Zustände oder ähnliches durch ent... wieder aufgehoben, doch unterscheiden sich diese Paare von den obengenannten darin, daß jeweils das angebliche Primärantonym, zum Beispiel keimen, intransitiv gebraucht wird (die Kartoffeln keimen) und damit ein Entstehen, Geschehen, Vorgang ausgedrückt wird, während entkeimen transitiv gebraucht wird und eine absichtliche sowie gezielte Handlung darstellt (die Kartoffeln entkeimen). Das trifft auch auf infizieren − desinfizieren zu;

   c) realisiert durch <u>zwei unterschiedliche Suffixe/Suffixoide/Endkonfixe</u>: stimmlos/stimmhaft, kalorienreich/kalorienarm, bleifrei/bleihaltig, kinderfreundlich/kinderfeindlich, frankophil/frankophob;

   d) mit einem Präfix und einem Suffix: *behaart/haarlos*;

   e) mit einem antonymischen Teil an erster und einem an zweiter Stelle: oknophil/philobat.

3. Es gibt Kompositionsantonyme (wobei Komposition im weitesten Sinne gemeint ist und Konversionen mit eingeschlossen sind).

   Bei manchen Komposita sind die antonymischen Teile auch selbständig als Antonyme vorhanden (<u>Sommer</u>mantel/<u>Winter</u>mantel, berg<u>auf</u>/berg<u>ab</u>). Es gibt auch nur ad hoc bestehende antonymische Bestandteile (<u>Nenn</u>wert/<u>Kurs</u>wert, <u>Ist</u>wert/<u>Soll</u>wert, Zeit<u>lupe</u>/Zeit<u>raffer</u>, <u>Karten</u>telefon/<u>Münz</u>telefon), die keine Gegensätze sind, wenn sie selbständig gebraucht werden, sofern sie überhaupt selbständig gebraucht werden können.

Manche Kompositionsantonyme haben Bestimmungswörter (die ersten Konstituenten), die mit mehr als nur einem Gegenbestimmungswort korrelieren. Wörter mit dem Bestimmungswort <u>Stamm-</u> können Gegenwörter mit <u>Lauf-</u> haben (*Stammkundschaft/Laufkundschaft*), aber auch mit <u>Wechsel-</u> (*Stammwähler/Wechselwähler*); zu Komposita mit dem Bestimmungswort <u>Einzel-</u> gibt es Gegenwörter mit ganz unterschiedlichen Bestimmungswörtern:

Einzelarbeit/<u>Gruppen</u>arbeit,   *Einzelbauer/<u>Genossenschafts</u>bauer*
Einzelbett/<u>Doppel</u>bett,   *Einzelergebnis/<u>Gesamt</u>ergebnis*
Einzelfahrkarte/<u>Sammel</u>fahrkarte,   *Einzelfeuer/<u>Dauer</u>feuer*
Einzelhaft/<u>Gemeinschafts</u>haft,   *Einzelhandel/<u>Groß</u>handel*
Einzelkampf/<u>Mannschafts</u>kampf,   *Einzelkosten/<u>Gemein</u>kosten*
Einzellauf/<u>Paar</u>lauf.

Bei den Kompositionsantonymen kann der Gegensatz realisiert sein

a) <u>in den ersten Konstituenten</u>: fremdbestimmt/selbstbestimmt, Kopfarbeiter/ Handarbeiter, Stehplatz/Sitzplatz, Heimspiel/Gastspiel, kurzsichtig/weitsichtig;

b) <u>in den zweiten Konstituenten</u>: Steuersenkung/Steuererhöhung, Geschäftsschluß/Geschäftsbeginn, Heimschwäche/Heimstärke;

c) <u>in der ersten **und** in der zweiten Konstituente</u>: hin-auf/her-ab;

d) <u>durch Wortbildungsmittel in Verbindung mit Antonymenpaaren</u>: *be<u>ja</u>hen/ ver<u>nein</u>en, sich ver<u>feind</u>en/sich be<u>freund</u>en, er<u>leicht</u>ern/er<u>schwer</u>en.*

Es gibt Antonymenpaare, deren Antonymität nicht im Lexem/Semem manifest wird, sondern beispielsweise in den Präpositionen oder grammatisch-syntaktisch: *steigen in/steigen aus; s. a. aussteigen* (in den Bus steigen/aus dem Bus steigen); *sich etwas borgen/jemandem etwas borgen:* ich borgte mir ein Buch (von ihm)/er borgte mir ein Buch.

Eine bedeutende Antonymengruppe ist die mit der Vorsilbe un-/Un-. Aber nicht immer handelt es sich bei vorhandenen Wortpaaren ohne und mit un-/Un- um Antonymenpaare (z. B. nicht: Kraut/Unkraut, unziemlich/ziemlich, unvergeßlich/vergeßlich); und nicht zu allen mit un-/Un- negierten Wörtern existieren nichtnegierte Gegenwörter (unantastbar/nicht: *antastbar, unbotmäßig/nicht: *botmäßig, unerschöpflich/nicht: *erschöpflich, unliebsam/ nicht: *liebsam, unnachahmlich/nicht: *nachahmlich, unsäglich/nicht: *säglich).

Manche un-Adjektive sind zwar Gegenwörter, doch werden sie oft nur synonymisch in Verbindung mit einer Negation gebraucht, zum Beispiel: *flott/ nicht unflott (diese Musik war flott/nicht unflott; unüberwindbare/kaum überwindbare/ nicht überwindbare Schwierigkeiten).*

Bei Zusammensetzungen kann die un-Negation auch am Anfang stehen: unzurechnungsfähig statt *zurechnungsunfähig.

2.1.2 Die inhaltlich-begriffliche Gliederung der Antonymenpaare
Berücksichtigt werden alle Arten von Antonymen: **kontradiktorische**, die sich gegenseitig ausschließen [tot/lebendig, ledig/verheiratet] und als Untergruppe

dazu **komplementäre**, die sich in irgendeiner Weise auch wieder ergänzen oder zusammengehören (zum Beispiel aktiv und passiv: Unterdrücker/Unterdrückter). Zu den komplementären Antonymen zählen auch **Paare** aus Literatur, Geschichte und Kultur (David/Goliath, Romeo/Julia, Narziß/Goldmund, Abälard/Heloise, Hänsel/Gretel, Maria/Josef, Castor/Pollux). Die Aufnahme komplementärer Personen in die Antonymik ist nicht ganz so ungewöhnlich, wie es auf den ersten Blick vielleicht aussehen mag. Schon Daniel Sanders hat in seiner onomasiologischen Sammlung – seinem Deutschen Sprachschatz (1873) – bekannte Liebespaare unter dem komplementären Aspekt von Liebende[r] und Geliebte[r] aufgenommen. Bei den komplementären Personenpaaren kann es sich natürlich nur um eine (subjektive) Auswahl handeln.

Es gibt auch **sexusbedingt-komplementäre** Antonymenpaare (mit primären Lexemen: Mann/Frau, Nonne/Mönch, Bruder/Schwester, Hengst/Stute; movierte Bildungen: Enkel/Enkelin, Förderer/Förderin, Souffleur/Souffleuse; Komposita: Enkeltochter/Enkelsohn; mit primärem Lexem und Kompositum: Pfleger/Krankenschwester).

Es gibt ferner **konträre/polare** Antonymenpaare – Endpunkte einer Skala – (lang/kurz, breit/schmal) und **konverse**, bei der etwas aus zwei entgegengesetzten Perspektiven betrachtet wird (kaufen/verkaufen, mieten/vermieten, geben/nehmen). Die Grenzen sind allerdings überall fließend.

Es gibt **zeitbestimmte** Antonyme (morgens/abends), **lagebestimmte** (vor/hinter), **wertebestimmte** (schön/häßlich) usw.

Antonyme können Zustände, Arten, Handlungen, Geschehen beinhalten. Es gibt

- **artbezogene** Gegenwörter: gehen/fahren, reiten, laufen, kriechen, springen;
- **hierarchisch** bedingte: Herr/Knecht, Herr/Hund;
- **sexus- und hierarchisch** bedingte: Meister/Sklavin (Sadomasochismus);
- **altersbedingte**: Jüngling/Greis, Frau/Mädchen (sie ist schon eine Frau/noch ein Mädchen);
- **wertungsbedingte**: Mann/Schwächling (er ist ein richtiger Mann/ein mieser Schwächling);
- **situationsbedingte**: Mann/Pferd;
- **historische, veraltete**: Abendland/Morgenland, Frühling/Spätling, Kettengarn/Schußgarn, Maschinengarn/Handgarn, kurzsichtig/langsichtig,

von denen manche nur kontextbedingt-okkasionelle sind.

Es gibt **richtungsbezogene** Antonymenpaare: *gehen/kommen*. Dazu gehören auch die Hin-/Her-Antonymenpaare.

2.1.2.1 Die Hin-/Her-Antonymenpaare

Die unterschiedlichen Gegensätze mit hin- und her- werden in diesem Wörterbuch ausführlicher dargestellt.

Es gibt in diesem Bereich drei verschiedene Gegensatzkombinationen je nach Perspektive und Standort. Im dreibändigen Handwörterbuch von J. Chr. Aug.

Heyse (1833) werden die jeweiligen Konstellationen unterschieden hinsichtlich der <u>räumlichen</u> Richtung (hinauf/hinab; hinein/hinaus: a+b/a+c), hinsichtlich der <u>persönlichen Beziehung</u> (hinauf/herauf; hinein/herein; hinüber/herüber: a+b/c+b) und <u>in beiderlei Hinsicht</u> (hinauf/herab; hinein/heraus: a+b/c+d).

Kombinationen:

- <u>hin-auf/hin-unter</u>: Bewegungen in <u>gegensätzliche Richtungen</u>, die bei personenidentischer Perspektive entweder von <u>zwei gegensätzlichen</u> <u>Standorten</u> ausgehen (hin und zurück) oder von <u>einem Standort</u> in entgegengesetzte Richtungen (von hier unten nach dort oben und von hier oben nach dort unten).
- <u>her-auf/her-unter</u>: Bewegungen aus gegensätzlichen Richtungen kommend auf einen Standort zu (von dort unten nach hier oben und von dort oben nach hier unten).
- <u>her-auf/hin-unter – her-unter/hin-auf</u>: Bewegungen in gegensätzliche Richtungen bei personenidentischer Perspektive und einem Standort: auf den Standort zu (von dort unten nach hier oben) und von ihm weg (von hier oben nach dort unten) und umgekehrt auf den Standort zu (von dort oben nach hier unten) und von ihm weg (von hier unten nach dort oben).
- <u>her-auf/hin-auf</u>: bei personenidentischer Perspektive und einem Standort (von dort unten nach hier oben und weiter von hier [unten] nach dort oben oder bei personenverschiedener Perspektive von dort unten nach hier oben bzw. von hier [unten] nach dort oben).
- <u>hin-ein/hin-aus</u>: Bewegungen in gegensätzliche Richtungen bei einer personenidentischen Perspektive und zwei Standorten (hin und zurück; von hier draußen nach dort drinnen und von hier drinnen nach dort draußen).
- <u>her-ein/her-aus</u>: Bewegungen aus gegensätzlichen Richtungen bei einer personenidentischen Perspektive und zwei Standorten (hin und zurück; von dort draußen nach hier drinnen und von dort drinnen nach hier draußen).
- <u>her-ein/hin-aus – her-aus/hin-ein</u>: Bewegungen in gegensätzliche Richtungen bei personenidentischer Perspektive und einem Standort (von dort draußen nach hier drinnen und von hier drinnen nach dort draußen und umgekehrt: von dort drinnen nach hier draußen und von hier draußen nach dort drinnen).
- <u>hin-über/her-über</u>: Bewegungen in gegensätzliche Richtungen bei personenidentischer Perspektive und einem Standort (hin und zurück; von hier nach dort drüben und von dort drüben nach hierher).

Es gibt richtungsbezogene Antonymenpaare mit dem gleichen Basiswort (hereinbringen/hinausbringen; hereindringen/hinausdringen: der Lärm drang herein/der Lärm drang hinaus) und richtungsbezogene Antonymenpaare mit nicht gleichem Basiswort (hereinkommen/hinausgehen; hineintragen/herausbringen: sie trug die Botschaft persönlich hinein und brachte die Antwort persönlich heraus).

3 Wie ist das Wörterbuch aufgebaut?

Das Gegenwort-Wörterbuch ist unter binärem Aspekt und zweispaltig angelegt. Wenn zu einem Wort das [usuell-binäre] Gegenwort genannt ist, so bedeutet dies nicht, daß nicht auch andere Gegenwörter − okkasionelle − möglich wären. Besonders in Fällen, wo es kein streng usuelles Gegenwort gibt, sind auch andere Entscheidungen denkbar. Wichtig ist in solchen Fällen jedoch nur, daß der Benutzer eine in jedem Fall <u>korrekte</u> und verwendbare Auskunft erhält.

3.1 Die linke Spalte

In der linken Spalte befindet sich das Gegenwortpaar (in bestimmten − seltenen − Fällen sind es mehr als nur zwei Wörter, dann kann mehr als ein Gegenwort hinter dem Schrägstrich stehen: Vergangenheit/Gegenwart, Zukunft; tolerant/intolerant, untolerant). Jedes Wortpaar erscheint aus gebrauchspraktischen − benutzerfreundlichen − Gründen zweimal, das heißt, <u>jedes</u> Wort (Lexem/Semem) erscheint in der alphabetischen Reihenfolge (abmachen/anmachen; anmachen/abmachen). Auf diese Weise erübrigt sich ein Register.

    Wenn es zu einem Antonymenpaar ein oder mehrere sinnverwandte Wortpaare gibt, werden diese bei Synonymität mit **s. a.** angehängt (**Unterhaltungsmusik/ernste Musik;** s. a. E-Musik; **Leukozyt/Erythrozyt;** s. a. rote Blutkörperchen). Wenn sie nicht ganz identisch sind, sondern nur im weiteren Sinne inhaltlich oder wortverwandtschaftlich zusammenhängen, werden sie mit **a.** angeschlossen (**Rezipient/Produzent;** a. Sender; **unmodern/modern;** a. in sein).

    Entsprechend dem Binaritätsprinzip werden beispielsweise Wortpaare wie **zahlungsfähig/zahlungsunfähig, liquid/illiquid, solvent/insolvent** getrennt aufgeführt und nicht zusammengefaßt in zahlungsfähig/zahlungsunfähig, illiquid, insolvent. Es wird aber jeweils auf die anderen sinnverwandten Wortpaare verwiesen.

    Die mit **s. a.** oder **a.** angeschlossenen Wörter beziehen sich immer auf das oder die Wörter <u>nach</u> dem Schrägstrich (/). Beispiel: **Ehemann/Ehefrau;** s. a. Gattin; **zuzählen/abziehen;** s. a. subtrahieren; **ausstoßen/einziehen;** a. einatmen; ...**/de...;** s. a.. ent... Auf diese Weise findet derjenige, der zu einem Wort − zum Beispiel zu *zuschrauben* − das Gegenwort sucht, nicht nur *aufschrauben*, sondern − angeschlossen mit a. − auch noch das sinnverwandte Wort *aufmachen*, das wie alle Wörter, auf die mit s. a. oder a. verwiesen wird, im Wörterbuch in der alphabetischen Abfolge in einem Antonymenpaar zu finden ist.

    Wenn zu einem Wort auf Grund verschiedener Bedeutungen unterschiedliche Gegenwörter existieren, erscheint das Wort zwei oder mehrere Male, zum Beispiel:

aktiv/inaktiv
aktiv/passiv
ausziehen/anbehalten
ausziehen/anziehen
Gast/Gastgeber
Gast/Wirt
gesund/krank
gesund/ungesund
Glück/Pech
Glück/Unglück.

In der linken Spalte finden sich auch Verweiswörter, die mit s. (= siehe, schlag nach bei…) auf den Haupteintrag verweisen, zum Beispiel: **Für**; s. das Für und Wider; **neu**; s. die neuen Bundesländer, das Neue Testament, die Neue Welt. Die Verweiswörter können auch Grundwörter von Komposita sein, zum Beispiel: **Delikt**, von dem mit s. auf entsprechende Wörter (in Gegenwortpaaren) verwiesen wird: s. Antragsdelikt, Begehungsdelikt, Offizialdelikt, Unterlassungsdelikt. Verweiswörter können auch auf Wörter verweisen, die zwar inhaltlich dazugehören, die aber das Wort selbst gar nicht (als Grundwort) enthalten, zum Beispiel beim Verweiswort **Sprache**; s. Nonstandard, Standard.

Wenn man nur vage weiß, daß es für Mütter, die zum ersten Mal gebären, also für die Erstgebärenden, und für Mütter, die schon mehrmals geboren haben, bestimmte Bezeichnungen gibt, dann findet der Benutzer das Verweiswort **Gebärende** mit Verweisen auf Antonymenpaare mit Erstgebärende, Mehrgebärende, Multipara, Nullipara, Primipara, Sekundipara.

Wenn das Wort, das Verweiswort ist, auch noch in einem Gegenwortpaar vorkommt, steht das Verweiswort in der alphabetischen Reihenfolge immer <u>nach</u> dem oder den Gegenwortpaaren, zum Beispiel:

Niederlage/Sieg
Niederlage; s. Auswärtsniederlage, Heimniederlage.

3.1.1 Die Alphabetisierung

Die Gegenwortpaare oder -gruppen werden in alphabetischer Abfolge aufgeführt.

Die alphabetische Ordnung erfolgt Buchstabe für Buchstabe – jeweils bis zum Schrägstrich (/). Das betrifft auch die mehr als nur ein Wort umfassenden Einträge, bei denen Leerstellen ignoriert werden:

darunter/darauf
darunter/darüber
das schwache Geschlecht
das starke Geschlecht
im großen/im kleinen
Imitation/Original
imitiert/echt
im kleinen/im großen.

Kommt ein Stichwort mehr als einmal vor, dann wird zur alphabetischen Einordnung auch das jeweilige Gegenwort herangezogen:

abmontieren/anmontieren
abmontieren/aufmontieren
Feind/Feindin
Feind/Freund
Herr/Dame
Herr/Diener
Herr/Frau
Herr/Knecht
Herr/Sklave.

Wenn es sich um Gegenwortpaare der Wortbildungsmittel mit drei Auslassungspunkten (...) handelt, wird folgendermaßen alphabetisiert: Erst kleingeschriebene Wörter mit folgenden drei Punkten (...); dann großgeschriebene mit folgenden drei Punkten (...); danach vorangestellte drei Punkte (...):

fremd/eigen
fremd/vertraut
fremd.../eigen...
fremd.../selbst...
Fremd.../Eigen...
Fremd.../Selbst...
...fremd/...eigen.

3.2 Die rechte Spalte

In der rechten Spalte stehen Gebrauchsinformationen. Die Gebrauchsinformationen sind als zusätzliche und identifikatorische Angaben gedacht. Sie beziehen sich auf das erste Wort des in der linken Spalte stehenden Antonymenpaares. Dabei handelt es sich entweder um Gebrauchsbeispiele mit Kollokatoren (**aufziehen/zuschieben** *das Schubfach aufziehen*; **aufziehen/zuziehen** *den Vorhang, den Reißverschluß aufziehen*) oder um Bedeutungserklärungen (**Nettogehalt/Bruttogehalt** *nach allen Abzügen der noch verbleibende Betrag des Gehalts*) oder um Hinweise auf Fachbereiche (**intragruppal/intergruppal** *Psychologie*). Diese Angaben können auch gekoppelt auftreten: **invariant/variant** *invariante (unveränderliche) Merkmale (Mathematik).*

Nur in einer geringen Anzahl von Fällen gibt es bei den Gegenwortpaaren keinerlei Gebrauchsinformationen, und zwar in der Regel dann, wenn es keine besonderen Kollokationen gibt (Österreicher, Cellist), wenn inhaltliche Erklärungen nicht nötig scheinen (Rückenschwimmen/Brustschwimmen, charakterstark, Mondaufgang) oder wenn Inhaltsbeschreibungen (Katholizismus) über die Aufgabe eines Gegenwort-Wörterbuchs, das in erster Linie Antwort auf die Frage nach dem Gegenwort geben soll, hinausgingen und den vorgegebenen Rahmen sprengten.

In der rechten Spalte gibt es manchmal auch dann keine weiteren Angaben, wenn es mehrere binäre Gegenwortpaare gibt, die alle zu einer Wortfamilie gehören, so daß die Angaben bei einem der Gegenwortpaare semantische Rückschlüsse auf das oder die anderen Gegenwortpaare zuläßt. Beispiel: **Dekolonisation** = *Entlassung einer Kolonie aus der Abhängigkeit*; **dekolonisieren** (ohne Angaben). Oder: **Bibliophile** = *Stefan ist ein Bibliophile (jemand, der alte, schöne, kostbare Bücher schätzt)*, **Bibliophilie** (ohne Angaben).

Die Angaben in der rechten Spalte sollen es möglich machen, das jeweilige Wort (im Zusammenhang mit dem Gegenwort) in den richtigen Kontext einzuordnen, zum Beispiel ein Gegenwortpaar wie *haltbar/unhaltbar*, das nur im Zusammenhang mit dem Sport (das Tor war unhaltbar/haltbar), aber nicht in Verbindung mit Äußerungen (eine unhaltbare Behauptung/nicht: *eine haltbare Behauptung) existiert.

Die Bedeutungsangaben sind als zusätzlicher Service, als semantische Hilfe gedacht. Sie sollen und können kein Bedeutungswörterbuch ersetzen.

Die Gebrauchsbeispiele oder Erläuterungen in der rechten Spalte sind vor allem dann nötig, wenn ein Wort in mehreren Bedeutungen oder in mehreren Fachsprachen vorkommt oder wenn ein Fachwort zwar in mehreren Fachsprachen gebraucht wird, aber nur in einer ein Gegenwort hat, zum Beispiel: Apposition/ Intussuszeption (Biologie) oder wenn ein mehrere Bedeutungen tragendes Wort in seiner Alltagsbedeutung kein Gegenwort hat, sondern nur in seiner Fachbedeutung, zum Beispiel: intensiv/extensiv (Landwirtschaft).

Die Gebrauchsbeispiele sind bei den zusammengehörenden Antonymenpaaren nicht immer identisch, auch dann nicht, wenn es möglich wäre. Dem liegt die Absicht zugrunde, dem Benutzer bei begrenztem Raum eine noch größere Zahl von Beispielen zur Verfügung zu stellen, indem er selbst die jeweiligen Beispiele aus der Gegengruppe mit heranziehen kann.

Beispiel: **gesund/krank** *sie ist (wieder) gesund; ein gesundes Kind zur Welt bringen*; **krank/gesund** *kranke Menschen; er ist (noch) krank*. Der Benutzer könnte für sich bei *gesund/krank* ergänzen: *gesunde Menschen* und bei *krank/ gesund*: *ein krankes Kind zur Welt bringen*.

Oder: **bewußt/unbewußt** *bewußte Manipulation des Lesers*; **unbewußt/bewußt** *eine Sucht unbewußt fördern; unbewußte Selbsttäuschung*. Der Benutzer könnte für sich bei *bewußt/unbewußt* ergänzen: *eine Sucht bewußt fördern; bewußte Selbsttäuschung* und bei *unbewußt/bewußt*: *unbewußte Manipulation des Lesers*.

Ferner: **Rücken/Brust**: *ein Baby hinten auf dem Rücken tragen*; **Brust/Rücken**: *eine Narbe auf der Brust*. Die entsprechenden Übertragungen: *ein Baby vorn auf der Brust tragen* − *eine Narbe auf dem Rücken*.

Gebrauchsbeispiele stehen ohne Klammer − sie enthalten stets das erste Wort des Antonymenpaares; Bedeutungserklärungen sowie Fachbereichsangaben stehen in runden Klammern, sofern das erste Wort des Antonymenpaares im Text nicht direkt vorkommt.

Handelt es sich um ein Antonymenpaar, das in zwei oder mehr Bedeutungen vorkommt, dann wird in 1.; 2. usw. gegliedert (**aufmerksam/unaufmerksam** 1. ein aufmerksamer Schüler; 2. ein aufmerksamer Liebhaber).

Die Gebrauchsbeispiele zeigen auch unterschiedliche kollokative Verbindungen (**degradieren/befördern**: wegen eines Vergehens degradieren/wegen guter Leistungen befördern), denn die Gegenwörter haben auf Grund ihrer gegensätzlichen Semantik oft auch gegensätzliche Kollokatoren. Wichtig ist jeweils die semantische Kompatibilität, die semantische Verträglichkeit, das heißt, die Wortverbindungen dürfen sich inhaltlich nicht widersprechen, daher wäre beispielsweise beim Antonymenpaar **dick/dünn** ein Gebrauchsbeispiel *dicker Wälzer* nicht korrekt (dicker Wälzer, nicht: *dünner Wälzer).

4 Wie können Sie das Wörterbuch nutzen?
Wie und was können Sie suchen, und was werden Sie finden?

Auf eine Vielzahl von Fragen erhalten Sie Auskunft, und Sie bekommen allerlei Anregungen, zum Beispiel:

- Wie werden die Antonyme kotextuell – im Textzusammenhang – gebraucht?
- Wie lautet das binäre Gegenwort zu einem bestimmten deutschen Wort oder Fremdwort der Allgemeinsprache oder der Fachsprache?
- Sie haben spezielle Fragen? Zum Beispiel wie man die Zahl nennt, die von einer anderen subtrahiert wird?
- Verwechseln Sie gelegentlich fremdsprachliche Antonyme?
- Sie sind an bekannten Paaren aus Geschichte, Literatur u. a. interessiert? Und haben Sie vielleicht vergessen, wie der eine Partner hieß?
- Wollen Sie wissen, wie die weiblichen Formen korrekt gebildet werden oder wie das weibliche Pendant genannt wird?
- Heißt es nach USA oder in die USA?
- Wollen Sie Antonyme als Synonyme gebrauchen?
- Wollen Sie Wörterbuchartikel präziser gliedern und die Bedeutungen differenzierter beschreiben – mit Hilfe der Antonyme?
- Wollen Sie die antonymischen Wortbildungsmöglichkeiten kennenlernen?
- Haben Sie Freude am Raten und am Spielen? Dann versuchen Sie es einmal mit Antonymen.
- Wollen Sie sich auf Entdeckungsreise durch das Antonymenwörterbuch begeben und dabei spielerisch Ihr Wissen erweitern?

4.1 Wie werden die Antonyme kotextuell – im Textzusammenhang – gebraucht?

Die Antonyme spielen beim Erlernen der deutschen Sprache eine wichtige Rolle. Die Arbeit mit Antonymen eignet sich gut im Fremdsprachenunterricht für die Vokabeleinführung (x is the opposite of y; x est l'opposé de y). Antonyme Wortpaare werden im Unterricht oftmals an Hand von Sätzen eingeführt und gelernt: laut/leise lesen, eine richtige/falsche Antwort, der Text ist leicht/schwer, ein großer/kleiner Mann, gute/schlechte Nachrichten, die schwarze/weiße Bevölkerung, der Betrieb schreibt schwarze/rote (in der Verlustzone befindliche) Zahlen, ein schwarzer/roter (linker, sozialistischer) Politiker. Dabei wird auch Landeskundliches sichtbar, zum Beispiel in dem Antonymenpaar hellblau/rosa. Das sind nämlich die Farben der Babykleidung – hellblau für das männliche, rosa für das weibliche Baby.

Für solche Informationen bietet dieses Wörterbuch mit den Wortpaaren und deren kotextuellem Gebrauch eine umfassende Grundlage. Wann sagt man beispielsweise Herr und Frau, wann Mann und Frau, wann Herr und Dame? Wann antwortet man auf eine Frage mit ja und wann mit doch?

Das Antonymenwörterbuch zeigt indirekt auch − durch das Nichtvorhandensein −, was nicht antonymisch zusammengehört, obgleich es rein formal so aussieht. Zum Beispiel sind folgende Wortpaare nicht Gegenwortpaare, weil sie in unterschiedlichen Situationen/Kontexten gebraucht werden: **heißblütig** (mit Temperament; Liebhaber)/**kaltblütig** (ohne Mitleid; Mörder); **verfroren** (durch Kälte)/**unverfroren** (Handlungsweise); **kurzatmig** (unter Atemnot leidend)/**langatmig** (weitschweifend erzählend).

Was wie Antonymie aussieht, ist manchmal eine Art von Synonymie (hineinlesen/herauslesen; einhändigen/aushändigen).

4.2 Haben Sie das Gegenwort zu einem Wort vergessen, oder wollen Sie es überhaupt erst einmal wissen; wollen Sie wissen, wie das binäre Antonym zu einem bestimmten deutschen Wort oder Fremdwort der Allgemeinsprache oder der Fachsprache lautet?

Welches Antonym gehört zu **konkav** *(konvex)*, zu **gewinnen** *(verlieren)*, zu **Inhalt** *(Form)*, zu **Tragödie** *(Komödie)*, zu **akut** *(chronisch)*, zu **Zentrum** *(Peripherie)*, zu **Stadtmitte** *(Stadtrand)*, zu **Stammkundschaft** *(Laufkundschaft)*, zu **öffentlich** *(privat)*, zu **lachen** *(weinen)*, zu **lieben** *(hassen)*, zu **niedrig** *(hoch)*, zu **günstig** *(ungünstig)*, zu **steigen** *(fallen)*, zu **teilen** im Sinne von dividieren *(malnehmen)*, zu **flüstern** *(schreien)*, zu **rasen** *(schleichen)*, zu **heterogen** *(homogen)*, zu **oral** *(anal)*, zu **Konsens** *(Dissens)*, zu **Eustreß** *(Disstreß)*, zu **im Uhrzeigersinn** *(entgegen dem Uhrzeigersinn)*, zu **Linienflug** *(Charterflug)*, zu **Nutzkilometer** *(Leerkilometer)*, zu **Freibad** *(Hallenbad)*, zu **Auswärtsspiel** *(Heimspiel)*, zu **Lee** *(Luv)*, zu **Backbord** *(Steuerbord)*, zu **stehend freihändig** *(liegend aufgelegt)*, zu **Stalaktit** *(Stalagmit)*, zu **Flora** *(Fauna)*, zu **Gynäkologe** *(Androloge)*, zu **Nymphomanie** *(Satyriasis)*, zu **Polygynie** *(Polyandrie)*, zu **Fellatio** *(Cunnilingus)*?

Wissen Sie eigentlich, wie die Bahnhöfe genannt werden, die nicht **Kopfbahnhöfe** sind? Und wie das männliche Schwein heißt und wie das kastrierte männliche Schaf?

Wer in den Medien das Wort **Offizialdelikt** hört und vergessen hat, wie das Gegenwort dazu lautet, findet es: *Antragsdelikt*.

Wer das Antonymenpaar **Bedecktsamer/Nacktsamer** kennt und wissen möchte, wie die fremdsprachlichen Entsprechungen lauten, der wird bei dem Antonymenpaar durch s. a. auf *Gymnospermen* verwiesen.

4.3 Haben Sie spezielle Fragen?

Wenn Sie beispielsweise wissen möchten, wie die erste und wie die zweite Zahl beim Subtrahieren/Abziehen genannt wird, zum Beispiel die 5 und die 3 in: 5−3, dann können Sie − wenn auch etwas umständlicher − zu einer Auskunft gelangen, indem Sie bei *abziehen* oder *subtrahieren* nachschlagen. Bei *abziehen* finden Sie das Antonymenpaar **abziehen/zuzählen; s. a. addieren.** Dann schlagen Sie bei *zuzählen* nach. Dort findet sich als Gegenwort **abziehen** mit dem Hinweis: **s. a. subtrahieren.** Bei *subtrahieren* gelangen Sie in die Gruppe der verwandten Wörter. Dort finden Sie **Subtrahend/Minuend** mit dem Beispielsatz: *in a − b ist b der Subtrahend, der von a abgezogen wird.* Bei **Minuend/Subtrahend** steht das Beispiel: *in a − b ist a der Minuend, von dem etwas abgezogen wird.*

4.4 Verwechseln Sie gelegentlich fremdsprachliche Antonyme?

Wer zum Beispiel ein Antonymenpaar wie **Stalagmit/Stalaktit** kennt, aber nicht [mehr] weiß, welches von beiden Wörtern die nach unten tropfenden Tropfsteine bezeichnet, wird bei dem Antonymenpaar entsprechend informiert.

Wer weiß, daß es zwei Arten von Cholesterin gibt − ein „gutes" und ein „schlechtes" − und sich näher informieren möchte, der kann die entsprechende Information finden. Er kann bei **Cholesterin** nachschlagen. Dort wird er verwiesen auf HDL-Cholesterin und LDL-Cholesterin, und dort erfährt er in der rechten Spalte, daß das LDL-Cholesterin das „schlechte", − mit der Eselsbrücke − das „lausige" ist.

4.5 Sind Sie an Paaren aus Geschichte, Literatur u. a. interessiert?

Das Wörterbuch enthält auch bekannte Personenpaare. Wem entfallen ist, wie die Geliebte des Abälard hieß, findet Abälard/Heloise. Wer zwar Kain und Abel als Brüderpaar noch in Erinnerung hat, aber nicht mehr genau weiß, wer wen erschlagen hat, der findet die entsprechende Information. Wem Antinoos einfällt, aber nicht der Kaiser, dessen Liebling er war, findet Antinoos/Hadrian.

4.6 Suchen Sie die weibliche Form oder das weibliche Pendant?

Wer weiß, daß der Sohn eines Zaren Zarewitsch heißt, aber noch wissen will, wie denn die Tochter eines Zaren heißt, findet bei Zarewitsch/Zarewna.

Der Benutzer erhält auch grammatische Auskünfte. Wer die richtig abgeleitete (movierte) weibliche Form von Kämmerer, Herausforderer und Zauberer wissen will und nicht weiß, ob sie Kämmererin, Herausforderin, Zaubererin oder Kämmerin, Herausforderin, Zauberin lautet, findet bei den jeweiligen Wörtern die korrekten Formen.

4.7 Sind Sie unsicher, ob es nach USA oder in die USA heißt?

Wer unsicher ist, ob es nach USA oder in die USA, nach der Schweiz oder in die Schweiz lauten muß, erfährt bei den Antonymenpaaren **aus/nach** und **aus/in,** daß bei den geographischen Namen <u>ohne</u> Artikel die Präpositionen für die Richtungen aus/nach (aus Polen/nach Polen; aus Berlin/nach Berlin) sind und daß bei geographischen Namen <u>mit</u> Artikel die Präpositionen für die Richtungen aus/in (aus der Schweiz/in die Schweiz; aus dem schönen Berlin/ins schöne Berlin) sind.

4.8 Wissen Sie, daß man Antonyme als Synonyme und auch als Hilfe bei der Wortsuche verwenden kann?

Antonyme können manchmal, wenn sie negiert gebraucht werden, auch zur synonymischen Variation benutzt werden: ungesund/gesund: dieses Essen ist ungesund/nicht gesund; dieses Essen ist gesund/nicht ungesund; leicht/schwer: das war leicht/nicht schwer/unschwer zu erraten. Kontradiktorische Gegenwörter − Komplenyme − können durch Hinzufügung einer Negation synonym werden: ledig/[nicht] verheiratet, verheiratet/[nicht] ledig; tot/[nicht] lebendig, lebendig/[nicht] tot.

Ein Gegen-Wort kann unter Umständen auch als Ersatz gebraucht werden, wenn einem das andere Gegen-Wort nicht einfällt − sowohl unter Muttersprachlern als auch im Gespräch mit einem Nichtmuttersprachler. Zum Beispiel: „Das war ein tolles Essen, ein ? Mahl. Ach, ich komme nicht auf das Fremdwort. Hilf mir mal! Das Essen war nicht frugal, sondern ?" „Meinst du opulent?" Oder ein Ausländer erzählt: „Letztes Jahr war ich in Kanada, und zwar im ? Ach, wie heißt doch noch das Wort im Deutschen? Das Gegenteil, nicht Frühling, sondern ?" „Sie meinen Herbst."

4.9 Wollen Sie Wörterbuchartikel präziser gliedern und die Bedeutungen differenzierter beschreiben − mit Hilfe der Antonyme?

Die Angabe der Gegenwörter gehört bei vielen Wörterbüchern − sowohl bei einsprachigen Bedeutungswörterbüchern und Schülerwörterbüchern als auch bei Fachwörterbüchern sowie bei zweisprachigen Wörterbüchern − zum Programm der Mikrostruktur, denn oft ist das Gegenwort das Entscheidende für die Wortbedeutung.

In Lehrbüchern für Ausländer finden sich Übungen mit Antonymen.

Mit den Antonymenpaaren können die Lexikographen arbeiten, und zwar im Hinblick auf die Präzisierung der Bedeutungsangabe und in bezug auf eine genauere Gliederung der Wörterbuchartikel. Ein Beispiel:

abmachen kann man ein Schild von der Haustür, Gardinen, ein Plakat und auch Rost, Schimmel usw. **Anmachen** kann man aber nur ein Schild an die Haustür, Gardinen, ein Plakat, so daß man **abmachen** untergliedern könnte in a) *entfernen*: Rost, Schimmel abmachen und b) (*was angemacht worden ist*) *wieder entfernen; Gegenwort: anmachen*: Gardinen, ein Schild von der Haustür, ein Plakat abmachen.

Nicht selten sind die Gegenwortangaben in den Wörterbüchern unvollkommen, inkorrekt oder ungenügend differenziert. Den Wörterbüchern fehlt allgemein (noch) ein Konzept für die Präsentation der Antonyme. Die Gegenwortangaben in den Wörterbüchern können verwirrend und wenig hilfreich sein, und zwar dann, wenn das Gegenwort nicht zu allen bei der Bedeutung angeführten Beispielen paßt, wenn zum Beispiel beim Adjektiv **spitz** als Gegenwort *stumpf* steht und dann u. a. Beispiele folgen wie *ein spitzer Giebel, Turm; eine spitze Nase; ein Kleid mit spitzem Ausschnitt; die spitz zulaufenden gotischen Bogen,* bei denen üblicherweise spitz nicht durch stumpf ausgetauscht werden könnte. Oder wenn bei *einsperren* als Gegenwort *aussperren* angegeben wird oder wenn bei *etwas schließt sich* das Gegenwort *etwas öffnet sich* verzeichnet ist und dazu die Beispiele genannt werden: *eine Blüte, eine Wunde.* Für die Wunde trifft dieses Gegenwort aber nicht zu. Oder wenn bei *ausziehen* als Gegenwort *einziehen* genannt wird und dann Beispiele folgen wie: *er ist ausgezogen, um in der Fremde sein Glück zu suchen; zur Jagd ausziehen usw.*

Die Antonymie als Inhaltsrelation ist für die lexikographische Definition von großer Bedeutung; sie − die Antonymie − ist „wie ein Diamant, durch den wir die Ordnung der Wörter in scharfer Facettierung erblicken können" (Ewald Lang).

4.10 Kennen Sie die antonymischen Wortbildungsmittel und die antonymischen grammatischen Ausdrucksmittel?

Das Gegenwort-Wörterbuch ist aus der Praxis entstanden und soll auch in erster Linie der Praxis, dem Gebrauch dienen; es soll aber auch eine kognitiv-dokumentarische Funktion erfüllen. Es erschließt gleichzeitig lexikographisches Neuland und gibt Einblicke in den antonymischen Aufbau der Sprache auch an Hand antonymischer Wortbildungsmittel und antonymischer grammatischer Ausdrucksmittel.

Es finden sich antonymische Wortbildungspaare mit Präfixen und Suffixen sowie besondere antonymische Fügungen: auf…/zu… (aufmachen/zumachen), ver…/ent… (sich verloben/sich entloben), er…/er… (mit antonymischen Basiswörtern: erschweren/erleichtern), …werden/…bleiben (alt werden/jung bleiben; untreu werden/treu bleiben), …a/…us (Intima/Intimus), …eur/…euse (Diseur/Diseuse), ein …muffel sein/…bewußt sein (ein Modemuffel sein/modebewußt sein), ge…t(Partizip II)/…end (Partizip I) (geliebt/liebend).

Diese Wortbildungsmittel können zu selbständigen Bildungen anregen, zum Beispiel dazu, nach dem Muster **ein …muffel sein/…bewußt sein** *ein Ernährungsmuffel sein/ernährungsbewußt sein* oder zu **ver…/ent…** (nach: sich verloben/sich entloben) das Antonymenpaar *sich verlieben/sich (wieder) entlieben* zu bilden.

4.11 Haben Sie Freude am Raten und am Spielen? Dann versuchen Sie es einmal mit Antonymen.

Mit Antonymen lassen sich Frage-und-Antwort-Spiele arrangieren oder Rätsel zusammenstellen. Phantasie ist gefragt.

4.12 Wollen Sie auf Entdeckungsreise durch das Antonymenwörterbuch gehen und dabei ihr Wissen spielerisch erweitern?

Sie können in dem Buch auch einfach nur blättern und sich dabei die Vielfalt antonymischer Möglichkeiten vor Augen führen lassen. Beim Blättern stoßen Sie vielleicht auf die Gruppe **raufgehen/runterkommen** und erfahren, daß es sich dabei sowohl um Gegensätze handeln kann, die sich auf die Höhe (die Treppe raufgehen/die Treppe runterkommen) beziehen, als auch um solche, die sich auf die Fläche beziehen (auf den Spielplatz raufgehen/vom Spielplatz runterkommen). Oder Sie finden Wörter wie **Männerseite** und **weiblicher Reim**. Wissen Sie, was das ist? Na, sehen Sie doch mal nach!

Hätten Sie gedacht, daß **hüh** und **hott** Gegensätze sind? Mit diesen Rufen wurden die Zugtiere angetrieben, wenn sie nach links (hüh) oder nach rechts (hott) gehen sollten.

Ist Ihnen der Unterschied zwischen **draufschauen** und **hinaufschauen** schon bewußt und der Unterschied zwischen **rechtsdrehend** und **rechtdrehend** bekannt gewesen, und wissen Sie, wozu das Gegenwort **linksdrehend** gehört?

Beim Blättern können Sie so manches erfahren: daß der Anfang und das Ende eines Flusses mit **Quelle** und **Mündung** bezeichnet werden und daß die dazugehörigen Verben **entspringen** und **münden** lauten; daß es **Haplographie** genannt wird, wenn von zwei gleichen Buchstaben [versehentlich] nur einer geschrieben wird (Östereich statt Österreich; Mitterand statt Mitterrand). Und wie lautet das Antonym?

5 Zeichen und Abkürzungen

/   Schrägstrich:
       trennt die Antonyme (kurz/lang)

[ ]   eckige Klammern:
       koppeln unterschiedliche Formen: Jäger[in], Gejagte[r] oder stehen innerhalb einer runden Klammer als weglaßbare Erläuterung o. ä. (bei Hörgeräten: die nicht gewünschten Nebengeräusche [Straßenlärm, diffuse Geräusche im Restaurant usw.], die man nicht hören will)

( )   runde Klammern:
       enthalten Angaben zu Bedeutung, Fachbereich, Stil, landschaftlichem Gebrauch und Erläuterungen

a.   auch
       (weist am Schluß eines Antonymenpaares auf Wörter hin, die inhaltlich mit dem zweiten Wort zusammenhängen: einschalten/ausschalten; a. auslassen, ausmachen)

s.   siehe
       (findet sich bei Verweiswörtern: einsetzen; s. <u>als Erben</u> einsetzen)

s. a.   siehe auch
       (weist am Schluß eines Antonymenpaares auf sinnverwandte Wörter in bezug auf das zweite Wort hin: Ehemann/Ehefrau; s. a. Gattin)

z. B.   zum Beispiel

6 Literatur

Ackermann 1842
  Paul Ackermann: Dictionnaire des antonymes ou contremots. Paris/Berlin 1842
Agricola 1977
  Christiane Agricola/Erhard Agricola: Wörter und Gegenwörter. Antonyme der deutschen Sprache. Leipzig 1977; Zweite durchgesehene Auflage Mannheim 1992
Agricola 1992
  Erhard Agricola: Ermittlung und Darstellung der lexikalischen Makrostruktur des Wortschatzes. In: Ursula Brauße/Dieter Viehweger (Hg.): Lexikontheorie und Wörterbuch. Wege der Verbindung von lexikologischer Forschung und lexikographischer Praxis. Tübingen 1992, 390–503
Bierwisch/Lang 1987
  Grammatische und konzeptuelle Aspekte von Dimensionsadjektiven. Hrsg. von Manfred Bierwisch und Ewald Lang [studia grammatica XXVI + XXVII]. Berlin 1987
Böhnke 1972
  Reinhild Böhnke: Versuch einer Begriffsbestimmung der Antonymie. Diss. Leipzig 1972
Brinkmann 1962
  Hennig Brinkmann: Die deutsche Sprache. Gestalt und Leistung. Düsseldorf 1962
Brockhaus Enzyklopädie 1986
  Brockhaus Enzyklopädie in vierundzwanzig Bänden. Neunzehnte, völlig neu bearbeitete Auflage. Mannheim 1986–1994
Brockhaus-Wahrig 1980
  Brockhaus-Wahrig. Deutsches Wörterbuch in sechs Bänden. Stuttgart 1980–1984
Bucá 1974
  Marin Bucá/O. Vinţeler: Dicţionar de antonime. Bukarest 1974
Bulitta 1983
  Erich und Hildegard Bulitta: Wörterbuch der Synonyme und Antonyme. Frankfurt 1983
Carnoy 1927
  A. Carnoy: La science du mot. Löwen 1927
Chu 1984
  Run Chu: Die Semanalyse substantivischer Synonyme im Deutschen – dargestellt an den Bezeichnungen für Gebäude und Räume. Shanghai 1984
Coseriu 1970
  Eugenio Coseriu: Einführung in die strukturelle Betrachtung des Wortschatzes, Tübinger Beiträge zur Linguistik 14, Tübingen 1970
Deutsch als Fremdsprache 1984
  Deutsch als Fremdsprache. Sprachpraxis 4/84, 30 ff.
Dorsch 1959
  Friedrich Dorsch: Psychologisches Wörterbuch. Sechste, völlig revidierte Auflage unter Mitarbeit von Werner Traxel. Hamburg/Bern 1959
Duchaček 1965
  Otto Duchaček: Sur quelques problèmes de l'antonymie. In: Cahiers de lexicologie 6, 1965, 55–66
Duden 1964
  Duden. Vergleichendes Synonymwörterbuch. Sinnverwandte Wörter und Wendungen. Bearbeitet von Paul Grebe, Wolfgang Müller und weiteren Mitarbeitern der Dudenredaktion [Der Große Duden, Band 8], Mannheim 1964

Duden 1982
   Duden. Fremdwörterbuch. 4., neu bearbeitete und erweiterte Auflage. Bearbeitet von
   Wolfgang Müller unter Mitwirkung von Rudolf Köster und Marion Trunk und weiteren
   Mitarbeitern der Dudenredaktion sowie zahlreicher Fachwissenschaftler. [Duden Band
   5], Mannheim 1982
Duden 1985
   Duden. Bedeutungswörterbuch. 2., völlig neu bearbeitete und erweiterte Auflage. Her-
   ausgegeben und bearbeitet von Wolfgang Müller unter Mitwirkung folgender Mitarbei-
   ter der Dudenredaktion: Wolfgang Eckey, Jürgen Folz, Heribert Hartmann, Rudolf Kö-
   ster, Dieter Mang, Charlotte Schrupp, Marion Trunk-Nußbaumer. [Duden Band 10],
   Mannheim 1985
Duden 1986
   Duden. Sinn- und sachverwandte Wörter. Wörterbuch der treffenden Ausdrücke. 2.,
   neu bearbeitete, erweiterte und aktualisierte Auflage. Herausgegeben und bearbeitet
   von Wolfgang Müller. [Duden Band 8], Mannheim 1986
Duden 1993
   Duden. Das große Wörterbuch der deutschen Sprache in acht Bänden. 2., völlig neu
   bearbeitete und stark erweiterte Auflage. Herausgegeben vom Wissenschaftlichen Rat
   und den Mitarbeitern der Dudenredaktion, Mannheim 1993−1995
Duden 1994
   Duden. Das Große Fremdwörterbuch. Herausgegeben und bearbeitet vom Wissen-
   schaftlichen Rat der Dudenredaktion, Mannheim 1994
Duden 1996
   Duden. Deutsches Universalwörterbuch A−Z. 3., neu bearbeitete Auflage. Auf der
   Grundlage der neuen amtlichen Rechtschreibregeln, Mannheim 1996
Fischer 1996
   Iris Fischer: *Klassische* Germanen versus *moderne* Germanen? Die Gegensatzrelation
   bei Adjektiven im Langenscheidt Großwörterbuch Deutsch als Fremdsprache. In:
   Deutsch als Fremdsprache 4/1996, 233−237
Fleischer 1983
   Wolfgang Fleischer: Wortbildung der deutschen Gegenwartssprache. Leipzig 1983
Fleischer/Barz 1992
   Wolfgang Fleischer/Irmhild Barz: Wortbildung der deutschen Gegenwartssprache. Tü-
   bingen 1992
Fuchs 1978
   Ottmar Fuchs: Sprechen in Gegensätzen. Meinung und Gegenmeinung in kirchlicher
   Rede. München 1978
Geckeler 1979
   Horst Geckeler: Antonymie und Wortart. In: Integrale Linguistik. Festschrift für Hel-
   mut Gipper. Amsterdam 1979, 455−482
Geckeler 1980
   Horst Geckeler: Die Antonymie im Lexikon. In: Perspektiven der lexikalischen Seman-
   tik. Hrsg. von Dieter Kastovsky. Bonn 1980, 42−69
Gerigk o. J
   Herbert Gerigk: Fachwörterbuch der Musik. München o.J.
Gontscharowa: Antonymische Phraseologismen unter kommunikativem Aspekt. In:
   Sprachpflege 6/1980, 122
Gsell 1979
   Otto Gsell: Gegensatzrelationen im Wortschatz romanischer Sprachen. Tübingen 1979
Guilbert 1964
   L. Guilbert: Les Antonymes. Y-a-t'il un sytème morpho-lexical des antonymes? In: Ca-
   hiers de Lexicologie, Volume IV 1964, 29−36

Hellinger 1975
Marlis Hellinger: Das Kreuzworträtsel und die Struktur des deutschen Lexikons. In: Muttersprache 85, 1975, 1—10

Henrici 1975
Gert Henrici: Die Binarismus-Problematik in der neueren Linguistik. Tübingen 1975

Henzen 1969
Walter Henzen: Die Bezeichnungen von Richtung und Gegenrichtung im Deutschen. Tübingen 1969

Herberg 1992
Dieter Herberg: Makrostrukturelle Beziehungen im Wortschatz und in Wörterbucheinträgen. Möglichkeiten und Grenzen des allgemeinen einsprachigen Wörterbuchs. In: Ursula Brauße/Dieter Viehweger (Hg.): Lexikontheorie und Wörterbuch. Wege der Verbindung von lexikologischer Forschung und lexikographischer Praxis. Tübingen 1992, 89—163

Heringer 1968
Hans-Jürgen Heringer: „Tag" und „Nacht". Gedanken zu einer strukturellen Lexikologie. In: Wirkendes Wort 18, 1968, 217—231

Heyne 1905
Moriz Heyne: Deutsches Wörterbuch 2. Auflage. Leipzig 1905—1906

Heyse 1833
Johann Christian Heyse: Handwörterbuch der deutschen Sprache. Magdeburg 1833—1849

Hyvärinen 1992
Irma Hyvärinen: Zur Antonymie in deutsch-finnischer Verbidiomatik. In: Untersuchungen zur Phraseologie des Deutschen und anderer Sprachen: einzelsprachlichspezifisch-konstrativ-vergleichend. Hg. Jarmo Korhonen, Berlin, Bern, New York, Wien 1992, 79—104

Kaden 1970
Walter Kaden: Fremdwortgebrauch und Fremdwortkenntnis. In: Sprachpflege. Zeitschrift für gutes Deutsch. 19. Jg. (1970), Heft 10, 193—197

Knaurs großes Wörterbuch der deutschen Sprache 1985
Ursula Hermann u. a. (Bearbeiter): Knaurs großes Wörterbuch der deutschen Sprache. München 1985

Kotschetowa 1974
T. Kotschetowa: Antonymische Verhältnisse in der verbalen Phraseologie der deutschen Sprache der Gegenwart; Diss. Halle 1974

Kühn 1989
Peter Kühn: Typologie der Wörterbücher nach Benutzungsmöglichkeiten. In: Wörterbücher. Ein internationales Handbuch zur Lexikographie, herausgegeben von Franz Josef Hausmann, Oskar Reichmann, Herbert Ernst Wiegand, Ladislav Zgusta 1989, 111—127

Kühn 1995
Peter Kühn: Mein Schulwörterbuch. Zweite, durchgesehene Auflage. Bonn 1995

Lang 1994
Ewald Lang: Antonymie im Lexikon und im Wörterbuch. In: Theorie des Lexikons Nr. 55; Universität Düsseldorf 1994

Langenscheidt 1993
Langenscheidts Großwörterbuch Deutsch als Fremdsprache. Hg. von D. Götz,/G. Haensch/H. Wellmann, Berlin/München 1993

Lenz 1996
Barbara Lenz: Affix-Negation im Deutschen. In: Deutsche Sprache 1/1996, 54—70

Liang 1992

Min Liang u. a.: Grundstudium Deutsch 1. Lehrbuch. Peking 1992

Liang 1993

Min Liang u. a.: Grundstudium Deutsch 2. Lehrbuch. Peking 1993

Löbner 199o

Sebastian Löbner: Wahr neben Falsch. Duale Operatoren als die Quantoren natürlicher Sprache. Tübingen 1990

Meyers Enzyklopädisches Lexikon in 25 Bänden. Neunte, völlig neu bearbeitete Auflage. Mannheim 1971−1979

Müller 1988

Heidrun Müller: Übungen zur deutschen Sprache II, Mannheim 1988

Müller 1963

Wolfgang Müller: Über den Gegensatz in der deutschen Sprache. In: Zeitschrift für deutsche Wortforschung 19. 1963, 39−53

Müller 1968a

Wolfgang Müller: Wie sagt man noch? Sinn- und sachverwandte Wörter und Wendungen. [Duden-Taschenbücher, Band 2], Mannheim 1968

Müller 1968b

Wolfgang Müller: Sprachwandel und Spracherfassung. Duden und Dudenredaktion im Dienst der Sprache in Vergangenheit und Gegenwart: Diktatur oder sträfliche Toleranz? In: Die wissenschaftliche Redaktion, Heft 5, Seite 54−88, bes. S. 67 (anti-), Mannheim 1968

Müller 1973

Wolfgang Müller: Leicht verwechselbare Wörter. [Duden-Taschenbücher, Band 17], Mannheim 1973

Müller 1978

Wolfgang Müller: Referat zu: Agricola, Christiane und Erhard: Wörter und Gegenwörter. Antonyme der deutschen Sprache, Leipzig 1977. In: Germanistik 19. Jg. 1978/2, Seite 324, Nummer: 1984

Müller 1985

Wolfgang Müller: Deutsch für Vor- und Nachdenker. Kontraste. In: texten + schreiben 5/1985, 21 f.

Müller 1989

Wolfgang Müller: Die Antonyme im allgemeinen einsprachigen Wörterbuch. In: Wörterbücher. Ein internationales Handbuch zur Lexikographie, herausgegeben von Franz Josef Hausmann, Oskar Reichmann, Herbert Ernst Wiegand, Ladislav Zgusta 1989, 628−635

Müller 1990

Wolfgang Müller: Die richtige Wortwahl. Ein vergleichendes Wörterbuch sinnverwandter Ausdrücke. 2., neu bearbeitete, erweiterte und aktualisierte Auflage. Herausgegeben und bearbeitet von Wolfgang Müller. [Schülerduden], Mannheim 1990

Müller 1996

Wolfgang Müller: Antonymien, Gegenwortfeld-Wörterbücher und das Gegenwort-Wörterbuch. Begründung und Konzeption. In: Lexicographica. Series Maior 70, Wörterbücher in der Diskussion II. Vorträge aus dem Heidelberger Kolloquium. Herausgegeben von Herbert Ernst Wiegand. Tübingen 1996, 279−310

Nellessen 1982

Horst Nellessen. Die Antonymie im Bereich des neufranzösischen Verbs. Avec un résumé en français. Tübingen 1982. [Mit ausführlichem weiterführendem Literaturverzeichnis]

Petasch-Molling o. J.
Gudrun Petasch-Molling (Hrsg.): Antonyme. Wörter und Gegenwörter der deutschen Sprache. Erlangen o. J.

Rachidi 1989
Renate Rachidi: Gegensatzrelationen im Bereich deutscher Adjektive. (Reihe Germanistische Linguistik, 98). Tübingen 1989

Rösler 1994
D. Rösler: Deutsch als Fremdsprache. Stuttgart/Weimar 1994

Sanders 1873
Daniel Sanders: Deutscher Sprachschatz geordnet nach Begriffen. Hamburg 1873—1877

Sanders 1876
Daniel Sanders: Wörterbuch der deutschen Sprache. Leipzig 1876

Schippan 1975
Thea Schippan: Einführung in die Semasiologie. Leipzig 1975

Schippan 1992
Thea Schippan: Lexikologie der deutschen Gegenwartssprache. Tübingen 1992

Schmidt 1986
Hartmut Schmidt: Wörterbuchprobleme. Reihe Germanistische Linguistik 65, Hrsg. Helmut Henne, Horst Sitta, Herbert Ernst Wiegand 1986

Schmidt-Hidding 1963
Wolfgang Schmidt-Hidding: Deutsche Sprichwörter und Redewendungen. In: Deutschunterricht für Ausländer 13, 1963, 13—26

Sibilewa-Solotowa 1977
A. E. Sibilewa-Solotowa: Die Antonymie als Methode zur Systematisierung der Verben. Diss. Moskau 1977

Siems 1980
Martin Siems: Coming out. Reinbek bei Hamburg 1980

Silin 1980
Wassilij L. Silin: Antonymische Relationen in der Paradigmatik und Syntagmatik. In: Zeitschrift für Phonetik, Sprachwissenschaft und Kommunikationsforschung Bd. 33, 1980, 701—708

Tarp 1994
Sven Tarp: Funktionen in Fachwörterbüchern. In: Burkhard Schaeder/Henning Bergenholtz (Hrsg.): Fachlexikographie. Fachwissen und seine Repräsentation in Wörterbüchern. Tübingen 1994, 229—246

Ulrich 1992
Winfried Ulrich: Systematische Wortschatzarbeit im muttersprachlichen Deutschunterricht. In: Deutschunterricht 45, 1992, 526—536

Wahrig 1994
Gerhard Wahrig: Deutsches Wörterbuch. Gütersloh 1994

Warczyk 1985
Richard Warczyk: Antonymie, négation ou opposition? In: Orbis. Bulletin international de Documentation linguistique 31, 1—2, 1982 [1985], 30—58

Weiss 1960
Walter Weiss: Die Verneinung mit „un-". Ein Beitrag zur Wortverneinung. In: Muttersprache 1960, 335—343

Wellmann 1995
Hans Wellmann: Die Wortbildung. In: Duden Band 4. Duden-Grammatik, 5. Auflage Mannheim, 399—536

Wiegand 1973
Herbert Ernst Wiegand: Lexikalische Strukturen I. In: Funk-Kolleg Sprache. Eine Einführung in die moderne Linguistik. Bd. 2. Frankfurt 1973, 40—69

Wiegand 1985
   Herbert Ernst Wiegand: Fragen zur Grammatik in Wörterbuchbenutzungsprotokollen. Ein Beitrag zur empirischen Erforschung der Benutzung einsprachiger Wörterbücher. In: Lexikographie und Grammatik. Hg. v. Henning Bergenholtz/Joachim Mugdan, Tübingen 1985, 20–98

Wiegand 1987
   Herbert Ernst Wiegand: Zur handlungstheoretischen Grundlegung der Wörterbuchbenutzungsforschung. In: Lexicographica 3 Tübingen 1987, 178–227

Wiegand/Wolski 1978
   Arbeitsbibliographie zur Semantik in der Sprachphilosophie, Logik, Linguistik und Psycholinguistik (1963–1973/74), zusammengestellt von Herbert Ernst Wiegand und Werner Wolski. Hildesheim. New York 1978 (Germanistische Linguistik 1–6/75), 93–838 [über 8000 Titel, Sach- und Namenregister]

Wörterbuch der deutschen Gegenwartssprache 1964
   Ruth Klappenbach/Wolfgang Steinitz (Hgg.): Wörterbuch der deutschen Gegenwartssprache. Berlin 1964–1977

Zawjalowa 1969
   W. M. Zawjalowa: Antonyme. Moskau 1969

Antonymische Wortbildungsmittel und antonymische grammatische Ausdrucksmittel

.../a... (meist vor fremdsprachlichem Adjektiv) — z. B. *symmetrisch/asymmetrisch*

.../A... (meist vor fremdsprachlichem Substantiv) — z. B. *Symmetrie/Asymmetrie*

.../ab... (Verb) — z. B. *rüsten/abrüsten*

.../an... (vor fremdsprachlichem Adjektiv mit anlautendem Vokal oder h) — z. B. *isometrisch/anisometrisch*

.../An... (vor fremdsprachlichem Substantiv mit anlautendem Vokal oder h) — z. B. *Isometrie/Anisometrie*

.../anti... (Adjektiv) — z. B. *kommunistisch/antikommunistisch*

.../Anti... (Substantiv) — z. B. *Kriegsfilm/Antikriegsfilm*

.../aus... (Verb) — z. B. *packen/auspacken (Koffer)*

.../außer... (Adjektiv) — z. B. *ehelich/außerehelich*

... (Infinitiv)/... (Partizip II) + bekommen — z. B. *liefern/geliefert bekommen*

.../de...; s. a. ent... (vor fremdsprachlichem Verb) — z. B. *kodieren/dekodieren*

.../De...; s. a. Ent... (vor fremdsprachlichem Substantiv) — z. B. *Motivation/Demotivation*

.../des...; s. a. ent... (vor vokalisch anlautendem fremdsprachlichem Verb) — z. B. *integrieren/desintegrieren*

.../Des...; s. a. Ent... (vor vokalisch anlautendem fremdsprachlichem Substantiv) — z. B. *Interesse/Desinteresse*

.../dis... (vor fremdsprachlichem Verb) — z. B. *harmonieren/disharmonieren*

.../dis... (vor fremdsprachlichem Adjektiv) — z. B. *kontinuierlich/diskontinuierlich*

.../Dis... (vor fremdsprachlichem Substantiv) — z. B. *Kontinuität/Diskontinuität*

.../ent...; s. a. de..., des... (Verb) — z. B. *tabuisieren/enttabuisieren*

.../Ent...; s. a. Des... (Substantiv) — z. B. *Solidarisierung/Entsolidarisierung*

.../...eß (Substantiv) — z. B. *Steward/Stewardeß*

.../extra... ; s. a. extra.../intra... (Adjektiv) — z. B. *linguistisch/extralinguistisch*

.../Gegen... (Substantiv) — z. B. *Vorschlag/Gegenvorschlag*

...(Aktiv)/[ge]...t werden (Passiv) — z. B. *lieben/geliebt werden; verführen/verführt werden*

.../il... ; s. a. un.../... (vor fremdsprachlichem Adjektiv mit anlautendem l) — z. B. *loyal/illoyal*

.../Il...; s. a. Un.../... (vor fremdsprachlichem Substantiv mit anlautendem L) — z. B. *Legalität/Illegalität*

.../im...; s. a. un.../... (vor fremdsprachlichem Adjektiv mit anlautendem m, p) — z. B. *materiell/immateriell; potent/impotent*

.../Im...; s. a. Un.../... (vor fremdsprachlichem Substantiv mit anlautendem M, P)	z. B. Mobilismus/Immobilismus; Parität/Imparität
.../in...; s. a. un... (vor fremdsprachlichem Adjektiv)	z. B. human/inhuman; diskret/indiskret; offiziell/inoffiziell
.../In... ; s. a. Un.../... (vor fremdsprachlichem Substantiv)	z. B. Opportunität/Inopportunität; Stabilität/Instabilität; Toleranz/Intoleranz
.../...in (Substantiv)	z. B. Wirt/Wirtin; Hund/Hündin; Arzt/Ärztin; Türke/Türkin; Franzose/Französin; Lehrer/Lehrerin; Herausforderer/Herausforderin
.../inter... (vor fremdsprachlichem Adjektiv)	z. B. national/international
.../ir...; s. a. un.../... (vor fremdsprachlichem Adjektiv mit anlautendem r)	z. B. reparabel/irreparabel
.../Ir...; s. a. Un.../... (vor fremdsprachlichem Substantiv mit anlautendem R)	z. B. Realität/Irrealität
.../miß... (Verb)	z. B. glücken/mißglücken
.../Miß... (Substantiv)	z. B. Erfolg/Mißerfolg
.../nicht... (Adjektiv)	z. B. christlich/nichtchristlich
.../Nicht... (Substantiv)	z. B. Raucher/Nichtraucher; Erfüllung/Nichterfüllung (eines Vertrages)
.../prä... (Adjektiv)	z. B. historisch/prähistorisch
.../sich ... lassen	z. B. jemanden bedienen/sich bedienen lassen
.../über... (Adjektiv)	z. B. regional/überregional
.../un...; s. a. il.../..., im.../..., ir.../... (Adjektiv)	z. B. günstig/ungünstig; fachgerecht/unfachgerecht
.../un... (Partizip II) lassen	z. B. verändern/unverändert lassen
.../Un... (Substantiv)	z. B. Recht/Unrecht
.../...un... (Adjektiv)	z. B. rechtswirksam/rechtsunwirksam
.../unter... (Adjektiv)	z. B. privilegiert/unterprivilegiert
... (Infinitiv)/... (Partizip II) + werden (Passiv)	z. B. fressen/gefressen werden, verführen/verführt werden, lieben/geliebt werden
a.../... (meist vor fremdsprachlichem Adjektiv)	(mit der Bedeutung: nicht-, un-) z. B. amoralisch/moralisch
a.../eu... (vor fremdsprachlicher Basis; Adjektiv)	(mit der Bedeutung: nicht-, un-) z. B. aphotisch/euphotisch
...a/...us (Substantivsuffix bei fremdsprachlichem Basiswort)	(Endung, die Weibliches kennzeichnet) z. B. Intima/Intimus; Anima/Animus
ab.../... (Verb)	z. B. abrüsten/rüsten
ab.../an... (Verben mit gleichem Basiswort)	z. B. abmachen/anmachen
ab.../an... (Verben mit nicht gleichem Basiswort)	z. B. abstoßen/anziehen
ab.../ange...+ kommen (Verb)	z. B. abreiten/angeritten kommen
ab.../auf... (Adverb)	z. B. abwärts/aufwärts
ab.../auf... (Verben mit gleichem Basiswort)	z. B. absteigen/aufsteigen

ab.../auf... (Verben mit nicht gleichem Basiswort)	z. B. *abnehmen/aufsetzen (den Hut)*
ab.../be... (Verb)	z. B. *abdecken/bedecken*
ab.../heran... (Verb)	z. B. *abrudern/heranrudern*
ab.../um... (Verb)	z. B. *abbinden/umbinden (Schürze)*
ab.../zu... (Verben mit gleichem Basiswort)	z. B. *abnehmen/zunehmen*
ab.../zu... (Verben mit nicht gleichem Basiswort)	z. B. *ablehnen/zustimmen*
Ab.../An... (Substantiv)	z. B. *Abtestat/Antestat*
...ab/...an; a. ...aufwärts (Adverb)	z. B. *bergab/bergan*
...ab/...auf; a. ...aufwärts (Adverb)	z. B. *treppab/treppauf*
...abhängig/...unabhängig (Adjektiv)	z. B. *ertragsabhängig/ertragsunabhängig*
abwärts.../aufwärts... (Verb)	z. B. *abwärtsgehen/aufwärtsgehen*
...abwärts/...aufwärts; a. ...an/...ab, ...auf/...ab (Adverb)	z. B. *flußabwärts/flußaufwärts*
Allein.../Mit... (Substantiv)	z. B. *Alleinverantwortung/ Mitverantwortung*
Alltags.../Sonntags... (Substantiv)	z. B. *Alltagsanzug/Sonntagsanzug*
Amateur.../Berufs... (Substantiv)	z. B. *Amateurboxer/Berufsboxer*
an.../... (vor fremdsprachlichem Adjektiv)	*(mit der Bedeutung: nicht-, un-)* z. B. *aneuploid/euploid*
an.../ab... (Verben mit gleichem Basiswort)	z. B. *anmachen/abmachen*
an.../ab... (Verben mit nicht gleichem Basiswort)	z. B. *anziehen/abstoßen*
an + Partizip II von x + kommen/ab + x (Verb)	z. B. *angeschritten kommen/abschreiten*
an.../aus... (Verben mit gleichem Basiswort)	z. B. *anziehen/ausziehen (Kleid)*
an.../aus... (Verben mit nicht gleichem Basiswort)	z. B. *anbehalten/ausziehen*
An.../... (vor fremdsprachlichem Substantiv)	*(mit der Bedeutung: Nicht-, Un-)* z. B. *Anisometrie/Isometrie*
An.../Ab... (Substantiv)	z. B. *Antestat/Abtestat*
...an/...ab (Adverb)	z. B. *bergan/bergab*
Analog.../Digital... (Substantiv)	*(mit der Bedeutung: übereinstimmend)* z. B. *Analogtechnik/Digitaltechnik*
...and/...ant (Substantiv)	*(Suffix mit passivischer Bedeutung)* z. B. *Informand/Informant*
...and/...ator (Substantiv)	z. B. *Explorand/Explorator*
...and/...iker (Substantiv)	*(Suffix mit passivischer Bedeutung)* z. B. *Analysand/Analytiker*
anders.../gleich... (Adjektiv)	z. B. *andersgeschlechtlich/gleichgeschlechtlich*
...andus/...ator (Substantiv)	*(Suffix mit passivischer Bedeutung)* z. B. *Laudandus/Laudator*
ange... + kommen/ab... (Verb)	z. B. *angeritten kommen/abreiten*

...ant/...and (Substantiv) — *(Suffix mit aktivischer Bedeutung) z. B. Informant/Informand*

...ant/...ar (Substantiv) — *z. B. Indossant/Indossatar*

...ant/...at (Substantiv) — *(Suffix mit aktivischer Bedeutung) z. B. Adressant/Adressat*

...ant/...atar (Substantiv) — *(Suffix mit aktivischer Bedeutung) z. B. Indossant/Indossatar*

...ant/...ator (Substantiv) — *z. B. Kommunikant/Kommunikator*

ante.../post... (Verb) — *(mit der Bedeutung: vor, vorher) z. B. antedatieren/postdatieren*

Ante.../Post... (Substantiv) — *(mit der Bedeutung: vor, vorher) z. B. Anteposition/Postposition*

anti.../... (Adjektiv) — *(kennzeichnet 1. einen ausschließenden Gegensatz) z. B. antidemokratisch/demokratisch; (kennzeichnet 2. einen entgegenwirkenden Gegensatz) z. B. antiallergisch/allergisch*

anti.../pro...; a. für/gegen (Adjektiv) — *(mit der Bedeutung: gegen-) z. B. antiamerikanisch/proamerikanisch*

Anti.../... (Substantiv) — *(kennzeichnet 1. einen ausschließenden Gegensatz) z. B. Antialkoholiker/Alkoholiker; (kennzeichnet 2. einen entgegenwirkenden Gegensatz) z. B. Antikriegsfilm/Kriegsfilm; (bildet 3. einen komplementären Gegensatz) z. B. Antirakete/Rakete, Antikritik/Kritik; Antimaterie/Materie; (drückt 4. aus, daß etwas/jemand ganz anders ist, als was man üblicherweise damit verbindet) z. B. Antiheld/Held, Antifußball (schlechtes Spiel)/Fußball, Antimode (Saloppes)/Mode*

Anti.../Phil[o]... (Substantiv) — *(mit der Bedeutung: Gegner von etwas) z. B. Antisemitismus/Philosemitismus*

Anti.../Syn... (Substantiv) — *(mit der Bedeutung: entgegen) z. B. Antiklinorium/Synklinorium*

...ar/...ant (Substantiv) — *z. B. Indossatar/Indossant*

...är/...euse (Substantiv) — *z. B. Konfektionär/Konfektioneuse*

...arm/...reich (Adjektiv) — *z. B. fettarm/fettreich*

...armut/...reichtum (Substantiv) — *z. B. Ideenarmut/Ideenreichtum*

...at/...ant (Substantiv) — *z. B. Adressat/Adressant*

...at[ar]/...ant (Substantiv) — *z. B. Indossat[ar]/Indossant*

...ator/...and[us] (Substantiv) — *(bezeichnet den Träger eines Geschehens) z. B. Laudator/Laudand[us]*

...ator/...ant (Substantiv) — *(bezeichnet den Träger eines Geschehens) z. B. Kommunikator/Kommunikant*

auf.../... (Verb) — *z. B. aufbinden/binden (Schleife)*

auf.../ab... (Adverb) — *z. B. aufwärts/abwärts*

auf.../ab... (Verben mit gleichem Basiswort) — *z. B. aufrüsten/abrüsten*

auf.../ab... (Verben mit nicht gleichem Basiswort)	z. B. *aufbehalten/absetzen*
auf.../auseinander... (Verb)	z. B. *aufrollen/auseinanderrollen*
auf.../ein... (Verben mit nicht gleichem Basiswort)	z. B. *aufwachen/einschlafen*
auf.../ent... (Verb)	z. B. *aufrollen/entrollen*
auf.../unter... (Verb)	z. B. *auftauchen/untertauchen*
auf.../zu... (Verben mit gleichem Basiswort)	z. B. *aufschließen/zuschließen*
auf.../zu... (Verben mit nicht gleichem Basiswort)	z. B. *aufziehen/zuschieben, auflassen/zumachen*
...auf/...ab; a. ...abwärts (Adverb)	z. B. *bergauf/bergab*
aufwärts.../abwärts... (Verb)	z. B. *aufwärtsgehen/abwärtsgehen*
...aufwärts/...abwärts; a. ...ab/...an, ...ab/...auf (Adverb)	z. B. *stromaufwärts/stromabwärts*
aus.../an... (Verben mit gleichem Basiswort)	z. B. *ausziehen/anziehen*
aus.../an...(Verben mit nicht gleichem Basiswort)	z. B. *ausziehen/anbehalten*
aus.../ein... (Verben mit gleichem Basiswort)	z. B. *ausatmen/einatmen*
aus.../ein... (Verben mit nicht gleichem Basiswort)	z. B. *ausstoßen/einziehen (Atem)*
aus.../zusammen... (Verben mit gleichem Basiswort)	z. B. *ausrollen/zusammenrollen (Teppich)*
aus.../zusammen... (Verben mit nicht gleichem Basiswort)	z. B. *ausziehen/zusammenschieben*
...aus/...ein (Adverb)	z. B. *tagaus/tagein*
auseinander.../auf... (Verb)	z. B. *auseinanderrollen/aufrollen*
auseinander.../zusammen... (Verben mit gleichem Basiswort)	z. B. *auseinanderrücken/zusammenrücken*
auseinander.../zusammen... (Verben mit nicht gleichem Basiswort)	z. B. *auseinandernehmen/zusammensetzen*
außen.../innen... (Adjektiv)	z. B. *außenpolitisch/innenpolitisch*
Außen.../Binnen... (Substantiv)	z. B. *Außenhandel/Binnenhandel*
Außen.../Innen... (Substantiv)	z. B. *Außentoilette/Innentoilette*
außer.../... (Adjektiv)	z. B. *außerehelich/ehelich*
außer.../inner... (Adjektiv)	z. B. *außerbetrieblich/innerbetrieblich*
auto.../hetero... (vor fremdsprachlicher Basis; Adjektiv)	*(mit der Bedeutung: selbst, eigen) z. B. autotroph/heterotroph*
Auto.../Hetero... (vor fremdsprachlicher Basis; Substantiv)	*(mit der Bedeutung: selbst, eigen) z. B. Autohypnose/Heterohypnose*
be.../ab... (Verb)	z. B. *bedecken/abdecken*
be.../be... (Verben mit antonymischen Basiswörtern)	z. B. *belohnen/bestrafen*
be.../ent... (Verb)	z. B. *jemanden belasten/jemanden entlasten*
be.../ver... (Verben mit antonymischen Basiswörtern)	z. B. *bejahen/verneinen, sich befreunden/ sich verfeinden*

Be.../Ent... (Substantiv)	z. B. *Belüftung/Entlüftung*
...bedürftig/...frei (Adjektiv)	z. B. *zustimmungsbedürftig/zustimmungs-frei*
... (Partizip II) + bekommen/... (Infinitiv)	z. B. *geliefert bekommen/liefern*
Berufs.../Amateur... (Substantiv)	z. B. *Berufsboxer/Amateurboxer*
Berufs.../Laien... (Substantiv)	z. B. *Berufskünstler/Laienkünstler*
be...t/...los (Adjektiv)	z. B. *beblättert/blätterlos, behaart/haarlos*
...bewußt sein/ein ...muffel sein	z. B. *modebewußt sein/ein Modemuffel sein*
Binnen.../Außen... (Substantiv)	z. B. *Binnenhandel/Außenhandel*
... bleiben/[un/Nicht]... werden	z. B. *jung bleiben/alt werden; er blieb ihr, ihm treu/wurde ihr, ihm untreu; Raucher bleiben/Nichtraucher werden*
de.../... (vor fremdsprachlichem Verb)	*(mit der Bedeutung: ent..., von...weg)* z. B. *demilitarisieren/militarisieren*
de.../en...; a. ver... (vor fremdsprachlichem Verb)	*(mit der Bedeutung: ent..., von...weg)* z. B. *dekodieren/enkodieren*
De.../... (vor fremdsprachlichem Substantiv)	*(mit der Bedeutung: Ent..., von...weg)* z. B. *Dezentralisation/Zentralisation*
des.../...; s. a. .../de... (vor vokalisch anlautendem fremdsprachlichem Verb)	*(mit der Bedeutung: ent..., von...weg)* z. B. *desintegrieren/integrieren*
Des.../...; s. a. .../De... (vor vokalisch anlautendem fremdsprachlichem Substantiv)	*(mit der Bedeutung: Ent..., von...weg)* z. B. *Desintegration/Integration*
Digital.../Analog... (Substantiv)	*(mit der Bedeutung: in Stufen, Schritten sich vollziehend)* z. B. *Digitaltechnik/Analogtechnik*
dis.../... (vor fremdsprachlichem Adjektiv)	*(mit der Bedeutung: zwischen, auseinander)* z. B. *diskontinuierlich/kontinuierlich*
dis.../... (vor fremdsprachlichem Verb)	*(mit der Bedeutung: zwischen, auseinander)* z. B. *disharmonieren/harmonieren*
Dis.../... (vor fremdsprachlichem Substantiv)	*(mit der Bedeutung: zwischen, auseinander)* z. B. *Diskontinuität/Kontinuität*
Doppel.../Einzel... (Substantiv)	z. B. *Doppelzimmer/Einzelzimmer*
drauf.../drunter... (Verb)	z. B. *draufstellen/drunterstellen*
drunter.../drauf... (Verb)	z. B. *drunterstellen/draufstellen*
dunkel.../hell... (Adjektiv)	z. B. *dunkelbraun/hellbraun*
...durchlässig/...undurchlässig (Adjektiv)	z. B. *lichtdurchlässig/lichtundurchlässig*
dys.../eu... (vor fremdsprachlicher Basis; Adjektiv)	*(mit der Bedeutung: schlecht, schwer, miß-, -widrig)* z. B. *dysphorisch/euphorisch*
Dys.../Eu... (vor fremdsprachlicher Basis; Substantiv)	*(mit der Bedeutung: schlecht, schwer, miß-, -widrig)* z. B. *Dystrophie/Eutrophie*
...e/...er (Substantiv)	z. B. *Vertraute/Vertrauter*
eigen.../fremd... (Adjektiv)	z. B. *eigengenutzt/fremdgenutzt*
Eigen.../Fremd... (Substantiv)	z. B. *Eigenkapital/Fremdkapital*
...eigen/...fremd (Adjektiv)	z. B. *betriebseigen/betriebsfremd*

ein.../aus... (Verben mit gleichem Basiswort)	z. B. einschalten/ausschalten
ein.../aus... (Verben mit nicht gleichem Basiswort)	z. B. einziehen/ausstoßen (Atem)
ein.../ent... (Verben mit nicht gleichem Basiswort)	z. B. einstellen/entlassen
...ein/...aus (Adverb)	z. B. tagein/tagaus
ein ...muffel sein/...bewußt sein	z. B. ein Modemuffel sein/modebewußt sein
Einweg.../Mehrweg... (Substantiv)	z. B. Einwegflasche/Mehrwegflasche
einzel.../gesamt... (Adjektiv)	z. B. einzelwirtschaftlich/gesamtwirtschaftlich
Einzel.../Doppel... (Substantiv)	z. B. Einzelzimmer/Doppelzimmer
Einzel.../Gesamt... (Substantiv)	z. B. Einzelergebnis/Gesamtergebnis
Einzel.../Groß... (Substantiv)	z. B. Einzelhandel/Großhandel
Einzel.../Gruppen... (Substantiv)	z. B. Einzelreise/Gruppenreise
Einzel.../Kollektiv... (Substantiv)	z. B. Einzelbestrafung/Kollektivbestrafung
Einzel.../Mannschafts... (Substantiv)	z. B. Einzelwertung/Mannschaftswertung
Ekto.../Endo..., Ento... (vor fremdsprachlicher Basis; Substantiv)	(mit der Bedeutung: außen, außerhalb) z. B. Ektoparasit/Endoparasit, Entoparasit
...empfindlich/...unempfindlich (Adjektiv)	z. B. frostempfindlich/frostunempfindlich
en.../de...; s. a. ent... (vor fremdsprachlichem Verb)	(mit der Bedeutung: ein..., hinein...) z. B. enkodieren/dekodieren
...en (Partizip II)/...end (Partizip I)	z. B. eingeladen/einladend
...en (Aktiv)/[ge]...[t] werden (Passiv)	z. B. lieben/geliebt werden, verführen/verführt werden, einladen/eingeladen werden
End.../Zwischen... (Substantiv)	z. B. Endergebnis/Zwischenergebnis
...end (Partizip I)/...en (Partizip II von starkem Verb)	z. B. einladend/eingeladen
...end (Partizip I)/[ge]...t (Partizip II von schwachem Verb)	z. B. liebend/geliebt, definierend/definiert, verführend/verführt
...end (Partizip I)/[...]zu...end (Gerundivum)	z. B. ausbildend/auszubildend
...ende[r]/[Ge]...e[r] (Substantivierung von starkem, dem unregelmäßigen Verb)	z. B. Schlagende[r]/Geschlagene[r]
...ende[r]/[Ge]...te[r] (Substantivierung von schwachem, dem regelmäßigen Verb)	z. B. Liebende[r], Begehrende[r]/Geliebte[r], Begehrte[r]; Jagende[r]/Gejagte[r]
endo.../exo... (vor fremdsprachlicher Basis; Adjektiv)	(mit der Bedeutung: innen, inwendig, innerhalb) z. B. endozentrisch/exozentrisch
Endo.../Ekto... (vor fremdsprachlicher Basis; Substantiv)	(mit der Bedeutung: innerhalb) z. B. Endoparasit/Ektoparasit
Endo.../Epi... (vor fremdsprachlicher Basis; Substantiv)	(mit der Bedeutung: innen, inwendig, innerhalb) z. B. Endobiose/Epibiose
Endo.../Exo... (vor fremdsprachlicher Basis; Substantiv)	(mit der Bedeutung: innerhalb) z. B. Endophytie/Exophytie

ent.../... (Verb)	*z. B. enttabuisieren/tabuisieren*
ent.../auf... (Verb)	*z. B. entrollen/aufrollen*
ent.../be... (Verb)	*z. B. jemanden entlasten/jemanden bela-sten*
ent.../ein... (Verben mit nicht gleichem Basiswort)	*z. B. entlassen/einstellen*
ent.../er... (Verb)	*z. B. entmutigen/ermutigen*
ent.../ver... (Verb)	*z. B. sich entloben/sich verloben*
ent.../zu... (Verb)	*z. B. entlaufen/zulaufen*
Ent.../... (Substantiv)	*z. B. Entsolidarisierung/Solidarisierung*
Ent.../Be... (Substantiv)	*z. B. Entlüftung/Belüftung*
Ento.../Ekto... (vor fremdsprachlicher Basis; Substantiv)	*(mit der Bedeutung: innerhalb) z. B. Ento-plasma/Ektoplasma*
epi.../hypo... (vor fremdsprachlicher Basis; Adjektiv)	*(mit der Bedeutung: darauf, darüber, an der Oberfläche) z. B. epigäisch/hypo-gäisch*
Epi.../Endo... (vor fremdsprachlicher Basis; Substantiv)	*(mit der Bedeutung: darauf, darüber, an der Oberfläche) z. B. Epibiose/Endo-biose*
er.../ent... (Verb)	*z. B. ermutigen/entmutigen*
er.../er... (Verben mit antonymischen Basiswörtern)	*z. B. erleichtern/erschweren*
er.../ver... (Verben mit nicht gleichem Basiswort)	*z. B. erlauben/verbieten*
...er/...e (Substantiv)	*z. B. Vertrauter/Vertraute*
...e[r]/...ende[r] (Substantiv)	*z. B. Befreite[r]/Befreiende[r]*
...er/...erin (Substantiv)	*z. B. Lehrer/Lehrerin*
...er/[Ge]...e[r] (Substantivierung von starkem, dem unregelmäßigen Verb)	*z. B. Schläger/Geschlagene[r]*
...er/[Ge]...te[r] (Substantivierung von schwachem, dem regelmäßigen Verb)	*z. B. Befreier/Befreite[r]*
...er/...ling (Substantiv)	*z. B. Prüfer/Prüfling*
...erer/...erin (Substantiv)	*z. B. Förderer/Förderin*
...erin/...er (Substantiv)	*z. B. Lehrerin/Lehrer*
...erin/...erer (Substantiv)	*z. B. Kämmerin/Kämmerer, Förderin/För-derer*
...erin/[Ge]...[t]e[r] (Substantivierung vom starken oder schwachen Verb)	*z. B. Schädigerin/Geschädigte[r]; Jägerin/Gejagte[r]; Ruferin/Gerufene[r]*
...erin/...ling (Substantiv)	*z. B. Prüferin/Prüfling*
...eß/... (Substantiv)	*z. B. Stewardeß/Steward*
...ette/...ier (Substantiv)	*z. B. Chansonnette/Chasonnier*
eu.../a... (vor fremdsprachlicher Basis; Adjektiv)	*(mit der Bedeutung: wohl, schön, gut) z. B. euphotisch/aphotisch*
eu.../dys... (vor fremdsprachlicher Basis; Adjektiv)	*(mit der Bedeutung: wohl, schön, gut) z. B. euphorisch/dysphorisch*
Eu.../Dys... (vor fremdsprachlicher Basis; Substantiv)	*(mit der Bedeutung: wohl, schön, gut) z. B. Eutrophie/Dystrophie*
Eu.../Kako... (vor fremdsprachlicher Basis; Substantiv)	*(mit der Bedeutung: wohl, schön, gut) z. B. Euphonie/Kakophonie*

...eur/...eurin, ...euse (Substantiv)	z. B. Friseur/Friseurin, Friseuse
...eurin/...eur (Substantiv)	z. B. Friseurin/Friseur
eur[y].../...sten[o]... (Adjektiv)	*(mit der Bedeutung: breit, weit) z. B. eury-halin/stenohalin*
...euse/...är (Substantiv)	z. B. Konfektioneuse/Konfektionär
...euse/...eur (Substantiv)	z. B. Friseuse/Friseur
...euse/...ier (Substantiv)	z. B. Croupieuse/Croupier
exo.../endo... (vor fremdsprachlicher Basis; Adjektiv)	*(mit der Bedeutung: aus, außen, außerhalb) z. B. exozentrisch/endozentrisch*
Exo.../Endo... (vor fremdsprachlicher Basis; Substantiv)	*(mit der Bedeutung: aus, außerhalb) z. B. Exophytie/Endophytie*
...extern/...intern (Adjektiv)	*(mit der Bedeutung: außerhalb) z. B. sprachextern/sprachintern*
extra.../... (Adjektiv)	*(mit der Bedeutung: außen, außerhalb) z. B. extralinguistisch/linguistisch*
extra.../intra... ; s. a. .../extra... (vor fremdsprachlichem Adjektiv)	z. B. extralingual/intralingual
extra.../intro... (vor fremdsprachlicher Basis; Adjektiv)	z. B. extravertiert/introvertiert
...fähig/...unfähig (Adjektiv)	*z. B. [sie ist] verhandlungsfähig (aktivisch; kann verhandeln)/verhandlungsunfähig, vernehmungsfähig (passivisch; kann vernommen werden)/vernehmungsunfähig*
fein.../grob... (Adjektiv)	z. B. feingliedrig/grobgliedrig
Fein.../Grob... (Substantiv)	z. B. Feineinstellung/Grobeinstellung
...feindlich/...freundlich (Adjektiv)	*(mit der Bedeutung: ablehnend dem im Basiswort Genannten gegenüber) z. B. kinderfeindlich/kinderfreundlich*
...fern/...nah (Adjektiv)	z. B. praxisfern/praxisnah
...frei/...bedürftig (Adjektiv)	z. B. zustimmungsfrei/zustimmungsbedürftig
...frei/...gebunden (Adjektiv)	z. B. zweckfrei/zweckgebunden
...frei/...haltig (Adjektiv), mit ...	z. B. phosphatfrei/phosphathaltig, mit Phosphat
...frei/...pflichtig (Adjektiv)	z. B. portofrei/portopflichtig
Freiland.../Treibhaus... (Substantiv)	z. B. Freilandgemüse/Treibhausgemüse
fremd.../eigen... (Adjektiv)	z. B. fremdgenutzt/eigengenutzt
fremd.../selbst... (Adjektiv)	z. B. fremdbestimmt/selbstbestimmt
Fremd.../Eigen... (Substantiv)	z. B. Fremdfinanzierung/Eigenfinanzierung
Fremd.../Selbst... (Substantiv)	z. B. Fremdbestimmung/Selbstbestimmung
...fremd/...eigen (Adjektiv)	z. B. betriebsfremd/betriebseigen
...freudigkeit/...müdigkeit (Substantiv)	z. B. Impffreudigkeit/Impfmüdigkeit
...freund/...hasser (Substantiv)	z. B. Deutschenfreund/Deutschenhasser
...freundlich/...feindlich (Adjektiv)	*(mit der Bedeutung: wohlwollend dem im Basiswort Genannten gegenüber) z. B. kinderfreundlich/kinderfeindlich*
...freundlich/...unfreundlich (Adjektiv)	*(mit der Bedeutung: dem im Basiswort Genannten gegenüber entgegenkommend) z. B. leserfreundlich/leserunfreundlich (in bezug auf die Schrift u. a.)*

früh.../spät... (Adjektiv) — *z. B. frühkapitalistisch/spätkapitalistisch*

Früh.../Spät... (Substantiv) — *z. B. Frühschicht/Spätschicht*

...fug/...phil (mit fremdsprachlicher Basis; Adjektiv) — *(mit der Bedeutung: fliehend, meidend) z. B. kalzifug/kalziphil*

ganz.../halb... (Adverb) — *z. B. ganztags/halbtags*

Ganz.../Teil... (Substantiv) — *z. B. Ganzansicht/Teilansicht*

...geber/...nehmer (Substantiv) — *z. B. Arbeitgeber/Arbeitnehmer*

...gebunden/...frei (Adjektiv) — *z. B. zweckgebunden/zweckfrei*

Ge...e[r]/...ende[r] (Substantivierung von starkem, dem unregelmäßigen Verb) — *z. B. Geschlagene[r]/Schlagende[r]*

Gegen .../... (Substantiv) — *z. B. Gegenargument/Argument*

Gelegenheits.../Gewohnheits... (Substantiv) — *z. B. Gelegenheitsraucher/ Gewohnheitsraucher*

...gemäß/...widrig (Adjektiv) — *z. B. ordnungsgemäß/ordnungswidrig*

...gerecht/un...gerecht (Adjektiv) — *z. B. fachgerecht/unfachgerecht*

...gerecht/...widrig (Adjektiv) — *z. B. verkehrsgerecht/verkehrswidrig*

gesamt.../einzel... (Adjektiv) — *z. B. gesamtwirtschaftlich/einzelwirtschaftlich*

Gesamt.../Einzel... (Substantiv) — *z. B. Gesamtergebnis/Einzelergebnis*

Gesamt.../Teil... (Substantiv) — *z. B. Gesamtgebiet/Teilgebiet*

ge...t (Partizip II)/...end (Partizip I) — *z. B. genervt/nervend*

Ge...te[r]/...ende[r] (Substantivierung von schwachem, dem regelmäßigen Verb) — *z. B. Geliebte[r]/Liebende[r]*

Ge...te[r]/...ende[r], ...er[in] (Substantivierung von schwachem, dem regelmäßigen Verb) — *z. B. Gejagte[r]/Jagende[r], Jäger[in]*

ge...t werden (Passiv)/...en (Aktiv) — *z. B. geliebt werden/lieben*

Gewohnheits.../Gelegenheits... (Substantiv) — *z. B. Gewohnheitsraucher/ Gelegenheitsraucher*

gleich.../anders... (Adjektiv) — *z. B. gleichgeschlechtlich/andersgeschlechtlich*

grob.../fein... (Adjektiv) — *z. B. grobgliedrig/feingliedrig*

Grob.../Fein...(Substantiv) — *z. B. Grobeinstellung/Feineinstellung*

Groß.../Einzel... (Substantiv) — *z. B. Großhandel/Einzelhandel*

Groß.../Klein...; a. Mikro... (Substantiv) — *z. B. Großaktionär/Kleinaktionär*

Gruppen.../Einzel... (Substantiv) — *z. B. Gruppenreise/Einzelreise*

Haben.../Soll... (Substantiv) — *z. B. Habensaldo/Sollsaldo*

...haft/...los (Adjektiv) — *z. B. stimmhaft/stimmlos*

halb.../ganz... (Adverb) — *z. B. halbtags/ganztags*

Halb.../Voll... (Substantiv) — *z. B. Halbwaise/Vollwaise*

...haltig/...frei (Adjektiv) — *z. B. holzhaltig/holzfrei*

...haltig/...los (Adjektiv) — *z. B. merkmalhaltig/merkmallos*

Hard.../Soft... (Substantiv) — *z. B. Hardware/Software*

...hasser/...freund (Substantiv) — *z. B. Deutschenhasser/Deutschenfreund*

haupt.../neben... (Adjektiv) — *z. B. hauptberuflich/nebenberuflich*

Haupt.../Bei... (Substantiv) — *z. B. Hauptfilm/Beifilm*

Haupt.../Neben... (nicht räumlich; Substantiv) — *z. B. Hauptberuf/Nebenberuf*

Haupt.../Neben..., Seiten... (räumlich; Substantiv)   *z. B. Haupteingang/Nebeneingang, Seiteneingang*

Haupt.../Vor... (Substantiv)   *z. B. Hauptvertrag/Vorvertrag*

hell.../dunkel... (Adjektiv)   *z. B. hellbraun/dunkelbraun*

her.../hin... (Verben mit gleichem Basiswort; 2 Sachverhalte und 1 personenidentische Perspektive, 1 Standort)   *z. B. hinströmen/herströmen*

her.../hin... (Verben mit nicht gleichem Basiswort; 2 Sachverhalte und 1 personenidentische Perspektive, 1 Standort)   *z. B. herkommen/hingehen*

her.../weg... (Verb)   *z. B. herbringen/wegbringen*

herab.../herauf... (Verb) (aus zwei Richtungen auf einen Punkt hin kommend)   *z. B. herabklettern/heraufklettern*

herab.../hinab...; a. hinunter... (Verb) (der gleiche Sachverhalt aus zwei verschiedenen Perspektiven oder 2 Sachverhalte, 1 personenidentische Perspektive, 1 Standort)   *z. B. herabsteigen/hinabsteigen*

herab.../hinan..., hinauf... (Verb) (aus einer Richtung kommend − zum Sprecher hin − und wieder in die gleiche Richtung zurückgehend − vom Sprecher weg)   *z. B. herabsteigen/hinansteigen*

heran.../ab... (Verb)   *z. B. heranrudern/abrudern*

heran.../weg... (Verben mit gleichem Basiswort)   *z. B. herangehen an/weggehen von*

heran.../weg... (Verben mit nicht gleichem Basiswort)   *z. B. heranziehen/wegschieben*

herauf.../herab..., herunter... (Verb) (von zwei entgegengesetzten Richtungen auf einen Standort hin oder 2 gegensätzliche Sachverhalte aus einer personenidentischen Perspektive, 2 Standorte)   *z. B. heraufsteigen/herabsteigen*

herauf.../hinab..., hinunter... (Verben mit gleichem oder nicht gleichem Basiswort) (aus einer Richtung kommend − zum Sprecher hin − und wieder in die gleiche Richtung zurückgehend − vom Sprecher weg)   *z. B. herauflaufen/hinunterlaufen; heraufkommen/hinabgehen*

herauf.../hinan..., hinauf... (Verb) (2 Sachverhalte, 1 personenidentische Perspektive, 1 Standort oder 1 Sachverhalt, 2 personenverschiedene Perspektiven, 2 Standorte)   *z. B. heraufsteigen/hinansteigen, hinaufsteigen*

heraus.../herein... (Verb) (auf eine Person zu − mit jeweils unterschiedlichem Standort; 2 Sachverhalte, 1 personenidentische Perspektive, 2 Standorte)   *z. B. herauswollen/hereinwollen*

heraus.../hinaus... (Verben mit gleichem Basiswort) (1 Sachverhalt, 2 personenverschiedene Perspektiven, 2 Standorte)   *z. B. herauslaufen/hinauslaufen*

heraus.../hinaus... (Verben mit nicht gleichem Basiswort) (1 Sachverhalt, 2 personenverschiedene Perspektiven, 2 Standorte)

z. B. herauskommen/hinausgehen

heraus.../hinein... (Verben mit gleichem
Basiswort) (2 Sachverhalte hin und zurück, 1 personenidentische Perspektive,
1 Standort)

z. B. herauswollen/hineinwollen

heraus.../hinein... (Verben mit nicht gleichem Basiswort) (in bezug auf einen
Standort hin und zurück: 2 Sachverhalte, 1 personenidentische Perspektive,
1 Standort)

z. B. herausnehmen/hineinlegen

herein.../heraus... (Verb) (auf eine Person
zu − mit jeweils unterschiedlichem
Standort: 2 Sachverhalte, 1 personenidentische Perspektive, 2 Standorte)

z. B. hereinfahren/herausfahren

herein.../hinaus... (Verben mit gleichem
Basiswort) (2 Sachverhalte hin und zurück, 1 personenidentische Perspektive,
1 Standort)

*z. B. hereinbringen/hinausbringen: er
bringt das Kind herein zu mir/er bringt
das Kind hinaus zu ihr*

herein.../hinaus... (Verben mit nicht gleichem Basiswort) (2 Sachverhalte, 1 personenidentische Perspektive, 1 Standort)

z. B. hereinkommen/hinausgehen

herein.../hinein... (Verben mit gleichem
Basiswort) (1 Sachverhalt, 2 personenverschiedene Perspektiven, 2 Standorte)

*z. B. hereinlaufen/hineinlaufen: er läuft
herein ins Haus zu mir/er läuft hinein
ins Haus zu dir*

herein.../hinein... (Verben mit nicht gleichem Basiswort) (1 Sachverhalt, 2 personenverschiedene Perspektiven, 2 Standorte)

z. B. hereinkommen/hineingehen

herüber.../hinüber... (Verben mit gleichem
Basiswort) (1 Sachverhalt, 2 personenverschiedene Perspektiven, 2 Standorte
oder 2 Sachverhalte hin und zurück, 1
personenidentische Perspektive, 1 Standort)

z. B. herüberblicken/hinüberblicken

herüber.../hinüber... (Verben mit nicht
gleichem Basiswort) (1 Sachverhalt, 2
personenverschiedene Perspektiven, 2
Standorte oder 2 Sachverhalte hin und
zurück, 1 personenidentische Perspektive, 1 Standort)

*z. B. herüberkommen/hinübergehen (er
kommt herüber zu mir X/er geht hinüber zu ihm X oder: er kommt herüber
und geht dann wieder hinüber)*

herunter.../herauf... (Verb) (2 Sachverhalte − aus zwei entgegengesetzten
Richtungen auf einen Punkt hin kommend −, 1 personenidentische Perspektive, 1 Standort oder: 2 Sachverhalte, 1
personenidentische Perspektive, 2 Standorte)

z. B. herunterkommen/heraufkommen

herunter.../hinauf.. (Verben mit gleichem Basiswort) (2 Sachverhalte hin und zurück, 1 personenidentische Perspektive, 1 Standort)

z. B. heruntersteigen/hinaufsteigen

herunter.../hinauf... (Verben mit nicht gleichem Basiswort) (2 Sachverhalte hin und zurück, 1 personenidentische Perspektive, 1 Standort)

z. B. herunterziehen/hinaufschieben

herunter.../hinunter..., hinab... (Verb) (1 Sachverhalt, 2 personenverschiedene Perspektiven, 2 Standorte oder: 2 Sachverhalte aus einer Richtung kommend und in die gleiche Richtung weitergehend, 1 personenidentische Perspektive, 1 Standort)

z. B. herunterspringen/hinunterspringen

herunter.../hoch... (Verben mit nicht gleichem Basiswort)

z. B. herunterlassen/hochziehen

hetero.../auto... (vor fremdsprachlicher Basis; Adjektiv)

(mit der Bedeutung: anders, verschieden) z. B. heterotroph/autotroph

hetero.../homo... (vor fremdsprachlicher Basis; Adjektiv)

(mit der Bedeutung: anders, verschieden) z. B. heterosexuell/homosexuell

hetero.../iso... (vor fremdsprachlicher Basis; Adjektiv)

(mit der Bedeutung: anders, verschieden) z. B. heteromesisch/isomesisch

hetero.../ortho... (vor fremdsprachlicher Basis; Adjektiv)

(mit der Bedeutung: anders, verschieden) z. B. heterodox/orthodox

Hetero.../Auto... (vor fremdsprachlicher Basis; Substantiv)

(mit der Bedeutung: anders, verschieden) z. B. Heterohypnose/Autohypnose

Hetero.../Iso... (vor fremdsprachlicher Basis; Substantiv)

(mit der Bedeutung: anders, verschieden) z. B. Heterosporie/Isosporie

Hetero.../Ortho... (vor fremdsprachlicher Basis; Substantiv)

(mit der Bedeutung: anders, verschieden) z. B. Heterodoxie/Orthodoxie

hin.../her... (Verben mit gleichem Basiswort)

z. B. hinströmen/herströmen

hin.../her...; a. zurück... (Verben mit nicht gleichem Basiswort) (2 Sachverhalte hin und zurück, 1 personenidentische Perspektive, 1 Standort)

z. B. hingehen/herkommen

hin.../weg... (Verb)

z. B. sich hinbewegen/sich wegbewegen

hin.../zurück...; a. her... (Verb)

z. B. hinfahren/zurückfahren

hinab.../herab..., herunter... (Verb) (1 Sachverhalt, 2 personenverschiedene Perspektiven, 2 Standorte oder: 2 Sachverhalte — aus einer Richtung kommend und in die gleiche weitergehend —, 1 personenidentische Perspektive, 1 Standort)

z. B. hinabklettern/herabklettern, herunterklettern

hinab.../herauf... (Verben mit gleichem oder nicht gleichem Basiswort) (aus einer Richtung kommend — zum Sprecher hin — und wieder in die gleiche Richtung zurückgehend — vom Sprecher weg)

z. B. hinabklettern/heraufklettern; hinabgehen/heraufkommen hinab.../hinan..., hinauf... (Verb) (2 Sachverhalte in entgegengesetzte Richtungen, 1 personenidentische Perspektive, 1 Standort oder: 2 Sachverhalte hin und zurück, 1 personenidentische Perspektive, 2 Standorte)

z. B. hinabklettern/hinanklettern, hinaufklettern

hinan.../herab...; a. herunter... (Verb) (in eine Richtung gehend − vom Sprecher weg − und wieder zurückgehend − zum Sprecher hin)

z. B. hinansteigen/herabsteigen

hinan.../herauf... (Verb) (2 Sachverhalte, 1 personenidentische Perspektive, 1 Standort oder: 1 Sachverhalt, 2 personenverschiedene Perspektiven, 2 Standorte)

z. B. hinansteigen/heraufsteigen

hinan.../hinab... (Verb) (von einem Standort weg in zwei entgegengesetzte Richtungen)

z. B. hinanklettern/hinabklettern

hinauf.../herab..., herunter... (Verb) (2 Sachverhalte hin und zurück, 1 personenidentische Perspektive, 1 Standort)

z. B. hinaufsteigen/herabsteigen, heruntersteigen

hinauf.../herauf... (Verb) (1 Sachverhalt, 2 personenverschiedene Perspektiven, 2 Standorte oder: 2 Sachverhalte in gleicher Richtung weiter, 1 personenidentische Perspektive, 1 Standort)

z. B. hinaufklettern/heraufklettern

hinauf.../herunter... (Verben mit gleichem Basiswort) (2 Sachverhalte hin und zurück, 1 personenidentische Perspektive, 1 Standort)

z. B. hinaufsteigen/heruntersteigen

hinauf.../herunter..., herab... (Verben mit nicht gleichem Basiswort) (2 Sachverhalte hin und zurück, 1 personenidentische Perspektive, 1 Standort)

z. B. hinaufgehen/herunterkommen

hinauf.../hinab..., hinunter... (Verb) (2 Sachverhalte in entgegengesetzter Richtung, 1 personenidentische Perspektive, 1 Standort oder: 2 Sachverhalte, hin und zurück, 1 personenidentische Perspektive, 2 Standorte)

z. B. hinaufsteigen/hinabsteigen

hinaus.../heraus... (Verben mit gleichem Basiswort) (1 Sachverhalt, 2 personenverschiedene Perspektiven, 2 Standorte)

z. B. hinausfahren/herausfahren

hinaus.../heraus... (Verben mit nicht gleichem Basiswort) (1 Sachverhalt, 2 personenverschiedene Perspektiven, 2 Standorte)

z. B. hinausgehen/herauskommen

hinaus.../herein... (Verben mit gleichem Basiswort) (2 Sachverhalte hin/her, 1 personenidentische Perspektive, 1 Standort)

z. B. hinausströmen/hereinströmen

hinaus.../herein...(Verben mit nicht gleichem Basiswort) (2 Sachverhalte hin/her, 1 personenidentische Perspektive, 1 Standort)	z. B. *hinausgehen/hereinkommen*
hinaus.../hinein...; s. a. 'nein/'naus (Verb) (2 Sachverhalte hin/her, 1 personenidentische Perspektive, 2 Standorte)	z. B. *hinausgehen/hineingehen*
hinein.../heraus... (Verben mit gleichem Basiswort) (2 Sachverhalte hin und zurück, 1 personenidentische Perspektive, 1 Standort)	z. B. *hineinspringen/herausspringen*
hinein.../heraus...(Verben mit nicht gleichem Basiswort) (2 Sachverhalte hin und zurück, 1 personenidentische Perspektive, 1 Standort)	z. B. *hineinlegen/herausnehmen*
hinein.../herein...(Verben mit gleichem Basiswort) (1 Sachverhalt, 2 personenverschiedene Perspektiven, 2 Standorte)	z. B. *hineinlaufen/hereinlaufen*
hinein.../herein... (Verben mit nicht gleichem Basiswort) (1 Sachverhalt, 2 personenverschiedene Perspektiven, 2 Standorte)	z. B. *hineingehen/hereinkommen*
hinein.../hinaus...; s. a. 'naus/'nein (Verb) (2 Sachverhalte hin und zurück, 1 personenidentische Perspektive, 2 Standorte)	z. B. *hineinströmen/hinausströmen*
Hinter.../Vorder... (Substantiv)	z. B. *Hintergrund/Vordergrund*
hinterher.../voraus... (Verb)	z. B. *hinterherfahren/vorausfahren*
hinüber.../herüber... (Verben mit gleichem Basiswort) (1 Sachverhalt, 2 personenverschiedene Perspektiven, 2 Standorte oder: 2 Sachverhalte hin und zurück, 1 personenidentische Perspektive, 1 Standort)	z. B. *hinüberblicken/herüberblicken*
hinüber.../herüber...(Verben mit nicht gleichem Basiswort) (2 Sachverhalte hin und zurück, 1 personenidentische Perspektive, 1 Standort)	z. B. *hinübergehen/herüberkommen*
hinunter.../herauf... (Verb) (2 Sachverhalte hin und zurück, 1 personenidentische Perspektive, 1 Standort)	z. B. *hinunterklettern/heraufklettern*
hinunter.../herunter...(Verb) (1 Sachverhalt, 2 personenverschiedene Perspektiven, 2 Standorte)	z. B. *hinunterspringen/herunterspringen*
hinunter.../hinauf... (Verb) (2 Sachverhalte in entgegengesetzter Richtung, 1 personenidentische Perspektive, 1 Standort oder: 2 Sachverhalte hin und zurück, 1 personenidentische Perspektive, 2 Standorte)	z. B. *hinunterblicken/hinaufblicken*
hoch.../herunter... (Verben mit nicht gleichem Basiswort)	z. B. *hochziehen/herunterlassen*

hoch.../runter... (Verben mit gleichem Basiswort)
: *z. B. hochgehen/runtergehen (Preise), hochlaufen/runterlaufen*

hoch.../runter...; s. a. 'nunter/'nauf (Verben mit nicht gleichem Basiswort)
: *z. B. hochkommen/runtergehen*

Hoch.../Tief... (Substantiv)
: *z. B. Hochbau/Tiefbau*

Höchst.../Mindest... (Substantiv)
: *z. B. Höchststrafe/Mindeststrafe*

höher.../zurück..., rück... (Verb)
: *z. B. höherstufen/zurückstufen, rückstufen*

homo.../hetero... (vor fremdsprachlicher Basis; Adjektiv)
: *(mit der Bedeutung: gleich) z. B. homosexuell/heterosexuell*

hygro.../xero... (vor fremdsprachlicher Basis; Adjektiv)
: *(mit der Bedeutung: feucht) z. B. hygrophil/xerophil*

Hygro.../Xero... (vor fremdsprachlicher Basis; Substantiv)
: *(mit der Bedeutung: Feuchtigkeits...) z. B. Hygrophilie/Xerophilie*

hyp.../hyper... (vor fremdsprachlicher Basis; Adjektiv)
: *(mit der Bedeutung: unter, sehr wenig) z. B. hypalgetisch/hyperalgetisch*

Hyp.../Hyper... (vor fremdsprachlicher Basis; Substantiv)
: *(mit der Bedeutung: unter) z. B. Hypästhesie/Hyperästhesie*

hyper.../hyp[o]... (Adjektiv)
: *(mit der Bedeutung: sehr viel, übermäßig, über...hinaus) z. B. hypermorph/hypomorph, hyperalgetisch/hypalgetisch*

Hyper.../Hyp[o]... (Substantiv)
: *(mit der Bedeutung: übermäßig, über...hinaus) z. B. Hyperfunkion/Hypofunktion, Hyperinose/Hypinose*

hypo.../epi... (vor fremdsprachlicher Basis; Adjektiv)
: *(mit der Bedeutung: unter) z. B. hypogäisch/epigäisch*

hypo.../hyper... (Adjektiv)
: *(mit der Bedeutung: unter, sehr wenig) z. B. hyposom/hypersom*

Hypo.../Hyper... (Substantiv)
: *(mit der Bedeutung: unter) z. B. Hyposomie/Hypersomie*

idio.../xeno... (vor fremdsprachlicher Basis; Adjektiv)
: *(mit der Bedeutung: eigen, selbst) z. B. idiomorph/xenomorph*

...ier/...ette (Substantiv)
: *z. B. Chansonnier/Chansonnette*

...ier/...iere (Substantiv)
: *z. B. Cafetier/Cafetiere*

...ier/...ieuse (Substantiv)
: *z. B. Croupier/Croupieuse*

...iere/...ier (Substantiv)
: *z. B. Cafetiere/Cafetier*

...ieuse/...ier (Substantiv)
: *z. B. Croupieuse/Croupier*

...ig/...los (Adjektiv)
: *z. B. bärtig/bartlos*

...iker/...and (Substantiv)
: *(Suffix zur Bildung eines männlichen Substantivs: jemand, der etwas tut) z. B. Analytiker/Analysand*

il...(vor fremdsprachlichem Adjektiv mit anlautendem l)/...
: *(mit der Bedeutung: nicht, un-) z. B. illoyal/loyal*

Il...(vor fremdsprachlichem Substantiv mit anlautendem l)/...
: *(mit der Bedeutung: nicht, un-) z. B. Illegalität/Legalität*

im...(vor fremdsprachlichem Adjektiv mit anlautendem m, p)/...
: *(mit der Bedeutung: nicht, un-) z. B. immateriell/materiell*

Im...(vor fremdsprachlichem Substantiv mit anlautendem m, p)/...
: *(mit der Bedeutung: nicht, un-) z. B. Imparität/Parität*

in... (vor fremdsprachlichem Adjektiv)/...
: *(mit der Bedeutung: nicht, un-) z. B. intolerant/tolerant*

In... (vor fremdsprachlichem Substantiv)/ ...	*(mit der Bedeutung: nicht, un-) z. B. Inkonsequenz/Konsequenz*
...in (Substantivsuffix zur Kennzeichnung des Weiblichen)/...	*z. B. Lehrerin/Lehrer, Raucherin/Raucher, Vertreterin/Vertreter, Greisin/Greis, Wirtin/Wirt*
...in (Substantivsuffix zur Kennzeichnung des Weiblichen + Umlaut)/...	*z. B. Ärztin/Arzt*
...in (Substantivsuffix zur Kennzeichnung des Weiblichen; mit Wegfall des e)/...	*z. B. Türkin/Türke*
...in (Substantivsuffix zur Kennzeichnung des Weiblichen + Umlaut und Wegfall des e)/...	*z. B. Französin/Franzose*
...in (Substantivsuffix zur Kennzeichnung des Weiblichen mit Ausfall des -er von ...erer)/...	*z. B. Herausforderin/Herausforderer, Auswanderin/Auswanderer, Zauberin/Zauberer*
Individual.../Kollektiv... (Substantiv)	*(mit der Bedeutung: das Einzelwesen/den einzelnen/das einzelne betreffend) z. B. Individualbegriff/Kollektivbegriff*
infra.../supra... (vor fremdsprachlicher Basis; Adjektiv)	*(mit der Bedeutung: unter[halb]) z. B. infraglottal/supraglottal*
innen.../außen... (Adjektiv)	*z. B. innenpolitisch/außenpolitisch*
Innen.../Außen... (Substantiv)	*z. B. Innenpolitik/Außenpolitik*
inner.../außer... (Adjektiv)	*z. B. innereuropäisch/außereuropäisch*
inter... (vor fremdsprachlichem Adjektiv)/ ...	*(mit der Bedeutung: zwischen [Gleichartigem bestehend, sich vollziehend]) z. B. international/national*
inter.../intra... (vor fremdsprachlichem Adjektiv)	*(mit der Bedeutung: zwischen) z. B. interkulturell/intrakulturell*
...intern/...extern (Adjektiv)	*(mit der Bedeutung: innerhalb) z. B. fachintern/fachextern*
intra.../extra...; s. a. extra.../... (vor fremdsprachlichem Adjektiv)	*(mit der Bedeutung: innerhalb) z. B. intralingual/extralingual*
intra.../inter... (vor fremdsprachlichem Adjektiv)	*(in der Bedeutung: innerhalb) z. B. intrakulturell/interkulturell*
intro.../extra... (vor fremdsprachlicher Basis; Adjektiv)	*(mit der Bedeutung: hinein, nach innen) z. B. introvertiert/extravertiert*
ir... (vor fremdsprachlichem Adjektiv mit anlautendem r)/...	*(mit der Bedeutung: nicht, un-) z. B. irreparabel/reparabel*
Ir...(vor fremdsprachlichem Substantiv mit anlautendem r)/...	*(mit der Bedeutung: nicht, un-) z. B. Irrealität/Realität*
iso.../hetero... (vor fremdsprachlicher Basis; Adjektiv)	*(mit der Bedeutung: gleich) z. B. isomesisch/heteromesisch*
Iso.../Hetero... (mit fremdsprachlicher Basis; Substantiv)	*(mit der Bedeutung: gleich) z. B. Isosporie/Heterosporie*
Ist.../Soll... (Substantiv)	*(in der Bedeutung: tatsächlich vorhanden) z. B. Ist-Stärke/Soll-Stärke*
...itis/...ose (mit fremdsprachlicher Basis; Substantiv)	*(bezeichnet eine Entzündungskrankheit, etwas Akutes) z. B. Arthritis/Arthrose*
Kako.../Eu... (mit fremdsprachlicher Basis; Substantiv)	*(mit der Bedeutung: schlecht, fehlerhaft) z. B. Kakophonie/Euphonie*

Kassen.../Privat... (Substantiv)	z. B. Kassenpatient/Privatpatient
Klein.../Groß...; a. Makro..., Riesen... (Substantiv)	z. B. Kleinaktionär/Großaktionär
Ko.../Sub... (Substantiv)	(mit der Bedeutung: zusammen mit, gemeinsam) z. B. Kokonstituente/Subkonstituente
Kollektiv.../Einzel... (Substantiv)	(mit der Bedeutung: die Gruppe, die Gesamtheit betreffend, gemeinsam) z. B. Kollektivschuld/Einzelschuld
Kollektiv.../Individual... (Substantiv)	(mit der Bedeutung: die Gruppe, die Gesamtheit betreffend, gemeinsam) z. B. Kollektivbegriff/Individualbegriff
Konfektions.../Maß... (Substantiv)	(mit der Bedeutung: serienmäßig hergestellt) z. B. Konfektionskleidung/Maßkleidung
Kunst.../Volks... (Substantiv)	z. B. Kunstmärchen/Volksmärchen
Laien.../Berufs... (Substantiv)	(mit der Bedeutung: nicht berufsmäßig) z. B. Laienkünstler/Berufskünstler
längs.../quer... (Adjektiv)	z. B. längsgestreift/quergestreift
Längs.../Quer... (Substantiv)	z. B. Längsschnitt/Querschnitt
... lassen/...; s. a. ... werden	z. B. unverändert lassen/verändern; sich bedienen lassen/jemanden bedienen
...ling/...er[in] (Substantiv)	z. B. Prüfling/Prüfer[in]
...ling/(veraltet) ...lingin (Substantiv)	z. B. Liebling/(veraltet) Lieblingin; Jüngling/(veraltet) Jünglingin
...lingin (veraltet)/...ling (Substantiv)	z. B. Lieblingin (veraltet)/Liebling; Jünglingin (veraltet)/Jüngling
...los/be...t (Adjektiv)	z. B. haarlos/behaart, blätterlos/beblättert
...los/...haft (Adjektiv)	z. B. stimmlos/stimmhaft
...los/...haltig (Adjektiv)	z. B. merkmallos/merkmalhaltig
...los/...ig (Adjektiv)	z. B. bartlos/bärtig
...los/mit ...	z. B. schnörkellos/mit Schnörkeln, kinderlos/mit Kindern
...los/...reich (Adjektiv)	z. B. erfolglos/erfolgreich
...los/...voll (Adjektiv)	z. B. rücksichtslos/rücksichtsvoll
makro.../mikro... (Adjektiv)	(mit der Bedeutung: groß-) z. B. makrokosmisch/mikrokosmisch
Makro.../Mikro...; a. Klein... (Substantiv)	(mit der Bedeutung: Groß-) z. B. Makrokosmos/Mikrokosmos
...mangel/...schwemme (Substantiv)	z. B. Lehrermangel/Lehrerschwemme
...mann/...frau (Substantiv)	z. B. Fachmann/Fachfrau
...mann/...männin (Substantiv)	z. B. Amtmann/Amtmännin
...männchen/...weibchen (Substantiv)	z. B. Vogelmännchen/Vogelweibchen
...männin/...mann (Substantiv)	z. B. Amtmännin/Amtmann
Mannschafts.../Einzel... (Substantiv)	z. B. Mannschaftswertung/Einzelwertung
Maß.../... von der Stange, Konfektions... (Substantiv)	z. B. Maßanzug/Anzug von der Stange, Konfektionsanzug
...mäßig/...widrig (Adjektiv)	z. B. gesetzmäßig/gesetzwidrig

Maxi.../Mini... (Substantiv)	*(mit der Bedeutung: groß)* z. B. *Maxierfolg/Minierfolg*
Mehrweg.../Einweg... (Substantiv)	z. B. *Mehrwegflasche/Einwegflasche*
mikro.../makro... (Adjektiv)	*(mit der Bedeutung: klein)* z. B. *mikrokosmisch/makrokosmisch*
Mikro.../Makro...; a. Groß..., Riesen... (Substantiv)	*(mit der Bedeutung: klein)* z. B. *Mikrokosmos/Makrokosmos*
Mindest.../Höchst... (Substantiv)	z. B. *Mindeststrafe/Höchststrafe*
Mini.../Maxi... (Substantiv)	*(mit der Bedeutung: klein)* z. B. *Minierfolg/Maxierfolg*
miß.../... (Verb)	z. B. *mißglücken/glücken*
Miß.../... (Substantiv)	z. B. *Mißerfolg/Erfolg*
mit .../ohne ..., ...frei	z. B. *mit Akzent/ohne Akzent, akzentfrei; mit Fehlern/ohne Fehler, fehlerfrei*
mit .../ohne ..., ...los	z. B. *mit Trägern/ohne Träger, trägerlos; mit Rand/ohne Rand, randlos*
Mit.../Allein... (Substantiv)	z. B. *Mitverantwortung/Alleinverantwortung*
Mit.../Selbst... (Substantiv)	z. B. *Mitlaut/Selbstlaut*
mono.../multi... (Adjektiv)	*(mit der Bedeutung: einzig, allein, einzeln)* z. B. *monofil/multifil*
mono.../poly... (Adjektiv)	*(mit der Bedeutung: einzig, allein, einzeln)* z. B. *monogam/polygam*
Mono.../Multi... (Substantiv)	*(mit der Bedeutung: einzig, allein, einzeln)* z. B. *Monokultur/Multikultur*
Mono.../Poly... (Substantiv)	*(mit der Bedeutung: einzig, allein, einzeln)* z. B. *Monogamie/Polygamie*
...müdigkeit/...freudigkeit (Substantiv)	z. B. *Impfmüdigkeit/Impffreudigkeit*
...muffel sein/...bewußt sein	z. B. *ein Modemuffel sein/modebewußt sein*
multi.../mono... (Adjektiv)	*(mit der Bedeutung: viel, zahlreich)* z. B. *multifil/monofil*
Multi.../Mono... (Substantiv)	*(mit der Bedeutung: viel, zahlreich)* z. B. *Multikultur/Monokultur*
nach.../vor... (Adjektiv); s. a. prä...	z. B. *nachreformatorisch/vorreformatorisch*
nach.../vor... (Verb)	z. B. *vorsprechen/nachsprechen*
Nach.../Vor... (Substantiv)	z. B. *Nachsaison/Vorsaison*
...nah/...fern (Adjektiv)	z. B. *praxisnah/praxisfern*
neben.../haupt... (Adjektiv)	z. B. *nebenberuflich/hauptberuflich*
Neben.../Haupt... (Substantiv)	z. B. *Nebenfach/Hauptfach, Nebeneingang/Haupteingang*
...nehmer/...geber (Substantiv)	z. B. *Arbeitnehmer/Arbeitgeber*
nicht.../... (Adjektiv)	z. B. *nichtchristlich/christlich*
Nicht.../... (Substantiv)	z. B. *Nichtraucher[in]/Raucher[in]*
Nieder.../Ober... (in geographischen Namen)	z. B. *Niederbayern/Oberbayern*
Nord.../Süd... (Substantiv)	z. B. *Nordhang/Südhang*

ober../nieder... (in geographischer Bedeutung; Adjektiv)	z. B. oberdeutsch/niederdeutsch
ober.../unter... (Adjektiv)	z. B. oberirdisch/unterirdisch
Ober.../Nieder... (in geographischen Namen)	z. B. Oberbayern/Niederbayern
Ober.../Unter... (Substantiv)	z. B. Oberkiefer/Unterkiefer
ohne .../mit ...	z. B. ohne Akzent/mit Akzent
ortho.../hetero... (vor fremdsprachlicher Basis; Adjektiv)	(mit der Bedeutung: richtig, recht) z. B. orthodox/heterodox
Ortho.../Hetero... (vor fremdsprachlicher Basis; Substantiv)	(mit der Bedeutung: richtig, recht) z. B. Orthodoxie/Heterodoxie
...ose/...itis (mit fremdsprachlicher Basis; Substantiv)	(bezeichnet einen krankhaften Zustand) z. B. Arthrose/Arthritis
Ost.../West... (Substantiv)	z. B. Ostkontakte/Westkontakte
...pflichtig/...frei (Adjektiv)	z. B. gebührenpflichtig/gebührenfrei
...phil/...fug (mit fremdsprachlicher Basis; Adjektiv)	(mit der Bedeutung: eine Vorliebe für etwas habend, es liebend) z. B. kalziphil/kalzifug
...phil/...phob (mit fremdsprachlicher Basis; Adjektiv)	(mit der Bedeutung: eine Vorliebe für etwas habend, es liebend) z. B. frankophil/frankophob
...philie/...phobie (Substantiv)	(mit der Bedeutung: die Vorliebe für etwas, die Liebe zu etwas) z. B. Frankophilie/Frankophobie
Phil[o].../Anti... (Substantiv)	(mit der Bedeutung: Freund, Anhänger von etwas) z. B. Philosemitismus/Antisemitismus
...phob/...phil (mit fremdsprachlicher Basis; Adjektiv)	(mit der Bedeutung: Vorbehalte, eine Abneigung gegen etwas habend) z. B. anglophob/anglophil
...phobie/...philie (mit fremdsprachlicher Basis; Substantiv)	(mit der Bedeutung: Abneigung gegen etwas; Angst vor etwas) z. B. Frankophobie/Frankophilie
poly.../mono... (Adjektiv)	(mit der Bedeutung: viel) z. B. polygam/monogam
Poly.../Mono... (Substantiv)	(mit der Bedeutung: mehr, viel) z. B. Polygamie/Monogamie
post.../prä...; s. a. vor.../nach... (Adjektiv)	(mit der Bedeutung: nach, hinterher) z. B. postnatal/pränatal
Post.../Ante... (Substantiv)	(mit der Bedeutung: nach, hinter) z. B. Postposition/Anteposition
prä.../... (Adjektiv)	(mit der Bedeutung: vor) z. B. prägenital/genital
prä.../post...; s. a. nach.../vor... (Adjektiv)	(mit der Bedeutung: vor) z. B. pränatal/postnatal
Primär.../Sekundär... (Substantiv)	(mit der Bedeutung: die Grundlage bildend, zuerst auftretend) z. B. Primärliteratur/Sekundärliteratur
Privat.../Kassen... (Substantiv)	z. B. Privatpatient/Kassenpatient

pro…/anti…; a. gegen/für (Adjektiv)	*(mit der Bedeutung: für eine Sache, sie mögend) z. B. proamerikanisch/antiamerikanisch*
quer…/längs… (Adjektiv)	*z. B. quergestreift/längsgestreift*
Quer…/Längs… (Substantiv)	*z. B. Querschnitt/Längsschnitt*
rauf…/runter…; s. a. 'nunter/'nauf (Verben mit gleichem Basiswort)	*z. B. raufgehen/runtergehen*
rauf…/runter…; s. a. 'nunter/'nauf (Verben mit nicht gleichem Basiswort)	*z. B. raufbringen/runterholen (Geld auf die Bank bringen/Geld von der Bank holen)*
raus…/rein… (Verben mit gleichem Basiswort)	*z. B. rausrauschen/reinrauschen (2 Sachverhalte, 1 personenidentische, passivische Perspektive, 1 Standort oder: 2 Sachverhalte, 1 personenidentische, aktivische Perspektive, 2 Standorte)*
raus…/rein… (Verben mit nicht gleichem Basiswort)	*z. B. rausziehen/reinstecken, rauskommen/reingehen (2 Sachverhalte, 1 personenidentische Perspektive, 1 Standort)*
…reich/…arm (Adjektiv)	*z. B. fettreich/fettarm*
…reich/…los (Adjektiv)	*z. B. einflußreich/einflußlos*
…reichtum/…armut (Substantiv)	*z. B. Ideenreichtum/Ideenarmut*
rein…/raus… (Verben mit gleichem Basiswort)	*z. B. reinrauschen/rausrauschen (2 Sachverhalte, 1 personenidentische passivische Perspektive, 1 Standort oder: 2 Sachverhalte, 1 personenidentische aktivische Perspektive, 2 Standorte)*
rein…/raus… (Verben mit nicht gleichem Basiswort)	*z. B. reinstecken/rausziehen, reingehen/rauskommen (2 Sachverhalte, 1 personenidentische Perspektive, 1 Standort)*
Riesen…/Zwerg…; a. Klein…, Mikro… (Substantiv)	*z. B. Riesenbetrieb/Zwergbetrieb*
rück…/höher… (Verb)	*z. B. rückstufen/höherstufen*
rück…/vor… (Verb)	*z. B. rückverweisen/vorverweisen*
Rück…/Vor… (Substantiv)	*z. B. Rückschau/Vorschau*
Rück../Vorder… (Substantiv)	*z. B. Rückseite/Vorderseite*
runter…/hoch… (Verben mit gleichem Basiswort)	*z. B. runterklappen/hochklappen, runtersteigen/hochsteigen*
runter…/hoch… (Verben mit nicht gleichem Basiswort)	*z. B. runterlassen/hochziehen, runterkommen/hochgehen (2 Sachverhalte, 1 personenidentische Perspektive, 1 Standort)*
runter…/rauf…; s. a. 'nauf/'nunter (Verben mit gleichem Basiswort)	*z. B. runtergehen/raufgehen (2 Sachverhalte in entgegengesetzter Richtung, 1 personenidentische Perspektive, 1 Standort oder: 2 Sachverhalte, 1 personenidentische Perspektive, 2 Standorte)*
runter…/rauf…; s. a. 'nauf/'nunter (Verben mit nicht gleichem Basiswort)	*z. B. runterholen/raufbringen; runterkommen/raufgehen(2 Sachverhalte hin und zurück, 1 personenidentische Perspektive, 1 Standort)*
…schwach/…stark (Adjektiv)	*z. B. willensschwach/willensstark*

...schwemme/...mangel (Substantiv)	z. B. Lehrerschwemme/Lehrermangel
Seiten.../Haupt... (Substantiv)	z. B. Seiteneingang/Haupteingang
Sekundär.../Primär... (Substantiv)	(mit der Bedeutung: an zweiter Stelle) z. B. Sekundärliteratur/Primärliteratur
selbst.../fremd... (Adjektiv)	z. B. selbstbestimmt/fremdbestimmt
Selbst.../Fremd... (Substantiv)	z. B. Selbsteinschätzung/ Fremdeinschätzung
Selbst.../Mit... (Substantiv)	z. B. Selbstlaut/Mitlaut
sich ... lassen/...	z. B. sich verführen lassen/jemanden verführen
Soft.../Hard... (Substantiv)	(mit der Bedeutung: weich) z. B. Software/ Hardware
Soll.../Haben... (Substantiv)	z. B. Sollsaldo/Habensaldo
Soll.../Ist... (Substantiv)	z. B. Soll-Stärke/Ist-Stärke
Sommer.../Winter... (Substantiv)	z. B. Sommermantel/Wintermantel
Sonntags.../Alltags... (Substantiv)	z. B. Sonntagsanzug/Alltagsanzug
spät.../früh... (Adjektiv)	z. B. spätkapitalistisch/frühkapitalistisch
Spät.../Früh... (Substantiv)	z. B. Spätschicht/Frühschicht
...stark/...schwach (Adjektiv)	z. B. geburtenstark/geburtenschwach
sten[o].../eur[y]... (vor fremdsprachlicher Basis; Adjektiv)	(mit der Bedeutung: eng, schmal) z. B. stenophag/euryphag
sub.../super... (vor fremdsprachlichem Adjektiv)	(mit der Bedeutung: unter) z. B. subkrustal/superkrustal
Sub.../Ko... (vor fremdsprachlichem Substantiv)	(mit der Bedeutung: unter) z. B. Subkonstituente/Kokonstituente, Subordination/ Koordination
Sub.../Super... (vor fremdsprachlicher Basis; Substantiv)	(mit der Bedeutung: unter) z. B. Substrat/ Superstrat
Süd.../Nord... (Substantiv)	z. B. Südhang/Nordhang
super.../sub... (vor fremdsprachlichem Adjektiv)	(mit der Bedeutung: über, ober) z. B. superkrustal/subkrustal
Super.../Sub... (vor fremdsprachlicher Basis; Substantiv)	(mit der Bedeutung: ober, über) z. B. Superstrat/Substrat
supra.../infra... (vor fremdsprachlicher Basis; Adjektiv)	(mit der Bedeutung: ober, über) z. B. supraglottal/infraglottal
Syn.../Anti... (Substantiv)	(mit der Bedeutung: mit, zusammen) z. B. Synklinorium/Antiklinorium
...t (Partizip II)/...end (Partizip I)	z. B. definiert/definierend
...tauglich/...untauglich (Adjektiv)	z. B. diensttauglich/dienstuntauglich
...tauglichkeit/...untauglichkeit (Substantiv)	z. B. Fahrtauglichkeit/Fahruntauglichkeit
...te/...ende[r] (Substantivierung vom schwachen, dem regelmäßigen Verb)	z. B. Begehrte/Begehrende[r]
...te/...ter (Substantivierung vom schwachen, dem regelmäßigen Verb)	z. B. Delegierte/Delegierter
teil.../voll... (Adjektiv)	z. B. teilbeschäftigt/vollbeschäftigt
Teil.../Ganz... (Substantiv)	z. B. Teiltext/Ganztext
Teil.../Ganz..., Gesamt..., Total... (Substantiv)	z. B. Teilansicht/Ganzansicht, Gesamtansicht, Totalansicht

Teil.../Gesamt... (Substantiv)	z. B. *Teilgebiet/Gesamtgebiet*
Teil.../Voll... (Substantiv)	z. B. *Teilglatze/Vollglatze*
Teilzeit.../Vollzeit... (Substantiv)	z. B. *Teilzeitarbeit/Vollzeitarbeit*
...ter/...ende[r] (Substantivierung von schwachem, dem regelmäßigen Verb)	z. B. *Begehrter/Begehrende[r]*
...ter/...te (Substantivierung von schwachem, dem regelmäßigen Verb)	z. B. *Delegierter/Delegierte*
Tief.../Hoch... (Substantiv)	z. B. *Tiefbau/Hochbau*
Total.../Teil... (Substantiv)	z. B. *Totalansicht/Teilansicht*
Treibhaus.../Freiland... (Substantiv)	z. B. *Treibhausgemüse/Freilandgemüse*
...tüchtig/...untüchtig (Adjektiv)	z. B. *fahrtüchtig/fahruntüchtig*
...tüchtigkeit/...untüchtigkeit (Substantiv)	z. B. *Fahrtüchtigkeit/Fahruntüchtigkeit*
über.../... (Adjektiv)	z. B. *überregional/regional*
über.../unter... (Adjektiv)	z. B. *überdurchschnittlich/unterdurchschnittlich*
über.../unter... (Verb)	z. B. *überschätzen/unterschätzen*
Über.../Unter... (Substantiv)	z. B. *Überfunktion/Unterfunktion*
um.../ab... (Verb)	z. B. *umbinden/abbinden (Schürze)*
un.../... (Adjektiv)	z. B. *unvorsichtig/vorsichtig*
Un.../... (Substantiv)	z. B. *Unrecht/Recht*
...unabhängig/...abhängig (Adjektiv)	z. B. *konjunkturunabhängig/konjunkturabhängig*
un... bleiben/... werden	z. B. *unerwähnt bleiben/erwähnt werden*
...undurchlässig/...durchlässig (Adjektiv)	z. B. *lichtundurchlässig/lichtdurchlässig*
...unempfindlich/...empfindlich (Adjektiv)	z. B. *frostunempfindlich/frostempfindlich*
...unfähig/...fähig (Adjektiv)	z. B. *sie ist verhandlungsunfähig (ist nicht fähig zu verhandeln)/verhandlungsfähig*
...unfreundlich/...freundlich (Adjektiv)	*(mit der Bedeutung: in seiner Art beeinträchtigend in bezug auf das im Basiswort Genannte) z. B. benutzerunfreundlich/benutzerfreundlich*
un...gerecht/...gerecht (Adjektiv)	z. B. *unfachgerecht/fachgerecht*
un... lassen/...	z. B. *unverändert lassen/verändern*
un... (Partizip II) + lassen/... (Infinitiv)	z. B. *unverändert lassen/verändern*
...untauglich/...tauglich (Adjektiv)	z. B. *dienstuntauglich/diensttauglich*
...untauglichkeit/...tauglichkeit (Substantiv)	z. B. *Fahruntauglichkeit/Fahrtauglichkeit*
unter.../... (Adjektiv)	z. B. *unterprivilegiert/privilegiert*
unter.../auf... (Verb)	z. B. *untertauchen/auftauchen*
unter.../ober... (Adjektiv)	z. B. *unterirdisch/oberirdisch*
unter.../über... (Adjektiv)	z. B. *unterdurchschnittlich/überdurchschnittlich*
unter.../über... (Verb)	z. B. *unterbewerten/überbewerten*
Unter.../Ober... (Substantiv)	z. B. *Unterkiefer/Oberkiefer*
Unter.../Über... (Substantiv)	z. B. *Unterfunktion/Überfunktion*
...untüchtig/...tüchtig (Adjektiv)	z. B. *fahruntüchtig/fahrtüchtig*
...untüchtigkeit/...tüchtigkeit (Substantiv)	z. B. *Fahruntüchtigkeit/Fahrtüchtigkeit*
un... werden/... bleiben	z. B. *untreu werden/treu bleiben*

...unwillig/...willig (Adjektiv)	z. B. *zahlungsunwillig/zahlungswillig*
...unwürdig/...würdig (Adjektiv)	z. B. *kreditunwürdig/kreditwürdig*
...us/...a (Substantivsuffix bei fremdsprachlichem Basiswort)	*(einen Mann oder eine Mannzugehörigkeit kennzeichnende Endung)* z. B. *Intimus, Animus/Intima, Anima*
ver.../be... (Verben mit antonymischen Basiswörtern)	z. B. *verneinen/bejahen; sich verfeinden/ sich befreunden*
ver.../ent...; a. de... (Verb)	z. B. *sich verloben/sich entloben*
ver.../er... (Verben mit nicht gleicher Basis)	z. B. *verbieten/erlauben*
ver.../ver... (Verben mit antonymischen Basiswörtern)	z. B. *verlängern/verkürzen*
Volks.../Kunst... (Substantiv)	z. B. *Volksmärchen/Kunstmärchen*
voll.../teil... (Adjektiv)	z. B. *vollbeschäftigt/teilbeschäftigt*
Voll.../Halb... (Substantiv)	z. B. *Vollwaise/Halbwaise*
Voll.../Teil... (Substantiv)	z. B. *Vollkasko/Teilkasko*
...voll/...los (Adjektiv)	z. B. *rücksichtsvoll/rücksichtslos*
Vollzeit.../Teilzeit... (Substantiv)	z. B. *Vollzeitschule/Teilzeitschule*
von der Stange/Maß...	z. B. *Anzug von der Stange/Maßanzug*
vor.../nach...; s. a. post... (Adjektiv)	z. B. *vorweihnachtlich/nachweihnachtlich*
vor.../nach... (Verb)	z. B. *vorgehen/nachgehen (Uhr)*
vor.../rück... (Verb)	z. B. *vorverweisen/rückverweisen*
vor.../zurück... (Verb)	z. B. *sich vorbeugen/sich zurückbeugen*
Vor.../Haupt... (Substantiv)	z. B. *Vorvertrag/Hauptvertrag*
Vor.../Nach... (Substantiv)	z. B. *Vorsaison/Nachsaison*
Vor.../Rück... (Substantiv)	z. B. *Vorschau/Rückschau*
voraus.../hinterher... (Verb)	z. B. *vorausfahren/hinterherfahren*
Vorder.../Hinter... (Substantiv)	z. B. *Vordergrund/Hintergrund*
Vorder.../Rück... (Substantiv)	z. B. *Vorderseite/Rückseite*
weg.../her... (Verb)	z. B. *wegbringen/herbringen*
weg.../heran... (Verben mit gleichem Basiswort)	z. B. *weggehen von/herangehen an*
weg.../heran... (Verben mit nicht gleichem Basiswort)	z. B. *wegschieben/heranziehen*
weg.../hin... (Verb)	z. B. *sich wegbewegen/sich hinbewegen*
weg.../zu... (Verb)	z. B. *sich wegbewegen von.../sich zubewegen auf...*
...weibchen/...männchen (Substantiv)	z. B. *Vogelweibchen/Vogelmännchen*
... werden; in Verbindung mit Partizip II = Passiv/... Infinitiv = Aktiv; s. a. .../ ... lassen	z. B. *verführt werden/verführen; eingeladen werden/einladen; die Täter wissen bald auch nicht mehr, ob sie handeln oder gehandelt werden*
... werden/... bleiben; s. a. ... bleiben/ un... werden	z. B. *untreu werden/treu bleiben; alt werden/jung bleiben; Nichtraucher werden/ Raucher bleiben*
... werden; in Verbindung mit Part. II/ un... bleiben	z. B. *erwähnt werden/unerwähnt bleiben*
West.../Ost... (Substantiv)	z. B. *Westkontakte/Ostkontakte*
...widrig/...gemäß (Adjektiv)	z. B. *ordnungswidrig/ordnungsgemäß*

...widrig/...gerecht (Adjektiv)	z. B. *verkehrswidrig/verkehrsgerecht*
...widrig/...mäßig (Adjektiv)	z. B. *gesetzwidrig/gesetzmäßig*
...willig/...unwillig (Adjektiv)	z. B. *zahlungswillig/zahlungsunwillig*
Winter.../Sommer... (Substantiv)	z. B. *Wintermantel/Sommermantel*
...würdig/...unwürdig (Adjektiv)	z. B. *kreditwürdig/kreditunwürdig*
xeno.../idio... (vor fremdsprachlicher Basis; Adjektiv)	*(mit der Bedeutung: fremd) z. B. xenomorph/idiomorph*
xero.../hygro... (vor fremdsprachlicher Basis; Adjektiv)	*(mit der Bedeutung: trocken) z. B. xerophil/hygrophil*
Xero.../Hygro... (vor fremdsprachlicher Basis; Substantiv)	*(mit der Bedeutung: Trockenheits-) z. B. Xerophilie/Hygrophilie*
zu.../ab... (Verben mit gleichem Basiswort)	z. B. *zunehmen/abnehmen*
zu.../ab... (Verben mit nicht gleichem Basiswort)	z. B. *zustimmen/ablehnen*
zu.../auf... (Verben mit gleichem Basiswort)	z. B. *zuschließen/aufschließen*
zu.../auf... (Verben mit nicht gleichem Basiswort)	z. B. *zuschieben/aufziehen (ein Schubfach)*
zu.../ent... (Verb)	z. B. *zulaufen/entlaufen*
zu.../weg... (Verb)	z. B. *sich zubewegen auf .../sich wegbewegen von...*
[...]zu...end (Gerundivum)/...end (Partizip I)	z. B. *auszubildend/ausbildend*
zurück.../hin... (Verb)	z. B. *zurückfahren/hinfahren*
zurück.../höher... (Verb)	z. B. *zurückstufen/höherstufen*
zurück.../vor... (Verb)	z. B. *zurückfahren/vorfahren*
zusammen.../aus... (Verben mit gleichem Basiswort)	z. B. *zusammenrollen/ausrollen (Teppich)*
zusammen.../aus... (Verben mit nicht gleichem Basiswort)	z. B. *zusammenschieben/ausziehen*
zusammen.../auseinander... (Verben mit gleichem Basiswort)	z. B. *zusammenklappen/auseinanderklappen*
zusammen.../auseinander... (Verben mit nicht gleichem Basiswort)	z. B. *zusammensetzen/auseinandernehmen*
Zwerg.../Riesen...; a. Groß..., Makro... (Substantiv)	z. B. *ein Zwergbetrieb/Riesenbetrieb*
Zwischen.../End... (Substantiv)	z. B. *Zwischenergebnis/Endergebnis*

A

a.../... (meist vor fremdsprachlichem Adjektiv)	(mit der Bedeutung: nicht-, un-) z. B. amoralisch/moralisch
A.../... (meist vor fremdsprachlichem Substantiv)	z. B. Asymmetrie/Symmetrie
a.../eu... (vor fremdsprachlicher Basis; Adjektiv)	(mit der Bedeutung: nicht-, un-) z. B. aphotisch/euphotisch
...a/...us (Substantivsuffix bei fremdsprachlichem Basiswort)	(Endung, die Weibliches kennzeichnet) z. B. Intima/Intimus, Anima/Animus
Aa/Pipi; s. a. kleines Geschäft, Pisse, Urin	Aa machen (kindertümlich)
aasen mit etwas/sparsam umgehen mit etwas	mit den Vorräten aasen
Aasseite/Haarseite, Narbenseite	(Fleischseite der tierischen Haut; Gerberei)
ab/an	ab Berlin um 7.50 Uhr (Eisenbahn)
ab/bis	das Angebot gilt ab 1. Oktober
ab; s. auf und ab	
ab.../... (Verb)	z. B. abrüsten/rüsten
ab.../an... (Verben mit gleichem Basiswort)	z. B. abmachen/anmachen
ab.../an... (Verben mit nicht gleichem Basiswort)	z. B. abstoßen/anziehen
ab.../ange...+ kommen (Verb)	z. B. abreiten/angeritten kommen
ab.../auf... (Adverb)	z. B. abwärts/aufwärts
ab.../auf... (Verben mit gleichem Basiswort)	z. B. absteigen/aufsteigen
ab.../auf... (Verben mit nicht gleichem Basiswort)	z. B. abnehmen/aufsetzen (den Hut)
ab.../be... (Verb)	z. B. abdecken/bedecken
ab.../heran... (Verb)	z. B. abrudern/heranrudern
ab.../um... (Verb)	z. B. abbinden/umbinden (Schürze)
ab.../zu... (Verben mit gleichem Basiswort)	z. B. abnehmen/zunehmen
ab.../zu... (Verben mit nicht gleichem Basiswort)	z. B. ablehnen/zustimmen
Ab.../An... (Substantiv)	z. B. Abtestat/Antestat
...ab/...an; a. ...aufwärts (Adverb)	z. B. bergab/bergan
...ab/...auf (Adverb)	z. B. treppab/treppauf
Abälard und Heloise	(Liebespaar; 12. Jahrhundert)
abänderbar/unabänderbar	dieses Abkommen ist abänderbar
a battuta/ad libitum	(im Takt spielen)
abbahren/aufbahren	einen Toten abbahren (von der Bahre nehmen)

Abbau/Aufbau	*1. der Abbau der Baracke, des Zeltes; 2. der Abbau von Stärke (Ernährung)*
abbauen/aufbauen	*ein Zelt, Gerüst (wieder) abbauen*
abbaumen/aufbaumen	*(einen Baum verlassen; Jägersprache)*
abbäumen/aufbäumen	*(das fertige Gewebe vom Kettbaum nehmen; Weberei)*
abbehalten/aufbehalten	*den Hut abbehalten*
abbehalten/aufsetzen	*die Mütze abbehalten und nicht aufsetzen*
abbekommen/anbekommen	*das Schild nicht abbekommen (abgeschraubt bekommen)*
abberufen/ernennen	*das Recht, Minister zu ernennen und abzuberufen*
Abberufung/Berufung	*die Abberufung von einem Posten*
abbestellen/abonnieren	*eine Zeitschrift (wieder) abbestellen*
abbestellen/bestellen	*die Handwerker (wieder) abbestellen*
Abbestellung/Abonnement	*die Abbestellung erfolgte zum 30. Juni*
abbinden/anbinden	*vom Pfahl abbinden*
abbinden/umbinden	*die Schürze, die Krawatte (wieder) abbinden*
Abblende/Aufblende	*(Film)*
abblenden/aufblenden	*den Scheinwerfer abblenden (Auto); bitte abblenden! (Film)*
Abblendlicht/Standlicht, Fernlicht	*(beim Scheinwerfer eines Kraftfahrzeugs)*
Abblendung/Aufblendung	*(beim Scheinwerfer, beim Film)*
abblitzen lassen/erhören	*sie hat den Verehrer abblitzen lassen*
abbrausen/anbrausen, angebraust kommen	*der Zug braust ab*
abbrechen/abschließen	*die Lehre, das Studium abbrechen*
abbrechen/wiederaufnehmen	*Kontakte abbrechen*
ABC-Waffen/konventionelle Waffen	
Abdampf/Frischdampf	*(Dampf, der nach einem Arbeitsvorgang aus einer Dampfmaschine herauskommt)*
abdampfen/angedampft kommen	*er dampft ab (geht weg; umgangssprachlich)*
abdecken/aufdecken	*sie hat schon abgedeckt (das Geschirr vom Tisch abgeräumt)*
abdecken/bedecken	*etwas (ein Beet) abdecken (etwas, was auf etwas lag, entfernen)*
abdecken/decken	*1. das Dach abdecken; 2. den Tisch abdecken*
abdecken/zudecken	*ein Frühbeet abdecken (den Schutz wegnehmen)*
abdingbar/unabdingbar	*bestimmte Vereinbarungen sind abdingbar (Rechtswesen)*
abdocken/aufdocken	*Garn abdocken (abwickeln); eine Leine abdocken*
abdrehen/den Kurs beibehalten	*das Flugzeug drehte ab*
abdressieren/andressieren; a. anerziehen	*den Männern durch Erziehung die Zärtlichkeit abdressieren*

Abduktion/Adduktion	*Abduktion ist das Abspreizen beweglicher Körperteile (Anatomie)*
Abduktor/Adduktor	*ein Abduktor ist ein Abspreizmuskel (Anatomie)*
abecedieren/solmisieren	*(Töne mit ihren Buchstabennamen singen; Musik)*
Abel/Kain	*Abel wird von seinem Bruder Kain im Zorn erschlagen (Bibel)*
aben/aufen	*der Weg abet (geht abwärts; veraltet)*
Abend/Morgen	*am Abend*
Abendandacht/Morgenandacht	
Abendappell/Morgenappell	*(Militär)*
Abendausgabe/Morgenausgabe	*die Abendausgabe einer Zeitung*
Abenddämmerung/Morgendämmerung	
Abendhimmel/Morgenhimmel	*die Sterne am Abendhimmel*
Abendkasse; s. an der Abendkasse	
Abendland/(veraltet) Morgenland; s. a. Orient	*(besonders Europa)*
abendländisch/(veraltet) morgenländisch	
abendlich/morgendlich	*abendliche Zusammenkünfte*
Abendpunkt/Morgenpunkt	*(Astronomie)*
Abendrot/Morgenrot	*das Abendrot über den Bergen*
abends/morgens; auch: a. m.; vormittags	*um 6 Uhr, 8 Uhr abends; abends wird er munter*
Abendschoppen/Frühschoppen	
Abendseite (veraltet)/Morgenseite (veraltet)	*(Seite nach Westen)*
Abendsonne/Morgensonne	
Abendstern/Morgenstern	*(der helle Planet Venus ist abends am Westhimmel der Abendstern und morgens am Osthimmel der Morgenstern)*
Abendstunde/Morgenstunde	
Abendveranstaltung/ Vormittagsveranstaltung; s. a. Matinee	
abendwärts (veraltet)/morgenwärts (veraltet)	*(westwärts)*
Abendweite/Morgenweite	*(Astronomie)*
Abendzeitung/Morgenzeitung	
aberkennen/zuerkennen	*jemandem ein Recht aberkennen (Rechtswesen)*
aberratio ictus/error in objecto	*(Verfehlung des Tatziels bei strafbarer Handlung; Rechtswesen)*
aberziehen/anerziehen; a. andressieren	*das hat man ihr aberzogen*
abfädeln/auffädeln	*Perlen abfädeln*
abfahren/anfahren	*Erde, Sand (vom Bauplatz) abfahren; Kies, Kartoffeln abfahren*
abfahren/angefahren kommen	*auf dem Motorrad abfahren*

abfahren/ankommen; a. landen	*das Schiff, der Zug fährt ab; sie fährt morgens ab, wird aber erst abends am Ziel ankommen; er ist um 7 Uhr angekommen und um 10 Uhr wieder abgefahren*
Abfahren, das/das Auffahren	*das Abfahren von der Autobahn*
Abfahrt/Ankunft; a. Landung	*die Abfahrt des Zuges*
Abfahrt/Auffahrt	*1. die Abfahrt von der Alm; 2. die Abfahrt von der Autobahn (Fahrbahn, auf der man die Autobahn verläßt)*
Abfahrt/Zufahrt	*die Zu- und Abfahrten zum Parkhaus*
Abfahrtslauf/Langlauf	*(Ski)*
Abfahrtsski/Langlaufski	
Abfahrt[s]zeit/Ankunftszeit	*die Abfahrtszeit des Zuges*
abfallen/ansteigen	*die Straße fällt ab*
abfallende Schultern/gerade Schultern	
abfliegen/ankommen; a. landen	*die Tagungsteilnehmer fliegen um 9 Uhr in Berlin ab und kommen um 10 Uhr in Frankfurt an*
abfließen/zufließen	*hier fließt das Wasser (aus der Wanne) ab*
abflitzen/angeflitzt kommen	*als sie den Polizisten sahen, flitzten die Jungen ab*
Abflug/Ankunft; a. Arrival, Landung	*der Abflug des Flugzeugs, der Passagiere*
Abfuhr/Anfuhr	*die Abfuhr von Kohlen, Kartoffeln; die Abfuhr der Erde (von dem Platz)*
abführen/stopfen	*dieses Medikament, Mittel führt ab (sorgt für Stuhlgang)*
Abführung/Anführung	*die letzten Striche von „ " sind die Abführung (Orthographie)*
Abgabe/Aufnahme	*die Abgabe von Wärme*
Abgabe/Ausgabe	*die Abgabe der Bücher in der Bibliothek*
Abgabe/Ausleihe	*wo ist die Abgabe? (Bibliothekswesen)*
abgabenfrei/abgabenpflichtig	*(befreit von Abgaben wie Steuern usw.)*
abgabenpflichtig/abgabenfrei	*(zur Zahlung von Abgaben verpflichtet)*
abgaloppieren/angaloppiert kommen	*sie galoppierten ab*
Abgang/Angang	*(das Abgehen von einem Turngerät; Sport)*
Abgang/Aufgang	*(Treppe abwärts)*
Abgang/Zugang	*heute hatte das Krankenhaus 10 Abgänge (Verringerung der Patientenzahl durch Todesfälle)*
abgeben/angeben	*(die Karten für das letzte Spiel austeilen; Kartenspiel)*
abgeben/aufnehmen	*Sauerstoff aufnehmen und Stickstoff abgeben*
abgeben/holen	*(im Theater) die Garderobe abgeben*
abgebrochen/abgeschlossen	*eine abgebrochene Lehre; ein abgebrochenes Studium*
abgehangen/frischschlachten	*abgehangenes (durch längeres Hängen zarter gewordenes) Fleisch*
abgehärtet/verweichlicht	*er ist durch Sport abgehärtet*

abgehen/auftreten	*der Schauspieler geht ab (von der Bühne)*
abgehen/bleiben	*von einem Grundsatz abgehen*
abgehen/hinzukommen	*10 Mark gehen (vom Preis) noch ab; 15% Rabatt gehen von der Summe noch ab*
Abgeordnete/Abgeordneter	*eine Abgeordnete und ein Abgeordneter stimmten dagegen; die Abgeordnete und der Abgeordnete nahmen daran teil*
Abgeordneter/Abgeordnete	*zwei Abgeordnete, die Abgeordneten nahmen daran teil*
Abgesang/Aufgesang	*(beim Minne- und Meistersang letzter Teil; Metrik)*
abgeschlossen/abgebrochen	*eine abgeschlossene Lehre; ein abgeschlossenes Studium*
abgeschlossen/unabgeschlossen	*die Wohnung war abgeschlossen*
abgeschwollen/angeschwollen	*das Bein war (wieder) abgeschwollen*
abgewöhnen, sich etwas/sich etwas angewöhnen	*er hat sich das Rauchen abgewöhnt*
abgezählt/unabgezählt	*abgezählte Exemplare*
abgrätschen/aufgrätschen	*vom Barren abgrätschen (Turnen)*
abgruppieren/aufgruppieren	*sie wurde abgruppiert (in die nächsttiefere Gehaltsstufe eingestuft)*
abhaben/aufhaben	*er hat den Hut ab (abgesetzt; umgangssprachlich)*
abhaken/anhaken	*den Fensterladen abhaken*
abhalftern/anhalftern	*das Pferd abhalftern (das Halfter abnehmen)*
abhalsen/anhalsen	*den Hund abhalsen (von der Leine nehmen)*
abhängen/anhängen	*einen Waggon (vom Zug) abhängen*
abhängen/aufhängen	*das Bild (wieder) abhängen*
abhängig/unabhängig	*er ist von den Eltern abhängig*
abhängig; s. ertragsabhängig, kirchenabhängig, konjunkturabhängig	
...abhängig/...unabhängig (Adjektiv)	*z. B. ertragsabhängig/ertragsunabhängig*
Abhängigkeit/Unabhängigkeit	*er leidet unter seiner Abhängigkeit (von den Eltern)*
abhauben/aufhauben	*den Beizfalken abhauben (die Haube abnehmen; Jägersprache)*
abheben/auf dem Teppich bleiben	*sein Erfolg stieg ihm in den Kopf. Er hob ab*
abheben/einzahlen; s. a. raufbringen	*Geld (vom Konto) abheben*
abheuern/anheuern; a. anmustern	*(entlassen; Seemannssprache)*
abhocken/aufhocken	*(in der Hocke vom Turngerät gehen; Turnen)*
abholen/bringen	*jemanden von der Bahn abholen; jemanden in der Wohnung abholen*
A bis Z; a. Alpha	*von A bis Z (von Anfang bis Ende; bezogen auf das Alphabet)*

Abitur/mittlere Reife, (veraltend) das Einjährige	*Volker hat Abitur, Holger nur die mittlere Reife*
abkappen/aufkappen; a. aufhauben	*den Beizfalken abkappen (Jägersprache)*
abkehren/zukehren	*die dem Wind abgekehrte Seite*
abketten/anketten	*den Hofhund abketten*
abknöpfen/anknöpfen	*die Kapuze abknöpfen*
abkommen/bleiben	*vom Thema abkommen*
abkömmlich/unabkömmlich	*er ist abkömmlich (wird nicht dringend gebraucht und kann woanders eingesetzt werden)*
abkoppeln/ankoppeln	*einen Güterwagen abkoppeln*
abkriegen/ankriegen	*ich kriege das Schild nicht (von der Tür) ab*
abkuppeln/ankuppeln	*den Waggon abkuppeln*
abkürzen/ausschreiben	*den Namen abkürzen*
abkürzen; s. den Weg abkürzen	
abladen/aufladen; a. beladen, einladen, laden	*Waren (vom Auto) abladen; das Frachtgut (wieder) abladen*
ablandig/auflandig	*ein ablandiger (seewärts gerichteter) Wind (Seemannssprache)*
ablaufen lassen/einlaufen lassen	*das Wasser (aus der Badewanne) ablaufen lassen*
abläuten/anläuten	*eine Runde abläuten (Sport)*
ablegen/anlegen	*das Schiff legt (vom Hafen) ab*
ablegen/annehmen	*schlechte Gewohnheiten (wieder) ablegen*
ablehnen/annehmen	*einen Antrag, ein Angebot ablehnen; einen Gesetzentwurf ablehnen; er hat sich beworben, wurde aber abgelehnt*
ablehnen/befürworten	*sie lehnt dieses Projekt ab*
ablehnen/genehmigen	*ein Gesuch ablehnen*
ablehnen/zustimmen	*einen Vorschlag ablehnen; den Schlichterspruch ablehnen oder ihm zustimmen*
Ablehnung/Annahme	*die Ablehnung eines Antrags*
Ableitung/Zusammensetzung; s. a. Komposition	*das Adjektiv „menschlich" ist eine Ableitung von „Mensch", und das Substantiv „Machtmensch" ist eine Zusammensetzung mit „Mensch"*
ablenken von/lenken auf	*die Aufmerksamkeit von etwas ablenken*
ablesen/frei sprechen	*er hat nicht frei gesprochen, sondern nur (den Vortrag) abgelesen*
Abluft/Frischluft, Zuluft	*Abluft ist verbrauchte Luft, die aus Räumen abgeleitet wird (Klimatechnik)*
abmachen/anmachen; a. anschrauben	*ein Türschild, ein Plakat (wieder) abmachen; das Schild (von der Wand) abmachen*
abmarschieren/anmarschiert kommen	*in Viererreihen abmarschieren; abends marschierten sie alle (wieder) ab*
abmelden/anmelden	*sie haben ihn abgemeldet*
abmelden, sich/sich anmelden	*sich beim Einwohnermeldeamt abmelden*

Abmeldung/Anmeldung	*die polizeiliche Abmeldung*
abmontieren/anmontieren	*ein Schild (von der Wand) abmontieren*
abmontieren/aufmontieren, montieren auf	*den Gepäckträger vom Dach eines Autos (wieder) abmontieren*
abmustern/anmustern; a. anheuern	*den Steuermann abmustern (entlassen; Seemannssprache)*
Abmusterung/Anmusterung	*(Seemannssprache)*
Abnahme/Zunahme	*eine deutliche Abnahme des Gewichts*
abnehmen/anbringen	*das (Gerichts)siegel abnehmen*
abnehmen/anlegen	*einen Verband (wieder) abnehmen*
abnehmen/aufbehalten	*die Brille (zum Lesen) abnehmen; den Hut beim Eintritt in die Kirche abnehmen*
abnehmen/aufhängen; s. a. hängen auf	*Gardinen, Wäsche (von der Leine), ein Bild (von der Wand) abnehmen*
abnehmen/auflassen	*den Hut abnehmen*
abnehmen/auflegen	*den Telefonhörer abnehmen; das Tischtuch abnehmen*
abnehmen/aufsetzen	*als er den Raum betrat, nahm er den Hut ab; als er den Raum wieder verließ, setzte er den Hut wieder auf*
abnehmen/sitzenlassen	*jemandem seine Ware abnehmen*
abnehmen/umbinden	*die Armbanduhr (wieder) abnehmen*
abnehmen/zunehmen	*1. er hat abgenommen; 2. die Schmerzen nehmen ab; der Lärm nimmt ab; 3. abnehmender Mond*
Abnehmerland/Erzeugerland	*ein Abnehmerland für agrarische Produkte*
Abneigung/Neigung	*seine Neigungen und Abneigungen (was man nicht möchte) erkennen*
Abneigung/Zuneigung; a. Liebe, Sympathie	*er verspürte eine Abneigung (Antipathie) ihm gegenüber*
Abonnement/Abbestellung	*das Abonnement erfolgte am 1. April*
abonnieren/abbestellen	*eine Zeitschrift, ein Magazin abonnieren*
aboral/adoral	*(vom Mund entfernt liegend; Medizin)*
abpaddeln/anpaddeln	*am 1. Oktober wird abgepaddelt (das letzte Mal im Jahr gepaddelt)*
abpfeifen/anpfeifen	*das [Fußball]spiel abpfeifen (unterbrechen, beenden)*
Abpfiff/Anpfiff	*(Pfiff als Zeichen, daß das Spiel beendet ist; Sport)*
abprallen/eindringen	*das Geschoß prallte (von der Wand) ab*
abprallen/Wirkung zeigen	*die Vorwürfe prallten an ihm ab*
abprotzen/aufprotzen	*ein Geschütz abprotzen (von der Protze, dem zweirädrigen Wagen) lösen (Militär)*
abputzen/putzen	*den Weihnachtsbaum abputzen (den Schmuck wieder abnehmen)*
abrädeln/aufrädeln	*Zwirn abrädeln bedeutet abspulen*
Abraham/Hagar, Sara; a. Stammutter	*(Stammvater Israels; Bibel)*
abrasieren/stehenlassen	*den Bart abrasieren*

abraten/empfehlen	*von einer Geldanlage abraten*
abraten/zuraten	*jemandem (von einem Vorhaben) abraten*
abrauschen/angerauscht kommen	*sie rauschte (empört) ab*
abregen, sich/sich aufregen	*er hat sich (wieder) abgeregt*
Abreise/Anreise	*die Abreise erfolgt am 17. April*
abreisen/angereist kommen	*sie kam mit wenig Gepäck angereist und reiste mit viel Gepäck wieder ab*
abreisen/ankommen; a. landen	*wann kommt sie an, und wann reist sie wieder ab?; morgen reist sie (wieder) ab*
abreisen/anreisen	*„Wann werden Sie anreisen und wann wieder abreisen?", fragte die Dame an der Rezeption am Telefon*
Abreisetag/Anreisetag	*der erste Juli ist ihr Abreisetag*
Abreisetermin/Anreisetermin	*den Abreisetermin festlegen*
abreißen/setzen	*einen Ofen (wieder) abreißen*
abreiten/angeritten kommen	*sie ritten ab*
abrollen/aufrollen	*das Kabel abrollen (von der Trommel)*
abrücken/angerückt kommen	*sie rückten um 16 Uhr wieder ab (gingen wieder)*
abrücken/heranrücken	*mit dem Stuhl (von dem Tisch) abrücken*
abrückend/anrückend	*die abrückenden Feinde*
abrudern/anrudern	*im Oktober wird abgerudert (das letzte Mal im Jahr gerudert)*
abrudern/heranrudern	*vom Ufer abrudern*
abrufen/speichern, einspeichern	*Daten abrufen*
abrüsten/anrüsten, einrüsten	*ein Haus abrüsten (das Gerüst wegnehmen; Bauwesen)*
abrüsten/[auf]rüsten; s. a. militarisieren	*die Länder rüsten ab (verringern das Kriegsmaterial)*
Abrüstung/[Auf]rüstung	*sie trieben die Abrüstung voran*
Absage/Ansage	*die Absage macht Herr Agfa (Rundfunk, Fernsehen)*
Absage/Zusage	*er hatte ihn eingeladen, bekam von ihm aber eine Absage*
absagen/ansagen	*eine Sendung absagen (die Schlußworte sprechen; Funk)*
absagen/zusagen	*wir haben sie eingeladen, aber sie hat abgesagt (wird nicht kommen)*
absatteln/aufsatteln	*ein Pferd absatteln (den Sattel abnehmen)*
Absatzhonorar/Bogenhonorar, Pauschalhonorar	*(Honorar, das sich nach den verkauften Exemplaren richtet; Buchwesen)*
Absatzmarkt/Beschaffungsmarkt	*(Markt, auf dem die produzierte Ware einer Firma verkauft wird)*
absausen/angesaust kommen	*die Kinder sausten mit ihren Rädern ab*
abschaffen, etwas/sich etwas anschaffen	*den Hund abschaffen; das Auto (wieder) abschaffen*
abschaffen/einführen	*die Todesstrafe, eine Steuer abschaffen*
abschaffen/erlassen	*ein Gesetz (wieder) abschaffen*

Abschaffung/Beibehaltung	*es ging damals um Abschaffung oder Beibehaltung der Apartheid*
Abschaffung/Einführung	*die Abschaffung der gleitenden Arbeitszeit*
abschalten/anschalten; a. einschalten	*das Radio abschalten*
abschieben/angeschoben kommen	*er schiebt mit seiner Freundin ab (geht weg; umgangssprachlich)*
abschieben/heranschieben	*den Schrank von der Wand abschieben*
Abschied/Wiedersehen	*sich beim Abschied schon aufs Wiedersehen freuen*
abschießen/angeschossen kommen	*er schießt ab (läuft sehr schnell davon; umgangssprachlich)*
abschirren/anschirren	*ein Pferd abschirren (das Geschirr, das Riemenzeug abnehmen)*
Abschlag/Aufschlag	*ein Abschlag (gesenkter Preis) von 15% (Kaufmannssprache)*
abschlagen/anschlagen	*die Segel abschlagen (von den Spieren, den Stangen lösen; Seemannssprache)*
abschlagen/aufschlagen	*1. das Zelt, das Lager abschlagen (abbauen); 2. das Getreide schlägt ab (wird billiger)*
abschließen/abbrechen	*sie wollte die Lehre, das Studium abschließen und nicht wegen der Schwangerschaft abbrechen*
abschließen/beginnen	*eine begonnene Arbeit, eine Untersuchung abschließen*
abschließen/eröffnen	*eine Rede schloß das Fest ab*
abschließen/offenlassen	*das Tor abends bitte abschließen*
Abschluß/Beginn	*der Abschluß des Studiums, der Laufbahn*
abschminken/schminken	*das Gesicht (wieder) abschminken*
abschnallen/anschnallen	*die Skier, sich (vom Sitz) abschnallen*
abschnallen/aufschnallen	*den Tornister abschnallen*
abschnallen/umschnallen	*den Gürtel abschnallen*
abschrauben/anschrauben; a. anmachen	*das Türschild (von der Wand) abschrauben*
abschrauben/aufschrauben	*etwas von einem Brett abschrauben*
abschreiten/angeschritten kommen	*er schritt würdevoll ab*
abschwächen, sich/sich verstärken	*der Lärm schwächt sich ab*
abschwellen/anschwellen	*1. die Füße schwellen ab; 2. der Sturm, Lärm schwillt ab*
abschwingen, sich/sich aufschwingen	*sich vom Pferd abschwingen*
Abschwung/Aufschwung	*1. Abschwung am Reck; 2. der Abschwung in der Wirtschaft*
Abschwung; s. Konjunkturabschwung	
absegeln/ansegeln	*nächsten Sonntag wollen sie absegeln (das letzte Mal im Jahr segeln)*
absehen von etwas/etwas mit in Betracht ziehen	*wenn ich davon absehe, ist der Vorschlag ganz günstig*
absein/ansein	*der Knopf ist ab (abgegangen; umgangssprachlich)*

Absender/Adresse; a. Empfänger	*er schreibt den Absender (den Namen dessen, der die Post abschickt) auf die Rückseite des Briefes*
Absender[in]/Empfänger[in]; s. a. Adressat[in]	*wer ist der Absender dieses Briefes und wer der Empfänger?*
absent/präsent	*(nicht anwesend)*
absetzen/ansetzen	*den Geigenbogen, das Blasinstrument absetzen; das Glas (vom Mund) absetzen*
absetzen/aufbehalten, auflassen	*die einen setzten ihre Hüte ab, andere behielten sie auf/ließen sie auf*
absetzen/aufnehmen	*eine Last, einen Koffer absetzen (vorübergehend hinstellen)*
absetzen/aufsetzen	*als sie den Raum betraten, setzten sie ihre Hüte ab; als sie den Raum verließen, setzten sie die Hüte wieder auf*
absetzen/setzen	*von der Tagesordnung, vom Programm absetzen*
Absicht; s. mit Absicht	
absichtlich/unabsichtlich	*er hat ihn absichtlich übergangen*
Absichtsurkunde/Zufallsurkunde	*eine Absichtsurkunde wird zu Beweiszwekken ausgestellt (Rechtswesen)*
absitzen/aufsitzen	*der Reiter saß ab (stieg vom Pferd herunter); vom Pferd absitzen*
absocken/angesockt kommen	*sie sockte ab (ging weg; umgangssprachlich)*
absolut/relativ	*(für sich, einzeln betrachtet)*
absolut; s. absolutes Gehör, absolute Mehrheit, absolute Musik, absolutes Recht, absolutes Verb	
Absolutbeobachtung/ Anschlußbeobachtung, Relativbeobachtung	*(Astronomie)*
absolute Adresse/relative Adresse	*(EDV)*
absolute Mehrheit/relative Mehrheit, einfache Mehrheit	*(mehr als 50%)*
absolute Musik/Programmusik	*(Musikkomposition ohne Bindung an außermusikalische – poetische, malerische – Inhalte)*
absolutes Gehör/relatives Gehör	*(Fähigkeit, die Höhe eines Tones ohne vergleichbare Töne zu erkennen)*
absolutes Recht/relatives Recht	*das absolute Recht wirkt gegenüber jedermann (Rechtswesen)*
absolutes Verb/relatives Verb	*(Verb, das kein Objekt und keine Adverbialergänzung fordert, zum Beispiel in: ich komme)*
Absorber/Kompressor	*(Kühlschrank mit Absaugverfahren)*
Abspann/Vorspann	*(am Schluß eines Films Angaben zum Film, zum Beispiel Mitwirkende)*
abspannen/anspannen	*das Pferd (vom Wagen) abspannen*

abspazieren/anspaziert kommen	*er spazierte ab*
absprachegemäß/absprachewidrig	*(entsprechend der Absprache)*
absprachewidrig/absprachegemäß	*(entgegen der Absprache)*
absprechen/zusprechen	*jemandem einen Besitz absprechen*
absprengen/angesprengt kommen	*die Reiter sprengten ab*
abspringen/aufspringen	*früher konnte man noch − verbotenerweise − von der fahrenden Straßenbahn abspringen*
abspritzen/angespritzt kommen	*als der Aufseher kam, spritzten die Kinder ab (rannten sie schnell davon; umgangssprachlich)*
Absprung/Aufsprung	*der Absprung (von der Straßenbahn)*
abspulen/aufspulen	*einen Faden, Nähgarn abspulen*
Abstand/Nähe	*er wünscht Abstand zu den anderen*
Abstand halten/aufschließen	*bitte Abstand halten (vom/zum Vordermann)*
abstecken/anstecken	*eine Plakette (wieder) abstecken*
abstehen/dranstehen	*der Stuhl steht (weit) vom Tisch ab*
abstehend/anliegend	*abstehende Ohren*
absteigen/aufsteigen	*1. vom Rad absteigen; 2. die Mannschaft stieg ab (wurde schlechter)*
absteigend/aufsteigend	*absteigende (die Nachkommen betreffende) Verwandtenlinie*
Absteiger/Aufsteiger	*(Fußball)*
abstellen/anlassen	*er sollte das Radio abstellen, aber er ließ es an; den Motor abstellen und nicht länger anlassen*
abstellen/anstellen; a. anmachen, einschalten	*das angestellte Radio wieder abstellen; das Wasser, die Heizung, das Gas (wieder) abstellen*
abstieben/angestoben kommen	*die Kinder stoben ab*
Abstieg/Aufstieg	*1. der Abstieg vom Berg; 2. der Abstieg des Vereins*
Abstiegsrunde/Aufstiegsrunde	*(Sport)*
Abstimmungsniederlage/Abstimmungssieg	
Abstimmungssieg/Abstimmungsniederlage	
abstoßen/anziehen	*dieser Mann, seine Art stößt mich ab*
abstoßend/anziehend	*er wirkt abstoßend; ihr Äußeres ist abstoßend*
Abstoßung/Anziehung	*magnetische Abstoßung*
Abstoßungskraft/Anziehungskraft	*(Physik)*
abstracto; s. in abstracto	
abstrakt/konkret; a. gegenständlich	*was sie sagt, ist sehr abstrakt (unanschaulich)*
abstrakt; s. in abstracto; abstrakte Kunst, abstrakte Malerei, abstraktes Rechtsgeschäft	

abstrakte Kunst/gegenständliche Kunst | *(Kunstrichtung im 20. Jahrhundert, die eigene, außerhalb der Wirklichkeit liegende gedankliche Gehalte wiedergeben möchte)*

abstrakte Malerei/gegenständliche Malerei, figürliche Malerei | *(von der Wirklichkeit losgelöste Malerei mit eigenen Formen usw.)*

abstraktes Rechtsgeschäft/kausales Rechtsgeschäft | *(Rechtswesen)*

Abstraktheit/Konkretheit

Abstraktionsprinzip/Einheitsprinzip | *(Rechtswesen)*

Abstraktum/Konkretum | *„Treue" ist ein Abstraktum, etwas, was nicht gegenständlich, sinnlich nicht wahrnehmbar ist (Sprachwissenschaft)*

absträngen/ansträngen | *ein Pferd absträngen (abspannen)*

abstreichen/anstreichen | *der Auerhahn, Specht streicht ab (fliegt weg; Jägersprache)*

abstreiten/zugeben; a. bestätigen

Abstrich/Aufstrich | *1. der Abstrich des Geigenbogens; 2. der Abstrich des geschriebenen „i"*

abströmen/angeströmt kommen | *die Menge strömte ab*

abströmen/anströmen | *abströmende Luftmassen*

Abszisse/Ordinate | *(horizontale Achse; Mathematik)*

Abszissenachse/Ordinatenachse | *(Mathematik)*

Abt/Äbtin, Äbtissin | *(Vorsteher eines Mönchsklosters)*

abtakeln/auftakeln | *ein Schiff abtakeln (außer Dienst stellen; Seemannssprache)*

abtanzen/angetanzt kommen | *um 22 Uhr tanzten sie endlich ab (gingen sie endlich; umgangssprachlich)*

Abteilwagen/Großraumwagen | *möchten Sie einen Platz im Großraumwagen oder im Abteilwagen reservieren lassen?; er saß im Abteilwagen des ICE (Eisenbahn)*

Abtestat/Antestat | *(früher: am Ende des Semesters gegebenes, die Teilnahme bestätigendes Testat, Bestätigung durch Unterschrift)*

abtestieren/antestieren | *(früher: am Ende des Semesters durch Unterschrift des Professors bestätigen, daß an den Vorlesungen teilgenommen worden ist)*

Äbtin/Abt | *(Vorsteherin eines Klosters; veraltet)*

Äbtissin/Abt | *die Äbtissin des Nonnenklosters*

abtörnen/antörnen | *seine ungewaschenen Füße hatten seine Freundin (wieder) abgetörnt (in bezug auf die Stimmung und Zuneigung ernüchtert; umgangssprachlich)*

abtraben/angetrabt kommen | *nach dem Essen trabte die Gruppe wieder ab (ging sie weg; umgangssprachlich)*

abtraben/antraben | *die Reiter trabten ab*

abtragen/aufschütten | *Erde abtragen*

abtragen/auftragen	*das Essen abtragen (den Tisch wieder ab-decken)*
abträglich/zuträglich	*zuviel Fett ist der Gesundheit abträglich*
Abträglichkeit/Zuträglichkeit	*die Abträglichkeit für die Gesundheit*
abtrainieren/antrainieren; a. andressieren, anerziehen	*das Schambewußtsein (wieder) abtrai-nieren*
Abtransport/Antransport	*ein schneller Abtransport*
abtransportieren/antransportieren	*die Möbel abtransportieren lassen*
abtreiben/austragen	*ein Kind abtreiben*
abtreiben/herantreiben	*der Wind treibt den Ball vom Ufer ab*
abtreiben/hinauftreiben	*das Vieh von der Alm abtreiben*
Abtrieb/Auftrieb	*der Abtrieb des Viehs (von der Alm)*
Abtritt/Auftritt	*(Theater)*
abtrotten/angetrottet kommen	*sie trotteten (wieder) ab*
abtun/antun	*ein Kleid, die Stiefel abtun (ausziehen; landschaftlich)*
abturnen/anturnen	*(beim Turnen das Wettkampfjahr beenden)*
abturnen/anturnen; s. a. antörnen	*(bewirken, daß jemandes Hochstimmung verfliegt)*
Abulie/Hyperbulie	*(krankhafte Willenlosigkeit)*
Abvers/Anvers	*der Abvers ist der zweite Teil der Lang-zeile (Metrik)*
abwackeln/angewackelt kommen	*nach einer Stunde wackelte er wieder ab (ging er wieder weg; umgangssprach-lich)*
Abwahl/Zuwahl	*die Abwahl von medizinischen Leistungen bei der Krankenversicherung*
Abwanderung/Zuwanderung	*Abwanderung aus Deutschland*
Abwart/Abwartin	*(Hausmeister; schweizerisch)*
Abwartin/Abwart	*(Hausmeisterin; schweizerisch)*
abwärts/aufwärts; a. hinan, hinauf	*der Lift zeigte „abwärts" an*
abwärts.../aufwärts... (Verb)	*z. B. abwärtsgehen/aufwärtsgehen*
...abwärts/...aufwärts (Adverb)	*z. B. flußabwärts/flußaufwärts*
Abwärtsentwicklung/Aufwärtsentwicklung	*Abwärtsentwicklung in der Wirtschaft*
abwärts fahren/aufwärts fahren	*der Lift fährt abwärts*
abwärtsgehen/aufwärtsgehen	*mit dem Geschäft geht es abwärts*
abwärtskompatibel/aufwärtskompatibel	*(EDV, Software)*
Abwärtrend/Aufwärtrend	
abwatscheln/angewatschelt kommen	*endlich watschelten sie wieder ab (gingen sie wieder weg; umgangssprachlich)*
Abwehr/Angriff	*(Sport)*
Abwehrrecht/Mitwirkungsrecht	*(Politik)*
Abwehrspieler/Angriffsspieler	*(Ballspiele, Hockey)*
abwenden/zuwenden	*sie hat ihr Gesicht von ihm abgewandt*
abwenden, sich von jemandem/sich jeman-dem zuwenden	*sie wendet sich von ihm ab und dem Nach-barn zu*
abwerten/aufwerten	*die Mark wird abgewertet*
abwertend/aufwertend; a. meliorativ	*„Sekte" ist ein abwertendes Wort ge-worden*

Abwertung/Aufwertung	*1. die Abwertung der Mark; 2. die Abwertung der körperlichen Arbeit*
abwesend/anwesend	*der (zur Zeit) abwesende Chef; die abwesenden Vereinsmitglieder*
Abwesenheit/Anwesenheit	*während seiner Abwesenheit abstimmen*
abwetzen/angewetzt kommen	*er wetzte ab (ging schnell weg; umgangssprachlich)*
abwickeln/aufwickeln	*das Papier (von der Rolle) abwickeln*
abwiegeln/aufwiegeln	*er hat abgewiegelt (hat versucht, die erregte Stimmung zu dämpfen)*
Abwieg[e]lung/Aufwieg[e]lung	
Abwind/Aufwind	*(abwärts gerichtete Luftströmung; Meteorologie)*
abyssal/bathyal	*die abyssale Region bezeichnet den Bereich der Tiefsee unterhalb 1000 m Tiefe, der sich an die Flachsee anschließt, während die bathyale Region den Bereich küstennaher Gewässer zwischen 200 m und 3000 m Tiefe bezeichnet (Meereskunde)*
Abzahlungshypothek/Tilgungshypothek	*(Rechtswesen)*
abzäumen/aufzäumen	*das Pferd abzäumen*
abziehen/angezogen kommen	*mit Sack und Pack abziehen*
abziehen/anrechnen	*bei der Berechnung wurde diese Zeit abgezogen*
abziehen/aufziehen	*1. das Gewitter zieht (wieder) ab; 2. die Saiten (der Geige) abziehen*
abziehen/beziehen	*die Betten abziehen*
abziehen/heranziehen, herangezogen kommen, im Anzug sein	*die drohenden Wolken ziehen (wieder) ab*
abziehen/steckenlassen	*den Schlüssel abziehen*
abziehen/zuzählen, hinzuzählen; s. a. addieren	*eine Summe von einer anderen abziehen*
abzinsen/aufzinsen	*(Bankwesen)*
Abzinsung/Aufzinsung	*(Verminderung eines später fälligen Kapitalbetrags um Zinsen, die sich von Beginn bis zur Zahlung ergeben; Bankwesen)*
abzischen/angezischt kommen	*die Jungen zischten sofort ab (rannten schnell weg; umgangssprachlich)*
abzittern/angezittert kommen	*er zitterte schuldbewußt ab (ging weg; umgangssprachlich)*
abzockeln/angezockelt kommen	*er zockelte wieder ab (ging langsam weg; umgangssprachlich)*
abzotteln/angezottelt kommen	*sie zottelten ab (gingen langsam weg; umgangssprachlich)*
Abzug/Negativ	*(von einem Negativ hergestelltes Positiv; Fotografie)*
abzüglich/zuzüglich; a. einschließlich	*abzüglich des angegebenen Betrags*

a cappella/mit Orchester

sie singen a cappella (ohne Begleitung von Instrumenten)

Accentus/Concentus

Accentus ist ein liturgischer Sprechgesang (Musik)

Accompagnato/Secco-Rezitativ

Accordatura/Scordatura

(bei Saiteninstrumenten die normale Stimmung)

Achäne/Karyopse

(Schließfrucht, zum Beispiel Nuß, Beere; Botanik)

a. Chr. [n.]/p. Chr. [n.]; s. a. nach Christus, post Christum [natum]

(ante Christum [natum] = vor Christi [Geburt])

achten/verachten

ich achte ihn, seine Gesinnung

Achterdeck/Vorderdeck

(das hintere Deck; Seemannssprache)

Achterschiff/Vorderschiff

(hinterer Schiffsteil; Seemannssprache)

Achtersteven/Vordersteven

(hintere hochgezogene Verlängerung des Kiels — des untersten Längsbalkens — eines Schiffes; Seemannssprache)

Ackerbohne/Gartenbohne

eine Ackerbohne ist eine auf dem Feld angebaute Bohne

Ackerfeld/Brachland

Actio/Passio

(das Handeln; Philosophie)

Adam/Eva

Adam und Eva sind nach dem Alten Testament das erste Menschenpaar und die Stammeltern aller Menschen

Adamskostüm/Evaskostüm

er war im Adamskostüm (nackt)

adäquat/inadäquat, unadäquat; s. a. unangemessen

das ist ein adäquates (einer bestimmten Sache entsprechendes) Geschenk; ein adäquates Tauschobjekt

adäquater Kausalzusammenhang/äquivalenter Kausalzusammenhang

(Rechtswesen)

Adäquatheit/Inadäquatheit

Addend/Augend; a. Addition

(der zweite Summand einer zweigliedrigen Summe, z. B. die 3 in: 7 + 3)

addieren/subtrahieren; s. a. abziehen

die Beträge einer Rechnung addieren (zusammenzählen)

Addition/Subtraktion; a. Minuend, Subtrahend

(das Zusammenzählen; Mathematik)

additiv/subtraktiv

(hinzukommend; Mathematik)

additive Gesamtschule/integrierte Gesamtschule

(Gesamtschule mit verschiedenen Schularten in einem gemeinsamen Gebäude)

Adduktion/Abduktion

(das Anziehen beweglicher Körperteile an den Körper; Anatomie)

Adduktor/Abduktor

ein Adduktor ist ein heranziehender Muskel (Anatomie)

Adel; s. Erbadel, Geburtsadel, Verdienstadel

Aderholz/Hirnholz

(parallel zur Faser geschnittenes Holz)

à deux mains/à quatre mains; s. a. vierhändig

(zweihändig; beim Klavierspiel)

Adhäsion/Kohäsion

(das Aneinanderhaften von zwei Dingen)

adiabatische Expansion/adiabatische Kompressibilität   *(Physik)*

adiabatische Kompressibilität/adiabatische Expansion   *(Physik)*

Adiadochokinese/Diadochokinese   *(Medizin)*

Adiastematie/Diastematie   *(Musik)*

adiastematisch/diastematisch   *(Musik)*

Adjektion/Detraktion   *(Veränderung des Lautstandes durch Hinzufügen von Lauten; Phonetik)*

Adjunkt/Konjunkt   *(Sprachwissenschaft)*

ad libitum/a battuta   *(nach Belieben; in bezug auf die Vortragsbezeichnung in der Musik in der Bedeutung „frei im Zeitmaß“)*

ad libitum/obligat   *(nach Belieben; bedeutet in bezug auf Instrumente oder Stimmen, daß diese nach Belieben weggelassen werden können)*

adlig/bürgerlich   *sie war adlig; er verlobte sich mit einer Adligen*

Adoptiveltern/leibliche Eltern   *(Ehepaar, das ein Kind adoptiert hat)*

adoral/aboral   *(zum Mund zu gelegen; Medizin)*

Adressant[in]/Adressat[in]; s. a. Empfänger   *die Adressantin (Absenderin) des Briefes ist Editha*

Adressat[in]/Adressant[in]; s. a. Absender[in]   *der Adressat (Empfänger) des Briefes ist Tilo*

Adresse/Absender   *die Adresse (Anschrift) steht auf der Vorderseite, der Absender auf der Rückseite des Briefumschlags*

Adsorbens/Adsorptiv   *(Chemie, Physik)*

Adsorber/Adsorptiv   *(Chemie, Physik)*

adsorbieren/desorbieren   *(anlagern, verdichten; Chemie, Physik)*

Adsorption/Desorption   *(Anlagerung, Verdichtung; Chemie, Physik)*

Adsorptiv/Adsorbens, Adsorber   *(Chemie, Physik)*

Advektion/Konvektion   *(in bezug auf Luftmassen eine waagerechte Richtung; Meteorologie)*

advektiv/konvektiv   *(Meteorologie)*

Advocatus Dei/Advocatus Diaboli   *(Geistlicher, der bei einer Heilig-, Seligsprechung die Gründe dafür darlegt; katholische Kirche)*

Advocatus Diaboli/Advocatus Dei   *(Geistlicher, der bei einer Heilig-, Seligsprechung die Gründe dagegen darlegt; katholische Kirche)*

AD-Wandler/DA-Wandler   *(EDV)*

aerob/anaerob   *(in bezug auf biologische Prozesse, die durch Sauerstoffzutritt entstehen; Biologie)*

Aerobier/Anaerobier; s. a. Anaerobiont   *(nur mit Sauerstoff lebender Organismus)*

Aerobiont/Anaerobiont; s. a. Anaerobier   *(nur mit Sauerstoff lebender Organismus)*

Aerobios/Benthos	*(Botanik, Zoologie)*
Aerobiose/Anaerobiose	*(auf Sauerstoff angewiesene Lebensvor-gänge)*
Affekt; s. im Affekt	
Affektsprache/Intellektualsprache	*(zum Beispiel Umgangssprache, Pennäler-sprache, Kindersprache)*
afferent/efferent	*afferente (zu etwas hin führende) Nerven (Medizin)*
Afferenz/Efferenz	*(Impuls, der von der Peripherie zum Zen-trum geht; Medizin)*
Affirmation/Negation; a. Verneinung	*(die positive Form einer Aussage; Beja-hung; Philosophie)*
affirmativ/negativ	*ein affirmatives (bestätigendes, bejahen-des) Urteil (Philosophie)*
Affirmative, die/die Negative	*(Bestätigung; Philosophie)*
affirmieren/negieren	*(bekräftigen, bestätigen; Philosophie)*
affiziertes Objekt/effiziertes Objekt	*„Wasser" ist in „Wasser kochen" ein affi-ziertes Objekt, ein Objekt, an dem sich die Handlung, das Geschehen vollzieht, es ist bereits vorhanden im Unterschied zum effizierten (Kaffee kochen), das erst durch das Geschehen entsteht*
a fresco/a secco	*(auf die noch feuchte Wand [gemalt]; Male-rei)*
After-shave/Pre-shave	*(Rasierwasser für nach der Rasur)*
After-shave-Lotion/Pre-shave-Lotion	*(für nach der Rasur bestimmtes Gesichts-wasser)*
Afterverkehr/Mundverkehr; s. a. Oralver-kehr	*(analer Geschlechtsverkehr)*
Agamemnon/Klytämnestra	*(König in Mykene; griechische Mytholo-gie)*
Agens/Patiens	*im Satz der aktive, bewirkende Teil: „er" ist Agens in „er liebt sie/ihn" (Sprach-wissenschaft)*
Agglomerat/Konglomerat	*(nicht feste Ablagerung)*
Agglomeration/Deglomeration	*(Zusammenballung)*
Agglutination/Deglutination	*(Verschmelzung; Sprachwissenschaft)*
agglutinierende Sprache/flektierende Spra-che, isolierende Sprache	*Finnisch ist eine agglutinierende Sprache, in der die grammatischen Beziehungen − Numerus, Kasus usw. − durch Anein-anderreihung grammatischer Wortele-mente am Wort deutlich werden*
aggressives Fahren/defensives Fahren	*(rücksichtsloses Autofahren)*
Agio/Disagio	*(Betrag, um den ein Papier o. ä. höher ist als der Nennwert; Bankwesen)*
Agnat/Kognat	*(männlicher Verwandter der männlichen Linie; im alten Rom)*
Agnatha/Gnathostomen	*(Bezeichnung für fischähnliche Wirbeltiere ohne Kiefer; Paläontologie)*
Agrarexport/Agrarimport	

Agrargebiet/Industriegebiet
Agrarimport/Agrarexport
Agrarstaat/Industriestaat
Ahn/Ahnin; s. a. Ahnfrau, Ahnherrin

Ahnengleichheit/Nachfahrengleichheit   *(Verkleinerung des Stammbaums durch*
                                              Verwandtenehe; Genealogie)

Ahnentafel/Enkeltafel   *(Angaben über die Verwandten in aufstei-*
                                              gender Linie, über die Vorfahren; Genea-
                                              logie)

Ahnfrau/Ahnherr; s. a. Ahn
Ahnherr/Ahnherrin, Ahnfrau; s. a. Ahnin
Ahnherrin/Ahnherr; s. a. Ahn
Ahnin/Ahn; s. a. Ahnherr

ahnungslos/ahnungsvoll   *ihr Mann betrog sie, doch sie war völlig*
                                              ahnungslos (ahnte nichts)

ahnungsvoll/ahnungslos   *sie war schon ahnungsvoll; sie wartete ah-*
                                              nungsvoll

Ajourfassung/Chatonfassung   *(Fassung für einen Edelstein, die seine*
                                              Rückseite freiläßt)

Akademiker/Akademikerin   *es beteiligten sich auch einige Akademiker*
                                              und Akademikerinnen an dem Ge-
                                              spräch

Akademikerin/Akademiker   *es beteiligten sich auch einige Akademiker*
                                              und Akademikerinnen an dem Ge-
                                              spräch

akademisch/unakademisch   *akademisches Benehmen*
akatalektisch/katalektisch   *akatalektischer Vers (Metrik)*
akaustisch/kaustisch   *akaustisch ist nicht ätzend (Chemie)*
Akaustobiolith/Kaustobiolith   *(nicht brennbares Sedimentgestein; Geolo-*
                                              gie)

akkurat/inakkurat; a. ungenau, unsauber   *akkurat arbeiten; eine akkurate (sorgfäl-*
                                              tige) Kostenaufstellung

Akkusativ/Nominativ; s. a. Casus rectus,   *der Akkusativ ist der vierte Fall, zum Bei-*
    erster Fall, Werfall   *spiel: den Mann (Sprachwissenschaft)*
Akme/Epakme   *(Höhepunkt der Entwicklung einer Stam-*
                                              mesgeschichte)

Akranier/Kraniote   *(Zoologie)*
Akratopege/Akratotherme   *eine Akratopege ist eine kalte Mineral-*
                                              quelle

Akratotherme/Akratopege   *eine Akratotherme ist eine warme Mineral-*
                                              quelle

akroamatisch/erotematisch   *eine akroamatische Methode, bei der der*
                                              Lernende nur zuhört

Akrobat/Akrobatin   *(männliche Person, die besondere Leistun-*
                                              gen in der Körperbeherrschung in Zir-
                                              kus oder Varieté zeigt)

Akrobatin/Akrobat   *(weibliche Person, die besondere Leistun-*
                                              gen in der Körperbeherrschung in Zir-
                                              kus oder Varieté zeigt)

akropetal/basipetal   *(in bezug auf das Wachstum einer Pflanze:*
                                                             aufsteigend; Botanik)

Akrotonie/Basitonie   *(Botanik)*

Aktie; s. Inhaberaktie, Namensaktie

aktionsfähig/aktionsunfähig   *er ist aktionsfähig*

Aktionsfähigkeit/Aktionsunfähigkeit   *seine Aktionsfähigkeit unter Beweis stellen*

aktionsunfähig/aktionsfähig   *er ist (zur Zeit) aktionsunfähig*

Aktionsunfähigkeit/Aktionsfähigkeit

aktiv/inaktiv; a. grenzflächeninaktiv   *ein aktiver (aufgeschlossen-tätiger)*
                                                             Mensch; ein aktives Vereinsmitglied
                                                             (das für den Verein tätig ist); aktive
                                                             Wortbildungsmittel; aktive Vitamine;
                                                             (Chemie) aktive Testkörper; politisch
                                                             aktiv sein; die Gehirnzellen sind in jün-
                                                             geren Jahren aktiver

aktiv/passiv; a. Masochismus   *er war aktiv daran beteiligt; Bilder und*
                                                             Szenen passiv träumen oder aktiv phan-
                                                             tasieren; den aktiven (tätigen, geben-
                                                             den) Part in einer Beziehung überneh-
                                                             men; aktiver Analverkehr (bezieht sich
                                                             auf den aktiven, den eindringenden Part-
                                                             ner)

aktiv; s. aktive Bestechung, aktive Handelsbilanz, aktiver Offizier, aktives Regi-
ment, aktive Truppe, aktives Wahlrecht,
aktiver Widerstand, aktiver Wortschatz,
grenzflächenaktiv

Aktiv/Passiv; s. a. Leideform   *in „ich liebe" steht das Verb im Aktiv*
                                                             (Sprachwissenschaft)

Aktiva/Passiva   *(Vermögenswerte)*

Aktivator/Inhibitor   *(Chemie)*

Aktivbürger[in]/Passivbürger[in]   *(Bürger[in], der/die wählen und gewählt*
                                                             werden kann; Schweiz)

Aktivdienst/Instruktionsdienst   *(Militär, schweizerisch)*

aktive Bestechung/passive Bestechung   *(Verleitung zu einer dienstpflichtverletzen-*
                                                             den Handlung durch Geschenke usw.)

aktive Handelsbilanz/passive Handelsbi-   *(Handelsbilanz, bei der die Ausfuhren die*
lanz   *Einfuhren übersteigen)*

aktiver Offizier/Reserveoffizier

aktiver Widerstand/passiver Widerstand

aktiver Wortschatz/passiver Wortschatz   *(Gesamtheit der Wörter, über die jemand*
                                                             sprechend/schreibend verfügt)

aktives Regiment/Reserveregiment

aktives Wahlrecht/passives Wahlrecht   *(das Recht, bei einer politischen Wahl wäh-*
                                                             len zu dürfen)

aktive Truppe/Reserve

Aktivgeschäft/Passivgeschäft   *(Bankwesen)*

Aktivhandel/Passivhandel   *(Außenhandel von Kaufleuten des eigenen*
                                                             Landes)

aktivieren/deaktivieren   *ein Atom, Molekül aktivieren (in einen re-*
                                           aktionsfähigen Zustand bringen; Che-
                                           mie); eine Registerkarte, Befehle, die
                                           Kontrollkästchen neben den Symbollei-
                                           sten aktivieren (beim PC)

aktivieren/inaktivieren; a. passivieren   *aktivierte Bakterien*
aktivieren/passivieren; a. inaktivieren   *die Kosten aktivieren (als Aktivposten ein-*
                                           setzen; Wirtschaft)

Aktivierung/De[s]aktivierung   *(Chemie)*
Aktivierung/Passivierung   *(Wirtschaft)*
aktivisch/passivisch   *(Sprachwissenschaft)*
Aktivismus/Passivismus   *(Tätigkeitsdrang)*
Aktivität/Inaktivität   *körperliche Aktivität; jemanden wegen sei-*
                                           ner Aktivität loben

Aktivität/Passivität   *seine Aktivität/Passivität beim Koitus*
Aktivkonten/Passivkonten   *(Wirtschaft)*
Aktivlegitimation/Passivlegitimation   *ihm fehlt die Aktivlegitimation (Rechtswe-*
                                           sen)

Aktivposten/Passivposten   *(Wirtschaft)*
Aktivprozeß/Passivprozeß   *(vom Kläger geführter Prozeß)*
Aktivrauchen/Passivrauchen
Aktivraucher/Passivraucher
Aktivsaldo/Passivsaldo; s. a. Habensaldo   *(Einnahmeüberschuß; Bankwesen)*
Aktivseite/Passivseite; a. Habensaldo   *(Wirtschaft)*
Aktivum/Passivum   *(1. Wirtschaft; schweizerisch; 2. (Aktiv;*
                                           Grammatik)

Aktivurlaub/Faulenzerurlaub   *(Urlaub mit sportlichen Aktivitäten wie*
                                           Wandern, Radfahren usw.)

Aktivzinsen/Passivzinsen   *(Bankwesen)*
aktual/potential   *aktual vorhandene Sätze (Sprachwissen-*
                                           schaft; Philosophie)

Aktualität/Potentialität   *(Philosophie)*
aktuell/inaktuell, unaktuell   *das Thema ist aktuell*
aktuell/potentiell   *die aktuelle und die potentielle (mögliche)*
                                           Bedeutung eines Wortes; das potentielle
                                           Generieren (im abstrakten Gefüge der
                                           Langue) und das aktuelle Produzieren
                                           (in der konkreten Rede) (Sprachwissen-
                                           schaft)

Akuität/Chronizität   *(akutes Krankheitsbild; Medizin)*
akustische Gitarre/elektrische Gitarre
akustischer Typ/optischer Typ; s. a. visuel-   *(jemand, dem sich Gehörtes besser ein-*
   ler Typ   *prägt)*
akut/chronisch   *akutes (plötzlich auftretendes) Leiden;*
                                           akute Schmerzen

Akutkranker/Langzeitkranker
Akzeleration/Retardation   *(Beschleunigung; Psychologie)*
Akzelerationsperiode/Dezelerationsperiode *(Medizin)*
Akzent; s. mit Akzent, ohne Akzent

akzentfrei/mit Akzent	*sie spricht akzentfreies Deutsch*
akzentuierende Dichtung/alternierende Dichtung	*(Metrik)*
akzeptabel/inakzeptabel, unakzeptabel; s. a. unannehmbar	*akzeptable (annehmbare) Bedingungen*
Akzeptanz/Inakzeptanz	
Akzeptor/Donator	*(Physik, Kybernetik)*
Akzidens/Substanz	*(das Zufällige; Philosophie)*
Akzidentalien/Essentialien	*(Rechtswesen)*
akzident[i]ell/essentiell, notwendig	*akzident[i]elle (zufällige, nicht zum Wesen gehörende) Bestandteile*
à la baisse/à la hausse	*(in bezug auf das Fallen der Börsenkurse)*
à la hausse/à la baisse	*(in bezug auf das Steigen der Börsenkurse)*
al fresco/a secco	*(auf die feuchte Wand [gemalt]; Malerei)*
Algesie/Analgesie	*(Schmerzempfindlichkeit)*
aliphatische Verbindungen/aromatische Verbindungen, alizyklische Verbindungen	*(Chemie)*
aliquant/aliquot	*(nur mit Rest teilbar); fünf ist ein aliquanter Teil von zwölf (Mathematik)*
aliquot/aliquant	*fünf ist ein aliquoter Teil von zehn; (ohne Rest teilbar, z. B. 2 zur Zahl 6; Mathematik)*
alizyklische Verbindungen/aliphatische Verbindungen	*(Chemie)*
alkalisch/sauer	*(pH-Werte über 7)*
alkoholarm/alkoholreich	*alkoholarme Getränke*
alkoholfrei/alkoholhaltig, alkoholisch	*alkoholfreie Getränke*
alkoholhaltig/alkoholfrei	*alkoholhaltige Getränke*
Alkoholiker/Antialkoholiker	*er ist Alkoholiker (trinkt in krankhafter Weise viel Alkohol)*
alkoholisch/alkoholfrei	*alkoholische Getränke*
alkoholreich/alkoholarm	*alkoholreiche Getränke*
alla misura/senza misura	*(streng im Takt; Musik)*
Allaussage/Existentialaussage	*(Logik)*
alle/keiner	*alle haben zugestimmt*
allegro/lento	*allegro bedeutet schnell (Musik)*
Allegroform/Lentoform	*(durch schnelles Sprechen entstandene Kurzform eines Wortes, zum Beispiel: gnä' Frau)*
allein/in Begleitung	*er ging allein spazieren und war nicht – wie vermutet – in Begleitung*
allein/in Gesellschaft	*sie ist gern allein, während er gern in Gesellschaft ist*
allein/zusammen	*das Kind allein erziehen (nur von der Mutter oder dem Vater); sie fährt allein in Urlaub und nicht zusammen mit ihrem Mann*

Allein.../Mit... (Substantiv)	z. B. Alleinverantwortung/ Mitverantwortung
Alleinbesitz/Mitbesitz	(Rechtswesen)
Alleinbesitzer[in]/Mitbesitzer[in]	(Rechtswesen)
Alleineigentum/Miteigentum	(Rechtswesen)
Alleingewahrsam/Mitgewahrsam	(Rechtswesen)
alleinig.../gemeinsam...	alleiniges Sorgerecht (bei Kindern geschiedener Eltern)
alleinstehend/verheiratet	er ist alleinstehend
Alleinverantwortung/Mitverantwortung	
allerge Wirtschaft/auterge Wirtschaft	(Wirtschaft, bei der das erzielte Einkommen nicht nur auf eigener Arbeitsleistung beruht, sondern auf der Ausnutzung einer Vorzugsstellung, die dadurch entsteht, daß die Besitzer über sonst knappe Produktionsmittel verfügen)
allermeist.../allerwenigst...	die allermeisten Unfälle ereignen sich zu Hause; er ist am allermeisten davon betroffen
allerwenigst.../allermeist...	die allerwenigsten profitieren von dieser Regelung; er ist am allerwenigsten davon betroffen
alles/nichts	er möchte alles haben; alles oder nichts
allgemein/singulär	eine allgemeine Erscheinung
allgemein/speziell	allgemeines Wissen
allgemein; s. im allgemeinen	
Allgemeinanästhesie/Lokalanästhesie	(Medizin)
Allgemeine, das/das Besondere	vom Allgemeinen auf das Besondere schließen
allgemeiner Krieg/begrenzter Krieg	(Militär)
allgemeine Weisung/Einzelweisung	(Rechtswesen)
Allgemeinmedizin; s. Arzt für Allgemeinmedizin	
Allgemeinmediziner/Facharzt	
Allgemeinwissen/Spezialwissen	
allochromatisch/idiochromatisch	(in bezug auf Mineralien: verfärbt durch geringe Beimengungen anderer Stoffe)
allochthon/autochthon	(in fremdem Boden oder an anderer Stelle entstanden; Geologie, Biologie)
Allod/Lehen	das Allod ist lehensfreier Grundbesitz im Mittelalter
Alloerotismus/Autoerotismus	(sexuelle Betätigung an einem anderen Körper; Freud)
Allokatalyse/Autokatalyse	(Chemie)
Allometrie/Isometrie	(das zu schnelle oder zu langsame Wachsen von Teilen in bezug auf das Ganze; Biologie, Medizin)
Allopath/Homöopath	(Arzt, der auf der Grundlage der Allopathie behandelt; Medizin)

Allopathie/Homöopathie; a. Naturheil-
kunde

(Heilverfahren, bei dem Mittel angewen-
det werden, die eine der Krankheitsur-
sache entgegengesetzte Wirkung haben;
Medizin)

allopathisch/homöopathisch · (Medizin)
Allophän/Autophän · (Genetik)
Alloplastik/Autoplastik · (Medizin)
Allopsychose/Autopsychose

(Psychose mit gestörter Orientierung über
die Außenwelt)

Allorrhizie/Homorrhizie · (Bewurzelungsart; Botanik)
allothigen/authigen · (Geologie)
allotriomorph/idiomorph · (Mineralogie)
Allphasen[umsatz]steuer/
Einphasen[umsatz]steuer

(Steuerwesen)

Allquantor/Existentialquantor · (Logik, Mathematik)
alltäglich/unalltäglich · ein alltäglicher Anblick
Alltags…/Sonntags… (Substantiv) · z. B. Alltagsanzug/Sonntagsanzug
Alltagsanzug/Sonntagsanzug

früher hatte man noch einen Alltagsanzug
(für alle Tage) und einen Sonntagsanzug
(„für gut")

Alltagskleid/Sonntagskleid

früher hatten die Mädchen noch ein All-
tagskleid (für alle Tage) und ein Sonn-
tagskleid („für gut")

allwissender Erzähler/personaler Erzähler · (Literaturwissenschaft)
Alpha/Omega; a. A bis Z, Ende/Anfang

(der erste Buchstabe des griechischen Al-
phabets)

Alphabet/Analphabet

es gibt in diesem Land nur wenige Alpha-
beten (Menschen, die lesen können)

alphabetisch/systematisch · ein alphabetisches Register
alphabetischer Katalog/Realkatalog · (Bibliothekswesen)
alpinotyp/germanotyp

(der Entstehung der Alpen ähnlich; Geologie)

Alpinski/Langlaufski
als auch; s. sowohl
als einzelner/in der Masse

als einzelner ist er ganz unauffällig, aber
in der Masse flippt er aus

als Erben, Erbin einsetzen/enterben

sie wurde von den Eltern als Erbin eingesetzt

alt/frisch

alte Butter, Brötchen; die alten Handtü-
cher in die Wäsche tun; alte Wunden

alt/jung · ein alter Mann; alter Wein
alt/neu

ein alter Anzug; die Nachricht ist alt; das
ist noch sein altes Auto; ein altes Haus;
alte Staatsgrenzen; alte Kartoffeln (noch
vom letzten Jahr); die alten Arbeitskolle-
gen; das ist die alte Zeitung von gestern; Karsta ist seine alte (frühere)
Freundin

alt; s. die alten Bundesländer; das Alte Testament; die Alte Welt

Alt/Sopran	*sie singt Alt (tiefe Singstimme einer Frau)*
alt.../jetzig...	*die alte Regierung*
alt.../neuer...	*alte Sprachen; die alte Geschichte (das Altertum)*
altbacken/frischbacken	*altbackenes Brot*
Altbau/Neubau	*sie wohnen in einem Altbau*
Altbauwohnung/Neubauwohnung	*sie wohnt in einer Altbauwohnung*
Alte/Alter	*1. meine Alte (Ehefrau; umgangssprachlich); 2. meine Alte (meine Mutter; umgangssprachlich) hat geschimpft*
Alten, die/die Jungen	*die Alten und die Jungen waren einer Meinung*
Alter/Alte	*1. mein Alter (Ehemann; umgangssprachlich) ist für drei Wochen verreist; 2. mein Alter (mein Vater; umgangssprachlich) hat mein Taschengeld erhöht*
Alter, das/die Jugend	*das Alter ist oft recht beschwerlich; im Alter (wenn man alt ist); zum Alter (zu älteren Leuten) keinen Kontakt haben*
älter.../jünger...; a. klein	*die ältere Schwester studiert schon*
Älteren, die/die Jüngeren	*viele Ältere suchen den Kontakt zu Jüngeren*
alter Hase/Greenhorn, blutiger Anfänger	*er ist (schon) ein alter Hase*
Ältermutter/Ältervater	*(Urgroßmutter, Urahn)*
Alternativhypothese/Nullhypothese	*(Hypothese, daß festgestellte Abweichungen von einem Sollwert zufällig sind; Mathematik)*
alternierende Dichtung/akzentuierende Dichtung	*(Metrik)*
Altersdichtung/Jugenddichtung	*(Literatur, die ein Dichter o. ä. im Alter geschrieben hat)*
Alterskleid/Jugendkleid	*(beim Federwild; Jägersprache)*
Alterswerk/Jugendwerk	*das ist ein Alterswerk des Dichters, Malers*
Altertum/Mittelalter, Neuzeit	*im Altertum; die Geschichte des Altertums*
Ältervater/Ältermutter	*(Urgroßvater, Urahn)*
Ältestenrecht/Jüngstenrecht	*(in bezug auf die Erbfolge; Rechtswesen)*
Älteste[r]/Jüngste[r]	*unsere Älteste (Tochter) heiratet; unser Ältester (Sohn) macht eine Lehre*
Altflug/Jungflug	*(Wettflug von einjährigen Brieftauben)*
Altflur/Ausbauflur	*(Landwirtschaft)*
Althegelianer/Junghegelianer	
Altist/Altistin; a. Sopran	*(Sänger mit Altstimme)*
Altistin/Altist	*(Sängerin mit Altstimme)*
altmodisch/modern	*er ist altmodisch angezogen; altmodische Ansichten*
Altmoräne/Jungmoräne	*(Geographie)*
Altphilologe/Altphilologin	
Altphilologe/Neuphilologe; s. a. Neusprachler[in]	

Altphilologin/Altphilologe

Altphilologin/Neuphilologin; s. a. Neusprachler[in]

Altruismus/Egoismus   *(Denkweise, die das Wohl der anderen*
                                             will)

Altruist/Egoist   *er ist ein Altruist*

altruistisch/egoistisch; a. eigennützig   *das ist sehr altruistisch (selbstlos, freund-*
                                             lich anderen gegenüber) gedacht

Altschnee/Neuschnee

Altsprachler[in]/Neusprachler[in]; s. a.
  Neuphilologe

altsprachliches Gymnasium/neusprach-
  liches Gymnasium

alt werden/jung bleiben   *er ist in den letzten Jahren sehr alt gewor-*
                                             den (sieht alt aus)

Alumna/Alumnus, Alumne   *(Mädchen in einem Alumnat, in einem*
                                             Schülerheim mit Unterricht)

Alumne/Alumna   *(Junge in einem Alumnat, in einem Schü-*
                                             lerheim mit Unterricht)

Alumnus/Alumna   *(Junge in einem Alumnat, in einem Schü-*
                                             lerheim mit Unterricht)

a. m./p. m.; s. a. post meridiem; a. nach- *(ante meridiem = vor Mittag 12 Uhr): 4*
  mittags, abends, nachts   *Uhr a. m. (nachts); 8 Uhr a. m. (mor-*
                                             gens); 9 Uhr a. m. (vormittags)

am allermeisten; s. allermeisten
am allerwenigsten; s. allerwenigsten

Amateur/Profi; a. Fachmann, Berufs...   *er ist ein Amateur*

Amateur.../Berufs... (Substantiv)   *z. B. Amateurboxer/Berufsboxer*

Amateurboxen/Berufsboxen   *(Sport)*

Amateurboxer/Berufsboxer

Amateurfunk/CB-Funk   *(privater Funkverkehr, für den eine Lizenz*
                                             benötigt wird)

Amateursport/Berufssport

Amateursportler/Berufssportler

Amboß/Hammer   *er will nicht Amboß, sondern Hammer*
                                             sein

ambulant/stationär   *jemanden ambulant (im Krankenhaus,*
                                             aber ohne Krankenhausaufenthalt) be-
                                             handeln

aminieren/desaminieren   *(Chemie)*

Amitose/Mitose   *(Biologie)*

amitotisch/mitotisch   *(Biologie)*

Amixie/Panmixie   *(Biologie)*

am meisten/am wenigsten   *dieses Auto wird am meisten gekauft*

Amnesie/Hypermnesie   *(Gedächtnisschwund)*

Amnioten/Anamnier   *(Biologie)*

Amor/Psyche   *(in Apulejus' „Metamorphosen")*

amoralisch/moralisch   *etwas amoralisch (nicht unter Aspekten*
                                             der Moral) betrachten

amorph/kristallin, kristallisch	*(Physik)*
am Ort/auswärts; a. auspendeln, Auspendler	*er arbeitet am Ort*
Amphibrach/Amphimacer	*(Versmaß: Kürze/Länge/Kürze)*
Amphigonie/Monogonie	*(Biologie)*
Amphimacer/Amphibrach	*(Versmaß: Länge/Kürze/Länge)*
Amplifikativ/Diminutiv	*(Vergrößerungswort als Ableitung von einem Substantiv oder Adjektiv, zum Beispiel: Riesenbedarf; Sprachwissenschaft)*
Amplifikativsuffix/Diminutivsuffix	*(Vergrößerungssuffix, zum Beispiel -one in italienisch librone = dickes Buch; Sprachwissenschaft)*
am Stück/geschnitten, in Scheiben	*Käse am Stück*
am Tage/in der Nacht; s. a. nachts	*am Tage ist er müde*
Amtmann/Amtmännin	
Amtmännin/Amtmann	
Amtsbetrieb/Parteibetrieb	*(Rechtswesen)*
Amtsgrundsatz/Verfügungsgrundsatz	*(Rechtswesen)*
Amtsnachfolger/Amtsvorgänger	
Amtsübergabe/Amtsübernahme	
Amtsübernahme/Amtsübergabe	
Amtsvorgänger/Amtsnachfolger	
amusisch/musisch	*er ist amusisch (hat keinen Kunstsinn)*
am wenigsten/am meisten	*dieses Auto wird am wenigsten gekauft*
an/ab	*an Berlin um 14.10 Uhr (Zugverkehr)*
an/aus; a. off	*(kurz für: angeschaltet) Licht an!*
an/von	*ein Brief an den Vorstand*
an.../... (vor fremdsprachlichem Adjektiv)	*(mit der Bedeutung: nicht-, un-) z. B. aneuploid/euploid*
an.../ab... (Verben mit gleichem Basiswort)	*z. B. anmachen/abmachen*
an.../ab... (Verben mit nicht gleichem Basiswort)	*z. B. anziehen/abstoßen*
an + Partizip II von x+ kommen/ab + x (Verb)	*z. B. angeschritten kommen/abschreiten*
an.../aus... (Verben mit gleichem Basiswort)	*z. B. anziehen/ausziehen (Kleid)*
an.../aus... (Verben mit nicht gleichem Basiswort)	*z. B. anbehalten/ausziehen*
An.../... (vor fremdsprachlichem Substantiv)	*(mit der Bedeutung: Nicht-, Un-) z. B. Anisometrie/Isometrie*
An.../Ab... (Substantiv)	*z. B. Antestat/Abtestat*
...an/...ab (Adverb)	*z. B. bergan/bergab*
anabatisch/katabatisch	*(aufsteigend; von Winden)*
Anabolismus/Katabolismus	*(Gesamtheit der aufbauenden Stoffwechselprozesse; Biologie)*
anaerob/aerob	*anaerobe (ohne Sauerstoff lebende) Bakterien (Biologie)*

Anaerobier/Aerobier; s. a. Aerobiont	*(niederes Lebewesen, das auch ohne Sauerstoff leben kann; z. B. Darmbakterien)*
Anaerobiont/Aerobiont; s. a. Aerobier	*(Biologie)*
Anaerobiose/Aerobiose	*(auf Sauerstoff nicht angewiesene Lebensvorgänge)*
anal/oral	*analer Geschlechtsverkehr (über den After)*
anal/vaginal	*analer Koitus mit einer Frau*
Analgesie/Algesie	*(Aufheben der Schmerzempfindung)*
analog/digital	*(kontinuierlich, stufenlos; EDV)*
Analog.../Digital... (Substantiv)	*(mit der Bedeutung: übereinstimmend) z. B. Analogtechnik/Digitaltechnik*
Analog-Digital-Konverter/Digital-Analog-Konverter	*(Schaltung, bei der analoge Signale in digitale umgesetzt werden)*
Analog-Digital-Wandler/Digital-Analog-Wandler	*(EDV)*
Analoggröße/Digitalgröße	*(Bezeichnung aus der Informationstheorie für Größen, die innerhalb gewisser Grenzen beliebige Zwischenwerte annehmen können)*
Analogieautomat/digitaler Automat	*(EDV)*
Analogrechner/Digitalrechner	*(EDV)*
Analogsignal/Digitalsignal	*(EDV)*
Analogtechnik/Digitaltechnik	*in der Analogtechnik kann eine physikalische Größe, z. B. die Spannung, in einem Zeitbereich beliebig viele Werte annehmen; Einsatzgebiet ist z. B. die Nachrichtentechnik (Radio, Fernsehen)*
Analoguhr/Digitaluhr	*eine Analoguhr (mit Stunden- und Sekundenzeiger)*
Analphabet/Alphabet	*es gibt gar nicht so wenig Analphabeten (Menschen, die nicht lesen können) in dem Land*
Analsex/Oralsex; s. a. Mundverkehr, Oralverkehr	*(Geschlechtsverkehr, bei dem der Penis in den After eingeführt wird)*
Analverkehr/Oralverkehr; s. a. Coitus per os, Cunnilingus, Fellatio, Mundverkehr	*(Geschlechtsverkehr, bei dem der Penis in den After eingeführt wird)*
Analysand/Analytiker	*(jemand, der psychologisch analysiert wird)*
Analyse/Synthese	*eine Analyse zergliedert*
Analytik/Synthetik	*(Philosophie)*
Analytiker/Analysand	*(jemand, der psychologisch analysiert)*
analytisch/synthetisch	*eine analytische Methode*
analytische Sprache/synthetische Sprache	*(Sprache, die Syntaktisches mit Hilfe einzelner Wörter wiedergibt, z. B. das Futur durch „werden" oder die erste Person im Singular durch „ich": „ich liebe", dafür lateinisch „amo")*
Anamnier/Amnioten	*(Biologie)*

Anamythion/Epimythion	*(vorangestellter moralischer Lehrsatz in der Fabel)*
Anapäst/Daktylus; a. Jambus/Trochäus	*(Versmaß: zwei Kürzen und eine Länge: ..-)*
Anapher/Epipher, Epiphora	*(Wiederholung von Wörtern am Anfang aufeinanderfolgender Sätze oder Satzteile; Rhetorik, Stilistik)*
Anapher/Katapher	*(Wort, z. B. ein Pronomen, das sich auf ein vorausgehendes Substantiv bezieht: Tilo ist verreist: <u>Er</u> ist in Ungarn; Sprachwissenschaft)*
Anaphorikum/Kataphorikum	*(Rhetorik, Stilkunst)*
anaphorisch/kataphorisch; a. vorausweisend	*(rückweisend; zum Beispiel: Eine Frau ging über die Straße. <u>Sie</u> hatte einen Hund bei sich; Rhetorik, Stilkunst)*
Anaphrodisiakum/Aphrodisiakum	*(Mittel zur Dämpfung des Geschlechtstriebs)*
Anarchist/Anarchistin	*(männliche Person, die dem Anarchismus anhängt, die die staatliche Ordnung ablehnt und auf die Einsicht des einzelnen baut)*
Anarchistin/Anarchist	*(weibliche Person, die dem Anarchismus anhängt, die die staatliche Ordnung ablehnt und auf die Einsicht des einzelnen baut)*
anaxial/axial	*(nicht in der Achsenrichtung [angeordnet])*
anbehalten/ausziehen	*für die Untersuchung mußte er alles ausziehen, nur den Slip konnte er anbehalten*
anbekommen/abbekommen; s. a. abmachen	*ich kann das Schild nicht (an das Brett) anbekommen (umgangssprachlich)*
anbekommen/ausbekommen	*die Stiefel nicht anbekommen (angezogen bekommen; umgangssprachlich)*
Anbieter/Anwender	*die Messe für Klimatechnik ist der Treffpunkt für Anbieter und Anwender*
Anbieter/Nachfrager	*(Wirtschaft)*
anbinden/abbinden	*an den Pfahl anbinden*
anbinden/losbinden	*den Hund mit der Leine an den Baum anbinden*
anblasen/ausblasen	*einen Hochofen anblasen*
anbleiben/ausbleiben	*das Licht, Radio bleibt an!*
an Bord gehen/von Bord gehen	*die Passagiere gehen an Bord*
anbrauchen/aufbrauchen	*die Packung ist angebraucht*
anbrausen/abbrausen	*der Zug braust an*
anbringen/abnehmen	*das [Gerichts]siegel anbringen (an der Tür)*
Anchorman/Anchorwoman; s. a. Moderatorin; a. Ansagerin	*(Moderator)*
Anchorwoman/Anchorman; s. a. Moderator; a. Ansager	*(Moderatorin)*
...and/...ant (Substantiv)	*(Suffix mit passivischer Bedeutung) z. B. Informand/Informant*

...and/...ator (Substantiv)	*z. B. Explorand/Explorator*
...and/...iker (Substantiv)	*(Suffix mit passivischer Bedeutung) z. B. Analysand/Analytiker*
an Deck/unter Deck	*alle Mann an Deck*
ander...; s. ein[e] andere[r]	
an der Abendkasse/im Vorverkauf	*Theaterkarten an der Abendkasse kaufen*
anderenteils; s. einesteils...ander[e]nteils	
andererseits; s. einerseits...andererseits	
andernteils; s. einesteils...andernteils	
anders/ebenso, genauso	*das hat sie anders gemacht*
anders.../gleich... (Adjektiv)	*z. B. andersgeschlechtlich/gleichgeschlechtlich*
andersgeschlechtlich/gleichgeschlechtlich	*andersgeschlechtliche Geschwister*
anderslautend/gleichlautend	*eine anderslautende Information*
andrehen/ausdrehen; a. ausmachen, ausschalten	*das Gas, Licht, Radio andrehen*
andressieren/abdressieren; a. aberziehen	*den Männern durch Erziehung Härte andressieren*
Androgamet/Gynogamet	*(männliche Keimzelle)*
Androgen/Östrogen	*(männliches Geschlechtshormon)*
Androgynie/Gynandrie	*(weibliche Körperbeschaffenheit bei einer männlichen Person; Persönlichkeitsstruktur eines femininen Mannes)*
android/gynoid	*androider (vermännlichter) Typ (als Frau)*
Androloge/Gynäkologe	*der Androloge ist ein Arzt für Männerleiden*
Andrologie/Gynäkologie	*(Männerheilkunde)*
andrologisch/gynäkologisch	*andrologisch ausgebildeter Arzt*
Andromanie/Satyriasis	*(Mannstollheit, Nymphomanie)*
Andropause/Menopause	*(Aufhören der sexuellen Funktionen beim Mann; Medizin)*
androtrop/gynäkotrop	*(bevorzugt bei Männern auftretend)*
...andus/...ator (Substantiv)	*(Suffix mit passivischer Bedeutung) z. B. Laudandus/Laudator*
anebisch/ephebisch	*(noch nicht mannbar)*
Anelektrolyt/Elektrolyt	*(nicht salzartige Verbindung; Chemie)*
anerziehen/aberziehen; a. abdressieren	*jemandem eine Gewohnheit anerziehen*
anerzogen/ererbt	
aneuploid/euploid	*(in der Anzahl von der Chromosomennorm abweichend; Biologie)*
anfahren/abfahren	*Erde, Holz, Kies, Kartoffeln anfahren*
Anfang/Ende; a. Omega/Alpha, A bis Z	*Anfang der Woche; Anfang Mai; er ist Anfang fünfzig; der Anfang eines Gedichts*
anfangen/aufhören	*1. das Tal fängt hier an; 2. der Sturm fing morgens an*
anfangen/beenden	*eine Arbeit anfangen*
anfangen mit etwas/mit etwas aufhören	*mit 10 Jahren hat er mit dem Rauchen angefangen*

Anfänger; s. blutiger Anfänger
Anfänger[in]/Fortgeschrittene[r]   *ein Kurs für Anfänger*
anfangsbetont/endbetont   *das Wort „Ténor" in der Bedeutung*
                                                 „grundlegender Inhalt" ist anfangsbe-
                                                 tont; das Wort „Tenór" in der Bedeu-
                                                 tung „Sänger" ist endbetont

Anfangschor/Schlußchor
Anfangshälfte/Schlußhälfte   *(erste Spielzeithälfte; Sport)*
Anfangskurs/Schlußkurs   *(erster Kurs eines Wertpapiers)*
Anfangsreim/Endreim   *(Dichtkunst)*
Anfangsstadium/Endstadium   *eine Krankheit im Anfangsstadium*
Anfangstermin/Endtermin   *(Rechtswesen)*
Anfangsvermögen/Endvermögen   *(Rechtswesen)*
anfechtbar/unanfechtbar   *ein anfechtbarer Vertrag*
Anflug/Aufschlag   *(Baumbestand, der dadurch entstanden ist,*
                                                 daß der Wind den Samen herangeweht
                                                 hat; Forstwesen)

Anfrage; s. große Anfrage, kleine Anfrage
Anfuhr/Abfuhr   *die Anfuhr von Holz; Anfuhr der Kohlen*
                                                 per Lastwagen
Anführung/Abführung   *von den Zeichen „ " heißen die ersten An-*
                                                 führung
angaloppiert kommen/abgaloppieren   *die Reiter kamen angaloppiert*
Angang/Abgang   *(erster Übungsteil am Turngerät; Sport)*
ange... + kommen/ab... (Verb)   *z. B. angeritten kommen/abreiten*
angeben/abgeben   *(die Karten für das erste Spiel austeilen;*
                                                 Kartenspiel)
Angebetete/Angebeteter   *sie ist seine Angebetete*
Angebeteter/Angebetete   *er fühlt sich in der Rolle des Angebeteten*
                                                 wohl
angeboren/erworben   *angeborene Eigenschaften; angeborene Be-*
                                                 hinderung
Angebot/Nachfrage; a. Monopson   *der Preis richtet sich nach Angebot und*
                                                 Nachfrage
angebracht/unangebracht   *diese Bemerkung war angebracht*
angebraust kommen/abbrausen   *sie kamen auf den Motorrädern ange-*
                                                 braust
angedampft kommen/abdampfen   *er kommt angedampft (umgangssprach-*
                                                 lich)
angefahren kommen/abfahren   *sie ist (gerade) angefahren gekommen*
angeflitzt kommen/abflitzen   *sie kamen auf den Rädern angeflitzt*
angeflogen kommen/abfliegen   *er kommt (jetzt) angeflogen*
Angegriffene[r]/Angreifer[in], Angreifen-
  de[r]
angehen/ausgehen   *das Licht geht an*
Angeklagte[r]/Ankläger[in], Kläger[in]
angemeldet sein/unangemeldet kommen   *er war angemeldet*
angemessen/unangemessen; s. a. inadäquat   *die Höhe der Strafe ist angemessen*

angenehm/unangenehm	*eine angenehme Stimme, Nachricht, Über-raschung; hier ist es angenehm warm*
angepaßt/unangepaßt; a. Neinsager, Non-konformist	
angerauscht kommen/abrauschen	*sie kam angerauscht (umgangssprachlich)*
angereist kommen/abreisen	*sie kam mit viel Gepäck angereist*
angeritten kommen/abreiten	
angerückt kommen/abrücken	*sie kamen um 16 Uhr angerückt*
angesaust kommen/absausen	*die Motorradfahrer kamen angesaust*
angeschnittene Ärmel/eingesetzte Ärmel	
angeschoben kommen/abschieben	*er kommt mit seiner Freundin angescho-ben (umgangssprachlich)*
angeschossen kommen/abschießen	*er kam angeschossen (mit großem Tempo)*
angeschritten kommen/abschreiten	*er kam würdevoll angeschritten*
angeschwirrt kommen/abschwirren	*die Kinder kamen angeschwirrt*
angeschwollen/abgeschwollen	*der angeschwollene Knöchel; der Knöchel ist angeschwollen*
angesockt kommen/absocken	*sie kam angesockt (umgangssprachlich)*
angesprengt kommen/absprengen	*die Reiter kamen angesprengt*
angespritzt kommen/abspritzen	*die Kinder kamen angespritzt (als der Eis-mann kam)*
Angestellte/Angestellter	*sie ist eine Angestellte der Krankenkasse*
Angestellter/Angestellte	*ein Angestellter der Krankenkasse gab diese Auskunft; der Angestellte nahm den Antrag entgegen*
Angestellter/Arbeiter	*(Arbeitnehmer, der in einem Arbeitsver-hältnis mit monatlicher Gehaltszahlung steht); der Betrieb beschäftigt 20 Arbei-ter und 10 Angestellte*
angestoben kommen/abstieben	*die Kinder kamen angestoben*
angeströmt kommen/abströmen	*die Menge kam angeströmt*
angetanzt kommen/abtanzen	*um 17 Uhr kamen alle angetanzt (um-gangssprachlich)*
angetrabt kommen/abtraben	*jetzt kommt er angetrabt*
angetrottet kommen/abtrotten	*sie kamen angetrottet*
angewackelt kommen/abwackeln	*er kam angewackelt (umgangssprachlich)*
angewandte Chemie/reine Chemie	
angewandte Kunst/freie Kunst	
angewandte Linguistik/theoretische Lingu-istik	*Fachsprachenlinguistik ist angewandte Lin-guistik*
angewandte Mathematik/reine Mathe-matik	
angewatschelt kommen/abwatscheln	*die Kleine kam vergnügt angewatschelt (umgangssprachlich)*
angewetzt kommen/abwetzen	*er kam angewetzt (umgangssprachlich)*
angewöhnen, sich etwas/sich etwas abge-wöhnen	*er hat sich das Rauchen angewöhnt*
angezischt kommen/abzischen	*die Jungen kamen sofort angezischt (um-gangssprachlich)*

angezittert kommen/abzittern	*er kam schuldbewußt angezittert (umgangssprachlich)*
angezockelt kommen/abzockeln	*langsam kamen die drei angezockelt (umgangssprachlich)*
angezogen/ausgezogen; a. unbekleidet	*er ist noch angezogen*
angezogen kommen/abziehen	*mit Sack und Pack angezogen kommen (umgangssprachlich)*
angezottelt kommen/abzotteln	*langsam kam sie angezottelt (umgangssprachlich)*
Angiospermen/Gymnospermen; s. a. Nacktsamer	*(Bedecktsamer; Botanik)*
anglophil/anglophob	*er ist anglophil (englandfreundlich)*
Anglophilie/Anglophobie	*(Englandfreundlichkeit)*
anglophob/anglophil	*eine anglophobe (England gegenüber unfreundliche) Gesinnung*
Anglophobie/Anglophilie	*(Englandfeindlichkeit)*
angreifbar/unangreifbar	*angreifbare Argumente*
angreifen/verteidigen	*der Feind greift an; eine Stadt angreifen*
Angreifende[r]/Angegriffene[r]	
Angreifer[in]/Angegriffene[r]	
Angriff/Abwehr	*(Sport)*
Angriff/Verteidigung; s. a. Defensive	*er ist gut im Angriff*
Angriffskrieg/Verteidigungskrieg	
Angriffsspiel/Defensivspiel	
Angriffsspieler/Abwehrspieler, Defensivspieler	*(Ballspiele, Hockey)*
Angstgegner/Wunschgegner	*(beim Sport: Gegner, vor dem man sich wegen dessen Stärke o. a. fürchtet)*
anhaben/aushaben	*1. er hat die Schuhe (noch) an; 2. er hat das Licht noch an (umgangssprachlich)*
anhaken/abhaken	*den Fensterladen anhaken*
anhalftern/abhalftern	*das Pferd anhalftern*
anhalsen/abhalsen	*den Hund anhalsen (an die Leine nehmen; Jägersprache)*
Anhalter/Anhalterin	
Anhalterin/Anhalter	
anhängen/abhängen	*einen Waggon (an den Zug) anhängen*
Anhänger/Gegner	*er war weder Anhänger noch Gegner des Regimes*
anheben/senken; s. a. herabsetzen	*die Preise anheben*
anheuern/abheuern; a. abmustern	*er heuerte (auf dem Schiff nach Übersee) an (Seemannssprache)*
Anhydrobase/Anhydrosäure	*(Chemie)*
Anhydrosäure/Anhydrobase	*(Chemie)*
Anima/Animus	*Anima ist das Seelenbild der Frau im Manne*
animalische Funktionen/vegetative Funktionen	*(Lebensäußerungen, speziell von Tieren; Zoologie)*

Animateur/Animateuse	*(männliche Person, die im Auftrag eines Reiseveranstalters Teilnehmern Möglichkeiten zur Gestaltung des Urlaubs − Spiele usw. − anbietet)*
Animateuse/Animateur	*(weibliche Person, die im Auftrag eines Reiseveranstalters Teilnehmern Möglichkeiten zur Gestaltung des Urlaubs − Spiele usw. − anbietet)*
Animismus/Spiritismus	*(okkultistische Theorie in bezug auf ungewöhnliche Fähigkeiten lebender Personen)*
Animus/Anima	*Animus ist das Seelenbild des Mannes in der Frau*
Anion/Kation	*(negativ geladenes Teilchen; Chemie)*
Anionenkomplex/Kationenkomplex	*(Chemie)*
anisodesmischer Kristall/isodesmischer Kristall	
Anisogamie/Isogamie	*(Befruchtungsvorgang mit ungleich gestalteten oder sich ungleich verhaltenden männlichen und weiblichen Keimzellen; Biologie)*
Anisometrie/Isometrie	*(Metrik)*
anisometrisch/isometrisch	*(Metrik, Geometrie)*
Anisometropie/Isometropie	*(Medizin)*
anisotonisch/isotonisch	*(Physik)*
anisotrop/isotrop	*(Physik, Chemie)*
Anisotropie/Isotropie	*(Physik)*
Ankathete/Gegenkathete	*(im rechtwinkligen Dreieck die Kathete, die einem Winkel als dessen Schenkel anliegt; Geometrie)*
Ankauf/Verkauf	*Ankauf von Antiquitäten, Wertpapieren*
ankaufen/verkaufen	*Wertpapiere, Antiquitäten ankaufen*
Ankaufskurs/Verkaufskurs	*(Bankwesen)*
Anker; s. den Anker auswerfen, den Anker einholen, den Anker lichten	
anketten/abketten	*den Hund anketten*
Anklage/Verteidigung	*hat die Anklage noch Fragen an den Zeugen? (Rechtswesen)*
anklagen/verteidigen	*jemanden anklagen*
Ankläger[in]/Angeklagte[r]	
ankleiden/auskleiden; s. a. ausziehen	*die Kinder, einen Kranken ankleiden*
ankleiden, sich/sich auskleiden	*sie kleiden sich an*
anknipsen/ausknipsen; s. a. ausmachen	*das Licht anknipsen*
anknöpfen/abknöpfen	*die Kapuze anknöpfen*
ankommen/abfahren; a. starten	*er ist um 7 Uhr (mit der Bahn, mit dem Auto) abgefahren und um 10 Uhr angekommen; der Zug, das Schiff kommt an; sie kam (gestern nacht) an*

ankommen/abfliegen; a. starten	*sie kamen um 20 Uhr (auf dem Flughafen) an; er flog um 10 Uhr ab und kam um 13 Uhr an*
ankommen/abreisen; a. starten	*gestern ist sie angekommen, und morgen wird sie wieder abreisen*
ankoppeln/abkoppeln	*einen Güterwagen ankoppeln*
ankriegen/abkriegen	*kriegst du das Plakat (an die Wand) an? (umgangssprachlich)*
ankriegen/auskriegen	*die Stiefel nicht ankriegen (angezogen kriegen; umgangssprachlich)*
Ankunft/Abfahrt; a. Departure, Start	*die Ankunft des Zuges*
Ankunft/Abflug; a. Departure, Start	*die Ankunft des Flugzeugs*
Ankunftszeit/Abfahrtszeit	*die Ankunftszeit des Zuges*
ankuppeln/abkuppeln	*den Waggon ankuppeln*
Anlagekredit/Betriebskredit	*(Wirtschaft)*
Anlagepapier/Spekulationspapier	*(Wirtschaft)*
Anlagerungskomplex/ Durchdringungskomplex	*(Chemie)*
Anlagevermögen/Umlaufvermögen	*(Wirtschaft)*
anlassen/abstellen	*den Motor (eines Autos) anlassen*
anlassen/auslassen	*das Licht, das Fernsehen anlassen (nicht ausstellen)*
anlassen/ausmachen; a. ausschalten	*das Licht, Radio anlassen und nicht ausmachen*
anlassen/ausziehen	*den Mantel wegen der Kälte anlassen und nicht ausziehen*
anlaufen/auslaufen	*die Aktion läuft (gerade) an*
Anlaut/Auslaut; a. Inlaut	*der Anlaut eines Wortes, einer Silbe (Sprachwissenschaft)*
anlauten/auslauten	*„Wort" lautet mit w an*
anläuten/abläuten	*eine Runde anläuten (Sport)*
anlegen/ablegen	*das Schiff legt (im Hafen) an*
anlegen/abnehmen	*die Gasmaske anlegen; einen Verband anlegen*
anliegend/abstehend	*anliegende Ohren*
anmachen/abmachen; a. abschrauben	*das Türschild anmachen; ein Plakat (an der Wand) anmachen*
anmachen/auslassen; a. ausmachen	*laß das Licht, den Fernseher aus, mach ihn nicht an!*
anmachen/ausmachen; a. abstellen, ausschalten, zudrehen	*das Licht, das Radio anmachen; die Heizung morgens anmachen und abends wieder ausmachen*
anmarschiert kommen/abmarschieren	*morgens kamen sie alle anmarschiert*
anmelden/abmelden	*das Kind in der Schule anmelden*
anmelden, sich/sich abmelden	*sich bei der Polizei anmelden*
Anmeldung/Abmeldung	*die Anmeldung bei der Polizei*
anmontieren/abmontieren	*die Antenne anmontieren*
anmustern/abmustern; a. abheuern	*den Steuermann anmustern (Seemannssprache)*

Anmusterung/Abmusterung

Annahme/Ablehnung — *die Annahme eines Antrags, des Schlichter-spruchs, des Vorschlags*

Annahme/Ausgabe — *die Annahme des Gepäcks am Bahnhof*

annehmbar/unannehmbar; s. a. inakzep-tabel — *das Angebot ist annehmbar*

annehmen/ablegen — *eine Unsitte annehmen*

annehmen/ablehnen — *ein Angebot annehmen; einen Gesetzent-wurf annehmen; er hat sich beworben und wurde angenommen*

Anode/Kat[h]ode — *(der positive Pol; Elektrotechnik)*

Anökumene/Ökumene — *(der nicht bewohnbare Teil der Erdoberflä-che; Geographie)*

anonym/unter seinem, ihrem Namen; a. autonym, Autonym — *er hat das Buch anonym (ohne Namensan-gabe) veröffentlicht*

anopisthographisch/opisthographisch — *(einseitig bedruckt; in bezug auf Papyrus-handschriften)*

Anorexie/Bulimie; a. Freßsucht — *(Appetitlosigkeit)*

anorganisch/organisch — *fossile anorganische Bestandteile*

anotherm/katotherm — *(je tiefer im Wasser desto kälter werdend)*

Anothermie/Katothermie — *(Geophysik)*

anpaddeln/abpaddeln — *am 1. April wird angepaddelt (das erste Mal im neuen Jahr gepaddelt; als Be-ginn der Saison)*

anpellen/auspellen; s. a. ausziehen — *sie mußte die Kinder noch anpellen (um-gangssprachlich)*

anpfeifen/abpfeifen — *die zweite Halbzeit anpfeifen (Sport)*

Anpfiff/Abpfiff — *(Pfiff als Zeichen des Spielbeginns; Sport)*

anrechnen/abziehen — *bei der Berechnung wurde diese Zeit ange-rechnet*

Anregelzeit/Ausregelzeit — *(Kybernetik)*

anregend/beruhigend — *ein anregender Badezusatz*

Anreise/Abreise — *die Anreise erfolgt am …*

anreisen/abreisen — *wann reisen Sie an?*

Anreisetag/Abreisetag

Anreisetermin/Abreisetermin

anrückend/abrückend — *die anrückenden Feinde*

anrudern/abrudern — *am Sonntag wird angerudert (das erste Mal im neuen Jahr gerudert; als Beginn der Saison)*

anrüsten/abrüsten — *ein Haus anrüsten (das Gerüst aufstellen; Bauwesen)*

Ansage/Absage — *die Ansage macht Herr X (Rundfunk, Fernsehen)*

Ansage/Gegenansage — *(Kartenspiel)*

ansagen/absagen — *eine Sendung ansagen (Funk)*

Ansager/Ansagerin; a. Anchorwoman, Mo-deratorin — *der Ansager des Senders*

Ansagerin/Ansager; a. Anchorman, Mode-
  rator
anschaffen, sich etwas/etwas abschaffen

anschalten/abschalten; a. ausstellen
anschaulich/unanschaulich
anschirren/abschirren
anschlagen/abschlagen
Anschlußbeobachtung/
  Absolutbeobachtung
anschnallen/abschnallen
anschrauben/abschrauben; a. abmachen
anschwellen/abschwellen

ansegeln/absegeln

ansein/absein

ansein/aussein

ansetzen/absetzen

anspannen/abspannen, ausspannen
anspaziert kommen/abspazieren
anspruchslos/anspruchsvoll

anspruchsvoll/anspruchslos; a. bescheiden

Anstand; s. das verbietet der Anstand, das
  verlangt der Anstand; verletzen, wahren
anständig/unanständig

Anständigkeit/Unanständigkeit
anstecken/abstecken; a. abmachen
anstecken/ausmachen, auspusten
ansteigen/abfallen
anstellen/abstellen; a. ausmachen, aus-
  schalten

anstellen/auslassen

Anstieg/Rückgang
anstrengen/absträngen
anstreichen/abstreichen

anströmen/abströmen

die Ansagerin des Senders

ich habe mir einen Hund, Hühner ange-
  schafft

das ist anschaulich geschildert
das Pferd anschirren
die Segel anschlagen (Seemannssprache)
(Astronomie)

die Skier anschnallen
das Türschild anschrauben
1. das Bein, der Knöchel ist angeschwol-
  len; 2. der Lärm schwoll an
am Sonntag segeln wir an (beginnen wir
  im neuen Jahr mit dem Segeln; als Beginn der Saison)
der Knopf ist (wieder) an (angenäht; umgangssprachlich)
das Licht, das Radio ist an (angestellt; umgangssprachlich)
das Glas (an den Mund zum Trinken) ansetzen; den Geigenbogen, das Blasinstru-
  ment ansetzen
das Pferd (an den Wagen) anspannen
er kam anspaziert
1. er ist sehr anspruchslos; 2. ein an-
  spruchsloser Text, Film
1. er ist sehr anspruchsvoll; 2. ein an-
  spruchsvolles Buch

sich anständig benehmen; eine anständige
  Gesinnung; anständig handeln; ein an-
  ständiger Witz

den Zopf anstecken
die Kerzen anstecken
die Straße steigt an
das Wasser, das Radio anstellen; morgens
  die Heizung anstellen und abends wieder abstellen
das Radio bitte auslassen und nicht anstellen
der Anstieg der Arbeitslosenzahlen
ein Pferd anstrengen
der Auerhahn, Specht streicht an (Jägersprache)
anströmende Luftmassen

...ant/...and (Substantiv)	*(Suffix mit aktivischer Bedeutung) z. B. Informant/Informand*
...ant/...ar (Substantiv)	*z. B. Indossant/Indossatar*
...ant/...at (Substantiv)	*(Suffix mit aktivischer Bedeutung) z. B. Adressant/Adressat*
...ant/...atar (Substantiv)	*(Suffix mit aktivischer Bedeutung) z. B. Indossant/Indossatar*
...ant/...ator (Substantiv)	*z. B. Kommunikant/Kommunikator*
Antarktis/Arktis; s. a. Nordpol	*die Antarktis ist das Gebiet um den Südpol*
antarktisch/arktisch	
ante.../post... (Verb)	*(mit der Bedeutung: vor, vorher) z. B. antedatieren/postdatieren*
Ante.../Post... (Substantiv)	*(mit der Bedeutung: vor, vorher) z. B. Anteposition/Postposition*
ante Christum [natum]/post Christum [natum]	*(vor Christi [Geburt])*
antedatieren/postdatieren	*(1. mit einem späteren Datum versehen; 2. mit einem früheren Datum versehen)*
Anteklise/Syneklise	*(Geologie)*
ante meridiem/post meridiem; s. auch: p. m.	*(in bezug auf Zeitangaben von 00.00 Uhr bis 12.00 Uhr, vor 12 .00 Uhr mittags)*
Antenne; s. Außenantenne, Freiantenne, Innenantenne, Zimmerantenne	
Antepirrhem/Epirrhem	*(in der attischen Komödie)*
Anteposition/Postposition	*(Verlagerung eines Organs nach vorn; Medizin)*
anterior/posterior	*(auf den vorderen Teil des Körpers bezogen)*
Antestat/Abtestat	*mit dem Antestat wird bestätigt, daß eine Vorlesung belegt worden ist (Universität)*
antestieren/abtestieren	*(früher: zu Beginn des Semesters durch Unterschrift des Professors bestätigen, daß die Vorlesung belegt wird)*
Antezedens/Konsequenz	*(Logik)*
Antezedenz/Epigenese	*(Geologie)*
anthropomorph/theriomorph	*(menschengestaltig)*
Anthroponose/Anthropozoonose	*(Krankheit, die nur von Menschen auf Menschen übertragen wird)*
Anthropozoonose/Anthroponose	*(Krankheit, die vom Tier auf den Menschen übertragen wird; z. B. Tollwut)*
anti/pro; s. a. für	*er ist anti (dagegen)*
anti.../... (Adjektiv)	*(kennzeichnet 1. einen ausschließenden Gegensatz) z. B. antidemokratisch/demokratisch; (kennzeichnet 2. einen entgegenwirkenden Gegensatz) z. B. antiallergisch/allergisch*
anti.../pro...; a. für/gegen (Adjektiv)	*(mit der Bedeutung: gegen-) z. B. antiamerikanisch/proamerikanisch*

Anti.../... (Substantiv)	*(kennzeichnet 1. einen ausschließenden Gegensatz) z. B. Antialkoholiker/Alkoholiker; (kennzeichnet 2. einen entgegenwirkenden Gegensatz) z. B. Antikriegsfilm/ Kriegsfilm; (bildet 3. einen komplementären Gegensatz) z. B. Antirakete/Rakete, Antikritik/Kritik; Antimaterie/Materie; (drückt 4. aus, daß etwas/jemand ganz anders ist, als was man üblicherweise damit verbindet) z. B. Antiheld/ Held, Antifußball (schlechtes Spiel)/Fußball, Antimode (Saloppes)/Mode*
Anti.../Phil[o]... (Substantiv)	*(mit der Bedeutung: Gegner von etwas) z. B. Antisemitismus/Philosemitismus*
Anti.../Syn... (Substantiv)	*(mit der Bedeutung: entgegen) z. B. Antiklinorium/Synklinorium*
Antialkoholiker/Alkoholiker	*(Gegner des Alkohols)*
antiamerikanisch/proamerikanisch	*(gegen Amerika eingestellt)*
antiautoritär/autoritär	*eine antiautoritäre (bewußt Zwänge vermeidende) Erziehung*
antideutsch/prodeutsch; s. a. deutschfreundlich, germanophil	*(gegen Deutschland eingestellt)*
antifaschistisch/faschistisch	
antifeministisch/feministisch	*antifeministische Strömungen*
Antiferromagnetismus/Ferromagnetismus	*(Physik)*
Antiformant/Formant	*(Phonetik)*
Antiheld/Held	*(Literaturwissenschaft)*
antijüdisch/projüdisch	*(gegen Juden eingestellt)*
antiker Vers/germanischer Vers	
Antiklimax/Klimax	*(Übergang zum schwächeren Ausdruck; Rhetorik)*
Antiklinaltal/Synklinaltal	*(Geographie)*
Antiklinorium/Synklinorium	*(Geologie)*
antikommunistisch/kommunistisch	
Antikriegsfilm/Kriegsfilm	
Antikriegsroman/Kriegsroman	
Antikritik/Kritik	
Antimaterie/Materie	*(hypothetische, auf der Erde nicht existierende Form der Materie)*
Antimilitarist/Militarist	*(jemand, der den Militarismus, die Dominanz militärischer Wertvorstellungen usw. ablehnt)*
Antinoos/Hadrian	*(schöner Jüngling, geboren 110 n. Chr.; Favorit und Lustknabe Kaiser Hadrians; starb in den Wellen des Nils 130 n. Chr.)*
Antipapist/Papist	*(Gegner des Papsttums)*
Antipathie/Sympathie; a. Liebe, Zuneigung	*Antipathie (Abneigung) empfinden*

Antiperistaltik/Peristaltik	*(zum Beispiel bei Darmverschluß; Medizin)*
Antipnigos/Pnigos	*(in der attischen Komödie)*
Antiproton/Proton	*(Kernphysik)*
Antipyretikum/Pyretikum	*(Medizin)*
Antisemit/Philosemit	*ein Antisemit ist ein Feind der Juden*
antisemitisch/philosemitisch	*(von Judenfeindlichkeit zeugend)*
Antisemitismus/Philosemitismus	*(Judenfeindlichkeit)*
Antistrophe/Strophe	*(in der altgriechischen Tragödie)*
Antithese/These	*der These wird eine Antithese entgegengesetzt; These und Antithese verbinden sich zu einer höheren Einheit in der Synthese*
antithetisch/synthetisch	*(gegen die Krustenbewegung verlaufend; Geologie)*
Antitoxin/Toxin	*(Gegengift)*
antizyklisch/prozyklisch	*(einem gegenwärtigen Konjunkturzustand entgegenwirkend)*
antonym/synonym	*antonyme Wörter sind Wörter mit einem auf das andere Wort bezogenen Gegensinn (groß/klein)*
Antonym/Synonym	*groß und klein sind Antonyme (Wörter mit gegensätzlichem Sinn); ein Antonym ist ein Gegenwort, das das Gegenteil von einem anderen Wort oder dessen Korrelativ ausdrückt, das eine komplementäre Ergänzung oder die Alternative zu einem anderen ist; es gibt usuelle (arm/reich) und okkasionelle (arm/betucht, wohlhabend) Antonyme*
Antonymie/Synonymie	*(Sprachwissenschaft)*
antörnen/abtörnen	*das hat mich angetörnt (in Stimmung versetzt)*
antraben/abtraben	
Antragsdelikt/Offizialdelikt	*(Straftat, die nur auf Antrag verfolgt wird; Rechtswesen)*
Antragsgegner/Antragsteller	*(Rechtswesen)*
Antragsteller/Antragsgegner	*(Rechtswesen)*
antrainieren/abtrainieren; a. abdressieren, aberziehen	*das Schambewußtsein wurde ihnen antrainiert*
Antransport/Abtransport	*der Antransport der Kartoffeln*
antransportieren/abtransportieren	*die Möbel antransportieren lassen*
antreten/wegtreten	*er ließ die Kompanie antreten*
antriebsschwach/antriebsstark	*er ist antriebsschwach*
antriebsstark/antriebsschwach	*er ist antriebsstark*
Antrinket/Austrinket	*(Willkommenstrunk beim neuen Wirt; schweizerisch)*
antun/abtun	*ein Kleid, die Stiefel antun (landschaftlich)*
anturnen/abturnen	*(im Turnen das Wettkampfjahr beginnen)*

anturnen/abturnen; s. a. abtörnen	*(bewirken, daß jemand in Hochstimmung gerät)*
Antwort/Frage	*sie gab die Antwort (auf diese Frage)*
antworten/fragen	*Patienten fragen, Experten antworten; er hat (sie) gefragt, und sie hat (ihm) gleich geantwortet*
Anvers/Abvers	*der Anvers ist der erste Teil der Langzeile (Metrik)*
Anwalt/Anwältin	
Anwältin/Anwalt	
Anwender/Anbieter	*die Messe für Klimatechnik ist der Treffpunkt für Anbieter und Anwender*
Anwendungssoftware/Systemsoftware	*zur Anwendungssoftware gehören z. B. Textverarbeitungs- und Tabellenkalkulationsprogramme*
anwesend/abwesend	*der anwesende Chef; die anwesenden Mitglieder des Vereins*
anwesend sein/fehlen	*er war bei der Sitzung anwesend*
Anwesenheit/Abwesenheit	*während seiner Anwesenheit abstimmen*
anziehen/abstoßen	*dieser Mann, seine Art zieht mich an*
anziehen/ausziehen	*der Vater zieht das Kind an*
anziehen, sich/sich ausziehen	*sie/er zieht sich an*
anziehen/lockern	*eine Schraube anziehen*
anziehend/abstoßend	*sie wirkt anziehend*
Anziehung/Abstoßung	*magnetische Anziehung*
Anziehungskraft/Abstoßungskraft	*(Physik)*
Anzug; s. im Anzug sein	
Anzug von der Stange/Maßanzug	
anzünden/ausmachen	*die Kerzen anzünden*
Apastron/Periastron	*(bei Doppelsternen Punkt der größten Entfernung; Astronomie)*
apathogen/pathogen	*apathogene (keine Krankheiten hervorrufende) Bakterien (Medizin)*
aperiodische Schriften/Periodica, Periodika	*(Buchwesen)*
Aperitif/Digestif	*einen Aperitif (vor dem Essen) trinken*
Aphärese/Apokope	*(Abfall eines Anlauts oder einer anlautenden Silbe, zum Beispiel bei 'nen für „einen"; Sprachwissenschaft)*
Aphel/Perihel	*(größte Entfernung von der Sonne; Astronomie)*
aphotisch/euphotisch	*(ohne Lichteinfall; Gewässerkunde)*
Aphrodisiakum/Anaphrodisiakum	*Aphrodisiaka regen den Geschlechtstrieb an (Medizin)*
apikaler Laut/dorsaler Laut	*(Phonetik)*
Aplazentalier/Plazentalier	*(Embryonalentwicklung ohne Plazenta)*
Apodosis/Protasis; s. a. Vordersatz	*(Nachsatz; Sprachwissenschaft)*
Apogalaktikum/Perigalaktikum	*(Astronomie)*
Apogäum/Perigäum	*(Punkt der größten Entfernung eines Himmelskörpers von der Erde; Astronomie)*

Apokope/Aphärese	*(Wegfall des Auslauts, der auslautenden Silbe; zum Beispiel: „ich brauch das nicht" für „brauche"; Sprachwissenschaft)*
apokryphe Bücher/kanonische Bücher	*(Theologie)*
Apoll/Hyazinth	*Apoll liebte den schönen Jüngling Hyazinth, den er durch einen unglücklichen Diskuswurf tötete (griechische Mythologie)*
apollinisch/dionysisch; a. romantisch/klassisch	*(harmonisch-ruhig; bei Nietzsche)*
Apollo/Dionysos	*(Gott, der das rechte Maß in allen Dingen gewährleistete; griechische Mythologie)*
apomorpher Typ/pleisiomorpher Typ	
Aposelen/Periselen	*(Punkt der größten Entfernung vom Mond; Astronomie)*
a posteriori/a priori; a. ex ante	*(aus der Erfahrung gewonnen; nachträglich)*
Aposteriori/Apriori	*(Erfahrungssatz; aufgestellte Aussage; Philosophie)*
aposteriorisch/apriorisch	*aposteriorische Erkenntnisse (Philosophie)*
apothekenpflichtig/nichtapothekenpflichtig	*apothekenpflichtiges Medikament*
Apotheker/Apothekerin	
Apothekerin/Apotheker	
apparent/inapparent	*eine apparente (sichtbare, wahrnehmbare) Krankheit (Medizin)*
appellabel/inappellabel	*(veraltet; Rechtswesen)*
Apperzeption/Perzeption	*(begrifflich urteilendes Erfassen; Philosophie)*
apperzipieren/perzipieren	*(wahrnehmen und auch bewußt erfassen)*
Appetit; s. den Appetit anregen, jemandem den Appetit verderben	
appetitlich/unappetitlich	*das sieht sehr appetitlich aus*
applaudieren/buh rufen	*im Theater applaudieren (durch Klatschen sein Gefallen bekunden)*
Apport/Asport	*(in bezug auf das Erscheinen von etwas; Parapsychologie)*
Apposition/Intussuszeption	*(Biologie)*
a priori/a posteriori; a. ex post	*(von der Erfahrung unabhängig gewonnen; von vornherein)*
Apriori/Aposteriori	*das Apriori ist ein Vernunftsatz (Philosophie)*
apriorisch/aposteriorisch	*(durch Denken erschlossen; Philosophie)*
apsychonom/psychonom	*(außerhalb der psychischen Gesetze ablaufend; Psychologie)*
äqual/inäqual	*(gleich, z. B. in bezug auf die Größe)*
Aquarell; s. in Aquarell	
äquatoriale Bindung/axiale Bindung	*(Chemie)*
äquatorialer Gegenstrom/Äquatorialstrom	*(Geographie)*

Äquatorialstrom/äquatorialer Gegenstrom	(Geographie)
à quatre mains/à deux mains; s. a. zwei-	(vierhändig; beim Klavierspiel)
händig	
äquivalenter Kausalzusammenhang/ad-	(Rechtswesen)
äquater Kausalzusammenhang	
...ar/...ant (Substantiv)	z. B. Indossatar/Indossant
...är/...euse (Substantiv)	z. B. Konfektionär/Konfektioneuse
arabische Ziffer/römische Ziffer	1, 2, 3 usw. sind arabische Ziffern; I, II, III sind römische
Arbeit/Kapital	Klassenkampf zwischen Arbeit und Kapital
Arbeit/Vergnügen	erst die Arbeit, dann das Vergnügen
Arbeit; s. Büroarbeit, Handarbeit, Kopfarbeit, Maschinenarbeit, Teilzeitarbeit, Telearbeit, Vollzeitarbeit	
Arbeiter/Angestellter	(Arbeitnehmer, der überwiegend körperliche Arbeit leistet); der Betrieb beschäftigt 20 Arbeiter und 10 Angestellte
Arbeiter; s. Handarbeiter, Kopfarbeiter	
Arbeiterbiene/Drohne	(unfruchtbare weibliche Biene)
Arbeiter der Stirn und der Faust	(NS-Sprache)
arbeiterfeindlich/arbeiterfreundlich	arbeiterfeindliche Maßnahmen
arbeiterfreundlich/arbeiterfeindlich	arbeiterfreundliche Maßnahmen
Arbeitgeber/Arbeitnehmer	der Arbeitgeber ist jemand, der Arbeitskräfte beschäftigt; Arbeitnehmer und Arbeitgeber müssen sich an einen Tisch setzen und verhandeln; nach sozialistischer Auffassung müßten die Bezeichnungen umgekehrt angewendet werden: der Arbeiter ist der Arbeitgeber, denn er gibt seine Arbeit, seine Arbeitskraft
Arbeitgeberverband/Arbeitnehmerverband	
Arbeit haben/arbeitslos sein, keine Arbeit haben	er hat zum Glück Arbeit und ist nicht arbeitslos
Arbeitnehmer/Arbeitgeber	Arbeitnehmer und Arbeitgeber müssen sich an einen Tisch setzen und verhandeln
Arbeitnehmer/Arbeitnehmerin	viele Arbeitnehmer und Arbeitnehmerinnen nahmen an der Demonstration teil
Arbeitnehmerin/Arbeitnehmer	viele Arbeitnehmer und Arbeitnehmerinnen nahmen an der Demonstration teil
Arbeitnehmerverband/Arbeitgeberverband	
Arbeitsangebot/Arbeitsnachfrage	
Arbeitsbeginn/Arbeitsende	Arbeitsbeginn ist um 8 Uhr
Arbeitsbiene/Drohne	(unfruchtbare weibliche Biene)
Arbeitseinkommen/Besitzeinkommen	(aus Arbeit herrührendes Einkommen)
Arbeitsende/Arbeitsbeginn	Arbeitsende ist um 17 Uhr
arbeitsextensiv/arbeitsintensiv	der Getreideanbau ist – relativ gesehen – arbeitsextensiv (ist mit weniger Arbeitsaufwand verbunden); arbeitsextensive Landwirtschaft (Wirtschaft)

arbeitsfähig/arbeitsunfähig	*er ist (wieder) arbeitsfähig*
Arbeitsfähigkeit/Arbeitsunfähigkeit	
arbeitsintensiv/arbeitsextensiv	*Dienstleistungsbetriebe sind arbeitsintensiv (erfordern mehr Arbeitsaufwand, mehr menschliche Arbeitskraft); arbeitsintensive Produktionsabläufe (Wirtschaft)*
arbeitslos sein/Arbeit haben	*er ist arbeitslos*
Arbeitslust/Arbeitsunlust	
Arbeitsmaschine/Kraftmaschine	*der Bagger ist eine Arbeitsmaschine*
Arbeitsnachfrage/Arbeitsangebot	
Arbeitsparlament/Redeparlament	*(Parlament, das seine Arbeit weitgehend in Fachausschüsse verlagert; Politik)*
arbeitsscheu/arbeitswillig	*er ist arbeitsscheu*
Arbeitsspeicher/externer Speicher	*(EDV)*
Arbeitsstrom/Ruhestrom	*(erst bei Betätigung einer Anlage entnommener Strom; Elektrotechnik)*
Arbeitstag/Feiertag	*der Bußtag ist wieder ein Arbeitstag geworden*
Arbeitstitel/endgültiger Titel	*(vorläufiger Titel für eine Arbeit, die geplant oder im Entstehen ist)*
arbeitsunfähig/arbeitsfähig	*sie ist arbeitsunfähig*
Arbeitsunfähigkeit/Arbeitsfähigkeit	
Arbeitsunlust/Arbeitslust	
arbeitswillig/arbeitsscheu	*er ist arbeitswillig*
Arbeitszeit; s. feste Arbeitszeit, gleitende Arbeitszeit	
Arbeitszeitbeginn/Arbeitszeitende	
Arbeitszeitende/Arbeitszeitbeginn	
arbiträr/motiviert, durchsichtig	*(als Wort an sich keinen Anhaltspunkt für den Wortinhalt bietend, zum Beispiel: Mann oder Haus − im Unterschied zu: Männlichkeit und häuslich)*
Archaismus/Neologismus	*(veraltetes, aus dem Sprachgebrauch ausgeschiedenes Wort, veraltete Bedeutung o. ä., zum Beispiel „weiland" für „einst, früher")*
Architekt/Architektin	
Architekt/Innenarchitekt	*(jemand, der Häuser, Bauwerke entwirft, gestaltet und deren Ausführung einleitet und den Fortgang fachmännisch begleitet)*
Architektin/Architekt	
arco/pizzicato	*([wieder] mit dem Bogen, gestrichen zu spielen; Musik)*
Arealmethode/Quotenmethode	*(Meinungsforschung)*
Argument/Gegenargument	*Argumente und Gegenargumente wurden vorgebracht*
arianisch/athanasianisch	*(Religion)*

Arie/Rezitativ	*(Lied für einen einzelnen Sänger, zum Bei-spiel in der Oper)*
Arier/Jude	*(NS-Rassenideologie)*
arisch/jüdisch	*(NS-Rassenideologie)*
Arktis/Antarktis; s. a. Südpol	*die Arktis ist das Nordpolargebiet*
arktisch/antarktisch	
Arlecchinetta/Arlecchino	*(in der Commedia dell'arte die Geliebte von Arlecchino)*
Arlecchino/Kolombine, Arlecchinetta	*(in der Commedia dell'arte der Geliebte von Kolombine)*
arm/reich; a. begütert	*arme Leute; ein armes Land; eine arme Fa-milie; sie ist arm; je reicher, desto är-mer; die Kluft zwischen Arm und Reich wird immer tiefer*
arm; s. baumarm, kontaktarm	
Arm/Bein	
...arm/...reich (Adjektiv)	*z. B. fettarm/fettreich*
arm an/reich an	*arm an Vitaminen, an Bodenschätzen*
Arme, der/der Reiche	*die Reichen werden immer reicher und die Armen immer ärmer*
Armee/Marine, Luftwaffe	*(vorwiegend auf dem Boden kämpfende Truppe)*
Ärmel; s. angeschnittene Ärmel, einge-setzte Ärmel, mit Ärmeln, mit halbem Arm, ohne Ärmel	
ärmellos/mit Ärmeln	*ein ärmelloses Hemd*
Armut/Reichtum	*die Armut dieses Landes, dieser Familie*
...armut/...reichtum (Substantiv)	*z. B. Ideenarmut/Ideenreichtum*
Armut an/Reichtum an	*Armut an Bodenschätzen*
aromatische Verbindungen/aliphatische Verbindungen	*(Chemie)*
arpeggio/plaqué	*(Anweisung: nach Harfenspielart gebroche-ner Akkord)*
Arrhenogenie/Thelygenie	*(Zeugung nur männlicher Nachkommen; Medizin)*
Arrhenotokie/Thelytokie	*(Entstehung nur männlicher Nachkom-men; Medizin)*
arrhenotokisch/thelytokisch	*(nur männliche Nachkommen habend; Me-dizin)*
Arrival/Departure; a. Abflug, Abfahrt	*(Ankunft; Flugwesen)*
Ars antiqua/Ars nova	*(Mensuralmusik im 13. Jahrhundert)*
Arsis/Thesis	*„Arsis" ist der unbetonte Taktteil in der antiken Metrik*
Ars nova/Ars antiqua	*(kontrapunktisch-mehrstimmige Musik im 14. und 15. Jahrhundert)*
arteigen/artfremd	
Arterie/Vene	*durch die Arterien fließt Blut vom Herzen zu den Organen*
arteriell/venös	*(Medizin)*

artfremd/arteigen	
artgleich/artverschieden	
Arthritis/Arthrose	*(akute Entzündung eines Gelenks)*
Arthrose/Arthritis	*(degenerative Erkrankung eines Gelenks als chronisches Leiden)*
artig/unartig	*die Oma sagte, ihr Enkel sei sehr artig gewesen*
Artikel; s. mit Artikel, ohne Artikel	
artikellos/mit Artikel	*artikelloser Gebrauch eines Ländernamens wie zum Beispiel Polen; manche Ländernamen können artikellos und mit Artikel gebraucht werden (Iran/der Iran)*
artikuliert/unartikuliert	*(gut) artikuliert sprechen*
Artist/Artistin	*im Zirkus traten viele Artisten und Artistinnen auf*
Artistin/Artist	*im Zirkus traten viele Artisten und Artistinnen auf*
artverschieden/artgleich	
Arzt/Ärztin; a. Patient	*an der Tagung nahmen viele Ärzte und Ärztinnen teil*
Arzt/Patient[in]; a. Ärztin	*der Arzt sprach mit seinem Patienten*
Arzt; s. Androloge, Facharzt, Gynäkologe, Kassenarzt, Privatarzt, praktischer Arzt, Primararzt, Sekundararzt	
Arzt für Allgemeinmedizin/Facharzt	
Ärztin/Arzt; a. Patient	*viele Ärztinnen und Ärzte nahmen an der Tagung teil*
Ärztin/Patient, Patientin	*die Ärztin sprach mit ihrem Patienten*
aschist/diaschist	*(Geologie)*
Aschkenasi/Sephardi	*(Jiddisch sprechender Jude aus Mittel- oder Osteuropa)*
Asebie/Eusebie	*Asebie ist Gottesfrevel (Religion)*
asebisch/eusebisch	*(gottlos)*
a secco/a fresco, al fresco	*(auf die trockene Wand [gemalt]; Malerei)*
aseptisch/septisch	*(keimfrei; Medizin)*
asexuell/sexuell	*das Wort „Scheide" hat eine sexuelle (= Vagina) und eine asexuelle (= Gegenstand, in den eine Hieb- oder Stichwaffe hineingesteckt wird) Bedeutung*
Aspasia/Perikles	*Aspasia, Geliebte und spätere Gemahlin Perikles' (5. Jahrhundert v. Chr.)*
aspiriert/unaspiriert; s. a. unbehaucht	*im Altgriechischen stehen die aspirierten und die unaspirierten Laute in Opposition*
Asport/Apport	*(in bezug auf das Verschwinden von etwas; Parapsychologie)*
Assessor/Assessorin	
Assessorin/Assessor	
Assignant/Assignat	*der Assignant stellt eine Geldanweisung aus*

Assignat/Assignant	*der Assignat muß auf eine Geldanweisung hin zahlen*
Assimilation/Dissimilation	*1. die Lautentwicklung von lamb zu Lamm ist eine Assimilation, eine Lautangleichung; 2. (Medizin)*
assimilieren/dissimilieren	*(Sprachwissenschaft, Biologie)*
Assistent/Assistentin	
Assistentin/Assistent	
Assoziation/Dissoziation	*(Verknüpfung; Psychologie)*
Assoziationsgrad/Dissoziationsgrad	*(Chemie)*
Asterix/Obelix	*(die zwei gallischen Comic-Helden)*
asthenisch/sthenisch	*(schlankwüchsig, schwach; Medizin)*
ästhetisch/unästhetisch	*ein ästhetischer Anblick*
Astrologe/Astrologin	
Astrologin/Astrologe	
Asymmetrie/Symmetrie	*(Ungleichmäßigkeit)*
asymmetrisch/symmetrisch	*asymmetrisch (nicht gleich auf beiden Seiten) gebaut*
asynchron/synchron	*asynchron bedeutet: nicht gleichzeitig*
Asynchronmotor/Synchronmotor	*(Elektrotechnik)*
asyndetisch/syndetisch; s. a. verbunden	*(nicht durch eine Konjunktion verbunden; Sprachwissenschaft)*
aszendent/deszendent	*(aus der Tiefe aufsteigend; Geologie)*
Aszendent/Deszendent	*(1. Aufgangspunkt eines Gestirns; Astronomie; 2. Vorfahr)*
Aszendenz/Deszendenz	*(1. Aufgang eines Gestirns; 2. Verwandtschaft in aufsteigender Linie)*
Aszensionstheorie/Deszensionstheorie	*(Geologie)*
...at/...ant (Substantiv)	*z. B. Adressat/Adressant*
...at[ar]/...ant (Substantiv)	*z. B. Indossat[ar]/Indossant*
athanasianisch/arianisch	*(Religion)*
athematisch/thematisch	*(1. ohne einen Vokal gebildet, der zwischen Verbstamm und Endung eingefügt worden ist, zum Beispiel „sag-t" im Unterschied zu „blut-e-t"; Sprachwissenschaft; 2. ohne Thema; Musik)*
atherman/diatherman	*(Physik)*
Atlant/Karyatide	*(gebälktragende kraftvolle Männergestalt, die eine Säule oder einen Pfeiler ersetzt; Architektur)*
Atlantiker/Europäer	*(Politik)*
atmen/ausatmen	*tief atmen*
Atommolekül/Ionenmolekül	*(Chemie)*
Atomwaffen/konventionelle Waffen	
atonal/tonal	*atonale (nicht auf dem harmonisch-funktionalen Prinzip beruhende) Musik*
...ator/...and[us] (Substantiv)	*(bezeichnet den Träger eines Geschehens) z. B. Laudator/Laudand[us]*

...ator/...ant (Substantiv)	*(bezeichnet den Träger eines Geschehens) z. B. Kommunikator/Kommunikant*
atoxisch/toxisch	*(ungiftig)*
Attizismus/Hellenismus	*(Sprechweise der Athener)*
Attraktion/Repulsion	*(Anziehung[skraft]; Technik)*
attraktiv/unattraktiv	*ein attraktives (reizvolles) Angebot; jemanden attraktiv finden*
Attrition/Kontrition	*(Reue, die nur aus der Furcht vor Strafe hervorgerufen wird)*
atypisch/typisch	*diese Reaktion ist atypisch (von dem Üblichen abweichend) für ihn; ein atypischer Krankheitsverlauf*
Aubade/Serenade	*(ein Morgenlied; Musik)*
auditiver Typ/visueller Typ; s. a. optischer Typ	*ein auditiver Typ (der vom Hören her besser lernt)*
Auerhahn/Auerhenne	
Auerhenne/Auerhahn	
auf/unter; a. unter/über	*der Brief liegt auf dem Buch; auf dem Tisch sitzt die Katze*
auf/von; a. herunter, hinunter	*ich steige auf den Berg hinauf; er kommt auf den Berg herauf (zu mir); auf den Tisch legen*
auf/zu; s. a. geschlossen	*Fenster auf oder Fenster zu?*
auf.../... (Verb)	*z. B. aufbinden/binden (Schleife)*
auf.../ab... (Adverb)	*z. B. aufwärts/abwärts*
auf.../ab... (Verben mit gleichem Basiswort)	*z. B. aufrüsten/abrüsten*
auf.../ab... (Verben mit nicht gleichem Basiswort)	*z. B. aufbehalten/absetzen*
auf.../auseinander... (Verb)	*z. B. aufrollen/auseinanderrollen*
auf.../ein... (Verben mit nicht gleichem Basiswort)	*z. B. aufwachen/einschlafen*
auf.../ent... (Verb)	*z. B. aufrollen/entrollen*
auf.../unter... (Verb)	*z. B. auftauchen/untertauchen*
auf.../zu... (Verben mit gleichem Basiswort)	*z. B. aufschließen/zuschließen*
auf.../zu... (Verben mit nicht gleichem Basiswort)	*z. B. aufziehen/zuschieben, auflassen/zumachen*
...auf/...ab (Adverb)	*z. B. bergauf/bergab*
aufbahren/abbahren	*einen Toten aufbahren (auf die Bahre legen)*
Aufbau/Abbau	*1. der Aufbau der Baracke, des Zeltes; 2. der Aufbau von Stärke (Ernährung)*
aufbauen/abbauen	*Buden, Zelte aufbauen*
aufbauend/zerstörend	*eine aufbauende Kritik*
aufbaumen/abbaumen	*(Jägersprache)*
aufbäumen/abbäumen	*(Weberei)*
aufbehalten/abbehalten	*den Hut aufbehalten*

aufbehalten/abnehmen, absetzen	*den Hut aufbehalten und nicht abnehmen, nicht absetzen*
aufbehalten/schließen	*die Augen aufbehalten*
aufbekommen/zubekommen	*die Tür, den Koffer (nicht) aufbekommen*
aufbinden/binden	*eine Schleife aufbinden*
aufbinden/zubinden	*die Schürze, den Sack aufbinden*
aufbleiben/geschlossen werden	*das Fenster blieb auf*
aufbleiben/schlafen gehen, zu Bett gehen	*ich bleibe (noch) auf*
aufbleiben/zubleiben	*das Fenster bleibt auf!; die Schranke blieb auf*
aufbleiben; s. noch aufbleiben dürfen	
Aufblende/Abblende	*(langsamer Übergang zur normalen Belichtung; Film)*
aufblenden/abblenden	*den Scheinwerfer, eine Filmszene aufblenden*
Aufblendung/Abblendung	*(beim Scheinwerfer, beim Film)*
aufbringen/zubringen	*ich kann die Tür nicht aufbringen (bringe es nicht fertig, die Tür zu öffnen; umgangssprachlich)*
Aufbruch/Gesenk	*(Bergbau)*
aufdecken/abdecken	*sie hat schon aufgedeckt (den Tisch)*
aufdecken/zudecken	*den Schlafenden, ein Grab, einen Brunnen aufdecken*
auf dem Teppich bleiben/abheben	*trotz seines Erfolges blieb er auf dem Teppich (der Erfolg stieg ihm nicht in den Kopf, machte ihn nicht überheblich; umgangssprachlich)*
auf die Bremse treten/Gas geben	
aufdocken/abdocken	*Garn aufdocken; eine Leine aufdocken*
aufdrehen/zudrehen; a. ausmachen	*den Gashahn, die Heizung aufdrehen*
aufeinander zu/voneinander weg	*sie bewegten sich aufeinander zu*
auf einem Formular/formlos	*etwas auf einem Formular beantragen*
aufen/aben	*der Weg aufet (geht aufwärts; veraltet)*
aufentern/niederentern	*(auf die Masten eines Segelschiffes klettern)*
Aufenthaltserlaubnis/Aufenthaltsverbot	
Aufenthaltsverbot/Aufenthaltserlaubnis	
auffädeln/abfädeln	*Perlen auffädeln*
Auffahren, das/das Abfahren	*das Auffahren auf die Autobahn*
Auffahrt/Abfahrt	*die Auffahrt zur Alm*
Auffahrt/Abfahrt, Ausfahrt	*die Auffahrt zur Autobahn*
auffällig/unauffällig	*auffällige Kleidung*
auffliegen/zufliegen	*das Fenster flog (vom Wind) auf*
Aufgang/Abgang	*der Aufgang (Treppe aufwärts) bei der S-Bahn*
Aufgang/Untergang	*den Aufgang der Sonne beobachten*
aufgeben/beibehalten	*eine Sitte aufgeben*
aufgeben/durchhalten	*sie hat aufgegeben (hat vor den Schwierigkeiten kapituliert)*

aufgeben/eröffnen	ein Geschäft aufgeben (nicht mehr weiter-führen und es schließen)
aufgeben/fortsetzen	den Widerstand aufgeben
auf Gedeih und Verderb	auf Gedeih und Verderb mit jemandem verbunden sein
aufgehen/untergehen	die Sonne geht morgens im Osten auf
aufgehen/zugehen; s. a. schließen, sich	die Tür, das Fenster geht (nicht) auf
aufgeklärt/unaufgeklärt	die Kinder sind (schon) aufgeklärt
Aufgeklärtheit/Unaufgeklärtheit	
aufgelegt; s. liegend aufgelegt	
aufgeräumt/unaufgeräumt; a. unordentlich	ein aufgeräumtes Zimmer
Aufgeregtheit/Gelassenheit	es herrschte Aufgeregtheit bei der Wahlvor-bereitung
Aufgesang/Abgesang	(erster Teil der Meistersangstrophe)
aufgezeichnet/live	die Fernsehsendung ist aufgezeichnet
aufgrätschen/abgrätschen	auf den Barren aufgrätschen (Turnen)
aufgreifen; s. wieder aufgreifen	
aufgruppieren/abgruppieren	sie wurde aufgruppiert (in die nächsthö-here Gehaltsstufe eingestuft)
aufhaben/abhaben	er hat den Hut auf
aufhaben/zuhaben; s. a. geschlossen	1. die Augen aufhaben; 2. das Geschäft hat heute auf
aufhaken/zuhaken	die Gamaschen aufhaken
aufhängen/abhängen	Bilder aufhängen
aufhängen/abnehmen; s. a. nehmen von	die Gardinen, die Wäsche aufhängen
aufhauben/abhauben; a. abkappen	den Beizfalken aufhauben (Jägersprache)
aufheben/bestätigen	der Bundesgerichtshof kann das Urteil be-stätigen oder aufheben
aufheben/erlassen	ein Gesetz aufheben
aufheben/liegenlassen; a. wegwerfen	das Papier (vom Fußboden) aufheben
aufheben/wegwerfen	alte Zeitungen aufheben und nicht weg-werfen
aufheitern, sich/sich bewölken, sich be-ziehen	der Himmel heitert sich auf
aufhocken/abhocken	(auf ein Turngerät in der Weise springen, daß man sich dann in Hockstellung be-findet; Turnen)
aufhören/anfangen, beginnen	1. das Tal hört hier auf; 2. der Sturm hörte abends auf
aufhören, mit etwas/mit etwas anfangen	mit dem Rauchen aufhören
aufhören/weitermachen	mit der Arbeit aufhören und nicht mehr weitermachen
aufkappen/abkappen; a. abhauben	den Beizfalken aufkappen (Jägersprache)
aufklappen/herunterklappen	den Mantelkragen (bei Kälte) aufklappen
aufklappen/runterlassen	das Visier aufklappen
aufklappen/zuklappen	das Buch, den Deckel (einer Kiste) auf-klappen
aufknöpfen/zuknöpfen	die Bluse, die Weste, die Hose aufknöpfen

aufknoten/zuknoten	*die Schnürsenkel aufknoten*
aufknüpfen/zuknüpfen	*den Schifferknoten (wieder) aufknüpfen*
aufkorken/zukorken	*die Flasche aufkorken*
aufkriegen/zukriegen; a. zumachen	*die Tür nicht aufkriegen*
aufladen/abladen	*das Gepäck (auf den Anhänger) aufladen; das Frachtgut aufladen*
aufladen/sich entladen	*eine Batterie wieder aufladen*
aufladen, sich/sich entladen	*sich gefühlsmäßig wieder aufladen*
Aufladung/Entladung	*Aufladung des Stroms, der Sexualität*
auflagenschwach/auflagenstark	*ein auflagenschwaches Buch*
auflagenstark/auflagenschwach	*ein auflagenstarkes Buch*
auflandig/ablandig	*ein auflandiger (landwärts gerichteter) Wind (Seemannssprache)*
auflassen/abnehmen, absetzen	*den Hut auflassen*
auflassen/schließen, zumachen; a. zulassen	*das Geschäft über Mittag auflassen; die Tür auflassen und nicht zumachen*
auflassen/zulassen; a. zumachen	*die Tür auflassen*
auflegen/abnehmen	*den Telefonhörer, eine Tischdecke auflegen*
auflösbar/unauflösbar	*diese Probleme sind auflösbar*
auflösende Bedingung/aufschiebende Bedingung	*(Rechtswesen)*
aufmachen/geschlossen lassen, zulassen	*die Packung, den Brief aufmachen*
aufmachen/zumachen; s. a. schließen; a. aufbleiben, zuschrauben	*1. das Fenster aufmachen; 2. die Augen aufmachen; 3. eine Kiste aufmachen; 4. das Geschäft aufmachen*
aufmachen; s. den Mund aufmachen	
aufmerksam/unaufmerksam	*1. ein aufmerksamer Schüler (der dem Unterricht interessiert folgt); 2. ein aufmerksamer (höflich-galanter) Liebhaber*
Aufmerksamkeit/Unaufmerksamkeit	
aufmontieren/abmontieren	*eine Figur (auf etwas) aufmontieren*
Aufnahme/Abgabe	*die Aufnahme von Wärme*
Aufnahme/Wiedergabe	*ein Gerät zur Aufnahme und Wiedergabe gesprochener Mitteilungen*
Aufnahme; s. Momentaufnahme, Zeitaufnahme	
aufnehmen/abgeben	*Sauerstoff aufnehmen und Stickstoff abgeben*
aufnehmen/absetzen	*eine Last, einen Koffer (wieder) aufnehmen*
aufnehmen/ausstoßen	*jemanden (wieder) in die Familie aufnehmen*
aufnehmen; s. wieder aufnehmen	
Aufprojektion/Rückprojektion	*(Film)*
aufprotzen/abprotzen	*ein Geschütz aufprotzen (zum Abfahren mit dem Wagen verbinden; Militär)*
Aufputschmittel/Beruhigungsmittel	*er nimmt Aufputschmittel*
aufrädeln/abrädeln	*Zwirn aufrädeln*

aufrahmen/sedimentieren	*(Chemie)*
aufregen, sich/sich abregen	*er hat sich (darüber) aufgeregt; reg dich nicht auf, das bekommt dir nicht*
aufrichten, sich/schlaff werden	*der Penis richtet sich auf*
aufrichtig/unaufrichtig	*er ist aufrichtig*
aufriegeln/zuriegeln; a. zumachen	*die Tür (wieder) aufriegeln*
aufrollen/abrollen	*das Kabel (auf die Trommel) aufrollen*
aufrollen/auseinanderrollen	*den Teppich aufrollen (rollend aufnehmen, zusammenlegen)*
aufrollen/entrollen	*eine Fahne, ein Transparent aufrollen (in einen gerollten Zustand bringen)*
aufrüsten/abrüsten; s. a. demilitarisieren	*das Land hat aufgerüstet*
Aufrüstung/Abrüstung	*internationale Aufrüstung*
aufsatteln/absatteln	*ein Pferd aufsatteln*
Aufsatz; s. Hausaufsatz, Klassenaufsatz	
aufschiebbar/unaufschiebbar	*diese Unternehmung ist aufschiebbar*
aufschieben/zuschieben	*eine Schiebetür aufschieben*
aufschiebende Bedingung/auflösende Bedingung	*(Rechtswesen)*
aufschiebende Einrede/ausschließende Einrede	*(Rechtswesen)*
Aufschlag/Abschlag	*ein Aufschlag (Verteuerung beim Preis) von 15%*
Aufschlag/Anflug	*(zum Beispiel Eichen, Kastanienbäume, die ohne menschliches Zutun aus den Eicheln, Kastanien gewachsen sind; Forstwesen)*
aufschlagen/abschlagen	*1. das Zelt aufschlagen; 2. das Getreide schlägt auf (wird teurer)*
aufschlagen/zumachen	*das Buch aufschlagen*
Aufschläger/Rückschläger	*(Spieler, der den Aufschlag ausführt; Tennis u. ä.)*
Aufschlagzünder/Zeitzünder	*(Zünder einer Granate, der beim Aufschlag explodiert; Militär)*
aufschließen/Abstand halten	*bitte aufschließen (zum Vordermann hin dichter herangehen)*
aufschließen/zuschließen; a. schließen	*die Tür, den Laden aufschließen*
Aufschluß/Einschluß	*(Strafwesen; im Gefängnis)*
aufschnallen/abschnallen	*das Gepäck aufs Autodach aufschnallen*
aufschnallen/zuschnallen	*die Schuhe aufschnallen*
aufschnüren/zuschnüren	*die Schuhe, das Bündel aufschnüren*
aufschrauben/abschrauben	*eine Platte (auf etwas) aufschrauben*
aufschrauben/zuschrauben; a. zumachen	*die Flasche aufschrauben*
aufschütten/abtragen	*Erde aufschütten*
aufschwingen, sich/sich abschwingen	*sich aufs Pferd aufschwingen*
Aufschwung/Abschwung	*1. Aufschwung am Reck (das Sich-Hinaufschwingen auf das Turngerät); 2. die Konjunktur ist im Aufschwung (Wirtschaft)*

Aufschwung; s. Konjunkturaufschwung

aufsein/im Bett sein	*er ist (schon) auf; er ist (immer noch) auf*
aufsein/zusein; a. geschlossen	*die Tür ist auf*
aufsetzen/abbehalten	*die Mütze aufsetzen und nicht länger abbehalten*
aufsetzen/abnehmen	*als er den Raum betrat, nahm er den Hut ab, und als er den Raum wieder verließ, setzte er den Hut wieder auf*
aufsetzen/absetzen	*die Brille, die Mütze aufsetzen*
aufsitzen/absitzen	*auf das Pferd aufsitzen*
aufspannen/zumachen, zusammenklappen	*den Schirm aufspannen*
aufsperren/zusperren	*das Haus aufsperren*
aufspringen/abspringen	*auf den fahrenden Zug aufspringen*
Aufsprung/Absprung	*der Aufsprung (auf die fahrende Straßenbahn)*
aufspulen/abspulen	*einen Faden, Nähgarn aufspulen*
aufstehen/sich hinlegen	*wann ist er morgens aufgestanden?*
aufstehen/sich [hin]setzen	*zur Begrüßung stand er auf; sie steht auf (vom Stuhl)*
aufstehen/liegenbleiben	*1. sie steht (jetzt) auf; 2. er stürzte und stand gleich wieder auf*
aufstehen/schlafen gehen, ins Bett gehen	*vom Aufstehen bis zum Schlafengehen*
aufstehen/sitzen bleiben	*in der Bahn aufstehen und seinen Platz anbieten*
aufsteigen/absteigen	*1. auf das Rad aufsteigen; 2. beruflich aufsteigen*
aufsteigen/fallen	*der Nebel steigt auf*
aufsteigend/absteigend	*aufsteigende Verwandtenlinie*
Aufsteiger/Absteiger	*(Fußball)*
Aufstieg/Abstieg	*1. der Aufstieg auf den Berg; 2. der Aufstieg des Vereins*
Aufstieg/Fall	*Dresden — Aufstieg und Fall einer Stadt; Aufstieg und Fall des Ministerpräsidenten; der Aufstieg des Diktators*
Aufstiegsrunde/Abstiegsrunde	*(Sport)*
aufstöpseln/zustöpseln	*die Kanne aufstöpseln*
Aufstrich/Abstrich	*1. der Aufstrich des Geigenbogens; 2. der Aufstrich des geschriebenen „i"*
auftakeln/abtakeln	*(Seemannssprache)*
auftauchen/untertauchen	*sie ist wieder aufgetaucht (aus dem Untergrund)*
auftauen/einfrieren	*das Essen auftauen*
auftragen/abtragen	*das Essen auftragen*
Auftraggeber/Auftragnehmer	
Auftragnehmer/Auftraggeber	
Auftragsfertigung/Marktproduktion, Vorratsproduktion	*(Fertigung auf Grund von Kundenaufträgen)*
Auftragstaktik/Befehlstaktik	*(ohne Festlegung der Durchführung erteilter Auftrag; Militär)*

auftrennen/zunähen	*die Taschen auftrennen*
auftreten/abgehen	*der Schauspieler tritt auf (auf der Bühne)*
Auftrieb/Abtrieb	*der Auftrieb des Alpenviehs*
Auftritt/Abtritt	*(Theater)*
auf und ab	*er ging an der Straßenecke auf und ab; das ständige Auf und Ab im Leben*
auf und nieder	*das Getreide wogt auf und nieder*
aufwachen/einschlafen	*der Kleine ist (gerade) aufgewacht*
Aufwand/Ertrag	*der finanzielle Aufwand steht in keinem Verhältnis zum Ertrag (Wirtschaft)*
aufwärts/abwärts; s. a. hinab, hinunter	*der Lift zeigt „aufwärts" an*
aufwärts.../abwärts... (Verb)	*z. B. aufwärtsgehen/abwärtsgehen*
...aufwärts/...abwärts (Adverb); a. ...ab	*z. B. stromaufwärts/stromabwärts*
Aufwärtsentwicklung/Abwärtsentwicklung	
aufwärts fahren/abwärts fahren	*der Lift fährt aufwärts (nach oben)*
aufwärtsgehen/abwärtsgehen	*mit dem Geschäft geht es aufwärts (es entwickelt sich gut)*
aufwärtskompatibel/abwärtskompatibel	*(EDV, Software)*
Aufwärtstrend/Abwärtstrend	
aufwecken/schlafen lassen	*er weckte ihn auf*
aufwerten/abwerten	*die DM, Geld aufwerten*
aufwertend/abwertend; a. pejorativ	*ein aufwertendes Wort; eine aufwertende Kritik*
Aufwertung/Abwertung	*die Aufwertung des Geldes*
aufwickeln/abwickeln	*Wolle auf ein Knäuel, Stoff (zu einem Ballen) aufwickeln*
aufwiegeln/abwiegeln	*er hat bei dem Streit aufgewiegelt (weiter angestachelt)*
Aufwieg[e]lung/Abwieg[e]lung	
Aufwind/Abwind	*beim Segelfliegen guten Aufwind (Luftstrom nach oben) haben*
aufzäumen/abzäumen	*das Pferd aufzäumen*
Aufzeichnung/Live-Sendung, Direktübertragung, Direktsendung	*(Fernsehen)*
aufziehen/abziehen	*1. ein Gewitter zieht auf; 2. die Saiten (der Geige) aufziehen*
aufziehen/zuschieben	*das Schubfach aufziehen*
aufziehen/zuziehen	*den Vorhang, Reißverschluß aufziehen*
aufzinsen/abzinsen	*(Bankwesen)*
Aufzinsung/Abzinsung	*(Bankwesen)*
auf...zu/von...weg	*auf das Haus zu gehen*
Aufzug; s. Lastenaufzug, Personenaufzug	
Augend/Addend; a. Addition	*(der erste Summand einer zweigliedrigen Summe, z. B. die 7 in: 7+ 3)*
Augmentation/Diminution	*(Verlängerung einer Note; Musik)*
Augmentativ/Diminutiv	*(Vergrößerungswort als Ableitung von einem Substantiv oder Adjektiv, zum Beispiel: Riesenbedarf; Sprachwissenschaft)*

Augmentativsuffix/Diminutivsuffix
Augmentativum/Diminutivum   *(Vergrößerungswort als Ableitung von ei-*
     nem Substantiv oder Adjektiv, zum Bei-
     spiel: Riesenbedarf; Sprachwissenschaft)

aus/an; a. on   *Licht aus!; der Schalter steht auf „aus" (be-*
     deutet: ausgeschaltet)

aus/in (bei Länder- und Städtenamen mit   *die Fracht kommt aus der Schweiz; sie*
   Artikel); a. nach/aus   *kommt aus dem schönen Berlin; aus*
     dem großen Paris kommen und in das
     kleine Weimar ziehen

aus/in; a. gehen in/kommen aus, steigen   *aus dem Haus gehen; aus dem Auto [aus]-*
   in/steigen aus   *steigen; den Stuhl aus der Küche holen,*
     tragen; aus dem Mund nehmen; der
     Weg aus der Abhängigkeit; aus der
     Schweiz Uhren importieren und in die
     Schweiz Bananen exportieren

aus/nach (bei Länder- und Städtenamen   *Waren aus Frankreich einführen; aus Po-*
   ohne Artikel); s. a. in/aus, nach/in   *len Gänse importieren und nach Polen*
     Maschinen exportieren; er kommt aus
     Berlin, und sie fährt nach Berlin

aus/zu   *Übergang aus der Wortart Substantiv zur*
     Wortart Verb

aus; s. bei jemandem aus und ein gehen,
   nicht/weder ein noch aus wissen
Aus/Ein   *das Ein und Aus des Atems*
aus.../an... (Verben mit gleichem Basis-   *z. B. ausziehen/anziehen*
   wort)
aus.../an...(Verben mit nicht gleichem   *z. B. ausziehen/anbehalten*
   Basiswort)
aus.../ein... (Verben mit gleichem Basis-   *z. B. ausatmen/einatmen*
   wort)
aus.../ein... (Verben mit nicht gleichem   *z. B. ausstoßen/einziehen (Atem)*
   Basiswort)
aus.../zusammen... (Verben mit gleichem   *z. B. ausrollen/zusammenrollen (Teppich)*
   Basiswort)
aus.../zusammen... (Verben mit nicht glei-   *z. B. ausziehen/zusammenschieben*
   chem Basiswort)
...aus/...ein (Adverb)   *z. B. tagaus/tagein*
ausatmen/einatmen, atmen   *sie atmet aus; tief ausatmen*
Ausatmung/Einatmung; s. a. Inspiration
Ausbau/Einbau   *der Ausbau des Motors*
ausbauen/einbauen   *den Motor ausbauen*
Ausbauflur/Altflur   *(Landwirtschaft)*
ausbekommen/anbekommen   *die Stiefel nicht ausbekommen (nicht aus-*
     gezogen bekommen; umgangssprach-
     lich)

Ausbeuter[in]/Ausgebeutete[r]
ausbildend/auszubildend   *die ausbildenden Personen und die auszu-*
     bildenden Personen

Ausbildende[r]/Auszubildende[r], Azubi

ausblasen/anblasen	einen Hochofen ausblasen
ausblasen/anstecken	die Kerzen ausblasen
ausbleiben/anbleiben	das Licht, Radio bleibt aus!; die Heizung bleibt heute aus
ausblenden/einblenden	die Musik aus der Sendung ausblenden; das Lineal im Menü Ansicht ausblenden; die Symbolleiste ausblenden (EDV)
Ausblick/Rückblick	Ausblick und Rückblick auf die Beiträge unserer Zeitschrift
ausborgen, etwas/sich etwas ausborgen	er borgt das Buch aus
ausborgen, sich etwas/etwas ausborgen	du borgst dir das Buch (von ihm) aus?
ausbringen/einbringen	Wortzwischenräume ausbringen (Typographie)
Ausbuchtung/Einbuchtung	
ausbuddeln/einbuddeln	das im Garten eingebuddelte Geld (aus dem Banküberfall) wieder ausbuddeln
ausbürgern/einbürgern	sie ist aus Deutschland ausgebürgert worden
Ausbürgerung/Einbürgerung	
ausdauernd/einjährig	ausdauernde Pflanzen (Botanik)
ausdehnen, sich/sich zusammenziehen	die Schienen dehnen sich bei Wärme aus
Ausdehnung/Zusammenziehung	
aus dem Bett sein/im Bett sein	ist er schon aus dem Bett?
aus der Haft entlassen/in Haft nehmen	
ausdocken/eindocken	(Seemannssprache)
ausdrehen/andrehen; a. anmachen, einschalten	das Gas, Licht ausdrehen
ausdrehen/eindrehen	die Glühbirne (aus der Fassung) ausdrehen
ausdruckslos/ausdrucksvoll	ein ausdrucksloses Gesicht
Ausdrucksprinzip/Darstellungsprinzip	(unabhängig von einer Absicht Steuerung des Verhaltens durch eine Stimmung; Psychologie)
ausdrucksschwach/ausdrucksstark	ausdrucksschwache Farben
Ausdrucksseite/Inhaltsseite; s. a. Signifikat	die Ausdrucksseite (der Wortkörper) eines Wortes
ausdrucksseitig/inhaltsseitig	(Sprachwissenschaft)
ausdrucksstark/ausdrucksschwach	ausdrucksstarke Farben
ausdrucksvoll/ausdruckslos	ein ausdrucksvolles Gesicht
auseinander/zusammen	Anweisung beim Tanzen: auseinander und (wieder) zusammen
auseinander.../auf... (Verb)	z. B. auseinanderrollen/aufrollen
auseinander.../zusammen... (Verben mit gleichem Basiswort)	z. B. auseinanderrücken/zusammenrücken
auseinander.../zusammen... (Verben mit nicht gleichem Basiswort)	z. B. auseinandernehmen/zusammensetzen
auseinanderbekommen/ zusammenbekommen	den Klappstuhl nicht auseinanderbekommen (ihn nicht aufgeklappt bekommen)

auseinanderbringen/zusammenbringen   *1. den Liegestuhl nicht auseinanderbringen (ihn nicht aufgestellt bekommen); 2. die Freundin hat die beiden auseinanderge-bracht (hat gemacht, daß die beiden nicht mehr zusammen sind)*

auseinanderfalten/zusammenfalten   *den Stadtplan, einen Prospekt auseinander-falten*

auseinandergehen/zusammenbleiben   *die beiden sind wegen des Streits auseinan-dergegangen (haben sich getrennt)*

auseinandergehen/zusammenkommen   *die Mitglieder der Gewerkschaft gingen (nach der Sitzung) (wieder) auseinander*

auseinanderklappen/zusammenklappen   *ein Gestell auseinanderklappen*

auseinandernehmen/zusammensetzen   *das Fahrrad auseinandernehmen*

auseinanderrücken/zusammenrücken   *sie rückten auseinander; die Stühle ausein-anderrücken*

auseinanderschrauben/
zusammenschrauben   *das Gerät auseinanderschrauben*

auseinandersetzen/zusammensetzen   *die beiden Jungen wurden auseinanderge-setzt, weil sie sich gegenseitig störten*

auseinandertreiben/zusammentreiben

ausfädeln/einfädeln   *den Faden ausfädeln*

ausfädeln, sich/sich einfädeln   *sich (als Autofahrer) ausfädeln; Autos kön-nen sich hier ausfädeln*

ausfahren/einfahren   *1. das Fahrwerk (beim Flugzeug) ausfah-ren; 2. aus dem Bergwerk ausfahren*

ausfahren; s. ein- und ausfahren

Ausfahrgleis/Einfahrgleis   *(Eisenbahn)*

Ausfahrgruppe/Einfahrgruppe   *(Eisenbahn)*

Ausfahrsignal/Einfahrsignal   *(Eisenbahn)*

Ausfahrt/Auffahrt   *die Ausfahrt Würzburg (auf der Auto-bahn); Ausfahrt (von der Autobahn)*

Ausfahrt/Einfahrt   *1. bei Ausfahrt des Zuges aus dem Bahn-hof; die Ausfahrt eines Schiffes aus dem Hafen; bei der Ausfahrt ist er gegen das Garagentor gefahren; 2. hier ist die Ein-fahrt, und dort ist die Ausfahrt (Stelle, an der man hinausfahren kann)*

Ausfahrt[s]gleis/Einfahrt[s]gleis

Ausfahrt[s]signal/Einfahrt[s]signal

Ausfallbein/Standbein   *(Bein, das nach vorn bewegt wird; Fech-ten)*

ausfallen/stattfinden   *der Vortrag fällt aus*

Ausfallstraße/Einfallstraße   *(aus einer Stadt hinausführende Hauptver-kehrsstraße; Verkehrswesen)*

Ausfallswinkel/Einfallswinkel   *(Physik)*

ausfliegen/einfliegen   *1. die Tauben fliegen (aus dem Schlag) aus; 2. Verwundete, Frauen aus dem Kriegsgebiet ausfliegen*

Ausflugschneise/Einflugschneise

Ausfuhr/Einfuhr; s. a. Import	*die Ausfuhr von Maschinen nach Öster-reich*
ausführbar/unausführbar	*dieser Auftrag ist ausführbar*
ausführen/einführen; s. a. importieren	*Waren ausführen*
Ausfuhrhafen/Einfuhrhafen	
ausführlich/knapp	*ausführlich berichten*
Ausführung/Inhalt	*(Wertungskriterien für Pflicht- und Kür-übungen; Sport)*
Ausgabe/Abgabe	*die Ausgabe der Bücher erfolgte am ...*
Ausgabe/Annahme	*die Ausgabe des Gepäcks am Bahnhof*
Ausgabe/Eingabe; s. a. Input	*die Ausgabe der Daten (EDV)*
Ausgaben/Einnahmen	*die Ausgaben waren höher als die Ein-nahmen*
Ausgabepreis/Rücknahmepreis	*(Wertpapiere)*
Ausgang/Eingang	*1. der Ausgang ist gesperrt; 2. die Aus-gänge (zum Beispiel von Waren) regi-strieren; die Ein- und Ausgänge bear-beiten*
ausgangs/eingangs	*1. ausgangs der dreißiger Jahre; 2. aus-gangs von Hamburg*
Ausgangssprache/Zielsprache, Empfänger-sprache; s. a. Fremdsprache	
Ausgangstür/Eingangstür	
ausgeben/einnehmen	*Geld ausgeben*
ausgeben/einziehen	*neue Zahlungsmittel ausgeben*
Ausgebeutete[r]/Ausbeuter[in]	
ausgebildet/unausgebildet	*ausgebildete Arbeitskräfte*
ausgefüllt/unausgefüllt	*ein ausgefülltes Formular; übertragen: ein ausgefülltes Leben*
ausgeglichen/unausgeglichen	*er ist sehr ausgeglichen*
Ausgeglichenheit/Unausgeglichenheit	*mich beeindruckt seine Ausgeglichenheit*
ausgehen/angehen	*das Licht geht aus*
ausgehen; s. ein und aus gehen	
ausgehend/eingehend	*die ein- und ausgehende Post*
ausgelastet/unausgelastet	*er ist ausgelastet*
ausgepackt/unausgepackt	*die ausgepackten Geschenke lagen auf dem Tisch*
ausgereift/unausgereift	*ein ausgereifter Plan*
ausgeruht/unausgeruht	*ausgeruht zur Arbeit gehen*
ausgeschlafen/unausgeschlafen	*ausgeschlafen zum Dienst kommen*
ausgeschrieben/unausgeschrieben	*eine ausgeschriebene Handschrift haben*
Ausgesperrte[r]/Streikende[r]	*(jemand, der bei einem Streik durch Aus-sperrung von seiten der Arbeitgeber daran gehindert wird, zu arbeiten)*
Ausgewanderte[r]/Eingewanderte[r]	
ausgewogen/unausgewogen	*ein ausgewogenes Fernsehprogramm*
Ausgewogenheit/Unausgewogenheit	
ausgezogen/angezogen	*er ist schon ausgezogen*

ausgliedern/eingliedern

ausgraben/vergraben   *Schmuck, ein Gewehr (wieder) ausgraben*

ausgrätschen/eingrätschen   *(mit einer Grätsche aus einer Position her-*
                                   ausgehen; Turnen)

aushaben/anhaben   *1. er hat die Schuhe (schon) aus; 2. er hat*
                                   das Licht schon aus

aushaken/einhaken   *den Haken aushaken*

aushängen/einhängen   *die Tür aushängen*

ausheben/einheben   *eine Tür ausheben*

Ausklammerung/Umklammerung   *eine Ausklammerung liegt vor in „sie ist*
                                   glücklich über den Erfolg" (Sprachwis-
                                   senschaft)

auskleiden/ankleiden; s. a. anziehen   *einen Kranken auskleiden*

auskleiden, sich/sich ankleiden   *sie kleidete sich aus*

ausklinken, sich/sich einklinken   *sich aus einer Verhandlung ausklinken*

ausknipsen/anknipsen; s. a. anmachen   *das Licht ausknipsen*

ausknöpfen/einknöpfen   *das Mantelfutter ausknöpfen*

auskriegen/ankriegen   *die Stiefel nicht auskriegen (ausgezogen*
                                   kriegen; umgangssprachlich)

Auskunft bekommen/Auskunft geben   *ich bekomme Auskunft (von ihm)*

Auskunft geben/Auskunft bekommen   *ich gebe (ihm) Auskunft*

auskuppeln/einkuppeln   *beim Halten wird ausgekuppelt (Kraftfahr-*
                                   zeugwesen)

ausladen/einladen; a. aufladen, laden   *1. Waren ausladen (abladen); 2. jemanden*
                                   (wieder) ausladen (eine Einladung rück-
                                   gängig machen)

Ausland/Inland   *die Waren sind nur für das Ausland be-*
                                   stimmt; Waren im Ausland verkaufen;
                                   Gäste aus dem In- und Ausland

Ausländer/Ausländerin   *das gilt für alle Ausländer und Auslände-*
                                   rinnen

Ausländer/Inländer   *das gilt sowohl für Ausländer als auch für*
                                   Inländer

ausländerfeindlich/ausländerfreundlich   *eine ausländerfeindliche Bevölkerung*

ausländerfreundlich/ausländerfeindlich   *eine ausländerfreundliche Bevölkerung*

Ausländerin/Ausländer   *das gilt für alle Ausländer und Auslände-*
                                   rinnen

ausländisch/einheimisch   *ausländisches Obst*

ausländisch/inländisch   *ausländische Produkte; die ausländische*
                                   Presse

Auslandsabsatz/Inlandsabsatz

Auslandsbrief/Inlandsbrief

Auslandsflug/Inlandsflug

Auslandsmarkt/Binnenmarkt, Inlands-   *Angebote auf dem Auslandsmarkt*
markt

Auslandsschulden/Auslandsvermögen *(Wirtschaft)*

Auslandsvermögen/Auslandsschulden *(Wirtschaft)*

auslassen/anlassen   *das Licht, das Fernsehen auslassen (nicht*
                                   einschalten)

auslassen/anmachen, anschalten, anstellen, einschalten	*das Licht, das Radio, den Fernseher auslassen*
auslassen/einlassen	*Wasser auslassen (aus der Badewanne)*
Auslaßventil/Einlaßventil	*(beim Auto)*
auslaufen/anlaufen	*die Aktion läuft (jetzt) aus*
auslaufen/einlaufen	*1. (aus der Badewanne) auslaufendes Wasser; 2. (aus dem Hafen) auslaufende Schiffe*
auslaufen lassen/einlaufen lassen	*Wasser (aus der Wanne) auslaufen lassen*
Auslaut/Anlaut; a. Inlaut	*der Auslaut von „Tal" ist „l"*
auslauten/anlauten	*das Wort „Tat" lautet auf t aus*
ausläuten/einläuten	*das alte Jahr ausläuten*
auslegen/zurückbekommen	*ich habe das Geld (für ihn) ausgelegt*
Ausleihbibliothek/Präsenzbibliothek	*(Bibliothekswesen)*
Ausleihe/Abgabe	*wo ist bitte die Ausleihe? (Bibliothekswesen)*
ausleihen, etwas/sich etwas ausleihen	*er leiht das Buch aus (an sie)*
ausleihen, sich etwas/etwas ausleihen	*du leihst dir das Buch aus (von ihr)*
ausmachen/anlassen	*das Licht, Radio ausmachen und nicht länger anlassen*
ausmachen/anmachen; a. anstellen, einschalten	*das Licht, die Heizung ausmachen; schon morgens macht sie das Radio an, und erst am Abend macht sie es wieder aus*
ausmachen/anstecken, anzünden	*die Kerzen ausmachen*
Ausmarsch/Einmarsch	*der Ausmarsch der Karnevalsvereine*
ausmieten/einmieten	*Kartoffeln ausmieten (aus einer Miete, einer mit Stroh abgedeckten Grube, herausnehmen)*
ausmontieren/einmontieren	*Einzelteile (aus etwas) ausmontieren*
Ausnahme/Regel	*keine Regel ohne Ausnahme*
auspacken/einpacken; a. einwickeln	*ein Geschenk auspacken; Kleider (aus dem Koffer) auspacken*
auspacken/packen	*den Koffer, den Rucksack, ein Paket auspacken*
ausparken/einparken	*das Auto ausparken (aus einer Reihe parkender Autos nach dem Parken herausfahren)*
auspellen/anpellen; s. a. anziehen	*die Kinder (wieder) auspellen (umständlich ausziehen)*
auspendeln/einpendeln	*(als Berufspendler: aus der Stadt, in der man wohnt, hinaus zur Arbeit in einen anderen Ort fahren)*
Auspendler/Einpendler	*Personen, die zwischen ihrem Wohnort und ihrem Arbeitsort „pendeln" (Berufspendler), sind aus der Sicht ihrer Wohngemeinde Auspendler und aus der Sicht der Gemeinde, in der ihre Arbeitsstelle liegt, Einpendler*
Auspuffturbine/Kondensationsturbine	*(Dampfturbine, deren Dampf ungenutzt ins Freie abgelassen wird; Technik)*

Auspuffturbine/Stauturbine	*(Gasturbine; Technik)*
auspusten/anstecken	*die Kerzen auspusten*
ausrahmen/einrahmen	*Bilder (wieder) ausrahmen*
ausrasten/einrasten	*der Hebel rastete aus*
ausräumen/einräumen	*den Schrank, die Bücher ausräumen*
ausreden können/unterbrochen werden	*sie konnte ausreden*
Ausregelzeit/Anregelzeit	*(Kybernetik)*
Ausreise/Einreise	*die Ausreise aus der Schweiz*
ausreisen/einreisen	*sie reist aus der Schweiz, aus den USA, aus Polen aus*
ausrenken/einrenken	*bei dem Handgemenge wurde ihm der Arm ausgerenkt*
ausrollen/einrollen	*die Fahnen ausrollen*
ausrollen/zusammenrollen	*den Teppich ausrollen*
ausrücken/einrücken	*aus der Kaserne ausrücken (hinausmarschieren; Militär)*
ausschalen/einschalen	*die Obergeschoßdecke ausschalen (Bauwesen)*
ausschalten/einschalten; a. anmachen, anschalten	*das Licht, den Strom, eine Maschine ausschalten*
ausscheren/einscheren	*nach links zum Überholen ausscheren*
ausschießen/einschießen	*Papier ausschießen; Brot ausschießen (aus dem Backofen ziehen; landschaftlich)*
ausschiffen/einschiffen	*Truppen, Waren ausschiffen*
ausschirren/einschirren	*ein Pferd ausschirren*
ausschleichen/einschleichen	*eine ausschleichende Therapie (bei der die Medikamentendosis allmählich verringert wird; Medizin)*
ausschließen/einschließen; a. inkludieren	*der Glaube schließt solche Handlungen aus; ich schließe mich von diesem Vorwurf nicht aus*
ausschließende Einrede/aufschiebende Einrede	*(Rechtswesen)*
ausschließlich/einschließlich; a. zuzüglich	*Preis ausschließlich Porto; ausschließlich des Nebenverdienstes*
ausschließliche Gesetzgebung/konkurrierende Gesetzgebung	*(Rechtswesen)*
Ausschlupf/Einschlupf	*der Ausschlupf für die Tauben auf dem Dach*
ausschrauben/einschrauben; a. reinschrauben	*eine Glühbirne (aus der Fassung) ausschrauben*
ausschreiben/abkürzen	*ein Wort ausschreiben; seinen Vornamen ausschreiben und nicht mit einem einzigen Buchstaben abkürzen*
ausschulen/einschulen	*einen Schüler wegen schlechter Leistungen (wieder) ausschulen*
ausschultern/einschultern	*(Turnen)*
Ausschuß/Einschuß	*die Stelle des Ausschusses (im Körper)*
Ausschuß/Qualität[sware]	*das ist Ausschuß*

ausschwingen/einschwingen	*der Raubvogel schwingt aus (fliegt von ei-nem Baum ab; Jägersprache)*
aussein/ansein	*das Licht ist aus*
außen/innen; a. drinnen	*die Tür geht nach außen auf; die Schale ist außen vergoldet; nach außen gibt er sich gelassen; außen hart und innen weich*
Außen/Innen	*das Außen entspricht nicht dem Innen*
außen.../innen... (Adjektiv)	*z. B. außenpolitisch/innenpolitisch*
Außen.../Binnen... (Substantiv)	*z. B. Außenhandel/Binnenhandel*
Außen.../Innen... (Substantiv)	*z. B. Außentoilette/Innentoilette*
Außenanstrich/Innenanstrich	
Außenantenne/Innenantenne, Zimmeran-tenne	
Außenarbeiten/Innenarbeiten	
Außenaufnahme/Innenaufnahme	*(Fotografie, Filmwesen)*
Außenbahn/Innenbahn	*(Sport)*
Außenbeleuchtung/Innenbeleuchtung	
Außenbezirk/Innenbezirk	*die Außenbezirke der Stadt*
Außenblöße/Innenblöße	*(Fechten)*
Außenbordmotorboot/Einbaumotorboot	
außenbords/binnenbords	*der Motor befindet sich außenbords (See-mannssprache)*
Außendeich/Binnendeich	
Außendienst/Innendienst	*er ist im Außendienst beschäftigt*
Außenglied/Innenglied	*(Mathematik)*
Außenhafen/Binnenhafen	
Außenhandel/Binnenhandel	
Außenhof/Innenhof	*der Außenhof der Burg*
Außenkante/Innenkante	*die Außenkante des Schuhs*
Außenkurve/Innenkurve	
Außenluft/Innenluft	*(Klimatechnik)*
Außenminister/Innenminister	
Außenministerium/Innenministerium	
Außenperspektive/Innenperspektive	*(Literaturwissenschaft)*
Außenpolitik/Innenpolitik	*er hatte die Außenpolitik vernachlässigt*
außenpolitisch/innenpolitisch	*außenpolitische Ursachen*
Außenquersitz/Innenquersitz	*(am Barren; Turnen)*
Außenraum/Innenraum	
Außenseite/Innenseite	
Außenseiter/Favorit	*nicht der Favorit, sondern der Außenseiter hat gewonnen*
Außenspann/Innenspann	*(Außenseite des Fußes)*
Außenstände/Schulden	*er hat große Außenstände (hat von ande-ren Geld zu bekommen)*
Außenstürmer/Innenstürmer	*(Fußball)*
Außentasche/Innentasche	
Außentemperatur/Zimmertemperatur, In-nentemperatur	

Außentoilette/Innentoilette
Außentür/Innentür
Außenverteidiger/Innenverteidiger   *(Sport)*
Außenwand/Innenwand
Außenwanderung/Binnenwanderung   *(Geographie)*
Außenwelt/Innenwelt   *(Psychologie)*
Außenwirkung/Binnenwirkung
Außenwirtschaft/Binnenwirtschaft
Außenzoll/Binnenzoll
außer/in   *er ist jetzt außer Sicht (man sieht ihn nicht*
                                         mehr)
außer.../... (Adjektiv)   *z. B. außerehelich/ehelich*
außer.../inner... (Adjektiv)   *z. B. außerbetrieblich/innerbetrieblich*
äußer.../inner...   *die äußere Sicherheit; äußere Verletzun-*
                                         gen; äußere Geschlechtsorgane
außerberuflich/beruflich   *außerberufliche Schwierigkeiten*
außer Betrieb/in Betrieb   *diese Anlage, Fabrik ist außer Betrieb*
außerbetrieblich/innerbetrieblich   *außerbetriebliche Ausbildung*
außerehelich/ehelich   *ein außereheliches (außerhalb der Ehe ge-*
                                         zeugtes) Kind
außereinzelsprachlich/   *außereinzelsprachliche Interferenz, zum*
   [inner]einzelsprachlich; a. Faux frères   *Beispiel orthographisch: deutsch: Gale-*
                                         rie/englisch: gallery (mit ll)
Äußeres/Inneres   *Inneres ist wichtiger als Äußeres; das In-*
                                         nere stimmt mit dem Äußeren nicht
                                         überein
außereuropäisch/europäisch   *die außereuropäischen Länder*
außereuropäisch/innereuropäisch   *das sind außereuropäische Probleme*
außerfahrplanmäßig/fahrplanmäßig   *der Zug fährt außerfahrplanmäßig (wird*
                                         zusätzlich eingesetzt)
außergerichtlich/gerichtlich   *eine außergerichtliche Klärung anstreben*
außergerichtlicher Vergleich/Prozeßver-
   gleich
außerhalb/in (örtlich und zeitlich)   *außerhalb der Sitzung, außerhalb der Ehe;*
                                         das Attentat auf den französischen Präsi-
                                         denten erfolgte außerhalb Frankreichs
außerhalb/innerhalb, in   *1. örtlich/räumlich: das Leben außerhalb*
                                         der Stadt; die Änderungen außerhalb
                                         von uns wahrnehmen; außerhalb des
                                         Verbundes; 2. zeitlich: außerhalb der
                                         Dienstzeit
außerirdisch/irdisch   *außerirdische Wesen*
außer Kraft/in Kraft
Außerkraftsetzung/Inkraftsetzung   *die Außerkraftsetzung von Gesetzen*
Außerkrafttreten/Inkrafttreten   *das Außerkrafttreten einer Verordnung*
äußerlich/innerlich   *äußerlich ruhig, aber innerlich voller Span-*
                                         nung; sich äußerliche Verletzungen zuge-
                                         zogen haben
außerlinguistisch/linguistisch

außerordentlich/ordentlich	*ein außerordentlicher Professor, Lehrstuhl; ein außerordentliches Mitglied der Akademie*
außerparlamentarisch/parlamentarisch	*außerparlamentarische Opposition; außerparlamentarische Aktivitäten*
außerparteilich/innerparteilich	
außerplanmäßig/planmäßig	*der Zug verkehrt außerplanmäßig*
außerschulisch/[inner]schulisch	*außerschulische Aufgaben, Beschäftigungen*
außer Sicht/in Sicht	*sie ist jetzt außer Sicht (wird nicht mehr gesehen, kann nicht mehr gesehen werden)*
außersprachlich/[inner]sprachlich	*außersprachliche Faktoren*
äußerst.../frühest...	*der äußerste Termin ist Ende des Jahres*
außerstande sein/imstande sein	*er ist außerstande, das zu tun*
außertariflich/tariflich	*außertarifliche Bezahlung*
außeruniversitär/universitär	*außeruniversitäre Tätigkeiten*
aussichtslos/aussichtsreich	*ihre Bewerbung ist aussichtslos; ein aussichtsloser Versuch*
aussichtsreich/aussichtslos	*ihre Bewerbung ist aussichtsreich; ein aussichtsreicher Versuch*
ausspannen/anspannen, einspannen	*ein Pferd ausspannen*
ausspannen/einspannen	*einen Bogen (aus der Schreibmaschine) ausspannen*
aussperren/streiken	*die Arbeitgeber sperren aus, weil die Arbeitnehmer streiken*
Aussperrung/Streik	*auf den Streik antworten die Arbeitgeber mit Aussperrung*
Ausstand/Einstand	*ein Umtrunk zum Ausstand (wenn jemand aus einem Betrieb o. ä. ausscheidet)*
ausstehen/einstehen	*(aus dem Dienst ausscheiden; süddeutsch)*
aussteigen/einsteigen; s. a. steigen in	*1. sie stieg am Theater aus; aus dem Bus aussteigen; 2. aus einem Geschäft aussteigen*
Ausstieg/Einstieg	*1. der Ausstieg im Bus ist hinten; 2. Ausstieg aus der Atomproduktion*
ausstoßen/aufnehmen	*jemanden aus der Familie ausstoßen*
ausstoßen/einziehen; a. einatmen	*die Luft (wieder) ausstoßen*
ausstreichen/stehenlassen	*den Satz (wieder) ausstreichen*
austeilen/einsammeln	*die Hefte (in der Klasse) austeilen*
austeilen/einstecken	*wer austeilt (in der Kritik), muß auch einstecken können*
austragen/abtreiben	*ein Kind austragen (bis zu seiner Geburt)*
austragen/eintragen	*einen Namen (aus der Liste) austragen*
austreten/bleiben	*er wollte aus der Kirche austreten, sie aber wollte in der Kirche bleiben*
austreten/eintreten	*aus der Kirche, Partei austreten*
Austrieb/Eintrieb	*(vom Vieh)*

Austrinket/Antrinket	*(Festlichkeit, mit der sich ein Gastwirt bei Schließung seiner Wirtschaft von seinen Gästen verabschiedet; schweizerisch)*
Austritt/Eintritt	*der Austritt aus der Partei*
aus- und einfahren	*die aus- und einfahrenden Autos*
aus und ein gehen	*Minister gehen dort aus und ein (sind dort häufig)*
aus Versehen/mit Absicht	*das hat er aus Versehen gemacht*
Auswanderer/Einwanderer; s. a. Immigrant	*die Auswanderer aus Europa*
auswandern/einwandern; s. a. immigrieren	*aus einem Land auswandern*
Auswanderung/Einwanderung; s. a. Immigration	*die Auswanderung aus Europa*
Auswanderungsbeschränkung/ Einwanderungsbeschränkung	
Auswanderungserlaubnis/ Einwanderungserlaubnis	
Auswanderungsgesetz/ Einwanderungsgesetz	
Auswanderungsverbot/ Einwanderungsverbot	
auswärts/am Ort	*er arbeitet auswärts*
auswärts/einwärts	*die Füße nach auswärts setzen; nach auswärts gebogener Stab*
auswärts/zu Hause, daheim	*auswärts essen, schlafen*
Auswärtsniederlage/Heimniederlage	*(Spielniederlage beim Auswärtsspiel)*
Auswärtsspiel/Heimspiel	*(Spiel auf einem für die Mannschaft fremden Platz)*
auswendig; s. in- und auswendig	
auswerfen/einziehen, einholen	*die Fischer werfen ihre Netze aus*
auswerfen; s. den Anker auswerfen	
auswickeln/einwickeln; s. a. einpacken	*ein Geschenk (aus dem Papier) auswickeln*
auszahlen/einzahlen; s. a. raufbringen	*ausgezahlte Beträge*
Auszahlung/Einzahlung	
Auszahlungskasse/Einzahlungskasse	*(Bankwesen)*
Auszahlungsschalter/Einzahlungsschalter	*(Bankwesen)*
ausziehen/anbehalten	*die Schuhe ausziehen; die Handschuhe bei der Begrüßung ausziehen und nicht anbehalten; für die Untersuchung mußte er alles ausziehen, nur den Slip durfte er anbehalten*
ausziehen/anlassen	*den Mantel wegen der Kälte anlassen (angezogen lassen) und nicht ausziehen*
ausziehen/anziehen	*den Mantel, die Badehose ausziehen; das Kind ausziehen*
ausziehen, sich/sich anziehen	*er, sie zieht sich aus*
ausziehen/einziehen	*die Mieter ziehen (aus der Wohnung) aus*
ausziehen/zusammenschieben	*den Tisch ausziehen*

auszubildend/ausbildend

die ausbildenden Personen und die auszu-
bildenden Personen

Auszubildende, der/die Auszubildende;
s. a. Lehrling, Lehrmädchen, Lehr-
tochter

Auszubildende[r]/Ausbildende[r]

Auszug/Einzug

beim Auszug (aus der Wohnung)

auterge Wirtschaft/allerge Wirtschaft

(Wirtschaft, bei der sich alle Einkommen
aus eigener Leistung herleiten)

authigen/allothigen

authigenes (am Fundort selbst entstandenes) Gestein (Geologie)

auto.../hetero... (vor fremdsprachlicher
Basis; Adjektiv)

(mit der Bedeutung: selbst, eigen) z. B.
autotroph/heterotroph

Auto.../Hetero... (vor fremdsprachlicher
Basis; Substantiv)

(mit der Bedeutung: selbst, eigen) z. B. Au-
tohypnose/Heterohypnose

autochthon/allochthon

(dort, wo es auftritt, auch entstanden;
Geologie, Biologie)

Autoerotismus/Alloerotismus

(Trieb- und Lustbefriedigung ohne einen
Partner, durch sich selbst, am eigenen
Körper)

Autofahrer/Fußgänger, Radfahrer

Autohypnose/Heterohypnose

(Hypnose ohne Einwirkung von außen)

Autokatalyse/Allokatalyse

(Chemie)

Autokratie/Nomokratie

(Ausübung der Herrschaft, die in der
Hand eines einzelnen liegt und von dem
bestimmt wird)

Automat; s. digitaler Automat

Automatikaufzug/Handaufzug

(bei der Armbanduhr)

Automatikgurt/Statikgurt

(Sicherheitsgurt mit Aufrollmechanik)

automatisch/manuell

die Einstellung der Belichtung erfolgt auto-
matisch

autonom/heteronom

eine autonome (eigenständige, von frem-
den Einflüssen unabhängige) Politik

Autonomie/Heteronomie

(Philosophie)

autonym/pseudonym; a. anonym

(unter dem eigenen Namen [veröffent-
licht])

Autonym/Pseudonym; a. anonym

sein Pseudonym war Rudolf Rodt, das
Autonym Ludwig Eichrodt

Autoökologie/Synökologie

Autophän/Allophän

(Genetik)

Autoplastik/Alloplastik; a. Heteroplastik

(Verpflanzung von Gewebe auf denselben
Körper; Medizin)

Autopsychose/Allopsychose

(Psychose mit Verlust des Ichbewußtseins;
Medizin)

Autorenkatalog/Realkatalog, Sachkatalog

(Bibliothekswesen)

Autorenkino/Produzentenkino

(Kinofilm, bei dem der Regisseur zugleich
der Verfasser des Drehbuchs ist)

autoritär/unautoritär, antiautoritär

eine autoritäre Erziehung (die die Selbstbe-
stimmung des Kindes einschränkt)

Autosemantikon/Synsemantikon	*„Tisch" ist ein Autosemantikon (ein Wort mit eigener, klar erkennbarer Bedeutung)*
autosemantisch/synsemantisch	*(Sprachwissenschaft)*
Autosom/Geschlechtschromosom	*(nicht an das Geschlecht gebundenes Chromosom; Genetik)*
Autostereotyp/Heterostereotyp	*(Psychologie)*
autotroph/heterotroph	*(sich von anorganischen Stoffen ernährend; Botanik)*
Autotrophie/Heterotrophie	*(Botanik)*
Autotypie/Strichätzung	*(Typographie)*
autözische Parasiten/heterözische Parasiten	*(Biologie)*
Auxiliarverb/Vollverb	*„wird" ist in dem Satz „sie wird kandidieren" ein Auxiliarverb*
Avers/Revers; s. a. Kopf oder Zahl	*der Avers ist die Vorderseite einer Münze (mit dem Kopf)*
avirulent/virulent	*(nicht ansteckend; Medizin)*
axial/anaxial	*(in der Achsenrichtung [angeordnet])*
axiale Bindung/äquatoriale Bindung	*(Chemie)*
Axialstraße/Lateralstraße	*(Ost-West-Hauptstraße in Europa; Militär)*
Azidoid/Basoid	*(Chemie)*
Azubi/Ausbildende[r]	*die Azubis – die Auszubildenden – sind mit dem Ausbildenden zufrieden*

B

b/Kreuz — (*Erniedrigungszeichen − um einen halben Ton erniedrigtes h −; Musik*)

Bache/Eber, Keiler; s. a. Borg — (*weibliches Wildschwein*)

Backbord/Steuerbord — *Backbord ist die linke Seite eines Schiffes*

backbords/steuerbords — *backbords ist links auf dem Schiff (Seemannssprache)*

Backenzahn/Schneidezahn

Bäckerbrot/Bauernbrot, Landbrot

Backhand/Forehand; a. Vorhand — (*Rückhand; Tennis, Hockey*)

Bad; s. Freibad, Hallenbad

Bahnfahrer/Straßenfahrer — (*Radsport*)

Bahngehen/Straßengehen — (*Sportart, bei der der Geher auf einer angelegten Bahn geht*)

Bahnhof; s. Durchgangsbahnhof, Kopfbahnhof

Bahnradfahrer/Straßenrennfahrer — (*Radsport*)

Bahnrennen/Straßenrennen — *ein Bahnrennen wird auf einer Radrennbahn durchgeführt (Radsport)*

Bahnrennsport/Straßenrennsport — (*Radsport*)

Bahre; s. von der Wiege bis zur Bahre

baisse; s. à la baisse

Baisse/Hausse — (*niedriger Aktienstand; Börsenwesen*)

Baissier/Haussier; s. a. Bull — (*jemand, der auf Baisse spekuliert; Börsenwesen*)

Balance/Disbalance

Ball; s. Hohlball, Vollball

Ballabgabe/Ballannahme — (*Sport*)

Ballannahme/Ballabgabe — (*Sport*)

Ballettänzer/Ballettänzerin, Balletteuse

Ballettänzerin/Ballettänzer

Balletteuse/Ballettänzer

Ballon; s. Fesselballon, Freiballon

Bandpaß/Bandsperre — (*Elektrotechnik*)

Bandsperre/Bandpaß — (*Elektrotechnik*)

bangen/hoffen — *zwischen Hoffen und Bangen leben*

Bankkauffrau/Bankkaufmann

Bankkaufmann/Bankkauffrau

bar/in Raten — *zahlen Sie bar oder in Raten?*

bar/mit Kreditkarte, mit Scheck — *er zahlt nicht bar, sondern mit Kreditkarte/mit Scheck*

bar/unbar — *bar (in Scheinen oder Münzen) zahlen oder unbar (durch Überweisung, mit einem Scheck o. ä.)*

Bär/Bärin
barfuß/mit Schuhen   *barfuß die Kirche betreten*
Bargeld/elektronisches Geld, Cyber money
Bärin/Bär
Barockgarten/Landschaftsgarten
baroklin/barotrop   *(Meteorologie)*
Baron/Baronin; a. Freifrau
Baronin/Baron; a. Freiherr
barotrop/baroklin   *(Meteorologie)*
Barscheck/Verrechnungsscheck
Bart/Damenbart
Bart; s. mit Bart
bärtig/bartlos, ohne Bart   *ein bärtiger Mann*
bartlos/bärtig, mit Bart   *ein bartloser Mann*
Baryon/Lepton   *(Kernphysik)*
Barzahlung/Ratenzahlung
Barzahlungspreis/Teilzahlungspreis   *(Rechtswesen)*
Base/Oheim; s. a. Onkel   *(veraltet für: Tante)*
Base/Säure   *Basen werden von Gemüse, Karotten, fri-*
                                                schem Obst gebildet; auf Lackmus fär-
                                                ben sich Säuren rot und Basen blau

Base/Vetter; s. a. Cousin   *(veraltet für: Kusine)*
basipetal/akropetal   *(in bezug auf das Wachstum einer Pflanze:*
                                                absteigend; Botanik)

Basis/Exponent; s. a. Hochzahl
Basis/Überbau   *(Politische Ökonomie)*
basisch/sauer   *das Milieu im Magen ist basisch*
Basismorphem/Formationsmorphem   *miet- ist das Basismorphem von „Mieter"*
Basitonie/Akrotonie   *(Botanik)*
Basoid/Azidoid   *(Chemie)*
Basrelief/Hautrelief   *ein Basrelief ist ein flaches Relief*
Baß/Diskant, Tenor   *(1. tiefe Männerstimme; 2. Sänger mit tief-*
                                                ster Stimmlage)

Basselisse/Hautelisse   *(Teppich in besonderer Webart — mit*
                                                Querfäden)
Basselissestuhl/Hautelissestuhl   *(Weberei)*
Bassist/Bassistin   *(männliche Person, die [berufsmäßig] Baß*
                                                spielt)
Bassistin/Bassist   *(weibliche Person, die [berufsmäßig] Baß*
                                                spielt)
Baßschlüssel/Violinschlüssel   *(F-Schlüssel auf der 4. Notenlinie; Noten-*
                                                schlüssel, der die Baßpartien eines
                                                Musikstückes anzeigt)

Bastard/Ehekind   *(veraltet)*
bathochrom/hypsochrom   *(in bezug auf Farbe: dunkler machend)*
bathyal/abyssal   *(Meereskunde)*
Battement/Batterie   *(Ballett)*
Batterie/Battement   *(Ballett)*

Batterie/Netzanschluß	*ein Radiogerät für Batterie und Netzan-schluß*
Batteriegerät/Netzanschlußgerät	
Bauch/Kopf	*eine Entscheidung aus dem Bauch (vom Gefühl her)*
Baucis; s. Philemon	*(Ehefrau von Philemon)*
Bauer/Bäuerin; s. a. Bauersfrau	
Bäuerin/Bauer; s. a. Bauersmann	
Bauernbrot/Bäckerbrot	
Bauersfrau/Bauersmann; s. a. Bauer	
Bauersmann/Bauersfrau; s. a. Bäuerin	
Bauhauptgewerbe/Bauhilfsgewerbe	*(Wirtschaft)*
Bauhilfsgewerbe/Bauhauptgewerbe	*(Wirtschaft)*
Baukis; s. Philemon	*(Ehefrau von Philemon)*
Baum; s. Kronenbaum, Laubbaum, Nadel-baum, Schopfbaum	
baumarm/baumreich	*eine baumarme Gegend*
baumreich/baumarm	*eine baumreiche Gegend*
Baustoffwechsel/Energiestoffwechsel	*(Physiologie)*
be.../ab... (Verb)	*z. B. bedecken/abdecken*
be.../be... (Verben mit antonymischen Basiswörtern)	*z. B. belohnen/bestrafen*
be.../ent... (Verb)	*z. B. jemanden belasten/jemanden entla-sten*
be.../ver... (Verben mit antonymischen Basiswörtern)	*z. B. bejahen/verneinen, sich befreunden/ sich verfeinden*
Be.../Ent... (Substantiv)	*z. B. Belüftung/Entlüftung*
beabsichtigt/unbeabsichtigt; a. gezwungen	*eine beabsichtigte Wirkung*
beachten/ignorieren	*sie wurde in der Gesellschaft beachtet*
beachten/mißachten	*Vorschriften beachten*
beachtet/unbeachtet	*von der Fachwelt beachtete Forschungser-gebnisse; sie und ihre Leistungen wur-den beachtet*
Beamter/Beamtin	*er ist Beamter; der Beamte fragte ihn*
Beamtin/Beamter	*sie ist Beamtin*
beantwortet/unbeantwortet	*beantwortet werden; (schon) beantwortete Fragen der Philosophie*
Bear/Bull; s. a. Haussier	*(jemand, der auf das Fallen der Börsen-kurse spekuliert)*
bearbeitet/unbearbeitet	*der Antrag ist (schon) bearbeitet*
Beat/Off-Beat	*(Musik)*
bebaut/unbebaut	*ein bebautes Grundstück*
bebaut sein/brachliegen	*dieses Feld ist (mit Gemüse) bebaut*
beblättert/blattlos, blätterlos	*beblätterte Zweige*
Bedarfswirtschaft/Profitwirtschaft	
bedauern/begrüßen	*wir bedauern diesen Beschluß des Vor-stands*

bedecken/abdecken	*etwas (zum Beispiel ein Beet, ein Feld) bedecken (mit etwas, zum Beispiel mit Folie)*
bedeckt/wolkenlos	*der Himmel ist bedeckt*
Bedecktsamer/Nacktsamer; s. a. Gymnospermen	*(Botanik)*
bedecktsamig/nacktsamig	*(Botanik)*
bedenklich/unbedenklich	*dieses Unternehmen halte ich für bedenklich*
bedeutend/unbedeutend	*eine bedeutende Summe; seine Arbeiten sind bedeutend; ein bedeutender Maler*
Bedeutung; s. ohne Bedeutung, von Bedeutung	
Bedeutungserweiterung/ Bedeutungsvereng[er]ung	*(Sprachwissenschaft)*
Bedeutungslehre/Bezeichnungslehre; s. a. Onomasiologie	*(die Lehre von den Bedeutungen der Wörter und dem Bedeutungswandel; Sprachwissenschaft)*
bedeutungslos/bedeutungsvoll, von Bedeutung	*das scheint mir bedeutungslos*
Bedeutungsverbesserung/ Bedeutungsverschlechterung	*(Sprachwissenschaft)*
Bedeutungsvereng[er]ung/ Bedeutungserweiterung	*(Sprachwissenschaft)*
Bedeutungsverschlechterung/ Bedeutungsverbesserung	*(Sprachwissenschaft)*
bedeutungsvoll/bedeutungslos, ohne Bedeutung	*das scheint mir bedeutungsvoll*
Bedeutungswandel/Bezeichnungswandel	*(Sprachwissenschaft)*
bedienen, jemanden/sich bedienen lassen	
bedienen lassen, sich/jemanden bedienen	
bedingt/befristet	*(von einem zukünftigen ungewissen Ereignis abhängig; Rechtswesen)*
Bedingung/Befristung	*(Rechtswesen)*
bedruckt/unbedruckt	*bedruckte Seiten*
...bedürftig/...frei (Adjektiv)	*z. B. zustimmungsbedürftig/zustimmungsfrei*
beeindruckt/unbeeindruckt	*sie war von diesem Bericht sehr beeindruckt; beeindruckt von dieser sichtbaren Not, nahm er sich vor, zur Verbesserung der Situation beizutragen*
beeinflußt/unbeeinflußt	*er ist in seinem Urteil beeinflußt*
beenden/beginnen, anfangen	*eine Arbeit beenden*
Beendigung/Vollendung	*die Beendigung einer Straftat (Rechtswesen)*
beerdigen/verbrennen	*er wurde beerdigt und nicht verbrannt*
Beerdigung/Verbrennung	*die Beerdigung eines Toten*
befahrbar/unbefahrbar	*eine (gut) befahrbare Straße*
befahren/unbefahren	*eine sehr befahrene Straße*

befangen/unbefangen   *sie war bei der Begegnung sehr befangen*
Befehl/Gegenbefehl
befehlen/gehorchen   *der Offizier befiehlt, und der Soldat muß*
                                           gehorchen
Befehlstaktik/Auftragstaktik   *(Art der Auftragserteilung, bei der die Aus-*
                                           führung eines Auftrags genau vorge-
                                           schrieben ist; Militär)
befestigt/unbefestigt   *eine befestigte Burg*
befloren/entfloren   *Fahnen befloren (mit einem Trauerflor ver-*
                                           sehen; veraltet)
Beförderer/Beförderin   *der Beförderer der Kunst*
Beförderin/Beförderer   *die Beförderin der Kunst*
befördern/degradieren   *er wurde (wegen seiner guten Leistungen)*
                                           befördert (zum Hauptmann)
Befragte[r]/Frager[in]
Befreiende[r]/Befreite[r]
befreiende Schuldübernahme/Schuldmit-   *(Rechtswesen)*
   übernahme
Befreier[in]/Befreite[r]   *die Befreiten jubelten den Befreiern zu*
Befreite[r]/Befreiende[r], Befreier[in]   *die Befreiten jubelten den Befreiern zu*
befreunden, sich/sich verfeinden   *sie haben sich befreundet*
befreundet/verfeindet   *die befreundeten Familien; mit jemandem*
                                           befreundet sein
befriedigend/unbefriedigend   *eine befriedigende Lösung des Problems*
befristet/bedingt   *(von einem zukünftigen gewiß eintreten-*
                                           den Ereignis abhängig; Rechtswesen)
befristet/unbefristet   *eine befristete Aufenthaltsgenehmigung*
Befristung/Bedingung, Betagung   *(Rechtswesen)*
befruchtet/unbefruchtet   *eine befruchtete Eizelle, Blüte*
befürworten/ablehnen   *sie befürwortet dieses Projekt*
Befürworter/Gegner   *Befürworter und Gegner der Rechtschreib-*
                                           reform; ein Befürworter des Antrags,
                                           des Projekts; Befürworter der Todes-
                                           strafe
begabt/unbegabt; a. talentlos, untalentiert *ein begabter Schüler; künstlerisch begabt*
Begard[e]/Begine   *(Angehöriger einer mönchisch lebenden*
                                           Männergemeinschaft)
Begehrende[r]/Begehrte[r]   *er ist der Begehrende und sie die Begehrte*
Begehrte[r]/Begehrende[r]   *sie ist die Begehrte und er der Begehrende*
Begehungsdelikt/Unterlassungsdelikt   *(Rechtswesen)*
Beghine; s. Begine
Begierde/Ekel   *Begierde ist Wunsch nach Berührung und*
                                           Ekel Angst vor Berührung
Begine/Begard[e]   *(Angehörige einer klösterlich lebenden*
                                           Frauenvereinigung)
Beginn/Abschluß   *der Beginn des Studiums, der Laufbahn*
Beginn/Ende   *der Beginn des Schuljahres, einer Veranstal-*
                                           tung; das war der Beginn seiner Kar-
                                           riere; zu Beginn der Veranstaltung

beginnen/aufhören	*1. der Regen begann morgens; 2. hier beginnt die Fußgängerzone*
beginnen/beenden, abschließen	*eine Arbeit beginnen*
beginnen/enden	*hier beginnt die Reise; der Betriebsausflug begann mit einer Wanderung und endete mit Tanz im Freien*
beglaubigt/unbeglaubigt	*eine beglaubigte (amtlich als echt bestätigte) Kopie*
Begleiter/Begleiterin	*sie suchte einen Begleiter*
Begleiterin/Begleiter	*er suchte eine Begleiterin*
Begleitung; s. in Begleitung	
begreiflich/unbegreiflich	*seine Unruhe ist begreiflich*
begrenzt/unbegrenzt, grenzenlos	*die Möglichkeiten sind begrenzt*
begrenzter Krieg/allgemeiner Krieg	*(Militär)*
Begriff; s. Individualbegriff, Kollektivbegriff	
Begriffsjurisprudenz/Interessenjurisprudenz	*(Rechtswesen)*
Begriffsklarheit/Begriffsunklarheit	
Begriffsschrift/Buchstabenschrift	*die chinesische Schrift ist eine Begriffsschrift (Sprachwissenschaft)*
Begriffsunklarheit/Begriffsklarheit	
Begriffswort/Funktionswort	*(Sprachwissenschaft)*
Begriffszeichen/Buchstabenzeichen	*Begriffszeichen sind Zeichen einer Begriffsschrift, in der es zu jedem Begriff ein besonderes Zeichen gibt (Sprachwissenschaft)*
begründet/unbegründet	*der Verdacht ist begründet*
begrüßen/bedauern	*er hat diesen Beschluß begrüßt*
begrüßen/verabschieden	*die Besucher wurden bei ihrer Ankunft vom Chef begrüßt*
begünstigen/benachteiligen	*das Testament begünstigte die Tochter (gegenüber dem Sohn)*
begütert/unbegütert; a. arm	*sie ist begütert*
behaart/unbehaart, haarlos	*ein behaarter Männerkörper*
behaglich/unbehaglich	*eine behagliche Umgebung*
behalten/vergessen	*seinen Namen behalten haben; er behält jede Telefonnummer*
behandelt/unbehandelt	*(mit Chemie) behandeltes Obst*
behaucht/unbehaucht	*(Phonetik)*
Behauptung/Gegenbehauptung	
Behaviorismus/Mentalismus	*(in der Sprachwissenschaft — nach Bloomfield — die behavioristische Richtung, die davon ausgeht, daß Sprache im wesentlichen ein erlerntes Verhalten sei, das auf Erfahrungen und Gewohnheiten, nicht aber auf angeborenen Fähigkeiten basiere)*
beheizbar/unbeheizbar	*beheizbare Räume*
beheizt/unbeheizt	*beheizte Räume*

beherrschbar/unbeherrschbar	*eine beherrschbare Entwicklung*
Beherrschende[r]/Beherrschte[r]	
beherrscht/herrschend	*beherrschte Klasse (Marxismus)*
beherrscht/unbeherrscht	*er ist immer sehr beherrscht (hat sich un-ter Kontrolle in bezug auf Emotionen usw.)*
Beherrschte[r]/Herrscher[in], Beherrschen-de[r], Herrschende[r]	
Beherrschtheit/Unbeherrschtheit	*sie bewunderte seine Beherrschtheit (Selbst-disziplin) im Streit*
Bei.../Haupt... (Substantiv)	*z. B. Beifilm/Hauptfilm*
beibehalten/aufgeben	*eine Sitte beibehalten*
beibehalten; s. den Kurs beibehalten	
Beibehaltung/Abschaffung	*Abschaffung oder Beibehaltung der Apart-heid*
bei Bewußtsein/bewußtlos	
Beichtkind/Beichtvater	
Beichtvater/Beichtkind	
beidarmig/einarmig	*beidarmig spielen (können) (mit beiden Ar-men gleich gut; Sport)*
beidbeinig/einbeinig	*beidbeinig spielen können (gleich gut mit beiden Beinen spielen, Tore schießen können; Sport)*
beiderseitig/einseitig	*einen Bogen Papier beiderseitig be-schreiben*
beidfüßig/einfüßig	*beidfüßig spielen können (gleich gut mit beiden Füßen spielen, Tore schießen können; Sport)*
beidseitig/einseitig	*einen Bogen Papier beidseitig (auf beiden Seiten, vorn und hinten) beschreiben*
beidseitiges Handelsgeschäft/einseitiges Handelsgeschäft	*(Wirtschaft)*
Beifahrer/Fahrer	
Beifahrersitz/Fahrersitz	
Beifilm/Hauptfilm	
Beihirsch/Platzhirsch	*(der schwächere, nicht dominierende Hirsch; Weidmannssprache)*
bei jemandem aus und ein gehen	*(häufig Gast bei jemandem sein, dort ver-kehren)*
Bein/Arm	
Bein; s. Landebein, Spielbein, Sprungbein, Standbein	
beiordnend/unterordnend	*beiordnendes Bindewort, zum Beispiel „und" (Sprachwissenschaft)*
Beiprogramm/Hauptprogramm	*im Beiprogramm wurde ein Kulturfilm ge-zeigt*
beistehen/im Stich lassen	*er hat ihm immer beigestanden*
bei Tage/nachts	*er wurde bei Tage überfallen*
beitragsfrei/beitragspflichtig	*beitragsfreie Personen*

beitragspflichtig/beitragsfrei	*beitragspflichtige Personen*
Beiwagen/Triebwagen	*(bei Straßenbahn und U-Bahn: Anhänger ohne eigenen Antrieb)*
Beiwagenklasse/Soloklasse	*(Klasse der Motorräder mit Seiten-, Beiwagen)*
Beiwagenrennen/Solorennen	*(Motorradsport)*
bejahen/verneinen	*eine Frage bejahen*
Bejahung/Verneinung; a. Negation	*eine Geste der Bejahung (das Nicken mit dem Kopf)*
bekannt/fremd	*er ist hier bekannt; sie hörte eine bekannte Stimme*
bekannt/unbekannt	*diese Gegend ist ihm bekannt*
Bekannte/Bekannter	*das ist eine Bekannte von mir*
Bekannter/Bekannte, (veraltet) Bekanntin	*ein guter Bekannter von mir gab mir den Tip*
Bekannte[r]/Fremde[r]	*auf der Party waren viele Bekannte*
Bekanntin/Bekannter	*(veraltet)*
bekannt werden/unbekannt bleiben	*er ist als Komponist bekannt geworden, und seine komponierende Frau ist weithin unbekannt geblieben*
Bekenntnisschule/Gemeinschaftsschule, Simultanschule	*(Schule, in der Lehrer und Schüler der gleichen Religion, Konfession angehören)*
Beklagte[r]/Kläger[in]	*(jemand, gegen den eine zivilrechtliche Klage erhoben worden ist)*
bekleiden, sich/sich entkleiden; s. a. ausziehen, sich	
bekleidet/unbekleidet; a. ausgezogen	*er lag bekleidet auf dem Bett*
… (Partizip II) + bekommen/… (Infinitiv)	*z. B. geliefert bekommen/liefern*
bekommen/geben	*er hat von mir das Buch bekommen; einen Tritt bekommen*
bekommen; s. Auskunft bekommen, gemacht bekommen	
bekömmlich/unbekömmlich	*ein (gut) bekömmliches Essen*
beladen/entladen; a. abladen, ausladen	*den Wagen beladen*
Belagerer/Belagerte	*die Belagerer der Burg*
Belagerte/Belagerer	*bei den Belagerten gingen die Vorräte allmählich aus*
Belang; s. von Belang	
belanglos/belangvoll; a. von Belang	*Fragen, die für die Lösung des Problems belanglos sind*
belangvoll/belanglos, ohne Belang	*Fragen, die für die Lösung des Problems belangvoll sind*
belasten/entlasten	*diese Aussage hat ihn belastet; belastendes Material beibringen*
belastet/unbelastet	*belastete (Schadstoffe enthaltende) Böden*
belästigt werden/unbelästigt bleiben	*sie wurde (von dem Betrunkenen) belästigt*
Belastung/Entlastung	*die Belastung des Angeklagten*
Belastung/Gutschrift	*(Eintrag auf der Sollseite – der Ausgabenseite – des Kontos; Wirtschaft, Bankwesen)*

belebt/unbelebt	*eine belebte Straße; belebte Natur; belebte Materie*
beleggestützt/kompetenzgestützt	*eine beleggestützte (auf Belegen beruhende) sprachliche Untersuchung*
belegt/erschlossen	*belegte Wortformen (die man in der Literatur nachweisen kann)*
belegt/frei	*das Zimmer ist belegt*
belegtes Brötchen/trockenes Brötchen	
belehrbar/unbelehrbar	
belesen/unbelesen	*sie ist sehr belesen (besitzt gute Kenntnisse auf Grund vielen Lesens)*
Beleuchtung; s. direkte Beleuchtung, indirekte Beleuchtung	
belichtet/unbelichtet	*der Film ist belichtet*
beliebt/unbeliebt; a. unpopulär	*er ist bei den Kollegen beliebt; er hat sich beliebt gemacht*
Belletristik/Fachliteratur	
Bellizist/Pazifist	*(Befürworter des Krieges)*
belohnen/bestrafen	*er wurde für seine Tat belohnt*
Belohnung/Bestrafung	*die Belohnung für etwas*
belüften/entlüften	*(Klimatechnik)*
Belüftung/Entlüftung	
Belüftungstechnik/Entlüftungstechnik	
bemannt/beweibt	*(scherzhaft) sie ist noch nicht bemannt*
bemannt/unbemannt	*bemannter Weltraumflug (mit einer oder mehr Personen)*
bemerkt/unbemerkt	*ein bemerkter Herzinfarkt; der Herzinfarkt wurde bemerkt; mancher Fehler wurde bemerkt, aber viele blieben auch unbemerkt*
bemittelt/unbemittelt	*er ist bemittelt (verfügt über genügend Geld)*
benachteiligen/begünstigen	*das Testament benachteiligte die Tochter (gegenüber dem Sohn)*
benachteiligen/bevorzugen	*er wurde bei der Vergabe des Auftrags benachteiligt*
Benachteiligung/Bevorzugung	
benedeien/vermaledeien	*(segnen)*
Benefaktiv/Detrimentiv	*(bezeichnet den Nutznießer, zum Beispiel „ihr" in „er schenkte ihr den Ring"; Sprachwissenschaft)*
benigne/maligne; s. a. bösartig	*eine benigne (gutartige) Geschwulst*
Benignität/Malignität; s. a. Bösartigkeit	*die Benignität (Gutartigkeit) einer Geschwulst*
Benthos/Aerobios	*(Botanik, Zoologie)*
benutzbar/unbenutzbar	*der Raum ist (wieder) benutzbar*
benutzerfreundlich/benutzerunfreundlich	*ein benutzerfreundliches Wörterbuch ohne viele Abkürzungen und mit den Genusangaben „der, die, das" statt m, f, n.*

benutzerunfreundlich/benutzerfreundlich   *ein benutzerunfreundliches Wörterbuch*
                                           mit vielen Symbolen
benutzt/unbenutzt   *ein (schon) benutztes Handtuch*
bepichen/entpichen   *(mit Pech überziehen; Brauerei)*
bequem/unbequem   *ein bequemer Stuhl*
Berater/Beraterin
Beraterin/Berater
Berber/Berberin
Berberin/Berber
berechtigt/unberechtigt   *diese Vorwürfe sind berechtigt*
bereits/erst   *er zahlt die Miete bereits am 1. jeden Mo-*
                                           nats
Berg/Tal   *das Haus liegt auf dem Berg; ich gehe auf*
                                           den Berg
bergab/bergauf, bergan   *sie gingen bergab; es geht bergab und berg-*
                                           auf bei der Wanderung; übertragen: es
                                           geht mit ihm, mit der Wirtschaft, mit
                                           dem Geschäft bergab
bergabwärts/bergaufwärts
bergan/bergab   *es geht bergan*
bergauf/bergab   *sie gingen bergauf; es geht bergauf und*
                                           bergab bei der Wanderung; übertragen:
                                           es geht mit ihm, mit der Wirtschaft, mit
                                           dem Geschäft (wieder) bergauf (es wird
                                           besser)
bergaufwärts/bergabwärts
Bergfahrt/Talfahrt   *(1. die Fahrt flußaufwärts mit dem Schiff;*
                                           2. die Fahrt bergauf mit der Bergbahn)
bergig/eben   *ein bergiges Gelände*
Bergski/Talski   *(der bergseits laufende, obere Ski)*
Bergstation/Talstation   *(bei Bergbahn oder Skilift: auf dem Berg*
                                           liegende Station)
Berg- und Talfahrt   *(das Rauf und Runter)*
bergwärts/talwärts   *(1. flußaufwärts; 2. bergauf)*
beritten/unberitten   *eine unberittene Truppe*
berücksichtigt/unberücksichtigt   *die (vom Finanzamt) berücksichtigten Aus-*
                                           gaben
beruflich/außerberuflich   *er hat berufliche Schwierigkeiten*
beruflich/privat   *er ist beruflich auf Reisen*
Berufs.../Amateur... (Substantiv)   *z. B. Berufsboxer/Amateurboxer*
Berufs.../Laien... (Substantiv)   *z. B. Berufskünstler/Laienkünstler*
Berufsarmee/Wehrpflicht   *Frankreich hat sich für eine Berufsarmee*
                                           entschieden
Berufsboxen/Amateurboxen
Berufsboxer/Amateurboxer
Berufschor/Laienchor
Berufsfeuerwehr/freiwillige Feuerwehr
Berufskünstler/Laienkünstler

Berufsleben/Privatleben	*im Berufsleben*
Berufsleben; s. im Berufsleben stehen	
Berufsrichter/ehrenamtlicher Richter	
Berufssoldat/Zeitsoldat	
Berufssport/Amateursport	
Berufssportler/Amateursportler	
berufstätig/nichtberufstätig	*eine berufstätige Mutter*
Berufstheater/Liebhabertheater	
Berufung/Abberufung	*die Berufung auf einen Posten*
beruhigen/beunruhigen	*diese Mitteilung hat mich beruhigt*
beruhigend/anregend	*ein beruhigender Badezusatz*
beruhigter Stahl/unberuhigter Stahl	
Beruhigungsmittel/Aufputschmittel	
berührt werden/unberührt bleiben	*vom Geschehen berührt werden*
Besan[mast]/Fockmast	*(hinterster Mast; Seemannssprache)*
beschädigt/unbeschädigt	*das Paket kam beschädigt an*
Beschaffungsmarkt/Absatzmarkt	*(Wirtschaft)*
beschäftigt/unbeschäftigt	*die Kinder sind beschäftigt*
bescheiden/unbescheiden; a. anspruchsvoll	*sie war in ihren Forderungen sehr be-* *scheiden*
Bescheidenheit/Unbescheidenheit	
Beschenkende[r]/Beschenkte[r]	
Beschenkte[r]/Schenker[in], Beschenken- de[r], Schenkende[r]	
beschenkt werden/schenken	*er wurde (von ihnen) beschenkt*
beschleunigen/verlangsamen	*1. seine Schritte, die Fahrt beschleunigen;* *2. einen Prozeß beschleunigen*
beschlußfähig/beschlußunfähig	*das Gremium war beschlußfähig*
beschlußunfähig/beschlußfähig	*das Gremium war beschlußunfähig*
beschnitten/unbeschnitten	*ein beschnittener Mann; ein beschnittener* *Penis; eine beschnittene Klitoris*
beschrankt/unbeschrankt	*ein beschrankter Bahnübergang*
beschränkt/unbeschränkt	*nur beschränkter Kartenverkauf; be-* *schränkte Vollmachten*
beschränkte persönliche Dienstbarkeit/ Grunddienstbarkeit	*(Rechtswesen)*
beschrieben/unbeschrieben	*eine (schon) beschriebene Seite des Heftes*
Beschützende[r]/Schützling, Beschützte[r]	
Beschützer[in]/Schützling, Beschützte[r]	
Beschützte[r]/Beschützer[in], Beschützen- de[r]	
beseelt/unbeseelt	*beseelte Natur*
besetzt/frei	*der Sitzplatz ist (bereits) besetzt (zum Bei-* *spiel im Zug)*
besetzt/unbesetzt	*der Posten ist (schon) besetzt*
Besetztzeichen/Freizeichen	*(akustisches Signal, wenn die Telefonlei-* *tung von einem anderen Teilnehmer be-* *reits besetzt ist)*

besiedelt/unbesiedelt   *die Gegend ist besiedelt*
besiegen/besiegt werden   *sie haben ihn besiegt*
besiegt/unbesiegt   *der besiegte Gegner*
Besiegte[r]/Sieger[in]; a. Gewinner[in]   *am Ende gab es weder Sieger noch Be-*
                                              siegte

besiegt werden/besiegen   *er ist von ihnen besiegt worden*
Besitzbürger/Bildungsbürger
Besitzeinkommen/Arbeitseinkommen   *(zum Beispiel Zinsen, Rente)*
besitzend/besitzlos   *die besitzende Klasse*
Besitzende[r]/Besitzlose[r]   *die Angst der Besitzenden vor dem Neid*
                                              der Besitzlosen

Besitzgesellschaft/Betriebsgesellschaft   *(Handelsgesellschaft; Wirtschaft)*
besitzlos/besitzend   *die besitzlose Klasse*
Besitzlose[r]/Besitzende[r]   *die Angst der Besitzenden vor dem Neid*
                                              der Besitzlosen

besonder...; s. im besonderen
Besondere, das/das Allgemeine   *vom Allgemeinen auf das Besondere*
                                              schließen

besonders/weniger   *diese Farbe ist besonders lichtempfindlich*
besonnen/unbesonnen   *besonnen reagieren*
Besonnenheit/Unbesonnenheit
bespielbar/unbespielbar   *der Fußballplatz war (nach dem Regen*
                                              wieder) bespielbar

Bespitzelte[r]/Spitzel   *der Bespitzelte hatte den Spitzel in seiner*
                                              Umgebung nicht bemerkt

besser/schlechter   *es geht ihm wieder besser; seine Leistun-*
                                              gen sind besser geworden

bessern, sich/sich verschlechtern   *sein Befinden hat sich gebessert; seine fi-*
                                              nanziellen Verhältnisse haben sich gebes-
                                              sert

beständig/unbeständig   *das Wetter ist beständig*
Beständigkeit/Unbeständigkeit   *die Frage nach Beständigkeit oder Unbe-*
                                              ständigkeit der Liebe

Bestandskonto/Erfolgskonto   *(zum Beispiel ein Bankkonto; Wirtschaft)*
bestätigen/aufheben   *der Bundesgerichtshof kann das Urteil be-*
                                              stätigen oder aufheben

bestätigen/dementieren; a. abstreiten   *eine Meldung, ein Gerücht bestätigen; der*
                                              Sohn wollte die Berichte über die Krank-
                                              heit seines Vaters weder dementieren
                                              noch bestätigen

bestechlich/unbestechlich   *ein bestechlicher Beamter*
Bestechung; s. aktive Bestechung, passive
    Bestechung
bestehen/durchfallen   *sie hat die Prüfung bestanden*
bestellen/abbestellen   *ein Hotelzimmer bestellen; die Handwer-*
                                              ker bestellen

bestellen/brach liegenlassen   *das Land bestellen*
bestenfalls/schlimmstenfalls   *er ist bestenfalls schon morgen hier*

bestimmt/unbestimmt; a. indefinit	*„der, die, das" sind bestimmte Artikel; für eine bestimmte Zeit ins Ausland müssen*
bestimmt/vielleicht	*sie hat gesagt, daß sie das Buch in der nächsten Woche bestimmt bringen kann; „Kommst du morgen (wirklich)?" „Bestimmt!"*
Bestimmungsbahnhof/Versandbahnhof	*(Bahnhof, der Ziel des Zuges, des Gepäcks ist)*
Bestimmungswort/Grundwort	*„Haus" ist in „Haustür" Bestimmungswort; die Anschlußpräposition muß sich bei Komposita auf das Grundwort und nicht auf das Bestimmungswort beziehen, daher ist „die Abschiebepraxis nach Bosnien" inkorrekt*
bestrafen/belohnen	*sie wurde (für diese Tat) bestraft*
Bestrafung/Belohnung	
Besuchende[r]/Besuchte[r]	
Besucher[in]/Besuchte[r]	
Besuchte[r]/Besucher[in], Besuchende[r]	
be...t/...los (Adjektiv)	*z. B. beblättert/blätterlos, behaart/haarlos*
Betagung/Befristung	*(Rechtswesen)*
beteiligt/unbeteiligt	*die beteiligten Personen; er war an dem Putsch beteiligt*
betont/unbetont; a. Senkung	*die betonte zweite Silbe in Tenor (Sänger)*
Betracht; s. in Betracht ziehen	
beträchtlich/unbeträchtlich	*eine beträchtliche Menge ging verloren*
betreten/verlassen	*sie betrat das Geschäft um 9 Uhr und verließ es um 13 Uhr*
Betrieb; s. außer Betrieb, in Betrieb [nehmen]	
betrieblich/überbetrieblich	*etwas hat nur betriebliche Geltung*
betriebseigen/betriebsfremd	*betriebseigenes Kapital; betriebseigene Autos dürfen hier parken*
betriebsfremd/betriebseigen	*betriebsfremdes Kapital; betriebsfremde Autos dürfen hier nicht parken*
Betriebsgesellschaft/Besitzgesellschaft	*(Handelsgesellschaft, die das Anlagevermögen einer anderen Handelsgesellschaft – einer Besitzgesellschaft – gepachtet hat; Wirtschaft)*
Betriebskredit/Anlagekredit	*(Wirtschaft)*
Betrogene[r]/Betrüger[in]	
betrübt; s. zum Tode betrübt	
Betrüger[in]/Betrogene[r]	
betrunken/nüchtern	*als er das sagte, war er (schon) betrunken*
Bett; s. aus dem Bett sein, im Bett sein, ins Bett gehen [müssen], zu Bett gehen	
beugbar/unbeugbar; s. a. indeklinabel	*„hübsch" ist ein beugbares Adjektiv (ein hübscher Junge, ein hübsches Mädchen)*

Beugemuskel/Streckmuskel; s. a. Extensor,
    Strecker
beugen/strecken   *den Arm beugen*
Beuger/Strecker; s. a. Extensor, Streckmus- *(Muskel zum Beugen; Anatomie)*
    kel, Trizeps
beunruhigen/beruhigen   *diese Mitteilung hat mich beunruhigt*
Bevölkerungsabnahme/
    Bevölkerungszunahme
Bevölkerungszunahme/
    Bevölkerungsabnahme
bevor/nachdem; a. nachher   *er hatte es gekauft, bevor er mit ihr ge-*
                                             sprochen hatte
bevorstehen/hinter sich haben   *die Prüfung steht ihm noch bevor*
bevorzugen/benachteiligen   *er wurde bei der Vergabe bevorzugt*
Bevorzugung/Benachteiligung
bewachsen/unbewachsen   *ein (mit Gras) bewachsener Hügel*
bewacht/unbewacht   *ein bewachter Parkplatz*
bewaffnen, sich/entwaffnet werden   *sie hatten sich bewaffnet*
bewaffnet/unbewaffnet   *die Einbrecher waren bewaffnet*
bewältigen/verdrängen   *die schlimmen Erlebnisse der Vergangen-*
                                             heit bewältigen
bewältigt/unbewältigt   *bewältigte Vergangenheit; innerlich bewäl-*
                                             tigte Erlebnisse
beweglich/unbeweglich   *1. bewegliche Güter; 2. geistig beweglich;*
                                             bewegliche Feiertage, zum Beispiel
                                             Ostern
bewegliche Habe/Haus- und Grundbesitz
bewegliche Verteidigung/starre Verteidi-   *(Militär)*
    gung
Beweglichkeit/Trägheit   *(Technik)*
bewegt/unbewegt   *tief bewegt hörte er den Bericht*
bewegte Bilder/Standbilder   *(Fernsehen)*
Bewegungsenergie/Lageenergie   *(Mechanik)*
Bewegungskrieg/Stellungskrieg
bewehrt/unbewehrt   *(mit etwas als Waffe ausgerüstet)*
beweibt/bemannt   *(scherzhaft) die beweibten Männer und*
                                             die bemannten Frauen
beweibt/unbeweibt   *(scherzhaft) er ist (schon) beweibt*
beweisbar/unbeweisbar   *eine beweisbare Behauptung*
beweisen/widerlegen   *ich beweise dir das*
bewiesen/unbewiesen   *das ist bewiesen*
bewohnbar/unbewohnbar   *bewohnbare Räume*
bewohnt/unbewohnt   *dieses Haus ist bewohnt*
bewohnt sein/leer stehen   *dieses Haus ist bewohnt*
bewölken, sich/sich aufheitern   *es bewölkt sich*
bewölkt/wolkenlos   *ein bewölkter Himmel*
Bewunderer/Bewunderin
Bewunderin/Bewunderer

bewußt/unbewußt	*bewußte Manipulation des Lesers*
bewußtlos/bei Bewußtsein	*er war bewußtlos*
...bewußt sein/ein ...muffel sein	*z. B. modebewußt sein/ein Modemuffel sein*
Bewußtsein/Unterbewußtsein	
Bewußtsein; s. bei Bewußtsein	
bezahlbar/unbezahlbar	*diese Miete ist (noch) bezahlbar*
bezahlt/unbezahlt	*eine bezahlte Rechnung; bezahlter Urlaub*
bezähmbar/unbezähmbar	*bezähmbare Triebe*
Bezeichnendes/Bezeichnetes; s. a. Definiendum, Inhaltsseite, Signifié, Signifikat	*(Sprachwissenschaft)*
Bezeichnetes/Bezeichnendes; s. a. Ausdrucksseite, Definiens, Signifiant, Signifikant	*(Sprachwissenschaft)*
Bezeichnungslehre/Bedeutungslehre; s. a. Semasiologie	*(Wissenschaft, die untersucht, wie Dinge, Geschehnisse usw. bezeichnet werden, dabei geht es um mehrere Benennungen für ein und dasselbe, zum Beispiel: einschalten/anstellen/anmachen/anknipsen)*
Bezeichnungswandel/Bedeutungswandel	*(Sprachwissenschaft)*
beziehen/abziehen	*die Betten beziehen*
beziehen, sich/sich aufheitern	*der Himmel bezieht sich*
bezwingbar/unbezwingbar	*ein bezwingbarer Gegner*
Bibliophile/Bibliophobe	*Stefan ist ein Bibliophile (jemand, der alte, schöne, kostbare Bücher schätzt)*
Bibliophilie/Bibliophobie	*(Bücherliebhaberei)*
Bibliophobe/Bibliophile	*(jemand, der für Bücher keinen Sinn hat, sie mißachtet)*
Bibliophobie/Bibliophilie	*(Abneigung gegen Bücher)*
Bida/Sunna	*(Bezeichnung für Gebräuche usw., die nicht auf Mohammed zurückgehen; Islam)*
biegbar/unbiegbar	*ein biegbares (beugbares) Adjektiv (veraltet)*
Biene; s. Arbeiterbiene, Arbeitsbiene, Drohne	
Bienenhonig/Kunsthonig	
bieten/suchen	*Tauschangebot: ich biete Radio, suche Video*
Big Band/Small Band	*(großes Tanz-, Jazzorchester)*
Big Business/Small Business	
bikonkav/bikonvex	*bikonkav (beiderseits hohl) geschliffene Linse*
bikonvex/bikonkav	*(auf beiden Seiten gewölbt geschliffen)*
Bilanzänderung/Bilanzberichtigung	*(Wirtschaft)*
Bilanzberichtigung/Bilanzänderung	*(Wirtschaft)*
Bilanzgewinn/Bilanzverlust	*(Wirtschaft)*
Bilanzverlust/Bilanzgewinn	*(Wirtschaft)*

bilateral/multilateral

bilaterale (zwei Partner betreffende) Verträge

bilateraler Konsonant/unilateraler Konsonant

(Laut, bei dem an beiden Seiten Atemluft entweicht, zum Beispiel: l; Phonetik)

Bilateralismus/Multilateralismus

(Politik)

Bild/Ton

die Qualität von Bild und Ton war nicht gut (Fernsehen)

Bild; s. bewegte Bilder, Laufbild, Standbild, Stehbild

Bildseele/Vitalseele

(Völkerkunde)

Bildung/Unbildung

sein Verhalten zeugt von Bildung

Bildungsbürger/Besitzbürger

(Soziologie)

bilineal/unilineal; a. matrilineal/patrilineal

(die Reihe beider Elternteile betreffend)

Billeteur/Billeteurin, Billeteuse

(österreichisch: Platzanweiser; schweizerisch: Kartenausgeber)

Billeteurin/Billeteur

(österreichisch: Platzanweiserin; schweizerisch: Kartenausgeberin)

Billeteuse/Billeteur

(Platzanweiserin; österreichisch)

billig/teuer

ist das Telefonieren nun billiger oder teurer?; das Kleid war sehr billig

billig/unbillig

dein Wunsch ist nicht mehr als billig; ein billiges Verlangen (veraltet)

billigen/mißbilligen

er hat ihr Vorgehen gebilligt

Billigung/Mißbilligung

sein Vorgehen fand Billigung

binaural/monaural

(zweikanalig; in bezug auf die Tonaufnahme und -wiedergabe)

binden/aufbinden

eine Schleife binden

Binder/Läufer

(Mauerstein, der mit der Schmalseite nach außen liegt; Bauwesen)

bindungsfähig/bindungsunfähig

ein bindungsfähiger Mensch

bindungsunfähig/bindungsfähig

ein bindungsunfähiger Mensch

Binnen.../Außen... (Substantiv)

z. B. Binnenhandel/Außenhandel

binnenbords/außenbords

(im Schiff; Seemannssprache)

Binnendeich/Außendeich

Binnendüne/Küstendüne

Binnenerzählung/Rahmenerzählung

Binnenhafen/Außenhafen, Seehafen

Binnenhandel/Außenhandel

Binnenmarkt/Auslandsmarkt

Angebote auf dem Binnenmarkt

Binnenwanderung/Außenwanderung

(Geographie)

Binnenwirkung/Außenwirkung

Binnenwirtschaft/Außenwirtschaft

Binnenzoll/Außenzoll

biologische Kongruenz/grammatische Kongruenz

eine biologische Kongruenz liegt vor in „das Mädchen/der Star und ihre Freundinnen"

biomorph/soziomorph, technomorph

(vom natürlichen Leben geprägt, geformt)

biozentrisch/logozentrisch

(das Leben in den Mittelpunkt aller Überlegungen stellend)

bipolar/monopolar	*eine bipolare Einstellung (Psychologie)*
bis/ab	*das Angebot gilt bis 30. September*
bis/von	*von heute bis morgen*
Bischof/Bischöfin	
Bischöfin/Bischof	
bisherig.../neu...	*der bisherige Arbeitsstil*
bis jetzt/von jetzt an	*bis jetzt hat er Geduld gehabt, doch von jetzt an wird es anders*
bitte/danke	*„Bitte, bedienen Sie sich!" „Danke!"*
bitter/süß	*bittere Mandeln*
bittere Schokolade/Vollmilchschokolade	
Bittgebet/Dankgebet	*(Religion)*
Bittgottesdienst/Dankgottesdienst	*(Religion)*
bivalent/monovalent	*(zweiwertig)*
Bizeps/Trizeps; s. a. Strecker	*(Beugemuskel; Anatomie)*
blasen/saugen	*den Atem durch fast geschlossene Lippen in eine bestimmte Richtung ausstoßen*
Blasen/Lecken; s. a. Cunnilingus, Oralverkehr	*(an einem Mann vorgenommener Oralsex, bei dem der Penis mit Mund, Zunge und Zähnen erregt wird)*
Blasorchester/Streichorchester	
blaß/braun	*du bist (noch) blaß, während er (schon) braun ist*
Blässe/Bräune	*die vornehme Blässe und die sportliche Bräune*
blasse Wangen/rote Wangen	
Blattee/Broken-Tea	
blätterlos/beblättert	*(ohne Blätter)*
blattlos/beblättert	*(ohne Blätter)*
Blaukragenarbeit/Weißkragenarbeit	*(körperliche Arbeit von Arbeitern, Handwerkern)*
Blech; s. Feinblech, Grobblech	
Blechbläser/Holzbläser	*(jemand, der ein Blechblasinstrument spielt, zum Beispiel: Horn, Trompete, Tuba)*
bleiben/abgehen	*bei einem Grundsatz bleiben*
bleiben/abkommen	*beim Thema bleiben*
bleiben/austreten	*in der Kirche bleiben*
bleiben/gehen	*wollen wir (noch) bleiben oder (schon) gehen?*
... bleiben/[un/Nicht]... werden	*z. B. jung bleiben/alt werden; er blieb ihr, ihm treu/wurde ihr, ihm untreu; Raucher bleiben/Nichtraucher werden*
bleifrei/bleihaltig; a. verbleit	*bleifreies Benzin*
bleihaltig/bleifrei; a. unverbleit	*bleihaltiges Benzin*
blicken; s. nach vorn blicken	
blindes Tor/offenes Tor	*(Slalomtor senkrecht zur Fahrtrichtung)*
Blindschreiben/Tippen	*Blindschreiben bis ca. 1930 das perfekte Maschineschreiben*

blind sein/sehen können   *er war blind*
Blitz/Donner   *der Donner erfolgte gleich kurz nach dem*
                                             Blitz
blitzen/donnern   *erst blitzte es, dann donnerte es heftig*
                                             (beim Gewitter)
blockieren/deblockieren   *(Druckwesen)*
blond/schwarz   *blonde Haare*
Blümchensex/SM-Sex   *(üblicher Sex im Unterschied zum sadoma-*
                                             sochistischen Sex)

Blüte; s. heterozyklische Blüten, isozyklische Blüten
blutig/durch[gebraten], medium   *(nicht stark gebraten; vom Fleisch)*
blutig/unblutig   *die Flugzeugentführung fand ein blutiges*
                                             Ende

blutiger Anfänger/alter Hase
Blutkörperchen; s. rote Blutkörperchen,
   weiße Blutkörperchen
Blutsfreund/Wahlfreund   *(veraltet)*
Bock/Geiß   *die männliche Ziege, das männliche Reh*
                                             ist der Bock
Bock/Hammel   *der Bock ist im Gegensatz zum Hammel*
                                             ein nicht verschnittenes männliches
                                             Schaf
Bock/Ricke   *das männliche Reh ist der Bock*
Bock/Schaf   *das männliche unverschnittene Schaf ist*
                                             der Bock

Bock; s. Geißbock, Rehbock, Schafbock,
   Ziegenbock
Bock auf etwas haben/Null Bock auf et-   *(etwas gern wollen, Lust darauf haben;*
   was haben   *umgangssprachlich)*
Bockhand/Griffhand   *(Hand zum Halten der Spitze des Queues;*
                                             Billard)
Bockkalb/Geißkalb   *(Jägersprache)*
Bockkitz/Geißkitz   *(männliches Kitz, Jungtier; Jägersprache)*
Boden/Decke   *auf dem Boden liegen; etwas ist von der*
                                             Decke auf den Boden gefallen; auf den
                                             Boden kucken
Boden/Keller   *die Kiste befindet sich auf dem Boden un-*
                                             ter dem Dach und nicht im Keller
Bodenakrobat/Seilakrobat
bodeneng/bodenweit   *(sich dem Boden nähernd; von Beinpaaren*
                                             bei Pferden)
Bodengefecht/Luftgefecht   *(Militär)*
Bodenpersonal/Bordpersonal, fliegendes   *(bei Fluggesellschaften)*
   Personal, Flugpersonal
bodenweit/bodeneng   *(von Beinpaaren bei Pferden)*
Bogenhand/Zughand   *(Hand, die den Bogen beim Schießen hält)*
Bogenhonorar/Absatzhonorar, Pauschalho-   *(Honorar, das nach Druckbogen berechnet*
   norar   *wird; Buchwesen)*

Bokmål/Nynorsk; s. a. Landsmål	*(vom Dänischen beeinflußte norwegische Schriftsprache; früher: Riksmål)*
Bolschewik/Menschewik	*(jemand, der der revolutionären Richtung in der russischen Sozialdemokratie zugehört; historisch)*
Bolschewismus/Menschewismus	
Boltzmann-Statistik/Bose-Einstein-Statistik	*(Physik)*
bona fide/mala fide	*(guten Glaubens)*
Bonus/Malus; a. Minus, Nachteil	*(Sondervergütung; Vorteil)*
Boot; s. Klinkerboot, Kraweelboot	
Borch/Eber	*(kastriertes männliches Schwein)*
Bord; s. an Bord gehen/von Bord gehen	
Bordpersonal/Bodenpersonal	*(Flugwesen)*
Borg/Nonne; s. a. Bache, Sau	*(männliches kastriertes Schwein)*
borgen, jemandem etwas/sich etwas borgen	*sie hat ihm den Kugelschreiber geborgt/er hat sich den Kugelschreiber (von ihr) geborgt*
borgen, sich etwas/jemandem etwas borgen, etwas verborgen	*ich habe mir den Kugelschreiber (von ihm) geborgt*
Bork/Nonne; s. a. Bache, Sau	*(männliches kastriertes Schwein)*
bösartig/gutartig; s. a. benigne	*eine bösartige Geschwulst*
Bösartigkeit/Gutartigkeit; s. a. Benignität	*die Bösartigkeit der Geschwulst ist nachgewiesen*
böse/gut	*ein böser Mensch (in bezug auf niederträchtiges o. ä. Handeln); gute Mädchen kommen in den Himmel, böse überall hin*
Böse, das/das Gute	*das Böse im Menschen*
Bose-Einstein-Statistik/Boltzmann-Statistik	*(Physik)*
böser Glaube/guter Glaube	*(Rechtswesen)*
bösgläubig/gutgläubig	*(Rechtswesen)*
Bosheitssünde/Schwachheitssünde	*(veraltet)*
Botanik/Zoologie; s. a. Fauna	
Bote/Botin	
Botin/Bote	
Bottom/Top; a. Dominus, Meister	*(im sadomasochistischen Jargon der masochistische Partner)*
Bourgeois/Proletarier	*(Marxismus)*
Bourgeoisie/Proletariat	*(Marxismus)*
Boy/Girl; s. a. Mädchen	
Brachland/Ackerfeld	*(unbestelltes Ackerland)*
brachliegen/bebaut sein	*das Feld liegt brach*
brach liegenlassen/bestellen	*das Land brach liegenlassen*
brachykephal/dolichokephal	*(mit rundem Kopf; Medizin)*
Brachykephale, der/der Dolichokephale	*(jemand, der einen runden Kopf hat; Medizin)*
Brachykephalie/Dolichokephalie	*(Medizin)*
branchenfremd/branchenkundig	*er ist branchenfremd*
branchenkundig/branchenfremd	*er ist branchenkundig*

Bratschist/Bratschistin
Bratschistin/Bratschist
brauchbar/unbrauchbar   *brauchbares Material; brauchbare Vor-*
                                        schläge

braun/blaß   *du bist (schon) braun, doch sie ist (noch)*
                                        blaß

Bräune/Blässe   *die sportliche Bräune und die vornehme*
                                        Blässe

Braut/Bräutigam
Bräutigam/Braut
Brautmutter/Brautvater
Brautvater/Brautmutter
Bravoruf/Buhruf   *am Schluß der Vorstellung hörte man Bra-*
                                        vorufe

BRD/DDR; s. a. die neuen Bundesländer
brechen/halten   *1. der Damm bricht; 2. einen Eid, ein Ver-*
                                        sprechen brechen

breit/lang   *der Stoff ist 80 cm breit (quergemessen)*
                                        und 120 cm lang

breit/schmal   *breite Hüften, Schultern; breite Stufen;*
                                        eine breite Straße, ein breiter Fluß; ein
                                        breiter Streifen

Breitbahn/Schmalbahn   *(beim Papier)*
breitbrüstig/schmalbrüstig   *ein breitbrüstiger Mann*
Breite/Länge   *die Breite des Brettes*
Breitengrad/Längengrad   *auf dem 30. Breitengrad (der nördlichen*
                                        oder südlichen Entfernung vom Äqua-
                                        tor)

Breitenkreis/Längenkreis   *(Geographie)*
Breitensport/[Hoch]leistungssport, Spitzen-   *(Sport für viele)*
   sport
Breitenwachstum/Längenwachstum
Breitspur/Normalspur; a. Schmalspur   *(Eisenbahn)*
Bremse; s. auf die Bremse treten
bremsen/Gas geben   *der Autofahrer bremste*
Bremsstrahlung/Eigenstrahlung   *(Atomphysik)*
brennbar/unbrennbar   *brennbare Stoffe*
Brennholz/Nutzholz   *Brennholz zum Heizen*
Brief; s. Geschäftsbrief, Privatbrief
Brieffreund/Brieffreundin   *er hat einen Brieffreund in Frankreich*
Brieffreundin/Brieffreund   *sie hat eine Brieffreundin in Norwegen*
Briefgrundschuld/Buchgrundschuld   *(Rechtswesen)*
Briefhypothek/Buchhypothek   *(Rechtswesen)*
Briefkastenonkel/Briefkastentante   *Anfragen beantwortet der Briefkasten-*
                                        onkel

Briefkastentante/Briefkastenonkel   *Anfragen beantwortet die Briefkastentante*
                                        Irene

Briefkurs/Geldkurs   *(Börsenwesen)*
Briefträger/Briefträgerin
Briefträgerin/Briefträger

Briefumschlag; s. einfacher Briefumschlag,
  gefütterter Briefumschlag

bringen/abholen   *jemanden zur Bahn, in die Wohnung*
                                            bringen

bringen/holen   *ich bringe das Buch zu ihm; den Wein in*
                                            den Keller bringen

Bringschuld/Holschuld   *(Rechtswesen)*

Broken-Tea/Blattee   *Broken-Tea ist zerkleinerter Tee*

Broker/Jobber   *(Aufträge erledigender Wertpapierhändler)*

broschiert/gebunden   *ein broschiertes Buch*

Brotbäcker/Feinbäcker, Kuchenbäcker

Brötchen; s. belegtes Brötchen, trockenes
  Brötchen

Bruch[zahl]/ganze Zahl   *¼ ist eine Bruchzahl (Mathematik)*

Brücke/Unterführung, Tunnel   *eine Brücke führt über die Straße; der Zug*
                                             fährt über die Brücke

Bruder/Schwester   *mein älterer, größerer Bruder; Tilo ist Hei-*
                                             druns Bruder

Brust/Rücken   *eine Narbe auf der Brust*

Brust; s. Heldenbrust, Hühnerbrust

Brustkind/Flaschenkind   *(Säugling, der von der Mutter gestillt*
                                             wird)

Brustresonanz/Kopfresonanz   *(Musik)*

Brustschwimmen/Rückenschwimmen

Bruststimme/Kopfstimme   *(Musik)*

Brustteil/Rückenteil

Brutfürsorge/Brutpflege   *(Verhaltensforschung)*

Brutpflege/Brutfürsorge   *(Verhaltensforschung)*

brutto/netto; a. Realeinkommen   *er verdient 3000 Mark brutto (= Abzüge*
                                             noch nicht abgerechnet)

Bruttobetrag/Nettobetrag

Bruttoeinkommen/Nettoeinkommen; a.   *das Bruttoeinkommen (ohne Abzug von*
  Realeinkommen   *Steuern) beträgt 5500,00 Mark*

Bruttoeinnahmen/Nettoeinnahmen

Bruttoertrag/Nettoertrag

Bruttogehalt/Nettogehalt

Bruttogewicht/Nettogewicht   *das Bruttogewicht (das Gewicht einschließ-*
                                             lich Verpackung) ist angegeben

Bruttogewinn/Nettogewinn

Bruttolohn/Nettolohn   *Bruttolohn ist die Lohnsumme vor den Ab-*
                                               zügen

Bruttopreis/Nettopreis   *der Bruttopreis ist Preis vor Abzug des Ra-*
                                             batts

Bruttoraumgehalt/Nettoraumgehalt   *(Schiffahrt)*

Bruttoregistertonne/Nettoregistertonne   *(Schiffsbau)*

Bruttosozialprodukt/Nettosozialprodukt   *(Gesamtheit aller Güter, die eine Volks-*
                                             wirtschaft in einem bestimmten Zeit-
                                             raum erzeugt − ohne Abschreibungen)

Bruttoverdienst/Nettoverdienst

Bruttoverkauf/Nettoverkauf | *Bruttoverkauf ist ohne Abzüge*
Bruttozins/Nettozins | *Bruttozins ist der Zins zuzüglich der Nebenkosten*

Bub/Mädchen, Mädel; s. a. Girl | *in der Schule sind sowohl Buben als auch Mädchen (süddeutsch)*

Buchgrundschuld/Briefgrundschuld | *(Rechtswesen)*
Buchhypothek/Briefhypothek | *(Rechtswesen)*
Buchstabe/Geist | *nach dem Geist und nicht nach dem Buchstaben (Romantik)*

Buchstabe; s. Großbuchstabe, Kleinbuchstabe

Buchstabenschrift/Begriffsschrift | *(Sprachwissenschaft)*
Buchstabenzeichen/Begriffszeichen | *(Sprachwissenschaft)*
Buchstabiermethode/Ganzheitsmethode | *(Pädagogik)*
Büfettier/Büfettiere | *(Bierzapfer am Buffet)*
Büfettiere/Büfettier | *(Bierzapferin am Buffet)*
Bug/Heck | *der Bug (vorderster Teil) des Schiffes*
Buhruf/Bravoruf | *am Schluß der Vorstellung hörte man Buhrufe*

buh rufen/applaudieren | *im Theater buh rufen (als Zeichen der Unzufriedenheit)*

Bulgare/Bulgarin
Bulgarin/Bulgare
Bulimie/Anorexie; a. Magersucht | *(krankhaftes übermäßiges Essen; Medizin)*
Bull/Bear; s. a. Baissier | *(jemand, der auf steigende Kurse spekuliert; Börse)*

Bulle/Kuh | *der Bulle ist ein geschlechtsreifes männliches Rind, die Kuh ein weibliches*

Bulle/Ochse | *der Bulle ist im Gegensatz zum Ochsen ein nicht kastriertes männliches Rind*

Bummelfritze/Bummelliese | *(männliche Person, die langsam ist)*
Bummelliese/Bummelfritze | *(weibliche Person, die langsam ist)*
Bund/Länder | *(Bundesrepublik)*
Bundesländer; s. die alten Bundesländer, die neuen Bundesländer

Bundesrat/Bundestag; a. Repräsentantenhaus, Unterhaus
Bundesstaat/Staatenbund | *(Staat, in dem mehrere Länder, Gliedstaaten vereinigt sind; Politik)*

Bundestag/Bundesrat; a. Oberhaus, Senat
Bungeejumping/Rocket-Bungee | *(das Springen von einer Brücke o. ä., wobei der Springer an einem Seil aus Gummi hängt, das kurz vor dem Aufprall zurückfedert)*

bunt/einfarbig | *ein buntes Kleid*
bunt/unbunt | *unbunte und bunte Klecksgebilde*
Buntwäsche/Weißwäsche, weiße Wäsche
Bürger/Bürgerin | *die Bürgerinnen und Bürger sind aufgerufen, zur Wahl zu gehen*

Bürger/Künstler	*die Polarität Bürger – Künstler, Leben – Geist ist das beherrschende Thema bei Thomas Mann, zum Beispiel in Tonio Kröger*
bürgerfern/bürgernah	*ein bürgerferner Petitionsausschuß*
Bürgerin/Bürger	*die Bürgerinnen und Bürger sind aufgerufen, zur Wahl zu gehen*
bürgerlich/adlig	*von bürgerlicher Herkunft sein*
bürgerlich/unbürgerlich	*ein bürgerliches Leben führen*
bürgerlich; s. großbürgerlich, kleinbürgerlich	
Bürgermeister/Bürgermeisterin	
Bürgermeisterin/Bürgermeister	
bürgernah/bürgerfern	*sich einen bürgernahen Petitionsausschuß im Bundestag wünschen*
Bürgersfrau/Bürgersmann	*(veraltet)*
Bürgersmann/Bürgersfrau	*(veraltet)*
Bürger[s]sohn/Bürgerstochter	*([junger] Mann, der aus dem Bürgerstand kommt)*
Bürgersteig/Fahrbahn, Damm	*der Radfahrer ist auf dem Bürgersteig gefahren*
Bürgerstochter/Bürger[s]sohn	*([junge] Frau, die aus dem Bürgerstand kommt)*
Burggraf/Burggräfin	
Burggräfin/Burggraf	
Burgherr/Burgherrin	
Burgherrin/Burgherr	
Buridans Esel/Scylla und Charybdis	*er befindet sich in einer Situation wie Buridans Esel, der zwischen zwei gleichen Heubündeln eine Entscheidung treffen mußte, doch verhungerte, weil er sich weder für das eine – Positive – noch für das andere – Positive – entscheiden konnte (Buridan war ein französischer Philosoph, geb. um 1295, gest. um 1358)*
Büroarbeit/Telearbeit	*(Arbeit, die am Arbeitsplatz im Büro geleistet wird)*
Bürogehilfe/Bürogehilfin	
Bürogehilfin/Bürogehilfe	
bürokratisch/unbürokratisch	*es geht dort sehr bürokratisch zu*
bürokratisieren/entbürokratisieren	*man hat die Verwaltung bürokratisiert und muß sie nun wieder entbürokratisieren*
Business class/Economyklasse	*(Flugwesen)*
bußfertig/unbußfertig	*ein bußfertiger (Reue zeigender und zur Buße bereiter) Sünder*
Butch/Femme	*(eine „männliche" Lesbierin)*
Butter/Margarine	

C

Cabrio/Limousine	*(Personenkraftwagen mit zurückklappbarem Verdeck und versenkbaren Seitenfenstern)*
Cabriolet/Limousine	*(Personenkraftwagen mit zurückklappbarem Verdeck und versenkbaren Seitenfenstern)*
Caesar; s. Cäsar	
Cafetier/Cafetiere	*(Besitzer eines Kaffeehauses; veraltet)*
Cafetiere/Cafetier	*(Besitzerin eines Kaffeehauses; veraltet)*
Callboy/Callgirl; a. Strichmädchen	*(junger, sich prostituierender Mann, der auf telefonischen Anruf hin [homo]sexuelle Wünsche zu Hause, im Hotel usw. erfüllt)*
Callgirl/Callboy; a. Strichjunge	*(Prostituierte, die auf telefonischen Anruf hin Besuche macht oder empfängt)*
Cantica/Diverbia	*(gesungene Teile im altrömischen Drama)*
Cantus figuralis/Cantus planus	*(Musik)*
Cantus floridus/Cantus planus	*(Musik)*
Cantus planus/Cantus figuralis, Cantus floridus	*(Musik)*
Carrier/Charterer	*(Unternehmen, das Personen oder Güter zu Wasser, auf dem Landweg und in der Luft befördert; Vermieter — Vertragspartner bei Charterverträgen)*
Cäsar/Kleopatra	*(römischer Feldherr und Staatsmann — von 100 bis 44 vor Christus —, der in den ägyptischen Thronstreit zugunsten der Königin Kleopatra eingriff, mit der zusammen er einen Sohn hatte)*
Castor/Pollux; s. a. Polydeukes	*(die lateinischen Namen für die aus der griechischen Mythologie bekannten Zwillingsbrüder, die Dioskuren, die Söhne des Zeus)*
Casus obliquus/Casus rectus; a. Nominativ	*ein Casus obliquus, ein abhängiger Fall, ist zum Beispiel der Genitiv*
Casus rectus/Casus obliquus; a. Akkusativ	*der Nominativ ist ein Casus rectus, ein nicht abhängiger Fall*
Causeur/Causeuse	*(munterer Plauderer)*
Causeuse/Causeur	*(muntere Plauderin)*
CB-Funk/Amateurfunk	*(Sprechfunkverkehr, für den man keine Lizenz braucht)*
CD-Player/CD-Recorder	*(Kompaktschallplattenspieler)*

CD-Recorder/CD-Player	*(Gerät zur elektromagnetischen Speicherung und Wiedergabe)*
Cellist/Cellistin	
Cellistin/Cellist	
Celsius/Fahrenheit	*(Gradeinheit für Temperaturen; zwischen Gefrierpunkt und Siedepunkt 100 gleiche Teile)*
Cembalist/Cembalistin	
Cembalistin/Cembalist	
Challenge/Response	*(EDV)*
Chancengleichheit/Chancenungleichheit	
Chancenungleichheit/Chancengleichheit	
Chanson[n]ette/Chansonnier	*(Chansonsängerin)*
Chansonnier/Chansonnière, Chanson[n]ette	*(Chansonsänger)*
Chansonnière/Chansonnier	*(Chansonsängerin)*
Charakter haben/charakterlos sein	*er hat Charakter*
charakteristisch/uncharakteristisch	*das ist für sie charakteristisch*
charakterlos sein/Charakter haben	*er ist charakterlos*
charakterschwach/charakterstark	
Charakterschwäche/Charakterstärke	
charakterstark/charakterschwach	
Charakterstärke/Charakterschwäche	
charmant/uncharmant	*das hat er sehr charmant gesagt*
Charterer/Carrier	*(jemand, der etwas (zum Beispiel: Flugzeug, Schiff) chartert; Mieter − Vertragspartner bei Charterverträgen)*
Charterflug/Linienflug	*(Luftfahrt)*
Charterflugzeug/Linienflugzeug	*er flog mit einem Charterflugzeug*
Chartermaschine/Linienmaschine	*er flog mit einer Chartermaschine*
Charterverkehr/Linienverkehr	*(nur bei Gelegenheiten betriebene Beförderung von Personen oder Gütern auf einem Schiff o. a.)*
Charybdis/Scylla	*(in der griechischen Mythologie Felsenschlund mit Meeresstrudel); zwischen Scylla und Charybdis (ausweglose Lage, in der man zwischen zwei Übeln zu wählen hat)*
chasmogam/kleistogam	*(der Fremdbestäubung zugänglich; Botanik)*
Chasmogamie/Kleistogamie	*(Fremdbestäubung; Botanik)*
Chassis/Karosserie	*(Teil des Autos, an dem die Achskonstruktion mit den Laufrädern und die Antriebselemente festgemacht und auf dem die Aufbauten angebracht sind)*
Chatonfassung/Ajourfassung	*(Kastenfassung für Edelsteine)*
Chauffeur/Chauffeuse, Chauffeurin	
Chauffeurin/Chauffeur	
Chauffeuse/Chauffeur	*(selten)*

Chef/Chefin; a. Meisterin

Chefin/Chef; a. Meister

Chemie; s. angewandte Chemie, reine
   Chemie

Chemiefaser/Naturfaser

Chemonastie/Chemotropismus   *(Biochemie)*

Chemotropismus/Chemonastie   *(Biochemie)*

Chiasmus/Parallelismus   *(kreuzweise syntaktische Stellung, z. B.*
                                        schön war der Anfang, das Ende war
                                        schlecht)

chiffrieren/dechiffrieren; s. a. entschlüsseln   *eine Mitteilung chiffrieren*

Chinese/Chinesin

Chinesin/Chinese

Cholesterin; s. HDL-Cholesterin, LDL-
   Cholesterin

Chondroblast/Chondroklast   *(Anatomie)*

Chondroklast/Chondroblast   *(Anatomie)*

Choral; s. Gregorianischer Choral

Choralnotation/Mensuralnotation   *(Notenschrift, die nur die relativen Tonhö-*
                                        henunterschiede angibt; Mittelalter)

Chorgesang/Sologesang

choripetal/sympetal   *(mit nicht miteinander verwachsenen Blü-*
                                        tenblättern; Botanik)

Chorist/Choristin   *der Opernchor hatte 25 Choristen (Chor-*
                                        sänger) und 24 Choristinnen

Choristin/Chorist   *der Opernchor hatte 25 Choristen und 24*
                                        Choristinnen (Chorsängerinnen)

Chorist[in]/Solist[in]   *(jemand, der mit anderen zusammen im*
                                        Chor, nicht allein singt)

Chorsänger/Chorsängerin   *der Opernchor hatte 25 Chorsänger und*
                                        30 Chorsängerinnen

Chorsängerin/Chorsänger   *der Opernchor hatte 25 Chorsänger und*
                                        30 Chorsängerinnen

Chorsänger[in]/Solist[in]   *(jemand, der mit anderen zusammen im*
                                        Chor, nicht allein singt)

Christ/Christin; a. Gläubige, die   *alle Christen und Christinnen sind aufgeru-*
                                        fen zu helfen

Christ/Heide; a. Ungläubige, der   *Toleranz nicht nur gegenüber den Chri-*
                                        sten, sondern auch gegenüber den
                                        Heiden

Christ/Jude   *ob Jude oder Christ, das kümmerte hier*
                                        niemanden

Christin/Christ; a. Gläubige, der

christlich/jüdisch   *christliche und jüdische Gebete*

christlich/nichtchristlich   *christliche Religionen*

christlich/unchristlich   *sich christlich verhalten; christliche Tole-*
                                        ranz; eine christliche Asylpolitik

Chromatik/Diatonik   *(Musik)*

chromatisch/diatonisch   *(Musik)*

Chromosom; s. X-Chromosom, Y-Chro-
  mosom

chronisch/akut — *chronisches (andauerndes) Leiden; chroni-*
    sche Schmerzen

Chronizität/Akuität — *(chronischer Verlauf einer Krankheit)*

Cinderella-Syndrom/Peter-Pan-Syndrom — *(wenn Frauen nicht erwachsen werden*
    wollen)

cisalpin[isch]/transalpin[isch] — *(südlich der Alpen; von Rom aus: diesseits*
    der Alpen)

cisrhenanisch/transrhenanisch; a. rechts-
  rheinisch — *(westlich des Rheins; von Gallien — römi-*
    scher Name für Frankreich — aus: dies-
    seits des Rheins)

Clarino/Prinzipal — *ein Clarino ist eine hohe Trompete*

Closed Loop/Open Loop — *(EDV)*

Closed Shop/Open Shop — *(EDV)*

Code; s. elaborierter Code, restringierter
  Code

codieren/decodieren; s. a. entschlüsseln

Coiffeur/Coiffeuse; s. a. Friseurin — *(schweizerisch)*

Coiffeuse/Coiffeur; s. a. Friseur — *(schweizerisch)*

Coitus per anum/Coitus per os; s. a. Oralverkehr — *(Geschlechtsverkehr, bei dem der Penis in*
    den After eindringt)

Coitus per os/Coitus per anum; s. a. Anal-
  verkehr — *(sexueller Kontakt, bei dem der Penis oral*
    — mit dem Mund — stimuliert wird)

coll'arco/pizzicato — *(gestrichen; Musik)*

Colombina; s. Kolombine

COMECON/OECD — *(früher: Rat für gegenseitige Wirtschafts-*
    hilfe; im Ostblock)

Concentus/Accentus — *Concentus ist ein melodischer liturgischer*
    Gesang

Concertato/Ripieno — *(Gesamtheit der Solostimmen)*

Concertino/Concerto grosso — *(Gruppe von Solisten im Gesamtorchester)*

Concerto grosso/Concertino — *(Gesamtorchester)*

concreto; s. in concreto

con sordino/senza sordino, via il sordino — *(mit Dämpfer; bei Streichinstrumenten)*

contra/pro; s. a. für — *er ist contra eingestellt*

contra legem/intra legem — *(gegen das Gesetz; Rechtswesen)*

Convenience-goods/Shopping-goods — *(alltägliche Waren wie Brot und Gemüse,*
    die man aus Bequemlichkeit usw. in der
    Nachbarschaft einkauft)

cool/uncool — *([auch in aufregenden o. ä. Situationen]*
    sachlich-nüchtern und emotionslos; um-
    gangssprachlich)

Cordeliers/Feuillants — *(radikale Vereinigung am Anfang der fran-*
    zösischen Revolution)

Corpus/Tunica — *(zentraler Strang; Botanik)*

Cousin/Cousine, Kusine — *sie sind Cousin und Cousine (Sohn bzw.*
    Tochter von dem Bruder oder der
    Schwester eines Elternteils)

Cousine/Cousin, Vetter

das ist meine Cousine (Tochter vom Bruder oder von der Schwester eines Elternteils)

Coverboy/Covergirl

(attraktiver junger Mann auf dem Titelblatt einer Illustrierten)

Covergirl/Coverboy

(attraktives junges Mädchen auf dem Titelblatt einer Illustrierten)

crescendo/decrescendo

(lauter werdend; Musik)

Crescendo/Decrescendo

(Zunahme der Tonstärke; Musik)

Croupier/Croupieuse

(Bankhalter; Angestellter einer Spielbank)

Croupieuse/Croupier

(Bankhalterin; Angestellte einer Spielbank)

c. t./s. t.; s. a.: sine tempore

der Vortrag beginnt 20.00 Uhr c. t. (= um 20.15 Uhr)

cum tempore/sine tempore; s. auch: s. t.

(mit akademischem Viertel, also eine Viertelstunde später als angegeben: zum Beispiel statt 20.00 Uhr um 20.15 Uhr)

Cunnilingus/Fellatio; s. a. Oralverkehr, Blasen

(Stimulierung des weiblichen Geschlechtsorgans mit der Zunge)

Cunnus succedanus/Dildo

(Gegenstand in Nachbildung der weiblichen Scheide, der Männern zur Selbstbefriedigung dient; „Seemannsliebchen")

Cutter/Cutterin

(Mann, der die endgültige Fassung eines Films durch Schneiden herstellt)

Cutterin/Cutter

(Frau, die die endgültige Fassung eines Films durch Schneiden herstellt)

Cyber money/Bargeld

D

da/hier	*er wohnt da, ich wohne hier*
dableiben/fortgehen, weggehen	*bleib da!*
Dach/Sohle	*(überhängendes Gestein; Bergbau)*
Dachboden/Keller	*die Kisten stehen auf dem Dachboden*
Dachfläche/Sohlfläche	*(Geologie)*
Dad/Mum; s. Mama, Mutter	*(Vater; englisch familiär)*
dadrüber/dadrunter; a. unterhalb	*die Ablage findet sich dadrüber*
dadrunter/dadrüber; a. oberhalb	*die Ablage findet sich dadrunter*
dafür/dagegen; a. kontra	*sie hat sich dafür ausgesprochen*
dagegen/dafür; a. pro	*sie hat sich dagegen ausgesprochen*
daheim/auswärts	*daheim essen (besonders süddeutsch)*
dahin/dorthin	*geh dahin, nicht dorthin!*
dahin/hierher	*schau dahin, nicht hierher!*
dahinter/davor; a. vor (örtlich)	*sie stand vor dem Vorhang und er dahinter*
Daktylus/Anapäst; a. Trochäus/Jambus	*(Versmaß; eine Länge, zwei Kürzen: −..)*
dalassen/mitnehmen	*das Gepäck dalassen*
Dalila/Samson	*(von Samson geliebte Philisterin, die ihm heimlich das Haar abschnitt, wodurch er seine übermenschlichen Kräfte verlor und von seinen Feinden − den Philistern − besiegt werden konnte)*
damalig.../jetzig...	*der damalige Zustand; mein damaliger Freund*
damals/heute, jetzt	*damals − zu Zeiten der DDR − hieß der Platz in Berlin Marx-Engels-Platz, heute/jetzt heißt er wieder Lustgarten; damals habe ich das anders gesehen als heute*
Dame/Herr; a. Mann, Yang	*die Dame des Hauses; Frau X ist eine bessere Dame (gehört der gehobeneren Schicht an); Frisör für die Dame; meine Damen und Herren; was wünschen Sie, meine Dame?*
Damenbart/Bart	*(bartähnlicher Haarwuchs auf der Oberlippe der Frau)*
Damenbekanntschaft/Herrenbekanntschaft	
Damenbekleidung/Herrenbekleidung	
Damenbesuch/Herrenbesuch	*er empfing Damenbesuch*
Damenfriseur/Herrenfriseur	
Damenfußball/Fußball	*(von Frauenmannschaften gespielter Fußball)*

Damenhandschuh/Herrenhandschuh
Damenkonfektion/Herrenkonfektion
Damenmode/Herrenmode
Damenoberbekleidung/
   Herrenoberbekleidung
Damenrad/Herrenrad
Damensattel/Herrensattel   *(Sattel für Damen, wobei sich beide Beine auf der linken Seite des Pferdes befinden)*

Damenschirm/Herrenschirm
Damenschneider/Herrenschneider
Damenschuh/Herrenschuh
Damensitz/Herrensitz   *(der Sitz im Damensattel)*
Damentennis/Tennis   *Boris Becker meinte, er spiele Tennis und Steffi Graf spiele Damentennis*
Damentoilette/Herrentoilette   *wo ist hier die Damentoilette?*
Damenunterwäsche/Herrenunterwäsche
Damm/Bürgersteig, Gehweg
Damm; s. nicht auf dem Damm sein, wieder auf den Damm kommen
Dämmerschoppen/Frühschoppen
Dampfsauna/Trockensauna
danach/davor; a. vorher (zeitlich)   *wie fühlt man sich danach?; danach war nichts mehr wie davor; am Tag danach; vor der Prüfung war er sehr aufgeregt, danach fühlte er sich erleichtert*

Däne/Dänin
danebentreffen/ins Ziel treffen
Dänin/Däne
Dank/Undank   *mit Dank kann man nie rechnen*
dankbar/undankbar   *1. dankbare Kinder; 2. eine dankbare (sich lohnende, Freude mit sich bringende) Aufgabe*

Dankbarkeit/Undankbarkeit
danke/bitte   *„Ich wünsche dir alles Gute!" „Danke"; „Über deine Hilfe habe ich mich sehr gefreut. Danke!" „Bitte!"*

Dankgebet/Bittgebet   *(Religion)*
Dankgottesdienst/Bittgottesdienst   *(Religion)*
dann/erst   *erst war es Spaß, dann wurde es Ernst*
dannen; s. von dannen
darauf/darunter; a. dadrunter, unterhalb   *sie saß am Tisch. Darauf stand eine Vase*
daraus/darein   *daraus (aus der Lostrommel) hat er das Los genommen*

darein/daraus   *darein (in die Lostrommel) hat er das Los gelegt*

Darlehensgeber/Darlehensnehmer   *(Bankwesen)*
Darlehensnehmer/Darlehensgeber   *(Bankwesen)*
Darsteller/Darstellerin

Darstellerin/Darsteller

Darstellungsprinzip/Ausdrucksprinzip   *(von Klages formuliertes Deuteprinzip für Erscheinungen des Ausdrucks, zum Beispiel bei der Handschrift, wonach jede spontane Bewegung von unbewußten Erwartungen mitgestaltet wird; Psychologie)*

darüber/darunter; a. dadrunter, untendrunter, unterhalb   *ich wohne im ersten Stock. Sie darüber.*

darunter/darauf; a. darüber, dadrüber, oberhalb   *sie saß am Tisch. Darunter stand eine Fußbank*

darunter/darüber; a. darauf, obendrauf   *sie wohnt im zweiten Stock. Ich darunter*

das Alte Testament/das Neue Testament   *(Religion)*

dasein/weg sein   *sie ist (noch) da, doch er ist (schon) weg*

Dasein/Sosein   *(Philosophie)*

das Einst/das Jetzt

das einzelne/das Ganze   *das einzelne ist schöner als das Ganze*

das Für und Wider   *man muß das Für und Wider bei dieser Entscheidung abwägen*

das Ganze/das einzelne   *das einzelne ist schöner als das Ganze*

das Ganze/die Hälfte   *er bekommt das Ganze*

das Ganze/ein Teil   *er bekam nicht das Ganze, sondern nur einen Teil*

das Gesicht verlieren/das Gesicht wahren   *(Ansehen, Glaubwürdigkeit u. a., was man hatte, − auf Grund bestimmter Vorgänge − einbüßen)*

das Gesicht wahren/das Gesicht verlieren   *(bestrebt sein, Ansehen, Glaubwürdigkeit u. a., was man hat, trotz bestimmter gegenläufiger Geschehnisse nicht einzubüßen)*

das ist die Wahrheit/das ist gelogen   *„Was ich gesagt habe, das ist die Wahrheit." „Nein, das ist gelogen!"*

das ist gelogen/das ist die Wahrheit   *„Was ich gesagt habe, das ist die Wahrheit." „Nein, das ist gelogen!"*

das Jetzt/das Einst

das Leben noch vor sich haben/das Leben schon hinter sich haben

das Leben schon hinter sich haben/das Leben noch vor sich haben

das Neue Testament/das Alte Testament   *(Religion)*

das schwache Geschlecht/das starke Geschlecht; s. a. Mann   *(die Frauen)*

das starke Geschlecht/das schwache Geschlecht; s. a. Frau   *(die Männer)*

das verbietet der Anstand/das verlangt, erfordert der Anstand   *(so etwas macht man nicht, das gehört sich nicht)*

das verlangt, erfordert der Anstand/das verbietet der Anstand   *(sich so höflich, ordentlich o. ä. zu benehmen, sich so zu verhalten − das gehört sich eben)*

Datenausgabe/Dateneingabe
Dateneingabe/Datenausgabe
Dauerausstellung/Wanderausstellung
Dauerbeschäftigung/Zeitvertrag

handelt es sich um eine Dauerbeschäftigung oder um einen Zeitvertrag?

Dauerdelikt/Zustandsdelikt

(zum Beispiel: Freiheitsberaubung)

Dauerei/Sommerei; s. a. Subitanei

(befruchtetes, zum Überdauern ungünstiger klimatischer Bedingungen geeignetes Ei von in periodischen Gewässern existierenden kleineren Tierchen wie Blattfußkrebse, Rädertierchen)

Dauerfeldbau/Jahreszeitenfeldbau

(ununterbrochener Anbau; Landwirtschaft)

Dauerfeuer/Einzelfeuer

bei einer Waffe auf Dauerfeuer stellen

Dauerlaut/Momentanlaut

(zum Beispiel: a, m, n; Phonetik)

dauernd/vorübergehend

hierbei handelt es sich um eine dauernde Einschränkung

Dauerparker/Kurzparker

(jemand, der sehr lange parkt)

Dauerwette/Einzelwette

(Lotterie)

Dauerzelle/Embryonalzelle

(Körperzelle, die nicht mehr teilungsfähig ist; Biologie)

Daumen hoch/Daumen runter; a. gegen, pereant, pereat
Daumen runter/Daumen hoch; a. für, vivant, vivat
David/Goliath; s. a. Riese

(biblische Gestalt; israelitischer König, tötet Goliath)

David/Jonat[h]an

(biblisches Freundespaar); David sprach davon, daß ihm seine Liebe zu Jonatan wichtiger war als die Frauenliebe; sie waren „ein Herz"

davonbrausen/heranbrausen

mit dem Motorrad davonbrausen

davor/dahinter; a. hinter (örtlich)

sie stand hinter der Säule und er davor

davor/danach; a. nachher (zeitlich)

wie fühlt man sich davor?; danach war nichts mehr wie davor; am Tag davor (vor der Hochzeit); unmittelbar davor (vor dem Unfall) habe ich ihn noch gesprochen; kurz davor (vor dem Beginn der Tagung) ist das passiert

DA-Wandler/AD-Wandler
DDR/BRD; s. a. die alten Bundesländer

(historisch)

de.../... (vor fremdsprachlichem Verb)

(mit der Bedeutung: ent..., von...weg) z. B. demilitarisieren/militarisieren

de.../en...; a. ver... (vor fremdsprachlichem Verb)

(mit der Bedeutung: ent..., von...weg) z. B. dekodieren/enkodieren

De.../... (vor fremdsprachlichem Substantiv)

(mit der Bedeutung: Ent..., von...weg) z. B. Dezentralisation/Zentralisation

deaktivieren/aktivieren	*deaktivierte Menüeinträge (EDV); die Kontrollkästchen neben den Symbolleisten deaktivieren (EDV); eine Option, Befehle deaktivieren (ihre Funktion ausschalten; EDV); ein Molekül deaktivieren (in einen nicht aktiven Zustand versetzen; Chemie)*
Deaktivierung/Aktivierung	*die Deaktivierung einer Option (EDV); die Deaktivierung eines Atoms (Chemie)*
Debet/Kredit; a. Haben	*(die Sollseite eines Kontos; das, was man schuldet; Bankwesen)*
Debetsaldo/Habensaldo	
Debilitativum/Intensivum	*(Verb mit abschwächender Form, z. B. köcheln zu kochen, lächeln zu lachen; Sprachwissenschaft)*
Debitor/Kreditor; s. a. Gläubiger	*(Schuldner, der Waren auf Kredit bekommen hat; Wirtschaft)*
deblockieren/blockieren	*(Druckwesen)*
Debütant/Debütantin	
Debütantin/Debütant	
dechiffrieren/chiffrieren; s. a. verschlüsseln	*ein Fernschreiben dechiffrieren; eine Mitteilung (wieder) dechiffrieren (entschlüsseln)*
Deck; s. an Deck, unter Deck	
Decke/[Fuß]boden	*sie guckte an die Decke (des Zimmers); etwas (zum Beispiel der Stuck) fällt von der Decke auf den [Fuß]boden*
Deckel/Topf	*den Deckel auf den Topf legen*
decken/abdecken	*1. das Dach decken; 2. den Tisch decken (Tischdecke auflegen und Geschirr usw. hinstellen)*
Deckfarbe/Lasurfarbe	*(Farbe, die den Untergrund nicht durchscheinen läßt)*
Deckglas/Objektträger	*(Glasplättchen, das auf den zu untersuchenden Gegenstand gelegt wird; Mikroskopie)*
Deckknochen/Ersatzknochen	*(Anatomie)*
Deckungsverhältnis/Valutaverhältnis	*(Rechtswesen)*
Decoder/Encoder	*(Entschlüsseler)*
decodieren/codieren, encodieren; s. a. verschlüsseln	*(entschlüsseln)*
Decoding/Encoding; s. a. Verschlüsselung	*(Entschlüsselung)*
decrescendo/crescendo	*(leiser werdend; Musik)*
Decrescendo/Crescendo	*(Abnahme der Tonstärke; Musik)*
Deduktion/Induktion	*(Ableitung vom Allgemeinen; Philosophie)*
deduktiv/induktiv	*eine deduktive Methode erschließt das Besondere aus dem Allgemeinen*
deduzieren/induzieren	*(das Besondere aus dem Allgemeinen herleiten; Philosophie)*

Deemphasis/Preemphasis	*(Entzerrung in bezug auf die Vorverzerrung; Funkwesen)*
Deeskalation/Eskalation	*(Abschwächung)*
deeskalieren/eskalieren	*einen Konflikt deeskalieren (ihm allmählich die Schärfe nehmen, ihn abschwächen)*
de facto/de jure	*etwas ist de facto (als in der Praxis schon bestehend) sanktioniert; seine Rechte sind zwar noch nicht de jure (rechtlich abgesichert), aber de facto (durch die alltägliche Praxis) schon anerkannt*
De-facto-Anerkennung/De-jure-Anerkennung	*(eine nicht offizielle, rechtlich (noch) nicht verankerte, aber auf Grund von bestehenden Gewohnheiten, Sachverhalten, Gegebenheiten praktisch existierende Anerkennung)*
defäkieren/urinieren	*(Kot ausscheiden)*
Defektur/Rezeptur	*(Herstellung von Arzneimitteln, die in größerer Menge vorrätig gehalten werden sollen)*
defensiv/offensiv; a. aggressives Fahren	*ein defensives (der Verteidigung dienendes) Bündnis; defensiv spielen*
Defensive/Offensive; s. a. Angriff	*aus der Defensive spielen*
defensives Fahren/aggressives Fahren	*(auf Sicherheit bedachtes Autofahren)*
Defensivspiel/Offensivspiel, Angriffsspiel	*(Sport)*
Defensivspieler/Angriffsspieler	*(Sport)*
Definiendum/Definiens; s. a. Bezeichnendes	*(etwas, was bestimmt werden soll; ein zu Bestimmendes; zum Beispiel könnte „subtrahieren" Definiendum sein, das durch das Definiens „abziehen" erklärt wird; Sprachwissenschaft)*
Definiens/Definiendum; s. a. Bezeichnetes	*(Begriff, der einen anderen Begriff bestimmt, der das Definiendum definiert, der dessen Bedeutung angibt, zum Beispiel könnte „abziehen" das Definiens – die synonyme Bedeutungserklärung – zum Definiendum „subtrahieren" sein; Sprachwissenschaft)*
definiert/undefiniert	*definierte Begriffe*
definit/indefinit; s. a. unbestimmt	*(bestimmt)*
Definition; s. Nominaldefinition, Realdefinition	
Defizit/Guthaben; a. Haben	*das Defizit (fehlender Geldbetrag) auf der Bank*
Deflation/Inflation	*(Verminderung des Geldumlaufs)*
deflationär/inflationär	*(die Deflation, die Verminderung des Geldumlaufs betreffend; Wirtschaft)*
deflationistisch/inflationistisch	*(Wirtschaft)*
deflatorisch/inflatorisch	*(Wirtschaft)*
Degeneration/Regeneration	*(Verfall, Abbau; Biologie)*

degenerieren/regenerieren	*(Biologie)*
Degenhand/Zügelhand	*(die rechte Hand des Reiters)*
Deglomeration/Agglomeration	*(aufgelockerte Form, z. B. eines Wohnkom-* *plexes)*
Deglutination/Agglutination	*(Abtrennung; Sprachwissenschaft)*
degradieren/befördern	*der Offizier wurde (wegen seines Verge-* *hens) zum einfachen Soldaten degra-* *diert*
dehalogenieren/halogenieren	*(Chemie)*
deiktisch/intrinsisch	*(hinweisend); wenn der Fahrschüler auf* *die Anweisung, vor dem nächsten Baum* *zu halten, von ihm aus hinter dem* *Baum − danach − hält, ist das eine* *deiktische Ausführung*
dein/mein	*er kann mein und dein nicht unterscheiden* *(er neigt zum Stehlen)*
de jure/de facto	*de facto hat sie die Abteilung geleitet, war* *aber de jure (formaljuristisch) nie Lei-* *terin*
De-jure-Anerkennung/De-facto- Anerkennung	*(Anerkennung, die auf rechtlicher Grund-* *lage beruht)*
deklaratorische Wirkung/konstitutive Wir- kung	*(in bezug auf Klarstellung, Feststellung der* *rechtlichen Verhältnisse; Rechtswesen)*
deklinabel/indeklinabel; s. a. unbeugbar	*„gut" ist ein deklinables Adjektiv (ein gu-* *tes Buch; aber: ein rosa Buch)*
Deklination/Konjugation	*die Deklination der Substantive (zum Bei-* *spiel: der Baum/des Baumes/dem* *Baum/den Baum)*
deklinierbar/undeklinierbar	*die meisten Adjektive sind deklinierbar* *(zum Beispiel: ein neues Kleid)*
deklinieren/konjugieren	*ein Substantiv, Adjektiv deklinieren*
dekodieren/[en]kodieren; s. a. verschlüs- seln	*einen Funkspruch dekodieren (entschlüs-* *seln)*
Dekodierung/[En]kodierung; s. a. Ver- schlüsselung	
Dekolonisation/Kolonisation	*(Entlassung einer Kolonie aus der Abhän-* *gigkeit)*
dekolonisieren/kolonisieren	*(die Abhängigkeit einer Kolonie vom Mut-* *terland aufheben)*
Dekontamination/Kontamination	*(Entgiftung von atomar o. ä. Verseuchtem)*
dekontaminieren/kontaminieren	*(atomare o. ä. Verseuchung beseitigen)*
Dekonzentration/Konzentration	*Dekonzentration (Aufteilung auf verschie-* *dene Stellen) der Industrie; die Dekon-* *zentration (Entflechtung) eines Unter-* *nehmens*
dekonzentrieren/konzentrieren	*die Verwaltungsbehörden dekonzentrieren*
Dekrement/Inkrement	*(Mathematik)*
dekrementieren/inkrementieren	*(EDV)*
Dekrescendo/Krescendo	*(das Schwächerwerden der Tonstärke; Mu-* *sik)*

dekryptieren/kryptieren	(EDV)
delabialisieren/labialisieren	*Vokale delabialisieren (nicht mehr mit ge-* *rundeten Lippen sprechen, zum Beispiel* *wenn ü zu i wird; Phonetik)*
Delation/Relation	(Rechtswesen)
Delegierte/Delegierter	*eine Delegierte und ein Delegierter nah-* *men an der Sitzung teil*
Delegierter/Delegierte	*eine Delegierte und ein Delegierter nah-* *men an der Tagung teil*
Deliberativstimme/Dezisivstimme	*(nicht abstimmungsberechtigte, nur bera-* *tende Stimme; Rechtswesen)*
delikat/indelikat	*das Problem wurde recht delikat gelöst*
Delikt; s. Antragsdelikt, Begehungsdelikt, Offizialdelikt, Unterlassungsdelikt	
Delila; s. Dalila	
de Luxe/einfach	*Ausführung de Luxe (mit allem Komfort,* *luxuriös, mit dem Besten ausgestattet)*
demaskieren, sich/sich maskieren	*er hat sich am Schluß des Festes demas-* *kiert (seine Maske abgenommen)*
Dematerialisation/Materialisation	(Physik)
Dematerialisation/Rematerialisation	*(das Verschwinden einer angeblich stoffli-* *chen Erscheinung; Parapsychologie)*
dementieren/bestätigen; a. zugeben	*die Meldung wurde weder dementiert* *noch bestätigt*
demilitarisieren/militarisieren; s. a. rüsten	*(die Streitkräfte abbauen, abziehen)*
Demobilisation/Mobilisation	*(das Aufheben der Kriegsbereitschaft)*
demobilisieren/mobilisieren	*das Heer (wieder) demobilisieren (nicht* *mehr in Kriegsbereitschaft halten; vom* *Kriegszustand in den Friedenszustand* *zurückführen; entmobilisieren)*
Demobilisierung/Mobilisierung	(Militär)
Demokraten/Republikaner	*(in den USA; Bill Clinton gehört zu den* *Demokraten)*
Demokratie/Diktatur	
demokratisch/undemokratisch	*eine demokratische Entscheidung*
Demontage/Montage	*die Demontage (der Abbau) einer Ma-* *schine*
Demotivation/Motivation	*(das Nichtmehrmotiviertsein)*
demotivieren/motivieren	*die Kritik des Lehrers hat ihn demotiviert* *(bewirkt, daß sein Interesse, sein Enga-* *gement aufgehört, nachgelassen hat)*
demotiviert/motiviert	*durch Tadel demotivierte Schüler*
Demotivierung/Motivierung	
Demulgator/Emulgator	(Chemie)
demulgieren/emulgieren	(Chemie)
den Anker auswerfen/den Anker einholen	
den Anker einholen/den Anker auswerfen	
den Anker lichten/den Anker auswerfen	*(den Anker hochziehen [um wegfahren zu* *können])*

den Appetit anregen/jemandem den Appe-   *das leckere Buffet hat den Appetit ange-*
tit verderben   *regt*
Denaturalisation/Naturalisation
denaturalisieren/naturalisieren   *jemanden denaturalisieren (ihm die Staats-*
    bürgerschaft entziehen; Staatsrecht)
denkbar/undenkbar   *diese Entwicklung ist denkbar*
denken an/vergessen   *an die Verabredung denken*
denkfähig/denkunfähig
denkunfähig/denkfähig
den Kurs beibehalten/abdrehen   *den Kurs beim Fliegen beibehalten*
den Mund aufmachen/den Mund halten   *man hält besser den Mund und setzt sich*
    dem Verdacht aus, ein Dummkopf zu
    sein, als den Mund aufzumachen und
    damit jeden Zweifel zu beseitigen
den Mund halten/den Mund aufmachen   *man hält besser den Mund und setzt sich*
    dem Verdacht aus, ein Dummkopf zu
    sein, als den Mund aufzumachen und
    damit jeden Zweifel zu beseitigen
den Mut nehmen/Mut machen   *durch seine kritische Bemerkung hat er ihr*
    den Mut genommen
Denobilitation/Nobilitation   *(Entzug des Adelsprädikats)*
Denotat/Konnotat   *(begrifflicher Inhalt eines Wortes im Unter-*
    schied zum emotionalen; Sprachwissen-
    schaft)
Denotation/Konnotation   *(Sprachwissenschaft)*
denotativ/konnotativ   *(nur den begrifflichen Kern eines Wortes*
    betreffend, nicht die mit ihm möglicher-
    weise verbundenen Nebenvorstellungen
    usw.; Sprachwissenschaft)
den Weg abkürzen/einen Umweg machen
deontisch/epistemisch   *(Philosophie)*
Departure/Arrival; a. Ankunft   *(Abflug; Flugwesen)*
Dependenz/Independenz   *(Abhängigkeit)*
Dependenzgrammatik/
  Phrasenstrukturgrammatik, kategoriale
  Grammatik
Depolymerisation/Polymerisation   *(Chemie)*
depolymerisieren/polymerisieren   *(Chemie)*
Deport/Report   *(Kursabzug; Börsenwesen)*
Depositenbank/Effektenbank   *(Bank, die sich vorwiegend durch die Her-*
    einnahme von Kundeneinlagen finan-
    ziert)
Depression/Euphorie   *(seelische Bedrücktheit)*
Depression/Prosperität   *(Niedergangs-, abflauende Phase; Wirt-*
    schaft)
depressiv/euphorisch   *(sich in gedrückt-trauriger Gemütsverfas-*
    sung befindend)
dequalifizieren/qualifizieren   *dequalifizierte (nicht genügend ausgebil-*
    dete) Arbeitskräfte

der/die

1. *der war das!; der steht im Stall und die daneben (Redewendung als Kritik am Gebrauch des personenbezogenen Demonstrativpronomens); 2. der Abgeordnete (Artikel)*

deregulieren/regulieren

(regelnde Maßnahmen wieder aufheben)

Derewnja/Selo

(kleineres russisches Dorf ohne Kirche)

der Ferne Osten/der Nahe Osten

(Ostasien)

der Geist ist willig, aber das Fleisch ist schwach

(wenn auch der gute Vorsatz vorhanden ist, so scheitert seine Realisierung schließlich doch an der persönlichen menschlichen Schwäche)

Derivat; s. Derivativum

Derivation/Komposition; s. a. Zusammensetzung

(Ableitung, ableitende Wortbildung; Sprachwissenschaft)

Derivativ[um]/Kompositum

(abgeleitetes Wort, zum Beispiel „mütterlich" von „Mutter")

der Nahe Osten/der Ferne Osten

(Vorderasien und Israel)

des.../...; s. a. .../de... (vor vokalisch anlautendem fremdsprachlichem Verb)

(mit der Bedeutung: ent..., von...weg) z. B. desintegrieren/integrieren

Des.../...; s. a. .../De... (vor vokalisch anlautendem fremdsprachlichem Substantiv)

(mit der Bedeutung: Ent..., von...weg) z. B. Desintegration/Integration

Desaktivierung/Aktivierung

(Chemie)

desaminieren/aminieren

eine organische Verbindung desaminieren (Chemie)

Desdemona/Othello

(Ehefrau des Othello, der sie aus – unbegründeter – Eifersucht tötet; in einer Tragödie von Shakespeare)

desensibilisieren/sensibilisieren

das Fernsehen desensibilisiert die Menschen (macht sie unsensibel, stumpft sie ab)

Desensibilisierung/Sensibilisierung

Designat/Designator; s. a. Signifikant

(der Sinn und Inhalt eines Wortes; das Bezeichnete, das Signifikat; Sprachwissenschaft)

Designator/Designat; s. a. Signifikat

(Lautkörper; das Bezeichnende, der Signifikant; Sprachwissenschaft)

Designer/Designerin

Designerin/Designer

Desinformation/Information

(bewußt falsche Information, um andere zu täuschen, irrezuleiten)

Desintegration/Integration

(Auflösung der Integration, eines Zusammenbestehens; Soziologie)

desintegrieren/integrieren

durch diese Maßnahmen wurden Ausländer desintegriert (abgespalten)

desintegrierter Typus/integrierter Typus

(Persönlichkeit, bei der die psychischen Vorgänge nicht zusammenhängend ablaufen; Psychologie)

Desintegrierung/Integrierung

(Soziologie)

Desinteresse/Interesse	sein Desinteresse (fehlendes Interesse) an etwas deutlich zeigen
desinteressiert/interessiert	er ist politisch desinteressiert
Desinvestition/Investition	(Wirtschaft)
desistieren/insistieren	(nicht [mehr] auf etwas bestehen; veraltet)
Desk-Research/Field-Research	(Auswertung statistischen Materials in der Marktforschung)
deskriptiv/präskriptiv	eine deskriptive (den tatsächlichen Gebrauch beschreibende) Grammatik
Desmoenzym/Lyoenzym	(strukturgebundenes Enzym)
desorbieren/adsorbieren	(von der Oberfläche entfernen; Chemie, Physik)
Desorption/Adsorption	(Chemie, Physik)
Desoxydation/Oxydation	(Entzug von Sauerstoff; Chemie)
desoxydieren/oxydieren	(Sauerstoff entziehen; Chemie)
Dessous-Bewegung/Dessus-Bewegung	(Spielbein unterm Standbein; Ballett)
Dessus-Bewegung/Dessous-Bewegung	(Spielbein überm Standbein; Ballett)
destabilisieren/stabilisieren	die Lage wird destabilisiert (wird instabil)
Destabilisierung/Stabilisierung	
destruktiv/konstruktiv	eine destruktive (negative, keine fördernde) Kritik
destruktives Mißtrauensvotum/konstruktives Mißtrauensvotum	(Mißtrauensvotum, bei dem das Vertrauen entzogen wird, ohne daß über eine regierungsfähige Mehrheit verfügt wird; Politik)
Destruktivität/Konstruktivität	
deszendent/aszendent	deszendentes (versickerndes) Wasser (Geologie)
Deszendent/Aszendent	(Astronomie, Genealogie)
Deszendenz/Aszendenz	(1. Untergang eines Gestirns; 2. Verwandtschaft in absteigender Linie)
Deszensionstheorie/Aszensionstheorie	(Geologie)
Detacheur/Detacheuse	(Experte bei der Fleckenentfernung)
Detacheuse/Detacheur	(Expertin bei der Fleckenentfernung)
détail; s. en détail	
Detailhandel/Engroshandel; s. a. Großhandel	(Einzelhandel; veraltet: Kaufmannssprache)
detailliert/pauschal	einen Vorgang sehr detailliert (in Einzelheiten) beschreiben
Determinans/Determinatus	(bestimmender Teil, zum Beispiel das Adjektiv „schön" in „schönes Haus" oder „Haus" in „Hausschlüssel"; Sprachwissenschaft)
Determinativ/Formans	(wurzelerweiterndes sprachliches Element, zum Beispiel „m" in „Helm"; Sprachwissenschaft)
Determinatus/Determinans	(bestimmter Teil, zum Beispiel „Haus" in „schönes Haus" oder „-schlüssel" in „Hausschlüssel"; Sprachwissenschaft)

determiniert/indeterminiert; s. a. unbe-   *das Leben ist determiniert (bestimmt, fest-*
  stimmt   *gelegt; Philosophie)*
determinierter Automat/stochastischer   *(EDV)*
  Automat
Determinismus/Indeterminismus   *(Anschauung von der Unfreiheit des Wil-*
                                                    lens; Ethik)
Determinist/Indeterminist   *(jemand, der die Willensfreiheit bestreitet;*
                                                    Philosophie)
deterministisch/indeterministisch   *(Philosophie)*
Detraktion/Adjektion   *(das Weglassen von einzelnen Lauten; Pho-*
                                                    netik)
Detrimentiv/Benefaktiv   *(in bezug auf die Bezeichnung des durch*
                                                    eine Handlung Benachteiligten, zum Bei-
                                                    spiel „ihr" in „er entriß ihr die Handta-
                                                    sche"; Sprachwissenschaft)
Detumeszenz/Intumeszenz, Tumeszenz   *(Abschwellung)*
Deuteragonist/Protagonist   *(altgriechisches Theater)*
deutlich/undeutlich   *deutlich sprechen, schreiben*
Deutlichkeit/Undeutlichkeit
deutsch/nichtdeutsch   *Ergebnisse der deutschen Forschung*
deutsch/undeutsch   *eine deutsche Eigenschaft*
deutsch; s. großdeutsche Lösung, kleindeut-
  sche Lösung
Deutsche/Deutscher   *sie ist eine Deutsche, und er ist ein Deut-*
                                                    scher
deutschenfeindlich/deutschenfreundlich;   *er ist deutschenfeindlich (veraltet)*
  s. a. deutschfreundlich, prodeutsch
Deutschenfreund/Deutschenhasser   *er ist ein Deutschenfreund*
deutschenfreundlich/deutschenfeindlich;   *er ist deutschenfreundlich (veraltet)*
  s. a. deutschfeindlich
Deutschenhasser/Deutschenfreund   *er ist ein Deutschenhasser*
Deutscher/Deutsche   *sie ist eine Deutsche, und er ist ein Deut-*
                                                    scher
deutsches Wort/Fremdwort
deutschfeindlich/deutschfreundlich; s. a.   *deutschfeindliches Verhalten*
  deutschenfreundlich, prodeutsch
deutschfreundlich/deutschfeindlich; s. a.   *deutschfreundliches Verhalten*
  antideutsch, deutschenfeindlich
deutsch traben/leicht traben   *(Bewegungen dem Pferd anpassen; Pferde-*
                                                    sport)
Deutschtraben/Englischtraben   *(das rhythmische Sichanpassen des Reiters*
                                                    beim Traben an die Bewegungen des
                                                    Pferdes; Pferdesport)
Devestition/Investition   *(Wirtschaft)*
devot/dominant   *ein devoter (den masochistischen Part über-*
                                                    nehmender) Sexualpartner (Jargon)
dextrogyr/lävogyr; s. a. linksdrehend   *(nach rechts drehend; Physik)*
Dezelerationsperiode/Akzelerationsperiode   *(Verlangsamungsperiode)*
dezent/indezent   *eine dezente (taktvoll-zurückhaltende) Be-*
                                                    merkung

dezentral/zentral	*eine dezentrale (vom Mittelpunkt einer Gegend entfernte) Lage; die Asylanten wurden dezentral untergebracht; dezentrale Kraftwerke*
Dezentralisation/Zentralisation	*(Verteilung auf verschiedene Stellen)*
dezentralisieren/zentralisieren	*die Verwaltung dezentralisieren*
Dezentralisierung/Zentralisierung	*die Dezentralisierung der Verwaltung*
Dezenz/Indezenz	*(taktvolles Verhalten)*
Dezisivstimme/Deliberativstimme	*(abstimmungsberechtigte Stimme; Rechtswesen)*
Diabetiker/Diabetikerin	
Diabetikerin/Diabetiker	
diachron/synchron	*eine diachrone (historische, die zeitliche Entwicklung einbeziehende) Betrachtung des Themas*
Diachronie/Synchronie	*(Sprachwissenschaft)*
diachronisch/synchronisch	*eine diachronische (die Geschichte einbeziehende) Darstellung*
Diadochokinese/Adiadochokinese	*(Medizin)*
Diaklase/Paraklase	*(Geologie)*
Diakon/Diakonin, Diakonisse, Diakonissin; a. Gemeindeschwester	*(kirchlicher Amtsträger, der für bestimmte karitative, liturgische und seelsorgerische Dienste in einer Kirchengemeinde tätig ist; Pfarrhelfer, Krankenpfleger; evangelische Kirche)*
Diakonin/Diakon	*(evangelische Kirche)*
Diakonisse/Diakon; a. Gemeindehelfer	*(evangelische Kirche)*
Diakonissin/Diakon; a. Gemeindehelfer	*(evangelische Kirche)*
Diakrise/Synkrise	*(Philosophie)*
diakritisch/synkritisch	*(unterscheidend; Philosophie)*
Dialekt/Hochsprache	*(Mundart)*
dialektisch/undialektisch	*(in Gegensätzen – These und Antithese – denkend; Philosophie)*
Dialektrenaissance/Dialektverfall	
Dialektverfall/Dialektrenaissance	
Dialog/Monolog	*(Gespräch, das zwei Personen führen; Zwiegespräch)*
dialogisch/monologisch	
Diarrhö/Obstipation; s. a. Verstopfung	*(Durchfall; Medizin)*
diaschist/aschist	*(Geologie)*
Diastematie/Adiastematie	*(Musik)*
diastematisch/adiastematisch	*(Musik)*
Diastole/Systole	*(rhythmische Erweiterung des Herzens; Medizin)*
diastolisch/systolisch	*(die Diastole betreffend; Medizin)*
diatakt/symmikt	*(Geologie)*
diatherman/atherman	*(durchlässig für Wärmestrahlen; Physik)*
Diatonik/Chromatik	*(Musik)*

diatonisch/chromatisch	*(Musik)*
Dichogamie/Homogamie	*(zeitlich getrenntes Reifwerden; Botanik)*
dicht/dünn; a. schütter	*dichtes Haar; dicht besiedelt*
dicht/undicht	*das Dach, Fenster ist (wieder) dicht*
dichtbehaart/dünnbehaart	*eine dichtbehaarte Brust*
dichtbesiedelt/dünnbesiedelt	*eine dichtbesiedelte Gegend*
dichteabhängig/dichteunabhängig	*(von der Populationsdichte abhängig; Öko-logie)*
Dichter/Dichterin	
Dichterin/Dichter	
dichteunabhängig/dichteabhängig	*(nicht von der Populationsdichte abhängig wie Qualität der Nahrung, Klima u. a.; Ökologie)*
Dichtung/Wahrheit	*was war Dichtung und was Wahrheit in seinem Bericht?; seine Erzählung war eine Mischung aus Dichtung und Wahr-heit*
dick/dünn	*ein dicker Mann; ein dicker Ast; dicke Schenkel; ein dickes Buch; durch dick und dünn mit jemandem gehen (alles mit ihm teilen, zu ihm stehen)*
dick/schlank	*diese Ernährung macht dick*
dick/schmal	*eine dicke Brieftasche haben (über viel Geld verfügen)*
Dicke/Dünne	*die Dicke des Bretts*
Dicke[r]/Dünne[r]	*ein Dicker und zwei Dünne*
dickflüssig/dünnflüssig	
dickhäutig/dünnhäutig	
Dick und Doof	*(dargestellt vom Komikerpaar Laurel und Hardy)*
dickwandig/dünnwandig	
die/der	*1. die war das!; der steht im Stall und die daneben (Redewendung als Kritik am Gebrauch des personenbezogenen De-monstrativpronomens); 2. die Abgeord-nete (Artikel)*
die alten Bundesländer/die neuen Bundes-länder; a. DDR, Ostdeutschland	
die Alte Welt/die Neue Welt	*Europa ist die Alte Welt*
Dieb/Diebin	
Diebin/Dieb	
die Hälfte/das Ganze	*er bekommt die Hälfte*
die hohe Jagd/die niedere Jagd; a. Nieder-jagd	*(Jagd auf Hochwild)*
die Hosen anhaben/unter dem Pantoffel stehen	*sie hat die Hosen an (sie hat das Sagen, ist bestimmend)*
die Maske abnehmen/sich maskieren	*um 24 Uhr nahm er die Maske ab (auf dem Maskenball)*
Diener/Dienerin	

Diener/Domina, Dominus	*(masochistischer Sexualpartner; Jargon)*
Diener/Herr	*der Diener auf dem Schloß*
Diener/Knicks	*Jungen mußten früher bei der Begrüßung einen Diener machen (den Kopf nach vorn neigen), die Mädchen einen Knicks*
Dienerin/Diener	
Dienerin/Domina, Dominus, Herrin	*(masochistische Sexualpartnerin; Jargon)*
die neuen Bundesländer/die alten Bundesländer; a. BRD, Westdeutschland	
die Neue Welt/die Alte Welt	*(Amerika)*
die niedere Jagd/die hohe Jagd; a. Hochjagd	*(Jagd auf niederes Wild wie Fuchs, Hase)*
Dienst; s. im Dienst	
Dienstbeginn/Dienstschluß	
Dienstbote/Dienstherrschaft	*(veraltet)*
dienstfähig/dienstunfähig	*er ist (wieder) dienstfähig*
Dienstfahrt/Privatfahrt	
dienstfrei haben/Dienst haben	*er hat heute dienstfrei*
Dienstgeber/Dienstnehmer	*(österreichisch)*
Dienstgespräch/Privatgespräch	*war das ein Dienstgespräch (beim Telefonieren)?*
Dienst haben/dienstfrei haben	*er hat heute Dienst*
Dienstherrschaft/Dienstbote	*(veraltet)*
Dienstleistungsbetrieb/Produktionsbetrieb	
dienstlich/privat	*er ist dienstlich unterwegs; dienstliche Belange*
Dienstnehmer/Dienstgeber	*(österreichisch)*
Dienstnummer/Privatnummer	*(beim Telefon)*
Dienstreise/Privatreise	
Dienstschluß/Dienstbeginn	
diensttauglich/dienstuntauglich	*jemand ist (als Soldat) diensttauglich*
dienstunfähig/dienstfähig	*er ist (noch) dienstunfähig*
dienstuntauglich/diensttauglich	*jemand ist (als Soldat) dienstuntauglich*
Dienstwagen/Privatwagen	
Dienstwohnung/Privatwohnung	
dies.../jen...	*weder dieses Buch noch jenes*
dies.../vorig..., nächst...	*diese Woche ist sie verreist*
diese/dieser	*diese Abgeordnete*
die Segel einholen/die Segel setzen	
die Segel setzen/die Segel einholen	
dieser/diese	*dieser Abgeordnete*
diesseitig.../jenseitig...	*das diesseitige Ufer*
diesseits/jenseits	*diesseits der Straße*
Diesseits/Jenseits	*die Freuden des Diesseits (in dieser Welt)*
die Wahrheit sagen/lügen	*er hat die Wahrheit gesagt*
Differenzgeschäft/Effektivgeschäft	*(Wirtschaft)*

differenziert/undifferenziert	*differenzierte Kritik; differenzierte Angaben*
differieren/gleich sein	*die Angaben differieren*
Diffluenz/Konfluenz	*(Aufspaltung eines Gletschers in zwei Teilströme; Geologie)*
Diffluenzstufe/Konfluenzstufe	*(Geologie)*
Diffusor/Düse	*(Technik)*
Digestif/Aperitif	*einen Digestif nach dem Essen trinken*
digital/analog	*digital gespeicherte Fernsehaufnahme*
Digital.../Analog... (Substantiv)	*(mit der Bedeutung: in Stufen, Schritten sich vollziehend) z. B. Digitaltechnik/ Analogtechnik*
Digital-Analog-Konverter/Analog-Digital-Konverter	*(Schaltung, bei der digitale Signale in analoge umgesetzt werden)*
Digital-Analog-Wandler/Analog-Digital-Wandler	
digitaler Automat/Analogieautomat	
Digitalgröße/Analoggröße	*(EDV)*
Digitalrechner/Analogrechner	*(EDV)*
Digitalsignal/Analogsignal	*(EDV)*
Digitaltechnik/Analogtechnik	*(EDV)*
Digitaluhr/Analoguhr	*(Uhr, die die Uhrzeit nicht mit einem Zeiger, sondern durch eine Zahl angibt)*
diklin/monoklin	*dikline (nur Staubblätter oder nur Fruchtblätter enthaltende) Blüten (Botanik)*
dikotyl/monokotyl	*(Botanik)*
Dikotyle/Monokotyle	*(Botanik)*
Dikotyledone/Monokotyledone	*(Botanik)*
Diktatur/Demokratie	
dilatant/strukturviskos	*(Chemie)*
Dilatanz/Strukturviskosität	*(Chemie)*
dilatorische Einrede/peremptorische Einrede	*(aufschiebende; Rechtswesen)*
Dildo/Cunnus succedanus	*(künstlicher erigierter Penis)*
dimer/polymer, monomer	*(zweiteilig; Chemie)*
Diminution/Augmentation	*(im Kontrapunkt die Wiederholung eines Themas in kürzeren Notenwerten; Musik)*
Diminutiv/Augmentativ, Amplifikativ	*(eine Verkleinerung eines Substantivs ausdrückende Ableitung[sform], zum Beispiel: Kätzchen, Reförmchen)*
Diminutivsuffix/Augmentativsuffix, Amplifikativsuffix	*„...chen" ist ein Diminutivsuffix, eine Verkleinerungsendsilbe (Sprachwissenschaft)*
Diminutivum/Augmentativum	*„Kätzchen", „Pfeifchen" sind Diminutiva, sind Verkleinerungsformen*
dingliches Recht/persönliches Recht	*(Rechtswesen)*
Dingwort/Tuwort; s. a. Verb	*(Substantiv)*

Dionäer/Uranier; s. a. Homosexueller	*(von Ulrichs 1864 geprägtes Wort für einen Mann, der das andere Geschlecht − die Frauen − liebt)*
Dioning/Urning; s. a. Homosexueller	*(von Ulrichs 1864 geprägtes Wort für einen Mann, der das andere Geschlecht − die Frauen − liebt)*
dionysisch/apollinisch; a. klassisch	*(rauschhaft-wild; bei Nietzsche)*
Dionysos/Apollo	*(Gott der griechischen Mythologie, verbunden mit der Vorstellung rauschhaften Kultes)*
Diözie/Monözie	*(Botanik)*
diözisch/monözisch	*(Botanik)*
Diphthong/Monophthong	*„au" ist ein Diphthong, ein Doppellaut*
Diphthong; s. fallender Diphthong, steigender Diphthong	
diphthongieren/monophthongieren	*einen Vokal diphthongieren (zu einem Doppellaut machen, zum Beispiel i zu ei; sprachhistorisch „zit" zu „Zeit")*
Diphthongierung/Monophthongierung	*(Sprachwissenschaft)*
diphthongisch/monophthongisch	*(Sprachwissenschaft)*
diploid/haploid	*(mit doppeltem − normalem − Chromosomensatz; Biologie)*
diplomatisch/undiplomatisch	*das war sehr geschickt und diplomatisch von ihm*
Diplomingenieur/Diplomingenieurin	
Diplomingenieurin/Diplomingenieur	
Diplomkauffrau/Diplomkaufmann	
Diplomkaufmann/Diplomkauffrau	
Diplomprüfung/Staatsprüfung	*(Rechtswesen)*
Dipodie/Monopodie	*(Metrik)*
direkt/indirekt; s. a. mittelbar	*direkte Einflußnahme*
direkt/versteckt; a. indirekt	*Zucker ist ungesund: Er wird nicht nur direkt im Kaffee usw. zu sich genommen, sondern auch versteckt in Kuchen usw.*
direkte Beleuchtung/indirekte Beleuchtung	*direkte Beleuchtung ist zum Beispiel eine Stehlampe, deren Licht unmittelbar auftrifft*
direkte Rede/indirekte Rede; s. a. Oratio obliqua	*bei der direkten Rede wird eine Äußerung unmittelbar wiedergegeben (Er sagte: „Ich werde das machen.")*
direkter Freistoß/indirekter Freistoß	*(Freistoß ohne Einschaltung eines Mitspielers)*
direkte Steuer/indirekte Steuer	*(zum Beispiel Lohnsteuer, die direkt an den Staat gezahlt wird)*
direkte Wahl/indirekte Wahl	*(Wahl eines Kandidaten ohne Mittelsmann)*
Direktinvestition/Portfolioinvestition	*(Wirtschaft)*
Direktkandidat/Listenkandidat	*(Politik)*

Direktmandat/Listenplatz

sie hat ein Direktmandat (kann also persönlich gewählt werden, nicht über eine Wahlliste)

Direktor/Direktorin
Direktorin/Direktor
Direktsendung/Aufzeichnung   *(Fernsehen)*
Direktstudent/Fernstudent   *(früher DDR)*
Direktstudium/Fernstudium   *(früher DDR)*
Direktübertragung/Aufzeichnung   *(Fernsehen)*
Dirigent/Dirigentin
Dirigentin/Dirigent
dis.../... (vor fremdsprachlichem Adjektiv)

(mit der Bedeutung: zwischen, auseinander) z. B. diskontinuierlich/kontinuierlich

dis.../... (vor fremdsprachlichem Verb)

(mit der Bedeutung: zwischen, auseinander) z. B. disharmonieren/harmonieren

Dis.../... (vor fremdsprachlichem Substantiv)

(mit der Bedeutung: zwischen, auseinander) z. B. Diskontinuität/Kontinuität

Disagio/Agio

(der unter dem Nennwert, zum Beispiel eines Wertpapiers, liegende Kurs, Betrag; Bankwesen)

Disbalance/Balance

(Kreuzschmerzen durch muskuläre Disbalance

Diseur/Diseuse

(Vortragskünstler, besonders beim Kabarett)

Diseuse/Diseur

(Vortragskünstlerin; besonders beim Kabarett)

disgruent/kongruent

disgruente (nicht übereinstimmende, voneinander abweichende) Ansichten, Meinungen

Disharmonie/Harmonie

durch Kinesiologie Disharmonie in Harmonie verwandeln

disharmonieren/harmonieren   *disharmonierende Farben*
disharmonisch/harmonisch

disharmonischer Akkord; eine disharmonische Sitzung

Disjunktion/Konjunktion

(alternative Aussageverbindung, zum Beispiel a oder b; entweder a oder b; Philosophie)

disjunktiv/konjunktiv   *(trennend; Philosophie)*
disjunktive Konjunktion/junktive Konjunktion

„oder" ist eine disjunktive (ausschließende) Konjunktion

Diskant/Baß   *(hohe Stimme)*
Diskette; s. Quelldiskette, Zieldiskette
diskontinuierlich/kontinuierlich

eine diskontinuierliche (nicht einheitlich zusammenhängende) Entwicklung

Diskontinuität/Kontinuität

(das Unterbrochensein in bezug auf einen Vorgang, Ablauf; Zusammenhanglosigkeit, „Unzusammenhang")

Diskontinuum/Kontinuum

diskordant/konkordant	*(nicht übereinstimmend); eine diskordante Transplantation (mit wesensunähnlichen Organen, zum Beispiel vom Schwein auf den Menschen)*
Diskordanz/Konkordanz	*(Ungleichmäßigkeit)*
diskret/indiskret	*eine diskrete (taktvoll-schonend vorgebrachte) Frage*
diskret/kontinuierlich	*(vereinzelt; Mathematik)*
diskret/stetig	*(Mathematik)*
Diskretheit/Indiskretheit	
Diskretion/Indiskretion	*(taktvolles Verhalten, schonende Zurückhaltung)*
diskursiv/intuitiv	*diskursives (logisch fortschreitendes) Denken (Philosophie)*
diskutabel/indiskutabel	*dieser Vorschlag ist diskutabel*
Disparität/Parität	*(Ungleichheit)*
disperses Publikum/Präsenzpublikum	*(alle, die an derselben Sache – Radiosendung, Zeitungslektüre – teilnehmen, aber an verschiedenen Orten)*
disponibel/indisponibel	*disponible (verfügbare) Gelder*
disponiert; s. gut disponiert	
Disposition/Exposition	*(Medizin)*
Disproportion/richtige Proportion	*es besteht eine Disproportion zwischen Körper und Armen*
Disproportionalität/Proportionalität	*(Mißverhältnis)*
disproportionieren/komproportionieren	*(Chemie)*
disproportioniert/(richtig, gut usw.) proportioniert	*sie ist disproportioniert (weist nicht ausgewogene Proportionen des Körpers auf)*
disputabel/indisputabel	*(strittig)*
Dissens/Konsens; a. Konvergenz	*es besteht noch Dissens (Meinungsverschiedenheit) in dieser Frage*
Dissimilation/Assimilation	*(1. Änderung eines von zwei gleichen Lauten in einem Wort; zum Beispiel „t" zu „k" in „Kartoffel" aus „Tartüffel"; Sprachwissenschaft; 2. energieliefernder Abbau körpereigener Substanz; Biologie)*
dissimilieren/assimilieren	*(Sprachwissenschaft; Biologie)*
dissonant/konsonant	*dissonante (unharmonische) Klänge*
Dissonanz/Konsonanz	*(Mißklang; Musik)*
Dissoziation/Assoziation	*(Zerfall, Trennung, Auflösung; Psychologie)*
Dissoziationsgrad/Assoziationsgrad	*(Chemie)*
Disstreß/Eustreß	*(anhaltender, gesundheitsschädlicher Streß)*
distal/proximal	*(Medizin)*
Distanz/Nähe	*er wünscht Distanz (Abstand von anderen); sie will nicht Nähe, sondern Distanz; sein Schwanken zwischen Distanz und Nähe*

Distanzboxer/Nahkämpfer   *(gerade Stöße bevorzugender Boxer)*
Distanzgeschäft/Lokogeschäft   *(Wirtschaft)*
Distanztier/Kontakttier   *(distanzhaltendes Tier, zum Beispiel der*
                                           Specht; Zoologie)
Distanzwechsel/Platzwechsel   *(Wirtschaft)*
distichisch/monostichisch   *(metrisch ungleich; Metrik)*
distinktive Synonymik/kumulative Syn-   *(Synonymik mit Herausarbeitung der in-*
  onymik   *haltlichen u. a. Unterschiede zwischen*
                                           den einzelnen synonymen Wörtern)
disvestieren/investieren   *([einen Geistlichen] seines Amtes enthe-*
                                           ben)
diszipliniert/undiszipliniert   *eine disziplinierte Truppe; sich diszipliniert*
                                           verhalten
Discipliniertheit/Undiszipliniertheit
Dittographie/Haplographie   *(versehentliche Wiederholung von Buchsta-*
                                           ben usw. in Texten, zum Beispiel Bar-
                                           racke statt korrekt Baracke)
Diverbia/Cantica (PLuralformen)   *die Diverbia (Wechselgespräche) in der alt-*
                                           römischen Komödie
divergent/konvergent   *divergente (nicht übereinstimmende) Mei-*
                                           nungen
Divergenz/Konvergenz; a. Konsens   *die Divergenz der Meinungen*
divergieren/konvergieren   *ihre Meinungen divergieren (stimmen*
                                           nicht überein)
Dividend/Divisor; s. a. Nenner   *bei der Rechnung 10 : 5 ist 10 der Divi-*
                                           dend
dividieren/multiplizieren; s. a. malnehmen *wenn man 10 : 5 dividiert, erhält man 2*
divisibel/indivisibel   *(teilbar)*
Division/Multiplikation   *(das Teilen; Mathematik)*
Divisor/Dividend; s. a. Zähler   *bei der Rechnung 10 : 5 ist 5 der Divisor*
dizygot/monozygot   *(zweieiig)*
doch/nein; a. nein/ja   *„Ist sie nicht verreist?" „Doch."; „Hast du*
                                           heute keinen Termin?" „Doch." (bei ver-
                                           neinten Sätzen)
dogmatisch/undogmatisch   *er ist in seinen Anschauungen sehr dogma-*
                                           tisch
Doktor/Doktorin
Doktorand/Doktorandin   *der Professor hatte einen Doktoranden*
                                           und zwei Doktorandinnen
Doktorandin/Doktorand   *die Professorin hatte einen Doktoranden*
                                           und zwei Doktorandinnen
Doktorand[in]/Doktorvater   *die Doktorandin sprach mit ihrem Doktor-*
                                           vater über ihre Arbeit an der Disserta-
                                           tion
Doktorin/Doktor
Doktorvater/Doktorand[in]   *die Doktorandin sprach mit ihrem Doktor-*
                                           vater (mit dem Universitätsprofessor,
                                           der ihre Dissertation betreut und diese
                                           schließlich zu beurteilen hat)

Dokumentalist/Dokumentalistin	(Berufsbezeichnung)
Dokumentalistin/Dokumentalist	(Berufsbezeichnung)
Dokumentarfilm/Spielfilm	(Film mit tatsächlichen Begebenheiten)
dolichokephal/brachykephal	(langköpfig; Medizin)
Dolichokephale, der/der Brachykephale	(Medizin)
Dolichokephalie/Brachykephalie	(Medizin)
Dolmetschen; s. konsekutives Dolmetschen, simultanes Dolmetschen	
Dolmetscher/Dolmetscherin	eingeladen waren alle Dolmetscher und Dolmetscherinnen
Dolmetscher; s. Konsekutivdolmetscher, Simultandolmetscher	
Dolmetscherin/Dolmetscher	eingeladen waren alle Dolmetscher und Dolmetscherinnen
Domestik[e]/Domina, Dominus	(der devote, masochistische Sexualpartner; Jargon)
Domestikin/Domina, Dominus	(die devote, masochistische Sexualpartnerin; Jargon)
Domina/Domestik[in], Diener[in], Servus, Sklave, Sklavin; a. Masochist[in]	(Frau mit sadistischen Praktiken in bezug zum masochistischen Sexualpartner, zur masochistischen Sexualpartnerin; Jargon)
Domina/Dominus, Meister; a. Sadist	(die weibliche Person, die in einer sadomasochistischen Beziehung die sadistischen Praktiken übernimmt; Jargon)
Domina/Zofe	(weibliche Person, die in einer sadomasochistischen lesbischen Beziehung die sadistischen Praktiken übernimmt; Jargon)
dominant/devot	ein dominanter (den sadistischen Part übernehmender) Sexualpartner (Jargon)
dominant/rezessiv	dominante (vorherrschende) Erbfaktoren
Dominanz/Rezessivität	(Biologie)
Dominus/Domestik[in], Diener[in], Sklave, Sklavin	(Mann mit sadistischen Praktiken in bezug zum masochistischen Sexualpartner, zur masochistischen Sexualpartnerin; Jargon)
Dominus/Domina	(die männliche Person, die in einer sadomasochistischen Beziehung den sadistischen Part übernimmt; Jargon)
Dompteur/Dompteuse	ein Dompteur dressiert wilde Tiere
Dompteuse/Dompteur	eine Dompteuse dressiert wilde Tiere
Don/Doña	(höfliche Anrede vor dem Vornamen eines Mannes in Spanien)
Doña/Don	(höfliche Anrede vor dem Vornamen einer Frau in Spanien)
Donatist/Legist	(im Mittelalter: fortgeschrittener, sich schon mit der Grammatik beschäftigender Schüler einer Lateinschule)
Donator/Akzeptor	(Kybernetik)

Don Camillo/Peppone	*(Hochwürden und sein Lieblingsfeind, der kommunistische Bürgermeister Peppone)*
Donner/Blitz	*der Donner erfolgte kurz nach dem Blitz*
donnern/blitzen	*erst hat es geblitzt und gleich danach gedonnert (beim Gewitter)*
Don Quichotte/Sancho Pansa	*(Titelheld eines Romans – 1605/1615 – von Cervantes); Don Quichotte und sein Diener Sancho Pansa*
Don Quijote; s. Don Quichotte	
Doof; s. Dick und Doof	
Doping/Stopping	*(im Sport: Einnahme von leistungssteigernden Mitteln)*
Doppel/Einzel	*([Tennis]spiel mit zwei Spielern gegen zwei andere)*
Doppel.../Einzel... (Substantiv)	*z. B. Doppelzimmer/Einzelzimmer*
Doppelbett/Einzelbett	*ein Zimmer mit Doppelbett*
Doppeldecker/(veraltet) Eindecker	*(Flugwesen)*
doppeldeutig/eindeutig	*diese Bemerkung ist doppeldeutig*
Doppeldeutigkeit/Eindeutigkeit	
Doppelfenster/einfaches Fenster	
Doppelpaddel/Stechpaddel	
doppelseitig/einseitig	*ein doppelseitig beschriebenes Blatt Papier*
doppelt/einfach	*ein doppelter Knoten*
doppelte Buchführung/einfache Buchführung	*(Wirtschaft)*
doppelter Knoten/einfacher Knoten	
Doppelzimmer/Einbettzimmer, Einzel-[bett]zimmer	*ein Doppelzimmer (für zwei Personen) im Hotel bestellen*
Dorf/Stadt	*die Unterschiede zwischen Dorf und Stadt; auf dem Dorf*
Dorfausgang/Dorfeingang	*das Ortsschild am Dorfausgang*
Dorfeingang/Dorfausgang	*das Ortsschild am Dorfeingang*
Dörfler/Städter	
dorsaler Laut/apikaler Laut	*(mit dem Zungenrücken gebildeter Laut, zum Beispiel das „ch" in „mich"; Phonetik)*
dort/hier	*die dort oben, wir hier unten; er steht dort an der linken Seite*
dorthin/dahin	*geh dorthin, nicht dahin!*
dorthin/hierher	*geh erst dorthin, und komm dann wieder hierher*
dorthin/hierhin	*hängen Sie das Bild bitte nicht hierhin, sondern dorthin!*
dortig.../hiesig...	*die dortigen Behörden*
dortzulande/hierzulande	*dortzulande ist das Leben viel einfacher*
Dose/Stecker	*den Stecker in die Dose stecken*
Dotter/Eiweiß	*(das Gelbe im Ei)*
down/high	*er war ganz down (niedergeschlagen)*

downsizing/upsizing	*(EDV)*
Dozent/Dozentin	*ein Rundschreiben an alle Dozenten und Dozentinnen*
Dozentin/Dozent	*ein Rundschreiben an alle Dozenten und Dozentinnen*
Drag King/Drag Queen	*(einen Mann darstellende Frau − mit Schnurrbart usw.)*
Drag Queen/Drag King	*(eine Frau darstellender Mann in Kleidern usw.)*
dramatisch/undramatisch	*das Treffen verlief dramatisch (voll negativer Emotionen)*
dramatisieren/entdramatisieren	*diese Äußerungen haben die Situation dramatisiert/er versuchte, die Situation (wieder) zu entdramatisieren*
dran denken/vergessen	*er hat dran gedacht (zum Beispiel an den Hochzeitstag)*
dran stehen/abstehen	*der Stuhl steht (nahe) am Tisch dran*
drauf/hinauf	*(von oben nach unten)*
drauf.../drunter... (Verb)	*z. B. draufstellen/drunterstellen*
draufschauen/hinaufschauen	*ich schaue auf den Berg (vom Flugzeug aus) drauf*
draufstellen/drunterstellen	*auf den Tisch draufstellen*
draußen/drin[nen]; a. herinnen, innen	*er ist draußen; wir essen draußen (auf der Terrasse); bleibt draußen (im Garten)!; draußen ist es kalt*
draußen bleiben/hereinkommen	*der Polizist soll (dort) draußen bleiben und nicht hereinkommen*
draußen bleiben/hineingehen	*der Polizist soll (hier) draußen bleiben und nicht hineingehen; in die Bar hineingehen oder draußen bleiben*
Drehflügelflugzeug/Starrflügelflugzeug	*ein Hubschrauber ist ein Drehflügelflugzeug*
Drehflügler/Starrflügler	
Drehkolbenmotor/Hubkolbenmotor	*(Technik)*
Dressman/Mannequin	*(junger Mann, der Herrenkleidung vorführt)*
drin/draußen	*er ist, sitzt drin (im Zimmer)*
drinbleiben/herauskommen	*sie blieb (dort) drin (bei ihr) und kam nicht heraus (zu mir)*
drinbleiben/hinausgehen	*sie blieb (hier) drin (bei mir) und ging nicht hinaus (zu ihm)*
drinlassen/rausziehen	*den Nagel (in der Wand) drinlassen*
drinnen/draußen; a. außen, heraußen	*er ist drinnen (im Zimmer); er wartet drinnen*
droben/drunten; a. unten	*droben auf dem Berg*
Drohne/Arbeiterbiene, Arbeitsbiene	*(männliche Honigbiene, die die Königin begattet und für deren Nahrung die Arbeitsbienen sorgen)*

Dromedar/Trampeltier

*das Dromedar − auch Mehari oder Mahri-
kamel − ist ein einhöckriges Kamel,
das Trampeltier ein zweihöckriges*

drüben; s. hüben/drüben
drüber/drunter

er hat nichts drüber (über dem Hemd)

drüber; s. drunter und drüber
drüberschreiben/drunterschreiben

einen Titel drüberschreiben (über das Bild)

drüberziehen/drunterziehen

*einen Pullover (über das Hemd) drüber-
ziehen*

Druck/Gegendruck
Druckabfall/Druckanstieg

(Physik)

Druckanstieg/Druckabfall

(Physik)

druckempfindlich/druckunempfindlich

druckempfindliche Stoffe, Obstsorten

drücken/ziehen; s. a. pull, tirez

(an Türen; englisch: push)

Drucker/Scanner
Druckluftförderanlage/Saugluftanlage

(Technik)

Druckphase/Zugphase

(Schwimmen)

Druckpumpe/Saugpumpe

(Technik)

Druckschrift/Schreibschrift

*(Schrift, bei der jeder Buchstabe eines Wor-
tes getrennt und wie gedruckt geschrieben ist)*

druckunempfindlich/druckempfindlich

druckunempfindliche Stoffe, Obstsorten

drunten/droben; a. oben

drunten im Tal

Druntenlieger/Obenauflieger; s. a. Incu-
bus, MOT

*(Dämon − Succubus − in Gestalt einer
Frau, die mit einem Mann koitiert; im
Mittelalter und bei den Hexenprozes-
sen)*

drunter/drüber

*hast du noch etwas drunter (unter der
Bluse)?*

drunter.../drauf... (Verb)

z. B. drunterstellen/draufstellen

drunterschreiben/drüberschreiben

*einen Titel drunterschreiben (unter das
Bild)*

drunterstellen/draufstellen

etwas unter den Tisch drunterstellen

drunter und drüber

*es geht drunter und drüber (es ist chao-
tisch)*

drunterziehen/drüberziehen

*ein Angorafell (unter das Oberhemd) drun-
terziehen*

Du/Sie

wir sprechen uns mit „Du" an

Dualismus/Monismus

*(philosophische Lehre, die von zwei
Grundprinzipien ausgeht, zum Beispiel
von Gut und Böse)*

Duca/Duchessa

(männlicher italienischer Adelstitel)

Duchessa/Duca

(weiblicher italienischer Adelstitel)

Duldsamkeit/Unduldsamkeit; a. Intoleranz

*sie war von einer bewundernswerten Duld-
samkeit*

dumm/klug

*es war dumm von ihm, sich in den Streit
einzumischen*

dumm/schlau

*er ist der Schlaue (hat die Vorteile ge-
nutzt), und du bist der Dumme (der die
Nachteile hat)*

Dummheit/Klugheit	*das hat er seiner Dummheit zu verdanken (zuzuschreiben)*
Dünger; s. Kunstdünger, Naturdünger	
dunkel/hell	*1. draußen ist es (noch) dunkel; dunkle Farbe; ein dunkles Bier; 2. dunkle Töne*
Dunkel/Licht	*Dunkel und Licht auf dem Gemälde; der Weg führte ins Dunkel*
dunkel.../hell... (Adjektiv)	*z. B. dunkelbraun/hellbraun*
dunkelblau/hellblau	*dunkelblauer Hintergrund*
dunkelblond/hellblond	*ein dunkelblonder Junge*
dunkelbraun/hellbraun	*dunkelbraune Haare, Augen*
Dunkelfeld/Hellfeld	*(dunkler Hintergrund bei der Mikroskopie)*
Dunkelheit/Helligkeit	*erst bei Dunkelheit nach Hause kommen*
Dunkelkeimer/Lichtkeimer	*(Botanik)*
dunkelrot/hellrot	*eine dunkelrote Tapete*
Dunkles/Helles	*er trinkt gern Dunkles; bitte ein Dunkles, Herr Ober!*
dünn/dicht	*dünnes Haar; dünn besiedelt*
dünn/dick	*er ist dünn; ein dünnes Brett; dünner Stoff; durch dick und dünn mit jemandem gehen (alles mit ihm teilen, zu ihm stehen)*
dünnbehaart/dichtbehaart	*dünnbehaarter Körper*
dünnbesiedelt/dichtbesiedelt	*eine dünnbesiedelte Gegend*
Dünne/Dicke	*wegen der Dünne des Materials*
Dünne[r]/Dicke[r]	*ein Dicker und zwei Dünne*
dünnflüssig/dickflüssig	*ein dünnflüssiges Öl*
dünnhäutig/dickhäutig	*er ist sehr dünnhäutig (sensibel)*
dünnwandig/dickwandig	*eine dünnwandige Wohnung*
Duplex-Verbindung/Simplex-Verbindung	*(Telefon)*
Duplikat/Original	*das Duplikat einer schriftlichen Erklärung*
Dur/Moll; a. mineur, minor	*(Tonart mit als härter klingend empfundener großer Terz)*
durch/medium, blutig	*(ganz durchgebraten; well done; vom Fleisch)*
durcharbeiten/Pause machen	*er hat durchgearbeitet und keine Pause gemacht*
durchaus/keineswegs	*ich bin durchaus dafür*
durch dick und dünn; s. dick	
Durchdringungskomplex/ Anlagerungskomplex	*(Chemie)*
Durchfall/Verstopfung; s. a. Obstipation	*er hat Durchfall*
durchfallen/bestehen	*5 haben die Prüfung bestanden, 2 sind durchgefallen; er hat die Prüfung nicht bestanden, er ist durchgefallen*
durchführbar/undurchführbar	*dieses Projekt ist durchführbar*
Durchführbarkeit/Undurchführbarkeit	*von der Durchführbarkeit des Planes war sie überzeugt*

Durchgangsbahnhof/Kopfbahnhof
durchgebraten/medium

möchten Sie das Steak durchgebraten oder medium (halb durchgebraten)?

durchhalten/aufgeben

sie hat durchgehalten

durchlässig/undurchlässig

durchlässiges Gestein

...durchlässig/...undurchlässig (Adjektiv)

z. B. lichtdurchlässig/lichtundurchlässig

Durchlauferhitzer/Heißwasserspeicher

(Gerät, bei dem das Wasser während der Wasserentnahme erhitzt wird)

durchschaubar/undurchschaubar

ein durchschaubarer Plan

Durchschlag/Original

der Durchschlag (eine Kopie, die beim Schreiben auf einem zweiten Blatt entsteht) eines Briefes

durchsichtig/arbiträr

ein durchsichtiges Wort ist ein Wort, dessen Wortkörper Rückschlüsse auf seine Bedeutung zuläßt, zum Beispiel: wonnig von Wonne (Sprachwissenschaft)

durchsichtig/undurchsichtig; a. opak
Durchsichtigkeit/Undurchsichtigkeit

durchsichtiges Glas

dürfen/sollen

wenn man etwas „darf", dann ist man selbstbestimmt: er darf Klavier spielen

Dürrfutter/Grünfutter

Dürrfutter wie Heu, Stroh (Landwirtschaft)

Durst/Hunger

ich habe großen Durst; Durst quält mehr als Hunger

dursten/hungern

sie mußten dursten

durstig/hungrig

durstige Wanderer; ich bin durstig

durstig/schmöll (nicht existierendes, aber zur Ausfüllung der sprachlichen Lücke vorgeschlagenes Wort für „nichtdurstig")

er ist (noch) durstig

Düse/Diffusor

(Technik)

duzen/siezen

er duzt seine Kollegin; sie duzen sich (sprechen sich mit „du" an)

Dynamik/Energie

(Philosophie)

Dynamik/Statik

(Physik)

dynamisch/statisch

(sich auf die von Kräften erzeugte Bewegung beziehend)

dynamischer Akzent/musikalischer Akzent

(Phonetik)

Dyophysit/Monophysit

(Vertreter des Dyophysitismus)

Dyophysitismus/Monophysitismus

(Lehre, nach der Christus wahrer Gott und wahrer Mensch zugleich ist)

dys.../eu... (vor fremdsprachlicher Basis; Adjektiv)

(mit der Bedeutung: schlecht, schwer, miß-, -widrig) z. B. dysphorisch/euphorisch

Dys.../Eu... (vor fremdsprachlicher Basis; Substantiv)

(mit der Bedeutung: schlecht, schwer, miß-, -widrig) z. B. Dystrophie/Eutrophie

Dyskolie/Eukolie

(trübsinnige Gemütsverfassung; Psychologie)

Dyskrasie/Eukrasie	*(Medizin)*
Dysphemismus/Euphemismus	*(Wort, das die bezeichnete Sache negativ, in schlechter Weise benennt; Sprachwissenschaft); die Redewendung „sich das Rohr verbogen haben" für „geschlechtskrank sein" ist ein Dysphemismus*
Dysphorie/Euphorie	*(übellaunige Stimmungslage; Medizin, Psychologie)*
dysphorisch/euphorisch	*(übellaunig; Medizin, Psychologie)*
dysphotisch/euphotisch	*(lichtarm; in bezug auf Gewässer)*
Dyspnoe/Eupnoe	*(Atemnot)*
Dysteleologie/Teleologie	*(philosophische Lehre von der Unzweckmäßigkeit, Ziellosigkeit der Naturkräfte)*
dysteleologisch/teleologisch	*(zweckwidrig)*
Dystokie/Eutokie	*(erschwerte Entbindung; Medizin)*
Dystonie/Eutonie	*(Störung des normalen Spannungszustandes der Muskeln und Gefäße; Medizin)*
Dystopie/Eutopie	*(Fehllagerung von Organen; Medizin)*
Dystrophie/Eutrophie	*(Ernährungsstörung; Medizin)*

E

...e/...er (Substantiv)	*z. B. Vertraute/Vertrauter*
Ebbe/Flut; s. a. Hochwasser	*bei Ebbe nicht baden*
eben/bergig, hügelig	*ein ebenes Gelände*
eben/uneben (Adjektiv)	*der Boden ist eben*
ebenbürtig/unebenbürtig	*er ist ihr geistig ebenbürtig*
ebenmäßig/unebenmäßig	
ebenso/anders	*das hätte sie ebenso gemacht*
Eber/Bache, Sau; s. a. Nonne/Borg	*ein Eber ist ein männliches [Haus]schwein*
Eber/Borch	*(nicht kastriertes männliches Schwein)*
echt/falsch	*echte Haare, Zähne, Banknoten; echte Gefühle; echte Freunde; echte Polizisten fahren in Streifenwagen, falsche nicht*
echt/gefälscht	*die Unterschrift ist echt*
echt/imitiert	*dieser Schrank ist echtes Barock*
echt/künstlich	*echte Blumen*
echt/unecht	*dieser Schmuck ist echt*
echte Perle/Zuchtperle	
Echthaar/Kunsthaar	
eckig/rund	*ein eckiger Tisch; ein eckiges Gesicht; Jedenfalls ist es besser, ein eckiges Etwas, als ein rundes Nichts zu sein (Hebbel)*
Economyklasse/Business class	*(billigere Flugklasse)*
Eduard II./Piers Gaveston	*König von England (1284–1327)*
Edukt/Produkt	*(aus Rohstoffen abgeschiedener Stoff, z. B. Öl aus Sonnenblumenkernen)*
Effektenbank/Depositenbank	*(Spezialbank für das Effektengeschäft, Wertpapiere)*
effektiv/ineffektiv, uneffektiv	*eine effektive (wirkungsvolle, den Einsatz lohnende) Arbeit; eine effektive Methode*
effektive Leistung/indizierte Leistung	*(nutzbare Leistung einer Maschine)*
Effektivgeschäft/Differenzgeschäft	*(Wirtschaft)*
Effektivhandel/Spekulativhandel	*(Wirtschaft)*
Effektivverzinsung/Nominalverzinsung	*(Wirtschaft)*
efferent/afferent	*efferente (von einem Organ herkommende) Nervenbahnen (Medizin)*
Efferenz/Afferenz	*(Impuls, der vom Zentrum zur Peripherie geht; Medizin)*
effizient/ineffizient, uneffizient	*eine effiziente (wirksame) Methode*
Effizienz/Ineffizienz, Uneffizienz	*er sprach von der Effizienz der Unternehmung*

effiziertes Objekt/affiziertes Objekt	*„Tee" ist in „Tee kochen" ein effiziertes Objekt, ein Objekt, das durch die im Verb ausgedrückte Tätigkeit hervorgerufen wird, entsteht*
Egoismus/Altruismus	*(Selbstsucht)*
Egoist/Altruist	*(jemand, der selbstsüchtig, ichbezogen ist)*
egoistisch/altruistisch	*das ist sehr egoistisch (auf das eigene Wohl zielend) gedacht*
egressiv/ingressiv	*(beim Verb das Ende eines Vorgangs bezeichnend, z. B. verblühen)*
Ehebrecher/Ehebrecherin	
Ehebrecherin/Ehebrecher	
Ehefrau/Ehemann; s. a. Gatte	
Ehegatte/Ehegattin	
Ehegattin/Ehegatte	
Ehegemahl/Ehegemahlin	
Ehegemahlin/Ehegemahl	
Ehekind/Bastard; a. natürlicher Sohn, natürliche Tochter	*(veraltet)*
ehelich/unehelich, nichtehelich, außerehelich, vorehelich	*eheliche (in der Ehe geborene) Kinder*
Ehemann/Ehefrau; s. a. Gattin	
Ehenichtigkeit/Nichtehe	*(Rechtswesen)*
Ehepartner/Ehepartnerin	
Ehepartnerin/Ehepartner	
ehetauglich/eheuntauglich	
eheuntauglich/ehetauglich	
Ehe zur linken Hand/Ehe zur rechten Hand	*(Ehe zwischen einer „Bürgerlichen" und einem Adligen, in der die Frau ihren Mädchennamen behält)*
Ehe zur rechten Hand/Ehe zur linken Hand	*(Ehe zwischen Ranggleichen)*
Ehre/Schande	*wo Saufen eine Ehre ist, ist Kotzen keine Schande (Spruch)*
ehrenamtlicher Richter/Berufsrichter	
ehrenhaft/unehrenhaft	*ehrenhaft aus dem Heer ausscheiden*
ehrerbietig/unehrerbietig	
Ehrgeiz; s. ohne Ehrgeiz	
ehrgeizig/ohne Ehrgeiz	*er ist ehrgeizig*
ehrlich/unehrlich	*ehrlich sein; ehrliche Absichten haben*
Ehrlichkeit/Unehrlichkeit	
eidesfähig/eidesunfähig	*(Rechtswesen)*
Eidesfähigkeit/Eidesunfähigkeit	*(Rechtswesen)*
eidesunfähig/eidesfähig	*(Rechtswesen)*
Eidesunfähigkeit/Eidesfähigkeit	*(Rechtswesen)*
eidgenössisch/kantonal	*(schweizerisch)*
eidlich/uneidlich	*eine eidliche Falschaussage*
Eidos/Materie	*(Aristoteles)*

Eidotter/Eiklar; s. a. Eiweiß, Weißei	(das Gelbe im Ei)
eierlegend/lebendgebärend; s. a. vivipar	(in bezug auf die Art der Fortpflanzung)
Eigelb/Eiweiß; s. a. Eiklar, Weißei	
eigen/fremd	eigene Geldmittel; das sind eigene Ideen; in eigener Sprache; Bluttransfusion mit eigenem Blut
eigen…/fremd… (Adjektiv)	z. B. eigengenutzt/fremdgenutzt
eigen…/Gegen…	ein Fehler der eigenen Spieler; die eigene Partei, nicht die Gegenpartei hat einen Fehler beim Spiel gemacht
eigen…/geliehen…	das ist nicht mein eigenes, sondern ein geliehenes Fahrrad
Eigen…/Fremd… (Substantiv)	z. B. Eigenkapital/Fremdkapital
…eigen/…fremd (Adjektiv)	z. B. betriebseigen/betriebsfremd
Eigenbesitz/Fremdbesitz	(Rechtswesen)
Eigenbetrieb/Eigengesellschaft	(Rechtswesen)
Eigenblut/Fremdblut	für eine Operation Eigenblut verwenden
eigener Wechsel/gezogener Wechsel	(Wirtschaft)
Eigenfinanzierung/Fremdfinanzierung	(Wirtschaft)
eigengenutzt/fremdgenutzt	eine eigengenutzte Wohnung
Eigengesellschaft/Eigenbetrieb	(Rechtswesen)
Eigenkapital/Fremdkapital	(Wirtschaft)
Eigenmittel/Fremdmittel	(Finanzwesen)
Eigenname/Gattungsname	Eigennamen sind beispielsweise „Brecht", „Goethe"
Eigennutz/Gemeinnutz	Gemeinnutz geht vor Eigennutz
eigennützig/uneigennützig; a. altruistisch	eigennützig handeln; eigennützige Zwecke
Eigenreflex/Fremdreflex	(Medizin)
Eigenstrahlung/Bremsstrahlung	(Atomphysik)
eigentlich/uneigentlich	eigentliche und uneigentliche Bedeutungen eines Wortes; eigentliches und uneigentliches – metaphorisches – Sprechen
Eigentum; s. Gemeineigentum, Privateigentum	
Eigentumswohnung/Mietwohnung	er hat eine Eigentumswohnung
Eigenumsatz/Kundenumsatz	(Wirtschaft)
Eigenverschulden/Fremdverschulden	
Eigenverwaltung/Fremdverwaltung	(Rechtswesen)
Eiklar/Eidotter; s. a. Eigelb, Gelbei	
ein; s. bei jemandem aus und ein gehen, nicht/weder ein noch aus wissen	
Ein/Aus	das Ein und Aus des Atems
ein…/aus… (Verben mit gleichem Basiswort)	z. B. einschalten/ausschalten
ein…/aus… (Verben mit nicht gleichem Basiswort)	z. B. einziehen/ausstoßen (Atem)
ein…/ent… (Verben mit nicht gleichem Basiswort)	z. B. einstellen/entlassen

...ein/...aus (Adverb)	*z. B. tagein/tagaus*
einarmig/beidarmig	*(nur) einarmig spielen (können) (Sport)*
einatmen/ausatmen	*tief einatmen*
Einatmung/Ausatmung; s. a. Exspiration	
Einbau/Ausbau	*der Einbau des Motors*
einbauen/ausbauen	*den Motor (in das Auto) einbauen*
Einbaumotorboot/Außenbordmotorboot	*(Wassersport)*
einbeinig/beidbeinig	*ein einbeiniger Sprung (Sport)*
Einbettzimmer/Doppelzimmer, Zweibett- zimmer	
einblenden/ausblenden	*Musik in die Sendung einblenden; die Symbolleiste auf Wunsch einblenden (EDV)*
einbringen/ausbringen	*Wortzwischenräume einbringen (Typographie)*
Einbruchscaldera/Explosionscaldera	*(Geologie)*
Einbuchtung/Ausbuchtung	
einbuddeln/ausbuddeln	*ein Gewehr, eine Flasche einbuddeln*
einbürgern/ausbürgern	*sie ist in die Schweiz eingebürgert worden*
Einbürgerung/Ausbürgerung	*die Einbürgerung erfolgte in diesem Jahr*
Eindecker/Doppeldecker	*(veraltet; Flugwesen)*
eindeutig/doppeldeutig	*diese Aussage ist eindeutig*
eindeutige Funktion/mehrdeutige Funktion	*(Mathematik)*
Eindeutigkeit/Doppeldeutigkeit	
eindocken/ausdocken	*ein Schiff eindocken (ins Dock, Becken bringen; Seemannssprache)*
eindrehen/ausdrehen	*eine Glühlampe (in die Fassung) eindrehen*
eindringen/abprallen	*das Geschoß drang ein*
ein[e] andere[r]/selbst	*das hat er nicht selbst, das hat ein anderer gemacht*
Einehe/Vielehe, Mehrehe; s. a. Polygamie	
eineiig/zweieiig	*eineiige Zwillinge*
einen Umweg machen/den Weg abkürzen	
eine Ohrfeige bekommen/eine Ohrfeige geben	*er bekam eine Ohrfeige (von ihm)*
eine Ohrfeige geben/eine Ohrfeige bekommen	*er gab ihm eine Ohrfeige*
einer Meinung sein/geteilter, verschiedener Meinung sein	
einerseits..., andererseits	*einerseits möchte er reisen, andererseits reizt ihn der Urlaub im Garten*
einesteils..., ander[e]nteils	
einfach/de Luxe	*Ausführung: einfach (bei Gegenständen)*
einfach/doppelt	*ein einfacher Knoten*
einfach/gefüllt	*einfache Blüten, Nelken*
einfach/hin und zurück	*eine Fahrkarte nach Berlin einfach*
einfach/kompliziert	*das ist ein einfaches System*
einfach/mehrfach	*einfach ungesättigte Fettsäure im Olivenöl*
einfach/voll	*eine einfache Blüte*

einfach/zusammengesetzt · *eine einfache Form des Verbs ist zum Beispiel „trank"*

einfache Buchführung/doppelte Buchführung · *(Wirtschaft)*

einfache Mehrheit/absolute Mehrheit · *(Mehrheit, bei der man mehr Stimmen als die einzelnen anderen, aber nicht als alle zusammen hat)*

einfacher Briefumschlag/gefütterter Briefumschlag

einfacher Knoten/doppelter Knoten

einfacher Satz/komplexer Satz · *(Sprachwissenschaft)*

einfaches Fenster/Doppelfenster

einfaches Komma/paariges Komma

einfädeln/ausfädeln · *einen Faden einfädeln*

einfädeln, sich/sich ausfädeln · *sich (als Autofahrer) rechtzeitig einfädeln*

einfahren/ausfahren · *1. das Flugzeug fährt die Landeklappen ein; 2. in das Bergwerk einfahren*

einfahren/herausfahren, hinausfahren, rausfahren · *der Zug fährt (in die Halle) ein (zu mir)*

einfahren; s. aus- und einfahren

Einfahrgleis/Ausfahrgleis · *(Eisenbahn)*

Einfahrgruppe/Ausfahrgruppe · *(Eisenbahn)*

Einfahrsignal/Ausfahrsignal · *(Eisenbahn)*

Einfahrt/Ausfahrt · *1. die Einfahrt in den Hafen; keine Einfahrt haben; 2. die Einfahrt freihalten!*

Einfahrt[s]gleis/Ausfahrt[s]gleis · *(Eisenbahn)*

Einfahrt[s]signal/Ausfahrt[s]signal · *(Eisenbahn)*

einfallslos/einfallsreich · *eine einfallslose Architektur*

Einfallslosigkeit/Einfallsreichtum

einfallsreich/einfallslos · *eine einfallsreiche Architektur*

Einfallsreichtum/Einfallslosigkeit

Einfallstraße/Ausfallstraße · *(Verkehrswesen)*

Einfallswinkel/Ausfallswinkel

Einfamilienhaus/Mehrfamilienhaus

einfarbig/bunt · *ein einfarbiges Kleid*

einfliegen/ausfliegen · *1. die Tauben fliegen (in den Schlag) ein; 2. Lebensmittel, Soldaten (in die Stadt) einfliegen*

Einflugschneise/Ausflugschneise · *(Flugwesen)*

einflußlos/einflußreich

einflußreich/einflußlos

einfrieren/auftauen · *das Essen einfrieren*

Einfuhr/Ausfuhr; s. a. Export · *Einfuhr von Waren*

einführen/abschaffen · *die Todesstrafe, eine Steuer einführen*

einführen/ausführen; s. a. exportieren · *Waren (aus Übersee) einführen*

Einfuhrhafen/Ausfuhrhafen

Einführung/Abschaffung · *die Einführung der gleitenden Arbeitszeit*

einfüßig/beidfüßig · *einfüßig spielen*

Eingabe/Ausgabe; s. a. Output   *die Eingabe der Daten (EDV)*
Eingang/Ausgang   *1. den Eingang freihalten; 2. den Eingang*
                                                 der Briefpost bestätigen
eingangs/ausgangs   *1. eingangs des letzten Jahrhunderts; 2.*
                                                 eingangs Hamburgs
Eingangschor/Schlußchor
Eingangstür/Ausgangstür
eingedenk/uneingedenk   *eingedenk seines Versprechens, seiner War-*
                                                 nung (sich daran erinnernd)

ein Geheimnis hüten/ein Geheimnis lüften
ein Geheimnis lüften/ein Geheimnis hüten
eingehen; s. aus- und eingehen
eingehend/ausgehend   *die ein- und ausgehende Post*
eingeladen/einladend   *die eingeladenen Personen (Gäste)*
eingeladen/uneingeladen   *eingeladene Personen (auf einem Fest)*
eingelöst/uneingelöst   *eingelöste Versprechen*
eingeschränkt/uneingeschränkt   *eingeschränkte Vollmacht; eingeschränkt*
                                                 schuldfähig
eingeseift werden/jemanden einseifen
eingesetzte Ärmel/angeschnittene Ärmel   *(Schneiderei)*
Eingewanderte[r]/Ausgewanderte[r]
eingeweiht/uneingeweiht   *er ist eingeweiht (in den Plan)*
eingewickelt/uneingewickelt   *eingewickelte Waren*
eingleisig/zweigleisig   *diese Strecke ist eingleisig*
eingliedern/ausgliedern   *Gebiete in die Verwaltung eingliedern*
eingrätschen/ausgrätschen   *(in eine andere Position mit einer Grätsche*
                                                 wechseln; Turnen)
Eingriffskondiktion/Leistungskondiktion   *(Rechtswesen)*
Eingriffsverwaltung/Leistungsverwaltung   *(Rechtswesen)*
ein gutes Gedächtnis haben/vergeßlich sein
einhaken/aushaken   *eine Kette einhaken*
einhängen/aushängen   *eine Tür (wieder) einhängen*
einhäusig/zweihäusig   *einhäusige Pflanzen*
Einhäusigkeit/Zweihäusigkeit   *(Botanik)*
einheben/ausheben   *eine Tür einheben*
einheimisch/ausländisch   *einheimische Produkte*
Einheimische[r]/Fremde[r]   *auf dem Fest waren viele Einheimische*
                                                 und einige Fremde
einheitlich/uneinheitlich   *einheitliche Kleidung; eine einheitliche Auf-*
                                                 fassung des Textes
Einheitlichkeit/Uneinheitlichkeit
Einheitsgewerkschaft/   *(religiös, politisch neutrale Gewerkschaft)*
  Richtungsgewerkschaft
Einheitskurs/freischwankender Kurs   *(Börse)*
Einheitsprinzip/Abstraktionsprinzip   *(Rechtswesen)*
Einheitswert/Verkehrswert   *(bei Immobilien)*
einhöckrig/zweihöckrig   *ein einhöckriges Kamel; ein Dromedar ist*
                                                 ein einhöckriges Kamel, ein Trampeltier
                                                 ist ein zweihöckriges Kamel

einholen/auswerfen   *die Fischer holen ihre Netze (wieder) ein*
einholen/hissen   *die Fahne (wieder) einholen*
einholen; s. den Anker einholen, die Segel
  einholen
einig/uneinig   *einig über etwas sein*
Einigkeit/Uneinigkeit   *es bestand Einigkeit in der Frage*
einjährig/ausdauernd, mehrjährig   *einjährige Pflanzen*
Einjährige, das/Abitur   *(veraltend: Schulabschluß nach erfolgrei-
                                            chem Besuch der letzten Klasse an einer
                                            Realschule oder der 10. Klasse an ei-
                                            nem Gymnasium)*

Einkammersystem/Zweikammersystem   *(Rechtswesen)*
Einkaufspreis/Verkaufspreis
einklinken, sich/sich ausklinken   *sich (wieder) in die Gesellschaft einklinken*
einknöpfen/ausknöpfen   *das Mantelfutter (wieder) einknöpfen*
Einkommen; s. Arbeitseinkommen, Besitz-
  einkommen, Bruttoeinkommen, Netto-
  einkommen, Nominaleinkommen, Realeinkommen
einkommensschwach/einkommensstark   *einkommensschwache Familien; einkom-
                                            mensschwache Schichten der Bevölke-
                                            rung*
einkommensstark/einkommensschwach   *einkommensstarke Familien; einkommens-
                                            starke Schichten der Bevölkerung*
einkuppeln/auskuppeln   *den Motor (wieder) einkuppeln*
einladen/ausladen; a. abladen, entladen   *1. jemanden einladen; 2. Waren einladen*
einladend/eingeladen   *die einladenden Personen (Gastgeber)*
einlassen/auslassen   *Wasser (in die Badewanne) einlassen*
Einlaßventil/Auslaßventil   *(beim Auto)*
einlaufen/auslaufen   *1. Wasser läuft (in die Wanne) ein; 2.
                                            Schiffe laufen (in den Hafen) ein*
einlaufen lassen/auslaufen lassen   *das Wasser (in die Badewanne) einlaufen
                                            lassen*
einläuten/ausläuten   *das neue Jahr einläuten*
einlegen/herausnehmen   *einen neuen Film in den Fotoapparat ein-
                                            legen*
einmal/mehrmals   *sie war einmal in den USA*
Einmarsch/Ausmarsch   *der Einmarsch der Sportler ins Stadion*
einmieten/ausmieten   *Kartoffeln, Rüben einmieten*
einmischen, sich/sich heraushalten   *er mischt sich (in den Streit) ein*
ein Modemuffel sein/modebewußt sein
einmontieren/ausmontieren   *Einzelteile (in etwas) einmontieren*
ein ...muffel sein/...bewußt sein   *z. B. ein Modemuffel sein/modebewußt
                                            sein*
Einnahmen/Ausgaben   *die Einnahmen betrugen 1000 Mark*
einnehmen/ausgeben   *Geld einnehmen*
ein Paar/einzeln...   *ein Paar Schuhe*
einpacken/auspacken; a. auswickeln   *ein Geschenk einpacken*

einparken/ausparken	*das Auto einparken*
einpendeln/auspendeln	*(als Berufspendler: in den Ort, in dem man arbeitet, hineinfahren)*
Einpendler/Auspendler	*morgens sind viele Einpendler unterwegs; Berufspendler sind aus der Sicht ihrer Wohngemeinde Auspendler und aus der Sicht ihrer Gemeinde, in der sie arbeiten, Einpendler*
Einphasen[umsatz]steuer/ Allphasen[umsatz]steuer	*(Steuerwesen)*
einrahmen/ausrahmen	*Bilder einrahmen*
einrasten/ausrasten	*der Hebel rastete ein*
einräumen/ausräumen	*den Schrank, das Zimmer einräumen; Gegenstände in das Fach einräumen*
Einreiher/Zweireiher	*(Schneiderei)*
Einreise/Ausreise	*die Einreise in die Schweiz*
einreisen/ausreisen	*in ein Land, in die Schweiz, in die USA, nach Polen einreisen*
einrenken/ausrenken	*ihm wurde der Arm wieder eingerenkt*
einrollen/ausrollen	*die Fahnen einrollen*
einrücken/ausrücken	*die Feuerwehr rückt (wieder) ein*
einrüsten/abrüsten	*ein Haus einrüsten (Bauwesen)*
eins/uneins	*sie sind sich in der Einschätzung der Lage eins*
einsammeln/austeilen	*(in der Klasse) die Hefte (wieder) einsammeln*
Einsatzverband/Unterstützungsverband	*(Militär)*
einschalen/ausschalen	*Wände einschalen (Bauwesen)*
einschalten/auslassen	*das Radio auslassen und nicht wieder einschalten*
einschalten/ausschalten; a. abschalten, auslassen, ausmachen	*morgens das Radio einschalten und mittags wieder ausschalten; den Apparat, das Licht einschalten*
einscheren/ausscheren	*das Auto scherte (nach rechts) ein*
einschießen/ausschießen	*Brot einschießen (in den Backofen schieben; Bäckerei, landschaftlich)*
einschiffen/ausschiffen	*Truppen, Waren einschiffen*
einschirren/ausschirren	*ein Pferd einschirren*
einschlafen/aufwachen	*er ist um 24 Uhr eingeschlafen und um 06.00 Uhr aufgewacht*
einschlagen/herausziehen, rausziehen	*einen Nagel (in die Wand) einschlagen*
einschleichen/ausschleichen	*eine einschleichende (langsam sich steigernde) Therapie (Medizin)*
einschließen/ausschließen; a. exkludieren	*das eine schließt das andere ein*
einschließlich/ausschließlich; a. abzüglich	*einschließlich Berlins; einschließlich Porto*
Einschlupf/Ausschlupf	*der Einschlupf für die Tauben auf dem Dach*
Einschluß/Aufschluß	*(Strafwesen; im Gefängnis)*

einschmuggeln/hinausschmuggeln; a. raus-
schmuggeln

Waffen in das Land einschmuggeln (herein-
schmuggeln)

einschränken/steigern

die Produktion einschränken

einschrauben/ausschrauben; a. raus-
schrauben

die Glühbirne (in die Fassung) ein-
schrauben

einschulen/ausschulen

ein Kind (in eine Schule) einschulen

einschultern/ausschultern

(Turnen)

Einschuß/Ausschuß

die Stelle des Einschusses (im Körper)

einschwingen/ausschwingen

Raubvögel schwingen ein (setzen sich auf
einen Baum; Jägersprache)

einseifen, jemanden/eingeseift werden

einseitig/doppelseitig, beid[er]seitig

ein einseitig beschriebenes Blatt Papier

einseitig/vielseitig

er ist (sehr) einseitig (zum Beispiel in bezug auf Interessen)

einseitiges Handelsgeschäft/beidseitiges
Handelsgeschäft

einseitiges Rechtsgeschäft/zweiseitiges
Rechtsgeschäft

einsetzen/entheben

jemanden in ein Amt einsetzen

einsetzen; s. als Erben einsetzen

einsichtig/uneinsichtig

er ist einsichtig

einspaltig/zweispaltig, mehrspaltig

einspaltiger Druck, Satz (Typographie)

einspannen/ausspannen

1. einen Bogen (in die Schreibmaschine)
einspannen; 2. ein Pferd einspannen

Einspänner/Mehrspänner

(Kutsche mit nur einem Pferd)

einspeichern/abrufen

(EDV)

einsprachig/zweisprachig, mehrsprachig

einsprachige Wörterbücher

Einspruchsgesetz/Zustimmungsgesetz

(Rechtswesen)

einspurig/mehrspurig

ein Moped ist ein einspuriges Fahrzeug

einspurig/zweispurig

eine einspurige Bahnstrecke

einst/jetzt

Mode einst und jetzt

Einst; s. das Einst

Einstand/Ausstand

wann feiert denn der neue Leiter seinen
Einstand?

einstecken/austeilen

wer (Schläge) austeilt, muß auch (Schläge)
einstecken können

einstehen/ausstehen

ich bin (am Jahresende) eingestanden
(habe eine Stellung angenommen;
südd.)

einsteigen/aussteigen; s. a. steigen aus

1. in den Bus einsteigen; 2. in das Geschäft, das Unternehmen einsteigen

einstellen/entlassen

der Betrieb hat 10 Arbeiter eingestellt

einstellen/wieder aufnehmen

die Produktion einstellen

Einstellung/Entlassung

die Einstellung von Mitarbeitern

Einstellung; s. Feineinstellung, Grobeinstel-
lung

Einstieg/Ausstieg

1. der Einstieg (beim Bus) ist vorn; 2. Einstieg in die Atomproduktion

einstimmig/mehrstimmig

(Musik)

ein Teil/das Ganze	er bekam nicht das Ganze, sondern nur einen Teil
einteilig/zweiteilig	einteiliger Badeanzug
Eintracht/Zwietracht	in Eintracht leben
eintragen/austragen	seinen Namen (in eine Liste) eintragen
eintreten/austreten	in die Kirche, Partei eintreten
Eintrieb/Austrieb	der Eintrieb (des Viehs) in die Winterstallungen
Eintritt/Austritt	der Eintritt in die Partei
ein- und ausfahren	die ein- und ausfahrenden Autos
ein und aus gehen	bei jemandem ein und aus gehen
Einwanderer/Auswanderer; s. a. Emigrant	
einwandern/auswandern; s. a. emigrieren	in ein Land einwandern
Einwanderung/Auswanderung; s. a. Emigration	
Einwanderungsbeschränkung/ Auswanderungsbeschränkung	
Einwanderungserlaubnis/ Auswanderungserlaubnis	
Einwanderungsgesetz/ Auswanderungsgesetz	
Einwanderungsverbot/ Auswanderungsverbot	
einwärts/auswärts	die Füße nach einwärts setzen; ein nach einwärts gebogener Stab
Einweg.../Mehrweg... (Substantiv)	z. B. Einwegflasche/Mehrwegflasche
Einwegflasche/Mehrwegflasche	
einwickeln/auswickeln; a. auspacken	ein Geschenk einwickeln
Einzahl/Mehrzahl; s. a. Plural	ein Substantiv in der Einzahl (zum Beispiel: der Baum); „das Kind" ist Einzahl (Sprachwissenschaft)
einzahlen/abheben; s. a. runterholen	Geld (auf das Konto, bei der Bank) einzahlen
einzahlen/auszahlen	die eingezahlten Beiträge wurden nach einem Jahr wieder ausgezahlt
Einzahlung/Auszahlung	
Einzahlungskasse/Auszahlungskasse	(Bankwesen)
Einzahlungsschalter/Auszahlungsschalter	(Bankwesen)
Einzel/Doppel	([Tennis]spiel, bei dem sich zwei Spieler gegenüberstehen)
einzel.../gesamt... (Adjektiv)	z. B. einzelwirtschaftlich/gesamtwirtschaftlich
Einzel.../Doppel... (Substantiv)	z. B. Einzelzimmer/Doppelzimmer
Einzel.../Gesamt... (Substantiv)	z. B. Einzelergebnis/Gesamtergebnis
Einzel.../Groß... (Substantiv)	z. B. Einzelhandel/Großhandel
Einzel.../Gruppen... (Substantiv)	z. B. Einzelreise/Gruppenreise
Einzel.../Kollektiv... (Substantiv)	z. B. Einzelbestrafung/Kollektivbestrafung
Einzel.../Mannschafts... (Substantiv)	z. B. Einzelwertung/Mannschaftswertung
Einzelarbeit/Gruppenarbeit	

Einzelausgabe/Gesamtausgabe	*(Bibliothekswesen)*
Einzelbauer/Genossenschaftsbauer	
Einzelbestrafung/Kollektivbestrafung	
Einzelbett/Doppelbett	
Einzelbettzimmer/Doppelzimmer	
Einzelergebnis/Gesamtergebnis	
Einzelfahrkarte/Sammelfahrkarte	
Einzelfeuer/Dauerfeuer	*bei einer Waffe auf Einzelfeuer stellen*
Einzelführung/Gruppenführung	
Einzelgespräch/Gruppengespräch	*psychologische Einzelgespräche*
Einzelhaft/Gemeinschaftshaft	
Einzelhandel/Großhandel	*der Einzelhandel ist mit dem Umsatz zufrieden*
Einzelhandelspreis/Großhandelspreis	
Einzelhandelsverband/ Großhandelsverband	
Einzelhändler/Großhändler	
Einzelkampf/Mannschaftskampf	*(Sport)*
Einzelklassement/Gesamtklassement	*(Sport)*
Einzelkosten/Gemeinkosten	*(Wirtschaft)*
Einzellauf/Paarlauf	*(Eiskunstlauf)*
Einzeller/Vielzeller	*(Biologie)*
einzellig/vielzellig	*(Biologie)*
einzeln/gemeinsam	*die Fahrkarten bestellen wir einzeln*
einzeln/geschlossen	*wir, die Schüler gehen einzeln ins Museum*
einzeln/in Gruppen	*sie wurden einzeln durch die Ausstellung geführt*
einzeln/zusammen	*man sieht sie, die Eheleute immer nur einzeln*
einzeln; s. das einzelne	
einzeln.../ein Paar	*ein einzelner Schuh*
einzelne, der/das Kollektiv	
einzelner; s. als einzelner	
Einzelprokura/Gesamtprokura	
Einzelrechtsnachfolge/ Gesamtrechtsnachfolge	
Einzelreise/Gruppenreise	*Preise für Einzelreisen*
Einzelschein/Monatsschein	*(Lotterie)*
Einzelschuld/Kollektivschuld	
Einzelsieg/Gesamtsieg	*(Sieg in einer einzelnen Disziplin)*
Einzelsieger/Gesamtsieger	*(Sieger, der in einer einzelnen Disziplin gesiegt hat)*
Einzelsport/Massensport	
einzelsprachlich/außereinzelsprachlich	
einzelsprachlich/übereinzelsprachlich	*einzelsprachliche Entsprechung zu einem übereinzelsprachlichen Begriff*
Einzelspringen/Mannschaftsspringen	*(Pferdesport)*

Einzelstart/Gruppenstart, Mannschafts- start, Massenstart	*(Sport)*
Einzelstrafe/Gesamtstrafe	*(Rechtswesen)*
Einzeltherapie/Familientherapie	*bei psychisch kranken Jugendlichen kann eine Einzeltherapie oder eine Familien- therapie in Betracht gezogen werden*
Einzeltherapie/Gruppentherapie	
Einzelunterricht/Gruppenunterricht	*sie hatte Einzelunterricht im Flötenspiel*
Einzelurkunde/Sammelurkunde	
Einzelverfolgungsfahren/ Mannschaftsverfolgungsfahren	*(Radsport)*
Einzelverkauf/Großverkauf	*(Verkauf im kleinen)*
Einzelverpflichtung/Kollektivverpflichtung	*(früher: DDR)*
Einzelvertretung/Gesamtvertretung	*(Rechtswesen)*
Einzelvollmacht/Gesamtvollmacht	*(Rechtswesen)*
Einzelweisung/allgemeine Weisung	*(Rechtswesen)*
Einzelwertung/Gesamtwertung, Mann- schaftswertung	*(Wertung der einzelnen Sportler)*
Einzelwette/Dauerwette	*(Lotterie)*
einzelwirtschaftlich/gesamtwirtschaftlich	
Einzelwurf/Reihenwurf	*(in bezug auf das Abwerfen von Bomben)*
Einzelzelle/Gemeinschaftszelle	*(Strafvollzug)*
Einzelzimmer/Doppelzimmer; s. a. Zwei- bettzimmer	*ein Einzelzimmer im Hotel bestellen*
einziehen/ausgeben	*Zahlungsmittel einziehen*
einziehen/ausstoßen; a. ausatmen	*die Luft einziehen*
einziehen/auswerfen	*die Fischer ziehen ihre Netze (wieder) ein*
einziehen/ausziehen	*die (neuen) Mieter ziehen (in die Woh- nung) ein*
einziehen/rausstrecken	*den Bauch einziehen*
Einzug/Auszug	*beim Einzug in die Wohnung*
Eiszeit/Warmzeit	
eitel/uneitel	*er ist sehr eitel; wer eitel ist, will anderen und sich selbst gefallen*
Eiweiß/Eigelb, [Ei]dotter	
eiweißarm/eiweißreich	*eiweißarme Kost*
eiweißreich/eiweißarm	*eiweißreiche Kost*
Eizelle; s. weibliche Eizelle	
Ejaculatio praecox/Ejaculatio retardata	*(zu früh, vorzeitig erfolgender Samener- guß)*
Ejaculatio retardata/Ejaculatio praecox	*(sehr, zu spät erfolgender Samenerguß)*
Ejakularche/Menarche; s. a. erste Monats- blutung	*erster Samenerguß (bei einem heranwach- senden Jungen)*
Ejakulation/Lubrikation	*(Absonderung von Samenflüssigkeit bei se- xueller Erregung)*
Ejektiv/Injektiv	*(Verschlußlaut, bei dem Luft aus dem Mund ausgestoßen wird)*

Ekel/Begierde   *Ekel als Angst vor Berührung; Ist Ekel*
                                       eine verdrängte Begierde, wie die Psy-
                                       chologen meinen?

ekkrin/endokrin   *(Medizin)*

Ekto.../Endo..., Ento... (vor fremdsprach-   *(mit der Bedeutung: außen, außerhalb)*
   licher Basis; Substantiv)   *z. B. Ektoparasit/Endoparasit, Entopa-*
                                       rasit

Ektoderm/Entoderm   *(Biologie, Medizin)*

ektodermal/entodermal   *(Biologie, Medizin)*

Ektomie/Resektion   *(operative Entfernung eines Organs; Medi-*
                                       zin)

Ektoparasit/Endoparasit, Entoparasit   *(auf der Körperoberfläche lebender Para-*
                                       sit)

ektophytisch/endophytisch   *(Medizin)*

Ektoplasma/Endoplasma, Entoplasma   *(Biologie)*

Ektoskelett/Endoskelett   *(Außenskelett)*

Ektotoxin/Endotoxin   *(Biologie, Medizin)*

ektotroph/endotroph   *(Botanik)*

Ektropium/Entropium   *(Umstülpung des Augenlids nach außen)*

Ektypus/Protoyp   *(Nachbildung; Fachsprache)*

elaborierter Code/restringierter Code *(besonders vielfältige Ausdrucksfähigkeit*
                                       in Wortschatz, Satzbau usw.; Sprachwis-
                                       senschaft)

elastisch/unelastisch

Elchbulle/Elchkuh

Elchkuh/Elchbulle

elegant/unelegant   *elegante Bewegungen; übertragen: eine ele-*
                                       gante Lösung

Elektrakomplex/Ödipuskomplex   *(in der Psychologie nach C. G. Jung der*
                                       verdrängte Wunsch der Tochter mit
                                       dem Vater eine enge Beziehung einzuge-
                                       hen)

elektrische Gitarre/akustische Gitarre

Elektrolyt/Anelektrolyt   *(Physik, Chemie)*

Elektronenaffinität/Ionisierungsenergie *(Physik)*

Elektronenakzeptor/Elektronendonator   *(Physik, Chemie)*

Elektronendonator/Elektronenakzeptor   *(Physik, Chemie)*

Elektronik; s. Leistungselektronik, Unter-
   haltungselektronik

elektronisch/pneumatisch   *(Regeltechnik)*

elektronische Medien/Printmedien   *(zum Beispiel Fernsehen)*

elektronisches Geld/Bargeld

elektronisches Musikinstrument/Elektro-
   phon

elektrophil/elektrophob   *(elektronensuchend, zur Aufnahme von*
                                       Elektronen neigend; Chemie)

elektrophob/elektrophil   *(nicht elektronensuchend, nicht zur Auf-*
                                       nahme von Elektronen neigend; Che-
                                       mie)

Elektrophon/elektronisches Musikinstrument   (*elektrisches Musikinstrument*)

Elend; s. Glanz und Elend

Eleve/Elevin

Elevin/Eleve

Ellipse; s. Postellipse, Präellipse

Eltern/Kind[er]

Eltern; s. Adoptiveltern, leibliche Eltern

Emanatismus/Evolutionismus   (*Philosophie*)

Embryonalzelle/Dauerzelle   (*Biologie*)

Emerita/Emeritus   (*im Ruhestand befindliche Hochschulprofessorin*)

Emeritus/Emerita   (*im Ruhestand befindlicher Hochschulprofessor*)

emers/submers   (*über der Wasseroberfläche; Zoologie, Botanik*)

Emigrant/Immigrant; s. a. Einwanderer   (*Auswanderer*)

Emigration/Immigration; s. a. Einwanderung   (*Auswanderung*)

emigrieren/immigrieren; s. a. einwandern   (*auswandern*)

emisch/etisch   *Morpheme sind emische (bedeutungsunterscheidende) Einheiten (Sprachwissenschaft)*

Emissionstheorie/Undulationstheorie   (*Physik*)

Empfang/Sendung   *der Empfang der Sendung war gut (Radio, Fernsehen)*

empfangen/senden   *einen Funkspruch empfangen*

Empfänger/Sender   (*Rundfunk, Sprachwissenschaft*)

Empfänger/Spender; a. Organspender[in]   *der Empfänger des Blutes*

Empfänger[in]/Absender[in]   *wer ist der Absender des Briefes und wer der Empfänger?*

Empfängerland/Geberland

Empfängersprache/Ausgangssprache; s. a. Muttersprache

empfänglich/unempfänglich   *für etwas empfänglich sein*

Empfangsstaat/Sendestaat   (*diplomatische Vertreter eines anderen Staates akkreditierender Staat; Politik*)

empfehlen/abraten   *jemandem eine Geldanlage empfehlen*

empfindlich/unempfindlich   *eine empfindliche Haut; empfindlich gegen Sonne; empfindliche Tapeten*

...empfindlich/...unempfindlich (Adjektiv)   *z. B. frostempfindlich/frostunempfindlich*

empfindsam/unempfindsam

Empirie/Theorie

Empirismus/Nativismus   (*durch Erfahrung Erworbenes; Psychologie*)

Empirismus/Rationalismus   (*philosophische Richtung, die für die Erkenntnis die Erfahrung in den Mittelpunkt stellt*)

Emulgator/Demulgator   (*Chemie*)

emulgieren/demulgieren   *(Chemie)*
E-Musik/U-Musik; s. a. Unterhaltungs-   *(ernste, klassische Musik)*
  musik
en.../de...; s. a. ent... (vor fremdsprachli-   *(mit der Bedeutung: ein..., hinein...) z. B.*
  chem Verb)   *enkodieren/dekodieren*
...en (Partizip II)/...end (Partizip I)   *z. B. eingeladen/einladend*
...en (Aktiv)/[ge]...[t] werden (Passiv)   *z. B. lieben/geliebt werden, verführen/ver-*
                                                  führt werden, einladen/eingeladen
                                                  werden

E-Nahrung/K-Nahrung
Encoder/Decoder   *(EDV)*
encodieren/decodieren; s. a. entschlüsseln   *(verschlüsseln)*
Encoding/Decoding; s. a. Entschlüsselung   *(Verschlüsselung)*
End.../Zwischen... (Substantiv)   *z. B. Endergebnis/Zwischenergebnis*
...end (Partizip I)/...en (Partizip II von   *z. B. einladend/eingeladen*
  starkem Verb)
...end (Partizip I)/[ge]...t (Partizip II von   *z. B. liebend/geliebt, definierend/definiert,*
  schwachem Verb)   *verführend/verführt*
...end (Partizip I)/[...]zu...end (Gerundi-   *z. B. ausbildend/auszubildend*
  vum)
Endband/Startband   *(beim Filmstreifen)*
endbetont/anfangsbetont   *das Wort „Ten*o*r" (= Sänger) ist endbetont*
Ende/Anfang; a. Alpha, Beginn, Start   *Ende April; sie ist Ende fünfzig; das war*
                                                  das Ende seiner Laufbahn; der Anfang
                                                  vom Ende
Ende/Beginn; a. Anfang   *das Ende einer Veranstaltung; das war das*
                                                  Ende seiner Karriere; am Ende der Ver-
                                                  anstaltung
Ende/Spitze   *am Ende des Zuges*
Endemie/Epidemie   *(örtlich begrenztes Auftreten einer Infekti-*
                                                  onskrankheit, z. B. Malaria; Medizin)
endemisch/epidemisch   *(in bezug auf örtlich begrenzte Infektions-*
                                                  krankheiten, z. B. Malaria)
enden/beginnen   *1. die Fahrt endete in Berlin; 2. die Früh-*
                                                  schicht endet heute später; der Tag en-
                                                  dete mit einer Freude
...ende[r]/[Ge]...e[r] (Substantivierung von   *z. B. Schlagende[r]/Geschlagene[r]*
  starkem, dem unregelmäßigen Verb)
...ende[r]/[Ge]...te[r] (Substantivierung   *z. B. Liebende[r], Begehrende[r]/Gelieb-*
  von schwachem, dem regelmäßigen   *te[r], Begehrte[r]; Jagende[r]/Gejagte[r]*
  Verb)
Endergebnis/Zwischenergebnis
endergonisch/exergonisch   *(Energie verbrauchend)*
en détail/en gros; s. a. im großen   *er verkauft en détail (im kleinen, im einzel-*
                                                  nen)
Endetailhandel/Engroshandel
endgültig/vorläufig   *das endgültige Wahlergebnis; das endgül-*
                                                  tige Tagungsprogramm
endgültiger Titel/Arbeitstitel   *das ist der endgültige Titel des Buches*

Endlagerung/Zwischenlagerung	*(von Atommüll, Abfallstoffen)*
endlich/unendlich	*eine unendliche Menge von Sätzen aus einer endlichen Menge von Kernsätzen; das Leben ist endlich, aber manche leben so, als sei es unendlich*
endo.../exo... (vor fremdsprachlicher Basis; Adjektiv)	*(mit der Bedeutung: innen, inwendig, innerhalb) z. B. endozentrisch/exozentrisch*
Endo.../Ekto... (vor fremdsprachlicher Basis; Substantiv)	*(mit der Bedeutung: innerhalb) z. B. Endoparasit/Ektoparasit*
Endo.../Epi... (vor fremdsprachlicher Basis; Substantiv)	*(mit der Bedeutung: innen, inwendig, innerhalb) z. B. Endobiose/Epibiose*
Endo.../Exo... (vor fremdsprachlicher Basis; Substantiv)	*(mit der Bedeutung: innerhalb) z. B. Endophytie/Exophytie*
Endobiont/Epibiont	*(Lebewesen, das i n einem anderen lebt)*
Endobiose/Epibiose	*(z. B. Bakterien i m Darm; Biologie)*
Endogamie/Exogamie	*(Heirat nur innerhalb eines sozialen Gefüges; Völkerkunde)*
endogen/exogen	*endogene (innen, im Körper selbst entstehende) Depression; endogene Harnsäure*
Endokannibalismus/Exokannibalismus	*(das Verzehren von Stammesangehörigen; Völkerkunde)*
Endokarp/Exokarp, Mesokarp	*(innerste Fruchtschale; Botanik)*
endokrin/exokrin, ekkrin	*endokrine (nach innen absondernde) Drüse (Medizin)*
endomorph/exomorph	*(Geologie)*
Endomorphose/Exomorphose	*(Geologie)*
Endoparasit/Ektoparasit	*(im Körperinneren lebender Parasit)*
Endophytie/Exophytie	*(Medizin)*
endophytisch/ektophytisch, exophytisch	*endophytischer (nach innen wachsender) Tumor*
Endoplasma/Ektoplasma	*(Biologie)*
Endoskelett/Ektoskelett	*(Innenskelett; bei Wirbeltieren)*
endotherm/exotherm	*(Wärme von außen aufnehmend; Physik, Chemie)*
Endotoxin/Ektotoxin	*(Biologie, Medizin)*
endotroph/ektotroph	*(Botanik)*
endozentrisch/exozentrisch	*„weiße Milch" ist eine endozentrische Konstruktion (nach Bloomfield); „Holzhaus" ist ein endozentrisches Kompositum*
Endreim/Anfangsreim, Stabreim	*(Dichtkunst)*
Endrumpf/Primärrumpf	*(Geologie)*
Endrunde/Vorrunde	*(Sport)*
Endstadium/Anfangsstadium	*eine Krankheit im Endstadium*
Endtermin/Anfangstermin	*(Rechtswesen)*
Endurteil/Zwischenurteil	*(Rechtswesen)*
Endvermögen/Anfangsvermögen	*(Rechtswesen)*
Energie/Dynamik	*(Philosophie)*

energiearm/energiereich	*energiearme Länder*
energieerzeugend/energieverbrauchend	
energiereich/energiearm	*energiereiche Länder*
Energiestoffwechsel/Baustoffwechsel	*(Physiologie)*
energieverbrauchend/energieerzeugend	
en face/en profil	*jemanden en face (von vorn) darstellen*
eng/weit	*ein enger Rock; ein enges Kleid; ein enger Pulli; enge Hosen*
Engel/Teufel	*sie/er ist ein Engel; sie ist Engel und Teufel zugleich*
enge Lage/weite Lage	*(Musik)*
Engelmacher/Engelmacherin	*(Mann, der eine Abtreibung vornimmt)*
Engelmacherin/Engelmacher	*(Frau, die bei einer anderen eine Abtreibung vornimmt)*
Engels/Marx	
engherzig/weitherzig	*eine engherzige Auslegung des Paragraphen*
Engländer/Engländerin	*im Hotel waren viele Engländer und Engländerinnen*
Engländerin/Engländer	*im Hotel waren viele Engländerinnen und Engländer*
Englischtraben/Deutschtraben	*(Pferdesport)*
engmaschig/weitmaschig	*ein engmaschiges Netz; übertragen: eine engmaschige Fahndung*
en gros/en détail; s. a. im kleinen	*er verkauft en gros (im großen)*
Engroshandel/[En]detailhandel	*(veraltet; Kaufmannssprache)*
Enkel/Enkelin; s. a. Enkeltochter	*ihr Enkel heißt Christian*
Enkel/Großvater; a. Enkelin	*der Großvater ließ sich vom Enkel den Computer erklären*
Enkelin/Enkel; s. a. Enkelsohn	*seine Enkelin heißt Saskia und sein Enkel Thiemo*
Enkelin/Großmutter; a. Enkel	*die Enkelin zeigte der Großmutter ihr neues Fahrrad*
Enkelsohn/Enkeltochter; s. a. Enkelin	*seine Enkelsöhne heißen Christian, Philipp und Thiemo*
Enkeltafel/Ahnentafel	*(Aufstellung der Nachkommen; Genealogie)*
Enkeltochter/Enkelsohn; s. a. Enkel	*unsere Enkeltochter heißt Saskia, und der Enkelsohn heißt Thiemo*
Enkidu/Gilgamesch	*Enkidu ist der Freund von Gilgamesch in altorientalischer Literatur; Enkidu ist der Naturmensch, Gilgamesch der Zivilisationsmensch)*
Enklave/Exklave	*(Gebiet eines anderen Staates, das ganz vom eigenen eingeschlossen ist)*
Enklise/Proklise	*(Verschmelzung eines unbetonten Wortes mit einem vorangehenden betonten, zum Beispiel: willste = willst du?; Sprachwissenschaft)*

Enklitikon/Proklitikon	*(unbetontes Wort, das sich als Verkürzung an das vorhergehende anhängt, zum Beispiel e in: tuste [= tust du] mir den Gefallen?)*
enklitisch/proklitisch	*eine enklitische (rückgeneigte) Silbe*
enkodieren/dekodieren; s. a. entschlüsseln	*einen Funkspruch enkodieren (verschlüsseln)*
Enkodierung/Dekodierung	*(Verschlüsselung)*
en profil/en face	*jemanden en profil (von der Seite) darstellen*
ent.../... (Verb)	*z. B. enttabuisieren/tabuisieren*
ent.../auf... (Verb)	*z. B. entrollen/aufrollen*
ent.../be... (Verb)	*z. B. jemanden entlasten/jemanden belasten*
ent.../ein... (Verben mit nicht gleichem Basiswort)	*z. B. entlassen/einstellen*
ent.../er... (Verb)	*z. B. entmutigen/ermutigen*
ent.../ver... (Verb)	*z. B. sich entloben/sich verloben*
ent.../zu... (Verb)	*z. B. entlaufen/zulaufen*
Ent.../... (Substantiv)	*z. B. Entsolidarisierung/Solidarisierung*
Ent.../Be... (Substantiv)	*z. B. Entlüftung/Belüftung*
entbehrlich/unentbehrlich	*entbehrliche Zutaten; er ist entbehrlich (wird nicht gebraucht)*
entbürokratisieren/bürokratisieren	*man muß die Verwaltung (wieder) entbürokratisieren*
entdeckt werden/unentdeckt bleiben	*der Schwindel wurde entdeckt*
entdramatisieren/dramatisieren	
entdunkeln/verdunkeln	*die Fenster (wieder) entdunkeln (die Verdunkelung entfernen; im Krieg)*
Ente/Erpel, Enterich	*die Ente brütet die Jungen aus*
enterben/als Erben, Erbin einsetzen	*er hat seine Kinder enterbt*
Enterich/Ente	*(männliche Ente)*
entern/niederentern	*(in die Takelage eines Schiffes hinaufklettern)*
Entertainer/Entertainerin	
Entertainerin/Entertainer	
entfernen, sich/sich nähern	*die Menschen entfernen sich (wieder)*
entfernt/nah	*das ist ein entfernter Verwandter von ihm*
entflogen/zugeflogen	*der entflogene Vogel*
entfloren/befloren	*(veraltet: den Flor abnehmen)*
entgegen dem Uhrzeigersinn/im Uhrzeigersinn	*(nach linksherum)*
Entgelt; s. gegen Entgelt	
entheben/einsetzen	*jemanden eines Amtes entheben*
Enthefter/Hefter	*(Gerät zum Entfernen von Heftklammern; Fachsprache)*
enthüllen/verhüllen	*der von Christo verhüllte Reichstag wurde wieder enthüllt*
enthüllt/unenthüllt	*die bereits enthüllte Büste des Dichters*

entideologisieren/ideologisieren

Entität/Quiddität   *(das Da-Sein von etwas Seiendem im Un-*
                                               terschied zum Wesen)

entkalkt werden/verkalkt sein   *der Boiler wird entkalkt*

entkleiden, sich/sich bekleiden; s. a. anziehen, sich

entkorken/verkorken; s. a. zukorken   *die Flasche entkorken*

entkrampfen, sich/sich verkrampfen   *du hast dich ganz verkrampft, du mußt*
                                               dich entkrampfen

entkriminalisieren/kriminalisieren   *Homosexualität entkriminalisieren*

entkuppeln/zusammenkuppeln   *(beim ICE)*

entladen, sich/aufladen   *die Batterie hat sich entladen*

entladen, sich/sich aufladen   *sich gefühlsmäßig (wieder) entladen*

entladen/beladen; a. einladen   *das Schiff, Auto entladen*

entladen/laden   *1. sie entladen die Kohle; 2. eine Batterie*
                                               entladen; 3. das Gewehr entladen

Entladung/Aufladung   *Entladung der Sexualität*

entlassen/einstellen   *der Betrieb hat 10 Arbeiter entlassen; Leh-*
                                               rer wurden entlassen

Entlassung/Einstellung   *die Entlassung von Mitarbeitern*

entlasten/belasten   *er hat den Angeklagten entlastet; entla-*
                                               stende Aussagen

Entlastung/Belastung

entlaufen/zulaufen   *der entlaufene Hund; eine entlaufene*
                                               Katze

entlehnt/indigen   *„Fenster" ist ein entlehntes Wort*

entlieben, sich/sich verlieben

entloben, sich/sich verloben   *sie haben sich (wieder) entlobt*

Entlobung/Verlobung

entlüften/belüften   *(Klimatechnik)*

Entlüftung/Belüftung

Entlüftungstechnik/Belüftungstechnik

entmagnetisieren/magnetisieren   *eine Nadel entmagnetisieren*

entmaterialisieren/rematerialisieren   *Materie entmaterialisieren und dann wie-*
                                               der rematerialisieren

entmieten/vermieten   *der Hauswirt hat sein Haus entmietet*
                                               (Mieter zum Auszug veranlaßt, um das
                                               Haus modernisieren zu lassen)

entmilitarisieren/militarisieren; s. a. rüsten

entminen/verminen   *das verminte Gebiet wieder entminen*

entmobilisieren/mobilisieren   *(Militär)*

Entmobilisierung/Mobilisierung

entmutigen/ermutigen   *diese Kritik hat ihn entmutigt*

entmystifizieren/mystifizieren   *die Erinnerung an jemanden entmystifi-*
                                               zieren

entmythisieren/mythisieren

Ento.../Ekto... (vor fremdsprachlicher Ba-   *(mit der Bedeutung: innerhalb) z. B. Ento-*
sis; Substantiv)   *plasma/Ektoplasma*

Entoderm/Ektoderm	(Biologie, Medizin)
entodermal/ektodermal	(Biologie, Medizin)
Entoparasit/Ektoparasit	(Biologie, Medizin)
Entoplasma/Ektoplasma	(Biologie)
entpichen/bepichen	(das Pech entfernen; Brauerei)
entpolitisieren/politisieren	
Entpolitisierung/Politisierung	die Entpolitisierung der Diskussion
entprivatisieren/privatisieren, verprivatisieren	(machen, daß etwas, was Privatbesitz ist, nicht länger Privatbesitz bleibt) Banken entprivatisieren
entriegeln/verriegeln	die Tür entriegeln
entrollen/aufrollen	eine Fahne, ein Transparent entrollen
Entropium/Ektropium	(Umstülpung des Augenlids nach innen)
Entscheidungsfrage/Ergänzungsfrage	auf Entscheidungsfragen kann man mit „ja" oder „nein" antworten
entschlossen/unentschlossen	sie ist entschlossen (das zu tun)
entschlüsseln/verschlüsseln; s. a. [en]kodieren	einen Funkspruch entschlüsseln
Entschlüsselung/Verschlüsselung; s. a. Encoding, Kodierung	
entschlußfähig/entschlußunfähig	eine entschlußfähige Regierung
Entschlußfähigkeit/Entschlußunfähigkeit	
entschlußunfähig/entschlußfähig	eine entschlußunfähige Regierung
Entschlußunfähigkeit/Entschlußfähigkeit	
entschuldbar/unentschuldbar	dieser Lapsus ist entschuldbar
entschuldigt/unentschuldigt	er fehlt unentschuldigt
entsichern/sichern	das geladene Gewehr entsichern
entsichert/unentsichert	das Gewehr stand entsichert im Schrank (es konnte gleich damit geschossen werden)
entsiegeln/versiegeln	die von der Polizei versiegelte Tür wurde (wieder) entsiegelt
Entsolidarisierung/Solidarisierung	
entspannen/spannen	das Gewehr entspannen
entsperren/sperren	die Konten wurden (wieder) entsperrt
entspringen/münden; a. Mündung	die Donau entspringt im südlichen Schwarzwald
entstaatlichen/verstaatlichen	einen Wirtschaftszweig (wieder) entstaatlichen
entstempeln/stempeln	ein Autokennzeichen (wieder) entstempeln
enttabuisieren/tabuisieren	den Tod, die Sexualität enttabuisieren
enttarnt werden/sich tarnen	er ist enttarnt worden
enttätowieren/tätowieren	
entwaffnet werden/sich bewaffnen	die bewaffneten Aufständischen wurden entwaffnet
entweder − oder	ich komme entweder heute oder morgen
Entwicklungsland/Industrieland	Indien ist ein Entwicklungsland

entzaubern/verzaubern	*die verzauberten Kinder wurden (im Märchen) wieder entzaubert; sein Aussehen hat ihn verzaubert, aber sein Benehmen hat ihn wieder entzaubert*
entzerren/verzerren	*eine aus Gründen der Geheimhaltung verzerrte Funksendung wieder entzerren; übertragen: das verzerrte Geschichtsbild wieder entzerren*
entziehen; s. jemandem das Wort entziehen	
entzwei/ganz	*der Stuhl ist (noch) entzwei*
Enzootie/Epizootie	*(Veterinärmedizin)*
Epakme/Akme, Parakme	*(der Beginn der Entwicklung einer Stammesgeschichte; Biologie, Zoologie)*
ephebisch/anebisch	*(wehrfähig)*
ephebophil/gerontophil	*(sich zu <u>jungen</u> Männern sexuell hingezogen fühlend; in bezug auf Homosexualität)*
Ephebophilie/Gerontophilie	*(homosexuelle Neigung zu Knaben oder ganz jungen Männern; ein von Magnus Hirschfeld geprägter Begriff)*
epi.../hypo... (vor fremdsprachlicher Basis; Adjektiv)	*(mit der Bedeutung: darauf, darüber, an der Oberfläche) z. B. epigäisch/hypogäisch*
Epi.../Endo... (vor fremdsprachlicher Basis; Substantiv)	*(mit der Bedeutung: darauf, darüber, an der Oberfläche) z. B. Epibiose/Endobiose*
Epibiont/Endobiont	*(Lebewesen, das auf einem anderen lebt; Biologie)*
Epibiose/Endobiose	*(z. B. Wachstum von Bakterien auf der Haut; Biologie)*
Epidemie/Endemie	*(sich weit ausbreitende Infektionskrankheit)*
epidemisch/endemisch	*(in bezug auf örtlich und zeitlich in starkem Maße auftretende Infektionskrankheiten, z. B. Grippe)*
Epifauna/Infauna	*(Gesamtheit der Wassertiere, die sich auf etwas befinden)*
epigäisch/hypogäisch	*(Botanik)*
epigastrisch/hypogastrisch	*(Medizin)*
Epigastrium/Hypogastrium	*(Medizin)*
Epigenese/Antezedenz	*(Geologie)*
epigenetisch/syngenetisch	*(später entstanden; Geologie)*
epigyn/hypogyn	*(über dem Fruchtknoten; Botanik)*
Epilimnion/Hypolimnion	*(obere Wasserschicht eines Sees)*
Epilog/Prolog; s. a. Vorwort	*(Nachwort)*
Epimetheus/Prometheus	*Epimetheus denkt erst nach dem Handeln*
Epimythion/Anamythion	*(in einer Fabel der moralische Schlußvers)*
Epinastie/Hyponastie	*(verstärktes Wachstum der Blattoberseite)*

Epipher/Anapher	*(siehe: Epiphora)*
Epiphora/Anapher	*(Wiederholung von Wörtern am Ende auf-einanderfolgender Sätze oder Satzteile; Rhetorik, Stilistik)*
Epirrhem/Antepirrhem	*(Ansprache an die Zuschauer in der atti-schen Komödie)*
episch/lyrisch	*ein episches Gedicht*
Episkopalismus/Kurialismus, Papalismus	*(Kirchenrecht)*
Episkopalsystem/Papalsystem	*(katholische Kirche)*
Epistelseite/Evangelienseite	*(rechte Seite des Altars; katholische Theo-logie)*
epistemisch/deontisch	*(Philosophie)*
Epithesis/Prothesis	*(Phonetik)*
Epizootie/Enzootie	*(Veterinärmedizin)*
Epochalunterricht/Stundenunterricht	*(während eines längeren Zeitraums Unter-richt nur in einem Fach; Pädagogik)*
EQ/IQ	*(emotionale Intelligenz; nach Goleman)*
Er/Ich	*Ich und Er (der Penis)*
Er/Sie	*Er sucht Sie (eine Frau)/Ihn (einen Mann) (Kontaktanzeige); Ist das ein Er (ein männliches Tier) oder eine Sie?*
er.../ent... (Verb)	*z. B. ermutigen/entmutigen*
er.../er... (Verben mit antonymischen Basiswörtern)	*z. B. erleichtern/erschweren*
er.../ver... (Verben mit nicht gleichem Basiswort)	*z. B. erlauben/verbieten*
...er/...e (Substantiv)	*z. B. Vertrauter/Vertraute*
...e[r]/...ende[r] (Substantiv)	*z. B. Befreite[r]/Befreiende[r]*
...er/...erin (Substantiv)	*z. B. Lehrer/Lehrerin*
...er/[Ge]...e[r] (Substantivierung von star-kem, dem unregelmäßigen Verb)	*z. B. Schläger/Geschlagene[r]*
...er/[Ge]...te[r] (Substantivierung von schwachem, dem regelmäßigen Verb)	*z. B. Befreier/Befreite[r]*
...er/...ling (Substantiv)	*z. B. Prüfer/Prüfling*
Erbadel/Verdienstadel	*(erblicher Adel)*
Erbe/Erbin	*zwei Erben und eine Erbin übernahmen das Grundstück*
Erbe/Erblasser	*vom Erblasser wurde er als Erbe einge-setzt*
Erbe; s. als Erben einsetzen	
erben/vererben	*das habe ich (von ihr) geerbt; das hat er von mir geerbt*
erbfähig/erbunfähig	*(Rechtswesen)*
erbgesund/erbkrank	*(Medizin)*
Erbin/Erbe	*das Grundstück übernahmen eine Erbin und zwei Erben*
Erbin/Erblasser	
Erbin; s. als Erbin einsetzen	
Erbkaisertum/Wahlkaisertum	

Erbkönigtum/Wahlkönigtum
erbkrank/erbgesund   *(Medizin)*
erblassen/erröten   *vor Wut erblassen und vor Scham erröten*
Erblasser/Erbe, Erbin   *vom Erblasser wurde sie als Erbin einge-*
                                            setzt

Erbonkel/Erbtante   *Ernst ist mein Erbonkel*
Erbtante/Erbonkel   *Gertrud ist meine Erbtante*
erbunfähig/erbfähig   *(Rechtswesen)*
Erdbestattung/Feuerbestattung
Erde/Himmel   *zwischen Himmel und Erde*
Erdenferne/Erdennähe
Erdennähe/Erdenferne
erdfern/erdnah
Erdferne/Erdnähe
Erdleitung/Hochleitung
erdnah/erdfern
Erdnähe/Erdferne
erdverlegte Leitung/freiverlegte Leitung
ereignisarm/ereignisreich   *ein ereignisarmer Alltag*
ereignisreich/ereignisarm   *ein ereignisreicher Alltag*
Eremit/Zönobit   *(Einsiedler)*
...erer/...erin (Substantiv)   *z. B. Förderer/Förderin*
ererbt/anerzogen
erfahren/mitteilen   *Klaus-Rainer erfuhr es von Angelika*
erfahren/unerfahren   *er ist auf dem Gebiet erfahren; in der*
                                            Liebe (schon) erfahren
Erfolg/Mißerfolg   *seine Arbeit war von Erfolg begleitet*
erfolglos/erfolgreich   *ein erfolgloser Geschäftsmann; erfolglose*
                                            Versuche; seine Bemühungen waren er-
                                            folglos
erfolgreich/erfolglos   *ein erfolgreicher Geschäftsmann; erfolgrei-*
                                            che Versuche; er hat erfolgreich verhan-
                                            delt
Erfolgsdelikt/Handlungsdelikt, Tätigkeits- *(Straftat, die auch zum angestrebten Er-*
delikt   *folg geführt hat, zum Beispiel: Tot-*
                                            schlag)
Erfolgskonto/Bestandskonto   *(Wirtschaft)*
erfordern; s. das erfordert der Anstand
Er-Form/Ich-Form   *ein Roman in Er-Form*
erforscht/unerforscht   *erforschte Gebiete*
erfreulich/unerfreulich   *eine erfreuliche Entwicklung*
erfüllbar/unerfüllbar   *erfüllbare Wünsche*
erfüllt/unerfüllt   *erfüllte Wünsche*
Erfüllung/Nichterfüllung   *die Erfüllung eines Vertrages*
Erfüllungsgeschäft/Verpflichtungsgeschäft   *(Rechtswesen)*
Erfüllungsinteresse/Vertrauensschaden   *(Rechtswesen)*
Erg/Felswüste   *(Sandwüste)*

Ergänzungsfrage/Entscheidungsfrage	*eine Frage zum Beispiel mit „warum?" ist eine Ergänzungsfrage (Sprachwissenschaft)*
Ergänzungshaushalt/Nachtragshaushalt	*(Politik)*
Ergänzungsschule/Ersatzschule	*eine Dolmetscherschule ist eine Ergänzungsschule*
ergiebig/unergiebig	*diese Nachforschungen waren ergiebig*
Erhaltungsaufwand/Herstellungsaufwand	*(Wirtschaft)*
erheblich/unerheblich	*erhebliche Verluste*
Erhebung/Vertiefung	*(Stelle, die höher liegt als die sie umgebende Fläche)*
erhöhen/erniedrigen	*C zu Cis erhöhen (Musik)*
erhöhen [sich]/[sich] erniedrigen	*wer sich selbst erhöht, wird erniedrigt werden*
Erhöhungszeichen/Erniedrigungszeichen	*die mit Erhöhungszeichen bezeichneten Töne (Musik)*
erhören/abblitzen lassen	*sie hat ihn erhört*
erigiert/unerigiert; a. schlaff	*ein erigierter Penis*
...erin/...er (Substantiv)	*z. B. Lehrerin/Lehrer*
...erin/...erer (Substantiv)	*z. B. Kämmerin/Kämmerer, Förderin/Förderer*
...erin/[Ge]...[t]e[r] (Substantivierung vom starken oder schwachen Verb)	*z. B. Schädigerin/Geschädigte[r]; Jägerin/Gejagte[r]; Ruferin/Gerufene[r]*
...erin/...ling (Substantiv)	*z. B. Prüferin/Prüfling*
erinnern an, sich /vergessen	*er kann sich an dieses Erlebnis noch lebhaft erinnern und hat es noch nicht vergessen*
Erinnerung; s. in Erinnerung bleiben	
Erkenntnisverfahren/ Vollstreckungsverfahren	*(Rechtswesen)*
erklärbar/unerklärbar	*ein erklärbares Phänomen (das erklärt werden kann)*
erklärlich/unerklärlich	*seine Reaktion ist erklärlich (ist verständlich, kann man nachempfinden)*
Erklärungsirrtum/Inhaltsirrtum	*(Rechtswesen)*
erkranken/gesunden	*wenn die Wirtschaft erkrankt*
erlassen/abschaffen, aufheben	*ein Gesetz erlassen*
Erlaßvergleich/Treuhandvergleich	*(Rechtswesen)*
erlauben/verbieten; a. verboten	*er hat ihm das Rauchen erlaubt; in Frankreich ist alles erlaubt, selbst wenn es verboten ist*
Erlaubnis/Verbot	*eine schriftliche Erlaubnis vorlegen*
Erlaubnis; s. Aufenthaltserlaubnis	
erlaubt/unerlaubt	*erlaubte Steuertricks; ein erlaubtes Hilfsmittel bei einer Klausur; sich erlaubt von der Truppe entfernen*
erlaubt/verboten; a. verbieten	*in England ist alles erlaubt, was nicht verboten ist*
erlebnisarm/erlebnisreich	*ein erlebnisarmer Urlaub*

erlebnisreich/erlebnisarm   *ein erlebnisreicher Urlaub*
erledigen/liegenlassen   *er hat die Post (gleich) erledigt*
erledigt/unerledigt   *erledigte Post; dieser Auftrag ist schon erle-*
                                         digt
erleichtern/erschweren   *die Zulassung erleichtern; die neuen Vor-*
                                         schriften erleichtern das Handeln
erlitten/verübt   *eine erlittene Vergewaltigung*
Ermittlungsverfahren/Hauptverfahren   *(Rechtswesen)*
ermutigen/entmutigen   *diese Kritik hat ihn ermutigt*
ernennen/abberufen   *das Recht, Minister zu ernennen und abzu-*
                                         berufen
Erneuerung/Verfall   *Verfall und Erneuerung der Städte*
erniedrigen/erhöhen   *a zu as erniedrigen (Musik)*
erniedrigen [sich]/[sich] erhöhen   *wer sich erniedrigt, wird erhöht werden*
Erniedrigungszeichen/Erhöhungszeichen   *(Musik)*
ernst/heiter   *ernste Lieder*
Ernst/Scherz   *aus Scherz wird leicht Ernst; das war halb*
                                         Scherz, halb Ernst
ernst bleiben/lachen   *sie blieb ernst; er konnte nicht länger*
                                         ernst bleiben und mußte lachen
ernste Musik/Unterhaltungsmusik; s. a. U-
  Musik
Ernte/Saat
ernten/säen   *wer nicht sät, soll auch nicht ernten; Säen*
                                         ist nicht so beschwerlich als Ernten
                                         (Goethe; Die Wahlverwandtschaften)
Eroberer/Eroberin
Eroberin/Eroberer
eröffnen/abschließen   *eine Rede eröffnete das Fest*
eröffnen/aufgeben   *ein Geschäft eröffnen*
eröffnen/schließen   *die Diskussion eröffnen*
Eros/Thanatos   *(Psychologie)*
erotematisch/akroamatisch   *(auf Fragen des Lehrers beruhend; als*
                                         Unterrichtsform; Pädagogik)
erotisch/unerotisch   *ein erotisches Aussehen*
Erpel/Ente   *(männliche Ente)*
erreichbar/unerreichbar   *dieses Ziel ist mit einer gewissen Anstren-*
                                         gung erreichbar
error in objecto/aberratio ictus   *(Irrtum des Straftäters in bezug auf die*
                                         Identität des Tatobjekts)
erröten/erblassen   *vor Scham erröten und vor Neid erblassen*
Ersatzkasse/Privat[kranken]kasse
Ersatzknochen/Deckknochen   *(Anatomie)*
Ersatzschule/Ergänzungsschule   *(Privatschule)*
erscheinen/verschwinden   *auf dem Bildschirm erscheinen*
erschlossen/belegt   *erschlossene Wortformen*
erschlossen/unerschlossen   *ein erschlossenes Gebiet; erschlossene*
                                         Quellen der Geschichte

erschweren/erleichtern	*die Zulassung zum Studium erschweren; die neuen Vorschriften erschweren das Handeln*
erschwinglich/unerschwinglich	*ein Auto ist für mich erschwinglich*
ersetzbar/unersetzbar	*das, was du verloren hast, ist ersetzbar*
ersprießlich/unersprießlich	*eine recht ersprießliche Tätigkeit*
erst/bereits	*er zahlte die Miete erst am 5. des Monats*
erst/dann	*erst war es Spaß, dann wurde es Ernst*
erst/noch	*sie kommt erst im nächsten Jahr/sie kommt noch in diesem Jahr*
erst/schon	*er ist erst spät aufgestanden; sie ist jetzt erst aufgestanden; er kommt erst morgen und nicht schon heute; sie kam erst abends; er kommt erst im nächsten Jahr, nicht schon in diesem*
erst.../letzt...	*das erste Kapitel; er war der erste Patient*
erste, der/der letzte	*die Ersten werden die Letzten sein*
erste Monatsblutung/erster Samenerguß; s. a. Ejakularche	
ersterer/letzterer	
erster Fall/vierter Fall; s. a. Akkusativ, Wenfall	
erster Samenerguß/erste Monatsblutung; s. a. Menarche	
Erstgebärende/Mehrgebärende	
erstgeboren.../letztgeboren...	
erstgenannt.../letztgenannt...	*der erstgenannte Autor*
Erstkommunion/Konfirmation	*(das erstmalige Empfangen des Altarsakraments; katholische Kirche)*
erstmalig/letztmalig	*wir zeigen den Film erstmalig in der nächsten Woche*
erstrangig/zweitrangig	*eine erstrangige Besetzung*
Erstrisikoversicherung/ Vollwertversicherung	*(Versicherungswesen)*
Erstschlag/Vergeltungsschlag	*(Militär)*
Erststimme/Zweitstimme	*ihre Erststimme gab sie den Grünen (bei der Wahl)*
Ersttäter/Wiederholungstäter	
erteilen; s. jemandem das Wort erteilen	
Ertrag/Aufwand	*(Wirtschaft)*
erträglich/unerträglich	*der Schmerz, die Hitze ist (noch) erträglich*
ertragreich/ertragsarm	*ein ertragreiches Jahr*
ertragsabhängig/ertragsunabhängig	
ertragsarm/ertragreich	*ein ertragsarmes Jahr*
Ertragsminderung/Ertragssteigerung	*Ertragsminderung in der Landwirtschaft*
Ertragssteigerung/Ertragsminderung	*Ertragssteigerung in der Landwirtschaft*
ertragsunabhängig/ertragsabhängig	
erwachsen; s. schon erwachsen sein	

Erwachsener/Kind	*es machte allen Spaß, den Kindern genauso wie den Erwachsenen*
Erwachsener; s. nur für Erwachsene	
erwähnt/unerwähnt	*Dank gebührt den erwähnten und den unerwähnten Helfern*
erwähnt werden/unerwähnt bleiben	*seine Verdienste wurden erwähnt*
erweitern/verengen	*erweiterte Blutgefäße*
erwerbsfähig/erwerbsunfähig	*sie wurde für erwerbsfähig erklärt*
Erwerbsfähige[r]/Erwerbsunfähige[r]	
Erwerbsfähigkeit/Erwerbsunfähigkeit	
erwerbsunfähig/erwerbsfähig	
Erwerbsunfähige[r]/Erwerbsfähige[r]	
Erwerbsunfähigkeit/Erwerbsfähigkeit	
Erwerbswirtschaft/Gemeinwirtschaft	*(Wirtschaft)*
erworben/angeboren	*erworbene Krankheit, Behinderung*
erwünscht/unerwünscht	*er ist (hier) erwünscht*
Erythrozyt/Leukozyt; s. a. weißes Blutkörperchen	
Erzähler; s. allwissender Erzähler, personaler Erzähler	
Erzählerbericht/Personenrede	*(Darstellung des Erzählers)*
erzählte Zeit/Erzählzeit	*(Literaturwissenschaft)*
Erzählzeit/erzählte Zeit	*(Literaturwissenschaft)*
erzarm/erzreich	*eine erzarme Gegend*
Erzeuger/Verbraucher; s. a. Konsument	*(jemand, der Waren zum Verkauf herstellt)*
Erzeugerland/Abnehmerland	
erziehbar/unerziehbar	
erzreich/erzarm	*eine erzreiche Gegend*
Es, das/Über-Ich	*(Psychologie)*
Esel/Eselin	
Eselhengst/Eselin	
Eselin/Esel, Eselhengst	
Eskalation/Deeskalation	
eskalieren/deeskalieren	*sie wollten den Konflikt eskalieren*
Esoteriker/Exoteriker	*(in eine Geheimlehre Eingeweihter)*
esoterisch/exoterisch	*(nur für Eingeweihte verständlich)*
...eß/... (Substantiv)	*z. B. Stewardeß/Steward*
eßbar/giftig	*eßbare Beeren, Pilze*
essen/fressen	*Menschen essen, Tiere fressen*
essen/trinken; a. durstig, saufen	
essen; s. schon gegessen haben	
Essentia/Existentia	*(das Wesen; Philosophie)*
Essentialien/Akzidentalien	*(Rechtswesen)*
essentiell/akzident[i]ell	*essentielle (zum Wesen gehörende) Bestandteile*
Etappe/Front	*die Soldaten in der Etappe; aus der Etappe an die Front kommen*

Etappenhengst/Frontschwein	*(Soldat, der sich in der Etappe, nicht an der Front befindet)*
Etazismus/Itazismus	*(Sprachwissenschaft)*
Ethikotheologie/Physikotheologie	*(Philosophie)*
ethisch/unethisch	
etisch/emisch	*Allophone sind etische (nicht bedeutungs- unterscheidende) Einheiten (Sprachwis- senschaft)*
...ette/...ier (Substantiv)	*z. B. Chansonnette/Chansonnier*
etwa/genau	*er kam etwa um 10 Uhr; es kostete etwa 50 Mark*
etwas/ganz	*einen ganz gewöhnlichen Geburtstag auf etwas ungewöhnliche Weise feiern*
etwas/nichts	*hast du etwas gesehen?; das will (schon) et- was heißen; aus ihm wird etwas; Jeden- falls ist es besser, ein eckiges Etwas als ein rundes Nichts zu sein (Hebbel)*
etwas vom Kopf auf die Füße stellen	*eine Theorie vom Kopf auf die Füße stellen*
eu.../a... (vor fremdsprachlicher Basis; Ad- jektiv)	*(mit der Bedeutung: wohl, schön, gut) z. B. euphotisch/aphotisch*
eu.../dys... (vor fremdsprachlicher Basis; Adjektiv)	*(mit der Bedeutung: wohl, schön, gut) z. B. euphorisch/dysphorisch*
Eu.../Dys... (vor fremdsprachlicher Basis; Substantiv)	*(mit der Bedeutung: wohl, schön, gut) z. B. Eutrophie/Dystrophie*
Eu.../Kako... (vor fremdsprachlicher Ba- sis; Substantiv)	*(mit der Bedeutung: wohl, schön, gut) z. B. Euphonie/Kakophonie*
Eukaryonten/Prokaryonten	*(Biologie)*
euklidische Geometrie/nichteuklidische Geometrie	
Eukolie/Dyskolie	*(heitere Gemütsstimmung; Psychologie)*
Eukrasie/Dyskrasie	*(Pathologie)*
Euphemismus/Dysphemismus, Kakophe- mismus	*(Ausdruck, der etwas weniger Angeneh- mes als schön, gut, in beschönigender Weise darstellt; zum Beispiel: scheiden für: sterben; nicht mehr der Jüngste sein für: alt sein)*
euphemistisch/kakophemistisch	
Euphonie/Kakophonie	*(wohlklingende Folge von Lauten)*
euphonisch/kakophonisch	*(Musik, Sprachwissenschaft)*
Euphorie/Depression, Dysphorie	*sie befindet sich in einer Euphorie (in seeli- scher Hochstimmung)*
euphorisch/depressiv	*(sich in hochgemuter Gemütsverfassung be- findend)*
euphorisch/dysphorisch	*(in Hochstimmung)*
euphotisch/aphotisch, dysphotisch	*(in bezug auf guten Lichteinfall bei Gewäs- sern)*
euploid/aneuploid	*(vollständig in bezug auf die Chromoso- men; Biologie)*

Eupnoe/Dyspnoe
...eur/...eurin, ...euse (Substantiv)   *z. B. Friseur/Friseurin, Friseuse*
...eurin/...eur (Substantiv)   *z. B. Friseurin/Friseur*
Europäer/Atlantiker   *(Politik)*
europäisch/außereuropäisch   *die europäischen Länder*
Eurovision/Intervision   *(Fernsehen)*
eur[y].../sten[o]... (Adjektiv)   *(mit der Bedeutung: breit, weit) z. B. eury-*
                                              halin/stenohalin

eurybath/stenobath   *(Biologie)*
euryhalin/stenohalin   *(Biologie)*
euryök/stenök   *(Biologie)*
Euryökie/Stenökie   *(Biologie)*
euryphag/stenophag   *(auf bestimmte Nahrung nicht angewie-*
                                              sen)

euryphot/stenophot   *(Biologie)*
eurytherm/stenotherm   *(Biologie)*
Eurythermie/Stenothermie   *(Fähigkeit, unabhängig von Temperatur-*
                                              schwankungen zu leben)

...euse/...är (Substantiv)   *z. B. Konfektioneuse/Konfektionär*
...euse/...eur (Substantiv)   *z. B. Friseuse/Friseur*
...euse/...ier (Substantiv)   *z. B. Croupieuse/Croupier*
Eusebie/Asebie   *Eusebie ist Gottesfurcht*
eusebisch/asebisch   *(fromm)*
Eustreß/Disstreß, Streß   *Eustreß ist positiver, anregender Streß*
Eutokie/Dystokie   *(normal verlaufende Entbindung; Medizin)*
Eutonie/Dystonie   *(normaler Spannungszustand von Mus-*
                                              keln; Medizin)

Eutopie/Dystopie   *(normale Lage von Organen; Medizin)*
eutroph/oligotroph   *(nährstoffreich; Biologie, Landwirtschaft)*
Eutrophie/Dystrophie   *(guter Ernährungszustand; Medizin)*
Eva/Adam
Evangelienseite/Epistelseite   *(linke Seite des Altars; katholische Theolo-*
                                              gie)
evangelisch/katholisch   *sind Sie evangelisch oder katholisch?*
Evaskostüm/Adamskostüm   *sie stand im Evaskostüm (nackt) im*
                                              Aufzug

Evertebraten/Vertebraten; s. a. Wirbeltiere   *(wirbellose Tiere; Zoologie)*
evident/latent   *Ellipse mit evidentem Kasusunterschied:*
                                              mit [ihm] und ohne ihn

Evolution/Revolution   *(allmähliche Entwicklung)*
Evolutionismus/Emanatismus   *(Philosophie)*
Ewigkeit; s. Zeit und Ewigkeit
exakt/unexakt, inexakt   *eine exakte Wiedergabe*
ex ante/ex post; s. a. aposteriori, im nach- *(im vorhinein; Wirtschaft)*
    hinein
Exekutive/Legislative   *(die ausführende Gewalt; Politik)*
exemter Bischof/Suffragan   *(katholische Kirche)*
exergonisch/endergonisch   *(Energie freisetzend; Physik)*

Exerziermunition/Gefechtsmunition
Exine/Intine   *(Botanik)*
existent/inexistent   *existente (bestehende) Phänomene*
Existentia/Essentia   *(das Sein; Philosophie)*
Existentialaussage/Allaussage   *(Logik)*
Existentialquantor/Allquantor   *(Logik, Mathematik)*
Exkardination/Inkardination   *(katholische Kirche)*
Exklave/Enklave   *(Gebiet eines Staates, das außerhalb der ei-*
                                                  genen Staatsgrenzen liegt)
exkludieren/inkludieren; a. einschließen   *(ausschließen)*
exklusive/inklusive; s. a. zuzüglich
Exmatrikulation/Immatrikulation   *(das Austragen aus der Matrikel einer*
                                                  Hochschule)
exmatrikulieren/immatrikulieren   *der Student wurde exmatrikuliert*
ex nunc/ex tunc   *(mit Wirkung für die Zukunft; Rechtswe-*
                                                  sen)
exo.../endo... (vor fremdsprachlicher Ba-   *(mit der Bedeutung: aus, außen, außer-*
sis; Adjektiv)   *halb) z. B. exozentrisch/endozentrisch*
Exo.../Endo... (vor fremdsprachlicher Ba-   *(mit der Bedeutung: aus, außerhalb)*
sis; Substantiv)   *z. B. Exophytie/Endophytie*
Exodos/Parodos   *(Schlußteil im altgriechischen Drama)*
Exogamie/Endogamie   *(Heirat nur außerhalb des eigenen sozialen*
                                                  Gefüges)
exogen/endogen   *exogene (durch äußere Einwirkung und Er-*
                                                  lebnisse bedingte) Depressionen; exo-
                                                  gene Harnsäure
Exokannibalismus/Endokannibalismus   *(das Verzehren von Fremdstämmigen; Völ-*
                                                  kerkunde)
Exokarp/Endokarp, Mesokarp   *(Botanik)*
exokrin/endokrin   *exokrine (nach außen abscheidende) Drü-*
                                                  sen (Medizin)
exomorph/endomorph   *(Geologie)*
Exomorphose/Endomorphose   *(Geologie)*
Exon/Intron   *(Genetik)*
Exophytie/Endophytie   *(Medizin)*
exophytisch/endophytisch   *(nach außen wachsend; Medizin)*
Exoteriker/Esoteriker   *(in Geheimes usw. nicht Eingeweihter)*
exoterisch/esoterisch   *(für alle, nicht nur für Eingeweihte be-*
                                                  stimmt, verständlich)
exotherm/endotherm   *(Physik, Chemie)*
exozentrisch/endozentrisch   *„sie verkauft Milch" ist eine exozentrische*
                                                  Konstruktion (nach Bloomfield); „Lang-
                                                  bein" ist ein exozentrisches Komposi-
                                                  tum
Expansion; s. adiabatische Expansion
Expansionstheorie/Kontraktionstheorie   *(Geologie)*
Experimentalphysik/theoretische Physik
experimentell/theoretisch
Explantation/Implantation

explicit/incipit	*„explicit" heißt „es ist vollzogen" (Druck-wesen)*
explizit/implizit	*diese Aussage ist im Text explizit (aus-drücklich formuliert) enthalten; expli-zite Ableitungen sind zum Beispiel „Be-antwortung" (von Antwort, beantwor-ten), „Entschließung" (von entschließen)*
explizit/inexplizit	
explodieren/implodieren	*der Heizkessel ist explodiert (durch Druck von innen geplatzt und in Teilen nach außen geflogen)*
Explorand/Explorator	*(jemand, der im Rahmen einer Untersu-chung befragt wird)*
Explorator/Explorand	*(jemand, der im Rahmen einer Untersu-chung o. ä. jemanden befragt)*
explosibel/inexplosibel	*(leicht explodierbar)*
Explosion/Implosion	
Explosionscaldera/Einbruchscaldera	*(Geologie)*
explosiv/inexplosiv	*(leicht explodierbar)*
Exponent/Basis; s. a. Grundzahl	*(Mathematik)*
Export/Import; s. a. Einfuhr	*der Export von Obst*
Exporteur/Importeur	
exportieren/importieren; s. a. einführen	*Waren, Maschinen exportieren*
Exportland/Importland	
exportschwach/exportstark	*exportschwache Länder*
exportstark/exportschwach	*exportstarke Länder*
Exposition/Disposition	*(Medizin)*
ex post/ex ante; s. a. apriori	*(im nachhinein; Wirtschaft)*
Exspiration/Inspiration; s. a. Einatmung	*(Ausatmung; Medizin)*
exspiratorisch/inspiratorisch	*(die Ausatmung betreffend; Medizin)*
Extension/Intension	*(Umfang eines Begriffs, z. B. „Obst" um-faßt Äpfel und Birnen)*
extensional/intensional	*(Sprachwissenschaft, Logik)*
Extensität/Intensität	
extensiv/intensiv	*extensive Nutzung*
extensiv/restriktiv	*extensive (erweiternde) Auslegung eines Gesetzes*
extensivieren/intensivieren	*eine Tätigkeit extensivieren*
Extensor/Flexor; s. a. Beugemuskel, Beuger	
Exterieur/Interieur	*(das Äußere)*
Exteriorisation/Interiorisation	*(Psychologie)*
extern/intern	*externer Schriftverkehr*
...extern/...intern (Adjektiv)	*(mit der Bedeutung: außerhalb) z. B. sprachextern/sprachintern*
externalisieren/internalisieren	*(Psychologie)*
Externat/Internat	*(Lehranstalt, deren SchülerInnen außer-halb der Lehranstalt wohnen)*
Externe[r]/Interne[r]	*(nicht im Internat Wohnende[r])*

externer Speicher/Arbeitsspeicher	(EDV)
Externist/Internist	(Facharzt für äußere Krankheiten)
Externspeicher/Internspeicher	(EDV)
Externum/Internum	(Arznei für äußere Anwendung)
exterozeptiv/propriozeptiv	(in bezug auf Reize von außerhalb − über Auge, Ohr)
extra.../... (Adjektiv)	(mit der Bedeutung: außen, außerhalb) z. B. extralinguistisch/linguistisch
extra.../intra... ; s. a. .../extra... (vor fremdsprachlichem Adjektiv)	z. B. extralingual/intralingual
extra.../intro... (vor fremdsprachlicher Basis; Adjektiv)	z. B. extravertiert/introvertiert
extralingual/intralingual	(außersprachlich)
extralinguistisch/[intra]linguistisch	(Sprachwissenschaft)
extramundan/intramundan	(außerweltlich; Philosophie)
Extrapolation/Interpolation	(Mathematik)
extrapolieren/interpolieren	(Mathematik)
extrauterin/intrauterin	(außerhalb der Gebärmutter; Medizin)
Extraversion/Introversion	(nach außen gerichtetes Interesse; Psychologie)
extravertiert/introvertiert	sie ist extravertiert (der Welt, den Menschen zugewandt)
Extravertiertheit/Introvertiertheit	
extremistisch; s. linksextremistisch, rechtsextremistisch	
extrinsisch/intrinsisch	eine extrinsische (fremdbestimmte) Motivation entsteht aus der Erwartung von Lob, Strafe usw. (Pädagogik, Psychologie)
extrors/intrors	(nach außen gewendet; Botanik)
extrospektiv/introspektiv	(Psychologie)
extrovertiert/introvertiert	eine extrovertierte Frau
ex tunc/ex nunc	(rückwirkend; Rechtswesen)

F

fabrikmäßig/manuell	*fabrikmäßig hergestellt*
Fabrikpreis/Ladenpreis	*(Preis ohne Aufschlag von seiten eines Händlers)*
Fach; s. Pflichtfach, Wahlfach	
Facharzt/praktischer Arzt, Arzt für Allgemeinmedizin, Allgemeinmediziner	*Fachärzte sind zum Beispiel Internisten, HNO-Ärzte*
Fachaufsicht/Rechtsaufsicht	*(Rechtswesen)*
fachextern/fachintern	*(außerhalb eines bestimmten Fachgebietes [liegend])*
Fachfrau/Fachmann	*viele Fachfrauen und Fachmänner hatten sich eingefunden*
fachgerecht/unfachgerecht	*etwas fachgerecht erledigen*
fachintern/fachextern	*(innerhalb eines bestimmten Fachgebietes [liegend])*
Fachliteratur/Belletristik	
Fachmann/Fachfrau	*viele Fachfrauen und Fachmänner hatten sich eingefunden*
Fachmann/Laie, Nichtfachmann	*er ist Fachmann auf dem Gebiet*
fachmännisch/unfachmännisch	*fachmännische Ausführung der Reparatur*
fachspezifisch/fachübergreifend	*fachspezifischer (speziell auf ein Fach bezogener) Unterricht*
fachübergreifend/fachspezifisch	*fachübergreifender Unterricht*
facto; s. de facto	
Fähe/Fuchs	*(weiblicher Fuchs)*
fähig/unfähig	*ein fähiger Mitarbeiter*
...fähig/...unfähig (Adjektiv)	*z. B. [sie ist] verhandlungsfähig (aktivisch; kann verhandeln)/verhandlungsunfähig, vernehmungsfähig (passivisch; kann vernommen werden)/vernehmungsunfähig*
Fähigkeit/Unfähigkeit	*die Fähigkeit, Entscheidungen zu treffen*
Fahnenwort/Feindwort	*Fahnenwörter sind Wörter mit einer positiven Wertung wie Freiheit, Demokratie, Menschenrechte*
Fahrbahn/Gehweg, Bürgersteig	*die Autos parkten am Rande der Fahrbahn*
fahren/laufen, [zu Fuß] gehen	*fährst du oder läufst du zum Bahnhof?*
Fahren; s. aggressives Fahren, defensives Fahren	
fahrende Güter/liegende Güter	*(bewegliche Güter)*
Fahrenheit/Celsius	*0 Grad Celsius ist + 32 Fahrenheit*
Fahrer/Beifahrer	*wer war der Fahrer des Fahrzeugs (z. B. eines PKW)?*

Fahrer/Fahrgast	*nicht mit dem Fahrer sprechen (z. B. im Autobus)*
Fahrersitz/Beifahrersitz	*(Sitz für den, der das Auto fährt)*
Fahrerweltmeister/Markenweltmeister	*(Motorsport)*
Fahrgast/Fahrer	*die Fahrgäste werden gebeten, beim Aussteigen den hinteren Ausgang zu benutzen (z. B. im Autobus)*
Fahrlässigkeit; s. grobe, leichte Fahrlässigkeit	
fahrplanmäßig/außerfahrplanmäßig	*der Zug fährt fahrplanmäßig*
Fahrschüler/Fahrschülerin	
Fahrschülerin/Fahrschüler	
Fahrspur/Standspur	
Fahrt; s. Hinfahrt, Rückfahrt	
fahrtauglich/fahruntauglich	*der Mann ist noch fahrtauglich; ein fahrtaugliches Auto*
Fahrtauglichkeit/Fahruntauglichkeit	
Fährte; s. Hinfährte, Rückfährte	
Fahrtensegeln/Regattasegeln	*(Wassersport)*
fahrtüchtig/fahruntüchtig	*er war noch fahrtüchtig*
fahruntauglich/fahrtauglich	*der alte Mann ist fahruntauglich; ein fahruntaugliches Auto*
Fahruntauglichkeit/Fahrtauglichkeit	
fahruntüchtig/fahrtüchtig	*er war betrunken und fahruntüchtig*
fair/unfair	*ein faires Spiel; ein faires Urteil; faire Konkurrenz*
Faktizität/Logizität	*(Philosophie)*
fakultativ/obligatorisch	*diese Vorlesung ist fakultativ (gehört nicht zum Pflichtprogramm)*
Falke/Taube	*Falken vertreten den harten politischen Kurs*
Fall/Aufstieg	*Dresden − Aufstieg und Fall einer Stadt; Aufstieg und Fall Roms; Aufstieg und Fall eines Ministerpräsidenten*
Fall; s. Akkusativ, Casus obliquus, Casus rectus, erster Fall, Nominativ, vierter Fall, Wenfall, Werfall	
fallen/aufsteigen	*der Nebel fällt*
fallen/steigen	*das Wasser fällt; die Temperatur fällt; die Aktien fallen*
fallender Diphthong/steigender Diphthong	*(Diphthong, bei dem auf dem ersten Bestandteil die Klangfülle liegt, zum Beispiel in „dein")*
fallender Ton/steigender Ton	*(Phonetik)*
fallenlassen/wieder aufgreifen	*ein Thema fallenlassen*
Fälligkeitsgrundschuld/Kündigungsgrundschuld	*(Rechtswesen)*
falsch/echt	*falsche Zähne, Banknoten, Haare, Gefühle, Freunde*

falsch/richtig	*eine falsche Antwort; das Ergebnis ist falsch; etwas falsch schreiben, verstehen; die falsche Richtung; die falsche Einstellung zu etwas haben*
falsch/wahr	*diese Schilderung ist nicht falsch, sie ist wahr*
Fälschung/Original	*dieses Bild ist eine Fälschung*
Falsifikation/Verifikation	*(Widerlegung einer Theorie oder einer Hypothese)*
falsifizieren/verifizieren	*eine Hypothese falsifizieren (widerlegen)*
Falsifizierung/Verifizierung	*die Falsifizierung (Widerlegung) einer Theorie*
faltenlos/faltig	*eine faltenlose [Gesichts]haut*
faltig/faltenlos	*eine faltige [Gesichts]haut*
Familie; s. Großfamilie, Kleinfamilie	
Familienberater/Familienberaterin	
Familienberaterin/Familienberater	
familienfeindlich/familienfreundlich	*familienfeindliche Politik*
familienfreundlich/familienfeindlich	*familienfreundliche Politik*
Familienname/Vorname	*ihr Familienname ist „Batzke", ihr Vorname „Charlotte"*
Familientherapie/Einzeltherapie	*bei psychisch kranken Jugendlichen kann eine Einzeltherapie oder eine Familientherapie in Betracht gezogen werden*
Fan/Idol	*die Fans kreischten, als ihr Idol die Bühne betrat*
Fangjagd/Schießjagd	*(zum Beispiel mit Fallen)*
Fangpartei/Schlagpartei	*(Ballspiele)*
fangsicher/fangunsicher	*(sicher im Fangen von Bällen)*
fangunsicher/fangsicher	*(unsicher im Fangen von Bällen)*
Fan-in/Fan-out	*(Mikroelektronik)*
Fan-out/Fan-in	*(Mikroelektronik)*
Farbe; s. Deckfarbe, gebrochene Farben, Grundfarben, in Farbe, Komplementärfarben, Lasurfarbe, Primärfarbe, reine Farben, Sekundärfarbe	
Farbfernseher/Schwarzweißfernseher	
Farbfilm/Schwarzweißfilm	*(Fotografie)*
farbig/schwarzweiß	*farbig fotografieren*
farbig/weiß	*die farbige Bevölkerung*
Farbige[r]/Weiße[r]	*Farbige und Weiße leben friedlich zusammen*
Fas/Nefas	*(was von den Göttern erlaubt war; antike Religion)*
faschistisch/antifaschistisch	
Faser; s. Kunstfaser, Naturfaser	
Faßbier/Flaschenbier	
Faßgärung/Flaschengärung	

faul/fleißig	*ein fauler Schüler; im Märchen von Frau Holle ist die Pechmarie häßlich und faul*
Faulenzerurlaub/Aktivurlaub	
Faulheit/Fleiß	*wegen seiner Faulheit wurde er getadelt*
Fauna/Flora; s. a. Pflanzenwelt; a. Botanik	*(das Tierreich; Biologie)*
Faust/Gretchen	*Gretchen stellt Faust die [Gretchen]frage: „Nun sag, wie hast du's mit der Religion?" (Goethes Faust)*
Faust/Mephisto	*Faust schloß einen Pakt mit Mephisto (Goethes Faust)*
Faust; s. Arbeiter der Faust und der Stirn	
Fausthandschuh/Fingerhandschuh	
Faux amis/Faux frères	*„Faux amis" sind in zwei oder mehr Sprachen vorkommende, äußerlich ähnliche oder identische [Fremd]wörter, die in Inhalt/Form aber nicht übereinstimmen und daher falsch gebraucht oder falsch übersetzt werden, z. B. frz. collaborateur/dt. Kollaborateur*
Faux frères/Faux amis	*„Faux frères" sind innereinzelsprachliche Interferenzen, Wortverwechslungen innerhalb einer Sprache auf Grund äußerer Ähnlichkeit, z. B. Erotica/Eroika; Dividend/Divisor, fraglich/fragwürdig*
Favorit/Außenseiter	*dieser Außenseiter hat den Favoriten geschlagen (Sport)*
Federwild/Haarwild	*als Federwild bezeichnet man jagdbare Vögel*
fehlbar/unfehlbar	*jeder Mensch ist fehlbar*
fehlen/anwesend sein	*er fehlte (bei der Sitzung)*
fehlen/vorhanden sein	*das nötige Geld dafür fehlt*
fehlerfrei/fehlerhaft	*fehlerfreie Ware; fehlerfreie Aussprache eines Wortes*
fehlerhaft/fehlerfrei	*fehlerhafte Ware; eine fehlerhafte Aussprache eines Wortes*
Feiertag/Arbeitstag, Werktag, Wochentag	*der Zug verkehrt nicht an Feiertagen*
feige/mutig	*zu schweigen war feige*
Feigheit/Mut	*seine Feigheit, sein Versagen einzugestehen*
fein/grob	*feines Mehl; feines Leinen; feines Gewebe; ein feines Sieb; feine Gesichtszüge; feine Tricks*
fein/unfein	*feine Manieren*
fein.../grob... (Adjektiv)	*z. B. feingliedrig/grobgliedrig*
Fein.../Grob... (Substantiv)	*z. B. Feineinstellung/Grobeinstellung*
Feinansprache/Grobansprache	*(genaue Kennzeichnung eines militärischen Zieles)*
Feinbäcker/Brotbäcker	*(Bäcker für feinere Backwaren, Konditor)*

Feinblech/Grobblech	*(dünnes Blech)*
Feinchemikalie/Schwerchemikalie	*(sorgfältig gereinigte Chemikalie)*
Feind/Feindin	*er hatte zahlreiche Feinde und Feindinnen*
Feind/Freund	*politische Feinde; Freund und Feind; aus einem Freund wurde ein Feind; wer solche Freunde hat, braucht keine Feinde mehr*
Feindin/Feind	*er hatte zahlreiche Feinde und Feindinnen*
Feindin/Freundin	*aus Feindinnen sind Freundinnen geworden*
feindlich/freundlich	*es herrschte eine feindliche Atmosphäre*
feindlich; s. umweltfeindlich	
...feindlich/...freundlich (Adjektiv)	*(mit der Bedeutung: ablehnend dem im Basiswort Genannten gegenüber) z. B. kinderfeindlich/kinderfreundlich*
Feindschaft/Freundschaft	*fortan lebten sie in Feindschaft*
Feindwort/Fahnenwort	*Feindwörter sind Wörter mit einer negativen Wertung wie Sekte, Chaot, Terrorist*
Feineinstellung/Grobeinstellung	*genaue Einstellung eines Gerätes in bezug auf Bildschärfe, Lautstärke, eines Senders (Technik)*
feinfaserig/grobfaserig	*ein feinfaseriges Gewebe*
feingemahlen/grobgemahlen	*feingemahlenes Mehl*
feingesponnen/grobgesponnen	*feingesponnenes Garn*
feingestreift/grobgestreift	*ein feingestreifter Anzug*
Feingliederung/Grobgliederung	
feingliedrig/grobgliedrig	*feingliedriger Körperbau*
Feinkeramik/Grobkeramik	*(zum Beispiel Geschirr)*
Feinkies/Grobkies	*(Bauwesen)*
Feinkorn/Grobkorn	*(Schießsport, Metallurgie, Fotografie)*
feinkörnig/grobkörnig	*(Fotografie)*
Feinkörnigkeit/Grobkörnigkeit	*(Fotografie)*
feinmaschig/grobmaschig	*ein feinmaschiges Netz*
feinnarbig/grobnarbig	*feinnarbiges Leder*
feinporig/grobporig	*feinporige Haut*
feinröhrig/grobröhrig	*eine feinröhrige Schnittlauchsorte*
Feinsand/Grobsand	
Feinschnitt/Grobschnitt	*(feingeschnittener Pfeifentabak)*
Feinstruktur/Grobstruktur	*(Physik)*
Feinton/Grobton	*(in bezug auf Gesteinsmaterial; Geologie)*
Feinwäsche/Kochwäsche	*(nur mäßig warm zu waschende Wäsche)*
Feinzucker/Grobzucker	*(feingestoßener Zucker)*
Feldbau; s. Dauerfeldbau, Jahreszeitenfeldbau	
Feldblume/Gartenblume	*(auf Feldern blühende Blume)*
Feldgemüsebau/gärtnerischer Gemüsebau	
Feldhandball/Hallenhandball	*(im Freien; Sport)*

Feldhase/Setzhase	*(männliches Tier)*
Feldheer/Territorialheer	*(Militär)*
Feldhockey/Hallenhockey	*(im Freien; Sport)*
Feldspiel/Hallenspiel	*(im Freien ausgetragenes Spiel; Sport)*
Feldüberlegenheit/Feldunterlegenheit	*(spielerische Überlegenheit einer Mann-schaft; Sport)*
Feldunterlegenheit/Feldüberlegenheit	*(spielerische Unterlegenheit einer Mann-schaft; Sport)*
Fellatio/Cunnilingus; s. a. Lecken, Oralver-kehr	*(oraler Sex am Mann)*
Felswüste/Erg	
Femelbetrieb/Kahlschlag	*(Forstwesen)*
Femidom/Kondom	*(Kondom für die Frau)*
feminin/maskulin; s. a. männlich; a. an-droid	*eine sehr feminine (ausgesprochen weib-lich wirkende) Frau; er wirkt feminin (unmännlich)*
feministisch/antifeministisch	*feministische Tendenzen*
Femininum/Maskulinum	*der Artikel der Feminina ist „die"; „Sonne" ist ein Femininum (Sprachwis-senschaft)*
femisch/salisch	*(reich an Eisen, Magnesium; Mineralogie)*
Femme/Butch, kesser Vater; a. Lesbierin	*sie ist die Femme (der weibliche Part in ei-ner lesbischen Beziehung; Jargon)*
Fenster; s. Doppelfenster, einfaches Fen-ster	
fensterfern/fensternah	*ein fensterferner Arbeitsplatz*
fensternah/fensterfern	*ein fensternaher Arbeitsplatz*
fern/nah[e] (Adjektiv)	*ein fernes Ziel; der Tag der Befreiung ist noch fern; in ferner Zukunft wird das stattfinden; du bist fern — und doch so nah!*
fern/nahe (Präposition)	*fern dem Leben der Großstadt*
...fern/...nah (Adjektiv)	*z. B. praxisfern/praxisnah*
Fernbeben/Nahbeben	
Fernbereich/Nahbereich	*(Fotografie)*
Fernbrief/Ortsbrief	*(Post)*
Fernbrille/Nahbrille	
Ferne/Nähe	*aus der Ferne betrachtet; eine Brille für die Ferne*
Ferner Osten; s. der Ferne Osten	
Ferngespräch/Ortsgespräch	*ein Ferngespräch führen, anmelden (Tele-fon)*
Fernkongruenz/Nahkongruenz	*Fernkongruenz in bezug auf das natürliche Geschlecht liegt vor in „das Mädchen ging mit seinem Vater spazieren. Plötz-lich blieb <u>sie</u> stehen"*
Fernleihe/Ortsleihe	*(Bibliothekswesen)*
Fernlicht/Abblendlicht	*(weitscheinendes Licht beim Auto; Ver-kehrswesen)*

Fernstudent/Direktstudent	*(früher DDR)*
Fernstudium/Direktstudium	*(mit Hilfe von Unterrichtsbriefen usw.)*
Fernverbindung/Ortsverbindung	*(Telefon)*
Fernverkehr/Nahverkehr	*(Eisenbahn)*
Fernverkehrsmittel/Nahverkehrsmittel	*(zum Beispiel Eisenbahn)*
Fernweh/Heimweh	*(Sehnsucht nach fernen Ländern)*
Fernziel/Nahziel	*etwas (eine Unternehmung, eine Qualifikation usw.) als Fernziel ansteuern*
Fernzug/Nahverkehrszug	*(Zug für den Fernverkehr)*
Ferromagnetismus/Antiferromagnetismus	*(Physik)*
Fertigerzeugnis/Halberzeugnis	*(Wirtschaft)*
Fertighemd/Maßhemd	*(Textil)*
Fertigprodukt/Halbfabrikat, Rohstoff	
Fertigzigarette/Steckzigarette	
fertil/infertil, steril; a. impotent, unfruchtbar, zeugungsunfähig	*(fortpflanzungsfähig)*
Fertilität/Infertilität, Sterilität; a. Impotenz, Unfruchtbarkeit, Zeugungsunfähigkeit	*(Fähigkeit, Nachkommen zu zeugen, zu gebären)*
Fesselballon/Freiballon	*(an Drahtseilen befestigter Ballon, der über einem Ort gehalten wird)*
fest/flüssig; a. gasförmig	*der feste Aggregatzustand; feste Nahrung*
fest/freibleibend	*eine feste (verbindliche) Bestellung (Kaufmannssprache)*
fest/locker	*die Schraube ist fest; eine feste Beziehung*
fest/unfest	*feste Vorsilben sind zum Beispiel be-, ent-, ver-: sie entlobt sich, sie verkauft das Haus; er bestreitet das (im Unterschied zu: er streitet das ab)*
fest/weich	*eine feste Unterlage*
Festangestellter/Freiberufler, freier Mitarbeiter, Selbständiger	
festbleiben/nachgeben; a. nachgiebig	*sie ist festgeblieben und hat nicht nachgegeben*
feste Arbeitszeit/gleitende Arbeitszeit	
fester Rücken/hohler Rücken	*(Buchbinderei)*
festhalten/loslassen	*das Seil festhalten; seine Kinder festhalten und nicht loslassen [können]*
festkochend/mehligkochend	*festkochende Kartoffeln für Salate*
Festkomma/Gleitkomma, Fließkomma	*(EDV)*
Festland/Insel	*diese griechische Stadt liegt auf dem Festland*
Festland/Meer	*auf dem Festland fühlt er sich wohler als auf dem Meer*
Festmeter/Raummeter	*(Raummaß für 1 m³ fester Holzmasse)*
festnehmen/freilassen	*er wurde festgenommen und nach drei Tagen wieder freigelassen*
Festpreis/Richtpreis	*(festgelegter Preis; Handel)*
fest stehen/wackeln	*die Leiter steht fest*

Feststellungswirkung/Tatbestandswirkung	*(Rechtswesen)*
Festtreibstoff/Flüssigtreibstoff	*(Technik)*
fett/mager	*fettes Fleisch; übertragen: fette Jahre*
fettarm/fettreich	*fettarme Kost*
Fettbaum/Stärkebaum	*(fettes Öl speichernder weichholziger Baum, zum Beispiel die Linde)*
Fettglasur/Wasserglasur	
fettig/trocken	*fettiges Haar*
fettlos/fettreich	*eine fettlose Creme*
fettlöslich/wasserlöslich	*die Vitamine A, D, E, V sind fettlöslich; fettlösliche Gleitcreme*
fettreich/fettarm	*fettreiche Kost*
fettreich/fettlos	*fettreiche Creme*
feucht/trocken	*feuchte Luft, Wärme, Hitze; die Wäsche ist (noch) feucht*
Feuer; s. wie Feuer und Wasser	
Feuerbestattung/Erdbestattung	*(durch Verbrennen der Leiche)*
Feuerwehr; s. Berufsfeuerwehr, freiwillige Feuerwehr	
Feuillants/Cordeliers	*(gemäßigte Richtung in der französischen Revolution)*
fiat justitia pereat mundus/summum ius summa iniuria	*(Ausspruch, der Gerechtigkeitsfanatismus zum Inhalt hat; Philosophie)*
Fiction/Non-fiction	*(Romane usw.)*
Fideismus/Szientismus	*(auf Glauben basierende Einstellung)*
Field-Research/Desk-Research	*(persönliche Befragung in der Marktforschung)*
Figuralmusik/Gregorianischer Choral	*(in bezug auf mehrstimmige mittelalterliche Kirchenmusik)*
figürliche Malerei/abstrakte Malerei	
fiktiv/real	*eine fiktive (nur angenommene, nicht wirkliche) Begebenheit*
Filiale/Zentrale; a. Haupt...	*die Filiale der Bank*
Film; s. Dokumentarfilm, Spielfilm, Stummfilm, Tonfilm	
Filzseite/Siebseite	*(in der Papierindustrie)*
Finalismus/Kausalismus	*(philosophische Meinung, daß alles Geschehen zweckbestimmt ist)*
Finalität/Kausalität; s. a. Ursache	*(Zweckbestimmtheit)*
Finanzkonzern/Sachkonzern	*(Wirtschaft)*
finanzschwach/finanzstark	*finanzschwache Länder*
finanzstark/finanzschwach	*finanzstarke Länder*
finden/suchen	*das gesuchte Buch finden; einen Partner suchen und finden*
finden/verlieren	*er hat den verlorenen Schlüssel wieder gefunden*
Finger/Zeh	*fünf Finger an jeder Hand*
Fingerhandschuh/Fausthandschuh	

Finissage/Vernissage	*(Veranstaltung, mit der eine Kunstausstellung beendet wird)*
finite Form/infinite Form	*in „ich gehe" ist „gehe" eine finite Form (Sprachwissenschaft)*
Finne/Finnin	
Finnin/Finne	
Firmenkern/Firmenzusatz	*(Wirtschaft)*
Firmenzusatz/Firmenkern	*(Wirtschaft)*
Fisch; s. Flußfisch, Friedfisch, Meeresfisch, Raubfisch, Seefisch, weder Fisch noch Fleisch	
fischarm/fischreich	*fischarme Gewässer*
Fischerei; s. Hochseefischerei, Küstenfischerei	
fischreich/fischarm	*fischreiche Flüsse*
Fischrogen/Milch	*(vom weiblichen Fisch)*
fixe Kosten/variable Kosten	*(Wirtschaft)*
fixiert/unfixiert	*(Fotografie)*
Fixismus/Mobilismus	*(Geologie)*
Fixstern/Planet, Wandelstern	*(selbstleuchtender Himmelskörper, zum Beispiel die Sonne)*
Fixzeit/Gleitzeit	*die Fixzeit (innerhalb der Gleitzeit) ist von 9 bis 15 Uhr*
FKK-Strand/Textilstrand	*(Nacktbadestrand; Strand für Freikörperkultur)*
flach/hoch	*ein Schuh mit flachen Absätzen*
flach/tief	*ein flacher Teller; eine flache Stelle im See; nur flach atmen*
Flachbettmaschine/Freiarm[näh]maschine	*(besondere Nähmaschine)*
Flächenstaat/Personenverbandsstaat, Stadtstaat	
Flachküste/Steilküste	*(ebene Meeresküste; Geographie)*
Flachland/Gebirge	*im Flachland*
Flachmoor/Hochmoor	*(Geographie)*
Flachrelief/Hochrelief	*(Plastik, bei der die Figuren nur wenig aus der Materialfläche hervortreten)*
Flachrennen/Hindernisrennen	*(Schnelligkeit und Ausdauer werden auf flacher Bahn gewertet; Pferdesport)*
Flachwirkmaschine/Rundwirkmaschine	
Flachwurzler/Tiefwurzler	*(Pflanze mit flachen Wurzeln)*
Flame/Wallone	*(flämisch sprechender Einwohner Belgiens)*
flämisch/wallonisch	
Flandern/Wallonien	*(Nordbelgien)*
Flasche; s. Einwegflasche, Pfandflasche, Wegwerfflasche	
Flaschenbier/Faßbier	
Flaschengärung/Faßgärung	
Flaschenkind/Brustkind	*(Säugling, der Milch aus der Flasche bekommt und nicht an der Brust der Mutter gestillt wird)*

Flaschenmilch/offene Milch
Flaschenwein/offener Wein   *(auf der Getränkekarte)*
flat/sharp   *(Erniedrigung eines Tones um einen hal-*
                                           ben Ton; Musik)

Fleisch; s. der Geist ist willig, weder Fisch
   noch Fleisch
fleischfressend/nichtfleischfressend   *fleischfressende Tiere, Pflanzen*
Fleischfresser/Pflanzenfresser   *(Tier − Löwe, Tiger −, dessen Nahrung*
                                           vorwiegend aus Fleisch besteht)
Fleischseite/Narbenseite   *(Innenseite; Gerberei)*
Fleiß/Faulheit   *er wurde wegen seines Fleißes gelobt*
fleißig/faul   *fleißig sein; ein fleißiger Schüler; im Mär-*
                                           chen von Frau Holle ist die Goldmarie
                                           schön und fleißig
flektierbar/unflektierbar   *ein flektierbares Wort*
flektierende Sprache/agglutinierende Spra- *flektierende Sprachen haben die Tendenz,*
   che, isolierende Sprache   *die syntaktischen Beziehungen durch*
                                           stammverändernde Elemente (Affixe,
                                           Umlaut, Ablaut) auszudrücken (nach
                                           W. von Humboldt)
flektiert/unflektiert   *„Kindes" ist eine flektierte Form; „Kind"*
                                           ist unflektiert
flexibel/inflexibel, unflexibel   *flexibel reagieren; ein flexibles Währungs-*
                                           system
Flexibilität/Inflexibilität, Unflexibilität *geistige Flexibilität*
Flexionsmorphem/Stammmorphem
Flexor/Extensor; s. a. Strecker, Streck-   *(Beugemuskel)*
   muskel
fliegender Start/Start aus dem Stand   *(Motorsport)*
fliegendes Personal/Bodenpersonal   *(Flugwesen)*
Flieger/Steher   *(1. Rennpferd für kürzere Strecken; 2. Rad-*
                                           rennfahrer für kurze Strecken)
Fliegerrennen/Steherrennen   *(Pferdesport, Radsport)*
Fliehburg/Herrenburg   *(im Mittelalter Befestigungsanlage, in die*
                                           bei Gefahr die Menschen fliehen konn-
                                           ten)
fliehendes Kinn/vorspringendes Kinn   *(ein schräg nach hinten verlaufendes Kinn)*
fließend/gebrochen   *sie sprach fließend Französisch*
fließender Verkehr/ruhender Verkehr   *(Verkehrswesen)*
fließendes Gewässer /stehendes Gewässer
Fließheck/Stufenheck   *(flach abfallendes Heck; Auto)*
Fließkomma/Festkomma   *(EDV)*
Flora/Fauna; s. a. Tierwelt; a. Zoologie   *(Pflanzenarten)*
Flöte; s. Längsflöte, Querflöte
Flotte; s. Handelsflotte, Kriegsflotte
Fluch/Segen   *der Liebe Fluch, der Liebe Segen; Technik:*
                                           Fluch oder Segen?; darauf liegt ein
                                           Fluch, darum kann daraus nichts
                                           werden

Flug; s. Charterflug, Linienflug
Flugbegleiter/Flugbegleiterin
Flugbegleiterin/Flugbegleiter
flugfähig/flugunfähig   *flugfähige Tiere*
Flughafen; s. Satellitenflughafen, Zentral-
   flughafen
Flugpersonal/Bodenpersonal   *(Flugwesen)*
flugunfähig/flugfähig   *flugunfähige Tiere*
Flugzeug; s. Charterflugzeug, Linienflug-
   zeug, Motorflugzeug, Segelflugzeug
flußab/flußauf
flußabwärts/flußaufwärts   *flußabwärts (mit der Strömung) paddeln*
flußauf/flußab
flußaufwärts/flußabwärts   *flußaufwärts (gegen die Strömung) pad-*
                                                              deln

Flußfisch/Meeresfisch, Seefisch
Flußhafen/Seehafen
flüssig/fest; a. gasförmig   *der flüssige Aggregatzustand; flüssige Nah-*
                                                              rung zu sich nehmen
flüssig/nichtflüssig   *flüssige Stoffe*
Flüssigkeit; s. Ejakulation, Lubrikation
Flüssigtreibstoff/Festtreibstoff   *(Technik)*
flüstern/schreien   *sie flüsterte, und er schrie; jemandem et-*
                                                       was Liebes ins Ohr flüstern

Flut/Ebbe; s. a. Niedrigwasser   *bei Flut im Meer, in der See schwimmen*
Fockmast/Besan[mast]   *(Vordermast; Seemannssprache)*
Föderalismus/Unitarismus, Zentralismus   *(Streben nach einem Staatenbund oder ei-*
                                                       nem Bundesstaat)

Fohe/Fuchs   *(weiblicher Fuchs)*
Föhe/Fuchs   *(weiblicher Fuchs)*
Folgegeschlecht/Vorgeschlecht   *(veraltet)*
folgen/sich widersetzen   *er folgte ihren Anweisungen*
folgend.../vorausgehend...   *im folgenden Text*
folgenlos/folgenreich   *dieses Versehen blieb folgenlos*
folgenreich/folgenlos   *dieses Versehen war folgenreich*
folgerichtig/folgewidrig
folgewidrig/folgerichtig
Folterer/Gefolterte[r]
Folterin/Gefolterte[r]
Förderer/Förderin   *er ist ein Förderer des Vereins*
Förderin/Förderer   *sie ist eine Förderin des Vereins*
Forehand/Backhand; a. Rückhand   *(Tennis, Hockey)*
Form/Inhalt   *Form und Inhalt stimmen überein*
Form; s. finite Form, infinite Form
formal/informal   *formale und informale Normen*
formal/inhaltlich   *er machte formale Gründe geltend; er hat*
                                                       den Brief formal beanstandet; es gibt
                                                       formale und inhaltliche Gründe, dage-
                                                       gen zu sein; das Buch ist inhaltlich und
                                                       formal ansprechend

Formans/Determinativ	*(gebundenes sprachliches Element, z. B. -lich in gastlich; Sprachwissenschaft)*
Formant/Antiformant	*(Phonetik)*
Format; s. Hochformat, Querformat	
Formationsmorphem/Basismorphem	*in dem Wort Mieter ist -er das Formationsmorphem*
formelfreier Rennwagen/Formelrennwagen	*(Motorsport)*
formell/informell	*eine formelle (förmlich-offizielle) Mitteilung*
formelle Rechtskraft/materielle Rechtskraft	*(Rechtswesen)*
Formelrennwagen/formelfreier Rennwagen	*(Motorsport)*
formgerecht/formwidrig	
formlos/auf einem Formular	*etwas formlos beantragen*
Formular; s. auf einem Formular	
formwidrig/formgerecht	
Forscher/Forscherin	
Forscherin/Forscher	
forte/piano	*(laut; Musik)*
fortgehen/dableiben	
Fortgeschrittene[r]/Anfänger[in]	*ein Kurs für Fortgeschrittene*
Fortis/Lenis	*die stimmlosen Laute p, t, k sind Fortes, das sind intensiv aspiratorisch gesprochene Konsonanten*
fortpflanzungsfähig/fortpflanzungsunfähig	
Fortpflanzungsfähigkeit/ Fortpflanzungsunfähigkeit	
Fortpflanzungsfamilie/Geburtsfamilie	*(durch Ehe und Kinder gegründete Familie; Völkerkunde)*
fortpflanzungsunfähig/fortpflanzungsfähig	
Fortpflanzungsunfähigkeit/ Fortpflanzungsfähigkeit	
Fortschritt/Rückschritt	*das ist ein Fortschritt; dieser Rückschritt war ein Fortschritt*
fortschrittlich/rückschrittlich	*sie ist sehr fortschrittlich*
fortschrittsfeindlich/fortschrittsfreundlich	
fortschrittsfreundlich/fortschrittsfeindlich	
fortsetzen/aufgeben	*den Widerstand fortsetzen*
fossil/rezent	*(urzeitlich; Biologie)*
Fotokopie/Original	*die Fotokopie (durch Ablichtung entstandene Kopie) eines Briefes*
Fotze/Schwanz; s. a. Glied, Penis	
Frage/Antwort; a. Auskunft geben	*er stellte eine Frage und bekam auch eine Antwort*
Frage; s. Entscheidungsfrage, Ergänzungsfrage	
fragen/antworten	*er hat sie gefragt, und sie hat gleich geantwortet; Patienten fragen, Experten antworten; Bürger fragen, Politiker antworten (nicht)*

Fragende/Frager
Fragender/Fragerin
Frager/Fragerin, Fragende
Frager[in]/Befragte[r]
Fragerin/Frager, Fragender
frankiert/unfrankiert   *der Brief ist schon frankiert*
frankophil/frankophob; s. a. gallophob   *eine frankophile (frankreichfreundliche)*
                                               Gesinnung

Frankophilie/Frankophobie; s. a. Gallo-
    phobie
frankophob/frankophil; s. a. gallophil   *eine frankophobe (gegenüber Frankreich*
                                               ablehnende) Gesinnung

Frankophobie/Frankophilie; s. a. Gallo-
    philie
Franzose/Französin   *ein Franzose aus der Normandie*
franzosenfeindlich/franzosenfreundlich;   *eine franzosenfeindliche Einstellung*
    s. a. frankophil
franzosenfreundlich/franzosenfeindlich;   *eine franzosenfreundliche Einstellung*
    s. a. frankophob
Französin/Franzose   *eine Französin aus Lille*
frau/man, mann   *darüber muß frau sich (müssen sich die*
                                               Frauen) noch Gedanken machen (femini-
                                               stisch differenzierter Gebrauch)
Frau/Fräulein   *das junge Mädchen wurde gefragt, ob sie*
                                               mit „Frau Schwabe" oder „Fräulein
                                               Schwabe" angesprochen werden will
Frau/Herr; a. Mister (in Verbindung mit   *Herr und Frau Hoffmann; Frau Krause*
    dem Namen)   *hat geschrieben*
Frau/Mädchen   *sie ist (schon) eine Frau; vom Mädchen*
                                               zur Frau werden
Frau/Mann; a. das starke Geschlecht,   *Frauen im Widerstand; Berufe für Frauen;*
    Gatte, Herr, Yang   *eine tüchtige, liebe Frau; alle Männer*
                                               und Frauen; die Frauen auf dem Lande;
                                               mit einer guten Frau verheiratet sein;
                                               seine Frau ist verreist; sind Frauen die
                                               besseren Männer?
...frau/...mann (Substantiv)   *z. B. Fachfrau/Fachmann*
Frauchen/Herrchen   *der Hund wartet auf sein Frauchen; wo ist*
                                               denn das Frauchen (die weibliche Per-
                                               son als Besitzerin, zum Beispiel eines
                                               Hundes)?

Frauenarzt/Frauenärztin
Frauenärztin/Frauenarzt
Frauenberuf/Männerberuf
frauenfeindlich/frauenfreundlich   *eine frauenfeindliche Politik*
frauenfeindlich/männerfreundlich
frauenfreundlich/frauenfeindlich   *frauenfreundliche Gesetze*
frauenfreundlich/männerfeindlich   *eine frauenfreundliche und männerfeind-*
                                               liche Zeitschrift

Frauenfußball/Fußball
Frauenhaß/Männerhaß; s. a. Misandrie
Frauenhaus/Männerhaus   *(Haus, in das Frauen aufgenommen wer-*
                                         den, die von ihren Männern geschlagen
                                         werden)
Frauenkrankheit/Männerkrankheit
Frauenseite/Männerseite; s. a. Südseite; a.   *die Frauenseite ist die Nordseite, die linke*
   rechts   *Seite im Kircheninneren*
Fräulein/Frau   *das junge Mädchen wurde gefragt, ob es*
                                         mit „Frau" oder „Fräulein" angeredet
                                         werden wolle; sind Sie noch Fräulein
                                         (unverheiratet) oder schon Frau (verhei-
                                         ratet)?
Fräulein/[Herr] Ober; a. Kellner   *(im Restaurant an die weibliche Bedie-*
                                         nung) Fräulein, bitte die Speisekarte!;
                                         Fräulein, ich möchte bitte zahlen!

fraulich/unfraulich
frei/belegt   *das Zimmer ist frei*
frei/besetzt   *der Platz, die Kabine, die Toilette ist frei*
frei/gebunden   *freie Purine*
frei/gefangen   *er ist (wieder) frei*
frei/unfrei   *er fühlt sich frei; der Mensch ist frei ge-*
                                         boren

frei; s. jugendfrei
...frei/...bedürftig (Adjektiv)   *z. B. zustimmungsfrei/zustimmungsbe-*
                                         dürftig
...frei/...gebunden (Adjektiv)   *z. B. zweckfrei/zweckgebunden*
...frei/...haltig (Adjektiv), mit ...   *z. B. phosphatfrei/phosphathaltig, mit*
                                         Phosphat
...frei/...pflichtig (Adjektiv)   *z. B. portofrei/portopflichtig*
Freiantenne/Innenantenne, Zimmeran-
   tenne
Freiarm[näh]maschine/Flachbettmaschine
Freibad/Hallenbad
Freiballon/Fesselballon   *(bemannter Ballon, der frei fliegen kann)*
Freiberufler/Festangestellter   *(jemand, der in einem freien Beruf tätig*
                                         ist, z. B. Architekt, Arzt)
Freibeuter/der Kaper   *(historisch)*
Freibeweis/Strengbeweis   *(Rechtswesen)*
freibleibend/fest   *(nicht bindend; Kaufmannssprache)*
freie Kunst/angewandte Kunst   *(nicht durch praktische Verwertbarkeit be-*
                                         stimmte Kunst)
freier Mitarbeiter/Festangestellter
freies Mandat/imperatives Mandat   *(Mandat, bei dem der Abgeordnete nicht*
                                         an Aufträge oder Weisungen seiner Par-
                                         tei oder seiner Wähler gebunden und
                                         nicht abrufbar ist; Politik)
freies Morphem/gebundenes Morphem   *(Sprachwissenschaft)*

freifinanzierter Wohnungsbau/sozialer
  Wohnungsbau
Freifrau/Freiherr; a. Baron   *(weiblicher Titel für eine Angehörige des*
                                 niederen Adels)

freihändig; s. stehend freihändig
Freiheit/Gefangenschaft   *das Leben in Freiheit*
Freiheit/Notwendigkeit
Freiheit/Unfreiheit   *zwischen Freiheit und Unfreiheit wählen*
                                 müssen

Freiherr/Freifrau, Freiherrin, Freiin; a. Ba-   *(männlicher Titel für einen Angehörigen*
  ronin   *des niederen Adels)*
Freiherrin/Freiherr; a. Baron
Freiin/Freiherr; a. Baron
Freiland/Treibhaus   *Gemüse aus dem Freiland hat weniger Ni-*
                                 trat

Freiland.../Treibhaus... (Substantiv)   *z. B. Freilandgemüse/Treibhausgemüse*
Freilandgemüse/Treibhausgemüse
Freilandhaltung/Käfighaltung   *Eier aus Freilandhaltung*
Freilandkultur/Treibhauskultur
freilassen/festnehmen   *er wurde festgenommen und nach drei Ta-*
                                 gen wieder freigelassen

freischwankender Kurs/Einheitskurs   *(Börse)*
frei sprechen/ablesen   *er hatte gar kein Manuskript, er hat frei*
                                 gesprochen

freisprechen, jemanden/jemanden verur-   *er wurde freigesprochen*
  teilen
Freispruch/Schuldspruch, Verurteilung   *(Rechtswesen)*
Freistoß; s. direkter Freistoß, indirekter
  Freistoß
freiverlegte Leitung/erdverlegte Leitung
freiwillig/gezwungen   *etwas freiwillig tun*
freiwillige Erziehungshilfe/Fürsorgeerzie-
  hung
freiwillige Feuerwehr/Berufsfeuerwehr
freiwillige Gerichtsbarkeit/streitige Ge-   *(Rechtswesen)*
  richtsbarkeit
freiwillig versichert/pflichtversichert   *er ist freiwillig versichert (in der Kranken-*
                                 kasse)

Freizeichen/Besetztzeichen   *(Telefon)*
Freizeit; s. in der Freizeit
fremd/bekannt   *er ist hier fremd; ich hörte eine fremde*
                                 Stimme

fremd/eigen   *fremder Grund und Boden; fremde Geld-*
                                 mittel; Bluttransfusion mit fremdem
                                 Blut

fremd/heimisch   *fremde Pflanzen*
fremd/indigen   *ein fremdes Sprachelement*
fremd/vertraut   *in fremder Umgebung*
fremd.../eigen... (Adjektiv)   *z. B. fremdgenutzt/eigengenutzt*

fremd.../selbst... (Adjektiv)	z. B. fremdbestimmt/selbstbestimmt
Fremd.../Eigen... (Substantiv)	z. B. Fremdfinanzierung/Eigenfinanzierung
Fremd.../Selbst... (Substantiv)	z. B. Fremdbestimmung/Selbstbestimmung
...fremd/...eigen (Adjektiv)	z. B. betriebsfremd/betriebseigen
Fremdbesitz/Eigenbesitz	(Rechtswesen)
fremdbestäubend/selbstbestäubend	
fremdbestimmt/selbstbestimmt	fremdbestimmtes Handeln
Fremdbestimmung/Selbstbestimmung	
Fremdbeurteilung/Selbstbeurteilung	
Fremdbild/Selbstbild	nationale Fremdbilder (die andere von den Betreffenden haben)
Fremdblut/Eigenblut	eine Operation mit Fremdblut
Fremde/Heimat	in der Fremde leben
Fremdeinschätzung/Selbsteinschätzung	Aktivierung der Schüler zur Fremdeinschätzung
fremdenfeindlich/fremdenfreundlich; s. a. xenophil	
Fremdenfeindlichkeit/ Fremdenfreundlichkeit; s. a. Xenophilie	
fremdenfreundlich/fremdenfeindlich; s. a. xenophob	
Fremdenfreundlichkeit/ Fremdenfeindlichkeit; s. a. Xenophobie	
Fremde[r]/Bekannte[r]	auf der Party waren viele Fremde und nur wenig Bekannte
Fremde[r]/Einheimische[r]	Fremde und Einheimische leben problemlos miteinander
Fremdfinanzierung/Eigenfinanzierung	(Finanzwesen)
Fremdgefährdung/Selbstgefährdung	
fremdgenutzt/eigengenutzt	fremdgenutzte Wohnräume
Fremdkapital/Eigenkapital	(Wirtschaft)
Fremdmittel/Eigenmittel	(Finanzwesen)
Fremdreflex/Eigenreflex	(Physiologie)
Fremdschädigung/Selbstschädigung	
Fremdsprache/Muttersprache; s. a. Ausgangssprache	(Sprachwissenschaft)
fremdsprachig/muttersprachig; a. indigen	fremdsprachiger (in fremder Sprache erfolgender) Unterricht
fremdsprachlich/muttersprachlich	fremdsprachlicher Unterricht (über die fremde Sprache)
Fremdverschulden/Eigenverschulden	
Fremdverwaltung/Eigenverwaltung	(Rechtswesen)
Fremdwort/deutsches Wort, indigenes Wort	
fresco; s. a. fresco	
Freskomalerei/Seccomalerei	(Wandmalerei auf feuchtem Putz)
fressen/essen	Tiere fressen, Menschen essen
fressen/saufen; a. trinken	

Freßsucht/Magersucht; a. Anorexie
Freud[e]/Leid

Freude/Trauer
freudenarm/freudenreich
Freudenhaus/Trauerhaus
freudenreich/freudenarm
Freudentag/Trauertag
freudig; s. kontaktfreudig
...freudigkeit/...müdigkeit (Substantiv)
...freudigkeit; s. Kontaktfreudigkeit
freudlos/freudvoll
freudvoll/freudlos
freudvoll/leidvoll

Freund/Feind

Freund/Freundin

...freund/...hasser (Substantiv)
Freundin/Feindin

Freundin/Freund

freundlich/feindlich
freundlich/unfreundlich
...freundlich/...feindlich (Adjektiv)

...freundlich/...unfreundlich (Adjektiv)

Freundlichkeit/Unfreundlichkeit
Freundschaft/Feindschaft

Freundschaftsspiel/Punktspiel
Frieden/Krieg

Frieden/Unfrieden

Friedensfuß/Kriegsfuß

Friedenswirtschaft/Kriegswirtschaft
Friedfisch/Raubfisch

*Freud und Leid liegen nahe beieinander;
Freude und Leid miteinander teilen;
Freud und Leid der Götter in Weiß*
Freude erfüllte ihn bei dem Anblick
ein freudenarmes Dasein
(veraltet: Haus, in dem Freude herrscht)

heute ist ein Freudentag!

z. B. Impffreudigkeit/Impfmüdigkeit

eine freudlose Kindheit
eine freudvolle Kindheit
*Freudvoll und leidvoll, gedankenvoll sein
(Clärchen bei Goethe im „Egmont")*
*politische Freunde; er hat viele Freunde
(wohlgesinnte Menschen); wer solche
Freunde hat, braucht keine Feinde mehr*
*das ist sein/ihr neuer Freund; sie hat ihre
Freundinnen und Freunde eingeladen*
z. B. Deutschenfreund/Deutschenhasser
*ihre Freundin ist schließlich ihre Feindin
geworden*
*das ist seine/ihre neue Freundin; sie hat
alle ihre Freundinnen und Freunde eingeladen*
es herrschte eine freundliche Atmosphäre
ein freundlicher Pförtner
*(mit der Bedeutung: wohlwollend dem im
Basiswort Genannten gegenüber) z. B.
kinderfreundlich/kinderfeindlich*
*(mit der Bedeutung: dem im Basiswort Ge-
nannten gegenüber entgegenkommend)
z. B. leserfreundlich/leserunfreundlich
(in bezug auf die Schrift u. a.)*
ihre Freundlichkeit war wohltuend
*aus Freundschaft ist schließlich Feind-
schaft geworden*
(Ballspiele)
*nach einem langen Krieg ist nun endlich
Frieden*
*der Frieden und Unfrieden in uns; sie schie-
den in Frieden*
*das Heer auf den Friedensfuß setzen (veral-
tet)*

*Friedfische ernähren sich vorwiegend von
Pflanzlichem*

friedlich/kriegerisch	*ein friedliches Volk*
frieren/schwitzen	*bei der Kälte haben wir sehr gefroren*
frieren/tauen	*bei unter Null Grad friert es*
frisch/alt	*1. frische Brötchen; das Brot ist ganz frisch; 2. frische Wunden*
frischbacken/altbacken	*frischbackenes Brot*
Frischdampf/Abdampf	*(eben erst erzeugter Dampf; Technik)*
frische Luft/verbrauchte Luft	
Frischfeige/Trockenfeige	
Frischgemüse/Trockengemüse	
Frischluft/Abluft	*(Klimatechnik)*
frischschlachten/abgehangen	*(Fleisch)*
Friseur/Friseurin, Frisörin, Friseuse; s. a. Coiffeuse	
Friseurin/Friseur; s. a. Coiffeur	
Friseuse/Friseur; s. a. Coiffeur	
frisiert/unfrisiert	*sie ist schon fisiert; frisiertes Haar*
Frisör/Frisörin, Friseurin, Friseuse	
Frisörin/Frisör; s. a. Coiffeur	
Frisöse; s. Friseuse	
fröhlich/traurig	*ein fröhliches Lied; eine fröhliche Stimmung; aus einem traurigen Hintern kommt kein fröhlicher Furz (Luther)*
Fröhlichkeit/Traurigkeit	
Front/Etappe	*die Soldaten an der Front; von der Front in die Etappe kommen*
frontal/von hinten	
Frontschwein/Etappenhengst	*die Soldaten wurden als Frontschweine beschimpft*
Froschperspektive/Vogelperspektive	*aus der Froschperspektive (von unten)*
frostempfindlich/frostunempfindlich	*frostempfindliche Pflanzen*
frostunempfindlich/frostempfindlich	*frostunempfindliche Pflanzen*
fruchtbar/unfruchtbar; a. impotent, infertil, steril	*fruchtbarer Boden; eine fruchtbare Diskussion; die fruchtbaren Tage der Frau*
Fruchtbarkeit/Unfruchtbarkeit; a. Infertilität	
frugal/opulent	*eine frugale (einfache) Mahlzeit*
Frugalität/Opulenz	
früh/nachmittags; auch: p. m.	*um 5 Uhr früh*
früh/spät	*am frühen Morgen; früh aufstehen; sie kam früh; ein frühes Werk Mozarts*
früh.../spät... (Adjektiv)	*z. B. frühkapitalistisch/spätkapitalistisch*
Früh.../Spät... (Substantiv)	*z. B. Frühschicht/Spätschicht*
Frühaufsteher/Langschläfer	*er ist ein Frühaufsteher, schon um 6 Uhr ist er im Garten*
Frühblüher/Spätblüher	*(Botanik)*
Frühdienst/Spätdienst	*er hat Frühdienst*
früher/heutzutage	*früher reiste man nicht soviel wie heutzutage*

früher/jetzt (Adverb); a. heute

früher war er Friseur, jetzt ist er bei der Stadtverwaltung

früher/später (Komparativ)

sie kam früher als er

früher.../jetzig...

der frühere Direktor; der frühere Preis

frühest.../äußerst...

der früheste Termin ist der 1. April

frühestens/spätestens

er kommt frühestens morgen

frühestmöglich/spätestmöglich

der frühestmögliche Termin ist der...

Frühgebärende/Spätgebärende

Frühgebärende haben meist einen etwas älteren Partner als sie selbst

Frühgeburt/Spätgeburt

(Kind, das vor Ablauf der neun Monate geboren worden ist)

Frühgotik/Spätgotik

Frühgottesdienst/Hauptgottesdienst

Frühholz/Spätholz

(Botanik)

Frühjahr/Herbst

das Feld im Frühjahr bestellen

Frühjahrsaussaat/Herbstaussaat

Frühjahrsbestellung/Herbstbestellung

Frühjahrsmesse/Herbstmesse

Frühkapitalismus/Spätkapitalismus

frühkapitalistisch/spätkapitalistisch

Frühkartoffeln/Spätkartoffeln

Frühkartoffeln sind dünnhäutig

Frühling/Herbst

im Frühling erwacht die Natur; Frühling und Liebe

Frühlingsanfang/Herbstanfang

am 21. März ist Frühlingsanfang

Frühlingsstürme/Herbststürme

Frühschicht/Spätschicht; a. Nachtschicht

er hat heute Frühschicht in der Fabrik

Frühschoppen/Abendschoppen, Dämmerschoppen

Frühsommer/Spätsommer

Frühstadium/Spätstadium

Frühzündung/Spätzündung

(Technik)

Fuchs/Füchsin, Fohe, Föhe, Fähe

(das männliche Tier)

Füchsin/Fuchs

(weiblicher Fuchs)

...fug/...phil (mit fremdsprachlicher Basis; Adjektiv)

(mit der Bedeutung: fliehend, meidend) z. B. kalzifug/kalziphil

führen/geführt werden

wer den Sachverstand seiner Fachleute nicht beurteilen kann, wird von seinen Mitarbeitern manipuliert und benutzt; er führt nicht, er wird geführt

Führende[r]/Geführte[r]

Führer/Geführter

Führhand/Schlaghand

(Boxen)

füllen, sich/sich leeren

das Stadion füllt sich allmählich

Fummeltrine/Lederkerl

(femininer Homosexueller; Jargon)

Fundamentalist/Realpolitiker

(die Richtungen bei Bündnis 90/Die Grünen)

Fundi/Realo

(ideologisch kompromißloser Grüner; Politik)

funktionelle Krankheiten/organische
  Krankheiten
funktionsfähig/funktionsunfähig   *funktionsfähig bleiben*
funktionsunfähig/funktionsfähig   *funktionsunfähig werden*
Funktionswort/Begriffswort   *Funktionswörter sind zum Beispiel Präposi-*
                                          tionen, Konjunktionen, Pronomen
für/gegen; s. a. contra, Daumen runter,   *sie stimmte für den Antrag*
  kontra, pereat
Für; s. das Für und Wider
Furcht/Hoffnung   *ihre Furcht, die Prüfung nicht zu bestehen;*
                                          sie lebt zwischen Furcht und Hoffnung
für immer/zeitweilig   *er ist (nun) für immer in Berlin*
Fürsorgeerziehung/freiwillige Erziehungs-   *(angeordnete öffentliche Erziehung geschä-*
  hilfe   *digter Jugendlicher; Pädagogik)*
Fürst/Untertan
Fuß/Gipfel   *am Fuße des Berges*
Fuß/Hand   *wenn man so etwas anfangen will, dann*
                                          muß das auch Hand und Fuß haben
Fuß/Kopf   *eine Theorie vom Kopf auf die Füße stel-*
                                          len; von Kopf bis Fuß auf Liebe einge-
                                          stellt
Fuß; s. Hohlfuß, Plattfuß, zu Fuß gehen
Fußball/Damenfußball, Frauenfußball
Fußballamateur/Fußballprofi
Fußballprofi/Fußballamateur
Fußband/Kopfband   *(in Fachwerkhäusern; Architektur)*
Fußboden/Decke   *sie guckte auf den Fußboden (des Zim-*
                                          mers)
Fußende/Kopfende   *die Katze liegt am Fußende des Bettes*
Fußgänger/Radfahrer, Autofahrer
Fußleiste/Kopfleiste   *(EDV)*
Fußtext/Kopftext   *(EDV)*
Futter; s. Dürrfutter, Grünfutter

galant/ungalant	*er benahm sich ihr gegenüber sehr galant*
gallophil/gallophob; s. a. frankophob	*(Französisches liebend)*
Gallophilie/Gallophobie; s. a. Franko- phobie	*(besondere Neigung, Sympathie für alles Französische)*
gallophob/gallophil; s. a. frankophil	*(Französisches ablehnend)*
Gallophobie/Gallophilie; s. a. Frankophilie	*(besonders ausgeprägte Abneigung gegen alles Französische)*
Galopp/Schritt	*im Galopp*
Gametophyt/Sporophyt	*(Botanik)*
Gans/Gänserich, Ganter	*(weibliches Tier)*
Gänseblümchensex/SM-Sex	*(üblicher Sex)*
Gänserich/Gans	*(männliche Gans)*
Ganter/Gans	*(männliche Gans)*
Ganymed/Jupiter	*(Liebling − Pathicus − und Mundschenk des Jupiter)*
ganz/entzwei, kaputt	*der Tisch ist (wieder) ganz*
ganz/etwas	*er war ganz verändert; einen ganz gewöhn- lichen Geburtstag auf etwas ungewöhnli- che Weise feiern*
ganz/gemahlen	*Anis ganz (in Körnern)*
ganz/halb	*ein ganzes Brot; das Glas ist ganz gefüllt; die ganze Wahrheit; sie hat jetzt (im Be- trieb) eine ganze Stelle*
ganz/teilweise, zum Teil; s. a. partiell	*das Haus wurde ganz zerstört; die Straße wurde ganz gesperrt*
ganz; s. das Ganze, im ganzen	
ganz.../halb... (Adverb)	*z. B. ganztags/halbtags*
Ganz.../Teil... (Substantiv)	*z. B. Ganzansicht/Teilansicht*
Ganzansicht/Teilansicht	
Ganze; s. das Ganze	
Ganzes/Teil	*das Ganze besteht aus 5 Teilen*
ganze Zahl/Bruch[zahl]	*4, 5, 6 usw. sind ganze Zahlen (Mathema- tik)*
Ganzheitsmethode/Buchstabiermethode, Lautiermethode, synthetische Leselehr- methode	*(Pädagogik)*
ganztags/halbtags	*ganztags arbeiten*
Ganztagsarbeit/Halbtagsarbeit	
Ganztagskräfte/Halbtagskräfte	
Ganztext/Teiltext	
gar/ungar	*der Boden ist gar (hat die besten Voraus- setzungen für den Anbau; Landwirt- schaft)*

Garage/Stellplatz	*gehört zur Wohnung eine Garage oder ein Stellplatz?*
Garten; s. Lustgarten, Nutzgarten, Ziergarten	
Gartenblume/Feldblume	
Gartenbohne/Ackerbohne	
gärtnerischer Gemüsebau/Feldgemüsebau	
Gas geben/bremsen, auf die Bremse treten	*der Autofahrer gab Gas*
gasförmig/fest, flüssig	*der gasförmige Aggregatzustand*
Gast/Gastgeber	*die Gäste wurden in der Halle vom Gastgeber begrüßt*
Gast/Wirt	*der Wirt begrüßte die Gäste in seinem Lokal*
Gastgeber/Gast	*der Gastgeber begrüßte seine Gäste*
gastlich/ungastlich	*ein gastliches Haus*
Gastmannschaft/Heimmannschaft, Platzmannschaft	*(Mannschaft, die auf einem fremden Platz spielt)*
Gastpflanze/Wirtspflanze	*(schmarotzende Pflanze; Botanik)*
Gastspiel/Heimspiel	*(Spiel auf einem fremden Platz; Auswärtsspiel; Ballspiele)*
Gasttier/Wirtstier	*(auf einem anderen tierischen Organismus schmarotzendes Tier; Zoologie)*
Gatte/Gattin; s. a. Ehefrau, Frau, Gemahlin	*bestellen Sie bitte einen Gruß an Ihren Gatten*
Gattin/Gatte; s. a. Ehemann, Gemahl, Mann	*bestellen Sie bitte einen Gruß an Ihre Gattin*
Gattungskauf/Spezieskauf, Stückkauf	*(Rechtswesen)*
Gattungsname/Eigenname	*(Substantiv, das sowohl die Gattung von Dingen oder Lebewesen als auch das einzelne dieser Gattung selbst bezeichnet, zum Beispiel: Mann, Frau, Tisch, Blume, Tier; Sprachwissenschaft)*
Gattungsschuld/Speziesschuld, Stückschuld	*(Rechtswesen)*
Gattungsvermächtnis/Stückvermächtnis	*(Rechtswesen)*
Gaveston, Piers/Eduard II.	*Lieblingsfreund von Eduard II. (1284–1327)*
gay/straight; s. a. heterosexuell	*(homosexuell)*
Gay/Straight; s. a. Heterosexueller	*(Homosexueller)*
gebadet/ungebadet	*gebadet ins Bett gehen*
gebahnt/ungebahnt	*gebahnte Wege*
gebären/geboren werden	*die Mutter gebar das Kind*
Gebärende; s. Erstgebärende, Mehrgebärende, Multipara, Nullipara, Primipara, Sekundipara	
geben/bekommen	*die Mutter gab ihm Geld; Liebe geben; jemandem einen Tritt, einen Kuß geben*
geben/nehmen	*geben ist seliger denn nehmen; er gibt gern; er gibt ihr das Geld, und sie nimmt es*

geben; s. Auskunft geben
Gebende[r]/Nehmende[r]   *sie ist Gebende und Nehmende zugleich*
Geber/Nehmer
...geber/...nehmer (Substantiv)   *z. B. Arbeitgeber/Arbeitnehmer*
Geberland/Empfängerland
Gebersprache/Nehmersprache   *die Gebersprache ist die Herkunftssprache*
                                         (Sprachwissenschaft)
gebeugt/ungebeugt   *„gibt" ist eine gebeugte Form (Sprachwis-*
                                         senschaft)
Gebietshoheit/Personalhoheit   *(Rechtswesen)*
Gebietskörperschaft/Personalkörperschaft *(Rechtswesen)*
gebildet/ungebildet   *ein gebildeter Mensch*
Gebirge/Flachland   *im Gebirge*
Gebirgsstauchung/Gebirgsstreckung   *(Bergbau)*
Gebirgsstreckung/Gebirgsstauchung   *(Bergbau)*
geboren/ungeboren   *auch das geborene, nicht nur das ungebo-*
                                         rene Leben schützen
geboren werden/gebären   *das Kind wurde geboren*
geboren werden/sterben   *Bertha wurde am 12. November 1898 ge-*
                                         boren und starb am 4. Juni 1977; in die-
                                         sem Monat wurden 50 Kinder geboren,
                                         und 24 Menschen starben in der glei-
                                         chen Zeit
Gebot/Verbot   *(Verkehrswesen)*
Gebotsschild/Verbotsschild   *(Verkehrswesen)*
Gebotszeichen/Verbotszeichen   *(Verkehrswesen)*
gebräuchlich/ungebräuchlich   *ein gebräuchliches Wort*
Gebrauchsgut/Verbrauchsgut   *(Gegenstand mit längerer oder dauernder*
                                         Nutzung, zum Beispiel Spülmaschine;
                                         Wirtschaft)
Gebrauchsnorm/Lehrbuchnorm   *(von der Lehrbuchnorm abweichende*
                                         grammatikalische Norm in der Sprache
                                         des Alltags, zum Beispiel der Gebrauch
                                         der Präpositionen pro, per mit dem Da-
                                         tiv statt mit dem Akkusativ: pro ver-
                                         kauftem Theaterplatz, per einstweiliger
                                         Verfügung)
gebraucht/neu   *ein gebrauchtes Auto kaufen; gebrauchtes*
                                         Spielzeug auf dem Flohmarkt kaufen
gebraucht/ungebraucht   *schon gebraucht*
Gebrauchtwagen/Neuwagen   *das ist ein Gebrauchtwagen*
gebrochen/fließend   *sie sprach (nur) gebrochen Französisch*
gebrochene Farben/reine Farben   *(Malerei)*
gebrochener Rücken/gerader Rücken   *beim gebrochenen Rücken bleibt der Buch-*
                                         deckel beweglich (Buchbinderei)
gebührenfrei/gebührenpflichtig   *gebührenfreie Zustellung*
gebührenpflichtig/gebührenfrei   *gebührenpflichtige Zustellung*
gebunden/broschiert   *ein gebundenes Buch*
gebunden/frei   *gebundene Purine*

gebunden/ungebunden	*er ist (noch) gebunden (an eine feste Part-nerin)*
...gebunden/...frei (Adjektiv)	*z. B. zweckgebunden/zweckfrei*
gebundenes Morphem/freies Morphem	*(Sprachwissenschaft)*
Geburt/Tod; a. von der Wiege bis zur Bahre	*von der Geburt bis zum Tod*
Geburt/Todesfall	*eine Geburt anmelden*
Geburt; s. Hausgeburt, Klinikgeburt	
geburtenschwach/geburtenstark	*geburtenschwache Jahrgänge*
geburtenstark/geburtenschwach	*geburtenstarke Jahrgänge*
Geburtsadel/Verdienstadel	
Geburtsfamilie/Fortpflanzungsfamilie	*(Familie, in die man hineingeboren wor-den ist; Völkerkunde)*
Geburtshelfer/Hebamme	*(männliche Person, die bei einer Geburt hilft)*
Geburtsort/Sterbeort	*der Geburtsort von Tizian ist Pieve di Ca-dore*
Geburtstag/Todestag, Sterbetag	*sein Geburtstag war der 9. Mai 1880*
Geburtszimmer/Sterbezimmer	*das Geburtszimmer von Mozart*
Gedächtnis; s. ein gutes Gedächtnis haben, Kurzzeitgedächtnis, Langzeitgedächtnis	
gedankenarm/gedankenreich	
Gedankenarmut/Gedankenreichtum	
gedankenreich/gedankenarm	
Gedankenreichtum/Gedankenarmut	
gedankenvoll/tatenarm	*tatenarm, aber gedankenvoll*
gedeckt/ungedeckt	*ein gedeckter Scheck*
Gedeih; s. auf Gedeih und Verderb	
gedient/ungedient	*(im Wehrdienst ausgebildet; Militär)*
Gedienter/Ungedienter	*(jemand, der beim Militär gedient hat)*
gedruckt/handschriftlich	*der Aufsatz liegt gedruckt vor*
Geduld/Ungeduld	*seine Geduld war groß*
geduldig/ungeduldig	*geduldig sein; geduldig warten*
geeignet/ungeeignet	*zur Zucht geeignet; geeignete Maßnah-men; er ist für diesen Posten geeignet*
Ge...e[r]/...ende[r]	*z. B. Geschlagene[r]/Schlagende[r]*
Geest/Marsch	*(hoch gelegenes, trockenes Küstenland)*
gefährlich/ungefährlich	*ein gefährliches Unternehmen*
Gefälle/Steigung	*(bei einer Straße)*
gefallen/mißfallen	*ihre Äußerungen haben ihm gefallen; der Vorschlag gefiel ihm*
Gefallen, das/Mißfallen	*sein Gefallen zu erkennen geben*
gefällig/ungefällig	*sie ist sehr gefällig und hilft gern*
gefälscht/echt	*eine gefälschte Unterschrift*
gefangen/frei	*er ist noch immer gefangen*
Gefangenschaft/Freiheit	*das Leben in Gefangenschaft*
Gefängnisstrafe/Geldstrafe	*er hat eine Geldstrafe, aber keine Gefäng-nisstrafe bekommen*

gefärbt/ungefärbt   *die Bonbons sind gefärbt*
gefäßerweiternd/gefäßverengend   *gefäßerweiternde Mittel (Medizin)*
gefäßverengend/gefäßerweiternd   *gefäßverengende Mittel (Medizin)*
Gefechtseinheit/Versorgungseinheit   *(Militär)*
Gefechtsmunition/Exerziermunition, Ma-
    növermunition
gefestigt/ungefestigt   *eine gefestigte Persönlichkeit*
Gefolterte[r]/Folterer, Folterin
geformt/ungeformt
gefreut/ungefreut   *eine gefreute (angenehme) Sache (schweize-
                                              risch)*
Gefrierpunkt/Siedepunkt   *der Gefrierpunkt von Wasser liegt bei 0
                                              Grad Celsius*
gefrühstückt; s. schon gefrühstückt haben
Gefühlsmensch/Verstandesmensch   *er ist ein Gefühlsmensch*
Gefühlsmoral/Reflexionsmoral   *(Philosophie)*
Geführte[r]/Führer[in], Führende[r]
geführt werden/führen   *wer den Sachverstand seiner Fachleute
                                              nicht beurteilen kann, wird von seinen
                                              Mitarbeitern manipuliert und benutzt;
                                              er führt nicht, er wird geführt*
gefüllt/einfach   *gefüllte Blüten, Nelken*
gefüllt/ungefüllt   *gefüllte Ostereier*
gefütterter Briefumschlag/einfacher Brief-
    umschlag
gegeben/gesucht   *eine gegebene Größe (Mathematik)*
gegen/für; a. Daumen hoch, pro   *sie stimmte gegen den Antrag*
gegen/mit; a. Rückenwind   *gegen die Strömung schwimmen; gegen
                                              den Wind*
Gegen .../... (Substantiv)   *z. B. Gegenargument/Argument*
Gegen.../eigen...   *ein Fehler der Gegenspieler; die Gegenpar-
                                              tei und nicht die eigene Partei war
                                              daran schuld*
Gegenansage/Ansage   *(Kartenspiel)*
Gegenargument/Argument   *Argumente und Gegenargumente wurden
                                              vorgebracht*
Gegenbefehl/Befehl
Gegenbehauptung/Behauptung
Gegenbeweis/Hauptbeweis   *(Rechtswesen)*
Gegendruck/Druck   *Druck erzeugt Gegendruck*
gegen Entgelt/unentgeltlich   *diese Formulare bekommen Sie nur gegen
                                              Entgelt*
gegengeschlechtlich/gleichgeschlechtlich; a. *gegengeschlechtliche Kontakte*
    homosexuell
Gegengift/Gift; a. Toxin
Gegenkandidat/Kandidat
Gegenkathete/Ankathete   *(im rechtwinkligen Dreieck die Kathete,
                                              die einem spitzen Winkel gegenüber-
                                              liegt; Geometrie)*

Gegenkönig/König	(König, der von der Gegenpartei eingesetzt worden ist)
Gegenkultur/Kultur	(Kultur, die sich bewußt gegen manche Erscheinungen der üblichen Kultur stellt und eigene Vorstellungen verwirklicht)
Gegenmaßnahme/Maßnahme	Gegenmaßnahmen ergreifen
Gegenpapst/Papst	(Papst, der von der Gegenpartei eingesetzt worden ist)
Gegenreaktion/Reaktion	auf seine Reaktion erfolgte die Gegenreaktion
Gegenrede/Rede	(Rede, die den in einer anderen Rede geäußerten Ansichten widerspricht)
Gegenrevolution/Revolution	
gegenständlich/ungegenständlich; a. abstrakt	sie malt gegenständlich
gegenständliche Kunst/abstrakte Kunst	
gegenständliche Malerei/abstrakte Malerei	
Gegenterror/Terror	Terror erzeugt Gegenterror
Gegenübertragung/Übertragung	(Psychologie)
Gegenvorschlag/Vorschlag	einen Gegenvorschlag machen
Gegenwart/Vergangenheit, Zukunft	von der Gegenwart einen Blick zurück in die Vergangenheit und dann einen Blick nach vorn in die Zukunft
gegenwärtig.../künftig..., zukünftig...	die gegenwärtigen Verhältnisse
Gegenwind/Rückenwind; a. mit/gegen	bei Gegenwind fährt es sich schwer auf dem Rad
gegerbt/ungegerbt	gegerbtes Leder
gegessen; s. schon gegessen haben	
Gegner/Anhänger	er war weder Anhänger noch Gegner des Regimes
Gegner/Befürworter	es gibt Befürworter und Gegner der Reform
Gegner/Gegnerin	Gegner und Gegnerinnen dieses Gesetzes fanden sich zum Protest zusammen
Gegner; s. Angstgegner, Wunschgegner	
Gegnerin/Gegner	Gegnerinnen und Gegner dieses Gesetzes protestierten
geheim/offen	sie haben geheim darüber abgestimmt
Geheimnis; s. ein Geheimnis hüten, ein Geheimnis lüften	
Geheimtext/Klartext	
geheizt/ungeheizt	ein geheiztes Zimmer
gehen/bleiben	geht er (schon), oder bleibt er (noch)?
gehen/fahren	das Stückchen zum Bahnhof kannst du gehen, du brauchst nicht (mit der Taxe) zu fahren
gehen/kommen	sie ist um 20 Uhr gegangen; wohin gehst du?; als erster kommen und als letzter gehen

gehen/stehen[bleiben]	*die Uhr geht (wieder)*
gehen; s. an Bord gehen, bei jemandem aus und ein gehen, von Bord gehen, zu Fuß gehen	
Gehen; s. Kommen und Gehen	
gehen in/kommen aus	*in das Haus gehen; er geht in den Keller; er geht in die Schweiz (zieht nach dorthin um)*
gehenlassen, sich/sich zusammennehmen	*er läßt sich gehen*
gehen nach/kommen aus	*er geht nach Deutschland (wird dorthin übersiedeln)*
gehen zu/kommen von	*er geht zu ihr*
Gehör; s. absolutes Gehör, relatives Gehör	
gehorchen/befehlen	*er befahl, und die anderen mußten gehorchen*
gehörlos/hörend	*hörende Eltern hatten gehörlose Kinder*
gehorsam/ungehorsam	*gehorsame Kinder*
Gehorsam/Ungehorsam	*Gehorsam wird gefordert*
gehört/gelesen	*eine gehörte Äußerung*
Gehweg/Fahrbahn, Damm	*der Radfahrer fuhr auf dem Gehweg*
Geiger/Geigerin	*Hanno ist Geiger*
Geigerin/Geiger	*Editha ist Geigerin*
geil/ungeil	*geile (besonders gut aussehende und gefallende) Kleidung (Jugendsprache)*
Geisel/Geiselnehmer	*die Geiselnehmer behandelten ihre Geiseln korrekt*
Geiselnehmer/Geisel	*die Geiselnehmer behandelten ihre Geiseln korrekt*
Geiß/[Geiß]bock	*(weibliche Ziege; süddeutsch, schweizerisch, österreichisch)*
Geiß/[Reh]bock	*(weibliches Reh; Jägersprache)*
Geißbock/Geiß	*(männliche Ziege)*
Geißkalb/Bockkalb	*(junges weibliches Tier)*
Geißkitz/Bockkitz	*(junges weibliches Reh; junge weibliche Ziege)*
Geist/Buchstabe	*nach dem Geist und nicht nach dem Buchstaben (Romantik)*
Geist/Körper	*Geist und Körper bilden eine Einheit*
Geist/Leben	*Narziß und Goldmund verkörpern die Konfrontation zwischen Geist und Leben*
Geist/Materie	
Geist/Natur	
Geist/Seele	*der Geist als Widersacher der Seele (Klages)*
Geist; s. der Geist ist willig	
Geisteswissenschaft/Naturwissenschaft	*(zum Beispiel Germanistik)*
geisteswissenschaftlich/ naturwissenschaftlich	

geistig/körperlich	*sie ist geistig und körperlich fit; der Unterschied zwischen geistiger und körperlicher Arbeit; die körperliche und geistige Entwicklung eines Kindes*
geistig/materiell	*geistige Interessen*
geistlich/weltlich	*ein geistliches Amt; geistlicher Besitz; geistliche Lyrik; geistliche Lieder*
Geistlicher/Laie	*(Kirche)*
Geistlichkeit/Laienstand	*(Kirche)*
geistlos/geistreich, geistvoll	*geistlose Bemerkungen*
geistreich/geistlos	*eine geistreiche Bemerkung*
geistvoll/geistlos	*geistvolle Bemerkungen*
Gejagte[r]/Jagende[r], Jäger[in]	
geklärt/ungeklärt	*geklärte Fälle; wie es zu dem Unfall kam, ist bereits geklärt*
gekocht/roh	*gekochtes Gemüse; gekochter Schinken*
gekrönt/ungekrönt	*gekrönte Häupter*
gekündigt werden/kündigen	*ihm wurde gekündigt; mir ist nicht gekündigt worden, ich habe selbst gekündigt*
gekünstelt/ungekünstelt	*sie spricht gekünstelt*
gekürzt/ungekürzt	*eine gekürzte Ausgabe des Romans in Reader's Auswahlbüchern*
geladen/ungeladen	*1. ein geladenes Gewehr; 2. geladene Gäste*
Gelassenheit/Aufgeregtheit	*ihre Gelassenheit hat ihm imponiert*
Gelbei/Weißei; s. a. Eiklar, Eiweiß	
Gelbgold/Weißgold	*(Juwelier)*
Geld; s. Bargeld, Cyber money, elektronisches Geld, großes Geld, Hartgeld, Kleingeld, Papiergeld	
Geldbuße/Geldentschädigung	
Geldeinkommen/Naturaleinkommen	*(Wirtschaft)*
Geldeinlage/Sacheinlage	*(Wirtschaft)*
Geldentschädigung/Geldbuße	
Geldgewinn/Sachgewinn	*es werden Geldgewinne und Sachgewinne verlost*
Geldkapital/Realkapital	
Geldkurs/Briefkurs	*(Börsenwesen)*
Geldpreis/Sachpreis	*(Gewinn − bei einem Spiel o. ä. −, der in einer Geldsumme besteht)*
Geldschein/Geldstück, Münze	*im Portemonnaie sind zwei Fächer für Geldscheine*
Geldstrafe/Gefängnisstrafe, Haftstrafe	*er hat eine Geldstrafe bekommen*
Geldstück/[Geld]schein; s. a. Papiergeld	
Geldwirtschaft/Naturalwirtschaft	
gelebt werden/leben	*sie wird gelebt, lebt gar nicht selbst*
gelegen/ungelegen	*der Vorschlag kam (ihm) gelegen*
Gelegenheits.../Gewohnheits... (Substantiv)	*z. B. Gelegenheitsraucher/ Gewohnheitsraucher*

Gelegenheitsraucher/Gewohnheitsraucher
Gelehrte/Gelehrter   *sie ist keine weltfremde Gelehrte*
Gelehrter/Gelehrte, (veraltet) Gelehrtin   *er ist ein über die Grenzen Europas be-*
                                                kannter Gelehrter

Gelehrtin/Gelehrter   *(veraltet)*
gelenkig/ungelenkig   *er ist sehr gelenkig*
Gelenkkette/Gliederkette   *(Technik)*
gelernt/ungelernt   *ein gelernter Arbeiter, Verkäufer*
gelesen/gehört   *eine gelesene Äußerung*
geliebt/liebend   *der geliebte Mann und die liebende Frau*
geliebt/ungeliebt   *eine geliebte Beschäftigung*
Geliebte/Geliebter, Liebhaber[in]   *sie ist seine/ihre Geliebte*
Geliebter/Geliebte
Geliebte[r]/Liebende[r]   *sie ist Geliebte und Liebende zugleich*
geliebt werden/lieben   *in ihrem Alter − glaubt sie − kann man*
                                                 noch lieben, aber nicht mehr geliebt
                                                 werden; geliebt werden − welch ein
                                                 Glück!

geliehen.../eigen...   *das ist ein geliehenes Fahrrad*
gelingen/mißlingen; a. mißraten   *der Plan, der Versuch ist gelungen*
gelogen; s. das ist gelogen
gelöst/ungelöst   *gelöste Probleme*
gelten/verfallen sein   *die Fahrkarte gilt (noch)*
gemacht bekommen/selber machen   *das Bett gemacht bekommen*
Gemahl/Gemahlin; s. a. Ehefrau, Frau,
    Gattin
gemahlen/ganz   *Anis gemahlen (nicht mehr in Körnern; als*
                                                 Gewürz)
gemahlen/ungemahlen   *gemahlener Kaffee*
Gemahlin/Gemahl; s. a. Ehemann, Gatte,
    Mann
gemäß; s. verfassungsgemäß
...gemäß/...widrig (Adjektiv)   *z. B. ordnungsgemäß/ordnungswidrig*
Gemeindehelfer/Gemeindeschwester; a.
    Diakonissin
Gemeindeschwester/Gemeindehelfer; a.
    Diakon
Gemeine, der/Versal; s. a. Großbuchstabe,
    Majuskel
Gemeineigentum/Privateigentum
gemeines Recht/partikulares Recht   *(allgemein geltendes Recht; Rechtswesen)*
Gemeingebrauch/Sondernutzung   *(Rechtswesen)*
Gemeinjahr/Schaltjahr   *(übliches Jahr mit 365 Tagen)*
Gemeinkosten/Einzelkosten   *(Abschreibungen u. a.; Wirtschaft)*
Gemeinnutz/Eigennutz   *Gemeinnutz geht vor Eigennutz*
gemeinsam/einzeln   *wir werden gemeinsam dorthin gehen*
gemeinsam/getrennt   *gemeinsam spielen und getrennt lernen*
gemeinsam.../alleinig...   *gemeinsames Sorgerecht (bei Kindern ge-*
                                                 schiedener Eltern)

Gemeinsamkeiten/Unterschiede	*Gemeinsamkeiten zwischen zwei Sprachen*
Gemeinschaftsbeichte/Ohrenbeichte	*(katholische Kirche)*
Gemeinschaftshaft/Einzelhaft	
Gemeinschaftsschule/Bekenntnisschule, Konfessionsschule	
Gemeinschaftszelle/Einzelzelle	*(mehrere Gefangene in einem Raum)*
Gemeinwirtschaft/Erwerbswirtschaft	*(nur auf Bedarfsdeckung, nicht auf Gewinn gerichtete Wirtschaft)*
gemischtgeschlechtig/getrenntgeschlechtig	*(mit männlichen und weiblichen Blüten; Botanik)*
gemischtperiodischer Dezimalbruch/rein-periodischer Dezimalbruch	*(Mathematik)*
gemischtquadratische Gleichung/reinquadratische Gleichung	*(Mathematik)*
gemütlich/ungemütlich	*ein gemütlicher Raum*
genannt/ungenannt	*die auf dem Titelblatt genannten Mitarbeiter*
genannt werden/ungenannt bleiben	*die einen sind genannt worden, andere blieben ungenannt*
genau/etwa	*er kam genau um 10 Uhr; es kostete genau 50 Mark*
genau/ungenau; s. a. unpräzise	*er hat genau gemessen*
Genauigkeit/Ungenauigkeit	
genauso/anders	*ich mache das genauso wie du*
genehmigen/ablehnen	*einen Antrag genehmigen*
Genehmigung verweigern/Genehmigung erteilen	
Generalisation/Individualisation	*(Verallgemeinerung)*
generalisieren/individualisieren	*(verallgemeinern)*
Generalist/Spezialist	*(jemand, der in bezug auf Wissen usw. nicht auf ein Gebiet festgelegt ist, der ganz allgemein in einem begrenzten Rahmen Bescheid weiß)*
Generalprävention/Spezialprävention	*(bei einer Strafe, die bei vergleichbaren Straftaten zur Abschreckung für die Allgemeinheit dienen soll; Rechtswesen)*
Generalstabsabteilung/Spezialstabsabteilung	*(Militär)*
Generalunternehmer/Hauptunternehmer	*(Wirtschaft)*
Generalvollmacht/Spezialvollmacht	*(Rechtswesen)*
generell/singulär	*generelle (verallgemeinernde) Aussagen (z. B. Hunde bellen)*
generell/speziell	*ein generelles Problem*
genervt/nervend	*sie ist (von ihm) genervt*
genießbar/ungenießbar	*das Essen ist (noch) genießbar*
genital/prägenital	*vor der genitalen Phase liegt die prägenitale (in der sexuellen Entwicklung des Kindes), in der die Lustgewinnung noch vorwiegend im Bereich von Mund und After liegt*

Genitivus obiectivus/Genitivus subiectivus	*ein Genitivus obiectivus liegt vor in „die Ehrung des Dichters" = man ehrt den Dichter*
Genitivus subiectivus/Genitivus obiectivus	*ein Genitivus subiectivus liegt vor in „die Ausdehnung des Konzerns" = der Konzern dehnt sich aus*
genommen werden/nehmen	*wenn sie von ihm (sexuell) genommen wird (Jargon)*
genormt/ungenormt	
Genosse/Genossin	*liebe Genossen und Genossinnen*
Genossenschaftsbauer/Einzelbauer	
Genossin/Genosse	*liebe Genossen und Genossinnen*
Genotyp[us]/Phänotyp[us]	*(Gesamtheit der Erbfaktoren eines Lebewesens; Biologie)*
genotypisch/phänotypisch	*(Biologie)*
Gentry/Nobility	*(niederer englischer Adel)*
genug; s. nicht ... genug/zu ...	
Genus/Sexus	*Genus ist das grammatische Geschlecht (das Mädchen und seine Mutter)*
Genußmittel/Nahrungsmittel	*(zum Beispiel Kaffee, Tabak)*
genutzt/ungenutzt	*genutztes Material*
geobiont/geophil	*(ganz im Erdboden lebend; Ökologie)*
geöffnet/geschlossen; a. zuhaben	*die Tür, das Geschäft ist geöffnet*
geöffnet/ungeöffnet	*ein geöffneter Brief; das Kuvert war (schon) geöffnet*
Geokratie/Thalattokratie	*(Geologie)*
Geologe/Geologin	
Geologin/Geologe	
Geometrie; s. euklidische Geometrie	
geophil/geobiont	*(nur einen Teil der Lebenszeit im Erdboden lebend; Ökologie)*
geordnet/ungeordnet	*geordnete Verhältnisse*
geozentrisch/heliozentrisch	*(bezogen auf die Erde als Mittelpunkt)*
gepflastert/ungepflastert	*eine gepflasterte Straße*
gepflegt/ungepflegt	*gepflegt aussehen*
geplant/ungeplant	*das vierte Kind war geplant*
geprüft/ungeprüft	*geprüfte Rechnungen*
Geprüfte[r]/Prüfende[r], Prüfer[in]	
gerade/krumm	*gerade (aufrecht) gehen; eine gerade Linie; eine gerade Nase; gerade Beine*
gerade/schief	*das Bild hängt (jetzt wieder) gerade*
gerade/ungerade; a. unteilbar	*6 ist eine gerade Zahl; die geraden Jahre*
Gerade/Kurve	
Geradeausempfänger/ Superheterodynempfänger	*(Elektrotechnik)*
gerader Rücken/gebrochener Rücken	*(Buchbinderei)*
gerade Schultern/abfallende Schultern	
geraten/mißraten; a. mißlingen	*der Braten ist (gut) geraten*

geräuschempfindlich/ geräuschunempfindlich	*sie ist sehr geräuschempfindlich*
Geräuschempfindlichkeit/ Geräuschunempfindlichkeit	
geräuschunempfindlich/ geräuschempfindlich	
Geräuschunempfindlichkeit/ Geräuschempfindlichkeit	
gerecht/ungerecht	*ein gerechtes Urteil; lieber ein ungerechter Friede als ein gerechter Krieg*
...gerecht/un...gerecht (Adjektiv)	*z. B. fachgerecht/unfachgerecht*
...gerecht/...widrig (Adjektiv)	*z. B. verkehrsgerecht/verkehrswidrig*
Gerechte/Ungerechte	*Er läßt regnen über Gerechte und Ungerechte (Bibel)*
gerechtfertigt/ungerechtfertigt	*diese Klage ist gerechtfertigt*
Gerechtigkeit/Ungerechtigkeit	*für Gerechtigkeit und gegen Ungerechtigkeit*
geregelt/ungeregelt	*eine geregelte Arbeitszeit*
gereimt/ungereimt	*gereimte Verse*
gerichtlich/außergerichtlich	
gering/hoch	*geringe Anforderungen; geringes Einkommen*
germanischer Vers/antiker Vers	
germanophil/germanophob; s. a. antideutsch, deutschfeindlich	*(deutschfreundlich)*
Germanophilie/Germanophobie	*(besondere Neigung, Sympathie für das Deutsche)*
germanophob/germanophil	*(deutschfeindlich)*
Germanophobie/Germanophilie	*(Deutschfeindlichkeit)*
germanotyp/alpinotyp	*(Geologie)*
gern/ungern	*eine Arbeit gern übernehmen*
gerontophil/ephebophil	*(besondere [homo]sexuelle Neigung zu Älteren habend)*
Gerontophilie/Ephebophilie	*(homosexuelle Neigung zu älteren Männern; ein von Magnus Hirschfeld geprägter Begriff)*
geruchlos sein/riechen	*das Gas ist geruchlos*
gerührt/ungerührt	*er war gerührt*
gerundet/ungerundet	*gerundete (labialisierte, mit vorgestülpten Lippen artikulierte) Vokale wie o, u, ö, ü (Tür) im Unterschied zu den ungerundeten wie e, i (Tier)*
gesalzen/ungesalzen	*die Butter ist gesalzen*
gesamt.../einzel... (Adjektiv)	*z. B. gesamtwirtschaftlich/einzelwirtschaftlich*
Gesamt.../Einzel... (Substantiv)	*z. B. Gesamtergebnis/Einzelergebnis*
Gesamt.../Teil... (Substantiv)	*z. B. Gesamtgebiet/Teilgebiet*
Gesamtansicht/Teilansicht	*Gesamtansicht des Hauses*
Gesamtausgabe/Einzelausgabe	*(Bibliothekswesen)*

Gesamtbetrag/Teilbetrag

Gesamtergebnis/Einzelergebnis, Teiler-
   gebnis

Gesamtforderung/Mitforderung, Teilforde-   *(Rechtswesen)*
   rung

Gesamtgebiet/Teilgebiet

Gesamtklassement/Einzelklassement   *(Sport)*

Gesamtprokura/Einzelprokura

Gesamtrechtsnachfolge/   *(Rechtswesen)*
   Einzelrechtsnachfolge

Gesamtschuld/Teilschuld   *(Rechtswesen)*

Gesamtschule; s. additive Gesamtschule,
   integrierte Gesamtschule

Gesamtsieg/Einzelsieg   *(Sport)*

Gesamtsieger/Einzelsieger   *(Sport)*

Gesamtstrafe/Einzelstrafe   *(Rechtswesen)*

Gesamtstrecke/Teilstrecke

Gesamtsumme/Teilsumme   *(Mathematik)*

Gesamtverkauf/Teilverkauf   *Gesamtverkauf der Aktien*

Gesamtvertretung/Einzelvertretung   *(Rechtswesen)*

Gesamtvollmacht/Einzelvollmacht   *(Rechtswesen)*

Gesamtwertung/Einzelwertung   *(Sport)*

gesamtwirtschaftlich/einzelwirtschaftlich

Gesandte/Gesandter   *eine Gesandte der deutschen Botschaft*

Gesandter/Gesandte, Gesandtin   *er ist Gesandter der deutschen Botschaft;*
   der Gesandte empfing die Gäste

Gesandtin/Gesandter   *die Gesandtin der deutschen Botschaft*
   empfing die Besucher

Gesangstheater/Sprechtheater

gesättigt/ungesättigt   *gesättigte Fettsäure (in tierischen Lebens-*
   mitteln)

Geschädigte[r]/Schädiger[in]

Geschäft; s. großes Geschäft, kleines Geschäft

geschäftlich/privat   *geschäftliche Interessen; geschäftlich unter-*
   wegs sein

Geschäftsbeginn/Geschäftsschluß

Geschäftsbrief/Privatbrief

geschäftsfähig/geschäftsunfähig   *(Rechtswesen)*

Geschäftsfähigkeit/Geschäftsunfähigkeit

Geschäftsfrau/Geschäftsmann   *eine tüchtige Geschäftsfrau*

Geschäftshaus/Wohnhaus   *hier gibt es nur Geschäftshäuser*

Geschäftskunde/Privatkunde   *Geschäftskunden der Telekom*

Geschäftsmann/Geschäftsfrau   *ein tüchtiger Geschäftsmann*

Geschäftsräume/Wohnräume   *die Wohnräume liegen gleich neben den*
   Geschäftsräumen

Geschäftsschluß/Geschäftsbeginn

Geschäftsübergabe/Geschäftsübernahme

Geschäftsübernahme/Geschäftsübergabe	
geschäftsunfähig/geschäftsfähig	*(Rechtswesen)*
Geschäftsunfähigkeit/Geschäftsfähigkeit	
Geschäftsviertel/Wohnviertel	*das ist ein Geschäftsviertel*
geschält/ungeschält	*geschälter Reis*
Geschick/Ungeschick	*sein Geschick im Handwerklichen fiel auf*
Geschicklichkeit/Ungeschicklichkeit	
geschickt/ungeschickt	*er ist geschickt; geschickt verhandeln*
Geschirr; s. Seriengeschirr, Service	
geschlagen/siegreich	*die geschlagene Armee kehrte heim*
geschlagen/ungeschlagen	*eine geschlagene Mannschaft*
Geschlagene[r]/Schlagende[r], Schläger[in]	
Geschlecht; s. das schwache Geschlecht, das starke Geschlecht	
geschlechtlich/ungeschlechtlich	*geschlechtliche Vermehrung*
Geschlechtschromosom/Autosom	*(Genetik)*
Geschlechtsmerkmale; s. primäre Geschlechtsmerkmale, sekundäre Geschlechtsmerkmale	
Geschlechtsverkehr; s. geschützter Geschlechtsverkehr, ungeschützter Geschlechtsverkehr	
geschliffen/ungeschliffen	*ein geschliffener Diamant*
geschlossen/einzeln	*wir gehen geschlossen (als Gruppe) ins Museum*
geschlossen/geöffnet; s. a. auf, offen	*das geschlossene Fenster; das Geschäft ist geschlossen*
geschlossen/offen	*1. eine geschlossene Anstalt; 2. ein geschlossener Wagen; 3. ein geschlossenes o*
geschlossen/öffentlich	*eine geschlossene Veranstaltung*
geschlossener Vokal/offener Vokal	*beim geschlossenen Vokal wird der Mund nur wenig geöffnet, zum Beispiel „o" in „Motte"*
geschlossenes Spiel/offenes Spiel	*(Schach)*
geschlossen lassen/aufmachen	*den Brief geschlossen lassen und noch nicht aufmachen*
geschlossen werden/aufbleiben	*das eine Fenster wurde geschlossen, das andere blieb auf*
geschmacklos/geschmackvoll	*eine geschmacklose Dekoration; geschmacklos gekleidet, eingerichtet*
geschmackvoll/geschmacklos	*eine geschmackvolle Dekoration; geschmackvoll eingerichtet, gekleidet*
geschminkt/ungeschminkt	*ein geschminktes Gesicht*
geschnitten/am Stück	*Käse geschnitten (in Scheiben)*
geschrieben/gesprochen; a. orat	*geschriebene Texte; geschriebene Sprache*
geschrieben/ungeschrieben	*geschriebene Briefe und ungeschriebene Briefe*
geschult/ungeschult	*geschulte Arbeitskräfte*

geschützter Geschlechtsverkehr/unge-   (Geschlechtsverkehr mit Kondom)
  schützter Geschlechtsverkehr
Geschwindigkeitsabfall/
  Geschwindigkeitszunahme
Geschwindigkeitszunahme/
  Geschwindigkeitsabfall
gesehen werden/sehen   *sehen und gesehen werden – das ist für*
                                                   viele beim Theaterbesuch ausschlagge-
                                                   bend

Geselle/Meister
gesellig/ungesellig   *ein geselliger Mensch*
Gesellschaft; s. Klassengesellschaft, klas-
  senlose Gesellschaft; in Gesellschaft
gesellschaftlich.../Privat...   *gesellschaftliches Eigentum*
Gesenk/Aufbruch   *(Bergbau)*
Gesetzesanalogie/Rechtsanalogie   *(Rechtswesen)*
gesetzlich/gewillkürt   *(gesetzliche Erbfolge; Rechtswesen)*
gesetzlich/kirchlich   *gesetzliche Feiertage, zum Beispiel Tag der*
                                                   deutschen Einheit am 3. Oktober, Weih-
                                                   nachten

gesetzlich/ungesetzlich   *diese Maßnahmen sind gesetzlich*
gesetzliche Krankenkasse/private Kranken-
  kasse
gesetzliche Krankenversicherung/private
  Krankenversicherung
gesetzliche Vermutung/unwiderlegliche   *(Rechtswesen)*
  Vermutung
gesetzmäßig/gesetzwidrig   *gesetzmäßig handeln*
gesetzwidrig/gesetzmäßig   *gesetzwidrig handeln*
gesichert/ungesichert   *gesicherte Forschungsergebnisse*
Gesicht; s. das Gesicht verlieren, das Ge-
  sicht wahren
gesittet/ungesittet   *sich gesittet benehmen*
Gespräch; s. Ferngespräch, Ortsgespräch
gespritzt/ungespritzt   *das Obst ist gespritzt (chemisch behan-*
                                                   delt)
gesprochen/geschrieben; a. literat   *gesprochene Texte; gesprochene Sprache*
Gestaltpsychologie/Mosaikauffassung   *(Annahme, daß sich das Seelische nicht*
                                                   aus einzelnen Elementen zusammen-
                                                   setzt, sondern sich ursprünglich als Ge-
                                                   stalt vorfindet)
Gestaltungsleistung/Regelleistung; s. a.   *(bei Krankenversicherungen)*
  Pflichtleistung
gestärkt/ungestärkt   *gestärkte Oberhemdenkragen*
gestempelt/ungestempelt   *gestempelte Briefmarken*
gestern/heute, morgen   *gestern ist er (schon) abgereist; das Kon-*
                                                   zert fand gestern statt; die totalen Ver-
                                                   bote von gestern und die uneinge-
                                                   schränkte Freiheit von heute

gestört/intakt	*eine gestörte Familie*
gestoßener Zimt/Stangenzimt	*(pulverisierter Zimt)*
gestreckt/rein	*gestrecktes Rauschgift*
gestrig.../heutig..., morgig...	*am gestrigen Tag; das gestrige Konzert*
gesucht/gegeben	*eine gesuchte Größe (Mathematik)*
gesund/krank	*sie ist (wieder) gesund; ein gesundes Kind zur Welt bringen*
gesund/krankhaft	*gesunder Ehrgeiz*
gesund/ungesund	*gesunde Ernährung, Lebensweise; eine gesunde wirtschaftliche Entwicklung*
gesund bleiben/krank werden	*sie ist gesund geblieben, doch er ist krank geworden*
gesunden/erkranken	*wenn die Wirtschaft (wieder) gesundet*
Gesunde[r]/Kranke[r]	
gesundheitsfördernd/ gesundheitsschädigend	
gesundheitsschädigend/ gesundheitsfördernd	
gesundheitsschädlich/ gesundheitsunschädlich	*eine gesundheitsschädliche Arbeit*
gesundheitsunschädlich/ gesundheitsschädlich	*diese Arbeit ist gesundheitsunschädlich*
gesüßt/ungesüßt	*gesüßter Kaffee*
ge...t (Partizip II)/...end (Partizip I)	*z. B. genervt/nervend*
Getaufte[r]/Heide, Heidin	
geteilter Meinung sein/einer Meinung sein	*sie waren geteilter Meinung (hatten unterschiedliche Ansichten über etwas)*
Ge...te[r]/...ende[r] (Substantivierung von schwachem, dem regelmäßigen Verb)	*z. B. Geliebte[r]/Liebende[r]*
Ge...te[r]/...ende[r], ...er[in] (Substantivierung von schwachem, dem regelmäßigen Verb)	*z. B. Gejagte[r]/Jagende[r], Jäger[in]*
getragen/neu	*der Anzug ist (schon) getragen*
getrennt/gemeinsam	*getrennt lernen und gemeinsam spielen*
getrennt/zusammen	*getrennt oder zusammen? (im Restaurant: Frage der Bedienung beim Bezahlen der Rechnung, ob jeder seine eigene Rechnung bezahlt oder einer die Gesamtsumme zahlt)*
getrenntgeschlechtig/gemischtgeschlechtig	*(Botanik)*
getrennt schreiben/zusammenschreiben	*wann schreibt man zusammen und wann getrennt?*
Getrenntschreibung/Zusammenschreibung	
getreten werden/treten	*wir leben in einer Welt des Tretens und Getretenwerdens*
Getröstete[r]/Tröster[in], Tröstende[r]	
getrübt/ungetrübt	*die Freude war getrübt*
ge...t werden (Passiv)/...en (Aktiv)	*z. B. geliebt werden/lieben*
Gewählte[r]/Wählende[r]	

Gewalt; s. mit Gewalt, ohne Gewalt
gewaltfrei/mit Gewalt   *seine Ziele gewaltfrei durchsetzen*
gewaltsamer Tod/natürlicher Tod   *er starb eines gewaltsamen Todes (z. B.*
                                                 durch Mord)
gewartet/ungewartet   *gewartete Klimaanlage*
Gewässer; s. fließendes Gewässer, stehen-
    des Gewässer
Gewerkschaft; s. Einheitsgewerkschaft,
    Richtungsgewerkschaft
gewerkschaftsfeindlich/
    gewerkschaftsfreundlich
gewerkschaftsfreundlich/
    gewerkschaftsfeindlich
Gewichtsprozent/Volum[en]prozent   *(Fachsprache)*
Gewichtszoll/Wertzoll   *(Zoll, der nach dem Gewicht der Ware be-*
                                                 rechnet wird)
gewillkürt/gesetzlich   *eine gewillkürte Erbfolge*
Gewinn/Niete   *er hat beim Loskauf einen Gewinn ge-*
                                                 zogen
Gewinn/Verlust; a. Niederlage   *mit Gewinn arbeiten, verkaufen*
Gewinn; s. Geldgewinn, Sachgewinn
gewinnen/verlieren   *im Spiel gewinnen; den Kampf, den Krieg,*
                                                 die Wette gewinnen; einen Prozeß gewin-
                                                 nen; einen Wettkampf gewinnen; Ver-
                                                 trauen gewinnen; Einfluß gewinnen
Gewinner/Gewinnerin   *alle Gewinner und Gewinnerinnen wurden*
                                                 eingeladen
Gewinnerin/Gewinner   *alle Gewinnerinnen und Gewinner wurden*
                                                 eingeladen
Gewinner[in]/Verlierer[in]; a. Besiegte[r]   *es gab weder Gewinner noch Verlierer; er*
                                                 ist der Verlierer und sie die Gewinnerin
Gewinnschuldverschreibung/   *(Wirtschaft)*
    Wandelschuldverschreibung
gewiß/ungewiß   *daß er kommt, ist gewiß*
Gewissen; s. reines Gewissen, schlechtes
    Gewissen
Gewissensfreiheit/Gewissenszwang
Gewissenszwang/Gewissensfreiheit
Gewißheit/Ungewißheit   *ich will Gewißheit haben*
Gewohnheits.../Gelegenheits... (Substan-   *z. B. Gewohnheitsraucher/*
    tiv)   *Gelegenheitsraucher*
Gewohnheitsraucher/Gelegenheitsraucher
gewöhnlich/ungewöhnlich   *eine ganz gewöhnliche (übliche) Ge-*
                                                 schichte
gewohnt/ungewohnt   *in gewohnter Umgebung*
gewollt/ungewollt   *sie war gewollt schwanger; das Kind ist ge-*
                                                 wollt; ein gewolltes Kind
gezähnt/ungezähnt   *gezähnte Briefmarken*
gezogener Wechsel/eigener Wechsel   *(Wirtschaft)*

gezüchtet/wild   *gezüchtete Erdbeeren*
gezuckert/ungezuckert   *gezuckerte Erdbeeren*
gezwungen/freiwillig; a. beabsichtigt   *etwas gezwungen tun*
Ghibelline; s. Gibelline
Gibelline/Guelfe   *(Anhänger der staufischen Kaiser und Geg-*
                                                    ner der papsttreuen Guelfen; Ge-
                                                    schichte)

Giebelhaus/Traufenhaus   *(Architektur)*
Gift/Gegengift; a. Antitoxin
giftig/eßbar   *giftige Beeren, Pilze*
giftig/ungiftig   *eine giftige Dampfwolke ist ausgetreten*
Gilgamesch/Enkidu   *(Freundespaar in altorientalischer Litera-*
                                                    tur)

Gipfel/Fuß   *auf dem Gipfel des Berges*
Girl/Boy; s. a. Bub, Junge
Glanz und Elend   *Glanz und Elend der 20er Jahre*
glänzend/matt   *die Fotos glänzend abziehen*
Glanzkohle/Mattkohle   *(Mineralogie)*
Glanzlack/Mattlack
glatt/rauh   *glatte Haut; glattes Papier*
glatt/stumpf   *das Parkett ist glatt*
glatte Masche/verkehrte Masche   *(beim Stricken: rechte Masche)*
glattes Haar/krauses, lockiges, welliges
   Haar
Glaube/Unglaube
Glaube; s. böser Glaube, guter Glaube
glauben/wissen   *das glaubst du, aber du weißt es nicht*
glaubhaft/unglaubhaft   *eine glaubhafte Darstellung; das klingt*
                                                    glaubhaft

Glaubhaftigkeit/Unglaubhaftigkeit
gläubig/nichtgläubig   *gläubige Menschen*
gläubig/ungläubig   *alles gläubig hinnehmen, was einer sagt*
Gläubige, der, die/der, die Ungläubige; a.   *er sprach zu den Gläubigen*
   Heide, Kafir
Gläubiger/Schuldner; s. a. Debitor   *der Gläubiger forderte sein Geld*
Gläubigeranfechtung/Konkursanfechtung   *(Rechtswesen)*
glaubwürdig/unglaubwürdig   *er ist glaubwürdig*
gleich/später, nachher   *ich mache das gleich*
gleich/ungleich   *die Bretter sind gleich lang; gleiche Aus-*
                                                    gangspositionen

gleich/unterschiedlich   *gleiche Interessen haben*
gleich/verschieden   *gleicher Meinung sein; gleich große*
                                                    Schuhe

gleich.../anders... (Adjektiv)   *z. B. gleichgeschlechtlich/andersgeschlecht-*
                                                    lich

gleichartig/ungleichartig   *gleichartige Formen*
gleichartig/verschiedenartig   *gleichartige Geschenke*
Gleichartigkeit/Verschiedenartigkeit

Gleichbehandlung/Ungleichbehandlung	*Gleichbehandlung vor dem Gesetz*
gleichgeschlechtlich/andersgeschlechtlich	*gleichgeschlechtliche Geschwister (zum Beispiel: Schwestern); ein gleichgeschlechtlicher Partner*
gleichgeschlechtlich/gegengeschlechtlich; a. heterosexuell	*gleichgeschlechtliche (auf eine Person des gleichen Geschlechts gerichtete) Gefühle, Liebe*
Gleichgewicht/Ungleichgewicht	
Gleichheit/Ungleichheit	*es geht um Gleichheit oder Ungleichheit vor dem Gesetz*
Gleichheit/Verschiedenheit	*die Gleichheit der Anlagen*
gleichlautend/anderslautend	*gleichlautende Verlautbarungen*
gleichmäßig/ungleichmäßig	*in gleichmäßigen Abständen; ein gleichmäßiger Puls*
Gleichmäßigkeit/Ungleichmäßigkeit	
Gleichordnungskonzern/ Unterordnungskonzern	*(Rechtswesen)*
gleich sein/differieren	*das ist gleich*
gleichseitig/ungleichseitig	*ein gleichseitiges Dreieck*
gleichsporig/verschiedensporig	*(Botanik)*
Gleichsporigkeit/Verschiedensporigkeit	*(Botanik)*
Gleichstrom/Wechselstrom	*(Elektrizität)*
gleichzeitig/nacheinander	*sie kamen gleichzeitig an*
gleitende Arbeitszeit/feste Arbeitszeit	
Gleithang/Prallhang	*(Geographie)*
Gleitkomma/Festkomma	*(EDV)*
Gleitlager/Kugellager	*(Technik)*
Gleitwachs/Steigwachs	*(Skilauf)*
Gleitzeit/Kern[arbeits]zeit, Fixzeit	*Gleitzeit: 7 bis 9 und 15 bis 18 Uhr*
Glied/Scheide; s. a. Vagina, Vulva	*Glied — äußeres männliches Geschlechtsorgan — und Scheide — inneres weibliches Geschlechtsorgan — sind die komplementären Kopulationsorgane*
Gliederkette/Gelenkkette	*(Technik)*
Gliedsatz/Hauptsatz	*(Nebensatz; Sprachwissenschaft)*
Glimmkathode/Glühkathode	*(Elektrotechnik)*
Glück/Pech	*sie hat Glück im Spiel und Pech in der Liebe; er hat Glück gehabt und wurde nicht erwischt*
Glück/Unglück	*Glück im Unglück; im Glück und im Unglück zusammenstehen; das kann ihm zum Glück oder auch zum Unglück gereichen; im Glück hat man viele Freunde; das Glück und Unglück einer Liebenden*
glücken/mißglücken	*der Kuchen, Start glückte; das Experiment ist geglückt*

glücklich/unglücklich	*sie ist glücklich; jemanden glücklich machen; ein glücklicher Verlauf, ein glücklicher Zufall; die Liebe machte ihn glücklich und unglücklich zugleich; eine glücklich-unglückliche Liebe*
Glückliche, der, die/der, die Unglückliche	*Der Glückliche bedarf des Glaubens, um nicht übermütig zu werden, der Nichtglückliche aber als Halt und der Unglückliche, um nicht zu erliegen (W. v. Humboldt)*
glücklicherweise/unglücklicherweise	*glücklicherweise fiel er auf die Seite und nicht auf den Kopf*
Glücksfreund/Notfreund	*(veraltet für: Freund, der nur in Zeiten des Glücks zu einem hält)*
Glückspilz/Pechvogel; a. Loser	*er ist ein Glückspilz*
Glückssträhne/Pechsträhne	*er hatte gerade seine Glückssträhne: Alles gelang ihm.*
Glückstag/Unglückstag	*heute habe ich einen Glückstag*
Glühkathode/Glimmkathode	*(Elektrotechnik)*
Gnade/Ungnade	*jemandem auf Gnade und Ungnade ausgeliefert sein*
gnadenlos/gnädig	*gnadenlos (schonungslos) mit jemandem umgehen*
gnadenunwürdig/gnadenwürdig	
gnadenwürdig/gnadenunwürdig	
gnädig/gnadenlos	*gnädig (schonungsvoll) mit jemandem umgehen*
gnädig/ungnädig	*er war heute sehr gnädig (gönnerisch-wohlwollend)*
Gnathostomen/Agnatha	*(Bezeichnung für alle Wirbeltiere mit einem Kiefer)*
Go-go-Boy/Go-go-Girl; a. Tänzerin	*(Vortänzer bei Beatveranstaltungen)*
Go-go-Girl/Go-go-Boy; a. Tänzer	*(Vortänzerin bei Beatveranstaltungen)*
Goldmarie/Pechmarie	*(nach dem Märchen „Frau Holle")*
Goldmund/Narziß	*(Buch von Hermann Hesse)*
Goliath/David; s. a. Zwerg	*(durch seine Größe auffallender Krieger der Philister, der von David getötet wurde; Bibel)*
gönnen/mißgönnen	*sie gönnt ihr diesen Erfolg*
Gott/Satan, Teufel	
Gott sei Dank/leider	*er ist Gott sei Dank (wieder) gesund*
Grab; s. Reihengrab, Wahlgrab	
Gradualsystem/Parentelsystem	*(Erbfolge nach dem Verwandtschaftsgrad, die bei den Urgroßeltern beginnt)*
Graf/Gräfin	
Gräfin/Graf	
Grammatik; s. Dependenzgrammatik, kategoriale Grammatik, Phrasenstrukturgrammatik	

Grammatikalität/Ungrammatikalität
grammatisch/natürlich   *das grammatische Geschlecht von „Mädchen" ist Neutrum*

grammatisch/ungrammatisch   *Halten Sie diesen Satz für grammatisch?*
grammatisch; s. grammatische Kongruenz
grammatische Kongruenz/biologische Kongruenz   *(eine grammatische Kongruenz liegt vor in „das Mädchen/der Star und seine Freundinnen")*

gratulieren/kondolieren   *zum Geburtstag gratulieren*
graue Substanz/weiße Substanz   *(Anatomie)*
graziös/ungraziös   *graziöse Bewegungen*
Greenhorn/alter Hase   *er ist (noch) ein Greenhorn*
Gregorianischer Choral/Figuralmusik   *(in bezug auf einstimmigen liturgischen Gesang)*

Greis/Greisin   *er ist schon ein Greis und sie eine Greisin*
Greis/Jüngling   *sein Werdegang vom Jüngling zum Greis; er ist schon ein Greis*

Greisin/Greis   *sie ist schon eine Greisin und er schon ein Greis*

Grenze; s. Obergrenze, Untergrenze
grenzenlos/begrenzt   *die Möglichkeiten scheinen grenzenlos zu sein*

grenzflächenaktiv/grenzflächeninaktiv   *ein grenzflächenaktiver Stoff (Chemie)*
grenzflächeninaktiv/grenzflächenaktiv   *ein grenzflächeninaktiver Stoff (Chemie)*
Gretchen/Faust   *Gretchen fragte Faust: „Nun sag, wie hast du's mit der Religion?" (Goethes Faust)*

Gretel/Hänsel   *(Geschwisterpaar in Grimms Märchen „Hänsel und Gretel")*

Griffhand/Bockhand   *(Hand zum Halten des Queueendes; Billard)*

Griffigkeit/Schlüpfrigkeit   *(Verkehrswesen)*
grob/fein   *grob gemahlen; grobes Mehl; grobes Leinen; grobes Tuch; grobes Gewebe*

grob/sanft   *er ist sehr grob; er faßte sie grob an*
grob.../fein... (Adjektiv)   *z. B. grobgliedrig/feingliedrig*
Grob.../Fein...(Substantiv)   *z. B. Grobeinstellung/Feineinstellung*
Grobansprache/Feinansprache   *(Militär)*
Grobblech/Feinblech
grobe Fahrlässigkeit/leichte Fahrlässigkeit   *(Rechtswesen)*
Grobeinstellung/Feineinstellung   *(nicht genau abgestimmte Einstellung eines Gerätes; Technik)*

grobfaserig/feinfaserig
grobgemahlen/feingemahlen   *grobgemahlenes Mehl*
grobgesponnen/feingesponnen   *grobgesponnenes Garn*
grobgestreift/feingestreift   *ein grobgestreifter Anzug*
Grobgliederung/Feingliederung
grobgliedrig/feingliedrig   *grobgliedriger Körperbau*
Grobkeramik/Feinkeramik   *(zum Beispiel Ziegel)*

Grobkies/Feinkies
Grobkorn/Feinkorn   *(Schießsport, Metallurgie, Fotografie)*
grobkörnig/feinkörnig   *grobkörniges Salz; grobkörniger Film*
Grobkörnigkeit/Feinkörnigkeit   *(Foto)*
grobmaschig/feinmaschig   *ein grobmaschiges Netz*
grobnarbig/feinnarbig   *ein grobnarbiges Leder*
grobporig/feinporig   *grobporige Haut*
grobröhrig/feinröhrig   *eine grobröhrige Schnittlauchsorte*
Grobsand/Feinsand
Grobschnitt/Feinschnitt   *(Tabak)*
Grobstruktur/Feinstruktur   *(Physik)*
Grobton/Feinton   *(Geologie)*
Grobzucker/Feinzucker
gros; s. en gros
groß/klein; a. jünger…   *ein großes Haus; ein großer Mann; ein großer Irrtum; ein großer Gewinn; ein großes Fest; groß schreiben; große Ferien (im Sommer einige Wochen); er ist schon groß (erwachsen); die große (ältere) Schwester; der große Zeiger der Uhr zeigt die Minuten an*

groß; s. im großen, zu groß sein
Groß…/Einzel… (Substantiv)   *z. B. Großhandel/Einzelhandel*
Groß…/Klein…; a. Mikro… (Substantiv)   *z. B. Großaktionär/Kleinaktionär*
Großaktionär/Kleinaktionär   *(Aktionär, der einen wesentlichen Teil des Grundkapitals besitzt)*

Großbauer/Kleinbauer
großbäuerlich/kleinbäuerlich
Großbetrieb/Kleinbetrieb
Großbild/Kleinbild   *(Fotografie)*
Großbildkamera/Kleinbildkamera   *(Fotografie)*
Großbuchstabe/Kleinbuchstabe; s. a. Gemeine, der; Minuskel   *(großgeschriebener Buchstabe, zum Buchspiel S, T, E)*
großbürgerlich/kleinbürgerlich
großdeutsche Lösung/kleindeutsche Lösung   *(deutscher Bundesstaat* mit *Österreich; politische Bestrebung im 19. Jahrhundert)*
Großdeutscher/Kleindeutscher   *(Anhänger eines „großen" Deutschlands; historisch)*
große Anfrage/kleine Anfrage   *(von mindestens 30 Abgeordneten eingereichte Anfrage an die Regierung; Rechtswesen)*
größer/kleiner   *Stefan ist größer als Klaus; die größeren Gehälter*
große Schamlippen/kleine Schamlippen; s. a. Labium minus pudendi
großes Geld/Kleingeld   *der Kassierer hatte nur großes Geld (Scheine mit höheren Werten) und konnte nicht herausgeben*
großes Geschäft/kleines Geschäft   *(Kot)*

Großfamilie/Kleinfamilie   (Familie, die neben der Kernfamilie auch
                                            noch verheiratete Kinder und Seitenver-
                                            wandte umfaßt; Soziologie)
Großfeldhandball/Kleinfeldhandball   (auf großen Plätzen mit elf Spielern)
großgemustert/kleingemustert
Großhandel/Einzelhandel, Kleinhandel   der Großhandel ist mit dem Umsatz zu-
                                            frieden
Großhandelspreis/Einzelhandelspreis
Großhandelsverband/
   Einzelhandelsverband
Großhändler/Einzelhändler
Großhirn/Kleinhirn   (vorderster Teil des Gehirns)
großjährig/minderjährig; s. a. minorenn   (veraltend für: volljährig)
Großjährigkeit/Minderjährigkeit; s. a. Mi- (veraltend für: Volljährigkeit)
   norennität
großkalibrig/kleinkalibrig
großkariert/kleinkariert   großkarierter Stoff
Großklima/Kleinklima   (auf ein größeres Gebiet bezogen)
Großkredit/Kleinkredit   (Finanzwesen)
Großkreis/Kleinkreis   (Geometrie)
großmaschig/kleinmaschig   ein großmaschiges Netz
Großmutter/Enkelin   die Großmutter las der Enkelin ein Mär-
                                            chen vor
Großmutter/Großvater; s. a. Opa, Opi   Anna Tilgner war seine Großmutter und
                                            Gustav Tilgner sein Großvater
Großpflaster/Kleinpflaster   (Straßenbau)
Großplastik/Kleinplastik   (bildende Kunst)
großräumig/kleinräumig
Großraumwagen/Abteilwagen   (Bundesbahn; im IC, ICE)
großschreiben/kleinschreiben   Pünktlichkeit wird bei ihm großgeschrie-
                                            ben (er ist immer sehr pünktlich und er-
                                            wartet Pünktlichkeit)
Großschreibung/Kleinschreibung   sie wollten die Großschreibung abschaffen
Großstadt/Kleinstadt   er lebt in einer Großstadt
Größtmaß/Kleinstmaß   (bei einem Werkstück; Technik)
Größtspiel/Kleinstspiel   (Spielraum zwischen dem Größtmaß des
                                            Außenteils und dem Kleinstmaß des In-
                                            nenteils; Technik)
Großvater/Enkel   der Großvater liest seinem Enkel aus dem
                                            Märchenbuch vor
Großvater/Großmutter; s. a. Oma, Omi   Gustav Tilgner war sein Großvater und
                                            Anna Tilgner seine Großmutter
Großverkauf/Einzelverkauf   (Verkauf in größeren Mengen)
Großvieh/Kleinvieh   (zum Beispiel Pferde, Rinder)
Großwuchs/Kleinwuchs; s. a. Hyposomie,   (Medizin)
   Mikrosomie, Zwergwuchs
großwüchsig/kleinwüchsig
großzügig/kleinlich   beim Trinkgeld ist er immer sehr großzü-
                                            gig (gibt reichlich)

grün/rot	*die Ampel ist (jetzt) grün; wenn die Ampel grün ist, kann man gehen*
Grün/Rot	*die Ampel steht auf Grün*
Grunddienstbarkeit/beschränkte persönliche Dienstbarkeit	*(Rechtswesen)*
Grundfarben/Komplementärfarben	*Gelb, Rot und Blau sind die Grundfarben*
Grundkurs/Leistungskurs	*(Schulwesen)*
Grundlast/Spitzenlast	*(Elektrotechnik)*
Grundschuld/Hypothek	*(Rechtswesen)*
Grundschule/Oberschule	
Grundstrich/Haarstrich	*(betonter Strich nach unten; Schriftwesen)*
Grundwort/Bestimmungswort	*in „Männerliebe" ist „...liebe" das Grundwort*
Grundzahl/Hochzahl; s. a. Exponent	*Grundzahl einer Potenz oder eines Logarithmus*
Grundzahl/Ordnungszahl; s. a. Ordinalzahl	*Zahlen wie 1, 2, 3, 4 usw. sind Grundzahlen*
grüne Weihnachten/weiße Weihnachten	*grüne Weihnachten (ohne Schnee)*
Grünfutter/Dürrfutter	
Gruppe; s. in Gruppen	
Gruppen.../Einzel... (Substantiv)	*z. B. Gruppenreise/Einzelreise*
Gruppenarbeit/Einzelarbeit	
Gruppenführung/Einzelführung	
Gruppengespräch/Einzelgespräch	*psychologische Gruppengespräche*
Gruppenprophylaxe/Individualprophylaxe	*zahnärztliche Gruppenprophylaxe (in der Schule)*
Gruppenreise/Einzelreise	*Preise für Gruppenreisen*
Gruppenstart/Einzelstart	*(gleichzeitiger Start aller Teilnehmer, zum Beispiel beim Autorennen)*
Gruppentherapie/Einzeltherapie	
Gruppentotemismus/Individualtotemismus	*(Völkerkunde)*
Gruppenuniversität/Ordinarienuniversität	*(Politik)*
Gruppenunterricht/Einzelunterricht	*sie hatte Gruppenunterricht im Flötenspiel*
Guckispiel/Handspiel	*(Skat)*
Guelfe/Gibelline	*(im Mittelalter: Anhänger des Papstes und Gegner der deutschen Kaiser)*
gu-Kern/ug-Kern	*(Atomphysik)*
gültig/ungültig	*ein gültiger Fahrausweis; die Fahrkarte ist (noch) gültig*
Gültigkeit/Ungültigkeit	
Gunst/Ungunst	*die Gunst der Stunde*
günstig/ungünstig	*unter günstigen Bedingungen arbeiten*
Gußeisen/Schmiedeeisen	*(Eisen, das nur durch Gießen geformt werden kann)*
gut/böse	*er ist ein guter Mensch, kein böser (der anderen zu schaden bemüht ist); gute Absichten haben; gute Mädchen kommen in den Himmel, böse überall hin*

gut/knapp

der eine Kandidat erhielt gut (reichlich) 48% der Stimmen, der andere knapp (gerade noch mit Mühe) 52%; gut die Hälfte war gekommen; der Vortrag hat eine gute/gut eine Stunde gedauert; das sind gut 10 Kilometer bis dahin

gut/schlecht

er ist ein guter Mensch, kein schlechter (in bezug auf seinen Charakter); gut informiert sein; gute Nachrichten; gut geschlafen haben; gute Augen, Ohren haben (gut sehen, gut hören können); sie hat gut Klavier gespielt; ein gutes Gewissen haben

gutartig/bösartig; s. a. maligne   *eine gutartige Geschwulst*
Gutartigkeit/Bösartigkeit; s. a. Malignität   *die Gutartigkeit der Geschwulst ist nachgewiesen*

gut disponiert/indisponiert   *die Sängerin ist gut disponiert*
Gute, das/das Böse   *Gutes mit Bösem vergelten*
gute Butter/Margarine
Güter; s. zivile Güter
Güterfernverkehr/Güternahverkehr
Gütergemeinschaft/Gütertrennung   *(eheliches Güterrecht)*
guter Glaube/böser Glaube   *(Rechtswesen)*
Güternahverkehr/Güterfernverkehr
Gütertrennung/Gütergemeinschaft, Zuge-   *(eheliches Güterrecht)*
    winngemeinschaft
Güterverkehr/Personenverkehr   *(zum Beispiel bei der Bahn)*
Güterwagen/Personenwagen   *(bei der Bahn)*
Güterzug/Personenzug
gutgehend/schlechtgehend   *gutgehende Waren*
gutgelaunt/schlechtgelaunt   *ein gutgelaunter Vorstand*
gutgläubig/bösgläubig   *(Rechtswesen)*
Guthaben/Defizit; s. a. Soll
gut proportioniert/disproportioniert   *er ist gut proportioniert*
Gutschrift/Belastung, Lastschrift; a. Soll   *(Geldbetrag, der auf ein Konto gezahlt wird)*

Gymnasium/Lyzeum   *(früher: höhere Schule nur für Jungen)*
Gymnasium; s. altsprachliches Gymna-
    sium, neusprachliches Gymnasium
Gymnospermen/Angiospermen; s. a. Be-   *(nacktsamige Pflanzen; Pflanzen, deren Sa-*
    decktsamer   *men nicht von einem Fruchtknoten umschlossen ist)*

Gynäkologe/Androloge   *der Gynäkologe ist ein Arzt für Frauenleiden*

Gynäkologie/Andrologie   *(Frauenheilkunde)*
gynäkologisch/andrologisch   *gynäkologisch ausgebildeter Arzt*
gynäkotrop/androtrop   *(bevorzugt bei Frauen auftretend; zum Beispiel bestimmte Krankheiten)*

Gynandrie/Androgynie   *(männliche Körperbeschaffenheit bei einer*
                                          Frau; Persönlichkeitsstruktur einer
                                          männlichen Frau, einer männlichen Les-
                                          bierin)
Gynogamet/Androgamet   *(weibliche Keimzelle, Eizelle; Biologie)*
gynoid/android   *gynoider (verweiblichter) Typ (als Mann)*

H

Haar; s. Echthaar; glattes, krauses Haar, Kunsthaar; lockiges, welliges Haar

haarlos/behaart

Haarseite/Aasseite — *(die haarige Seite der Tierhaut; Gerberei)*

Haarstrich/Grundstrich — *(feiner Aufwärtsstrich beim Schreiben)*

Haarwild/Federwild — *Haarwild ist Wild, das ein Fell hat*

Habe; s. bewegliche Habe

Haben/Soll; a. Debet, Defizit — *(der Plusbetrag auf einem Konto)*

Haben.../Soll... (Substantiv) — *z. B. Habensaldo/Sollsaldo*

Habensaldo/Sollsaldo, Debetsaldo; s. a. Aktivseite

Habenseite/Sollseite — *auf der Habenseite (Bankwesen)*

Habenzins/Sollzins — *(Zinsen für die Einlagen)*

Hadrian/Antinoos — *(römischer Kaiser; geboren 76 n. Chr.; gestorben 138 n. Chr.)*

Hafen; s. Flußhafen, Handelshafen, Kriegshafen, Seehafen

Hafenausfahrt/Hafeneinfahrt

Hafeneinfahrt/Hafenausfahrt

Haft; s. aus der Haft entlassen, in Haft nehmen

...haft/...los (Adjektiv) — *z. B. stimmhaft/stimmlos*

haftfähig/haftunfähig — *er wurde für haftfähig befunden*

Haftstrafe/Geldstrafe

haftunfähig/haftfähig — *er wurde für haftunfähig befunden*

Hagar/Abraham — *(ägyptische Magd, die Abraham den Sohn Ismael gebar)*

Hahn/Henne, Huhn — *der Hahn besteigt die Henne; Hühner gackern, Hähne krähen*

Hahn/Kapaun — *(nicht verschnittenes, nicht kastriertes männliches Huhn)*

Haken/Öse

Hakenstil/Zeilenstil — *(mit inhaltlichem, syntaktischem Einschnitt in der Versmitte der Langzeile; Metrik)*

halb/ganz — *ein halbes Brot; dies ist (nur) die halbe Wahrheit; sie hat im Betrieb eine halbe Stelle*

halb/voll — *die Kirchturmuhr schlägt die halben und die vollen Stunden*

halb; s. mit halbem Arm

halb.../ganz... (Adverb) — *z. B. halbtags/ganztags*

Halb.../Voll... (Substantiv)	*z. B. Halbwaise/Vollwaise*
halbautomatisch/vollautomatisch	*eine halbautomatische Waffe*
Halbblut/Vollblut	*(Pferd, das in der Ahnenreihe mindestens 20% Vollblutpferde haben muß)*
Halberzeugnis/Fertigerzeugnis	*(Wirtschaft)*
Halbfabrikat/Fertigprodukt	
halbmast/vollmast	*(auf) halbmast flaggen (die Fahne auf die halbe Höhe des Mastes zum Zeichen der Trauer setzen)*
Halbmond/Vollmond	
Halbpension/Vollpension	
Halbpräfix/Halbsuffix; s. a. Suffixoid	*in „Traumfrau" ist „Traum-" ein Halbpräfix in der Bedeutung „wie man sie sich erträumt"*
Halbreim; s. konsonantischer Halbreim, vokalischer Halbreim	
Halbschatten/Kernschatten	*(Astronomie)*
Halbschuh/hoher Schuh, Stiefel	
Halbsuffix/Halbpräfix; s. a. Präfixoid	*in „altengerecht" ist „-gerecht" ein Halbsuffix in der Bedeutung „angemessen"*
halbtags/ganztags	*halbtags arbeiten*
Halbtagsarbeit/Ganztagsarbeit	
Halbtagskräfte/Ganztagskräfte	
Halbtonvorlage/Strichvorlage	*(Graphik)*
Halbwaise/Vollwaise	*er ist eine Halbwaise (ihm fehlt ein Elternteil − Vater oder Mutter)*
Hälfte; s. die Hälfte	
Hallenbad/Freibad	
Hallenhandball/Feldhandball	*(Sport)*
Hallenhockey/Feldhockey	*(Sport)*
Hallenspiel/Feldspiel	*(Sport)*
Halluzination; s. hypnagogische Halluzination	
halogenieren/dehalogenieren	*(Chemie)*
Halse/Wende	*(zum Wechseln der Windseite; Seemannssprache)*
halsen/wenden	*(ein segelndes Schiff vor dem von schräg hinten einfallenden Wind wegdrehen)*
halsfern/halsnah	*ein halsferner Kragen*
halsnah/halsfern	*ein halsnaher Kragen*
Hals und Hand/Haut und Haar	*(mittelalterliches Rechtswesen; bei schweren Vergehen Todes- oder Verstümmelungsstrafe)*
haltbar/unhaltbar	*dieser Ball (beim Fußballspiel) war haltbar*
halten/brechen	*1. der Damm hält; 2. einen Eid halten*
halten; s. den Mund halten	
Halt finden/Halt suchen	*bei jemandem Halt suchen und auch Halt finden*
...haltig/...frei (Adjektiv)	*z. B. holzhaltig/holzfrei*

...haltig/...los (Adjektiv)   z. B. merkmalhaltig/merkmallos
Halt suchen/Halt finden
Hammel/Schaf   (männliches, aber verschnittenes – ka-
                                                     striertes – Schaf)
Hammel/Widder, [Schaf]bock   (kastriertes männliches Schaf)
Hammer/Amboß   er will Hammer und nicht Amboß sein
Hand/Fuß   alles muß Hand und Fuß haben (muß gut
                                                     durchdacht sein); der Kleine läuft auf
                                                     Händen und Füßen

Hand; s. Ehe zur linken Hand, Ehe zur
    rechten Hand, mit der Hand
Hand.../Maschine... (Substantiv)   z. B. Handarbeit/Maschinenarbeit
Handarbeit/Maschinenarbeit   das ist noch gute Handarbeit
Handaufzug/Automatikaufzug   (an der Armbanduhr)
Handball; s. Großfeldhandball, Kleinfeld-
    handball
Handbremse/Rücktritt   (beim Fahrrad: mit der Hand zu bedie-
                                                     nende Bremse)

Handeinband/Maschineneinband   (beim Buch)
handeln/reden   er redet nur, aber handelt nicht
Handelsabschlag/Handelsaufschlag   (Handelsspanne zwischen Einkaufs- und
                                                     Verkaufspreis, ausgedrückt in Prozent
                                                     vom Verkaufspreis)

Handelsaufschlag/Handelsabschlag   (Handelsspanne zwischen Einkaufs- und
                                                     Verkaufspreis, ausgedrückt in Prozent
                                                     vom Einkaufspreis)

Handelsbilanz; s. aktive Handelsbilanz,
    passive Handelsbilanz
Handelsflotte/Kriegsflotte
Handelsgeschäft; s. beidseitiges Handelsge-
    schäft
Handelshafen/Kriegshafen
Handelsmarine/Kriegsmarine
Handfläche/Handrücken   (der Handteller, die Unterseite der Hand)
handgeschrieben/maschine[n]geschrieben   ein handgeschriebener Brief
Handlanger/Handlangerin   er ist ein Handlanger des Terrorismus
Handlangerin/Handlanger   sie ist eine Handlangerin des Terrorismus
handlich/unhandlich   dieses Gerät ist sehr handlich; ein handli-
                                                     ches Buch

handlungsarm/handlungsreich   eine handlungsarme Erzählung
Handlungsdelikt/Erfolgsdelikt   (Straftat, die mit der Handlung des Täters
                                                     beendet ist; Rechtswesen)

handlungsfähig/handlungsunfähig   eine handlungsfähige Regierung
Handlungsfähigkeit/Handlungsunfähigkeit
Handlungshaftung/Zustandshaftung   (Handlung einer Person, die das polizeili-
                                                     che Eingreifen nötig macht; Rechtswe-
                                                     sen)

handlungsreich/handlungsarm   eine handlungsreiche Erzählung
handlungsunfähig/handlungsfähig   eine handlungsunfähige Regierung

Handlungsunfähigkeit/Handlungsfähigkeit

Handpferd/Sattelpferd   *(das rechte Pferd beim Zweigespann)*

Handrücken/Handfläche, Handteller   *(obere Seite der Hand)*

Handsatz/Maschinensatz   *(Druckerei)*

handschriftlich/gedruckt   *der Aufsatz liegt (nur) handschriftlich vor*

handschriftlich/maschine[n]geschrieben   *ein handschriftlicher Lebenslauf*

Handspiel/Guckispiel   *(Skat)*

Handteller/Handrücken   *(Handfläche; untere, innere Seite der Hand)*

Hangaußenlage/Innenlage   *(Ski)*

hängen an/nehmen von   *das Bild an die Wand, den Mantel an den Haken hängen*

hängen auf/nehmen von; s. a. abnehmen   *die Hemden auf die Wäscheleine hängen*

Hangende, das/das Liegende   *(Bergmannssprache)*

Hänsel/Gretel   *(Märchenfiguren der Brüder Grimm)*

hapaxanth/pollakanth   *(nur einmal blühend und dann absterbend; Botanik)*

Haplographie/Dittographie   *(fehlerhafte Schreibung, wenn einer von zwei Buchstaben oder Silben nicht geschrieben wird, zum Beispiel: Östereich statt Österreich; Mitterand statt Mitterrand)*

haploid/diploid   *(Biologie)*

haptisch/optisch   *(den Tastsinn betreffend)*

Hard.../Soft... (Substantiv)   *z. B. Hardware/Software*

Hardcopy/Softcopy   *(EDV)*

Hard cover/Paperback   *(Buch mit festem Einband)*

Hard Drink/Soft Drink   *(hochprozentiges Getränk, zum Beispiel Schnaps)*

Hard drug/Soft drug   *(starkes, süchtigmachendes Rauschgift, zum Beispiel Heroin)*

Hard fail/Soft fail   *(Versagen auf Grund eines Fehlers im System; EDV)*

Hardware/Software   *zur Hardware gehören die physikalischen Bestandteile, was man sehen und anfassen kann, zum Beispiel der Monitor*

Harfenist/Harfenistin

Harfenistin/Harfenist

Harmonie/Disharmonie   *(angenehme Übereinstimmung); er meinte, Harmonie sei Kitsch, erst Disharmonie bringe Leben*

harmonieren/disharmonieren   *die Farben harmonieren*

harmonisch/disharmonisch, unharmonisch   *die Geburtstagsfeier verlief sehr harmonisch*

harmonische Molltonleiter/melodische Molltonleiter

hart/sanft   *das Flugzeug setzte hart auf*

hart/weich	*ein hart gekochtes Ei; ein harter Bleistift; übertragen: ein harter Akzent; eine harte Droge (zum Beispiel Heroin); hart bleiben (nicht nachgeben, nicht weich werden)*
hartes Wasser/weiches Wasser	*(sehr kalkhaltiges Wasser)*
harte Währung/weiche Währung	*(stabile Währung)*
Hartfutter/Weichfutter	*(Tierfutter, das vor allem aus Körnern besteht)*
Hartgeld/Papiergeld	*(Münzen)*
Hartgummi/Weichgummi	
Hartholz/Weichholz	*zu den Harthölzern gehören auch Buche und Eiche*
hartlöten/weichlöten	*(das Löten bei über 450 Grad)*
Hartpackung/Weichpackung	
Hartporzellan/Weichporzellan	
Hase/Häsin	*(männliches Tier)*
Hase/Igel	*(Grimms Märchen: Der Hase und der Igel)*
Hase; s. alter Hase	
Hasenpfote/Katzenpfote	*(nicht gewünschte Form der Pfote bei der Hundezucht)*
Häsin/Hase, Rammler	*(weiblicher Hase)*
Haß/Liebe; s. a. Sympathie, Zuneigung	*aus Liebe ist Haß geworden; alles, was die Liebe übersehen hat, läßt der Haß als Lächerlichkeit erscheinen*
Haß; s. Frauenhaß, Männerhaß	
hassen/lieben	*1. er haßt ihn/sie; wo alles liebt, kann Karl allein nicht hassen (Schiller; Die Räuber); 2. sie haßt diese Schmeicheleien (mag sie nicht)*
...hasser/...freund (Substantiv)	*z. B. Deutschenhasser/Deutschenfreund*
häßlich/hübsch, schön	*sie/er ist häßlich; ein häßliches Gesicht*
Häßlichkeit/Schönheit	
häufig/selten	*ein häufiger Fehler; sie kam häufig zu spät*
haupt.../neben... (Adjektiv)	*z. B. hauptberuflich/nebenberuflich*
Haupt.../Bei... (Substantiv)	*z. B. Hauptfilm/Beifilm*
Haupt.../Neben... (nicht räumlich; Substantiv)	*z. B. Hauptberuf/Nebenberuf*
Haupt.../Neben..., Seiten... (räumlich; Substantiv)	*z. B. Haupteingang/Nebeneingang, Seiteneingang*
Haupt.../Vor... (Substantiv)	*z. B. Hauptvertrag/Vorvertrag*
Hauptakzent/Nebenakzent	
Hauptaltar/Nebenaltar, Seitenaltar	
hauptamtlich/nebenamtlich	*eine hauptamtliche Tätigkeit; er übt die Tätigkeit hauptamtlich aus*
Hauptangeklagte[r]/Nebenangeklagte[r]	
Hauptanschluß/Nebenanschluß	*(beim Telefon)*
Hauptantrag/Hilfsantrag	*(Rechtswesen)*

Hauptausgang/Nebenausgang, Seitenaus-
gang

Hauptbedeutung/Nebenbedeutung   *in dem Satz „er schläft schon" wird „schla-*
                                             fen" in seiner Hauptbedeutung (in der
                                             wichtigsten, bekanntesten Bedeutung)
                                             gebraucht

Hauptberuf/Nebenberuf   *Richter ist sein Hauptberuf*

hauptberuflich/nebenberuflich   *er ist hauptberuflich Verkäufer, Stern-*
                                             deuter

Hauptbeschäftigung/Nebenbeschäftigung

Hauptbeweis/Gegenbeweis   *(Rechtswesen)*

Hauptbühne/Nebenbühne

Haupteingang/Nebeneingang, Seitenein-   *der Haupteingang der Kirche*
gang

Hauptfach/Nebenfach   *sie studierte Geschichte als Hauptfach*

Hauptfilm/Beifilm

Hauptfrau/Nebenfrau   *(in einer polygamen Gesellschaft die an er-*
                                             ster Stelle stehende Frau)

Hauptgebäude/Nebengebäude   *diese Abteilung befindet sich im Hauptge-*
                                             bäude

Hauptgespräch/Vorgespräch

Hauptgottesdienst/Frühgottesdienst

Hauptmieter/Untermieter   *der Student ist nur Untermieter bei ihm,*
                                             dem Hauptmieter

Hauptpostamt/Zweigpostamt

Hauptprogramm/Beiprogramm

Hauptrolle/Nebenrolle

Hauptsache/Nebensache

Hauptsaison/Nebensaison; a. Nachsaison,
Vorsaison

Hauptsatz/Nebensatz, Gliedsatz; s. a. Kon- *in dem Satz „er konnte nicht sprechen,*
stituentensatz   *weil er heiser war" ist „er konnte nicht*
                                             sprechen" der Hauptsatz (Sprachwissen-
                                             schaft)

Hauptstraße/Nebenstraße

Haupttitel/Untertitel

Hauptton/Nebenton   *(bei der Betonung eines Wortes)*

Hauptunternehmer/Generalunternehmer   *(Wirtschaft)*

Hauptverfahren/Ermittlungsverfahren   *(Rechtswesen)*

Hauptvertrag/Vorvertrag

Hauptwirt/Nebenwirt   *(Biologie)*

Haus; s. Einfamilienhaus, Mehrfamilien-
haus, zu Hause

Hausarbeit/Klassenarbeit   *(schriftliche Arbeit des Schülers, die er zu*
                                             Hause erledigen, schreiben muß)

Hausaufsatz/Klassenaufsatz   *(Schulaufsatz, der zu Hause geschrieben*
                                             wird)

Hausfrau/Hausmann   *sie hat ihren Beruf aufgegeben und ist*
                                             jetzt Hausfrau

Hausgeburt/Klinikgeburt

Haushaltsdefizit/Haushaltsüberschuß   *(Betrag eines Haushaltes, der von den Einnahmen nicht ausgeglichen wird)*

Haushaltsüberschuß/Haushaltsdefizit   *(Betrag eines Haushaltes, der die Ausgaben übersteigt)*

häusliche Pflege/stationäre Pflege

Hausmann/Hausfrau   *er ist Hausmann (hat an Stelle seiner Frau die Hausarbeiten übernommen)*

Hausschuh/Straßenschuh

hausse; s. à la hausse

Hausse/Baisse   *(hoher Kursstand an der Börse)*

Haussier/Baissier; s. a. Bear   *(jemand, der auf hohe Börsenkurse spekuliert)*

Haustierkrebs/Raubtierkrebs   *(Krebs, der latent bleibt; nach Hackethal)*

Haus- und Grundbesitz/bewegliche Habe

Hautelisse/Basselisse   *(Teppich, der mit senkrechter Kette, mit Längsfäden gewebt ist)*

Hautelissestuhl/Basselissestuhl   *(Weberei)*

Hautrelief/Basrelief   *(Hochrelief; Plastik)*

Haut und Haar/Hals und Hand   *(im mittelalterlichen Rechtswesen „mildere" Strafe − zum Beispiel Auspeitschen, Scheren − bei einem leichteren Vergehen)*

HDL-Cholesterin/LDL-Cholesterin   *LDL-Cholesterin befördert Cholesterin zu den Zellen, das „gute" HDL-Cholesterin (High-Density-Lipoproteins) übernimmt die Rolle des Entsorgers; es kommt zu „Entsorgungsstaus", wenn das LDL-Cholesterin in seiner Eigenschaft als Lieferant die Oberhand gewinnt*

Hebamme/Geburtshelfer   *die Hebamme hilft, die Kinder zur Welt zu bringen*

heben/senken   *1. den Kopf heben; den Blick heben; 2. die Stimme heben*

heben, sich/sich senken   *der Vorhang hebt sich; der Brustkorb hebt sich; die Flanken heben und senken sich*

Hebung/Senkung; a. unbetont   *(1. Metrik: betonte Silbe im Vers; 2. Geologie: gegenüber dem Meeresspiegel höher gelegene Teile der Erdkruste)*

Heck/Bug   *(hinterster Teil, zum Beispiel eines Schiffes)*

Hefter/Enthefter   *(Gerät zum Heften mehrerer Blätter mit einer Klammer; Fachsprache)*

Hegezeit/Jagdzeit   *(Schonzeit in bezug auf das Jagen)*

Heide/Christ; a. Gläubige, der   *er ist ein Heide*

Heide/Getaufter

Heide/Heidin   *er ist ein Heide (ein Ungläubiger)*

Heidenchrist/Judenchrist	*(im frühen Christentum: Christ, der vor der Taufe nicht dem Judentum angehörte)*
Heidenchristentum/Judenchristentum	*(Zugehörigkeit zum Christentum, nachdem man vorher Heide, nicht Jude gewesen ist)*
Heidin/Getaufte	
Heidin/Heide	*sie ist eine Heidin (eine Ungläubige)*
Heil/Unheil	*Gentechnik — Heil oder Unheil für die Menschen?*
heilbar/unheilbar	*eine heilbare Krankheit*
heilig/profan	*heilige Texte*
Heilige/Hexe	*ist sie eine Heilige oder eine Hexe?*
Heilige/Hure	*der Mann will eine Frau, die Heilige und Hure zugleich ist; die Kategorien des weiblichen Geschlechts: Heilige oder Hure*
Heimat/Fremde	*er lebt (wieder) in der Heimat*
heimisch/fremd	*heimische Pflanzen*
heimische Kohle/Importkohle	
heimlich/offen	*er macht das heimlich; heimlich schwul sein*
Heimmannschaft/Gastmannschaft	*(die auf dem eigenen Platz spielende Mannschaft)*
Heimniederlage/Auswärtsniederlage	*(Spielniederlage auf dem eigenen Platz)*
Heimniederlage/Heimsieg	*sie hatten mit einem Heimsieg, nicht mit einer Heimniederlage gerechnet*
heimschwach/heimstark	*(auf dem eigenen Platz mit wenig Erfolg spielend)*
Heimschwäche/Heimstärke	*(Erfolglosigkeit bei Spielen auf dem eigenen Platz)*
Heimsieg/Heimniederlage	*sie hatten mit einem Heimsieg, nicht mit einer Heimniederlage gerechnet*
Heimspiel/Auswärtsspiel, Gastspiel	*(Spiel auf dem eigenen Platz)*
heimstark/heimschwach	*(auf dem eigenen Platz erfolgreich spielend)*
Heimstärke/Heimschwäche	*(häufiger Erfolg beim Spielen auf dem eigenen Platz)*
Heimweh/Fernweh	*(beim Aufenthalt in der Fremde Sehnsucht nach der Heimat)*
Heirat; s. Endogamie, Exogamie, Hypergamie, Hypogamie, Liebesheirat, Vernunftheirat	
heiraten/ledig bleiben	*die Frage ist: heiraten oder ledig bleiben?*
heiraten/sich (wieder) scheiden lassen	*vor drei Jahren haben sie geheiratet, und jetzt wollen sie sich wieder scheiden lassen*
heiß/kalt	*heiße und kalte Getränke*
heißer Krieg/kalter Krieg	*(Krieg mit Einsatz von Waffen)*

Heißräucherung/Kalträucherung   *(bei der Fischverarbeitung)*
Heißwasserspeicher/Durchlauferhitzer *(Gerät, in dem heißes Wasser gespeichert*
                                    wird)
heiter/ernst   *ein heiterer Film*
Heiti, das/die Kenning   *(in altgermanischer Dichtung eingliedrige*
                                    bildliche Umschreibung, synonymes Er-
                                    satzwort eines Begriffs, zum Beispiel für
                                    „Roß" „Renner" im Unterschied zu
                                    mehrgliedrigem Phraseologismus)
Held/Antiheld   *(Hauptgestalt und Handlungsträger in Ro-*
                                    manen usw., der bestimmte Ideale o. ä.
                                    vertritt; Literaturwissenschaft)
Heldenbrust/Hühnerbrust   *ein Mann mit einer Heldenbrust (mit ei-*
                                    nem breiten, kräftigen Brustkorb)
helfen aus/helfen in   *jemandem aus dem Mantel helfen*
helfen in/helfen aus   *jemandem in den Mantel helfen*
Helfer/Helferin   *wir danken allen Helferinnen und Helfern*
Helferin/Helfer   *wir danken allen Helferinnen und Helfern*
heliophil/heliophob   *(die Sonne liebend; Botanik, Zoologie)*
Heliophilie/Heliophobie   *(Biologie)*
heliophob/heliophil   *(die Sonne meidend; Biologie, Zoologie)*
Heliophobie/Heliophilie   *(Biologie)*
heliozentrisch/geozentrisch   *(auf die Sonne hin bezogen; Astronomie)*
hell/dunkel   *1. draußen ist es (schon) hell; ein helles*
                                    Bier; helle Farben; 2. helle Töne
hell.../dunkel... (Adjektiv)   *z. B. hellbraun/dunkelbraun*
hellblau/dunkelblau
hellblau/rosa   *wenn das Baby ein Junge ist, bekommt es*
                                    eine hellblaue Garnitur, einen hell-
                                    blauen Babyanzug
hellblond/dunkelblond   *ein hellblonder Junge*
hellbraun/dunkelbraun
Hellenismus/Attizismus   *(die griechische nachklassische Sprech-*
                                    weise)
Helles/Dunkles   *er trinkt gern Helles; bitte ein Helles,*
                                    Herr Ober!
Hellfeld/Dunkelfeld   *(heller Hintergrund bei der Mikroskopie)*
hellhörig/schalldicht   *eine hellhörige Wohnung*
Helligkeit/Dunkelheit   *noch bei Helligkeit nach Hause kommen*
hellrot/dunkelrot
Heloise/Abälard   *(Geliebte und heimliche Gemahlin Abä-*
                                    lards; 12. Jahrhundert)
hemerophile Tiere, Pflanzen/hemerophobe *(„Kulturfolger")*
    Tiere, Pflanzen
hemerophobe Tiere, Pflanzen/hemerophile *(„Kulturflüchter")*
    Tiere, Pflanzen
Hemiparese/Paraparese   *(halbseitige Lähmung)*
Hengst/Stute   *der Hengst (männliches Pferd) beschält die*
                                    Stute

Hengst/Wallach

der Hengst ist im Gegensatz zum Wallach ein nicht kastriertes männliches Pferd

Henne/Hahn

die Henne legt die Eier; der Hahn besteigt die Henne

her/hin

her zu mir!; vom Meer her; hin und her und her und hin ging das Pendel der Uhr

her/weg

her mit den Sachen!

Her; s. nach langem Hin und Her

her.../hin... (Verben mit gleichem Basiswort; 2 Sachverhalte und 1 personenidentische Perspektive, 1 Standort)

z. B. hinströmen/herströmen

her.../hin... (Verben mit nicht gleichem Basiswort; 2 Sachverhalte und 1 personenidentische Perspektive, 1 Standort)

z. B. herkommen/hingehen

her.../weg... (Verb)

z. B. herbringen/wegbringen

herab/herauf; a. aufwärts

von oben herab zu mir/von unten herauf zu mir!

herab/hinab (aus einer Richtung kommend und in eine andere Richtung gehend − zwei Sachverhalte − bei einem Standort und einer Person oder der gleiche Sachverhalt aus zwei verschiedenen Perspektiven)

von oben herab zu mir/nach unten hinab zu dir

herab/hinan, hinauf; a. aufwärts (aus einer Richtung kommend und wieder in die gleiche Richtung gehend bei einem Standort; zwei gegensätzliche Sachverhalte aus einer Perspektive)

herab zu mir und dann wieder hinauf zu ihm!

herab.../herauf... (Verb) (aus zwei Richtungen auf einen Punkt hin kommend)

z. B. herabklettern/heraufklettern

herab.../hinab...; a. hinunter... (Verb) (der gleiche Sachverhalt aus zwei verschiedenen Perspektiven oder 2 Sachverhalte, 1 personenidentische Perspektive, 1 Standort)

z. B. herabsteigen/hinabsteigen

herab.../hinan..., hinauf... (Verb) (aus einer Richtung kommend − zum Sprecher hin − und wieder in die gleiche Richtung zurückgehend − vom Sprecher weg)

z. B. herabsteigen/hinansteigen

herabklettern/heraufklettern (2 Sachverhalte, aus zwei gegensätzlichen Richtungen zu einem Punkt hin kommend, eine personenidentische Perspektive)

herabklettern/hinabklettern (2 Sachverhalte, aus einer Richtung auf einen Punkt hin kommend und von diesem weg weiter in die gleiche Richtung, eine personenidentische Perspektive oder 1 Sachverhalt und 2 verschiedene Perspektiven)

2 Sachverhalte: er klettert zu mir herab und klettert dann von mir weiter hinab; 1 Sachverhalt: er klettert zu mir hier unten herab/er klettert von hier oben zu dir hinab

herabklettern/hinaufklettern	*er klettert die Treppe herab zu mir und dann wieder hinauf zu ihr*
herabsetzen/heraufsetzen; s. a. anheben	*die Preise herabsetzen*
herabsteigen/heraufsteigen	*er steigt (von oben) herab zu mir, und sie steigt (von unten) herauf zu mir*
herabsteigen/hinabsteigen	
herabsteigen/hinansteigen	
herabsteigen/hinaufsteigen	*er steigt herab − von oben nach hier unten − zu mir −, und sie steigt hinauf − von hier unten nach oben, von mir weg*
herabziehen/heraufziehen	*der Philosoph zieht das Niedere zu sich herauf und das Höhere zu sich herab*
Herakles/Hylas	*Hylas war der Liebling des Herakles (griechische Mythologie)*
heran.../ab... (Verb)	*z. B. heranrudern/abrudern*
heran.../weg... (Verben mit gleichem Basiswort)	*z. B. herangehen an/weggehen von*
heran.../weg... (Verben mit nicht gleichem Basiswort)	*z. B. heranziehen/wegschieben*
heranbrausen/davonbrausen	*mit dem Motorrad heranbrausen*
herangehen an/weggehen von	*an den Zaun herangehen*
herangezogen kommen/abziehen	*drohende Wolken kommen herangezogen*
heranrücken/abrücken	*mit dem Stuhl (an den Tisch) heranrücken*
heranrudern/abrudern	*ans Ufer heranrudern*
heranschieben/abschieben, wegschieben	*den Schrank an die Wand heranschieben*
herantreiben/abtreiben	*der Wind treibt das Brett an das Ufer heran*
heranziehen/abziehen	*die Feinde, drohende Wolken ziehen heran*
heranziehen/wegschieben	*den Stuhl heranziehen*
herauf/herab, herunter; s. a. abwärts	*vom Tal bis zu uns herauf auf den Berg/ vom Berg bis zu uns herunter ins Tal*
herauf/hinab, hinunter; s. a. abwärts	*erst herauf zu mir, und dann wieder hinab*
herauf/hinan, hinauf	*herauf zu mir/hinauf zu dir*
herauf/hinunter; s. a. abwärts	*die einen herauf (zu mir), die anderen hinunter (zu den anderen)*
herauf.../herab..., herunter... (Verb) (von zwei entgegengesetzten Richtungen auf einen Standort hin oder 2 gegensätzliche Sachverhalte aus einer personenidentischen Perspektive, 2 Standorte)	*z. B. heraufsteigen/herabsteigen*
herauf.../hinab..., hinunter... (Verben mit gleichem oder nicht gleichem Basiswort) (aus einer Richtung kommend − zum Sprecher hin − und wieder in die gleiche Richtung zurückgehend − vom Sprecher weg)	*z. B. herauflaufen/hinunterlaufen; heraufkommen/hinabgehen*
herauf.../hinan..., hinauf... (Verb) (2 Sachverhalte, 1 personenidentische Perspektive, 1 Standort oder 1 Sachverhalt, 2 personenverschiedene Perspektiven, 2 Standorte)	*z. B. heraufsteigen/hinansteigen, hinaufsteigen*

heraufführen/hinunterführen	*er führte ihn die Treppe herauf (zu mir) und dann wieder hinunter zu ihr*
heraufholen/herunterbringen (2 Sachverhalte, 1 personenidentische Perspektive, 2 Standorte)	*zu mir heraufholen/zu mir herunterbringen*
heraufholen/hinunterbringen	*etwas aus dem Keller heraufholen und dann wieder in den Keller hinunterbringen*
heraufklettern/herabklettern (2 Sachverhalte, 1 personenidentische Perspektive, 2 Standorte)	
heraufklettern/hinabklettern, hinunterklettern	*er klettert herauf zu mir/er klettert hinab zu dir*
heraufklettern/hinaufklettern	*er klettert herauf zu mir, und dann klettert er weiter hinauf zu dir*
heraufkommen/herunterkommen; s. a. runterkommen	*komm doch herauf (rauf) in die Wohnung!; er kommt von unten zu mir herauf, und sie kommt von oben zu mir herunter (2 Sachverhalte, eine personenidentische Perspektive, 1 Standort)*
heraufkommen/hinabgehen	*er kommt herauf zu mir/er geht hinab zu dir*
heraufkommen/hinuntergehen; s. a. runtergehen	*er kommt herauf zu mir/er geht hinunter zu dir*
herauflaufen/hinunterlaufen	*er läuft die Treppe herauf und dann wieder hinunter*
heraufsetzen/herabsetzen, heruntersetzen; s. a. senken	*die Preise heraufsetzen*
heraufsteigen/herabsteigen, heruntersteigen	*er steigt von unten herauf zu mir, und sie steigt von oben herab zu mir*
heraufsteigen/hinaufsteigen, hinansteigen	*er steigt herauf zu mir und steigt dann weiter hinauf zu dir*
heraufsteigen/hinuntersteigen	*er steigt herauf zu mir und steigt dann wieder hinunter zu dir*
heraufziehen/herabziehen	*der Philosoph zieht das Niedere zu sich herauf und das Höhere zu sich herab*
heraufziehen/hinunterlassen; s. a. runterlassen	*den Eimer (aus dem Brunnen) heraufziehen*
heraus/herein	*aus dem Haus heraus zu mir/in das Haus herein zu mir (2 Sachverhalte, 2 Standorte, 1 personenidentische Perspektive)*
heraus/hinaus	*aus dem Haus heraus zu mir/aus dem Haus hinaus zu dir (1 Sachverhalt, 2 personenverschiedene Perspektiven, 2 Standorte)*
heraus/hinein	*heraus aus dem Haus zu mir/hinein in das Haus zu dir (2 Sachverhalte, 1 personenidentische Perspektive, 1 Standort)*
heraus.../herein... (Verb) (auf eine Person zu – mit jeweils unterschiedlichem Standort; 2 Sachverhalte, 1 personenidentische Perspektive, 2 Standorte)	*z. B. herauswollen/hereinwollen*

heraus.../hinaus... (Verben mit gleichem Basiswort) (1 Sachverhalt, 2 personenverschiedene Perspektiven, 2 Standorte)	*z. B. herauslaufen/hinauslaufen*
heraus.../hinaus... (Verben mit nicht gleichem Basiswort) (1 Sachverhalt, 2 personenverschiedene Perspektiven, 2 Standorte)	*z. B. herauskommen/hinausgehen*
heraus.../hinein... (Verben mit gleichem Basiswort) (2 Sachverhalte hin und zurück, 1 personenidentische Perspektive, 1 Standort)	*z. B. herauswollen/hineinwollen*
heraus.../hinein... (Verben mit nicht gleichem Basiswort) (in bezug auf einen Standort hin und zurück: 2 Sachverhalte, 1 personenidentische Perspektive, 1 Standort)	*z. B. herausnehmen/hineinlegen*
herausbekommen/hineinbekommen	*den Korken (schlecht) herausbekommen*
herausbitten/hereinbitten	*ich bitte ihn heraus auf die Straße/ich bitte ihn herein ins Haus (2 Sachverhalte, 1 personenidentische Perspektive, 2 Standorte)*
herausbringen/hineintragen	*eine Kiste herausbringen in den Garten (zu mir)*
herausdringen/hereindringen	*Lärm dringt heraus aus dem Haus/Lärm dringt herein in das Haus (2 Sachverhalte, 1 personenidentische Perspektive, 2 Standorte)*
herausdringen/hineindringen	*der Dampf dringt heraus aus dem Haus/der Dampf dringt hinein in das Haus (2 Sachverhalte, 1 personenidentische Perspektive, 1 Standort)*
herausfahren/einfahren	*der Zug fährt (aus der Halle) heraus (zu mir)*
herausfahren/hereinfahren	*der Zug fährt heraus aus der Halle/der Zug fährt herein in die Halle (2 Sachverhalte, 1 personenidentische Perspektive, 2 Standorte)*
herausfahren/hinausfahren	*der Zug fährt heraus aus der Halle/der Zug fährt hinaus aus der Halle (1 Sachverhalt, 2 personenverschiedene Perspektiven, 2 Standorte)*
herausfahren/hineinfahren; s. a. reinfahren	*der Zug fährt heraus aus der Halle/der Zug fährt hinein in die Halle (2 Sachverhalte hin und zurück, 1 personenidentische Perspektive, 1 Standort)*
herausfliegen/hineinfliegen	*die Schwalbe flog aus dem Stall heraus/die Schwalbe flog in den Stall hinein (2 Sachverhalte hin und zurück, 1 personenidentische Perspektive, 1 Standort)*
herausfließen/hereinfließen	*Wasser fließt heraus/Wasser fließt herein (2 Sachverhalte, 1 personenidentische Perspektive, 2 Standorte)*

herausfließen/hinausfließen	*das Wasser fließt heraus/das Wasser fließt hinaus (1 Sachverhalt, 2 personenverschiedene Perspektiven, 2 Standorte)*
herausfließen/hineinfließen	*das Wasser fließt heraus/das Wasser fließt hinein (2 Sachverhalte hin und zurück, 1 personenidentische Perspektive, 1 Standort)*
Herausforderer/Herausforderin	
Herausforderin/Herausforderer	
herausgehen/hineingehen	*dieser Korken geht leicht heraus*
heraushalten, sich/sich einmischen	*sich aus der Politik heraushalten*
herausheben/hineinlegen	*ein Baby aus dem Wagen herausheben*
herausholen/hineinbringen	*Stühle aus dem Zimmer herausholen*
herausholen/hineinstecken	*etwas aus der Handtasche herausholen; übertragen: wieder herausholen, was man (in ein Projekt) hineingesteckt hat*
herauskommen/drinbleiben	*sie kam (hier) heraus (zu mir)*
herauskommen/hereinkommen (zwei Sprecherstandorte)	*er kommt aus dem Zimmer (zu mir) heraus/er kommt zu mir in das Zimmer herein (2 Sachverhalte, 1 personenidentische Perspektive, 2 Standorte)*
herauskommen/hinausgehen	*komm aus dem Park heraus!; du kommst heraus zu mir/du gehst hinaus zu ihm (1 Sachverhalt, 2 personenverschiedene Perspektiven, 2 Standorte)*
herauskommen/hineinfahren	*der Zug kam aus dem Tunnel heraus*
herauskommen/hineingehen	*als sie weinend herauskommt, geht er hinein; er kommt aus dem Haus heraus zu mir/er geht in das Haus hinein zu ihr (2 Sachverhalte, 1 personenidentische Perspektive, 1 Standort)*
herauskriechen/hineinkriechen	*aus dem Zelt herauskriechen zu mir/in das Zelt hineinkriechen zu dir (2 Sachverhalte, 1 personenidentische Perspektive, 1 Standort)*
herauslassen/hereinlassen	*aus dem Zimmer herauslassen/in das Zimmer hereinlassen (2 Sachverhalte, 1 personenidentische Perspektive, 2 Standorte)*
herauslassen/hinauslassen	*aus dem Zimmer herauslassen/aus dem Zimmer hinauslassen (1 Sachverhalt, 2 personenverschiedene Perspektiven, 2 Standorte)*
herauslassen/hineinlassen	*er drückt von außen gegen die Tür und läßt ihn nicht heraus (zu uns); den Hund aus dem Haus herauslassen/den Hund in das Haus hineinlassen (2 Sachverhalte hin und zurück, 1 personenidentische Perspektive, 1 Standort)*

herauslaufen/hereinlaufen	*aus dem Zimmer herauslaufen/in das Zimmer hereinlaufen (2 Sachverhalte, 1 personenidentische Perspektive, 2 Standorte)*
herauslaufen/hinauslaufen	*er läuft aus dem Zimmer heraus (zu mir)/ er läuft aus dem Zimmer hinaus (zu ihm) (1 Sachverhalt, 2 personenverschiedene Perspektiven, 2 Standorte)*
herauslaufen/hineinlaufen	*er ist herausgelaufen zu mir/er ist hineingelaufen zu ihr (2 Sachverhalte hin und zurück, 1 personenidentische Perspektive, 1 Standort)*
herausmarschieren/hineinmarschieren	*(2 Sachverhalte hin und zurück, 1 personenidentische Perspektive, 1 Standort)*
herausnehmen/einlegen	*den belichteten Film aus dem Fotoapparat herausnehmen*
herausnehmen/hineinhängen	*den Mantel aus dem Schrank herausnehmen*
herausnehmen/hineinlegen; s. a. legen in	*die Wäsche aus dem Schrank herausnehmen*
herausnehmen/hineinstellen; s. a. stellen in	*die Bücher aus dem Regal herausnehmen*
herausrauschen/hineinrauschen	*sie rauschte aus dem Zimmer heraus/sie rauschte in das Zimmer hinein (2 Sachverhalte hin und zurück, 1 personenidentische Perspektive, 1 Standort)*
herausreichen/hineinreichen	*er reicht den Ausweis aus dem Fenster heraus, und ich reiche ihn wieder hinein (2 Sachverhalte hin und zurück, 1 personenidentische Perspektive, 1 Standort)*
herausrufen/hereinrufen	*jemanden aus dem Zimmer zu sich herausrufen*
herausschlüpfen/hereinschlüpfen	*er schlüpft heraus zu mir/er schlüpft herein zu mir (2 Sachverhalte, 1 personenidentische Perspektive, 2 Standorte)*
herausschlüpfen/hineinschlüpfen	*die Maus schlüpft aus dem Loch heraus und dann wieder in das Loch hinein (2 Sachverhalte hin und zurück, 1 personenidentische Perspektive, 1 Standort)*
herausschmuggeln/hereinschmuggeln	*Geld aus dem Land herausschmuggeln/ Geld in das Land hereinschmuggeln (2 Sachverhalte, 1 personenidentische Perspektive, 2 Standorte)*
herausschmuggeln/hineinschmuggeln	*Geld aus dem Land herausschmuggeln/ Geld in das Land hineinschmuggeln (2 Sachverhalte hin und zurück, 1 personenidentische Perspektive, 1 Standort)*
heraußen/herinnen; a. drinnen	*(hier draußen; österreichisch)*
herausströmen/hereinströmen	*sie strömten zu uns auf den Platz heraus/ sie strömten zu uns in den Saal herein (2 Sachverhalte, 1 personenidentische Perspektive, 2 Standorte)*

herausströmen/hineinströmen	*aus dem Stadion herausströmende Massen/in das Stadion hineinströmende Massen (2 Sachverhalte hin und zurück, 1 personenidentische Perspektive, 1 Standort)*
heraustragen/hereintragen	*zu mir nach hier draußen heraustragen/zu mir nach hier drinnen hereintragen*
heraustragen/hinaustragen	*zu mir heraustragen/zu ihm hinaustragen*
heraustragen/hineintragen; s. a. reintragen	*die Möbel aus dem Haus heraustragen/die Möbel in das Haus hineintragen (2 Sachverhalte hin und zurück, 1 personenidentische Perspektive, 1 Standort)*
herauswollen/hereinwollen	*(2 Sachverhalte, 1 personenidentische Perspektive, 2 Standorte)*
herauswollen/hinauswollen	*die einen wollten aus dem Haus heraus, die anderen wollten in das Haus hinein (2 Sachverhalte hin und zurück, 1 personenidentische Perspektive, 1 Standort)*
herausziehen/einschlagen	*einen Nagel (wieder) herausziehen*
herausziehen/hereinziehen	*ich habe sie aus dem Auto herausgezogen/ich habe sie in das Auto hereingezogen (2 Sachverhalte, 1 personenidentische Perspektive, 2 Standorte)*
herausziehen/hineinschieben	*das Kuchenblech aus dem Ofen herausziehen*
herausziehen/hineinstecken; s. a. reinstecken	*das Taschentuch aus der Tasche herausziehen*
herausziehen/hineinziehen	*jemanden aus dem Zimmer herausziehen/in das Zimmer hineinziehen (2 Sachverhalte hin und zurück, 1 personenidentische Perspektive, 1 Standort)*
herb/lieblich	*ein herber Wein*
herbringen/hinbringen	*bring das her zu mir/bring das hin zu ihr!*
herbringen/wegbringen	*er bringt das her (von einem anderen Ort zum Sprecher)*
Herbst/Frühjahr	*die Felder wurden im Frühjahr und im Herbst bestellt*
Herbst/Frühling	*im Herbst fallen die Blätter*
Herbstanfang/Frühlingsanfang	*am 23. September ist Herbstanfang*
Herbstaussaat/Frühjahrsaussaat	
Herbstbestellung/Frühjahrsbestellung	
Herbstmesse/Frühjahrsmesse	
Herbststürme/Frühlingsstürme	
Herde/Hirte	*der Hirt mit seiner Herde*
Herdenmoral/Herrenmoral	*(siehe: Sklavenmoral)*
herein/heraus	*in das Haus herein zu uns/aus dem Haus heraus zu uns*
herein/hinaus	*herein zu mir!*
herein/hinein	

herein.../heraus... (Verb) (auf eine Person zu − mit jeweils unterschiedlichem Standort: 2 Sachverhalte, 1 personenidentische Perspektive, 2 Standorte)	z. B. *hereinfahren/herausfahren*
herein.../hinaus... (Verben mit gleichem Basiswort) (2 Sachverhalte hin und zurück, 1 personenidentische Perspektive, 1 Standort)	z. B. *hereinbringen/hinausbringen: er bringt das Kind herein zu mir/er bringt das Kind hinaus zu ihr*
herein.../hinaus... (Verben mit nicht gleichem Basiswort) (2 Sachverhalte, 1 personenidentische Perspektive, 1 Standort)	z. B. *hereinkommen/hinausgehen*
herein.../hinein... (Verben mit gleichem Basiswort) (1 Sachverhalt, 2 personenverschiedene Perspektiven, 2 Standorte)	z. B. *hereinlaufen/hineinlaufen: er läuft herein ins Haus zu mir/er läuft hinein ins Haus zu dir*
herein.../hinein... (Verben mit nicht gleichem Basiswort) (1 Sachverhalt, 2 personenverschiedene Perspektiven, 2 Standorte)	z. B. *hereinkommen/hineingehen*
hereinbitten/herausbitten	*jemanden zu sich in das Haus hereinbitten/jemanden aus dem Haus, in den Garten zu sich herausbitten (2 Sachverhalte, 1 personenidentische Perspektive, 2 Standorte)*
hereinbringen/hinausbringen	*den Tisch vom Balkon ins Zimmer hereinbringen/den Tisch auf den Balkon hinausbringen (2 Sachverhalte hin und zurück, 1 personenidentische Perspektive, 1 Standort)*
hereindringen/herausdringen	*Geruch dringt herein/Geruch dringt heraus (2 Sachverhalte, 1 personenidentische Perspektive, 2 Standorte)*
hereindringen/hinausdringen	*der Bratengeruch drang hinaus aus dem Fenster, und die frische Luft drang herein zu mir in die Küche (2 Sachverhalte − hin/her, 1 personenidentische Perspektive, 1 Standort)*
hereinfahren/herausfahren	*in die Garage zu mir hereinfahren/aus der Garage zu mir herausfahren (2 Sachverhalte, 1 personenidentische Perspektive, 2 Standorte)*
hereinfahren/hinausfahren; s. a. rausfahren	*in die Garage hereinfahren zu mir/aus der Garage hinausfahren (2 Sachverhalte hin und zurück, 1 personenidentische Perspektive, 1 Standort)*
hereinfahren/hineinfahren	*du fährst herein zu mir/er fährt hinein zu ihm (1 Sachverhalt, 2 personenverschiedene Perspektiven, 2 Standorte oder 2 Sachverhalte, 1 personenidentische Perspektive, 1 Standort)*

hereinfliegen/hinausfliegen	*die Schwalbe flog in den Stall herein (zu mir) und dann wieder aus dem Stall hinaus (2 Sachverhalte hin und zurück, 1 personenidentische Perspektive, 1 Standort)*
hereinfließen/herausfließen	*das Wasser fließt herein (2 Sachverhalte, 1 personenidentische Perspektive, 2 Standorte)*
hereinfließen/hinausfließen	*das Wasser floß erst herein und dann wieder hinaus (2 Sachverhalte hin und zurück, 1 personenidentische Perspektive, 1 Standort)*
hereinkommen/draußen bleiben	*er soll (hier) hereinkommen (zu mir)*
hereinkommen/herauskommen	*er kam zu mir herein/er kam zu mir heraus (2 Sachverhalte, 1 personenidentische Perspektive, 2 Standorte)*
hereinkommen/hinausgehen	*sie kam herein und ging dann wieder hinaus (2 Sachverhalte hin und zurück, 1 personenidentische Perspektive, 1 Standort)*
hereinkommen/hineingehen	*er kommt herein zu mir/er geht hinein zu ihm (1 Sachverhalt, 2 personenverschiedene Perspektiven, 2 Standorte oder 2 Sachverhalte hin/her, 1 personenidentische Perspektive, 1 Standort)*
hereinkriechen/hinauskriechen	*er kriecht ins Bett herein zu mir/er kriecht aus dem Bett hinaus (2 Sachverhalte hin und zurück, 1 personenidentische Perspektive, 1 Standort)*
hereinlassen/herauslassen	*(2 Sachverhalte, 1 personenidentische Perspektive, 2 Standorte)*
hereinlassen/hinauslassen	*ich stemme mich von innen gegen die Tür und lasse ihn nicht herein (2 Sachverhalte hin und zurück, 1 personenidentische Perspektive, 1 Standort)*
hereinlassen/hineinlassen	*ich lasse ihn herein zu mir/er läßt ihn hinein zu sich (1 Sachverhalt, 2 personenverschiedene Perspektiven, 2 Standorte oder 2 Sachverhalte hin und zurück, 1 personenidentische Perspektive, 1 Standort)*
hereinlaufen/herauslaufen	*er ist hereingelaufen/er ist herausgelaufen (2 Sachverhalte, 1 personenidentische Perspektive, 2 Standorte)*
hereinlaufen/hineinlaufen	*er läuft zu mir herein/er ist zu ihm hineingelaufen (1 Sachverhalt, 2 personenverschiedene Perspektiven, 2 Standorte oder 2 Sachverhalte hin und zurück, 1 personenidentische Perspektive, 1 Standort)*

hereinrauschen/hineinrauschen	*sie rauscht zu mir herein/sie ist zu ihm hineingerauscht (1 Sachverhalt, 2 personenverschiedene Perspektiven, 2 Standorte oder 2 Sachverhalte hin und zurück, 1 personenidentische Perspektive, 1 Standort)*
hereinrufen/herausrufen	*jemanden ins Zimmer zu sich hereinrufen*
hereinschlüpfen/herausschlüpfen	*er schlüpft herein zu mir/er schlüpft heraus zu mir (2 Sachverhalte, 1 personenidentische Perspektive, 2 Standorte)*
hereinschlüpfen/hinausschlüpfen	*ins Bett hereinschlüpfen und wieder hinausschlüpfen (2 Sachverhalte hin und zurück, 1 personenidentische Perspektive, 1 Standort)*
hereinschlüpfen/hineinschlüpfen	*sie schlüpft ins Bett herein zu mir/sie schlüpft ins Bett hinein zu ihm (1 Sachverhalt, 2 personenverschiedene Perspektiven, 2 Standorte oder 2 Sachverhalte hin/her, 1 personenidentische Perspektive 1 Standort)*
hereinschmuggeln/herausschmuggeln	*Geld ins Land hereinschmuggeln/Geld aus dem Land herausschmuggeln (2 Sachverhalte, 1 personenidentische Perspektive, 2 Standorte)*
hereinschmuggeln/hinausschmuggeln	*Geld ins Land hereinschmuggeln/Geld aus dem Land hinausschmuggeln (2 Sachverhalte hin und zurück, 1 personenidentische Perspektive, 1 Standort)*
hereinströmen/herausströmen	*Menschenmassen strömten herein/Menschenmassen strömten heraus (2 Sachverhalte, 1 personenidentische Perspektive, 2 Standorte)*
hereinströmen/hinausströmen	*Menschenmassen strömten herein/Menschenmassen strömten hinaus (2 Sachverhalte hin und zurück, 1 personenidentische Perspektive, 1 Standort)*
hereintragen/heraustragen	*zu mir nach hier drinnen hereintragen/zu mir nach hier draußen heraustragen*
hereintragen/hinaustragen; s. a. raustragen	*einen Stuhl hereintragen und wieder hinaustragen (2 Sachverhalte, 1 personenidentische Perspektive, 1 Standort)*
hereinwollen/herauswollen	*(2 Sachverhalte, 1 personenidentische Perspektive, 2 Standorte)*
hereinwollen/hinauswollen	*(2 Sachverhalte hin und zurück, 1 personenidentische Perspektive, 1 Standort)*
hereinwollen/hineinwollen	*willst du herein?/ja, ich will hinein (1 Sachverhalt, 2 personenverschiedene Perspektiven, 2 Standorte oder 2 Sachverhalte, 1 personenidentische Perspektive, 1 Standort)*

hereinziehen/herausziehen	*jemanden ins Auto hereinziehen/jemanden aus dem Auto herausziehen (2 Sachverhalte, 1 personenidentische Perspektive, 2 Standorte)*
hereinziehen/hinausziehen	*ich ziehe ihn ins Auto herein, und er zieht ihn wieder aus dem Auto hinaus (2 Sachverhalte, 1 personenidentische Perspektive, 1 Standort)*
herinnen/heraußen; a. draußen	*(hier drinnen; süddeutsch, österreichisch)*
herkommen/hinfahren	*kommt er her, oder muß ich zu ihm hinfahren?*
herkommen/hingehen	*er kommt her zu mir/er geht hin zu ihm (1 Sachverhalt, 2 personenverschiedene Perspektiven, 2 Standorte oder 2 Sachverhalte hin/her, 1 personenidentische Perspektive, 1 Standort)*
herkommen/weggehen	*er kommt her (zum Sprecher)*
Herkules/Hylas	*Hylas war der Liebling des Herkules (lateinisch für griechisch: Herakles)*
heroben/herunten; a. unten	*(hier oben; süddeutsch, österreichisch)*
heroisch/unheroisch	*ein heroisches Ende*
Hero und Leander	*(Liebespaar in der hellenistischen Dichtung)*
Herr/Dame; a. Frau, Yin	*ein besserer Herr; ein Herr kam zu Besuch; ein Frisör für Herren; meine Damen und Herren; der Herr des Hauses; mein Herr, was wünschen Sie?*
Herr/Diener	*der Diener seines Herrn*
Herr/Frau; a. Dame, Mistreß (in Verbindung mit dem Namen)	*guten Abend, Herr Scholze; Herr Kirse ist Apotheker in spe; Herr und Frau Balzer; Herr Schmidt hat geschrieben*
Herr/Knecht	*der Mensch ist Herr und Knecht zugleich*
Herr/Sklave	*(1. im Altertum; 2. in einer sadomasochistischen Partnerschaft derjenige, der den sadistischen Part innehat)*
Herrchen/Frauchen	*wo ist denn das Herrchen (die männliche Person als Besitzer, zum Beispiel eines Hundes)?*
Herrenbekanntschaft/Damenbekanntschaft	*sie hat viele Herrenbekanntschaften*
Herrenbekleidung/Damenbekleidung	
Herrenbesuch/Damenbesuch	*sie empfing Herrenbesuch*
Herrenburg/Fliehburg	*(im Mittelalter Befestigung, wo der Herr mit seinen Angehörigen wohnte)*
Herrenfriseur/Damenfriseur	
Herrenhandschuh/Damenhandschuh	
Herrenkonfektion/Damenkonfektion	
Herrenmensch/Untermensch	*(NS-Sprache)*
Herrenmode/Damenmode	
Herrenmoral/Herdenmoral, Sklavenmoral	*(nach Nietzsche: Moral, die Ängstlichkeit, Mitleid usw. verachtet)*

Herrenoberbekleidung/
  Damenoberbekleidung
Herrenrad/Damenrad
Herrensattel/Damensattel   *(Sattel, bei dem der Reiter zu beiden Sei-*
                                              ten des Pferdes die Beine in die Steigbü-
                                              gel bringen kann)
Herrenschirm/Damenschirm
Herrenschneider/Damenschneider
Herrenschuh/Damenschuh
Herrensitz/Damensitz   *(Sitz beim Reiten auf dem Pferd, wobei*
                                                die Beine zu beiden Seiten des Pferdes
                                              in die Steigbügel treten können)
Herrentoilette/Damentoilette
Herrenunterwäsche/Damenunterwäsche
Herrin/Dienerin   *(Domina; SM-Jargon)*
Herrin/Sklave   *(die weibliche Person, die in einer sadoma-*
                                              sochistischen Beziehung die sadistischen
                                              Praktiken übernimmt; Jargon)
Herrin/Zofe
Herr Ober/Fräulein; s. a. Kellnerin   *(im Restaurant:) Herr Ober, ich möchte*
                                                zahlen!
herrschend/beherrscht   *die herrschende Klasse (Marxismus)*
Herrschende[r]/Beherrschte[r]
Herrscher[in]/Beherrschte[r]
herstellender Buchhandel/verbreitender
  Buchhandel
Hersteller/Verbraucher; s. a. Konsument
Herstellungsaufwand/Erhaltungsaufwand   *(Wirtschaft)*
Herstellungspreis/Verbraucherpreis, Ver-
  kaufspreis
herströmen/hinströmen   *die Menschenmassen strömten her (zu uns*
                                                ins Stadion)
herüber/hinüber   *über den Zaun zu mir X herüber/über den*
                                              Zaun zu ihm X hinüber (1 Sachverhalt,
                                              2 Perspektiven – nur hin – oder: über
                                              den Zaun zu mir X herüber/über den
                                              Zaun zu ihm Y hinüber: 2 Sachver-
                                              halte, 1 personenidentische Perspektive,
                                              1 Standort – hin und zurück)
herüber.../hinüber... (Verben mit gleichem   *z. B. herüberblicken/hinüberblicken*
  Basiswort) (1 Sachverhalt, 2 personen-
  verschiedene Perspektiven, 2 Standorte
  oder 2 Sachverhalte hin und zurück, 1
  personenidentische Perspektive, 1 Standort)
herüber.../hinüber... (Verben mit nicht   *z. B. herüberkommen/hinübergehen (er*
  gleichem Basiswort) (1 Sachverhalt, 2   *kommt herüber zu mir X/er geht hin-*
  personenverschiedene Perspektiven, 2   *über zu ihm X oder: er kommt herüber*
  Standorte oder 2 Sachverhalte hin und   *und geht dann wieder hinüber)*
  zurück, 1 personenidentische Perspek-
  tive, 1 Standort)

herüberblicken/hinüberblicken	*er blickt zu mir herüber*
herübergrüßen/hinübergrüßen	*er grüßte zu mir herüber, ich grüßte zu ihm hinüber*
herüberkommen/hinübergehen	*er kommt zu mir herüber, oder ich gehe zu ihm hinüber*
herübersehen/hinübersehen	*unsere Blicke begegneten sich: er sah herüber, und ich sah hinüber*
Herübersetzung/Hinübersetzung; a. Textproduktion	*(z. B. für einen Engländer aus dem Deutschen ins Englische)*
herüberwechseln/hinüberwechseln	*der Fuchs wechselte herüber*
herüberwerfen/hinüberwerfen	*er wirft es herüber zu mir/er wirft es hinüber zu ihm (1 Sachverhalt, 2 personenverschiedene Perspektiven, 2 Standorte); wenn du mir meins herüberwirfst, werde ich dir deins hinüberwerfen (2 Sachverhalte, 1 personenidentische Perspektive, 1 Standort)*
Herumtreiber/Herumtreiberin	
Herumtreiberin/Herumtreiber	
herunten/heroben; a. oben	*(hier unten; süddeutsch, österreichisch)*
herunter/herauf; a. aufwärts	*vom Berg bis zu uns herunter ins Tal/vom Tal bis zu uns herauf auf den Berg (2 Sachverhalte, 1 personenidentische Perspektive, 2 Standorte oder 2 Sachverhalte aus gegensätzlichen Richtungen auf einen Punkt hin, 1 personenidentische Perspektive, 1 Standort)*
herunter/hinauf; a. auf/von, aufwärts	*vom Berg zu uns herunter ins Tal/vom Tal bis zu ihnen hinauf auf den Berg (2 Sachverhalte hin und zurück, 1 personenidentische Perspektive, 1 Standort)*
herunter/hinunter; s. a. abwärts	*herunter zu mir/hinunter zu ihm (1 Sachverhalt, 2 personenverschiedene Perspektiven, 2 Standorte oder 2 Sachverhalte – aus einer Richtung kommend und in eine entgegengesetzte Richtung gehend –, 1 personenidentische Perspektive, 1 Standort)*
herunter.../herauf... (Verb) (2 Sachverhalte – aus zwei entgegengesetzten Richtungen auf einen Punkt hin kommend –, 1 personenidentische Perspektive, 1 Standort oder: 2 Sachverhalte, 1 personenidentische Perspektive, 2 Standorte)	*z. B. herunterkommen/heraufkommen*
herunter.../hinauf.. (Verben mit gleichem Basiswort) (2 Sachverhalte hin und zurück, 1 personenidentische Perspektive, 1 Standort)	*z. B. heruntersteigen/hinaufsteigen*

herunter.../hinauf... (Verben mit nicht gleichem Basiswort) (2 Sachverhalte hin und zurück, 1 personenidentische Perspektive, 1 Standort)	*z. B. herunterziehen/hinaufschieben*
herunter.../hinunter..., hinab... (Verb) (1 Sachverhalt, 2 personenverschiedene Perspektiven, 2 Standorte oder: 2 Sachverhalte aus einer Richtung kommend und in die gleiche Richtung weiter gehend, 1 personenidentische Perspektive, 1 Standort)	*z. B. herunterspringen/hinunterspringen*
herunter.../hoch... (Verben mit nicht gleichem Basiswort)	*z. B. herunterlassen/hochziehen*
herunterblicken/hinaufblicken	*er blickte zu mir herunter und ich zu ihm hinauf*
herunterbringen/heraufholen	*er bringt den Kasten Bier herunter zu mir/ er holt den Kasten Bier herauf zu mir (2 Sachverhalte, 1 personenidentische Perspektive, 2 Standorte)*
herunterbringen/hinaufbringen	*erst hat er den Kasten Bier zu mir heruntergebracht in den Keller, dann hat er ihn wieder hinaufgebracht auf den Balkon (2 Sachverhalte hin und zurück, 1 personenidentische Perspektive, 1 Standort)*
herunterdrücken/hochdrücken	*den Hebel herunterdrücken*
heruntergehen/herunterkommen	*die Straße heruntergehen (vom Sprecher weg)*
heruntergehen/hinaufgehen	*mit den Preisen heruntergehen*
herunterholen/hinaufbringen	*ich hole den Kasten in den Keller herunter und bringe ihn dann wieder hinauf (2 Sachverhalte hin und zurück, 1 personenidentische Perspektive, 1 Standort)*
herunterklappen/aufklappen, hochklappen	*den hochgeklappten Kragen (am Mantel) wieder herunterklappen*
herunterklettern/hinabklettern	*er klettert zu mir herunter/ich klettere zu ihm hinab*
herunterklettern/hinaufklettern	*sie klettert zu mir herunter und dann klettert sie wieder zu ihr hinauf (2 Sachverhalte hin und zurück, 1 personenidentische Perspektive, 1 Standort)*
herunterklettern/hinunterklettern	*er klettert herunter zu mir, dann klettert er weiter hinunter zu ihm (2 Sachverhalte − aus einer Richtung kommend und von dort aus weiter, 1 personenidentische Perspektive, 1 Standort oder 1 Sachverhalt, 2 personenverschiedene Perspektiven, 2 Standorte)*
herunterkommen/heraufkommen; s. a. raufkommen	*sie kam von oben zu mir herunter, und er kam von unten herauf zu mir*

herunterkommen/heruntergehen	*die Straße herunterkommen (zum Sprecher hin)*
herunterkommen/hinaufgehen	*sie kam die Treppe herunter, und er ging die Treppe hinauf (2 Sachverhalte, 1 personenidentische Perspektive, 1 Standort)*
herunterkrempeln/hochkrempeln; s. a. raufkrempeln	*die Ärmel, die Hosenbeine (wieder) herunterkrempeln*
herunterkurbeln/hinaufkurbeln, hochkurbeln; s. a. raufkurbeln	*das Autofenster herunterkurbeln*
herunterlassen/hochziehen	*die Jalousien herunterlassen; die Hosen herunterlassen*
herunterlaufen/hinauflaufen	*er läuft die Treppe herunter/er läuft die Treppe hinauf (2 Sachverhalte hin und zurück, 1 personenidentische Perspektive, 1 Standort)*
heruntersetzen/heraufsetzen	*die Preise heruntersetzen*
herunterspielen/hochspielen	*einen Konflikt herunterspielen (seine Bedeutung als geringer, als sie wirklich ist, darstellen)*
herunterspringen/hinunterspringen	*er springt herunter zu mir/er springt hinunter zu ihm (1 Sachverhalt, 2 personenverschiedene Perspektiven, 2 Standorte oder: 2 Sachverhalte – aus einer Richtung kommend und in gleicher Richtung weiter, 1 personenidentische Perspektive, 1 Standort)*
heruntersteigen/heraufsteigen	*er steigt vom Berg herunter (zu mir)/sie steigt aus dem Tal herauf zu mir (2 Sachverhalte – aus zwei gegensätzlichen Richtungen kommend – 1 personenidentische Perspektive, 1 Standort)*
heruntersteigen/hinaufsteigen	*er steigt den Abhang herunter (zu mir)/er steigt hinauf (2 Sachverhalte hin und zurück, 1 personenidentische Perspektive, 1 Standort)*
herunterwerfen/hinaufwerfen	*von oben herunterwerfen/nach oben hinaufwerfen (2 Sachverhalte hin und zurück, 1 personenidentische Perspektive, 1 Standort)*
herunterziehen/hinaufschieben, hochschieben	*die Wandtafel herunterziehen*
hervortretend/tiefliegend	*hervortretende Augen*
Herwörterbuch/Hinwörterbuch; a. Hinübersetzung	*ein Herwörterbuch zum Übersetzen aus einer fremden Sprache*
herziehen/wegziehen	*die Familie Krause ist kürzlich hergezogen*
Herzog/Herzogin	
Herzogin/Herzog	
herzu/hinzu	*herzu (von dort hierher) hat er mit dem Auto nur eine Stunde gebraucht*
Hetera/Hetero	*(Jargon) das sind alles Heteras (heterosexuelle Frauen) und Heteros*

hetero/homo; s. a. gay, homosexuell, schwul   *der ist hetero*

Hetero/Hetera   *(Jargon) das sind alles Heteros (heterosexuelle Männer) und Heteras*

Hetero/Homo; s. a. Gay, Homosexueller   *ein Hetero (Heterosexueller) unter vielen Homos*

hetero.../auto... (vor fremdsprachlicher Basis; Adjektiv)   *(mit der Bedeutung: anders, verschieden) z. B. heterotroph/autotroph*

hetero.../homo... (vor fremdsprachlicher Basis; Adjektiv)   *(mit der Bedeutung: anders, verschieden) z. B. heterosexuell/homosexuell*

hetero.../iso... (vor fremdsprachlicher Basis; Adjektiv)   *(mit der Bedeutung: anders, verschieden) z. B. heteromesisch/isomesisch*

hetero.../ortho... (vor fremdsprachlicher Basis; Adjektiv)   *(mit der Bedeutung: anders, verschieden) z. B. heterodox/orthodox*

Hetero.../Auto... (vor fremdsprachlicher Basis; Substantiv)   *(mit der Bedeutung: anders, verschieden) z. B. Heterohypnose/Autohypnose*

Hetero.../Iso... (vor fremdsprachlicher Basis; Substantiv)   *(mit der Bedeutung: anders, verschieden) z. B. Heterosporie/Isosporie*

Hetero.../Ortho... (vor fremdsprachlicher Basis; Substantiv)   *(mit der Bedeutung: anders, verschieden) z. B. Heterodoxie/Orthodoxie*

heterochlamydeisch/homöochlamydeisch   *(Botanik)*

heterodont/homodont   *(mit nicht gleichartigen Zähnen)*

Heterodontie/Homodontie   *(Verschiedengestaltigkeit in bezug auf die Zähne, zum Beispiel beim Menschen: Schneide-, Eck-, Mahlzähne)*

heterodox/orthodox   *(von der herrschenden Kirchenlehre abweichend)*

Heterodoxie/Orthodoxie   *(Abweichung in bezug auf die kirchliche Lehre)*

Heterodynamie/Homodynamie   *(Ungleichheit der Anlagen)*

heterodynamisch/homodynamisch   *(in bezug auf die Anlagen nicht gleichwertig)*

heterogametisch/homogametisch   *(Biologie)*

Heterogamie/Homogamie   *(Ungleichartigkeit der Partner; Soziologie)*

Heterogamie/Isogamie   *(Befruchtungsvorgang mit ungleich gestalteten oder sich ungleich verhaltenden männlichen und weiblichen Keimzellen; Biologie)*

heterogen/homogen   *eine heterogene (ungleichartige) Gesellschaft*

Heterogenität/Homogenität

Heterogonie/Homogonie   *(Philosophie)*

heterograd/homograd   *(auf Quantität gerichtet; Statistik)*

Heterohypnose/Autohypnose   *(Hypnose durch eine andere Person)*

Heterokotylie/Synkotylie   *(Botanik)*

heterolog/homolog   *(artungleich)*

heterologe Insemination/homologe Insemination   *(künstliche Befruchtung mit Samen, der nicht vom Ehemann stammt)*

Heterolyse/Homolyse   *(Chemie)*

heteromer/isomer	*(verschieden gegliedert; von Blüten)*
heteromesisch/isomesisch	*(Geologie)*
heteronom/autonom	*(von fremden Gesetzen abhängend)*
heteronom/homonom	*(ungleichartig in bezug auf einzelne Körperabschnitte; Zoologie)*
Heteronomie/Autonomie	*(Philosophie)*
Heteronomie/Homonomie	*(Biologie)*
Heteronym/Homonym	*Heteronyme sind unterschiedliche Wörter mit gleichem Inhalt, sind Wörter, die das Gleiche bedeuten wie anderslautende in einer anderen Landschaft oder in einer anderen Sprache, zum Beispiel Sonnabend/Samstag; Fahrrad, schweizerisch: Velo*
heterophag/homophag	*(auf verschiedenen Wirtstieren oder -pflanzen schmarotzend; Biologie)*
Heterophonie/Unisono	*(Musik)*
heteropisch/isopisch	*(Geologie)*
Heteroplastik/Homöoplastik, Homoplastik	*(Überpflanzung artfremden, zum Beispiel tierischen Gewebes auf den Menschen; Chirurgie)*
heteropolar/homöopolar	*(entgegengesetzt elektrisch geladen)*
Heteropolysäure/Isopolysäure	*(Chemie)*
heterosensorielle Reproduktionen/homosensorielle Reproduktionen	*(Psychologie)*
Heterosexualität/Homosexualität	*(geschlechtliche Hinneigung zum anderen Geschlecht)*
heterosexuell/homosexuell; s. a. gay, gleichgeschlechtlich	*heterosexuelle (Liebe zum anderen Geschlecht empfindende) Männer, Frauen*
Heterosexueller/Homosexueller; s. a. Gay, Homo, Schwuler, Urning	*(männliche Person, die Liebe zum anderen Geschlecht empfindet)*
Heteroskedastizität/Homoskedastizität	*(signifikante Ungleichheit; Statistik)*
Heterosphäre/Homosphäre	*(Atmosphäre oberhalb 100 km)*
Heterosporen/Homosporen, Isosporen	*(Botanik)*
Heterosporie/Homosporie, Isosporie	*(Botanik)*
Heterostereotyp/Autostereotyp	*Heterostereotype (Vorstellungen, Vorurteile) machen sich andere von anderen (Psychologie)*
heterostyl/homostyl	*(Botanik)*
Heterostylie/Homostylie	*(Botanik)*
heterosyllabisch/homosyllabisch	*(zu unterschiedlichen Silben gehörend)*
heterotopisch/isotopisch	*(Geologie)*
Heterotransplantation/Homotransplantation	*(Chirurgie)*
heterotroph/autotroph	*(sich von organischen, von anderen Lebewesen stammenden Stoffen ernährend)*
Heterotrophie/Autotrophie	*(Botanik)*
heterözische Parasiten/autözische Parasiten	*(Biologie)*

heterozygot/homozygot; s. a. reinerbig	*(unterschiedliche Erbanlagen habend; Biologie)*
Heterozygotie/Homozygotie	*(Biologie)*
heterozyklische Blüten/isozyklische Blüten	*(Botanik)*
heterozyklische Verbindung/isozyklische Verbindung	*(Chemie)*
Heulpeter/Heulsuse	*(Junge, der leicht weint)*
Heulsuse/Heulpeter	*(Mädchen, das leicht weint)*
heute/damals	*heute heißt der Platz anders als damals (vor 50 Jahren)*
heute/gestern, morgen	*heute reist er ab; das Wetter von heute; die totalen Verbote von gestern und die uneingeschränkte Freiheit von heute*
heutig.../gestrig..., morgig...	*das heutige Konzert*
heutzutage/früher	*heutzutage reist man mehr als früher*
Hexe/Heilige	*ist sie eine Hexe oder eine Heilige?*
Hexe/Hexer, Hexerich	
Hexer/Hexe	*(Mann, von dem man glaubt, daß er hexen kann)*
Hexerich/Hexe	*(Mann, von dem man glaubt, daß er hexen kann)*
hier/dort, da	*er steht hier an der rechten Seite; ich wohne hier; er wohnt da/dort*
hierher/dahin, dorthin	*komm hierher (von dort an diese Stelle hier)!*
hierhin/dorthin	*stell dich hierhin!; hängen Sie das Bild bitte hierhin (an diese Stelle) und nicht dorthin!*
hierlassen/mitnehmen	*er ließ alles hier und nahm nichts mit*
hierzulande/dortzulande	*hierzulande ist das nicht möglich*
hiesig.../dortig...	*die hiesigen Verhältnisse*
hie und da	*hie und da (an einigen wenigen Stellen) wuchs Unkraut; hie und da (gelegentlich einmal) halfen sie ihr in der Küche*
hie ... und da	*hie die Theoretiker und da die Praktiker und Empiriker*
high/down	*er war ganz high (glücklich)*
high-end/low-end	*(in höchster Perfektion)*
Hilfsantrag/Hauptantrag	*(Rechtswesen)*
Hilfsverb/Vollverb	*„ist" ist ein Hilfsverb in „er ist gekommen"*
Himmel/Erde	*zwischen Himmel und Erde; am Himmel (sieht man Wolken); die Zeit mit ihr – das war der Himmel auf Erden*
Himmel/Hölle	*gute Menschen kommen in den Himmel; nach dem Tod in den Himmel kommen (Religion)*
himmelhoch jauchzend/zum Tode betrübt	*(Goethe, Egmont)*
himmlisch/irdisch	*himmlische Engel und irdische Teufel*

hin/her

hin zu ihr, her zu mir; zum Meer hin, vom Meer her

hin/zurück; a. hin und zurück

hin sind wir gefahren und zurück gelaufen

Hin/Her; s. nach langem Hin und Her

hin.../her... (Verben mit gleichem Basiswort)

z. B. hinströmen/herströmen

hin.../her...; a. zurück... (Verben mit nicht gleichem Basiswort) (2 Sachverhalte hin und zurück, 1 personenidentische Perspektive, 1 Standort)

z. B. hingehen/herkommen

hin.../weg... (Verb)

z. B. sich hinbewegen/sich wegbewegen

hin.../zurück...; a. her... (Verb)

z. B. hinfahren/zurückfahren

hinab/herab

(1 Sachverhalt, 2 personenverschiedene Perspektiven, 2 Standorte oder 2 Sachverhalte − in gleicher Richtung weiter −, 1 personenidentische Perspektive, 1 Standort)

hinab/herauf; s. a. aufwärts

den Rhein hinab fährt ein Schiff (2 Sachverhalte hin und zurück, 1 personenidentische Perspektive, 1 Standort)

hinab/hinauf, hinan; s. a. aufwärts

ein Blick hinab (in das Tal) und hinauf auf den Berg (2 Sachverhalte in entgegengesetzte Richtungen, 1 personenidentische Perspektive, 1 Standort oder: 2 Sachverhalte hin und zurück, 1 personenidentische Perspektive, 2 Standorte)

hinab.../herab..., herunter... (Verb) (1 Sachverhalt, 2 personenverschiedene Perspektiven, 2 Standorte oder: 2 Sachverhalte − aus einer Richtung kommend und in die gleiche weitergehend −, 1 personenidentische Perspektive, 1 Standort)

z. B. hinabklettern/herabklettern, herunterklettern

hinab.../herauf... (Verben mit gleichem oder nicht gleichem Basiswort) (aus einer Richtung kommend − zum Sprecher hin − und wieder in die gleiche Richtung zurückgehend − vom Sprecher weg)

z. B. hinabklettern/heraufklettern; hinabgehen/heraufkommen

hinab.../hinan..., hinauf... (Verb) (2 Sachverhalte in entgegengesetzte Richtungen, 1 personenidentische Perspektive, 1 Standort oder: 2 Sachverhalte hin und zurück, 1 personenidentische Perspektive, 2 Standorte)

z. B. hinabklettern/hinanklettern, hinaufklettern

hinabblicken/hinaufblicken

1. ins Tal hinabblicken/in den Himmel hinaufblicken (2 Sachverhalte entgegengesetzt, 1 personenidentische Perspektive, 1 Standort oder 2 Sachverhalte hin und zurück, 1 personenidentische Perspektive, 2 Standorte); 2. die Reihen hinauf und hinabblicken

hinabgehen/heraufkommen	*sie geht hinab ins Tal zu ihm, und er kommt herauf auf den Berg zu mir (2 Sachverhalte hin/her, 1 personenidenti- sche Perspektive, 1 Standort)*
hinabgehen/hinaufgehen	*erst hinabgehen, dann wieder hinauf; gehe ich hinauf oder hinab? (2 Sachverhalte hin und zurück, 1 personenidentische Perspektive, 2 Standorte oder: 2 Sach- verhalte in entgegengesetzte Richtun- gen, 1 personenidentische Perspektive, 1 Standort)*
hinabklettern/herabklettern, herunterklet- **tern**	*ich klettere hinab/er klettert zu mir herab, herunter*
hinabklettern/heraufklettern	*er klettert die Treppe hinab zu ihm (2 Sachverhalte hin und zurück, 1 perso- nenidentische Perspektive, 1 Standort)*
hinabklettern/hinanklettern, hinaufklettern	*(2 Sachverhalte, 1 personenidentische Per- spektive, 2 Standorte oder: 2 Sachver- halte in entgegengesetzter Richtung, 1 personenidentische Perspektive, 1 Stand- ort)*
hinabschauen/hinaufschauen	*er stand auf dem Funkturm und schaute auf die Stadt hinab und in den Himmel hinauf*
hinabsteigen/herabsteigen	*ich steige hinab/er steigt zu mir herab*
hinabsteigen/hinaufsteigen	*erst steige ich hinab, dann wieder hinauf; sie steigt hinab, er hinauf (2 Sachver- halte hin und zurück, 1 personenidenti- sche Perspektive, 2 Standorte oder: 2 Sachverhalte in entgegengesetzter Rich- tung, 1 personenidentische Perspektive, 1 Standort)*
hinan/herab; a. abwärts, herunter	*(2 Sachverhalte hin und zurück, 1 perso- nenidentische Perspektive, 1 Standort)*
hinan/herauf	*(2 Sachverhalte, 1 personenidentische Per- spektive, 1 Standort; in gleicher Rich- tung)*
hinan/hinab; s. a. hinunter	*(2 Sachverhalte in entgegengesetzter Rich- tung, 1 personenidentische Perspektive, 1 Standort oder: 2 Sachverhalte hin und zurück, 1 personenidentische Perspek- tive, 2 Standorte)*
hinan.../herab...; a. herunter... (Verb) (in **eine Richtung gehend − vom Sprecher** **weg − und wieder zurückgehend −** **zum Sprecher hin)**	*z. B. hinansteigen/herabsteigen*
hinan.../herauf... (Verb) (2 Sachverhalte, 1 **personenidentische Perspektive, 1 Stand-** **ort oder: 1 Sachverhalt, 2 personenver-** **schiedene Perspektiven, 2 Standorte)**	*z. B. hinansteigen/heraufsteigen*

hinan.../hinab...(Verb) (von einem Standort weg in zwei entgegengesetzte Richtungen)	*z. B. hinanklettern/hinabklettern*
hinanklettern/hinabklettern	*(2 Sachverhalte in entgegengesetzter Richtung, 1 personenidentische Perspektive, 1 Standort oder: 2 Sachverhalte hin und zurück, 1 personenidentische Perspektive, 2 Standorte)*
hinansteigen/herabsteigen	*ich steige hinan/sie steigt zu mir herab*
hinansteigen/heraufsteigen	*ich steige hinan zu ihm/er steigt herauf zu mir*
hinauf/drauf	*(von unten nach oben)*
hinauf/herab, herunter; s. a. abwärts, von/auf	*los, hinauf auf den Berg!*
hinauf/herauf; a. aufwärts	*du hinauf (von hier nach oben) zu ihm, und sie herauf (von dort unten) zu mir!*
hinauf/herunter	*vom Tal bis zu ihnen hinauf auf den Berg/ vom Berg bis zu uns herunter ins Tal*
hinauf/hinab, hinunter; s. a. abwärts; a. von/auf	*(2 Sachverhalte in entgegengesetzter Richtung, 1 personenidentische Perspektive, 1 Standort oder: 2 Sachverhalte hin und zurück, 1 personenidentische Perspektive, 2 Standorte)*
hinauf/hinunter; s. a. abwärts, von/auf	*1. vom Tal bis zu ihnen hinauf auf den Berg/vom Berg bis zu ihnen hinunter ins Tal; 2. die Straße hinauf und hinunter sehen (in beide Richtungen)*
hinauf.../herab..., herunter... (Verb) (2 Sachverhalte hin und zurück, 1 personenidentische Perspektive, 1 Standort)	*z. B. hinaufsteigen/herabsteigen, heruntersteigen*
hinauf.../herauf... (Verb) (1 Sachverhalt, 2 personenverschiedene Perspektiven, 2 Standorte oder: 2 Sachverhalte in gleicher Richtung weiter, 1 personenidentische Perspektive, 1 Standort)	*z. B. hinaufklettern/heraufklettern*
hinauf.../herunter... (Verben mit gleichem Basiswort) (2 Sachverhalte hin und zurück, 1 personenidentische Perspektive, 1 Standort)	*z. B. hinaufsteigen/heruntersteigen*
hinauf.../herunter..., herab... (Verben mit nicht gleichem Basiswort) (2 Sachverhalte hin und zurück, 1 personenidentische Perspektive, 1 Standort)	*z. B. hinaufgehen/herunterkommen*
hinauf.../hinab..., hinunter... (Verb) (2 Sachverhalte in entgegengesetzter Richtung, 1 personenidentische Perspektive, 1 Standort oder: 2 Sachverhalte, hin und zurück, 1 personenidentische Perspektive, 2 Standorte)	*z. B. hinaufsteigen/hinabsteigen*
hinaufbegeben, sich/sich hinunterbegeben	*sich die Treppe hinaufbegeben*

hinaufblicken/herunterblicken	*ich blicke (zu ihm) hinauf und er zu mir herunter*
hinaufblicken/hinabblicken, hinunter-blicken	*1. er blickt hinauf, sie blickt hinab/hinunter; ich habe erst auf die Berge hinaufge-blickt und dann ins Tal hinunter; 2. die Reihen hinauf- und hinabblicken*
hinaufbringen/herunterbringen	*sie bringt den Korb hinauf (zu ihm), und er bringt den Korb wieder herunter zu mir in den Keller*
hinaufbringen/herunterholen	*bringe bitte die Koffer hinauf (ins Zim-mer)*
hinauffahren/hinunterfahren	*die einen fahren hinauf auf den Berg und die anderen hinunter ins Tal*
hinaufgehen/heruntergehen	*mit den Preisen hinaufgehen*
hinaufgehen/herunterkommen; s. a. runter-kommen	*sie ging die Treppe hinauf, und du kamst die Treppe herunter zu mir*
hinaufgehen/hinabgehen, hinuntergehen; s. a. runtergehen	*ich gehe hinauf (rauf) auf den Berg zu ihm, und er geht hinab ins Tal; erst ging ich die Treppe hinauf (rauf) und dann wieder hinunter (runter) (2 Sach-verhalte hin und zurück, 1 personen-identische Perspektive, 2 Standorte)*
hinaufgleiten/hinuntergleiten	*mit den Fingern den Arm hinaufgleiten*
hinaufklettern/herabklettern	*er klettert die Treppe hinauf von mir zu ihm, und sie klettert herab zu mir*
hinaufklettern/heraufklettern	*hinaufklettern zu ihm/heraufklettern zu mir (1 Sachverhalt, 2 personenverschie-dene Perspektiven, 2 Standorte oder: 2 Sachverhalte in gleicher Richtung wei-ter, 1 personenidentische Perspektive, 1 Standort)*
hinaufklettern/herunterklettern	*von mir zu ihm hinaufklettern (2 Sachver-halte hin und zurück, 1 personenidenti-sche Perspektive, 1 Standort)*
hinaufklettern/hinabklettern	*ich klettere die Treppe erst hinauf und dann wieder hinab (2 Sachverhalte in entgegengesetzter Richtung, 1 personen-identische Perspektive, 1 Standort oder: 2 Sachverhalte hin und zurück, 1 perso-nenidentische Perspektive, 2 Standorte)*
hinaufkurbeln/herunterkurbeln; s. a. run-terkurbeln	*das Autofenster hinaufkurbeln*
hinauflaufen/herunterlaufen	*er läuft die Treppe hinauf, und sie läuft die Treppe herunter*
hinaufschauen/draufschauen	*ich schaue (von hier unten) auf den Berg hinauf*
hinaufschauen/hinabschauen	*er stand auf dem Funkturm und schaute auf die Stadt hinab und in den Himmel hinauf*
hinaufschieben/herunterziehen	*die Wandtafel hinaufschieben*

hinaufsteigen/herabsteigen, heruntersteigen	*er steigt zu ihm hinauf und sie zu mir herab*
hinaufsteigen/heraufsteigen	*zu ihm hinaufsteigen/zu mir heraufsteigen*
hinaufsteigen/hinabsteigen, hinuntersteigen	*er steigt hinauf auf den Berg, sie steigt ins Tal hinab (2 Sachverhalte in entgegengesetzter Richtung, 1 personenidentische Perspektive, 1 Standort oder: 2 Sachverhalte hin und zurück, 1 personenidentische Perspektive, 2 Standorte)*
hinauftreiben/abtreiben	*das Vieh auf die Alm hinauftreiben*
hinaufwerfen/herunterwerfen	*ich warf die Schlüssel hinauf, und er warf mir den Ausweis herunter*
hinaus/heraus	*zu dir hinaus, zu mir heraus (1 Sachverhalt, 2 personenverschiedene Perspektiven, 2 Standorte)*
hinaus/herein	*sie will hinaus, er will herein; hinaus zu ihm! (2 Sachverhalte hin/her, 1 personenidentische Perspektive, 1 Standort)*
hinaus/hinein	*aus dem Haus hinaus zu ihnen/ in das Haus hinein zu ihnen (2 Sachverhalte hin/her, 1 personenidentische Perspektive, 2 Standorte)*
hinaus…/heraus… (Verben mit gleichem Basiswort) (1 Sachverhalt, 2 personenverschiedene Perspektiven, 2 Standorte)	*z. B. hinausfahren/herausfahren*
hinaus…/heraus… (Verben mit nicht gleichem Basiswort) (1 Sachverhalt, 2 personenverschiedene Perspektiven, 2 Standorte)	*z. B. hinausgehen/herauskommen*
hinaus…/herein… (Verben mit gleichem Basiswort) (2 Sachverhalte hin/her, 1 personenidentische Perspektive, 1 Standort)	*z. B. hinausströmen/hereinströmen*
hinaus…/herein…(Verben mit nicht gleichem Basiswort) (2 Sachverhalte hin/her, 1 personenidentische Perspektive, 1 Standort)	*z. B. hinausgehen/hereinkommen*
hinaus…/hinein…; s. a. ’nein/’naus (Verb) (2 Sachverhalte hin/her, 1 personenidentische Perspektive, 2 Standorte)	*z. B. hinausgehen/hineingehen*
hinausbringen/hereinbringen	*den Tisch morgens zu ihr auf den Balkon hinausbringen und abends wieder zu mir hereinbringen*
hinausdringen/hereindringen	*der Dampf drang hinaus aus dem Küchenfenster/die frische Luft drang herein in die Küche zu mir (2 Sachverhalte − hin/her −, 1 personenidentische Perspektive, 1 Standort)*
hinausfahren/einfahren	*der Zug fährt aus der Halle hinaus (von mir weg)*

hinausfahren/herausfahren	*er steht auf dem Bahnsteig und sieht den Zug hinausfahren; sie steht am Fenster und sieht den Zug aus dem Bahnhof herausfahren*
hinausfahren/hereinfahren	*sie fährt aus der Garage hinaus, und du fährst in die Garage herein*
hinausfahren/hineinfahren	*ich fahre hinaus, du fährst hinein (2 Sachverhalte, 1 personenidentische Perspektive, 2 Standorte)*
hinausfliegen/hereinfliegen	*die Schwalbe flog aus dem Stall hinaus (von mir weg) und dann wieder zu mir herein*
hinausfließen/herausfließen	*das Wasser fließt hinaus in die Umgebung (1 Sachverhalt, 2 personenverschiedene Perspektiven, 2 Standorte)*
hinausfließen/hereinfließen	*(2 Sachverhalte hin/her, 1 personenidentische Perspektive, 1 Standort)*
hinausgehen/drinbleiben	*sie ging hinaus, und ich blieb drin*
hinausgehen/herauskommen	*geh aus dem Park hinaus!/komm aus dem Park heraus! (1 Sachverhalt, 2 personenverschiedene Perspektiven, 2 Standorte)*
hinausgehen/hereinkommen	*er ging hinaus und kam dann wieder herein (2 Sachverhalte hin und zurück, 1 personenidentische Perspektive, 1 Standort)*
hinausgehen/hineingehen	*ich ging aus dem Haus hinaus, dann wieder hinein (2 Sachverhalte hin und zurück, 1 personenidentische Perspektive, 2 Standorte)*
hinauskriechen/hereinkriechen	*sie kroch aus dem Bett hinaus (von mir weg)*
hinauslassen/herauslassen	*ich lasse ihn hinaus (zu dir in den Garten) (1 Sachverhalt, 2 personenverschiedene Perspektiven, 2 Standorte)*
hinauslassen/hereinlassen	*ich lasse dich hinaus (in den Garten) (2 Sachverhalte hin und zurück, 1 personenidentische Perspektive, 1 Standort)*
hinauslaufen/herauslaufen	*(1 Sachverhalt, 2 personenverschiedene Perspektiven, 2 Standorte)*
hinausmarschieren/hineinmarschieren	*hinausmarschieren aus der Stadt (2 Sachverhalte hin und zurück, 1 personenidentische Perspektive, 2 Standorte)*
hinausrauschen/hineinrauschen	*sie rauschte aus dem Zimmer hinaus und dann wieder hinein*
hinausschlüpfen/hereinschlüpfen	*sie schlüpfte (von mir aus dem Zelt) hinaus*
hinausschmuggeln/einschmuggeln; a. reinschmuggeln	*Waffen hinausschmuggeln*
hinausschmuggeln/hereinschmuggeln	*Geld hinausschmuggeln und Tabak hereinschmuggeln (2 Sachverhalte hin/her, 1 personenidentische Perspektive, 1 Standort)*

hinausschmuggeln/hineinschmuggeln	*er schmuggelt von drinnen Geld hinaus, und sie schmuggelt von draußen Tabak hinein (2 Sachverhalte, 1 personenidentische Perspektive, 2 Standorte)*
hinaussehen/hineinsehen	*(durch das Fenster) aus dem Zimmer hinaussehen (2 Sachverhalte hin/her, 1 personenidentische Perspektive, 2 Standorte)*
hinausströmen/hereinströmen	*die Menge strömte aus dem Stadion hinaus (von mir weg) (2 Sachverhalte hin und zurück, 1 personenidentische Perspektive, 1 Standort)*
hinausströmen/hineinströmen	*wir strömten aus der Halle hinaus und die anderen strömten in die Halle hinein (2 Sachverhalte, 1 personenidentische Perspektive, 2 Standorte)*
hinaustragen/heraustragen	*zu ihm hinaustragen/zu mir heraustragen*
hinaustragen/hereintragen; s. a. reintragen	*die Möbel aus dem Haus hinaustragen (2 Sachverhalte hin und zurück, 1 personenidentische Perspektive, 1 Standort)*
hinauswollen/hereinwollen	*(2 Sachverhalte hin und zurück, 1 personenidentische Perspektive, 1 Standort)*
hinauswollen/hineinwollen	*aus dem Haus hinauswollen (2 Sachverhalte hin und zurück, 1 personenidentische Perspektive, 2 Standorte)*
hinausziehen/hereinziehen	*er zieht ihn aus dem Auto hinaus, ich ziehe ihn wieder ins Auto herein (2 Sachverhalte, 1 personenidentische Perspektive, 1 Standort)*
hinbewegen, sich/sich wegbewegen	
hinbringen/herbringen	*bring das hin zu ihm/bring das her zu mir!*
Hindernisrennen/Flachrennen	*(Pferdesport)*
hinein/heraus	*in das Haus hinein zu ihnen/aus dem Haus heraus zu uns (2 Sachverhalte hin und zurück, 1 personenidentische Perspektive, 1 Standort)*
hinein/herein	*(1 Sachverhalt, 2 personenverschiedene Perspektiven, 2 Standorte) hinein zu ihm!/ herein zu mir!*
hinein/hinaus	*(2 Sachverhalte, 1 personenidentische Perspektive, 2 Standorte)*
hinein.../heraus... (Verben mit gleichem Basiswort) (2 Sachverhalte hin und zurück, 1 personenidentische Perspektive, 1 Standort)	*z. B. hineinspringen/herausspringen*
hinein.../heraus...(Verben mit nicht gleichem Basiswort) (2 Sachverhalte hin und zurück, 1 personenidentische Perspektive, 1 Standort)	*z. B. hineinlegen/herausnehmen*

hinein…/herein…(Verben mit gleichem Basiswort) (1 Sachverhalt, 2 personenverschiedene Perspektiven, 2 Standorte)	z. B. *hineinlaufen/hereinlaufen*
hinein…/herein… (Verben mit nicht gleichem Basiswort) (1 Sachverhalt, 2 personenverschiedene Perspektiven, 2 Standorte)	z. B. *hineingehen/hereinkommen*
hinein…/hinaus…; s. a. ’naus/’nein (Verb) (2 Sachverhalte hin und zurück, 1 personenidentische Perspektive, 2 Standorte)	z. B. *hineinströmen/hinausströmen*
hineinbekommen/herausbekommen	*den Korken (schlecht) hineinbekommen*
hineinbringen/herausholen	*Stühle in das Zimmer hineinbringen*
hineindringen/herausdringen	*Menschen drangen ins Rathaus hinein*
hineinfahren/herausfahren	*in die Garage hineinfahren*
hineinfahren/herauskommen	*der Zug fuhr dort in den Tunnel hinein und kam hier aus dem Tunnel wieder heraus*
hineinfahren/hereinfahren	*er fährt in die Halle hinein (1 Sachverhalt, 2 personenverschiedene Perspektiven, 2 Standorte)*
hineinfahren/hinausfahren	*ich fahre hinein und wieder hinaus (2 Sachverhalte, 1 personenidentische Perspektive, 2 Standorte)*
hineinfliegen/herausfliegen	*die Schwalbe flog in den Stall hinein (von mir weg) und wieder (zu mir) heraus*
hineinfließen/herausfließen	*das Wasser fließt hinein (2 Sachverhalte, 1 personenidentische Perspektive, 1 Standort)*
hineingehen/draußen bleiben	*die einen gingen ins Geschäft hinein, die anderen blieben draußen und warteten*
hineingehen/herausgehen	*dieser Korken geht leicht hinein*
hineingehen/herauskommen	*als sie weinend herauskam, ging er hinein; ich gehe hinein, und er kommt heraus*
hineingehen/hereinkommen	*er geht (zu ihm) hinein/er kommt (zu mir) herein (1 Sachverhalt, 2 personenverschiedene Perspektiven, 2 Standorte)*
hineingehen/hinausgehen	*ich ging um 13 Uhr in das Haus hinein und ging um 15 Uhr aus dem Haus wieder hinaus (2 Sachverhalte hin und zurück, 1 personenidentische Perspektive, 2 Standorte)*
hineinhängen/herausnehmen	*den Mantel in den Schrank hineinhängen*
hineinkriechen/herauskriechen	*in das Zelt hineinkriechen (von draußen nach drinnen)*
hineinlassen/herauslassen	*den Hund in das Haus hineinlassen/den Hund aus dem Haus herauslassen (2 Sachverhalte hin und zurück, 1 personenidentische Perspektive, 1 Standort)*

hineinlassen/hereinlassen	*den Hund in das Haus hineinlassen/den Hund in das Haus hereinlassen (1 Sachverhalt, 2 personenverschiedene Perspektiven, 2 Standorte)*
hineinlaufen/herauslaufen	*das Wasser ist hineingelaufen (in die Wanne)/das Wasser ist herausgelaufen (aus der Wanne) (2 Sachverhalte, 1 personenidentische Perspektive, 1 Standort)*
hineinlaufen/hereinlaufen	*er läuft zu ihm hinein (1 Sachverhalt, 2 personenverschiedene Perspektiven, 2 Standorte)*
hineinlegen/herausheben	*ein Baby in den Wagen hineinlegen*
hineinlegen/herausnehmen; s. a. nehmen aus	*das Brot (in den Brotkasten) hineinlegen*
hineinmarschieren/herausmarschieren	*(2 Sachverhalte hin und zurück, 1 personenidentische Perspektive, 1 Standort)*
hineinmarschieren/hinausmarschieren	*die Soldaten marschierten in die Stadt hinein (2 Sachverhalte hin und zurück, 1 personenidentische Perspektive, 2 Standorte)*
hineinrauschen/herausrauschen	*sie rauschte in das Zimmer (zu ihm) hinein und rauschte bald wieder aus dem Zimmer (zu mir) heraus*
hineinrauschen/hereinrauschen	*sie rauschte in das Zimmer (zu ihm) hinein/sie rauschte in das Zimmer (zu mir) herein (1 Sachverhalt, 2 personenverschiedene Perspektiven, 2 Standorte)*
hineinrauschen/hinausrauschen	*ich rauschte in das Zimmer hinein und bald wieder hinaus (2 Sachverhalte hin und zurück, 1 personenidentische Perspektive, 2 Standorte)*
hineinreichen/herausreichen	*er reicht den Ausweis aus dem Fenster heraus, und ich reiche ihn wieder hinein*
hineinschieben/herausziehen	*den Kuchen in den Ofen hineinschieben*
hineinschlüpfen/herausschlüpfen	*die Maus schlüpft in das Loch hinein (2 Sachverhalte hin und zurück, 1 personenidentische Perspektive, 1 Standort)*
hineinschlüpfen/hereinschlüpfen	*(1 Sachverhalt, 2 personenverschiedene Perspektiven, 2 Standorte)*
hineinschmuggeln/herausschmuggeln	*Tabak hineinschmuggeln und Geld herausschmuggeln (2 Sachverhalte hin und zurück, 1 personenidentische Perspektive, 1 Standort)*
hineinschmuggeln/hinausschmuggeln	*(2 Sachverhalte hin und zurück, 1 personenidentische Perspektive, 2 Standorte)*
hineinsehen/hinaussehen	*(durch das Fenster) in das Zimmer hineinsehen (2 Sachverhalte hin und zurück, 1 personenidentische Perspektive, 2 Standorte)*

hineinstecken/herausholen	*etwas in die Handtasche hineinstecken; übertragen: wieder herausholen, was man (in ein Projekt) hineingesteckt hat*
hineinstecken/herausziehen; s. a. rausziehen	*den Schlüssel ins Schlüsselloch hineinstecken und wieder herausziehen*
hineinstellen/herausnehmen; s. a. nehmen aus	*die Bücher in das Regal hineinstellen*
hineinströmen/herausströmen	*die einen strömten ins Stadion hinein und die anderen heraus (2 Sachverhalte hin und zurück, 1 personenidentische Perspektive, 1 Standort)*
hineinströmen/hinausströmen	*sie strömten morgens in die Halle hinein und abends wieder hinaus (2 Sachverhalte hin und zurück, 1 personenidentische Perspektive, 2 Standorte)*
hineintragen/herausbringen	*eine Kiste hineintragen (zu jemandem hin)*
hineintragen/heraustragen; s. a. raustragen	*die Möbel in das Haus (vom Sprecher weg) hineintragen*
hineinwollen/herauswollen	*(2 Sachverhalte, 1 personenidentische Perspektive, 1 Standort)*
hineinwollen/hereinwollen	*(1 Sachverhalt, 2 personenverschiedene Perspektiven, 2 Standorte)*
hineinwollen/hinauswollen	*ich will hinein in das Haus/er will hinaus aus dem Haus (2 Sachverhalte hin und zurück, 1 personenidentische Perspektive, 2 Standorte)*
hineinziehen/herausziehen	*(2 Sachverhalte hin und zurück, 1 personenidentische Perspektive, 1 Standort)*
hinfahren/herkommen	*soll ich zu ihm hinfahren, oder kommt er her?*
hinfahren/zurückfahren	*wir sind mit dem Auto hingefahren und mit dem Zug zurückgefahren*
Hinfahrt/Rückfahrt	*auf der Hinfahrt war der Zug leer, auf der Rückfahrt jedoch voll*
Hinfährte/Rückfährte	*(Fährte, die vom Wald zum Feld führt; Jägersprache)*
Hinflug/Rückflug	*auf dem Hinflug wurde ihr schlecht*
Hinfracht/Rückfracht	*(Wirtschaft)*
hingehen/herkommen; s. hin/her	*er geht hin zu ihm, und sie kommt her zu mir*
hingehen zu/weggehen von; a. gehen	*er geht zu ihm hin*
hinhören/weghören	*er hört nur hin, wenn er etwas bekommen soll*
hinlegen, sich/aufstehen	*er hat sich hingelegt*
hinnen; s. von hinnen	
Hinreise/Rückreise	*auf der Hinreise*
hinreisen/zurückreisen	*ich bin am ersten Juli hingereist*
Hinrunde/Rückrunde	*(erste Hälfte einer Spielsaison, in der jede Mannschaft einmal gegen jede andere spielt)*

hinschauen/wegschauen	*bei solchen Bildern schaut er hin*
hinsehen/wegsehen	*bei solchen Bildern sieht er hin*
hinsetzen, sich/aufstehen	*zur Begrüßung stand er auf, nach der Begrüßung setzte er sich wieder hin*
Hinspiel/Rückspiel	*(Sport)*
hinströmen/herströmen	*die Menschenmassen strömten hin (zum Stadion)*
hinten/vorn	*das Kleid ist vorn länger als hinten; nach hinten sehen; der Wind kam von hinten; er befindet sich hinten im Zimmer; hinten (in der letzten Reihe) sitzen; der dritte von hinten*
hinten; s. von hinten	
hintenüber/vornüber	*er ist hintenüber gefallen*
hinter/vor; a. davor	*hinter der Mauer; er steht hinter ihm; die Erfahrung liegt (schon) hinter mir*
hinter.../vorder...	*der hintere Eingang; die hinteren Räder; er saß im hinteren Wagen; die hinteren Plätze im Theater*
Hinter.../Vorder... (Substantiv)	*z. B. Hintergrund/Vordergrund*
Hinterachse/Vorderachse	
Hinteransicht/Vorderansicht	*die Hinteransicht des Hauses*
Hinterausgang/Vorderausgang	
Hinterbein/Vorderbein	*der Hund hat krumme Hinterbeine*
Hinterbrücke/Vorderbrücke	*(Turnen)*
Hinterbrust/Vorderbrust	*(Zoologie)*
Hinterdeck/Vordeck, Vorderdeck	*(beim Schiff)*
Hintereck/Vordereck	*(Kegeln)*
Hintereckkegel/Vordereckkegel	*(Kegeln)*
hintereinander/nebeneinander	*die Schüler stehen hintereinander und fassen dem Vordermann auf die Schulter*
Hintereingang/Vordereingang	
Hinterfront/Vorderfront	*die Hinterfront des Hauses*
Hinterfuß/Vorderfuß	
Hintergassenkegel/Vordergassenkegel	*(Kegeln)*
Hintergaumen/Vordergaumen	
Hintergebäude/Vordergebäude	
Hintergrund/Vordergrund	*auf dem Bild sieht man im Hintergrund ein Haus*
Hinterhand/Vorderhand, Vorhand	*(Kartenspiel, Reitsport)*
Hinterhaus/Vorderhaus	*sie wohnt in Berlin im Hinterhaus*
hinterher/vorher	*vorher war sie begeistert, hinterher war sie enttäuscht*
hinterher.../voraus... (Verb)	*z. B. hinterherfahren/vorausfahren*
hinterherfahren/vorausfahren	
Hinterkegel/Vorderkegel	*(Kegelsport)*
Hinterkiemer/Vorderkiemer	*(Zoologie)*
Hinterlader/Vorderlader	*(Gewehr, das vom hinteren Ende des Laufs geladen wird)*

hinterlastig/vorderlastig; a. kopflastig	*(hinten mehr belastet als vorn; bei Schiffen, Flugzeugen)*
Hinterlinse/Vorderlinse	*(beim Fotoapparat)*
Hintermann/Vordermann	*Karl ist mein Hintermann (der hinter mir steht)*
Hintermast/Vordermast	*der Hintermast eines Schiffes*
Hinterpausche/Vorderpausche	*(rechter Haltegriff am Pferd, das in Querrichtung steht; Turnen)*
Hinterperron/Vorderperron	*(hinterer Teil des Bahnsteigs; veraltet)*
Hinterpfote/Vorderpfote	
Hinterpranke/Vorderpranke	
Hinterrad/Vorderrad	*die Hinterräder am Auto; das Hinterrad am Fahrrad*
Hinterradachse/Vorderradachse	
Hinterradantrieb/Vorderradantrieb	
Hinterreifen/Vorderreifen	*die Hinterreifen am Auto*
Hinterschiff/Vorderschiff	*(hinterer Teil eines Schiffes)*
Hinterschinken/Vorderschinken	*(Hinterkeule beim Schlachtvieh)*
Hinterschlitten/Vorderschlitten	*(Technik)*
hinter seiner Zeit sein/seiner Zeit weit voraus sein	
Hinterseite/Vorderseite	
hinter sich haben/bevorstehen	*die Prüfung habe ich schon hinter mir*
Hintersitz/Vordersitz	*sie sitzt auf dem Hintersitz*
Hinterspieler/Vorderspieler	*(Faustball)*
Hintersteven/Vordersteven	*(das Bauteil, das ein Schiff nach hinten begrenzt; Seemannssprache)*
Hinterstübchen/Vorderstübchen	
Hintertreppe/Vordertreppe	
Hintertür/Vordertür	
Hinterzimmer/Vorderzimmer	*(nach hinten hinaus liegendes Zimmer)*
Hinterzungenvokal/Vorderzungenvokal	*(velarer, dunkler, hinterer Vokal, zum Beispiel: a, o, u)*
Hintransport/Rücktransport	
hinüber/herüber	*über den Zaun zu mir X herüber/über den Zaun zu ihm X hinüber (1 Sachverhalt, 2 Perspektiven − nur hin) oder: über den Zaun zu mir X herüber/über den Zaun zu ihm Y hinüber: 2 Sachverhalte, 1 personenidentische Perspektive, 1 Standort − hin und zurück)*
hinüber…/herüber… (Verben mit gleichem Basiswort) (1 Sachverhalt, 2 personenverschiedene Perspektiven, 2 Standorte oder: 2 Sachverhalte hin und zurück, 1 personenidentische Perspektive, 1 Standort)	*z. B. hinüberblicken/herüberblicken*

hinüber.../herüber...(Verben mit nicht gleichem Basiswort) (2 Sachverhalte hin und zurück, 1 personenidentische Perspektive, 1 Standort)	*z. B. hinübergehen/herüberkommen*
hinüberblicken/herüberblicken	*zu ihr hinüberblicken*
hinübergehen/herüberkommen	*ich gehe zu ihm hinüber*
hinübergrüßen/herübergrüßen	*ich grüßte zu ihm hinüber*
hinübersehen/herübersehen	*unsere Blicke trafen sich: ich sah hinüber, und sie sah herüber*
Hinübersetzung/Herübersetzung; a. Textrezeption	*(z. B. für einen Engländer vom Englischen ins Deutsche)*
hinüberwechseln/herüberwechseln	*ich wollte auf die Überholspur hinüberwechseln*
hinüberwerfen/herüberwerfen	*ich werfe dir deins hinüber, wenn du mir dafür meins herüberwirfst*
hin und zurück/einfach	*eine Fahrkarte nach Berlin hin und zurück*
hinunter/herauf; a. auf/von, aufwärts	*hinunter zu ihm!; vom Berg zu ihnen hinunter ins Tal/vom Tal zu uns herauf auf den Berg*
hinunter/herunter; a. abwärts	*hinunter zu ihm!/herunter zu mir!*
hinunter/hinauf; a. auf/von, aufwärts	*1. los, hinunter!; vom Berg zu ihnen hinunter ins Tal/vom Tal zu ihnen hinauf auf den Berg; 2. die Straße hinauf und hinunter sehen (in beide Richtungen)*
hinunter.../herauf... (Verb) (2 Sachverhalte hin und zurück, 1 personenidentische Perspektive, 1 Standort)	*z. B. hinunterklettern/heraufklettern*
hinunter.../herunter...(Verb) (1 Sachverhalt, 2 personenverschiedene Perspektiven, 2 Standorte)	*z. B. hinunterspringen/herunterspringen*
hinunter.../hinauf... (Verb) (2 Sachverhalte in entgegengesetzter Richtung, 1 personenidentische Perspektive, 1 Standort oder: 2 Sachverhalte hin und zurück, 1 personenidentische Perspektive, 2 Standorte)	*z. B. hinunterblicken/hinaufblicken*
hinunterbegeben, sich/sich hinaufbegeben	*ich begebe mich die Treppe hinunter, und er begibt sich die Treppe hinauf; ich begebe mich erst die Treppe hinunter und dann wieder hinauf*
hinunterblicken/hinaufblicken	*1. erst in das Tal hinunterblicken und dann auf den Berg hinaufblicken; 2. der eine steinerne Löwe auf der Brücke blickte die Straße hinauf, der andere hinunter (nach der anderen Seite hin)*
hinunterbringen/heraufholen	*Weinflaschen in den Keller hinunterbringen/Weinflaschen aus dem Keller heraufholen*
hinunterfahren/hinauffahren	*die einen fahren hinunter ins Tal, die andern hinauf auf den Berg*

hinunterführen/heraufführen	*er führte ihn die Treppe hinunter (zu ihm), und sie führt ihn die Treppe herauf zu mir*
hinuntergehen/heraufkommen	*er geht die Treppe hinunter, sie kommt die Treppe herauf*
hinuntergehen/hinaufgehen; s. a. raufgehen	*erst ging ich hinunter (runter) und dann wieder hinauf (rauf); die einen gingen hinunter (runter), aber die anderen hinauf (rauf)*
hinuntergleiten/hinaufgleiten	*den Arm streichelnd hinuntergleiten*
hinunterklettern/heraufklettern	*ich klettere zu ihm hinunter/er klettert zu mir herauf*
hinunterklettern/herunterklettern	*sie klettert von hier oben zu dir hinunter/ er klettert von dort oben zu mir herunter*
hinunterlassen/heraufziehen; s. a. raufziehen	*den Eimer (in den Brunnen) hinunterlassen*
hinunterlaufen/herauflaufen	*er läuft die Treppe hinunter, und sie läuft die Treppe herauf zu mir*
hinunterspringen/herunterspringen	*ich springe von hier oben hinunter zu dir/ du springst von dort oben herunter zu mir*
hinuntersteigen/heraufsteigen	*er steigt von hier oben hinunter (zu ihm)/ sie steigt von dort unten herauf zu mir*
hinuntersteigen/hinaufsteigen	*die einen steigen hinauf, die anderen hinunter; den Berg hinauf- und hinuntersteigen (2 Sachverhalte in entgegengesetzter Richtung, 1 personenidentische Perspektive, 1 Standort oder: 2 Sachverhalte hin und zurück, 1 personenidentische Perspektive, 2 Standorte)*
Hinweg/Rückweg	*auf dem Hinweg werde ich das erledigen*
Hinwörterbuch/Herwörterbuch; a. Herübersetzung	*ein Hinwörterbuch zum Übersetzen in eine fremde Sprache*
hínzu/hérzu (beide können primär benutzt werden: 2 Sachverhalte, 1 personenidentische Perspektive, 1 Standort)	*hinzu (von hier nach dorthin) hat er mit dem Auto mehr als eine Stunde gebraucht*
hin zu/weg von	*hin zu der Unfallstelle*
hínzu/zurückzu (zurückzu kann nur sekundär benutzt werden)	*hinzu konnte ich im Zug sitzen, zurückzu aber nicht, da mußte ich stehen*
hinzukommen/abgehen	*10 Mark kommen (zu dem Preis) noch hinzu*
hinzuzählen/abziehen	*10 Mark hinzuzählen*
Hirnholz/Aderholz, Langholz	*(Holz, das senkrecht zur Faser geschnitten ist)*
Hirsch/Hirschkuh	*(männliches Tier)*
Hirschkuh/Hirsch	*(weiblicher Hirsch)*
Hirte/Herde	*der Hirt mit seiner Herde*
hissen/niederholen, einholen	*die Fahne hissen (sie öffentlich anbringen, wehen lassen)*

Historiker/Nichthistoriker	*ein sowohl für Historiker als auch für Nichthistoriker interessantes Buch*
Historiker[in]/Hobbyhistoriker[in]	*sie ist eine studierte Historikerin, er ist aber nur ein Hobbyhistoriker*
historisch/prähistorisch	*aus historischer Zeit*
historisch/unhistorisch	*diese Geschichte ist historisch*
Hitze/Kälte	*Kälte verträgt sie besser als Hitze*
Hitzebeständigkeit/Kältebeständigkeit	
Hobbyhistoriker[in]/Historiker[in]	*sie ist eine studierte Historikerin, er ist aber nur ein Hobbyhistoriker*
hoch/flach	*ein Schuh mit hohen Absätzen*
hoch/gering	*hohe Anforderungen*
hoch/niedrig; a. nieder...	*eine hohe Mauer; hohe Räume; ein hoher Tisch; hoher Blutdruck; hohe Temperatur; hohe Löhne, Preise; die Gehälter sind hoch; eine hohe elektrische Spannung; von hoher Herkunft;*
hoch/tief	*1. das Flugzeug fliegt hoch; die Sonne steht hoch (am Himmel); die Schwalben fliegen hoch; wer hoch steigt, kann tief fallen; 2. eine hohe Stimme; hoher Vokal (zum Beispiel i)*
hoch; s. Daumen hoch, hoh...; klassenhöher	
Hoch/Tief	*ein Hoch (Hochdruckgebiet) liegt über Deutschland*
hoch.../herunter... (Verben mit nicht gleichem Basiswort)	*z. B. hochziehen/herunterlassen*
hoch.../runter... (Verben mit gleichem Basiswort)	*z. B. hochgehen/runtergehen (Preise), hochlaufen/runterlaufen*
hoch.../runter...; s. a. 'nunter/'nauf (Verben mit nicht gleichem Basiswort)	*z. B. hochkommen/runtergehen*
Hoch.../Tief... (Substantiv)	*z. B. Hochbau/Tiefbau*
Hochalm/Niederalm	
Hochangriff/Tiefangriff	*(Militär)*
Hochbau/Tiefbau	*(das Bauen über der Erde)*
hochbeglückt/tiefbetrübt	*sie ist darüber hochbeglückt*
hochbringen/runterbringen	*die Kiste (aus dem Keller) hochbringen*
Hochdecker/Tiefdecker	*(Flugzeug mit einfachen Tragflächen über dem Rumpf; Flugwesen)*
hochdeutsch/niederdeutsch	*(sprachgeschichtlich: oberdeutsch und mitteldeutsch)*
Hochdeutsch/Mundart, Umgangssprache	*die Kinder sprachen gleich Hochdeutsch, nicht Mundart*
Hochdeutsche, das/das Niederdeutsche	*(sprachgeschichtlich: das Oberdeutsche und das Mitteldeutsche)*
Hochdruck/Niederdruck	*(hoher Gas- und Dampfdruck; Technik)*
Hochdruck/Tiefdruck	*(Meteorologie, Druckwesen)*
hochdrücken/herunterdrücken, runterdrücken	*einen Hebel hochdrücken*

Hochdruckgebiet/Tiefdruckgebiet	*(Meteorologie)*
Hochebene/Tiefebene	*auf der Hochebene*
Hochformat/Querformat	*(Format, bei dem die Höhe − von Büchern o. ä. − größer ist als die Breite)*
Hochfrequenz/Niederfrequenz	
Hochgarage/Tiefgarage	
hochgehen/runtergehen	*1. die Preise gehen hoch; 2. ich gehe erst hoch (die Treppe), und dann gehe ich wieder runter (2 Sachverhalte, 1 personenidentische Perspektive, 2 Standorte)*
hochgehen/runterkommen	*sie geht die Treppe hoch, und er kommt die Treppe runter (2 Sachverhalte, 1 personenidentische Perspektive, 1 Standort)*
Hochgericht/Niedergericht	*im Mittelalter urteilte das Hochgericht über Kapitalverbrechen*
Hochjagd/Niederjagd	*(Jagd auf Bär, Wolf, Rot-, Dam-, Schwarz- u. a. Wild)*
hochklappen/herunterklappen, runterklappen	*den Kragen (am Mantel) hochklappen*
hochkommen/runtergehen	*sie kommt die Treppe hoch, und er geht die Treppe runter (hinunter)*
hochkrempeln/herunterkrempeln, runterkrempeln	*die Ärmel hochkrempeln*
hochkurbeln/herunterkurbeln; s. a. runterkurbeln	*das Autofenster hochkurbeln*
Hochland/Tiefland	*(ausgedehnte Landfläche in größerer Höhe über dem Meeresspiegel)*
hochlaufen/runterlaufen	*die Treppe hochlaufen*
Hochleistungssport/Breitensport	*(auf Rekorde, Erfolge gerichteter Sport)*
Hochleitung/Erdleitung	*(elektrische Leitung, die über Masten geht)*
Hochlochziegel/Langlochziegel	*(Ziegel, der senkrecht zur Lage durchlocht ist)*
Hochmoor/Flachmoor	*(Geographie)*
Hochrelief/Flachrelief	*(Architektur)*
Hochrufe/Niederrufe	*jemanden mit Hochrufen empfangen*
Hochsaison/Nachsaison, Vorsaison	*in der Hochsaison waren alle Ferienwohnungen ausgebucht*
hochschalten/zurückschalten	*in den vierten Gang hochschalten*
hochschieben/herunterziehen	*die Wandtafel hochschieben*
Hochseefischerei/Küstenfischerei	*(Fischerei auf der hohen See, dem offenen Meer, mitten im Meer)*
Hochseeschiffahrt/Küstenschiffahrt	*(Schiffahrt zu allen Welthäfen)*
Hochspannung/Niederspannung	*(Elektrizität)*
hochspielen/herunterspielen, runterspielen	*eine Sache hochspielen (ihre Bedeutung als höher, als sie in Wirklichkeit ist, darstellen)*
Hochsprache/Dialekt, Mundart, Umgangssprache	*(Standardsprache; Sprache ohne mundartliche oder saloppe Merkmale)*
höchst.../mindest...	*das ist das Höchste, was man erwarten kann*

höchst.../niedrigst...	*das höchste Gehalt*
höchst.../tiefst...	*die höchste Freude und das tiefste Leid*
Höchst.../Mindest... (Substantiv)	*z. B. Höchststrafe/Mindeststrafe*
Höchstalter/Mindestalter	*Höchstalter für diesen Posten: nicht über 50*
hochstapeln/tiefstapeln; a. untertreiben	*(durch Worte usw. den Eindruck zu erwekken versuchen, daß man mehr ist oder mehr hat, als in Wirklichkeit vorhanden)*
Hochstart/Tiefstart	*(Leichtathletik)*
Höchstdosis/Mindestdosis	
hochsteigen/runtersteigen	*die Leiter hochsteigen*
höchstens/mindestens, wenigstens	*er ist höchstens 1.90 Meter groß; er verdient höchstens 4000 Mark*
Höchstgeschwindigkeit/ Mindestgeschwindigkeit	
Höchstgewicht/Mindestgewicht	
Höchstmaß/Mindestmaß	*ein Höchstmaß an Geduld*
Höchststrafe/Mindeststrafe	
Höchstwert/Niederstwert	*(Rechtswesen)*
Höchstwert/Tiefstwert	*Höchstwerte der Temperatur*
Hochton/Tiefton	*(Hauptbetonung bei den Silben eines Wortes oder im Satz; Phonetik)*
hochtourig/niedertourig	*(mit hoher Drehzahl laufend; Technik)*
hochtragen/runtertragen	*den Koffer hochtragen*
Hochwald/Niederwald	*(alter, aus Samen und Setzlingen erwachsener Wald)*
Hochwasser/Niedrigwasser; s. a. Ebbe	*bei Hochwasser baden*
hochwertig/minderwertig	*hochwertige Ware; hochwertige Angebote*
Hochwild/Niederwild	*Hochwild wie Elch, Rot-, Damhirsch*
Hochzahl/Grundzahl; s. a. Basis	*ein hochgestelltes n nach a ist die Hochzahl*
Hochzeitsmutter/Hochzeitsvater	*(Mutter der Braut)*
Hochzeitsvater/Hochzeitsmutter	*(Vater der Braut)*
hochziehen/herunterlassen, runterlassen	*die Jalousien hochziehen; die Hosen hochziehen*
hochziehen/runterrutschen	*die Strümpfe rutschten runter; er mußte sie immer wieder hochziehen*
hoffen/bangen	*nach dieser Nachricht lebt er zwischen Hoffen und Bangen*
Hoffnung/Furcht	*ihre Hoffnung, die Prüfung zu bestehen, war groß*
höflich/unhöflich	*er ist sehr höflich; eine höfliche Auskunft*
Höflichkeit/Unhöflichkeit	
hoh.../nieder...; a. niedrig	*hoher Adel; hohe Beamte*
hoh...; s. die hohe Jagd, hoher Schuh, höhere Pflanzen	
Höhe/Tiefe	*1. die Höhen und Tiefen im Laufe des Lebens; 2. die Höhe eines Tones (Musik)*

Höhepunkt/Tiefpunkt	*die Höhepunkte in seiner Laufbahn*
höher.../nieder...; a. niedrig	*die höheren Weihen*
höher.../unter...	*die höheren Dienstgrade*
höher.../zurück..., rück... (Verb)	*z. B. höherstufen/zurückstufen, rückstufen*
höher...; s. höhere Pflanzen	
höhere Pflanzen/niedere Pflanzen	*(Samenpflanzen)*
hoher Schuh/Halbschuh	
höherstufen/zurückstufen, rückstufen, runterstufen	*jemanden höherstufen (in bezug auf das Gehalt)*
hohl/voll	*hohle Wangen*
Hohlball/Vollball	*(Ball, der mit Luft gefüllt ist)*
hohler Rücken/fester Rücken	*(Buchbinderei)*
Hohlform/Vollform	*(Oberflächenform, die konkav nach innen einfällt)*
Hohlfuß/Plattfuß	*(überstarke Wölbung des Fußes)*
Hohlglas/Tafelglas	*(Technik)*
holen/abgeben	*(im Theater) die Garderobe holen*
holen/bringen	*die Weinflaschen aus dem Keller holen; ich habe die Zeitung geholt; er holt das Geld*
holen aus/werfen in	*etwas aus der Tonne holen*
Hölle/Himmel	*als schlechter Mensch nach dem Tod in die Hölle kommen (Religion)*
holokrin/merokrin	*holokrine Drüsen (zum Beispiel Talgdrüsen; Medizin)*
Holschuld/Bringschuld, Schickschuld	*(Leistungsverpflichtung, bei der der Gläubiger die Schuld bei Fälligkeit beim Schuldner abzuholen hat; Rechtswesen)*
Holzbläser/Blechbläser	*(jemand, der ein Holzblasinstrument − zum Beispiel: Oboe, Fagott, Klarinette, Flöte − spielt)*
holzfrei/holzhaltig	*holzfreies (keine Holzfasern enthaltendes) Papier*
holzhaltig/holzfrei	*holzhaltiges (Holzfasern enthaltendes) Papier*
homo/hetero; s. a. heterosexuell, straight	*der ist homo (homosexuell)*
Homo/Hetero; s. a. Heterosexueller, Straight	*das ist die Meinung der Homos (der Homosexuellen)*
homo.../hetero... (vor fremdsprachlicher Basis; Adjektiv)	*(mit der Bedeutung: gleich) z. B. homosexuell/heterosexuell*
Homöarkton/Homöoteleuton	*(Stilfigur, bei der die Anlautsilben aufeinanderfolgender Wörter gleich sind, zum Beispiel: hundert Hunde; per vitem ad vitam; Rhetorik)*
homochlamydeisch; s. homöochlamydeisch	
homodont/heterodont	*(in bezug auf gleichartige Zähne bei Tieren)*
Homodontie/Heterodontie	*(Gleichgestaltigkeit in bezug auf die Zähne)*

Homodynamie/Heterodynamie	*(Genetik)*
homodynamisch/heterodynamisch	*(Genetik)*
homogametisch/heterogametisch	*(Biologie)*
Homogamie/Dichogamie	*(gleichzeitige Reife; Botanik)*
Homogamie/Heterogamie	*(Bevorzugung gleicher oder ähnlicher Part-* *ner in bezug auf Alter, Konfession, Bil-* *dung usw. bei der Partnerwahl; Soziolo-* *gie)*
homogen/heterogen	*eine homogene Gruppe; homogene (gleich-* *artige) und heterogene (ungleichartige)* *Strukturen*
homogen/inhomogen	*in diesem Buch ist der Stil homogen zum* *Stoff (er entspricht dem Stoff), in dem* *anderen Buch dagegen ist der Stil inho-* *mogen zum Stoff (er entspricht nicht* *dem Stoff); ein homogenes Feld (Physik)*
Homogenität/Heterogenität	*auf Homogenität der Teilnehmer wurde* *Wert gelegt*
Homogenität/Inhomogenität	*die Homogenität des Stils zum Stoff*
Homogonie/Heterogonie	*(Philosophie)*
homograd/heterograd	*(qualitative Unterschiede betreffend; Stati-* *stik)*
Homoiarkton; s. Homöarkton	
Homoioplastik; s. Homoplastik	
homoiosmotisch; s. homöosmotisch	
Homoioteleuton; s. Homöoteleuton	
homoiotherm; s. homöotherm	
homolog/heterolog	*(artgleich)*
homologe Insemination/heterologe Insemi- nation	*(künstliche Befruchtung mit dem Samen* *des Ehemannes)*
Homolyse/Heterolyse	*(Chemie)*
homonom/heteronom	*(Zoologie)*
Homonomie/Heteronomie	*(Gleichartigkeit, zum Beispiel im Körper-* *bau; Biologie)*
Homonym/Heteronym	*Homonyme sind äußerlich identische Wör-* *ter, die aber inhaltlich verschieden sind* *und die sich auch grammatisch − z. B.* *im Genus, Plural − unterscheiden (die* *Banken/die Bänke)*
Homöoarkton; s. Homöarkton	
homöochlamydeisch/heterochlamydeisch	*(in bezug auf Blütenhüllen, bei denen sich* *− wie bei der Tulpe − die Kelchblätter* *von den Kronblättern nicht unterschei-* *den; Botanik)*
Homöopath/Allopath	*(homöopathisch behandelnder Arzt)*
Homöopathie/Allopathie; a. Schulmedizin	*(1796 von dem Arzt Hahnemann begrün-* *detes Heilverfahren, bei dem bestimmte* *Mittel in hoher Verdünnung angewen-* *det werden)*

homöopathisch/allopathisch	*(Medizin)*
Homöoplastik; s. Homoplastik	
homöopolar/heteropolar	*(Chemie)*
homöosmotisches Tier/poikilosmotisches Tier	*(Meerestier wie Krebs, Weichtier in bezug auf die Salzkonzentration)*
Homöoteleuton/Homöoarkton	*(Stilfigur, bei der die Endungen der aufeinanderfolgenden Wörter gleich sind, zum Beispiel: m<u>ach</u> mich w<u>ach</u>!; Rhetorik)*
homöotherm/poikilotherm	*(gleichbleibend warmblütig)*
homophag/heterophag	*(in bezug auf Parasiten: auf nur einem Wirtsorganismus schmarotzend; Biologie)*
homophon/polyphon	*(gleichstimmig; Musik)*
Homophonie/Polyphonie	*(in der Musik, wenn die Melodiestimme dominiert)*
Homoplastik/Heteroplastik; a. Alloplastik	*(das Einsetzen von arteigenem Gewebe, zum Beispiel von Mensch zu Mensch; Chirurgie)*
Homorrhizie/Allorrhizie	*(Botanik)*
homosensorielle Reproduktionen/heterosensorielle Reproduktionen	*(Reproduktionen aus dem gleichen Sinnesgebiet; Psychologie)*
Homosexualität/Heterosexualität	*(auf das eigene Geschlecht gerichtetes sexuelles Empfinden)*
homosexuell/heterosexuell; s. a. straight	*homosexuelle Männer, Frauen (deren sexuelles Empfinden auf das gleiche Geschlecht gerichtet ist; von Kertbeny 1871 geprägtes Wort)*
Homosexueller/Heterosexueller; s. a. Dioning, Hetero, Straight	*(Mann, der − anders als der Heterosexuelle − nicht Frauen, sondern Männer liebt)*
Homosexueller/Lesbierin; a. lesbisch	*Mann, der Männer liebt wie eine Lesbierin, die Frauen liebt; Homosexuelle und Lesbierinnen sind Menschen, deren sexuelles Empfinden sich auf Menschen des gleichen Geschlechts richtet*
Homoskedastizität/Heteroskedastizität	*(nicht signifikante Ungleichheit; Statistik)*
Homosphäre/Heterosphäre	*(Atmosphäre unterhalb 100 km)*
Homosporen/Heterosporen	*(Botanik)*
Homosporie/Heterosporie	*(Botanik)*
homostyl/heterostyl	*(von Blüten; Botanik)*
Homostylie/Heterostylie	*(Botanik)*
homosyllabisch/heterosyllabisch	*(zur gleichen Silbe gehörend)*
Homotransplantation/Heterotransplantation	*(Chirurgie)*
homozygot/heterozygot; s. a. mischerbig	*(gleiche Erbanlagen habend im Unterschied zum Bastard; Biologie)*
Homozygotie/Heterozygotie	*(Biologie)*
Honig; s. Bienenhonig, Kunsthonig	
Honorar; s. Absatzhonorar, Bogenhonorar, Pauschalhonorar	

hörbar/unhörbar	*ein hörbarer Ton*
hören/lesen	*er hat den Vortrag (von ihm) gehört*
hören/reden	*rede! Ich höre.*
hören/sprechen	*er hört, was sie spricht; das gesprochene und das gehörte Wort gräbt sich ins Gedächtnis ein*
hörend/gehörlos	*hörende Eltern, gehörlose Kinder*
Hörer/Hörerin	*liebe Hörerinnen und liebe Hörer!*
Hörer/Leser	*die Hörer des Textes haben es schwerer als die Leser*
Hörerin/Hörer	*liebe Hörerinnen und liebe Hörer!*
Hörerleser/Sprecherschreiber	*die Hörerleser sind die Rezeptiven, die Sprecherschreiber die Produktiven*
horizontal/vertikal; s. a. senkrecht	*eine horizontale Linie; horizontale Bildlaufleiste (EDV)*
Horizontale/Vertikale	
Horizontalkonzern/Vertikalkonzern	*(Konzern mit Unternehmen der gleichen Produktionsstufe)*
Horizontalseismometer/ Vertikalseismometer	*(Technik)*
Horizontaltor/vertikales Tor	*(beim alpinen Skirennen)*
Hörmuschel/Sprechmuschel	*(Telefon)*
Hörndlbauer/Körndlbauer	*(viehzüchtender Bauer; österreichisch)*
Hose; s. die Hosen anhaben	
Hosenrolle/Rockrolle	*(von einer Schauspielerin, Sängerin in der Oper verkörperte Männerrolle)*
hosianna/kreuziget ihn; a. pereat	*(Huldigungsruf zu jemandes Lob und Ehre; ursprünglich beim Einzug Jesu in Jerusalem)*
Hospites/Indigene	*(biotopfremde Arten; Ökologie)*
Hotelgäste/Hotelpersonal	*die Hotelgäste waren mit dem Hotelpersonal recht zufrieden*
Hotelkauffrau/Hotelkaufmann	
Hotelkaufmann/Hotelkauffrau	
Hotelpersonal/Hotelgäste	*die Hotelgäste waren mit dem Hotelpersonal recht zufrieden*
Hot Jazz/Sweet Music	
hott/hü[h], (landschaftlich) hüst; a. links	*(Ruf, mit dem Zugtiere angetrieben werden, nach rechts zu gehen) der Kutscher rief „hott!"*
hü; s. hüh	
hüben/drüben	*das ist hüben wie drüben (auf beiden Seiten) gleich*
Hubkolbenmotor/Drehkolbenmotor	*(Technik)*
hübsch/häßlich	*sie/er ist hübsch; ein hübsches Gesicht; dieser Bunker ist kein hübscher Anblick*
hügelab/hügelauf	*(den Hügel abwärts, hinab)*
hügelauf/hügelab	*(den Hügel aufwärts, hinauf)*
hügelig/eben	*ein hügeliges Gelände*

hüh/hott; a. rechts	*(Ruf, mit dem Zugtiere angetrieben wer-den, nach links zu gehen)*
Huhn/Hahn	*Henne und Huhn sind die Namen für das weibliche Tier; Hühner gackern, Hähne krähen*
Hühnerbrust/Heldenbrust	*(abwertend: schwach entwickelter Brust-korb)*
hui/pfui	*vorne hui (jung und schön) und hinten pfui (alt und häßlich)*
human/inhuman; s. a. unmenschlich	*eintreten für eine humane Drogenpolitik; eine humane Denkweise; humane An-sichten; eine humane Behandlung der Gefangenen*
Humaniora/Realien	*(schöne Künste und Wissenschaften; Päd-agogik)*
Humanität/Inhumanität	
Humanmedizin/Veterinärmedizin	*(Medizin, die sich mit dem Menschen be-faßt)*
humorlos/humorvoll	*eine humorlose Frau*
humorvoll/humorlos	*er hat humorvoll und angstfrei über Sexua-lität gesprochen*
Hund/Hündin	
Hund/Katze	*die leben wie Hund und Katze*
Hündin/Hund, Rüde	*(weiblicher Hund)*
Hunger/Durst; a. dursten	*Hunger habe ich nicht, aber Durst*
Hunger haben/satt sein	*hast du noch Hunger? Nein danke, ich bin satt*
hungern/dursten; a. Durst, durstig	*sie mußten hungern; es hungert ihn*
hungrig/durstig; a. Durst	*ich bin hungrig*
hungrig sein/satt sein	*er ist (noch) hungrig, doch sie ist (schon) satt*
Hure/Heilige	*die Kategorien des weiblichen Geschlechts: Heilige oder Hure; der Mann sucht in seiner Frau die Heilige und Hure zu-gleich*
Hurenkind/Schusterjunge	*(letzte, nicht ganz ausgefüllte Zeile eines Absatzes, die als erste Zeile auf die nächste Seite oder Spalte käme; Druck-wesen)*
hüst; s. hüh	
Hütte/Palast	*Friede den Hütten, Krieg den Palästen (Büchners Motto im „Hessischen Land-boten")*
Hutu/Tutsi	*(mit den Tutsi in Konflikt lebende acker-bautreibende Bevölkerung in Ostafrika, die sich − historisch gesehen − in einer Art Vasallenschaft zu den Tutsi befin-det)*
Hyazinth/Apoll	*(schöner Jüngling, der von Apoll geliebt wird; griechische Mythologie)*

Hydrodynamik/Hydrostatik	*(Physik)*
hydrodynamisch/hydrostatisch	*(Physik)*
hydrophil/hydrophob	*(wasserliebend, wasseranziehend, im Wasser lebend, Wasser aufnehmend)*
Hydrophilie/Hydrophobie	*(Chemie)*
hydrophob/hydrophil	*(wassermeidend, wasserabstoßend, Wasser als Lebensraum meidend)*
Hydrophobie/Hydrophilie	*(Chemie)*
Hydrostatik/Hydrodynamik	*(Physik)*
hydrostatisch/hydrodynamisch	*(Physik)*
hygienisch/unhygienisch	*alles ist sehr hygienisch*
hygro.../xero... (vor fremdsprachlicher Basis; Adjektiv)	*(mit der Bedeutung: feucht) z. B. hygrophil/xerophil*
Hygro.../Xero... (vor fremdsprachlicher Basis; Substantiv)	*(mit der Bedeutung: Feuchtigkeits...) z. B. Hygrophilie/Xerophilie*
hygrophil/xerophil	*(von Pflanzen, Tieren; einen feuchten Standort liebend)*
Hygrophilie/Xerophilie	*(Vorliebe von bestimmten Pflanzen, Tieren für einen feuchten Standort)*
Hygrophyt/Xerophyt	*(Botanik)*
Hylas/Herakles, Herkules	*(Liebling des Herakles, der auf der Argonautenfahrt von den Quellnymphen wegen seiner Schönheit geraubt wurde)*
hyp.../hyper... (vor fremdsprachlicher Basis; Adjektiv)	*(mit der Bedeutung: unter, sehr wenig) z. B. hypalgetisch/hyperalgetisch*
Hyp.../Hyper... (vor fremdsprachlicher Basis; Substantiv)	*(mit der Bedeutung: unter) z. B. Hypästhesie/Hyperästhesie*
Hypalbuminämie/Hyperalbuminämie	*(Medizin)*
hypalgetisch/hyperalgetisch	*(weniger schmerzempfindlich)*
Hypästhesie/Hyperästhesie	*(geringere Empfindlichkeit)*
hypästhetisch/hyperästhetisch	*(von geringerer Empfindlichkeit)*
hyper.../hyp[o]... (Adjektiv)	*(mit der Bedeutung: sehr viel, übermäßig, über...hinaus) z. B. hypermorph/hypomorph, hyperalgetisch/hypalgetisch*
Hyper.../Hyp[o]... (Substantiv)	*(mit der Bedeutung: übermäßig, über...hinaus) z. B. Hyperfunkion/Hypofunktion, Hyperinose/Hypinose*
Hyperalbuminämie/Hypalbuminämie	*(Medizin)*
hyperalgetisch/hypalgetisch	*(überaus schmerzempfindlich)*
Hyperästhesie/Hypästhesie	*(Überempfindlichkeit)*
hyperästhetisch/hypästhetisch	*(überempfindlich)*
Hyperbel/Litotes; a. Untertreibung	*(Übertreibung im sprachlichen Ausdruck, im Bild; zum Beispiel: meilenweit, Schneckentempo)*
Hyperbole, die/Litotes	*(Übertreibung im sprachlichen Ausdruck, im Bild; zum Beispiel: meilenweit, Schneckentempo)*
Hyperboliker/Hypoboliker	*(jemand, der sich übertrieben ausdrückt)*
Hyperbulie/Abulie	*(krankhafte Willenssteigerung)*

Hyperchlorämie/Hypochlorämie	(Medizin)
Hypercholesterinämie/ Hypocholesterinämie	(Medizin)
Hypercholie/Hypocholie	(Medizin)
hyperchrom/hypochrom	(zuviel Blutfarbstoff besitzend; Medizin)
Hyperchromie/Hypochromie	(Medizin)
Hyperdaktylie/Hypodaktylie	(das Angeborensein von mehr als fünf Fingern oder Zehen)
Hyperfunktion/Hypofunktion; s. a. Unterfunktion	(Überfunktion)
Hypergalaktie/Hypogalaktie	(Überschuß an Milch bei einer stillenden Frau)
Hypergamie/Hypogamie	(als Frau Heirat in eine höhere Schicht; Soziologie)
Hypergenitalismus/Hypogenitalismus	(vorzeitige oder besonders starke Entwicklung der Geschlechtsmerkmale)
Hypergeusie/Hypogeusie	(Überempfindlichkeit des Geschmackssinns)
Hyperglykämie/Hypoglykämie	(erhöhter Blutzuckergehalt)
Hyperhidrose/Hyphidrose	(starke Schweißabsonderung)
Hyperinose/Hypinose	(Medizin)
Hyperinsulinismus/Hypoinsulinismus	(Medizin)
Hyperjodämie/Hypojodämie	(Medizin)
Hyperkalämie/Hypokalämie	(Medizin)
Hyperkaliämie/Hypokaliämie	(erhöhter Kaliumspiegel)
Hyperkalzämie/Hypokalzämie	(erhöhter Kalziumspiegel)
Hyperkapnie/Hypokapnie	(Medizin)
Hyperkinese/Hypokinese	(Muskelzuckungen usw.; Medizin)
Hyperkortizismus/Hypokortizismus	(Überfunktion bei Erkrankung der Nebenniere)
Hyperleukozytose/Hypoleukozytose	(Medizin)
Hypermenorrhö/Hypomenorrhö	(starke Regelblutung)
Hypermetropie/Myopie; s. a. Kurzsichtigkeit	(Weitsichtigkeit)
hypermetropisch/myop; s. a. kurzsichtig	(weitsichtig)
Hypermnesie/Amnesie	(abnorm gesteigerte Gedächtnisfähigkeit)
hypermorph/hypomorph	(verstärkt; Biologie)
Hypernatriämie/Hyponatriämie	(Medizin)
Hyperodontie/Hypodontie	(Überzahl an Zähnen)
Hyperonym/Hyponym; a. Unterbegriff	(übergeordnetes, allgemeineres Wort, z. B. Medikament [= Hyperonym] zu Pille, Tablette [= Hyponyme])
Hyperonymie/Hyponymie	(Sprachwissenschaft)
Hyperosmie/Hyposmie	(Medizin)
Hyperparathyreoidismus/ Hypoparathyreoidismus	(Medizin)
Hyperphorie/Hypophorie	(Medizin)
Hyperpituitarismus/Hypopituitarismus	(Medizin)

Hyperplasie/Hypoplasie	*(Medizin)*
Hyperprosexie/Hypoprosexie	*(Medizin)*
Hyperproteinämie/Hypoproteinämie	*(Medizin)*
hypersom/hyposom	*(von sehr großem Wuchs; Medizin)*
Hypersomie/Hyposomie; s. a. Kleinwuchs, Mikrosomie, Zwergwuchs	*(Riesenwuchs; Medizin)*
Hypersonie/Hyposonie	*(Medizin)*
Hyperspermie/Hypospermie	*(vermehrte Samenbildung; Medizin)*
Hypersthenurie/Hyposthenurie	*(Medizin)*
Hypertension/Hypotension	*(Medizin)*
Hyperthymie/Hypothymie	*(ungewöhnlich gehobene seelische Stimmung; Psychologie)*
Hyperthymiker/Hypothymiker	*(reizbarer, explosiver Psychopath)*
Hyperthyreose/Hypothyreose; s. a. Unterfunktion	*(Überfunktion der Schilddrüse)*
Hypertonie/Hypotonie	*(erhöhter Blutdruck; gesteigerte Muskelspannung)*
Hypertoniker/Hypotoniker	*(jemand, der zu hohen Blutdruck hat; Medizin)*
hypertonisch/hypotonisch	*(Medizin)*
Hypertonus/Hypotonus	*(kurzfristig hoher Blutdruck; Medizin)*
Hypertrichose/Hypotrichose	*(übermäßige Behaarung am Körper)*
Hypertrophie/Hypotrophie	*(übermäßige Vergrößerung)*
Hyperventilation/Hypoventilation	*(Medizin)*
Hypervitaminose/Hypovitaminose	*(Schädigung auf Grund zu reichlicher Vitaminzufuhr)*
Hypervolämie/Hypovolämie	*(Medizin)*
Hyphidrose/Hyperhidrose	*(verminderte Schweißabsonderung)*
Hypinose/Hyperinose	*(Medizin)*
hypnagogische Halluzinationen/hypnopompische Visionen	*(lebhafte optische Vorstellungen, die vor dem Einschlafen auftreten; Psychologie)*
hypnopompische Visionen/hypnagogische Halluzinationen	*(Visionen, die kurz vor dem Aufwachen auftreten; Psychologie)*
hypo.../epi... (vor fremdsprachlicher Basis; Adjektiv)	*(mit der Bedeutung: unter) z. B. hypogäisch/epigäisch*
hypo.../hyper... (Adjektiv)	*(mit der Bedeutung: unter, sehr wenig) z. B. hyposom/hypersom*
Hypo.../Hyper... (Substantiv)	*(mit der Bedeutung: unter) z. B. Hyposomie/Hypersomie*
Hypoboliker/Hyperboliker	*(jemand, der sich knapp ausdrückt)*
Hypobulie/Hyperbulie	*(Willensschwäche)*
Hypochlorämie/Hyperchlorämie	*(Medizin)*
Hypocholesterinämie/Hypercholesterinämie	*(Medizin)*
Hypocholie/Hypercholie	*(Medizin)*
hypochrom/hyperchrom	*(zu wenig Blutfarbstoff besitzend; Medizin)*
Hypochromie/Hyperchromie	*(Medizin)*

Hypodaktylie/Hyperdaktylie	*(angeborenes Fehlen von Fingern oder Zehen)*
Hypodontie/Hyperodontie	*(eine zu geringe Anzahl an Zähnen; angeboren)*
Hypofunktion/Hyperfunktion; s. a. Überfunktion	*(Unterfunktion)*
hypogäisch/epigäisch	*(Botanik)*
Hypogalaktie/Hypergalaktie	*(bei einer stillenden Frau Milchmangel)*
Hypogamie/Hypergamie	*(als Frau Heirat in eine niedere Schicht; Soziologie)*
hypogastrisch/epigastrisch	*(Medizin)*
Hypogastrium/Epigastrium	*(Medizin)*
Hypogenitalismus/Hypergenitalismus	*(Unterentwicklung der Geschlechtsorgane)*
Hypogeusie/Hypergeusie	*(verminderte Geschmacksempfindung)*
Hypoglykämie/Hyperglykämie	*(verminderter Blutzuckergehalt)*
hypogyn/epigyn	*(unter dem Fruchtknoten; Botanik)*
Hypoinsulinismus/Hyperinsulinismus	*(Medizin)*
Hypojodämie/Hyperjodämie	*(Medizin)*
Hypokalämie/Hyperkalämie	*(Medizin)*
Hypokaliämie/Hyperkaliämie	*(verminderter Kaliumspiegel)*
Hypokalzämie/Hyperkalzämie	*(verminderter Kalziumspiegel)*
Hypokapnie/Hyperkapnie	*(Medizin)*
Hypokinese/Hyperkinese	*(vermindere Bewegungsfähigkeit; Medizin)*
Hypokortizismus/Hyperkortizismus	*(Medizin)*
Hypoleukozytose/Hyperleukozytose	*(Medizin)*
Hypolimnion/Epilimnion	*(Tiefenschicht eines Sees)*
Hypomenorrhö/Hypermenorrhö	*(zu schwache Regelblutung)*
hypomorph/hypermorph	*(schwächer; Biologie)*
Hyponastie/Epinastie	*(Krümmungsbewegung durch verstärktes Wachstum der Blattunterseite gegenüber der Blattoberseite bei Pflanzen)*
Hyponatriämie/Hypernatriämie	*(Medizin)*
Hyponym/Hyperonym; a. Oberbegriff	*(untergeordnetes, spezielleres Wort, z. B. Pille [= Hyponym] zu Medikament [= Hyperonym])*
Hyponymie/Hyperonymie	*(Sprachwissenschaft)*
Hypoparathyreoidismus/ Hyperparathyreoidismus	*(Medizin)*
Hypophorie/Hyperphorie	*(Medizin)*
Hypopituitarismus/Hyperpituitarismus	*(Medizin)*
Hypoplasie/Hyperplasie	*(Medizin)*
Hypoprosexie/Hyperprosexie	*(Medizin)*
Hypoproteinämie/Hyperproteinämie	*(Medizin)*
Hyposmie/Hyperosmie	*(Medizin)*
hyposom/hypersom	*(kleinwüchsig; Medizin)*
Hyposomie/Hypersomie; s. a. Großwuchs, Makrosomie, Riesenwuchs	*(Kleinwuchs; Medizin)*
Hyposonie/Hypersonie	*(Medizin)*

Hypospermie/Hyperspermie	*(geringere Samenbildung; Medizin)*
Hyposthenurie/Hypersthenurie	*(Medizin)*
hypotaktisch/parataktisch; s. a. nebenordnend	*in dem Satz „Sie kam nicht, weil sie krank war" ist „weil sie krank war" der hypotaktische, der untergeordnete Satz (Sprachwissenschaft)*
Hypotaxe/Parataxe; s. a. Koordination, Nebenordnung	*(syntaktische Unterordnung; in dem Satz „sie sagte, daß sie verliebt sei" handelt es sich bei „daß sie verliebt sei" um den untergeordneten Satz)*
Hypotension/Hypertension	*(Medizin)*
Hypotenuse/Kathete	*(Seite in einem rechtwinkligen Dreieck, die dem rechten Winkel gegenüberliegt)*
Hypothek/Grundschuld	*(Rechtswesen)*
Hypothese; s. Alternativhypothese, Nullhypothese	
hypothetisch/kategorisch	*(Philosophie)*
Hypothymie/Hyperthymie	*(Medizin)*
Hypothymiker/Hyperthymiker	*(jemand, der ängstlich verstimmt oder gemütsarm ist)*
Hypothyreose/Hyperthyreose; s. a. Überfunktion	*(Unterfunktion der Schilddrüse)*
Hypotonie/Hypertonie	*(zu niedriger Blutdruck; herabgesetzte Muskelspannung)*
Hypotoniker/Hypertoniker	*(Medizin)*
hypotonisch/hypertonisch	*(Medizin)*
Hypotonus/Hypertonus	*(Blutdruckverminderung)*
Hypotrichose/Hypertrichose	*(geringe Behaarung am Körper)*
Hypotrophie/Hypertrophie	*(unterdurchschnittliche Größe)*
Hypoventilation/Hyperventilation	*(Medizin)*
Hypovitaminose/Hypervitaminose	*(Schädigung durch zu wenig Vitamine)*
Hypovolämie/Hypervolämie	*(Medizin)*
hypsochrom/bathochrom	*(in bezug auf Farbe heller machend)*

I

Ich/Er	*Ich und Er (der Penis)*
Ich-Form/Er-Form	*ein Roman in Ich-Form*
ideal/real	*solche Zustände wären ideal, aber die realen Zustände sind eben anders*
Idealismus/Materialismus	*(durch sittlich-geistige Werte bestimmte Weltanschauung)*
Idealist[in]/Materialist[in]	*(jemand, dessen Denken und Handeln von sittlich-geistigen Werten bestimmt ist, der nicht an Materiellem − Gewinn, Geld usw. − interessiert ist)*
Idealist[in]/Realist[in]	*er ist ein Idealist (jemand, der schwärmerisch, wirklichkeitsfremd ist und die hemmenden Realitäten nicht sieht, sehen will), der die Welt verbessern will*
idealistisch/materialistisch	*eine idealistische Philosophie*
idealistisch/realistisch	*eine idealistische (von Idealen, die Wirklichkeit nicht berücksichtigende) Einstellung*
Idealität/Realität	*(Philosophie)*
Idealkristall/Realkristall	*(idealisierter regelmäßiger Kristall; Fachsprache)*
Idealverein/wirtschaftlicher Verein	*(Rechtswesen)*
ideell/materiell	*ideelle (vom Geistigen bestimmte) Werte; der ideelle Wert eines Familienschmucks; eine Idee ideell fördern*
ideenarm/ideenreich	*eine ideenarme Erzählung*
Ideenarmut/Ideenreichtum	*seine Ideenarmut ist erschreckend*
ideenreich/ideenarm	*eine ideenreiche Erzählung*
Ideenreichtum/Ideenarmut	*sein Ideenreichtum ist faszinierend*
ideologisieren/entideologisieren	
idio.../xeno... (vor fremdsprachlicher Basis; Adjektiv)	*(mit der Bedeutung: eigen, selbst) z. B. idiomorph/xenomorph*
Idioblast/Xenoblast	*(Mineralogie)*
idioblastisch/xenoblastisch	*(Mineralogie)*
idiochromatisch/allochromatisch	*(die eigene Farbe habend; Mineralogie)*
idiographisch/nomothetisch	*(Fachsprache)*
Idiolekt/Soziolekt	*(individueller Sprachgebrauch; Sprachwissenschaft)*
idiomorph/allotriomorph	*(Mineralogie)*
idiomorph/xenomorph	*(Geologie)*
idiopathisch/traumatisch	*(von sich aus entstanden; Medizin)*
Idol/Fan	*das Idol wurde von seinen Fans umringt*

...ier/...ette (Substantiv)	z. B. Chansonnier/Chansonnette
...ier/...iere (Substantiv)	z. B. Cafetier/Cafetiere
...ier/...ieuse (Substantiv)	z. B. Croupier/Croupieuse
...iere/...ier (Substantiv)	z. B. Cafetiere/Cafetier
...ieuse/...ier (Substantiv)	z. B. Croupieuse/Croupier
...ig/...los (Adjektiv)	z. B. bärtig/bartlos
Igel/Hase	(nach dem Grimmschen Märchen „Der Hase und der Igel")
ignorieren/beachten	jemanden ignorieren; die Vorschrift ignorieren
...iker/...and (Substantiv)	(Suffix zur Bildung eines männlichen Substantivs: jemand, der etwas tut) z. B. Analytiker/Analysand
il...(vor fremdsprachlichem Adjektiv mit anlautendem l)/...	(mit der Bedeutung: nicht, un-) z. B. illoyal/loyal
Il...(vor fremdsprachlichem Substantiv mit anlautendem l)/...	(mit der Bedeutung: nicht, un-) z. B. Illegalität/Legalität
illegal/legal	illegaler (gesetzwidriger, nicht dem geltenden Gesetz entsprechender) Geldumtausch; illegale Einwanderung; illegal einreisen; sich etwas auf illegale Weise beschaffen
Illegalität/Legalität	
illegitim/legitim	dieses Vorgehen ist illegitim (unrechtmäßig, dem Rechtsgefühl widersprechend)
Illegitimität/Legitimität	
illiberal/liberal	illiberale (die freie Entfaltung hemmende, verhindernde) Politik
Illiberalität/Liberalität	
illiquid/liquid; s. a. solvent, zahlungsfähig	eine illiquide (nicht zahlungsfähige) Firma
Illiquidität/Liquidität	
Illokution/Perlokution	(Sprechhandlung im Hinblick auf die kommunikative Funktion wie Warnung, Zweifel, Behauptung)
illokutionär/perlokutionär	(Sprachwissenschaft)
illokutiv/lokutiv, perlokutiv	(Sprachwissenschaft)
illoyal/loyal	er verhält sich illoyal zur Regierung (sie und ihre Politik nicht respektierend)
Illoyalität/Loyalität	
Illusion/Realität, Wirklichkeit	das ist eine Illusion, aber nicht die Wirklichkeit, nicht die Realität
im...(vor fremdsprachlichem Adjektiv mit anlautendem m, p)/...	(mit der Bedeutung: nicht, un-) z. B. immateriell/materiell
Im...(vor fremdsprachlichem Substantiv mit anlautendem m, p)/...	(mit der Bedeutung: nicht, un-) z. B. Imparität/Parität
im Affekt/vorsätzlich	er hat im Affekt gemordet
imaginäre Zahlen/reelle Zahlen	(Mathematik)
im allgemeinen/im besonderen	das betrifft die Familie im allgemeinen und die Kinder im besonderen

im Anzug sein/abziehen   *ein Gewitter ist im Anzug*
im Berufsleben stehen/Rentner sein   *er steht noch im Berufsleben*
im besonderen/im allgemeinen   *das betrifft die Familie im allgemeinen*
                                                und die Kinder im besonderen

im Bett sein/aufsein, aus dem Bett sein   *er ist (noch) im Bett*
im Dienst/in der Freizeit   *im Dienst raucht er nicht, nur in der Frei-*
                                                zeit

im ganzen/stückweise   *etwas im ganzen abgeben*
im großen/im kleinen   *etwas im großen und im kleinen betreiben*
Imitation/Original   *das ist (nur) eine Imitation, nicht das Ori-*
                                                ginal

imitiert/echt   *imitiertes Leder; Nußbaum imitiert*
im kleinen/im großen   *die Gemeinde ist ein Staat im kleinen*
immanent/transzendent   *(innerhalb möglicher Erfahrung liegend;*
                                                Philosophie)

Immanenz/Transzendenz   *(Philosophie)*
immateriell/materiell   *immaterieller (unstofflicher) Schaden (Ge-*
                                                sundheit, Freiheit, seelisches Trauma
                                                beim Unfall); immaterielle Werte; imma-
                                                terielles Kapital, das die Kulturarbeit
                                                im Ausland angesammelt hat

Immatrikulation/Exmatrikulation   *(die Eintragung in die Matrikel einer*
                                                Hochschule)

immatrikulieren/exmatrikulieren   *der Student wurde immatrikuliert (als Stu-*
                                                dent eingeschrieben)

immediat/mediat   *(unmittelbar)*
immediatisieren/mediatisieren   *ein Territorium immediatisieren (reichsun-*
                                                mittelbar machen; Geschichte)

immensurabel/mensurabel   *(unmeßbar)*
immer/nie   *sie hilft immer*
immer; s. für immer
immergrün/sommergrün   *immergrüne Pflanzen, zum Beispiel Efeu*
immer noch/schon wieder   *er ist immer noch krank; Saskia ist immer*
                                                noch da, doch Thiemo ist schon wieder
                                                weg

Immigrant/Emigrant; s. a. Auswanderer   *(Einwanderer)*
Immigration/Emigration; s. a. Auswande-   *(Einwanderung)*
   rung
immigrieren/emigrieren; s. a. auswandern   *(einwandern)*
Immission/Suszeption; a. raus/rein   *(das Einführen [des Penis in die Vagina, in*
                                                den After])

immobil/mobil   *1. immobile (nicht wegbewegbare) Werte,*
                                                zum Beispiel ein Haus; eine immobile
                                                Funkstation; 2. ohne Auto ist man im-
                                                mobil (ist man in seiner Mobilität einge-
                                                schränkt, in bezug auf spontane Unter-
                                                nehmungen in die Umgebung usw.)

Immobilien/Mobilien   *(unbewegliches Vermögen wie Grundbe-*
                                                sitz, Haus)

Immobilismus/Mobilismus	*(Unbeweglichkeit, auch gedankliche)*
Immoralität/Moralität	*(Gleichgültigkeit gegenüber moralischen Werten)*
Immortalität/Mortalität; a. Sterblichkeit	*(Unsterblichkeit)*
im nachhinein/im vorhinein; a. ex ante	*im nachhinein kann man das leicht sagen*
impair/pair	*ungerade (von Zahlen beim Roulett)*
Imparität/Parität	*(Ungleichheit)*
imperatives Mandat/freies Mandat	*(in der Politik ein Mandat, das den Mandatsträger an Aufträge der Gruppe bindet, die ihn als Vertreter gewählt hat)*
imperfektiv/perfektiv	*„wachen" ist ein imperfektives (zeitlich nicht begrenztes) Verb*
Imperfektiv/Perfektiv	*(grammatischer Aspekt)*
imperforabel/perforabel	*(nicht durchbohrbar)*
impermeabel/permeabel	*(undurchlässig; Medizin)*
Impersonale/Personale	*(unpersönliches, nur in der dritten Person gebrauchtes Verb, z. B. es regnet)*
imperzeptibel/perzeptibel	*(Psychologie)*
Impfende[r]/Impfling	*(jemand, der impft)*
Impffreudigkeit/Impfmüdigkeit	*die Impffreudigkeit in bezug auf Kinderlähmung ist verflogen, sie ist der Impfmüdigkeit gewichen*
Impfling/Impfende[r]	*(jemand, der geimpft wird oder geimpft worden ist)*
Impfmüdigkeit/Impffreudigkeit	*es ist eine Impfmüdigkeit in bezug auf Kinderlähmung festzustellen (immer weniger lassen sich impfen)*
Implantation/Explantation	*(Medizin)*
implausibel/plausibel	*(nicht einleuchtend)*
implizit/explizit	*diese Aussage ist im Text implizit enthalten; implizite Ableitungen sind zum Beispiel „Verhungerter" (von verhungern), „Trunk" (von trinken) (Sprachwissenschaft)*
implodieren/explodieren	*der Fernsehapparat ist implodiert (ist durch äußeren Überdruck zerstört)*
Implosion/Explosion	
imponderabel/ponderabel	*(unwägbar; nicht einschätzbar in der Wirkung)*
Imponderabilien/Ponderabilien	*(Unwägbarkeiten)*
Import/Export; s. a. Ausfuhr	*der Import (die Einfuhr) von Obst*
Importeur/Exporteur	
importieren/exportieren; s. a. ausführen	*Zitronen importieren (in ein Land einführen)*
Importkohle/heimische Kohle	
Importland/Exportland	
importun/opportun	*(ungeeignet, unpassend)*

impotent/potent; a. fertil, fruchtbar, zeugungsfähig

1. *er ist impotent (a: unfähig zum Geschlechtsverkehr; b: unfähig, Kinder zu bekommen); 2. impotente (nicht über genügend Geld verfügende) Kaufinteressenten*

Impotenz/Potenz; s. a. Zeugungsfähigkeit, Fertilität

impraktikabel/praktikabel

eine impraktikable (unpraktische) Anordnung; ein impraktikabler (undurchführbarer) Vorschlag

im Profil/von vorn

ein Foto von ihr im Profil (von der Seite)

imstande sein/außerstande sein

er ist imstande, diese Arbeit auszuführen

im Stich lassen/beistehen

jemanden in der Not im Stich lassen

im Stück/in Scheiben

Käse im Stück kaufen (nicht in Scheiben geschnitten)

im Uhrzeigersinn/entgegen dem Uhrzeigersinn

(nach rechtsherum)

im vorhinein/im nachhinein

er hat das schon im vorhinein vermutet

im Vorverkauf/an der Abendkasse

Theaterkarten im Vorverkauf kaufen

in/aus; a. kommen aus/gehen in; steigen aus/steigen in

den Stuhl in die Küche bringen, tragen; in das Haus gehen; jemandem in den Mantel helfen; der Weg in die Abhängigkeit; ich steige ins Auto; in den Bus einsteigen

in/aus (bei Länder- und Städtenamen mit Artikel); a. aus/nach

in die Schweiz/aus der Schweiz; in das schöne Berlin/aus dem schönen Berlin

in/außer

in Sichtweite

in/außerhalb (örtlich und zeitlich)

das Leben in der Stadt; im Haus bleiben; das Attentat auf den Präsidenten ereignete sich in Frankreich; die Änderungen in uns wahrnehmen; in der Ehe; in der Dienstzeit

in (bei Länder- und Städtenamen mit Artikel)/nach (bei Länder- und Städtenamen ohne Artikel); in bezug auf eine Richtung: hinein; a. nach/aus

er reist in die Schweiz/ins Iran, sie nach Schweden/nach Irak; die Flucht in die Bundesrepublik/die Flucht nach Frankreich

in/über

das Oberhemd in der Hose tragen

in/vor

in einer Stunde kommt er an; in zwei Wochen werde ich ihn sehen; vor einer Woche ist er angekommen, und in einer Woche wird er wieder wegfahren

in; s. in sein

in... (vor fremdsprachlichem Adjektiv)/...

(mit der Bedeutung: nicht, un-) z. B. intolerant/tolerant

In... (vor fremdsprachlichem Substantiv)/...

(mit der Bedeutung: nicht, un-) z. B. Inkonsequenz/Konsequenz

...in (Substantivsuffix zur Kennzeichnung des Weiblichen)/...

z. B. Lehrerin/Lehrer, Raucherin/Raucher, Vertreterin/Vertreter, Greisin/Greis, Wirtin/Wirt

...in (Substantivsuffix zur Kennzeichnung des Weiblichen + Umlaut)/...	*z. B. Ärztin/Arzt*
...in (Substantivsuffix zur Kennzeichnung des Weiblichen; mit Wegfall des e)/...	*z. B. Türkin/Türke*
...in (Substantivsuffix zur Kennzeichnung des Weiblichen + Umlaut und Wegfall des e)/...	*z. B. Französin/Franzose*
...in (Substantivsuffix zur Kennzeichnung des Weiblichen mit Ausfall des -er von ...erer)/...	*z. B. Herausforderin/Herausforderer, Auswanderin/Auswanderer, Zauberin/Zauberer*
in abstracto/in concreto	*(vom nur Gedachten ausgehend; die Wirklichkeit dabei außer acht lassend)*
inadäquat/adäquat; s. a. angemessen	*das ist ein inadäquates (einem Vergleichbaren nicht entsprechendes) Geschenk*
Inadäquatheit/Adäquatheit	
inakkurat/akkurat	*inakkurat (unsorgfältig) arbeiten*
inaktiv/aktiv; a. grenzflächenaktiv	*ein inaktives Vereinsmitglied; politisch inaktiv (obgleich dazu die Möglichkeit besteht, selbst nicht tätig) sein; inaktive Vorstufe eines Vitamins; inaktive chemische Substanzen; die Gehirnzellen sind im Alter inaktiver (weniger aktiv, aber nicht passiv)*
inaktivieren/aktivieren	*Senföle inaktivieren Bakterien; schädliche Substanzen inaktivieren*
Inaktivität/Aktivität	*körperliche Inaktivität (Untätigkeit); er bedauerte ihre/seine sexuelle Inaktivität*
inaktuell/aktuell	*das Thema ist inaktuell*
inakzeptabel/akzeptabel; s. a. annehmbar	*dieser Vorschlag ist inakzeptabel (nicht annehmbar)*
Inakzeptanz/Akzeptanz	
inapparent/apparent	*eine inapparente (nicht sichtbare) Krankheit, Infektion*
inappellabel/appellabel	*(Rechtswesen)*
inäqual/äqual	*(nicht gleich)*
in Aquarell/in Öl	*in Aquarell (mit Wasserfarben) malen*
in Begleitung/allein	*ich habe ihn gesehen. Er war in Begleitung*
in Betracht ziehen/absehen von	*wenn ich dieses Faktum mit in Betracht ziehe...*
in Betrieb/außer Betrieb	*dieser Wasserturm ist (noch) in Betrieb*
in Betrieb nehmen/stillegen	*die Fabrik in Betrieb nehmen*
Inborder/Outborder	*(Einbaumotorboot)*
incipit/explicit	*„incipit" heißt „es beginnt" (am Anfang von Druckschriften)*
in concreto/in abstracto	*in Wirklichkeit (so vorhanden)*
Incubus; s. Inkubus	
indefinit/definit; a. bestimmt	*„jemand" ist ein indefinites (unbestimmtes) Pronomen*
indeklinabel/deklinabel; s. a. beugbar	*„rosa" ist ein indeklinables Adjektiv (ein rosa Hemd, aber: ein grünes Hemd)*

indelikat/delikat   *das Problem wurde recht indelikat (wenig fein) gelöst*

Independenz/Dependenz   *(Unabhängigkeit)*

in der Freizeit/im Dienst   *er raucht nur in der Freizeit, nicht im Dienst*

in der Luft/zu Wasser   *(Militär)*

in der Masse/als einzelner   *in der Masse ist er aggressiv*

in der Nacht/am Tage; s. a. tagsüber   *in der Nacht wird er munter*

indeterminiert/determiniert; s. a. bestimmt   *(unbestimmt)*

Indeterminismus/Determinismus   *(Anschauung von der Freiheit des Willens; Ethik)*

Indeterminist/Determinist   *(Philosophie)*

indeterministisch/deterministisch

indezent/dezent   *eine indezente (nicht sehr feinfühlige) Bemerkung*

Indezenz/Dezenz   *(taktloses Verhalten)*

indigen/fremd, entlehnt; a. fremdsprachig *„Kopf" ist ein indigenes (einheimisches) Wort*

Indigene/Hospites   *(biotopeigene Arten)*

indigenes Wort/Fremdwort   *„Kern" ist ein indigenes Wort, „Atom" ein Fremdwort*

Indikation/Kontraindikation   *(Heilanzeige, die die Anwendung bestimmter medizinischer Maßnahmen sinnvoll und erforderlich erscheinen läßt; Medizin)*

Indikativ/Konjunktiv; s. a. Möglichkeitsform   *„er kommt" ist eine Form im Indikativ*

indikativisch/konjunktivisch   *(Grammatik)*

indirekt/direkt; s. a. unmittelbar   *indirekte Einflußnahme*

indirekte Beleuchtung/direkte Beleuchtung *bei der indirekten Beleuchtung ist die Lichtquelle − die Glühbirnen usw. − selbst nicht zu sehen*

indirekte Rede/direkte Rede; s. a. Oratio recta   *bei der indirekten Rede wird eine Äußerung mittelbar wiedergegeben (Er sagte, er werde das machen)*

indirekter Freistoß/direkter Freistoß   *(Freistoß, bei dem nicht direkt ein Tor erzielt werden kann; Fußball)*

indirekte Steuer/direkte Steuer   *die Umsatzsteuer gehört zu den indirekten Steuern*

indirekte Wahl/direkte Wahl   *(Wahl zum Beispiel durch Wahlmänner, nicht durch die Wähler selbst)*

indiskret/diskret   *er fragte sehr indiskret (unverblümt und direkt)*

Indiskretheit/Diskretheit

Indiskretion/Diskretion   *(„Unverschwiegenheit" in bezug auf eine Mitteilung o. ä., die aus Gründen des Takts, des Vertrauens nicht hätte gemacht werden sollen)*

indiskutabel/diskutabel   *ein indiskutabler Vorschlag (über den man gar nicht erst zu reden braucht)*

indisponibel/disponibel	*indisponible (nicht verfügbare) Gelder*
indisponiert/[gut] disponiert	*die Sängerin ist indisponiert (in nicht guter Verfassung)*
indisputabel/disputabel	*(unstrittig)*
Individual.../Kollektiv... (Substantiv)	*(mit der Bedeutung: das Einzelwesen/den einzelnen/das einzelne betreffend) z. B. Individualbegriff/Kollektivbegriff*
Individualarbeitsrecht/ Kollektivarbeitsrecht	*(Rechtswesen)*
Individualbegriff/Kollektivbegriff	*(Philosophie)*
Individualethik/Sozialethik	*(Philosophie)*
Individualisation/Generalisation	
individualisieren/generalisieren	*(das Individuelle hervorheben, herausstellen; auf den einzelnen abstimmen)*
Individualprophylaxe/Gruppenprophylaxe	*zahnärztliche Individualprophylaxe zum Beispiel durch professionelle Zahnreinigung*
Individualpsychologie/ Kollektivpsychologie	
Individualtotemismus/Gruppentotemismus	*(Völkerkunde)*
Individualtourismus/Pauschaltourismus	
Individualverkehr/öffentlicher Verkehr	*(Verkehr, der aus privaten Personenwagen und Lastkraftwagen besteht; Verkehrswesen)*
Individuation/Sozialisation	
individuell/kollektiv	*eine individuelle Leistung; individuelle Trauer*
individuell/überindividuell	*individueller Stiltyp*
individuell; s. interindividuell, intraindividuell, überindividuell	
indivisibel/divisibel	*(unteilbar)*
indiziert/kontraindiziert	*(Medizin)*
indizierte Leistung/effektive Leistung	*(Technik)*
Indossant/Indossat[ar]	*(Wirtschaft)*
Indossat[ar]/Indossant	*(Wirtschaft)*
Induktion/Deduktion	*(Ableitung vom Einzelfall)*
induktiv/deduktiv	*eine induktive (vom Einzelfall verallgemeinernde) Methode*
industriefeindlich/industriefreundlich	
industriefern/industrienah	*ein Haus in industrieferner Lage*
industriefreundlich/industriefeindlich	
Industriegebiet/Agrargebiet	
Industriekauffrau/Industriekaufmann	*sie ist Industriekauffrau*
Industriekaufmann/Industriekauffrau	*er ist Industriekaufmann*
Industrieland/Entwicklungsland	
industrienah/industriefern	*ein Haus in industrienaher Lage*
Industrieproletariat/Landproletariat	
Industriestaat/Agrarstaat	

induzieren/deduzieren
(vom besonderen Einzelfall auf das Allgemeine schließen)

ineffektiv/effektiv
eine ineffektive (nicht ergiebige) Arbeitsweise

ineffizient/effizient
eine ineffiziente (nicht lohnende, unwirksame) Methode

Ineffizienz/Effizienz
er sprach von der Ineffizienz (Unwirtschaftlichkeit) der Unternehmung

in Erinnerung bleiben/vergessen
dieses Erlebnis ist mir in Erinnerung geblieben

inexakt/exakt
eine inexakte Berechnung

inexistent/existent
(nicht bestehend)

inexplizit/explizit

inexplosibel/explosibel
(nicht explodierend)

inexplosiv/explosiv
(nicht explodierend)

in extenso/in nuce
(ausführlich)

Infant/Infantin
(in Spanien und Portugal Titel für den Prinzen)

Infanterie/Kavallerie
(früher: die zu Fuß kämpfende Truppe; Militär)

Infanterist/Kavallerist
(früher: jemand, der bei der Infanterie – bei der zu Fuß kämpfenden Truppe – ist)

Infantin/Infant
(in Spanien und Portugal Titel für die Prinzessin)

in Farbe/schwarzweiß
der Film war in Farbe im Fernsehen zu sehen

Infauna/Epifauna
(Gesamtheit der Wassertiere, die sich in etwas eingraben; Ökologie)

Inferiorität/Superiorität
(Untergeordnetheit; Unterlegenheit)

infertil/fertil; a. fruchtbar
(nicht zeugungsfähig)

Infertilität/Fertilität; a. Fruchtbarkeit, Potenz, Zeugungsfähigkeit

Infibulation/Keuschheitsgürtel
(das Vernähen, Verheften oder Verspangen der Vorhaut, um Beischlaf oder Masturbation zu verhindern)

infinite Form/finite Form
„gehend" ist eine infinite (unbestimmte, keine Zahl oder Person bezeichnende) Form

Inflation/Deflation
(Vermehrung des Geldumlaufs)

inflationär/deflationär
(Wirtschaft)

inflationistisch/deflationistisch
(Wirtschaft)

inflatorisch/deflatorisch
(Wirtschaft)

inflexibel/flexibel
ein inflexibles (nicht anpassungsfähiges) Währungssystem

Inflexibilität/Flexibilität
geistige Inflexibilität

informal/formal
informale Sanktionsinstanz, die Öffentlichkeit

Informand/Informant
der Informand wird informiert

Informant/Informand	*der Informant informiert*
Information/Desinformation	
Informationsarmut/Informationsreichtum	
Informationsreichtum/Informationsarmut	
informell/formell	*ein informelles (ohne Formalitäten stattfin-dendes) Treffen*
infra.../supra... (vor fremdsprachlicher Ba-sis; Adjektiv)	*(mit der Bedeutung: unter[halb]) z. B. in-fraglottal/supraglottal*
infraglottal/supraglottal	*(unterhalb der Zunge; Phonetik)*
infrakrustal/suprakrustal	*(unterhalb der Erdkruste; Geologie)*
Infraschall/Ultraschall	*(Schall unter 16 Hertz; für den Menschen nicht hörbar)*
in Frieden; s. Frieden/Unfrieden	*sie schieden in Frieden*
Ingenieur/Ingenieurin	
Ingenieurin/Ingenieur	
in Gesellschaft/allein	*sie ist gern in Gesellschaft*
ingressiv/egressiv	*(beim Verb den Beginn eines Vorgangs be-zeichnend, z. B. erblühen)*
in großer Zahl/vereinzelt	*solche Pannen kommen in großer Zahl vor*
Ingroup/Outgroup	*(Wir-Gruppe; Gruppe, zu der man gehört; Soziologie)*
in Gruppen/einzeln	*sie wurden in Gruppen durch die Ausstel-lung geführt*
Inhaber/Inhaberin	
Inhaberaktie/Namensaktie	
Inhaberin/Inhaber	
Inhaberpapier/Namenspapier, Orderpa-pier, Rektapapier	*(Wertpapier, bei dem kein Nachweis der Verfügungsberechtigung nötig ist, zum Beispiel Pfandbrief, Obligation, Inhaber-aktie, Lotterielos)*
Inhaberzeichen/Legitimationszeichen	*(Rechtswesen)*
in Haft nehmen/aus der Haft entlassen	*er wurde wegen Steuerhinterziehung in Haft genommen*
Inhalt/Ausführung	*(Sport)*
Inhalt/Form	*Inhalt und Form eines Aufsatzes*
Inhalt/Verpackung	*die Verpackung ist teurer als der Inhalt des Pakets*
inhaltlich/formal	*das Buch ist inhaltlich und formal anspre-chend; es gibt inhaltliche und formale Gründe, dagegen zu sein*
Inhaltsirrtum/Erklärungsirrtum	*(Rechtswesen)*
Inhaltsseite/Ausdrucksseite; s. a. Signifi-kant	*die Inhaltsseite (der Inhalt) eines Wortes (Sprachwissenschaft)*
inhaltsseitig/ausdrucksseitig	
Inhibitor/Aktivator	*(Chemie)*
inhomogen/homogen	*der Stil ist inhomogen (nicht von gleicher Art) zum Stoff; ein inhomogenes Feld (Physik)*

Inhomogenität/Homogenität
inhuman/human; s. a. menschlich   *eine inhumane Drogenpolitik; eine inhu-*
                                              mane (menschenunfreundliche) Denk-
                                              weise; die Gefangenen wurden inhuman
                                              behandelt; diese Mentalität führt zu ei-
                                              ner inhumanen Gesellschaft

Inhumanität/Humanität
inintelligibel/intelligibel   *(Philosophie)*
Initiator/Initiatorin
Initiatorin/Initiator
Injektiv/Ejektiv   *(Verschlußlaut, bei dem Luft in den Mund*
                                              eingezogen wird)

Inkardination/Exkardination   *(Eingliederung eines katholischen Geistli-*
                                              chen in eine bestimmte Diözese)

inkludieren/exkludieren; a. ausschließen   *(einschließen, mit beinhalten; Fachsprache)*
inklusive/exklusive; s. a. abzüglich   *Preis inklusive Frühstück (das Frühstück*
                                              ist in den Preis eingeschlossen)

inkohärent/kohärent   *(unzusammenhängend)*
Inkohärenz/Kohärenz   *(fehlender Zusammenhang)*
inkollegial/kollegial   *inkollegiales Verhalten*
inkommensurabel/kommensurabel   *inkommensurable (nicht meßbare, nicht*
                                              vergleichbare) Größen

Inkommensurabilität/Kommensurabilität   *(Mathematik, Physik)*
inkomparabel/komparabel   *(nicht vergleichbar)*
inkompatibel/kompatibel; s. a. verträglich   *(unvereinbar mit etwas anderem)*
Inkompatibilität/Kompatibilität; s. a. Ver-   *(Unvereinbarkeit in bezug auf anderes)*
  träglichkeit
inkompetent/kompetent   *er ist inkompetent und kann das nicht be-*
                                              urteilen

Inkompetenz/Kompetenz
inkomplett/komplett; s. a. vollständig   *eine inkomplette (unvollständige) Samm-*
                                              lung

inkomprehensibel/komprehensibel   *(unbegreiflich)*
inkompressibel/kompressibel   *(nicht zusammenpreßbar, nicht verdicht-*
                                              bar; Physik)

Inkompressibilität/Kompressibilität   *(Physik)*
inkongruent/kongruent   *inkongruente (nicht übereinstimmende,*
                                              nicht deckungsgleiche) geometrische Fi-
                                              guren; inkongruente Zahlen

Inkongruenz/Kongruenz   *(Nichtübereinstimmung)*
inkonsequent/konsequent   *inkonsequent (nicht bei seinen Vorsätzen*
                                              usw. bleibend, sie nicht uneingeschränkt
                                              verfolgend) sein, handeln; sich inkonse-
                                              quent verhalten

Inkonsequenz/Konsequenz   *seine Inkonsequenz wurde getadelt*
inkonsistent/konsistent   *eine inkonsistente (nicht haltbare) Masse*
Inkonsistenz/Konsistenz
inkonstant/konstant   *inkonstante (nicht gleichbleibende) Tempe-*
                                              raturverhältnisse; die Kosten sind inkon-
                                              stant

Inkonstanz/Konstanz	
Inkontinenz/Kontinenz	*(Unfähigkeit, Urin/Stuhl zurückzuhalten)*
inkonvenabel/konvenabel	*(unschicklich)*
Inkonvenienz/Konvenienz	*(das gesellschaftlich Unschickliche)*
inkonvertibel/konvertibel	*(nicht wandelbar; Wirtschaft)*
inkonziliant/konziliant	*(wenig umgänglich, nicht entgegenkommend)*
inkonzinn/konzinn	*(ungleichmäßig im Satzbau; Rhetorik)*
Inkonzinnität/Konzinnität	
inkorrekt/korrekt	*er hat sich inkorrekt (nicht angemessen) verhalten; diese Stelle ist inkorrekt (nicht richtig) zitiert*
Inkorrektheit/Korrektheit	*Inkorrektheit im Verhalten*
inkorrigibel/korrigibel	*diese Äußerung ist inkorrigibel (läßt sich nicht wieder rückgängig machen, nicht korrigieren)*
in Kraft/außer Kraft	*ein Gesetz ist in Kraft*
Inkraftsetzung/Außerkraftsetzung	
Inkrafttreten/Außerkrafttreten	
Inkrement/Dekrement	*(Mathematik)*
inkrementieren/dekrementieren	*(EDV)*
Inkubus/Sukkubus; a. Druntenlieger	*(Obenauflieger; in der Volkskunde und in mittelalterlichen Hexenprozessen: Bezeichnung für einen Dämon oder Teufel, der einer Hexe als Beischläfer dient)*
inkulant/kulant	*eine inkulante (nicht in verbindlicher Weise entgegenkommende) Firma*
Inkulanz/Kulanz	
Inland/Ausland	*Gäste aus dem In- und Ausland; Waren im Inland verkaufen*
Inländer/Ausländer	*bei einer Straftat werden Inländer und Ausländer gleichermaßen behandelt*
inländisch/ausländisch	*inländische Waren; die inländische Presse*
Inlandsabsatz/Auslandsabsatz	
Inlandsanleihe/Auslandsanleihe	
Inlandsbrief/Auslandsbrief	
Inlandsflug/Auslandsflug	
Inlandsmarkt/Auslandsmarkt	
Inlaut/Anlaut, Auslaut	*„t" als Inlaut in „Rute"*
innen/außen; a. draußen	*das Fenster geht nach innen auf; innen weich und außen hart; innen vergoldet*
Innen/Außen	
innen.../außen... (Adjektiv)	*z. B. innenpolitisch/außenpolitisch*
Innen.../Außen... (Substantiv)	*z. B. Innenpolitik/Außenpolitik*
Innenanstrich/Außenanstrich	
Innenantenne/Außenantenne, Freiantenne	
Innenarbeiten/Außenarbeiten	
Innenarchitekt/Architekt	

Innenaufnahme/Außenaufnahme	*(Filmwesen)*
Innenbahn/Außenbahn	*(Sport)*
Innenbeleuchtung/Außenbeleuchtung	
Innenbezirk/Außenbezirk	*die Innenbezirke der Stadt*
Innenblöße/Außenblöße	*(Blöße auf der linken Waffenseite beim Fechten)*
Innendienst/Außendienst	*er arbeitet im Innendienst*
Innenglied/Außenglied	*(Mathematik)*
Innenhof/Außenhof	*der Innenhof der Burg*
Innenkante/Außenkante	*die Innenkante des Schuhs*
Innenkurve/Außenkurve	
Innenlage/Hangaußenlage	*(mit dem Körper zum Hang; Ski)*
Innenluft/Außenluft	*(Klimatechnik)*
Innenminister/Außenminister	
Innenministerium/Außenministerium	
Innenperspektive/Außenperspektive	*(Perspektive des Erzählers, wenn er Bewußtseinsinhalte einer Person wiedergibt; Literaturwissenschaft)*
Innenpolitik/Außenpolitik	
innenpolitisch/außenpolitisch	*innenpolitische Ursachen*
Innenquersitz/Außenquersitz	*(beim Barrenturnen mit dem Körper zwischen den Holmen und quer zur Holmgasse)*
Innenraum/Außenraum	
Innenseite/Außenseite	
Innenspann/Außenspann	*(Innenseite von Fuß oder Schuh; beim Fußball)*
Innenstürmer/Außenstürmer	*(Fußball)*
Innentasche/Außentasche	*die Innentaschen des Jacketts*
Innentemperatur/Außentemperatur	
Innentoilette/Außentoilette	
Innentür/Außentür	
Innenverteidiger/Außenverteidiger	*(Sport)*
Innenwand/Außenwand	
Innenwelt/Außenwelt	*geistige Innenwelt*
inner.../außer... (Adjektiv)	*z. B. innereuropäisch/außereuropäisch*
inner.../äußer...	*innere Verletzungen; innere Geschlechtsorgane; innere Linie (Militär)*
innerbetrieblich/außerbetrieblich	*innerbetriebliche Ausbildung*
innereinzelsprachlich/ außereinzelsprachlich; a. Faux amis	*innereinzelsprachliche Interferenz; innereinzelsprachlich ähnliche Wörter wie trocknen/abtrocknen/eintrocknen (etwas trocknet, trocknet ab, trocknet ein)*
Inneres/Äußeres	*Inneres und Äußeres stimmen oft nicht überein; zwischen dem Inneren und dem Äußeren besteht eine Diskrepanz*
innereuropäisch/außereuropäisch	*innereuropäische Probleme*
innerhalb/außerhalb (örtlich und zeitlich)	*innerhalb des Hauses bleiben; innerhalb der Dienstzeit*

innerlich/äußerlich	*Medikamente für den innerlichen Ge-brauch; ich war innerlich aufgeregt, wirkte aber äußerlich ruhig*
innerparteilich/außerparteilich	
innerschulisch/außerschulisch	
innersprachlich/außersprachlich	*innersprachliche Einwirkungen*
in nuce/in extenso	*(in Kürze, in knapper Form)*
inoffensiv/offensiv	*ein inoffensives (nicht angriffslustiges) Ver-halten*
inoffiziell/offiziell	*ein inoffizielles Treffen; ein inoffizieller (nicht amtlicher) Besuch; etwas inoffizi-ell (vertraulich) mitteilen*
in Öl/in Aquarell	*in Öl malen*
inoperabel/operabel	*der Krebs ist in diesem Stadium inope-rabel*
Inoperabilität/Operabilität	
inopportun/opportun	*das ist jetzt inopportun (unangebracht)*
Inopportunität/Opportunität	
in Pacht geben/in Pacht nehmen	*eine Parzelle in Pacht geben*
in Pacht nehmen/in Pacht geben	*eine Parzelle in Pacht nehmen*
in Prosa/in Versen	*er hat das in Prosa geschrieben*
Input/Output; a. Ausgabe	*(der mengenmäßige Einsatz von Produk-tionsfaktoren im Produktionsprozeß; Wirtschaft)*
in Raten/bar	*in Raten bezahlen*
ins Bett gehen/aufstehen	*sie ist spät ins Bett gegangen und früh wie-der aufgestanden*
ins Bett gehen müssen/(noch) aufbleiben dürfen	*der kleine Junge mußte um 20 Uhr ins Bett gehen; seine größere Schwester durfte (noch) aufbleiben*
in Scheiben/im, am Stück	*Käse in Scheiben kaufen*
in sein/out sein; a. unmodern	*Vollwertkost ist derzeit in; diese Mode, Musik ist jetzt in (liegt im Trend)*
Insel/Festland	*diese griechische Stadt liegt auf einer Insel*
Insemination; s. heterologe Insemination, homologe Insemination	
insensibel/sensibel	*(gefühllos, nicht sensibel)*
insequenter Fluß/konsequenter Fluß	*(Fluß, der sich nicht nach dem geologi-schen Unterbau richtet)*
in Sicht/außer Sicht	*das Schiff ist jetzt in Sicht*
Insider/Outsider	
insignifikant/signifikant	*insignifikante (unwesentliche) Unter-schiede*
insistieren/desistieren (veraltet)	*(auf etwas bestehen)*
insolubel/solubel	*(unlöslich; Chemie)*
insolvent/solvent; s. a. liquid, zahlungs-fähig	*das Unternehmen ist insolvent (kann nicht zahlen)*
Insolvenz/Solvenz	*(Zahlungsunfähigkeit)*
Inspiration/Exspiration; s. a. Ausatmung	*(Einatmung; Medizin)*

inspiratorisch/exspiratorisch	*(das Einatmen betreffend; Medizin)*
instabil/stabil	*ein instabiler Gesundheitszustand; die stabile Währung darf nicht instabil werden; eine instabile Wirtschaft; stabil bleiben und nicht instabil werden; ein instabiler [Atom]kern; instabile Verhältnisse (Technik, Physik usw.)*
Instabilität/Stabilität	*eine Phase der Instabilität*
instandbesetzen/kaputtbesitzen	*die Hausbesetzer meinen: besser instandbesetzen als kaputtbesitzen*
Instandbesetzer/Kaputtbesitzer	
instand halten/verkommen lassen	*er hat das Haus instand gehalten*
instantan/säkular	*instantane (ruckartige) Bodensenkung (Geologie)*
Instruktionsdienst/Aktivdienst	*(Militär; schweizerisch)*
instrumental/vokal	*(durch Musikinstrumente ausgeführt)*
Instrumentalist/Vokalist	*(jemand, der ein Musikinstrument spielt)*
Instrumentalmusik/Vokalmusik	*(Musik, die nur von Instrumenten ausgeführt wird)*
insuffizient/suffizient	*(Ungenügen empfindend)*
Insuffizienz/Suffizienz	*(Schwäche, Unzulänglichkeit, Ungenügen, Unvermögen)*
ins Ziel treffen/danebentreffen	
intakt/gestört, kaputt	*eine intakte Familie*
Integration/Desintegration	*erst Integration (zusammenfassende Einbeziehung), dann Desintegration (Aufhebung, Auflösung eines Ganzen)?*
Integration/Segregation	*Integration (Eingliederung) oder Segregation (Absonderung, Trennung)?*
integrieren/desintegrieren	*Ausländer integrieren (einbeziehen)*
integrierte Gesamtschule/additive Gesamtschule	
integrierter Typus/desintegrierter Typus	*(Psychologie)*
Integrierung/Desintegrierung	
Intellektualsprache/Affektsprache	
intelligent/unintelligent	*etwas intelligent machen; eine intelligente Lösung*
intelligibel/inintelligibel	*(Philosophie)*
Intension/Extension	*(Sinn, Gesamtinhalt eines Begriffs)*
intensional/extensional	*(den Sinn, Inhalt einer Aussage betreffend; Sprachwissenschaft)*
Intensität/Extensität	
intensiv/extensiv	*(auf kleinen Flächen mit großem Aufwand betrieben; Landwirtschaft)*
intensivieren/extensivieren	
Intensivum/Debilitativum	*(Sprachwissenschaft)*
intentionales Lernen/inzidentelles Lernen	*(zweckgerichtetes Lernen; Pädagogik)*
inter... (vor fremdsprachlichem Adjektiv)/ ...	*(mit der Bedeutung: zwischen [Gleichartigem bestehend, sich vollziehend]) z. B. international/national*

inter.../intra... (vor fremdsprachlichem Adjektiv)	*(mit der Bedeutung: zwischen) z. B. inter- kulturell/intrakulturell*
interessant/uninteressant	*das Projekt ist für ihn interessant*
Interesse/Desinteresse	*sein Interesse konnte man ihm ansehen*
Interessenjurisprudenz/Begriffsjurisprudenz	*(Rechtswesen)*
interessiert/desinteressiert, uninteressiert	*sie ist politisch interessiert*
intergruppal/intragruppal	*(Soziologie)*
Interieur/Exterieur	*(das Innere)*
interindividuell/intraindividuell; a. intra- subjektiv	*(verschiedene Individuen betreffend)*
Interiorisation/Exteriorisation	*(Psychologie)*
interkrustal/superkrustal	*(Geologie)*
interkulturell/intrakulturell	*(mehreren Kulturen gemeinsam)*
interlingual/intralingual	*interlinguale (mehrere Sprachen betref- fende) Wortverwechslungen, Interferen- zen, zum Beispiel: dt. Kollaborateur = Landesverräter/frz. collaborateur = Mitarbeiter*
intermittierend/perennierend	*(mit Unterbrechungen erfolgend); intermit- tierende (zeitweise nicht sprudelnde, aussetzende) Quelle; intermittierender (zeitweilig nicht wasserführender) Fluß*
intern/extern	*interne Bauelemente*
...intern/...extern (Adjektiv)	*(mit der Bedeutung: innerhalb) z. B. fachin- tern/fachextern*
internalisieren/externalisieren	*Konflikte internalisieren (im Inneren verar- beiten)*
Internat/Externat	*(Internatsschule; schulische Einrichtung, in der SchülerInnen wohnen und verpflegt werden)*
international/national	*internationale Probleme; auf nationalen und internationalen Märkten*
Interne[r]/Externe[r]	*(im Internat Wohnende[r])*
Internet/Intranet	*(EDV)*
Internist/(selten) Externist	*(Facharzt für innere Krankheiten)*
Internspeicher/Externspeicher	*(EDV)*
Internum/Externum	*(Arznei zum Einnehmen)*
Interpolation/Extrapolation	*(Mathematik)*
interpolieren/extrapolieren	*(Mathematik)*
interspezifisch/intraspezifisch	*(Individuen verschiedener Art betreffend; Biologie)*
interstruktural/intrastruktural	*(Sprachwissenschaft)*
intersubjektiv/intrasubjektiv; a. intraindivi- duell	*intersubjektive (auf mehrere Personen be- zogene) Erlebnisse*
intersubjektiv/subjektiv	*intersubjektiv nachprüfbar*
Interviewer[in]/Interviewte[r]	*der Interviewte drehte den Spieß um und stellte Fragen an den Interviewer*
Interviewte[r]/Interviewer[in]	*der Interviewte drehte den Spieß um und stellte Fragen an den Interviewer*

Intervision/Eurovision   (Zusammenschluß osteuropäischer Fern-
                                sehanstalten für die gemeinsame Aus-
                                strahlung von Fernsehsendungen)

Intima/Intimus   (enge Freundin, Vertraute)

Intimfeind/Intimfeindin   Herr X ist ihr Intimfeind in der Partei und
                                Frau Y ihre Intimfeindin

Intimfeindin/Intimfeind   sie ist Joschka Fischers Intimfeindin

Intimus/Intima   (enger Freund, Vertrauter)

Intine/Exine   (Botanik)

intolerant/tolerant   intolerant gegenüber Andersdenkenden

Intoleranz/Toleranz; a. Duldsamkeit   sie kämpfte gegen Intoleranz und Auslän-
                                derfeindlichkeit

intra.../extra...; s. a. extra.../... (vor   (mit der Bedeutung: innerhalb) z. B. intra-
    fremdsprachlichem Adjektiv)   lingual/extralingual

intra.../inter... (vor fremdsprachlichem   (in der Bedeutung: innerhalb) z. B. intra-
    Adjektiv)   kulturell/interkulturell

intragruppal/intergruppal   (Soziologie)

intraindividuell/interindividuell; a. inter-   (innerhalb eines Individuums bestehend)
    subjektiv

intrakulturell/interkulturell   (innerhalb einer Kultur)

intra legem/contra legem   (im gesetzlichen Rahmen)

intralingual/extralingual   (innersprachlich; Sprachwissenschaft)

intralingual/interlingual   intralinguale (die gleiche Sprache betref-
                                fende) Wortverwechslungen, zum Bei-
                                spiel löslich/lösbar; intralinguale (inner-
                                halb einer Sprache bestehende) Interfe-
                                renzen

intralinguistisch/extralinguistisch

intramundan/extramundan   (innerweltlich; Philosophie)

Intranet/Internet   (EDV)

intransitiv/transitiv; a. zielendes Verb   ein intransitives Verb hat kein Akkusativ-
                                objekt, das ins Passiv gesetzt werden
                                kann, zum Beispiel „er kommt" oder in
                                dem Satz „er liebt voll Leidenschaft" ist
                                „lieben" intransitiv

Intransitiv/Transitiv[um]   (ein intransitives Verb)

intransitivieren/transitivieren   (ein transitives Verb intransitiv gebrau-
                                chen: der Fußballer hat verwandelt)

Intransitivität/Transitivität

Intransitivum/Transitiv[um]   (ein intransitives Verb, zum Beispiel: kom-
                                men)

intraspezifisch/interspezifisch   (Individuen der gleichen Art betreffend;
                                charakteristisch innerhalb der gleichen
                                Art; Biologie)

intrastruktural/interstruktural   (Sprachwissenschaft)

intrasubjektiv/intersubjektiv; a. interindivi-   intrasubjektive (innerhalb einer Person
    duell   sich vollziehende) Erlebnisse

intrauterin/extrauterin   (innerhalb der Gebärmutter)

intrinsisch/deiktisch	*(von innen her); wenn der Fahrschüler auf die Anweisung, vor dem nächsten Baum zu halten, von ihm aus vor dem Baum – davor – hält, dann ist das eine intrinsische Ausführung*
intrinsisch/extrinsisch	*(von innen heraus motiviert)*
intro.../extra... (vor fremdsprachlicher Basis; Adjektiv)	*(mit der Bedeutung: hinein, nach innen) z. B. introvertiert/extravertiert*
Intron/Exon	*(Genetik)*
intrors/extrors	*(nach innen gewendet; Botanik)*
introspektiv/extrospektiv	*(Psychologie)*
Introversion/Extraversion	*(Konzentration auf Innerseelisches; Psychologie)*
introvertiert/extravertiert, extrovertiert	*(nach innen gerichtet; Psychologie)*
Introvertiertheit/Extravertiertheit	*(Psychologie)*
intuitiv/diskursiv	*(einer Eingebung folgend, nicht auf Reflexion beruhend; Philosophie)*
Intumeszenz/Detumeszenz	*(physiologische Verdickung, zum Beispiel eines Organs; Medizin)*
Intussuszeption/Apposition	*(Biologie)*
in Unfrieden; s. Unfrieden/Frieden	*sie schieden in Unfrieden*
in Uniform/in Zivil	*er kam in Uniform*
invariabel/variabel	*(unveränderlich)*
invariant/variant	*invariante (unveränderliche) Merkmale (Mathematik)*
Invarianz/Varianz	
Inventar; s. lebendes Inventar, totes Inventar	
in Versen/in Prosa	*er hat das in Versen geschrieben*
Invertebraten/Vertebraten; s. a. Wirbeltiere	
investieren/disvestieren	*([einen Geistlichen] in ein Amt einsetzen)*
Investition/Desinvestition, Devestition	*(Wirtschaft)*
Investitionsgüter/Konsumgüter	
investiv/konsumtiv	*(Investitionen betreffend)*
in vitro/in vivo	*(im Reagenzglas [durchgeführt])*
in vivo/in vitro	*(am lebenden Objekt [durchgeführt])*
in Wahrheit/scheinbar	*der Wert der Münze ist scheinbar groß, aber in Wahrheit klein*
inwendig; s. in- und auswendig	
in Worten/in Zahlen	*die Summe in Worten auf den Scheck schreiben*
in Zahlen/in Worten	*die Summe in Zahlen und in Worten auf den Scheck schreiben*
inzidentelles Lernen/intentionales Lernen	*(Pädagogik)*
in Zivil/in Uniform	*er kam in Zivil*
Ionenmolekül/Atommolekül	*(Chemie)*
Ionisierungsenergie/Elektronenaffinität	*(Physik, Chemie)*
IQ/EQ	*(Intelligenzquotient)*

ir... (vor fremdsprachlichem Adjektiv mit anlautendem r)/...	*(mit der Bedeutung: nicht, un-) z. B. irreparabel/reparabel*
Ir... (vor fremdsprachlichem Substantiv mit anlautendem r)/...	*(mit der Bedeutung: nicht, un-) z. B. Irrealität/Realität*
irdisch/außerirdisch	*irdische Wesen*
irdisch/himmlisch	*irdischer Lohn; irdische und himmlische Liebe; himmlische Engel und irdische Teufel*
irdisch/überirdisch	*der Mensch als irdisches Wesen*
irdisch/unirdisch	*sehr irdische Wünsche*
Ire/Irin	
irgendwo/nirgendwo	*irgendwo hättest du das finden können*
Irin/Ire	
irrational/rational	*irrationale (nicht vernunftbestimmte) Motive*
Irrationalismus/Rationalismus	*(vom Gefühl und nicht von der Vernunft geleitetes Denken usw.)*
irreal/real	*irreale (den Gegebenheiten nicht entsprechende) Gehaltsforderungen; irreale Vorstellungen*
Irrealität/Realität	
irreduzibel/reduzibel	*eine irreduzible (nicht ableitbare) Gleichung*
irregulär/regulär; a. regelmäßig	*etwas auf irreguläre Weise bekommen*
Irregularität/Regularität	
irrelevant/relevant	*irrelevante (unwesentliche) Unterschiede*
Irrelevanz/Relevanz	
irreligiös/religiös	*(nicht religiös)*
Irreligiosität/Religiosität	*(Nichtreligiosität)*
irreparabel/reparabel	*dieser Schaden ist irreparabel (kann nicht repariert werden)*
irreponibel/reponibel	*der Leistenbruch ist irreponibel (kann nicht zurückgedrückt werden)*
irresolut/resolut	*ein irresoluter (nicht entschlußkräftiger, nicht entschlossen genug auftretender) Mensch; er ist ein irresoluter Charakter*
irreversibel/reversibel	*ein irreversibler (nicht änderbarer, nicht umkehrbarer) Schaden*
Irreversibilität/Reversibilität	
irrevisibel/revisibel	*(mit Rechtsmitteln nicht anzufechten; in bezug auf Rechtsurteile)*
Irrgläubigkeit/Rechtgläubigkeit	
Isis/Osiris	*(ägyptische Göttin, Schwester und Gemahlin des Osiris, den sie nach seiner Ermordung zu neuem Leben erweckt)*
iso.../hetero... (vor fremdsprachlicher Basis; Adjektiv)	*(mit der Bedeutung: gleich) z. B. isomesisch/heteromesisch*
Iso.../Hetero... (mit fremdsprachlicher Basis; Substantiv)	*(mit der Bedeutung: gleich) z. B. Isosporie/Heterosporie*

isodesmischer Kristall/anisodesmischer Kristall	
Isogamie/Anisogamie, Heterogamie	*(Vereinigung gleichgestalteter Geschlechtszellen; Biologie)*
Isolde; s. Tristan	*(Geliebte des Tristan)*
isolierende Sprache/agglutinierende Sprache, flektierende Sprache	*(Sprache mit endungslosen Wörtern, zum Beispiel das Chinesische, das die Beziehungen der Wörter im Satz nur durch die Wortstellung anzeigt)*
isomer/heteromer	*(gleich gegliedert; von Blüten)*
isomesisch/heteromesisch	*isomesische Ablagerungen (Geologie)*
Isometrie/Allometrie	*(gleichmäßig verlaufendes Wachstum; Medizin, Biologie)*
Isometrie/Anisometrie	*(Gleichheit in der Silbenzahl; Metrik)*
isometrisch/anisometrisch	*(Metrik)*
isometrische Kontraktion/isotonische Kontraktion	*(Muskelspannung ohne Veränderung der Muskelfaserlänge, die bei der isotonischen Kontraktion stattfindet; Physiologie)*
isometrisches Training/isotonisches Training	*(Sport)*
Isometropie/Anisometropie	*(auf beiden Augen gleiche Sehkraft; Medizin)*
isopisch/heteropisch	*(Geologie)*
Isopolysäure/Heteropolysäure	*(Chemie)*
Isosporen/Heterosporen	*(Botanik)*
Isosporie/Heterosporie	*(Gleichsporigkeit; Botanik)*
isotonisch/anisotonisch	*(Physik)*
isotonische Kontraktion/isometrische Kontraktion	*die isotonische Kontraktion verkürzt den Muskel bei gleichbleibender Spannung (Physiologie)*
isotonisches Training/isometrisches Training	*(Sport)*
isotopisch/heterotopisch	*(Geologie)*
isotrop/anisotrop	*(Physik, Chemie)*
Isotropie/Anisotropie	*(Physik)*
isozyklische Blüten/heterozyklische Blüten	*(Botanik)*
isozyklische Verbindung/heterozyklische Verbindung	*(Chemie)*
Israeli/Jude	*(Einwohner Israels ohne enge Bindung an jüdische Religion und Tradition)*
Israeli/Palästinenser	
Ist.../Soll... (Substantiv)	*(in der Bedeutung: tatsächlich vorhanden) z. B. Ist-Stärke/Soll-Stärke*
Ist-Stärke/Soll-Stärke	*(die tatsächlich vorhandene Stärke, zum Beispiel von Soldaten)*
Ist-Wert/Soll-Wert	*(Physik)*
Ist-Zustand/Soll-Zustand	
Italiener/Italienerin	

Italienerin/Italiener

Itazismus/Etazismus   *(Aussprache altgriechischer E-Laute wie*
                                               langes i; Sprachwissenschaft)

...itis/...ose (mit fremdsprachlicher Basis; *(bezeichnet eine Entzündungskrankheit, et-*
  Substantiv)   *was Akutes) z. B. Arthritis/Arthrose*

ius sanguinis/ius soli   *(das Recht des Blutes)*

ius soli/ius sanguinis   *(das Recht des Bodens)*

J

ja/nein

Ja/Nein

Jagd; s. die hohe Jagd, die niedere Jagd

Jagdzeit/Schonzeit, Hegezeit

Jagende[r]/Gejagte[r]

Jäger/Jägerin

Jäger[in]/Gejagte[r]

Jägerin/Jäger

Jahr; s. Gemeinjahr, Schaltjahr

jahraus/jahrein

jahrein; s. jahraus

Jahreszeitenfeldbau/Dauerfeldbau

Jambus/Trochäus; a. Anapäst/Daktylus

Jasager[in]/Neinsager[in]; a. Nonkonformist

Jastimme/Neinstimme

jede/jeder

jeder/jede

jemand/niemand

jemandem das Wort erteilen/jemandem das Wort entziehen

jen.../dies...

jene/jener

jener/jene

jenseitig.../diesseitig...

jenseits/diesseits

Jenseits/Diesseits

jetzig.../alt..., damalig..., früher...

jetzt/damals, einst, früher

Jetzt; s. das Jetzt

Jetztzeitform/Vorzeitform

Kommst du mit? Ja!

das Ja zum Umzug nach Berlin

wer ist der Jäger und wer der Gejagte?

jahraus, jahrein die gleichen Versprechungen und guten Vorsätze

(an Jahreszeiten gebundener Feldbau; Landwirtschaft)

der Jambus und der Trochäus haben einsilbige Senkungen: der Jambus beginnt mit der Senkung (.−.−.−), der Trochäus beginnt mit der Hebung (−.−.−.)

die Jasager zum Einsatz der Soldaten im Ausland

(bei einer Wahl Stimme für jemanden oder etwas) die Auszählung der abgegebenen Stimmen ergab: 200 Jastimmen und 134 Neinstimmen

jede Abgeordnete

jeder Abgeordnete

für diese Arbeit wird sich schon jemand finden

weder dieser noch jener wird genommen

jene Abgeordnete

jener Abgeordnete

das jenseitige Ufer

jenseits des Flusses

im Jenseits (nach dem Tode)

der jetzige Zustand; mein jetziger Freund

jetzt hast du eine ganz andere Meinung als damals

(Geologie)

Jobber/Broker	*(Wertpapierhändler, der nur für eigene Rechnung kaufen oder verkaufen darf; Börsenwesen)*
Jonat[h]an/David	*(biblisches Freundespaar) David spricht davon, daß ihm seine Liebe zu Jonatan wichtiger sei als die Frauenliebe; sie waren „ein Herz"*
Josef; s. Maria	*(der Mann Marias)*
Joseph; s. Maria	
Journalist/Journalistin	*die Journalisten und Journalistinnen des Auslands*
Journalistin/Journalist	*die Journalisten und Journalistinnen des Auslands*
Jude/Arier	*(NS-Rassenideologie)*
Jude/Christ	*ob Jude oder Christ, das kümmerte hier niemanden*
Jude/Israeli	*(Einwohner Israels mit fester Bindung an jüdische Religion und Tradition)*
Jude/Jüdin	*Juden und Jüdinnen nahmen an der Feier teil*
Jude/Nichtjude	*Juden und Nichtjuden nahmen an der Kundgebung teil*
Jude; s. Aschkenasi, Sephardi	
Judenchrist/Heidenchrist	*(im frühen Christentum: Christ, der vor der Taufe dem Judentum angehörte)*
Judenchristentum/Heidenchristentum	*(im frühen Christentum: Gesamtheit der Christen jüdischer Herkunft)*
Jüdin/Jude	*Juden und Jüdinnen nahmen an der Feier teil*
jüdisch/arisch	*(NS-Rassenideologie)*
jüdisch/christlich	*(Religion)*
Jugend, die/das Alter	*in der Jugend (wenn man jung ist); die Jugend läßt dem Alter den Vortritt*
Jugenddichtung/Altersdichtung	*die Jugenddichtung Goethes*
jugendfrei/nur für Erwachsene	*dieser Film ist jugendfrei*
Jugendkleid/Alterskleid	*(die Federn der jungen Vögel; Jägersprache)*
Jugendwerk/Alterswerk	*das ist ein Jugendwerk des Dichters, Malers*
Julia; s. Romeo und Julia	*(Geliebte des Romeo; Shakespeare)*
jung/alt	*eine junge Frau; ein junger Mann*
jung bleiben/alt werden	*er ist jung geblieben*
Junge/Mädchen; s. a. Girl	*das erste Kind ist ein Junge, das zweite ein Mädchen*
Junge/Mann	*vom Jungen zum Mann werden; er ist (noch) ein Junge und noch kein Mann*
Jungen, die/die Alten	*die Jungen und die Alten waren an dem Projekt beteiligt*
Jungenart/Mädchenart	

Jungenname/Mädchenname	*Stefan ist ein Jungenname*
Jungenschule/Mädchenschule	
jünger.../älter...; a. groß	*die jüngere Schwester; die jüngere Generation*
Jüngeren die/die Älteren	*die Jüngeren waren in ihren Leistungen auch nicht besser als die Älteren*
Jungflug/Altflug	*(Wettfliegen von noch nicht einjährigen Brieftauben)*
Junghegelianer/Althegelianer	
Jüngling/Greis	*vom Jüngling zum Greis*
Jungmoräne/Altmoräne	*(Geographie)*
Jüngstenrecht/Ältestenrecht	*(in bezug auf die Erbfolge; Rechtswesen)*
Jüngste[r]/Älteste[r]	*unsere Jüngste (Tochter); unser Jüngster (Sohn) heiratet morgen*
junior/senior	*Müller junior (der Jüngere, der Sohn)*
Junior/Juniorin	*beide — der Junior und die Juniorin — leiten das Geschäft*
Junior/Senior	*Senior (der Vater) und Junior (der Sohn) führen das Geschäft gemeinsam*
Juniorat/Seniorat	*(Vorrecht des Jüngsten auf das Erbe ohne Rücksicht auf den Grad der Verwandtschaft)*
Junioren/Senioren	*(beim Sport; die Jüngeren von 18 bis 23 Jahre)*
Juniorenachter/Seniorenachter	*(Bootssport)*
Juniorin/Junior	*beide — der Junior und die Juniorin — leiten das Geschäft*
junktive Konjunktion/disjunktive Konjunktion	*(Gleichrangigkeit ausdrückende Konjunktion, zum Beispiel „und")*
Jupiter/Ganymed	
juristische Person/natürliche Person	*(z. B. eine Körperschaft, Stiftung)*
Jus[s]uf und Suleika	*(in der persischen Literatur Liebespaar — Joseph und Potiphars Frau)*
juvenil/senil	*(jugendlich)*
juveniles Magma/palingenes Magma	*(Geologie)*
juveniles Wasser/vadoses Wasser	*(Geologie)*

K

Kabrio/Limousine	
Kabriolett/Limousine	*bei einem Kabriolett kann man das Verdeck nach hinten klappen*
Kaffee/Tee	*trinken Sie Kaffee oder Tee?*
Kaffeekränzchen/Stammtisch	*die Frauen trafen sich zum Kaffeekränzchen, die Männer hatten ihren Stammtisch*
Käfighaltung/Freilandhaltung	*Eier aus Käfighaltung*
Kafir/Moslem; a. Gläubige, der	*(abwertend aus der Sicht der Moslems: jemand, der nicht dem islamischen Glauben anhängt; Ungläubiger)*
Kahlschlag/Femelbetrieb	*(Forstwesen)*
Kain/Abel	*der erstgeborene Sohn Adams und Evas Kain, − der Bauer war −, erschlug im Zorn seinen Bruder Abel, der Hirte war*
Kako.../Eu... (mit fremdsprachlicher Basis; Substantiv)	*(mit der Bedeutung: schlecht, fehlerhaft) z. B. Kakophonie/Euphonie*
Kakophemismus/Euphemismus	*(Ausdruck, der das Häßliche, Schlechte von etwas herausstellt)*
kakophemistisch/euphemistisch	
Kakophonie/Euphonie	*(nicht wohlklingende Folge von Lauten)*
kakophonisch/euphonisch	*(mißtönend, schlecht klingend)*
kalkfliehend/kalkliebend; s. a. kalziphil	*kalkfliehende (kalkhaltigen Boden meidende) Pflanzen*
kalkliebend/kalkfliehend; s. a. kalzifug	*kalkliebende (auf kalkhaltigem Boden wachsende) Pflanzen*
kalkulierbar/unkalkulierbar	*ein kalkulierbares Risiko*
kalorienarm/kalorienreich	*kalorienarme Kost*
kalorienreich/kalorienarm	*kalorienreiche Kost*
kalt/heiß	*heiße und kalte Getränke; es läuft mir heiß und kalt den Rücken hinunter, wenn ich das sehe*
kalt/warm	*Zimmer mit fließend kaltem und warmem Wasser; kalte Nächte; kalte Hände; mir ist kalt; die kalte Jahreszeit; kalte Miete (ohne Heizung); das Essen ist ja ganz kalt (nicht mehr warm); kaltes Buffet*
Kaltblut/Warmblut	*(Pferd mit ruhiger Art, das als Zug- oder Arbeitstier eingesetzt wird)*
Kaltblüter/Warmblüter	*Fische sind Kaltblüter*
Kaltbrüter/Warmbrüter	*(Tier, das in den gemäßigten Breiten auch in der kalten Jahreszeit brütet, zum Beispiel Seeadler, Waldkauz)*

Kälte/Hitze	*Kälte verträgt sie besser als Hitze; bei dieser Kälte bleibe ich lieber zu Hause*
Kälte/Wärme	*5 Grad Kälte; übertragen: die Kälte ihrer Stimme ließ ihn erschauern*
Kältebeständigkeit/Hitzebeständigkeit	
Kältegrad/Wärmegrad	*(Grad unter dem Gefrierpunkt)*
Kältepol/Wärmepol	*(Ort mit der niedrigst gemessenen Temperatur)*
Kältepunkt/Wärmepunkt	*(auf der Haut)*
kälter/wärmer	*kältere Zonen; heute ist es kälter als gestern*
Kälterezeptor/Wärmerezeptor	*(auf der Haut)*
kalter Krieg/heißer Krieg	*(feindselige politische Auseinandersetzungen, aber ohne Anwendung von Waffen)*
Kältesinn/Wärmesinn	*(Physiologie)*
Kaltfront/Warmfront	*(Meteorologie)*
Kaltluft/Warmluft	*(Meteorologie)*
Kalträucherung/Heißräucherung	*(bei der Fischverarbeitung)*
Kaltstart/Warmstart	*(EDV)*
Kaltwasser/Warmwasser	
Kaltwasserhahn/Warmwasserhahn	
Kaltzeit/Warmzeit	*(Geologie)*
kalzifug/kalziphil	*(als Pflanze kalkhaltigen Boden meidend)*
kalziphil/kalzifug	*(als Pflanze kalkhaltigen Boden bevorzugend)*
kameradschaftlich/unkameradschaftlich	*sich kameradschaftlich verhalten*
Kämmerer/Kämmerin	*(männliche Person, die die Finanzen einer Stadt verwaltet)*
Kämmerin/Kämmerer	*(weibliche Person, die die Finanzen einer Stadt verwaltet)*
kampffähig/kampfunfähig	*kampffähig sein*
kampfunfähig/kampffähig	*er ist kampfunfähig*
Kandidat/Gegenkandidat	*Kandidat und Gegenkandidat trafen sich zu einer öffentlichen Diskussion*
Kandidat/Kandidatin	*(männliche Person, die sich um etwas bewirbt o. ä.)*
Kandidatin/Kandidat	*(weibliche Person, die sich um etwas bewirbt o. ä.)*
Kaninchen/Rammler	*(das weibliche Tier)*
Kann-Bestimmung/Muß-Bestimmung	
Kannkaufmann/Mußkaufmann	*(Rechtswesen)*
Kannvorschrift/Mußvorschrift	
Kanonikus/Kanonissin; s. a. Stiftsdame	
kanonische Bücher/apokryphe Bücher	*(als echt anerkannte Bücher; Theologie)*
Kanonissin/Kanonikus; s. a. Stiftsherr	
Kanonisten/Legisten	*(im Mittelalter: Wissenschaftler, die sich mit dem Kirchenrecht beschäftigten)*

kantonal/eidgenössisch   (schweizerisch)
Kapaun/Hahn   (kastrierter Hahn)
Kaper, der/Freibeuter   (historisch: Schiff, das im Handelskrieg
                                           auf Grund eines Kaperbriefes feindliche
                                           Handelsschiffe erbeuten durfte)
kapillaraktiv/kapillarinaktiv   (Chemie, Physik)
Kapillaraszension/Kapillardepression   (das Aufsteigen einer Flüssigkeit in einem
                                           Glasröhrchen)
Kapillardepression/Kapillaraszension   (das Hinausdrücken einer Flüssigkeit −
                                           Quecksilber − aus einem Glasröhrchen)
kapillarinaktiv/kapillaraktiv   (Chemie, Physik)
Kapital/Arbeit   Klassenkampf zwischen Arbeit und Kapi-
                                           tal (Marxismus)
Kapitalerhöhung/Kapitalherabsetzung   (Wirtschaft)
Kapitalgesellschaft/Personengesellschaft (Wirtschaft)
Kapitalherabsetzung/Kapitalerhöhung   (Wirtschaft)
Kapitalismus/Sozialismus, Kommunismus
Kapitalist/Lohnarbeiter   (Marxismus)
kapitalistisch/sozialistisch   das kapitalistische Wirtschaftssystem
kaputt/ganz   der Tisch ist kaputt; das Spielzeug ist
                                           (schon) kaputt
kaputt/intakt   eine kaputte Ehe
kaputtbesitzen/instandbesetzen   die Hausbesetzer meinten: besser instand-
                                           besetzen als kaputtbesitzen
Kaputtbesitzer/Instandbesetzer
Kardinaleigenschaft/Sekundäreigenschaft   (Psychologie)
Kardinalzahl/Ordinalzahl; s. a. Ordnungs- 2 (zwei), 10 (zehn) usw. sind Kardinal-
zahl   zahlen
Karosserie/Chassis   (formbestimmender Aufbau eines Autos)
Kartentelefon/Münztelefon   (Telefonanlage, die nur mit einer Telefon-
                                           karte benutzt werden kann)
Kartoffel; s. festkochend, mehligkochend
Karyatide/Atlant   (auf dem Kopf oder auf ausgestreckten Ar-
                                           men gebälktragende Frauengestalt; Ar-
                                           chitektur)
Karyopse/Achäne   (Botanik)
Käse; s. Labkäse, Sauermilchkäse
Kassageschäft/Termingeschäft   (kurzfristig zu erledigendes Wertpapierge-
                                           schäft an der Börse)
Kassamarkt/Terminmarkt   (Börsenwesen)
Kassen.../Privat... (Substantiv)   z. B. Kassenpatient/Privatpatient
Kassenarzt/Privatarzt
Kassenpatient[in]/Privatpatient[in]   er ist Kassenpatient, und sie ist Privatpa-
                                           tientin
Kassenskonto/netto Kasse   (ein Abzug in bestimmter Prozenthöhe
                                           vom Rechnungsbetrag bei Barzahlung
                                           und somit ein geringerer Kaufpreis)

Kastor und Polydeukes, Pollux   *(in der griechischen Mythologie: Zwillingsbrüder, von denen Kastor — der Rossebändiger — der sterbliche und Polydeukes — der Faustkämpfer — der unsterbliche ist)*

katabatisch/anabatisch   *(abfallend; von Winden)*

Katabolismus/Anabolismus   *(Abbau durch den Stoffwechsel)*

Kataklase/Protoklase   *(Geologie)*

katalektisch/akatalektisch   *katalektischer (verkürzter) Vers, zum Beispiel der Hexameter (Metrik)*

Katalog; s. alphabetischer Katalog, Autorenkatalog, Nominalkatalog, Realkatalog

Katapher/Anapher   *(Wort, z. B. ein Pronomen, das sich auf ein folgendes Substantiv bezieht: sie ist immer sehr hilfsbereit, unsere Tochter Heidrun; Sprachwissenschaft)*

Kataphorikum/Anaphorikum   *(Rhetorik, Stilkunst)*

kataphorisch/anaphorisch; a. rückweisend   *(vorausweisend; zum Beispiel: Folgendes ist zu bedenken: Bei Regen kann diese Vorstellung nicht auf der Seebühne stattfinden; Rhetorik, Stilistik)*

kategoriale Grammatik/Dependenzgrammatik

kategorisch/hypothetisch   *eine kategorische (allgemein gültige, nicht an Bedingungen geknüpfte) Aussage (Philosophie)*

Kater/Katze   *Ist dieses Kätzchen ein Kater oder eine Katze?*

Katharobie/Saprobie   *(Organismus, der in sauberem Wasser lebt)*

Kathete/Hypotenuse   *(eine der beiden Seiten, die den Schenkel des rechten Winkels eines Dreiecks bilden)*

Kathode/Anode   *eine Kathode ist eine mit dem negativen Pol verbundene Elektrode*

katholisch/evangelisch   *einige Schüler gehören der katholischen, andere der evangelischen Konfession an; sind Sie katholisch oder evangelisch?*

Katholizismus/Protestantismus

Kation/Anion   *(positiv geladenes Teilchen; Chemie)*

Kationenkomplex/Anionenkomplex   *(Chemie)*

Katode; s. Kathode

katotherm/anotherm   *(mit der Tiefe des Wassers immer wärmer werdend)*

Katothermie/Anothermie   *(Zunahme der Wassertemperatur mit der Tiefe des Wassers)*

Katze/Hund   *die leben wie Hund und Katze (vertragen sich nicht)*

Katze/Kater	*Ist dieses Kätzchen eine Katze (ein weibliches Tier) oder ein Kater?*
Katze/Maus	*mit jemandem Katze und Maus spielen (ihn hinhalten, ihm nicht seine wahren Absichten zu erkennen geben)*
Katzenpfote/Hasenpfote	*(die vom Züchter gewünschte Pfote eines Hundes mit eng zusammenstehenden Zehen)*
Kauf/Verkauf	*der Kauf eines Grundstücks*
kaufen/verkaufen; a. vermieten, verpachten	*ein Haus kaufen; er hat das Grundstück von dem Makler gekauft*
Käufer[in]/Verkäufer[in]	*der Käufer des Hauses, des Autos*
Käufermarkt/Verkäufermarkt	*(für die Käufer günstiger Markt, bei dem das Angebot größer als die Nachfrage ist)*
Kauffrau/Kaufmann	*ihr Beruf ist Kauffrau*
kauflustig/kaufunlustig	
Kaufmann/Kauffrau	*er ist Kaufmann von Beruf*
Kaufmann/Kunde	*der Kaufmann und seine Kunden*
kaufunlustig/kauflustig	
Kausalbehandlung/symptomatische Behandlung	*(Behandlung der Ursache einer Krankheit)*
kausales Rechtsgeschäft/abstraktes Rechtsgeschäft	
Kausalismus/Finalismus	*(Philosophie)*
Kausalität/Finalität	*(Philosophie)*
Kausalzusammenhang; s. adäquater Kausalzusammenhang, äquivalenter Kausalzusammenhang	
kaustisch/akaustisch	*kaustisch ist ätzend (Chemie)*
Kaustobiolith/Akaustobiolith	*(Geologie)*
Kavallerie/Infanterie	*(berittene Truppe; Militär)*
Kavallerist/Infanterist	*der Kavallerist ist beritten*
Keiler/Bache; a. Nonne/Borg, Sau	*ein Keiler ist ein männliches Wildschwein, eine Bache ein weibliches*
keine Arbeit haben/Arbeit haben	*er hat seit einem Jahr schon keine Arbeit (ist arbeitslos)*
keiner/alle	*keiner hat darunter gelitten; keiner war daran interessiert; keiner war mit dem Ergebnis zufrieden*
keineswegs/durchaus	*ich bin keineswegs dafür*
Keller/[Dach]boden, Speicher	*die Kiste befindet sich im Keller*
Kellner/Kellnerin; a. Fräulein/Herr Ober	*in dem Lokal gibt es zwei Kellner und eine Kellnerin*
Kellnerin/Kellner; a. Ober	*in dem Lokal gibt es zwei Kellner und eine Kellnerin*
Kenning, die/das Heiti	*(in altgermanischer Dichtung mehrgliedrige bildliche Umschreibung eines Begriffs – für „Kampf" „Tosen der Pfeile")*

Kentumsprache/Satemsprache	*(Sprache – zum Beispiel Germanisch, Italisch, Keltisch –, in der sich bestimmte palatale Verschlußlaute (g, k) gehalten haben im Unterschied zu den Satemsprachen, in denen die Palatale zu Zisch- oder Reibelauten geworden sind)*
Kern/Schale	*eine rauhe Schale, aber ein weicher Kern*
Kernarbeitszeit/Gleitzeit	*Kernarbeitszeit ist in dem Betrieb von 9 Uhr bis 15 Uhr*
Kernsatz/Spannsatz	*(mit dem finiten Verb an zweiter Stelle; zum Beispiel: er kommt morgen zu Besuch; Sprachwissenschaft)*
Kernschatten/Halbschatten	*(Astronomie)*
Kernseife/Schmierseife	
Kernzeit/Gleitzeit	*(die Zeit, in der alle Betriebsangehörigen anwesend sein müssen im Unterschied zur Gleitzeit)*
kesser Vater/Femme; a. Lesbierin	*sie ist der kesse Vater (hat die männliche Rolle in einer lesbischen Beziehung), und ihre Freundin ist die Femme*
Kette/Schuß	*(Weberei)*
Kettenware/Kulierware	*(Textilwaren)*
Ketzer[in]/der, die Rechtgläubige	
keusch/unkeusch	*keusch leben*
Keuschheitsgürtel/Infibulation	*was der Keuschheitsgürtel früher für die Frau war, war die Infibulation – das Vernähen der Vorhaut zur Verhinderung von Geschlechtsverkehr – für den Mann*
Kielboot/Schwertboot	*(Boot mit flossenartigem Kiel; Schiffsbau)*
Kimme/Korn	*Kimme und Korn müssen beim Zielen eine Linie bilden*
Kind/Eltern	*sowohl das Kind als auch seine Eltern*
Kind/Erwachsener	*die Eintrittspreise für Kinder und Erwachsene sind nicht gleich; er ist ja noch ein Kind und kein Erwachsener; ein Spiel für Kinder und Erwachsene*
Kind; s. leibliches Kind, mit Kindern, noch ein Kind sein, ohne Kinder, Stiefkind	
Kinder/Eltern	
kinderarm/kinderreich	*ein kinderarmes Land*
kinderfeindlich/kinderfreundlich	*ein kinderfeindliches Land*
kinderfreundlich/kinderfeindlich	*ein kinderfreundliches Reiseland*
kinderlos/mit Kindern	*ein kinderloses Ehepaar*
kinderreich/kinderarm	*ein kinderreiches Land*
Kinesiologe/Kinesiologin	*er ist Kinesiologe*
Kinesiologin/Kinesiologe	*sie ist Kinesiologin*
Kinn; s. fliehendes Kinn, vorspringendes Kinn	

kirchenabhängig/kirchenunabhängig	*eine kirchenabhängige Einrichtung*
kirchenfeindlich/kirchenfreundlich	*eine kirchenfeindliche Politik*
kirchenfreundlich/kirchenfeindlich	*eine kirchenfreundliche Politik*
Kirchenstaatstum/Staatskirchentum	*(Unterordnung des Staates unter die Kirche; Politik)*
kirchenunabhängig/kirchenabhängig	*eine kirchenunabhängige Einrichtung*
kirchlich/gesetzlich	*kirchliche Feiertage, zum Beispiel Reformationstag am 30. Oktober, Allerheiligen am 1. November*
kirchlich/weltlich	*kirchliche soziale Institutionen*
Kläger/Klägerin	
Kläger[in]/Angeklagte[r], Beklagte[r]	*(Rechtswesen)*
Klägerin/Kläger	
klar/unklar	*klare Verhältnisse; die Gründe für seine Entscheidung sind klar*
Klarheit/Unklarheit	*die Klarheit seiner Gedanken*
Klarname/Pseudonym	
Klartext/Geheimtext, verschlüsselter Text	*(Text, der nicht verschlüsselt ist)*
Klassenarbeit/Hausarbeit	*(Arbeit, die in der Schulklasse unter Aufsicht geschrieben wird)*
Klassenaufsatz/Hausaufsatz	*(Aufsatz, der in der Schulklasse unter Aufsicht geschrieben wird)*
Klassengesellschaft/klassenlose Gesellschaft	*(Gesellschaft, deren Struktur durch herrschende und beherrschte Klassen bestimmt wird; Marxismus)*
klassenhöher/klassentiefer	*gegen eine klassenhöhere Mannschaft spielen*
Klassenkamerad/Klassenkameradin	
Klassenkameradin/Klassenkamerad	
klassenlose Gesellschaft/Klassengesellschaft	*(Gesellschaft, die nicht durch herrschende und beherrschte Klassen geprägt wird; Marxismus)*
klassentiefer/klassenhöher	*gegen eine klassentiefere Mannschaft spielen*
Klassik/Romantik	
Klassiker/Romantiker	*(Literatur)*
klassisch/romantisch	*klassische und romantische Dichtung, Musik*
kleckern/klotzen	*wenn man ein Haus baut, soll man klotzen (mit dem Geld nicht sparen), nicht kleckern (auf Sparen bedacht sein)*
klein/groß; a. älter...	*kleines Haus; kleiner Mann; kleiner Irrtum; kleiner Gewinn; klein (mit kleiner Schrift) schreiben; zu kleine Schuhe; kleine Ferien (z. B. zu Weihnachten); er ist noch klein (nicht erwachsen); die kleine (jüngere) Schwester; der kleine Zeiger zeigt die Stunden an*
klein; s. im kleinen, zu klein sein	

Klein.../Groß...; a. Makro..., Riesen... (Substantiv)	z. B. Kleinaktionär/Großaktionär
Kleinaktionär/Großaktionär	(jemand, der nur wenige Aktien einer Firma besitzt)
Kleinbauer/Großbauer	
kleinbäuerlich/großbäuerlich	
Kleinbetrieb/Großbetrieb	
Kleinbild/Großbild	(Fotografie)
Kleinbildkamera/Großbildkamera	(Fotografie)
Kleinbuchstabe/Großbuchstabe; s. a. Majuskel, Versal	(kleingeschriebener Buchstabe, zum Beispiel s, t, e)
kleinbürgerlich/großbürgerlich	(dem unteren Mittelstand des Bürgertums angehörend, ihn betreffend)
kleindeutsche Lösung/großdeutsche Lösung	(deutscher Bundesstaat unter Führung Preußens ohne Österreich; im 19. Jahrhundert)
Kleindeutscher/Großdeutscher	(Anhänger eines „kleinen" Deutschlands; historisch)
kleine Anfrage/große Anfrage	(Rechtswesen)
kleiner/größer	Klaus ist kleiner als Stefan; die kleineren Gehälter
kleine Schamlippen/große Schamlippen; s. a. Labium majus pudendi	
kleines Geschäft/großes Geschäft	(kindertümliche Ausdrucksweise für: Urin)
Kleinfamilie/Großfamilie	(Familienform mit Eltern und unverheirateten Kindern)
Kleinfeldhandball/Großfeldhandball	
Kleingeld/großes Geld	er hatte nur etwas Kleingeld bei sich
kleingemustert/großgemustert	
Kleinhandel/Großhandel	
Kleinhirn/Großhirn	
kleinkalibrig/großkalibrig	(mit kleinem Durchmesser des Laufs bei einer Feuerwaffe)
kleinkariert/großkariert	kleinkarierter Stoff
Kleinklima/Großklima	(Klima in einem räumlich begrenzten Gebiet)
Kleinkredit/Großkredit	(Finanzwesen)
Kleinkreis/Großkreis	(Geometrie)
kleinlich/großzügig	beim Trinkgeld ist er immer sehr kleinlich (gibt wenig)
kleinmaschig/großmaschig	ein kleinmaschiges Netz
Kleinpflaster/Großpflaster	(Straßenbau)
Kleinplastik/Großplastik	(bildende Kunst)
kleinräumig/großräumig	
kleinschreiben/großschreiben	(übertragener Gebrauch) bei denen wird Gastfreundschaft kleingeschrieben; Pünktlichkeit wird bei ihm kleingeschrieben (er ist unpünktlich)

Kleinschreibung/Großschreibung	*sie forderten die Einführung der Klein-*
	schreibung
Kleinstadt/Großstadt	*er lebt in einer Kleinstadt*
Kleinstmaß/Größtmaß	*(Technik)*
Kleinstspiel/Größtspiel	*(Technik)*
Kleinvieh/Großvieh	*Kleinvieh wie Hühner, Kaninchen,*
	Schweine, Ziegen, Schafe
Kleinwuchs/Großwuchs; s. a. Makroso-	*(Körpergröße, bei der die normale Größe*
mie, Riesenwuchs	*um 20 bis 40% unterschritten wird)*
kleinwüchsig/großwüchsig	*kleinwüchsige Menschen*
kleistogam/chasmogam	*(sich selbst bestäubend; Botanik)*
Kleistogamie/Chasmogamie	*(Selbstbefruchtung vor der Blüte; zum Bei-*
	spiel bei Veilchen, Gerste)
Kleopatra/Cäsar	*(ägyptische Königin und Geliebte Cäsars;*
	69 bis 30 vor Christus)
Kleptomane/Kleptomanin	*(männliche Person mit dem Trieb zum*
	Stehlen, ohne daß eine Bereicherungsab-
	sicht besteht)
Kleptomanin/Kleptomane	*(weibliche Person mit dem Trieb zum Steh-*
	len, ohne daß eine Bereicherungsabsicht
	besteht)
klerikal/laikal	*(zum Stand der katholischen Geistlichen*
	gehörend)
Klerikalismus/Laizismus	
Kleriker/Laie	*(Angehöriger des katholischen Klerus, des*
	Geistlichenstandes)
Kletterer/Kletterin	
Kletterin/Kletterer	
Klient/Klientin	
Klientin/Klient	
Klima; s. Kontinentalklima, Seeklima	
Klimax/Antiklimax	*(Steigerung des Ausdrucks; Rhetorik)*
klingender Reim/stumpfer Reim; s. a.	*(Reim, der auf einer unbetonten Silbe en-*
männlicher Reim	*det, zum Beispiel: empfindet)*
Klingenschwäche/Klingenstärke	*(dünneres Drittel der Fechtklinge)*
Klingenstärke/Klingenschwäche	*(dickeres Drittel der Fechtklinge)*
Klinikgeburt/Hausgeburt	*(Geburt eines Kindes in der Klinik)*
Klinkerbau/Kraweelbau	*(dachziegelartige Bauweise bei Holzboo-*
	ten)
Klinkerboot/Kraweelboot	*(Schiffsbau)*
klinkergebaut/kraweelgebaut	*(bei Holzbooten)*
klitoral/vaginal	*klitoraler Orgasmus*
klonisch/tonisch	*(mit zuckenden Muskeln; Medizin)*
klopfen/scharren	*die Studenten äußerten ihre Zustimmung*
	durch Klopfen
klotzen/kleckern	*wenn man baut, soll man klotzen (mit*
	dem Geld nicht sparen), nicht kleckern
	(sparen und nur das Nötigste aufwen-
	den)

klug/dumm	*eine kluge Äußerung*
klug/unklug	*es war klug von ihm, das Angebot abzulehnen; es war klug von ihm, die Wahrheit zu sagen*
Klugheit/Dummheit	
Klytämnestra/Agamemnon	*(Frau des Königs Agamemnon; griechische Mythologie)*
Knabe/Mädchen	*eine Schule für Knaben und Mädchen*
Knabe/Mann	*er ist (noch) ein Knabe und noch kein Mann*
Knabenschule (veraltet)/Mädchenschule	
K-Nahrung/E-Nahrung	*K-Nahrung hat Kohlehydrate*
knapp/ausführlich	*knapp berichten*
knapp/gut	*er hat sehr knapp gewogen; knapp die Hälfte war gekommen; der Vortrag hat eine knappe Stunde (knapp eine Stunde) gedauert; das sind knapp 10 Kilometer bis dahin; der eine Kandidat erhielt knapp 52% der Stimmen, der andere gut 48%*
Knecht/Herr	*der Mensch ist Herr und Knecht zugleich*
Knecht/Magd	*(Mann, der bei einem Bauern in Dienst steht und die niederen Arbeiten macht)*
Knicks/Diener	*Mädchen mußten früher (bei der Begrüßung) einen Knicks machen und die Jungen einen Diener*
Knoten; s. doppelter Knoten, einfacher Knoten	
Ko…/Sub… (Substantiv)	*(mit der Bedeutung: zusammen mit, gemeinsam) z. B. Kokonstituente/Subkonstituente*
Koagulation/Peptisation	*(Chemie)*
koagulieren/peptisieren	*(Chemie)*
Koch/Köchin	
Köchin/Koch	
kochsalzarm/kochsalzreich	*kochsalzarme Speisen*
kochsalzreich/kochsalzarm	*kochsalzreiche Speisen*
Kochwäsche/Feinwäsche	
Kode; s. Code	
kodieren/dekodieren; s. a. entschlüsseln	*einen Funkspruch kodieren (verschlüsseln)*
kodiert/unkodiert	*die Meldung kam kodiert*
Kodierung/Dekodierung; s. a. Entschlüsselung	
Kognat/Agnat	*(im alten Rom ein Verwandter, der nicht der väterlichen Gewalt unterstand)*
kohärent/inkohärent	*(zusammenhängend)*
Kohärenz/Inkohärenz	*(innerer Zusammenhalt von einzelnen Elementen in einem Ganzen)*
Kohäsion/Adhäsion	*(Physik)*

Koimperium/Kondominium   *(von mehreren Staaten beherrschtes Ge-*
                                                biet, das ihnen aber nicht gehört; Poli-
                                                tik)
Koitus; s. Coitus
Kokonstituente/Subkonstituente   *(Sprachwissenschaft)*
Kolbenfüllhalter/Patronenfüllhalter
Kollege/Kollegin
kollegial/inkollegial, unkollegial   *kollegiales Verhalten; kollegial handeln*
Kollegialorgan/monistisches Organ, mono-   *(Organ mit mehreren gleichberechtigten*
kratisches Organ   *Personen; Rechtswesen)*
Kollegin/Kollege
kollektiv/individuell   *eine kollektive Leistung; kollektive Trauer*
Kollektiv, das/der einzelne   *das Kollektiv wurde prämiiert*
Kollektiv.../Einzel... (Substantiv)   *(mit der Bedeutung: die Gruppe, die Ge-*
                                                samtheit betreffend, gemeinsam)
                                                z. B. Kollektivschuld/Einzelschuld
Kollektiv.../Individual... (Substantiv)   *(mit der Bedeutung: die Gruppe, die Ge-*
                                                samtheit betreffend, gemeinsam)
                                                z. B. Kollektivbegriff/Individualbegriff
Kollektivarbeitsrecht/   *(Rechtswesen)*
Individualarbeitsrecht
Kollektivbegriff/Individualbegriff   *(Begriff, der eine Gesamtheit bezeichnet;*
                                                Philosophie)
Kollektivbestrafung/Einzelbestrafung
Kollektivpsychologie/
Individualpsychologie
Kollektivschuld/Einzelschuld
Kollektivverpflichtung/Einzelverpflichtung *(früher: DDR)*
Kolombine/Arlecchino   *(in der Commedia dell'arte die Geliebte*
                                                von Arlecchino)
Kolonien/Mutterland
Kolonisation/Dekolonisation
kolonisieren/dekolonisieren
Kolumbine; s. Kolombine
Kombattant/Nichtkombattant   *(jemand, der im Krieg zu Kampfhandlun-*
                                                gen völkerrechtlich berechtigt ist, zum
                                                Beispiel Angehörige der Streitkräfte)
Kombinationssprunglauf/Spezialsprunglauf   *(Ski)*
Kombinationston/Summationston   *(Musik)*
Komma; s. einfaches Komma, paariges
Komma
Kommanditist/Komplementär   *(Gesellschafter einer Kommanditgesell-*
                                                schaft, der nur für seine Einlage haftet)
Kommandowirtschaft/Marktwirtschaft   *die kommunistische Kommandowirtschaft*
kommen/gehen   *als erster kommen und als letzter gehen;*
                                                sie kam gerade, als er ging; woher
                                                kommst du und wohin gehst du?
kommen aus/gehen in   *aus dem Haus kommen; er kam gerade*
                                                aus der Sauna; er kommt aus der
                                                Schweiz, und sie geht in die Schweiz

kommen aus/gehen nach	*er kommt aus Deutschland, und sie geht nach Deutschland*
kommend/vergangen	*kommenden Dienstag*
kommensurabel/inkommensurabel	*(vergleichbar; Mathematik, Physik)*
Kommensurabilität/Inkommensurabilität	*(Mathematik, Physik)*
kommentiert/unkommentiert	*kommentierter Text*
Kommen und Gehen	*es war ein ständiges Kommen und Gehen*
kommen von/gehen zu	*er kommt von seinen Eltern und geht zu seiner Freundin*
kommen zu/weggehen von	*er geht von ihm weg und kommt zu mir*
Kommilitone/Kommilitonin	
Kommilitonin/Kommilitone	
Kommissionär/Kommittent	*(jemand – zum Beispiel ein Kreditinstitut –, der Wertpapiere u. a. im Auftrag eines anderen an- oder verkauft)*
Kommissionsbuchhändler/ Sortimentsbuchhändler	
Kommittent/Kommissionär	*(Auftraggeber eines Kommissionärs, der Kunde)*
Kommunikant/Kommunikator; a. Sender	*(jemand, der eine Mitteilung empfängt)*
Kommunikator/Kommunikant; a. Empfänger	*(jemand, der eine Mitteilung an einen anderen richtet)*
Kommunion; s. Erstkommunion	
Kommunismus/Kapitalismus	*der Kommunismus ist ein Fehler, aber sein Bruder, der Kapitalismus, auch (Erbakan)*
kommunistisch/antikommunistisch	
Komödiant/Komödiantin	
Komödiantin/Komödiant	
Komödie/Tragödie; s. a. Trauerspiel	*(Lustspiel; auch übertragen:) das ist eine Komödie (das kann man nicht ernst nehmen, ist belustigend)*
komparabel/inkomparabel	*komparable (vergleichbare) Größen*
kompatibel/inkompatibel; a. unverträglich	*(verträglich, zusammenpassend, mit etwas anderem vereinbar)*
Kompatibilität/Inkompatibilität; a. Unverträglichkeit	*(Vereinbarkeit in bezug auf anderes; Fachsprache)*
kompetent/inkompetent, unkompetent	*er ist kompetent und kann das beurteilen*
Kompetenz/Inkompetenz	*seine Antwort wird über seine Kompetenz (Sachverstand, Befugnis) oder Inkompetenz entscheiden*
Kompetenz/Performanz; s. a. Parole	*(Fähigkeit, eine Sprache kompetent, kreativ zu gebrauchen; Sprachwissenschaft)*
kompetenzgestützt/beleggestützt	*(Sprachwissenschaft)*
Komplement/Nukleus	*(von der Valenz eines Wortes geforderte grammatische Ergänzung, zum Beispiel: Tilo wohnt in Gartenstadt; Sprachwissenschaft)*

Komplementär/Kommanditist	(Gesellschafter einer Kommanditgesellschaft, der persönlich haftet)
Komplementärfarben/Grundfarben	
komplett/inkomplett; s. a. unvollständig	(vollständig, vollzählig)
Komplex; s. Elektrakomplex, Ödipuskomplex	
komplexer Satz/einfacher Satz	(Satz, der mehr als nur aus dem Hauptsatz besteht; Sprachwissenschaft)
kompliziert/einfach	das ist ein kompliziertes System
kompliziert/unkompliziert	ein komplizierter Mensch
Komposition/Derivation; s. a. Ableitung	(das Zusammensetzen von Wörtern zu einem neuen Wort, zum Beispiel: liebeskrank, Fenster-rahmen; Sprachwissenschaft)
Kompositum/Derivativum	ein Kompositum ist eine Wortzusammensetzung (Sonnen-schein), während ein Derivativum eine Ableitung (weib-lich) ist
Kompositum/Simplex	Komposita sind zusammengesetzte Wörter (Bücher-schrank), während Simplizia einfache, nicht zusammengesetzte Wörter (kommen, Garten) sind
komprehensibel/inkomprehensibel	(begreiflich)
kompreß/splendig	(ohne Zwischenraum zwischen den Zeilen; Druckwesen)
kompressibel/inkompressibel	(verdichtbar; Physik)
Kompressibilität/Inkompressibilität	(Physik)
Kompressibilität; s. adiabatische Kompressibilität	
Kompressor/Absorber	(Kühlschrank, dessen Funktion auf dem Prinzip der Verdichtung beruht)
komproportionieren/disproportionieren	(Chemie)
Kondensationsturbine/Auspuffturbine	(Dampfturbine für die Stromerzeugung)
Konditionsschwäche/Konditionsstärke	
Konditionsstärke/Konditionsschwäche	
kondolieren/gratulieren	zum Todesfall kondolieren (Beileid aussprechen)
Kondom/Femidom	(Verhütungsmittel für den Mann)
Kondominium/Koimperium	(von mehreren Staaten beherrschtes Gebiet, das ihnen gemeinsam gehört; Politik)
Konfektionär/Konfektioneuse	(leitender Angehöriger der Konfektionsindustrie)
Konfektioneuse/Konfektionär	(leitende Angehörige der Konfektionsindustrie)
Konfektions.../Maß... (Substantiv)	(mit der Bedeutung: serienmäßig hergestellt) z. B. Konfektionskleidung/Maßkleidung
Konfektionsanzug/Maßanzug	(Anzug, der nicht speziell für eine bestimmte Person, sondern serienmäßig hergestellt worden ist)

Konfektionskleidung/Maßkleidung   *(serienmäßig hergestellte Kleidung)*
Konfessionsschule/Gemeinschaftsschule, *(Schule, in der der Unterricht im Geiste ei-*
   Simultanschule   *ner Religion, vor allem der katholi-*
                                        schen, gestaltet wird; Bekenntnisschule)
Konfirmand/Konfirmandin   *(männlicher Jugendlicher, der konfirmiert,*
                                        eingesegnet wird)
Konfirmandin/Konfirmand   *(junges Mädchen, das konfirmiert, einge-*
                                        segnet wird)
Konfirmation/Erstkommunion   *(Einsegnung; Zeremoniell, womit junge*
                                        evangelische Christen in die Erwachse-
                                        nengemeinde aufgenommen werden)
konfliktfrei/konfliktgeladen   *konfliktfreie Beziehungen*
konfliktgeladen/konfliktfrei   *konfliktgeladene Beziehungen*
Konfluenz/Diffluenz   *(Geologie)*
Konfluenzstufe/Diffluenzstufe   *(Geologie)*
Konformismus/Nonkonformismus   *(um Anpassung bemühte [Geistes]haltung)*
Konformist/Nonkonformist; a. Neinsager   *Jasager und Konformist (jemand, der sich*
                                        dem herrschenden Trend, der gewünsch-
                                        ten Meinung anpaßt)
konformistisch/nonkonformistisch   *(sich angepaßt verhaltend, nicht gegen die*
                                        herrschende Meinung opponierend)
Konformität/Nonkonformität   *(Übereinstimmung, Gleichförmigkeit; So-*
                                        ziologie)
Konfusion/Konsolidation   *(Rechtswesen)*
Konglomerat/Agglomerat   *(feste Ablagerung mehrerer Teile; Geolo-*
                                        gie)
kongruent/disgruent   *kongruente (übereinstimmende, sich dek-*
                                        kende) Ansichten, Meinungen
kongruent/inkongruent   *kongruente (deckungsgleiche, übereinstim-*
                                        mende) Zahlen; kongruente geometri-
                                        sche Figuren
Kongruenz/Inkongruenz   *(Übereinstimmung, Deckungsgleichheit)*
Kongruenz; s. biologische Kongruenz,
   grammatische Kongruenz
König/Gegenkönig
König/Königin
Königin/König
königsfeindlich/königsfreundlich
königsfreundlich/königsfeindlich
Konjugation/Deklination   *die Konjugation der Verben*
konjugieren/deklinieren   *ein Verb konjugieren*
Konjunkt/Adjunkt   *(Satzteil, der mit einem anderen zusam-*
                                        men auftreten kann; Sprachwissen-
                                        schaft)
Konjunktion/Disjunktion   *(Philosophie)*
Konjunktion/Opposition   *(Astronomie)*
Konjunktion; s. disjunktive Konjunktion,
   junktive Konjunktion, koordinierende
   Konjunktion, subordinierende Konjunk-
   tion

konjunktiv/disjunktiv	*(verbindend; Philosophie)*
Konjunktiv/Indikativ; s. a. Wirklichkeits- form	*„komme" ist in „er komme" eine Form im* *1. Konjunktiv*
konjunktivisch/indikativisch	
konjunkturabhängig/ konjunkturunabhängig	*konjunkturabhängiger Wirtschaftszweig*
Konjunkturabschwung/ Konjunkturaufschwung	
Konjunkturaufschwung/ Konjunkturabschwung	
konjunkturunabhängig/ konjunkturabhängig	*konjunkturunabhängiger Wirtschaftszweig*
konkav/konvex; a. Sammellinse	*eine konkave (nach innen gewölbte) Linse*
Konkavität/Konvexität	
Konkavlinse/Konvexlinse	
Konkavspiegel/Konvexspiegel	*(Hohlspiegel; Rasierspiegel; vergrößernder* *Spiegel)*
konkordant/diskordant	*(übereinstimmend); eine konkordante* *Transplantation (mit wesensähnlichen* *Organen, zum Beispiel vom Affen auf* *den Menschen)*
Konkordanz/Diskordanz	*(Gleichmäßigkeit)*
konkret/abstrakt	*sehr konkrete (anschauliche, auf der Wirk-* *lichkeit aufbauende) Vorstellungen*
konkret; s. in concreto	
Konkretheit/Abstraktheit	
Konkretum/Abstraktum	*„Baum" ist ein Konkretum (etwas, was* *sinnlich wahrgenommen werden kann;* *Sprachwissenschaft)*
Konkurrent/Konkurrentin	
Konkurrentin/Konkurrent	
Konkurrenzprinzip/Solidarprinzip	
konkurrierende Gesetzgebung/ausschließ- liche Gesetzgebung	*(Rechtswesen)*
Konkursanfechtung/Gläubigeranfechtung	*(Rechtswesen)*
Konnotat/Denotat	*(Sprachwissenschaft)*
Konnotation/Denotation	*(Nebenvorstellung – Emotion, Abwertung* *usw. –, die sich mit einem Wort verbin-* *det; Sprachwissenschaft)*
konnotativ/denotativ	*(Sprachwissenschaft)*
konsekutiv/konstitutiv	*(abgeleitet; Philosophie)*
Konsekutivdolmetschen/ Simultandolmetschen	
Konsekutivdolmetscher/ Simultandolmetscher	
konsekutives Dolmetschen/simultanes Dol- metschen	*beim konsekutiven Dolmetschen wird die* *Übersetzung dem Gesprochenen zeitlich* *nachgeschaltet, vor allem bei Verhand-* *lungen*

Konsens/Dissens; a. Divergenz *(Übereinstimmung in bezug auf etwas)*
Konsensualkontrakt/Realkontrakt *(Vertrag, der durch beiderseitige Willenser-*
klärung rechtswirksam ist)
Konsensualvertrag/Realvertrag *(Rechtswesen)*
konsequent/inkonsequent *konsequent sein, handeln; sich konsequent*
(nicht von seinen Prinzipien usw. abwei-
chend) verhalten
konsequenter Fluß/insequenter Fluß *(Fluß, der sich nach dem geologischen Un-*
terbau richtet)
Konsequenz/Antezedens *(Logik)*
Konsequenz/Inkonsequenz *seine Konsequenz wurde gelobt*
konsistent/inkonsistent *eine konsistente (haltbare) Masse*
Konsistenz/Inkonsistenz
Konsolidation/Konfusion *(Rechtswesen)*
konsonant/dissonant *konsonante (harmonierende) Klänge*
Konsonant/Vokal; s. a. Selbstlaut *k ist ein Konsonant (ein Mitlaut)*
konsonantieren/vokalisieren
konsonantisch/vokalisch
konsonantischer Halbreim/vokalischer *(unreiner Halbreim, bei dem die Vokale*
Halbreim *nicht übereinstimmen, zum Beispiel: fin-*
den/münden; betrübt/beliebt; Metrik)
Konsonanz/Dissonanz *(Wohlklang)*
konstant/inkonstant *die Kosten bleiben konstant; konstante*
Verhältnisse
konstant/variabel *eine konstante (gleichbleibende) Größe*
(Mathematik)
konstant bleiben/variieren *der Preis bleibt konstant*
Konstante/Variable, Veränderliche *(eine mathematische Größe, die gleich-*
bleibt)
Konstanz/Inkonstanz *die Konstanz der Verhältnisse*
Konstituentensatz/Matrixsatz; s. a. Haupt- *(Nebensatz als unmittelbare Konstituente*
satz *eines Hauptsatzes)*
konstitutiv/konsekutiv *(unerläßlich; Philosophie)*
konstitutive Wirkung/deklaratorische Wir- *(Wirkung von der Art, daß sie ein Rechts-*
kung *verhältnis erst schafft, das noch nicht*
bestand; Rechtswesen)
konstruktiv/destruktiv; a. zerstörend *eine konstruktive (aufbauende) Kritik*
konstruktives Mißtrauensvotum/destrukti- *(im Parlament: Stimmenabgabe, die zum*
ves Mißtrauensvotum *Sturz des Regierungschefs bei gleichzeiti-*
ger Wahl eines Nachfolgers führt)
Konstruktivität/Destruktivität
Konsum/Produktion *(das, was verbraucht wird)*
Konsument/Produzent; s. a. Erzeuger, Her- *der Konsument (derjenige, der etwas Pro-*
steller *duziertes verbraucht, kauft usw.) von*
Waren
Konsumgüter/Investitionsgüter *Konsumgüter sind zum Konsum, Ver-*
brauch, Gebrauch bestimmte Wirt-
schaftsgüter, zum Beispiel Essen, Klei-
dung, Möbel, während Investitionsgüter
für die Produktion bestimmte Güter
(Maschinen, Werkshallen, Fahrzeuge)
sind

konsumieren/produzieren	*sie produzieren, was die anderen konsumieren*
Konsumtion/Produktion	
konsumtiv/investiv	*konsumtive (für den Verbrauch, nicht für Investitionen bestimmte) Gelder*
kontaktarm/kontaktfreudig	*er ist ein kontaktarmer Mensch*
Kontaktarmut/Kontaktfreudigkeit	
kontaktfähig/kontaktunfähig	*er ist kontaktfähig*
kontaktfreudig/kontaktarm	*er ist ein kontaktfreudiger Mensch*
Kontaktfreudigkeit/Kontaktarmut	
Kontaktkopie/optische Kopie	*(Fotografie)*
Kontakttier/Distanztier	*(Zoologie)*
kontaktunfähig/kontaktfähig	*er ist kontaktunfähig*
Kontamination/Dekontamination	*(Verunreinigung, Vergiftung; Atomphysik, Medizin)*
kontaminieren/dekontaminieren	*die bei einem Unfall kontaminierten Menschen*
Konterrevolution/Revolution; a. roter Terror	*(Bestrebungen, die vorangegangenen revolutionären Entwicklungen rückgängig zu machen)*
kontextabhängig/kontextfrei	*(Sprachwissenschaft)*
kontextfrei/kontextabhängig	*(Sprachwissenschaft)*
kontinental/maritim	*kontinentales Klima*
Kontinentalklima/Seeklima	*(im Innern einer großen Landfläche herrschendes Klima mit heißen Sommern, kalten Wintern, wenig Regen, starken Temperaturschwankungen)*
Kontinenz/Inkontinenz	*(Fähigkeit, den Abgang von Urin, Stuhl selbst zu regulieren)*
kontinuierlich/diskontinuierlich	*eine kontinuierliche (gleichmäßig verlaufende) Entwicklung*
kontinuierlich/diskret	*kontinuierliche Werte, Mengen (Fachsprache)*
Kontinuität/Diskontinuität	
Kontinuum/Diskontinuum	
Konto; s. lebendes Konto, Lorokonto, Nostrokonto, Personenkonto, Sachkonto, totes Konto	
kontra/pro; s. a. [da]für	*ich bin kontra und stimme dagegen*
Kontra/Pro	*das Pro und Kontra abwägen*
Kontraindikation/Indikation	*(Medizin)*
kontraindiziert/indiziert	*(Medizin)*
Kontrakt; s. Konsensualkontrakt, Realkontrakt	
Kontraktionstheorie/Expansionstheorie	*(Geologie)*
Kontrition/Attrition	*(die vollkommene Reue, die für die Absolution nötig ist; katholische Kirche)*
Kontrolleur/Kontrolleurin	*bei der Straßenbahn gibt es Kontrolleure und Kontrolleurinnen*

Kontrolleurin/Kontrolleur	*bei der Straßenbahn gibt es Kontrolleure und Kontrolleurinnen*
Kontrolleur[in]/Kontrollierte[r]	
Kontrollgruppe/Testgruppe	*(Gruppe, die nicht den Bedingungen der Testgruppe unterliegt, sondern sich in der üblichen Situation befindet; Psychologie)*
kontrollierbar/unkontrollierbar	*die geleistete Arbeitszeit ist kontrollierbar*
kontrolliert/unkontrolliert	*kontrollierte Bewegungen*
Kontrollierte[r]/Kontrolleur[in]	
Konvektion/Advektion	*(vertikale Bewegung; Meteorologie)*
konvektiv/advektiv	*(Meteorologie)*
Konvektor/Radiator	*(Heiztechnik)*
konvenabel/inkonvenabel	*(schicklich)*
Konvenienz/Inkonvenienz	*(das gesellschaftlich Schickliche)*
konventionell/unkonventionell	*eine konventionelle Methode; konventionelle (dem Herkommen, Brauch entsprechende) Ansichten*
konventionelle Waffen/ABC-Waffen, Atomwaffen	
konvergent/divergent	*konvergente (übereinstimmende) Meinungen*
Konvergenz/Divergenz; a. Dissens	
konvergieren/divergieren	*konvergierende (übereinstimmende) Aussagen*
konvertibel/inkonvertibel	*(wandelbar)*
konvex/konkav; a. Zerstreuungslinse	*ein konvexes (nach außen gewölbtes) Glas*
Konvexität/Konkavität	
Konvexlinse/Konkavlinse	
Konvexspiegel/Konkavspiegel	*(nach außen gewölbter Spiegel)*
Konzentration/Dekonzentration	*die wirtschaftliche Konzentration; die Konzentration der Industrie; die Konzentration (Zusammenballung an einer Stelle) der Truppen*
konzentrieren/dekonzentrieren	*die Verwaltungsbehörden konzentrieren*
konzentriert/unkonzentriert	*er ist sehr konzentriert bei der Arbeit*
konziliant/inkonziliant	*(umgänglich, entgegenkommend)*
konzinn/inkonzinn	*(im Satzbau gleichmäßig; Rhetorik)*
Konzinnität/Inkonzinnität	*(Rhetorik)*
kooperativ/unkooperativ	*kooperatives Verhalten*
Koordination/Subordination; s. a. Hypotaxe, Unterordnung	*(Nebenordnung von Sätzen, Satzgliedern)*
koordinativ/subordinativ	*koordinative (nebengeordnete) Satzteile, zum Beispiel: Haus und Hof*
koordinieren/subordinieren	*(nebenordnen)*
koordinierend/subordinierend; s. a. hypotaktisch	
koordinierende Konjunktion/subordinierende Konjunktion	*„und" ist eine koordinierende Konjunktion*

koordiniert/subordiniert	*(Sprachwissenschaft)*
Kopf/Bauch	*eine Entscheidung aus dem Kopf (vom Verstand), nicht aus dem Bauch (aus dem Gefühl, der Intuition)*
Kopf/Fuß	*etwas vom Kopf auf die Füße stellen; sie ist von Kopf bis Fuß auf Liebe eingestellt*
Kopf/Schwanz	*1. vom Kopf bis zum Schwanz der Schlange; 2. (oberer Teil des Buchrükkens)*
Kopf/Zahl; s. a. Revers	*Kopf oder Zahl? (Avers mit dem aufgeprägten Kopf oder Revers mit dem Zahlenwert; wenn eine Münze für eine Entscheidung hochgeworfen wird, die davon abhängt, welche Seite oben liegt)*
Kopfbahnhof/Durchgangsbahnhof	*(Bahnhof ohne durchgehende Gleise, so daß der Zug mit einem anderen Triebwagen o. ä. den Bahnhof verläßt und die Wagen nun in umgekehrter Richtung fahren)*
Kopfband/Fußband	*(Architektur)*
Kopfende/Fußende	*die Katze liegt am Kopfende des Bettes*
kopflastig/schwanzlastig; a. hinterlastig	*ein kopflastiges Flugzeug (das vorn zu stark belastet ist)*
Kopfleiste/Fußleiste	*(EDV)*
Kopfresonanz/Brustresonanz	*(Musik)*
Kopfstimme/Bruststimme	*(hohe Stimme; Musik)*
Kopfstück/Schwanzstück	*(vordere Fischhälfte; Kochkunst)*
Kopftext/Fußtext	*(EDV)*
Kopie/Original	*das ist eine Kopie (der Urkunde)*
Kopie; s. Kontaktkopie, optische Kopie	
Kopilot/Pilot	*(Flugwesen)*
Kormophyt/Thallophyt; s. a. Lagerpflanze	*(Sproßpflanze; Botanik)*
Kormus/Thallus	*(in Wurzel, Stengel, Blätter gegliederte Pflanze)*
Korn/Kimme	*Kimme und Korn müssen beim Zielen eine Linie bilden*
Körndlbauer/Hörndlbauer	*(Getreide anbauender Bauer; österreichisch)*
Körper/Geist	*etwas für den Körper und den Geist tun; die Harmonie von Körper und Geist anstreben*
Körper/Seele	*eine zarte Seele in einem robusten Körper*
körpereigen/körperfremd	*körpereigenes Gewebe*
körperfremd/körpereigen	*körperfremdes Eiweiß; körperfremdes Gewebe wurde wieder abgestoßen*
körperlich/geistig	*körperliche Arbeit; eine körperliche Leistung, Anstrengung; die körperliche und geistige Entwicklung eines Kindes*
körperlich/seelisch; s. a. psychisch	*körperliche Leiden*

körperlich/unkörperlich

eine körperliche (keine platonische) Liebe; körperliche Gebilde

Korpuskularstrahlen/Wellenstrahlen

(Physik)

korrekt/inkorrekt, unkorrekt

er hat sich korrekt verhalten; die Stelle ist korrekt zitiert

Korrektheit/Inkorrektheit, Unkorrektheit

Korrektheit im Verhalten

korrespondierendes Mitglied/ordentliches Mitglied

sie ist korrespondierendes Mitglied der Akademie der Wissenschaften

korrigibel/inkorrigibel

diese Äußerung ist korrigibel

korrigierbar/unkorrigierbar

diese Mißbildung ist korrigierbar

koscher/treife; a. unrein

das Fleisch ist koscher (so, daß es − nach jüdischer Vorschrift − gegessen werden kann)

Kosinus/Sinus

(das Verhältnis von Ankathete zur Hypotenuse im rechtwinkligen Dreieck; Mathematik)

Kosten; s. fixe Kosten, variable Kosten

Kostendeckung/Kostenunterdeckung

kostenfrei/kostenpflichtig

ein kostenfreies gerichtliches Verfahren

Kosten-Nutzen-Analyse

(Wirtschaft)

Kosten-Nutzen-Rechnung

(Wirtschaft)

kostenpflichtig/kostenfrei

ein kostenpflichtiges gerichtliches Verfahren

Kostenpreis/Marktpreis

(Preis auf Grund der Selbstkosten; Wirtschaft)

Kostenunterdeckung/Kostendeckung

Kot/Urin; s. a. Pipi, Pisse

Kotangens/Tangens

(Mathematik)

Kraft; s. außer Kraft, in Kraft

Kraftarm/Lastarm

(Teil eines Hebels, auf den die Kraft wirkt)

kräftig/schwach

1. kräftige Gelenke; 2. kräftiges Aroma

Kraftmaschine/Arbeitsmaschine

(Maschine, die natürliche Energie in mechanische Energie umsetzt, die menschliche oder tierische Arbeitskraft ersetzt, zum Beispiel das Wasserrad)

Kragen; s. steifer Kragen, weicher Kragen

Kraniote/Akranier

(Zoologie)

krank/gesund

kranke Menschen; er ist (noch) krank

Krankenkasse; s. gesetzliche Krankenkasse, private Krankenkasse

Krankenpfleger/[Kranken]schwester

in der Abteilung der Klinik arbeiteten drei Krankenpfleger

Krankenschwester/[Kranken]pfleger

die Krankenschwester versorgte den Kranken

Krankenversicherung; s. gesetzliche Krankenversicherung, private Krankenversicherung

Kranke[r]/Gesunde[r]

krankhaft/gesund

krankhafter Ehrgeiz

krank werden/gesund bleiben	*bei der Grippewelle ist er krank geworden*
krauses Haar/glattes Haar	
Kraweelbau/Klinkerbau	*(besondere Bauweise bei Holzbooten)*
Kraweelboot/Klinkerboot	*(Schiffsbau)*
kraweelgebaut/klinkergebaut	*(bei Holzbooten)*
Krebs; s. Haustierkrebs, Raubtierkrebs	
krebsfördernd/krebshemmend	
krebshemmend/krebsfördernd	
Kredit/Debet; a. Soll	*(das Haben; Bankwesen)*
Kredit; s. Personalkredit, Realkredit	
Kreditkarte; s. mit Kreditkarte	
Kreditor/Debitor; s. a. Schuldner	*(Gläubiger)*
kreditunwürdig/kreditwürdig	*sie ist kreditunwürdig*
kreditwürdig/kreditunwürdig	*sie ist kreditwürdig*
kreisangehörig/kreisfrei	*(Amtssprache)*
kreisfrei/kreisangehörig	*(Amtssprache)*
Kreole/Kreolin	
Kreolin/Kreole	
Krescendo/Dekrescendo	*(allmähliches Stärkerwerden der Ton-stärke; Musik)*
Krethi und Plethi	*(abwertend: alles mögliche Volk, Gesindel)*
Kreuz/b	*(Notenschriftzeichen ♯ für die Erhöhung eines Tons; Musik)*
kreuziget ihn/hosianna	*(Bibel)*
Krieg/Frieden	*es ist Krieg; im Krieg*
Krieg; s. Angriffskrieg, heißer Krieg, kalter Krieg, Landkrieg, Luftkrieg, Seekrieg, Verteidigungskrieg	
kriegerisch/friedlich	*ein kriegerisches Volk*
Kriegsfilm/Antikriegsfilm	
Kriegsflotte/Handelsflotte	
Kriegsfuß/Friedensfuß	*das Heer auf den Kriegsfuß setzen (veraltet)*
Kriegsgüter/zivile Güter	
Kriegshafen/Handelshafen	
Kriegsmarine/Handelsmarine	
Kriegsroman/Antikriegsroman	
Kriegswirtschaft/Friedenswirtschaft	
kriminalisieren/entkriminalisieren	*Homosexualität wurde kriminalisiert*
kristallin/amorph	*(Kristallstruktur aufweisend; Physik)*
kristallisch/amorph	*(Physik)*
Kritik/Antikritik	
Kritiker/Kritikerin	
Kritikerin/Kritiker	
kritisch/unkritisch	*ein kritischer Leser; sie ist sehr kritisch*
Kromo/Ngoko	*(Oberschichtsprache auf Java)*
Kronenbaum/Schopfbaum	*(Baum mit Stamm und Baumkrone)*
krumm/gerade	*krumm sitzen, gehen; eine krumme Linie; eine krumme Nase; krumme Beine*

kryptieren/dekryptieren	*(EDV)*
Kryptogame/Phanerogame	*(Pflanze, die anlagemäßig keine Blüten bekommen kann; Sporenpflanze)*
kryptomer/phaneromer	*(dem bloßen Auge verborgen, nur mit Vergrößerung erkennbar; Geologie)*
Kryptomerie/Manifestation	*(Genetik)*
Kryptoskopie/Teleskopie	*(die Wahrnehmung von in der Nähe befindlichen verborgenen Dingen)*
Kuchenbäcker/Brotbäcker	
Kugelkopfmaschine/Typenhebelmaschine	
Kugellager/Gleitlager	*(Technik)*
Kuh/Bulle, Stier; a. Ochse	*eine Kuh ist ein weibliches Rind*
kulant/inkulant	*eine kulante Firma; eine kulante (großzügig-entgegenkommende) Regelung*
Kulanz/Inkulanz	*die Kulanz der Firma ist bekannt*
Kulierware/Kettenware	*(Textilware)*
kultiviert/unkultiviert	*ein kultiviertes Volk; ein kultivierter Mensch (mit guten Umgangsformen)*
Kultur/Gegenkultur	
Kultur/Unkultur	*die Unkultur des Wegsehens durch eine Kultur des Hinsehens ersetzen*
Kulturboden/Naturboden	
Kulturflüchter/Kulturfolger	*(Tier, Pflanze, die sich aus Kulturlandschaften der Menschen zurückzieht)*
Kulturfolger/Kulturflüchter	*(Tier, Pflanze, die in der von Menschen veränderten Landschaft gute Lebensbedingungen hat und dort auftritt)*
Kulturlandschaft/Naturlandschaft	*(vom Menschen veränderte und geprägte Landschaft)*
Kulturnation/Staatsnation	*(auf kultureller Gemeinsamkeit beruhende Nation)*
Kulturpflanze/wild wachsende Pflanze	*(Botanik)*
Kulturpubertät/Primitivpubertät	*(Psychologie)*
Kultursprache/Primitivsprache	
Kulturvolk/Naturvolk	
kumulative Synonymik/distinktive Synonymik	*(Synonymik ohne Angabe der unterschiedlichen Merkmale; es werden nur Wörter ohne Erklärung und Wertung zusammengestellt)*
kündbar/unkündbar	*er ist in der ersten Zeit noch kündbar*
Kunde/Kaufmann	*der Kaufmann berät den Kunden*
Kunde/Kundin	*viele Kunden und Kundinnen kaufen dort*
kundenfeindlich/kundenfreundlich	
kundenfreundlich/kundenfeindlich	
Kundenproduktion/Marktproduktion	
Kundenumsatz/Eigenumsatz	*(Wirtschaft)*
kundig/unkundig	*der kundige Verbraucher*
kündigen/gekündigt werden	*er hat gekündigt*

Kündigungsgrundschuld/ Fälligkeitsgrundschuld	*(Rechtswesen)*
Kundin/Kunde	*sie ist eine gute Kundin von uns*
Kundschaft; s. Laufkundschaft, Stamm- kundschaft	
künftig.../gegenwärtig...	
Kunst/Natur	*was Sie hier sehen, ist (nur) Kunst (künst- lich Geschaffenes)*
Kunst; s. abstrakte Kunst, angewandte Kunst, freie Kunst, gegenständliche Kunst	
Kunst.../Volks... (Substantiv)	*z. B. Kunstmärchen/Volksmärchen*
Kunstdarm/Naturdarm	*(bei der Wurst; Lebensmittelkunde)*
Kunstdünger/Naturdünger	
Kunsteisbahn/Natureisbahn	
Kunstfaser/Naturfaser	*(Textilkunde)*
Kunsthaar/Echthaar	
Kunstharz/Naturharz	
Kunsthonig/Bienenhonig	
Künstler/Bürger	*(Thomas Mann)*
Künstler/Künstlerin	
Künstlerin/Künstler	
künstlerisch/unkünstlerisch	
künstlich/echt	*künstliche Blumen*
künstlich/natürlich	*ein künstlicher Hafen; ein künstlicher See; künstliche Blumen, künstliches Licht; Esperanto ist eine künstliche Sprache*
Kunstlicht/Tageslicht	*bei Kunstlicht (zum Beispiel bei elektri- schem Licht in fensterlosen Räumen) se- hen die Farben ganz anders aus*
Kunstlied/Volkslied	*(von einem Komponisten komponiertes Lied)*
Kunstmärchen/Volksmärchen	*(von einem Schriftsteller geschriebenes Märchen)*
Kür/Pflicht	*(selbst zusammengestellte Übung, Vorfüh- rung; Sport, zum Beispiel Eiskunstlauf)*
kurabel/inkurabel	*(Medizin)*
Kurantmünzen/Scheidemünzen	*(das gesetzliche Zahlungsmittel; früher Sil- ber- und Goldmünzen, heute dafür Banknoten)*
Kurialismus/Episkopalismus	*(katholische Theologie)*
Kuriatstimme/Virilstimme	*(von den Mitgliedern einer Kurie gemein- sam abgegebene Stimme; Geschichte)*
Kurs; s. den Kurs beibehalten	
kursiv/recte	*(mit schrägen Buchstaben)*
kursorische Lektüre/statarische Lektüre	*(das schnelle, überfliegende Lesen)*
Kurswert/Nennwert	*der Nennwert (der genannte Wert, Ausga- bewert) einer Aktie kann höher oder niedriger liegen als der (schwankende) Kurswert*

Kürturnen/Pflichtturnen
Kürübung/Pflichtübung
Kurve/Gerade
kurz/lang · *1. räumlich: kurze Arme; ein kurzer Schwanz; eine kurze Hose; ein kurzes Kleid; kurze Ärmel; kurze Haare; eine kurze Strecke; 2. zeitlich: eine kurze Wartezeit; kurze Ferien; ein kurzes Gespräch; ein kurzes Leben*

kurz/lange (Adverb) · *kurz, nachdem sie kam...; er hat nur kurz warten müssen; er ist nur kurz geblieben*

kurzärm[e]lig/langärm[e]lig · *ein kurzärmeliges Hemd*
kurzbeinig/langbeinig
Kürze/Länge · *1. die Kürze des Weges; 2. die Kürze einer Silbe (Metrik); die Kürze eines Vokals (zum Beispiel das O in Post)*

kürzen/verlängern · *die Ärmel kürzen; die Ausbildungszeit kürzen*

kürzer/länger · *die Hosen kürzer machen; die Tage werden kürzer*

kurzfristig/langfristig · *kurzfristig planen; kurzfristige Kurse, Verträge, Planung*

kurzlebig/langlebig · *eine kurzlebige Mode; kurzlebige Anschaffungen*

Kurzparker/Dauerparker · *(jemand, der nur kurze Zeit parkt)*
Kurzpaß/Langpaß · *(Fußball)*
Kurzschrift/Langschrift · *(Stenographie)*
kurzsichtig/übersichtig, weitsichtig; s. a. hypermetropisch · *(die Sehschärfe betreffend) sie ist kurzsichtig und braucht eine Brille*

kurzsichtig/weitsichtig · *(im übertragenen Gebrauch) das war sehr kurzsichtig gehandelt; eine kurzsichtige Politik*

Kurzsichtigkeit/Übersichtigkeit, Weitsichtigkeit; s. a. Hypermetropie · *(die Sehschärfe betreffend) eine Brille gegen Kurzsichtigkeit*

Kurzsichtigkeit/Weitsichtigkeit · *(im übertragenen Gebrauch) die Kurzsichtigkeit bei der Geldanlage*

kurzstielig/langstielig · *kurzstielige Blumen*
Kurzstrecke/Langstrecke · *(Sport)*
Kurzvokal/Langvokal · *o ist in „Komma" ein Kurzvokal*
Kurzwelle/Langwelle · *(Radio)*
Kurzzeile/Langzeile · *(Metrik)*
Kurzzeitgedächtnis/Langzeitgedächtnis
Kusine/Cousin, Vetter · *(die Tochter vom Onkel, von der Tante)*
Küstendüne/Binnendüne · *(Düne am See-, Meeresstrand)*
Küstenfischerei/Hochseefischerei
Küstenschiffahrt/Hochseeschiffahrt

L

labialisieren/delabialisieren *(sich von ungerundeter zu gerundeter Aussprache entwickeln, zum Beispiel vom e zum ö bei „ergetzen" zu „ergötzen")*

Labialpfeife/Lingualpfeife, Zungenpfeife *(Pfeife an der Orgel, bei der der Ton durch Reibung des Luftstroms an einer scharfen Schneide erzeugt wird)*

Labia majora/Labia minora; s. a. Labium minus pudendi

Labia minora/Labia majora; s. a. Labium majus pudendi

labil/stabil *ein labiler Kreislauf; er ist psychisch labil (kommt leicht aus dem seelischen Gleichgewicht); eine labile Konstitution; in dem Land sind die Verhältnisse labil*

Labilität/Stabilität *körperliche, seelische Labilität*

Labium majus pudendi/Labium minus pudendi; s. a. kleine Schamlippen, Labia minora *(große Schamlippe; Teil des äußeren Genitals der Frau am Eingang der Scheide)*

Labium minus pudendi/Labium majus pudendi; s. a. große Schamlippen, Labia majora *(kleine Schamlippe; Teil des äußeren Genitals der Frau, seitliche Begrenzung des Scheidenvorhofs)*

Labkäse/Sauermilchkäse

Labmolke/Sauermolke

Laborant/Laborantin

Laborantin/Laborant

Labquark/Sauermilchquark

lachen/ernst bleiben *sie konnte nicht ernst bleiben und mußte lachen, als sie ihn im Pyjama im Lift sah*

lachen/weinen *sie lacht viel; die Situation war eigenartig: Sollte man lachen oder weinen?; mit einem lachenden und einem weinenden Auge*

laden/entladen; a. abladen, ausladen *1. Kohle laden (auf ein Transportmittel bringen); 2. den Akku laden (mit elektrischer Ladung versehen); 3. ein Gewehr laden (es mit Munition versehen)*

Ladenpreis/Fabrikpreis

Lag/Lead *(Wirtschaft)*

Lageenergie/Bewegungsenergie *(Mechanik)*

Lagenfeuer/Salvenfeuer *(Feuerart, bei der nacheinander geschossen wird; Militär)*

Lagerfuge/Stoßfuge *(waagerechte Fuge; Bauwesen)*

Lagerpflanze/Sproßpflanze; s. a. Kormo-
 phyt
Laie/Fachmann; a. Profi   *er ist Laie auf dem Gebiet*
Laie/Geistlicher, Kleriker   *in dem Kloster arbeiteten auch Laien*
Laien.../Berufs... (Substantiv)   *(mit der Bedeutung: nicht berufsmäßig)*
                                                   z. B. Laienkünstler/Berufskünstler
Laienbruder/Ordensbruder   *(katholische Kirche)*
Laienbruderschaft/Ordensbruderschaft   *(katholische Kirche)*
Laienchor/Berufschor
Laienkünstler/Berufskünstler
Laienpriester/Ordenspriester
Laienstand/Geistlichkeit
laikal/klerikal   *(den oder die Laien in der katholischen*
                                                   Kirche betreffend)
Laizismus/Klerikalismus   *(Bestrebungen, den Einfluß der Geistlich-*
                                                   keit zu beseitigen, zum Beispiel durch
                                                   Trennung von Kirche und Staat)
laminal/marginal   *(auf der ganzen Fläche; Botanik)*
laminare Strömung/turbulente Strömung   *(Physik)*
LAN/WAN   *(local area network)*
Land/Stadt   *früher hat er auf dem Land gewohnt, jetzt*
                                                   wohnt er in der Stadt
Land/Wasser   *auf hoher See war vom Schiff aus nur Was-*
                                                   ser, kein Land zu sehen
Land; s. Entwicklungsland, Industrieland,
 zu Lande
landab; s. landauf, landab
landauf, landab   *landauf, landab (überall im Land) be-*
                                                   suchte er die Wahlkreise
landaus, landein   *(überall, sowohl im Inland als auch im*
                                                   Ausland)
Landbrot/Bäckerbrot
Landebahn/Startbahn   *(Flugwesen)*
Landebein/Sprungbein   *(Bein, mit dem der Springer auf den Bo-*
                                                   den auftrifft; Sport)
landein; s. landaus, landein
landen/starten; a. abfahren, abfliegen   *das Flugzeug startete um 10 Uhr und lan-*
                                                   dete um 12 Uhr
Länder/Bund   *der Bund und die Länder (Bundesrepublik)*
Landerollstrecke/Startrollstrecke   *(Flugwesen)*
Landestrecke/Startstrecke   *(Flugwesen)*
Landfrau/Landmann
landgestützt/seegestützt   *(Militär)*
Landkind/Stadtkind   *(jemand, der auf dem Land aufgewachsen*
                                                   ist und sich entsprechend verhält)
Landkrieg/Luftkrieg, Seekrieg
ländlich/städtisch
Landmacht/Seemacht   *(vor allem auf dem Heer basierende*
                                                   Macht eines Landes)

Landmann/Landfrau
Landproletariat/Industrieproletariat
Landsäugetier/Meeressäugetier   *(Biologie)*
Landschaftsgarten/Barockgarten
Landseite/Seeseite   *(dem Land zugewandte Seite)*
Landsfrau/Landsmann   *(im feministischen Sprachgebrauch für:*
       Landsmännin)
Landsmål/Riksmål; s. a. Bokmål   *(veraltet für: Nynorsk, die norwegische*
       Schriftsprache, die auf den norwegi-
       schen Dialekten beruht)
Landsmann/Landsmännin, Landsfrau   *das ist ein Landsmann von mir (kommt*
       aus dem gleichen Land)
Landsmännin/Landsmann   *das ist eine Landsmännin von mir (kommt*
       aus dem gleichen Land)
Landstadt/Reichsstadt   *(historisch)*
Landstreicher/Stadtstreicher
Landung/Start; a. Abfahrt, Abflug   *die Landung des Flugzeugs*
landwärts/seewärts   *der Wind weht landwärts*
Landweg/Wasserweg, Seeweg, Luftweg   *Waren auf dem Landweg transportieren*
Landwind/Seewind
lang/breit   *der Stoff ist 80 cm breit (quer gemessen)*
       und 120 cm lang
lang/kurz   *1. räumlich: lange Haare; ein langer*
       Schwanz; lange Ärmel; ein langer Man-
       tel, Rock; eine lange Strecke; 2. zeitlich:
       ein langes Gespräch; Trennung für eine
       lange Zeit; lange Ferien; langes Leben;
       über kurz oder lang (ziemlich bald)
lang; s. mit langem Arm
langärm[e]lig/kurzärm[e]lig   *ein langärmeliges Hemd*
langbeinig/kurzbeinig   *eine langbeinige Rasse*
lange/kurz (Adverb)   *lange, nachdem sie kam ...; er hat lange*
       warten müssen; er ist lange geblieben
Länge/Breite   *die Länge eines Pakets; das Brett ist in der*
       Länge 1 Meter
Länge/Kürze   *1. die Länge des Weges; 2. die Länge eines*
       Vokals; die Länge einer Silbe (Metrik)
Längengrad/Breitengrad   *(Kartographie)*
Längenkreis/Breitenkreis   *(Geographie)*
Längenwachstum/Breitenwachstum
länger/kürzer   *den Rock, die Hosen länger machen; die*
       Tage werden länger
langfristig/kurzfristig   *langfristig planen; langfristige Verträge;*
       eine langfristige Planung
Langholz/Hirnholz   *(Holz von gefällten Bäumen, die in ihrer*
       Länge belassen oder nur wenig gekürzt
       worden sind)
Langlauf/Abfahrtslauf   *(Ski)*
Langlaufski/Abfahrtsski, Alpinski

langlebig/kurzlebig	*langlebige Anschaffungen*
Langlochziegel/Hochlochziegel	*(Bauwesen)*
Langpaß/Kurzpaß	*(Fußball)*
Langpferd/Seitpferd	*(Turnen)*
längs/quer	*die Couch längs stellen*
längs.../quer... (Adjektiv)	*z. B. längsgestreift/quergestreift*
Längs.../Quer... (Substantiv)	*z. B. Längsschnitt/Querschnitt*
Längsachse/Querachse	
langsam/schnell	*er spricht, arbeitet, läuft, fährt langsam*
Langsamkeit/Schnelligkeit	
Langschläfer/Frühaufsteher	*er ist ein Langschläfer*
Langschrift/Kurzschrift	*(im Unterschied zur Kurzschrift die normale Schreibschrift)*
Längsfaden/Querfaden	
Längsflöte/Querflöte	
längsgestreift/quergestreift	*ein längsgestreiftes Hemd*
Langsiebmaschine/Rundsiebmaschine	*(Papierindustrie)*
Längsküste/Schrägküste	*(Geologie)*
Längslage/Querlage	
Langspielplatte/die Single	
längsschiffs/querschiffs	
Längsschnitt/Querschnitt	
Längsschnittuntersuchung/ Querschnittuntersuchung	*(Soziologie)*
Längsseite/Querseite	
Längsstreifen/Querstreifen	
Längsstrich/Querstrich	
langstielig/kurzstielig	*langstielige Blumen, Rosen*
Längstitel/Quertitel	*(Buchtitel in Längsrichtung auf dem Buchrücken)*
Langstrecke/Kurzstrecke	*(Sport)*
Längswand/Querwand	
Längswelle/Querwelle; s. a. Transversalwelle	*(Physik)*
Langue/Parole; s. a. Performanz	*(die Sprache als System; nach de Saussure)*
Langvokal/Kurzvokal	*o ist in „Ton", „Koma", „Sofa" ein Langvokal*
langweilig/spannend	*ein langweilig vorgetragener Bericht*
Langwelle/Kurzwelle	
Langzeile/Kurzzeile	*(Metrik)*
Langzeitgedächtnis/Kurzzeitgedächtnis	
Langzeitkranker/Akutkranker	
lassen/tun	*das eine tun, und das andere nicht lassen*
lassen; s. machen lassen	
...lassen/...; s. a. ... werden	*z. B. unverändert lassen/verändern; sich bedienen lassen/jemanden bedienen*
läßliche Sünde/Todsünde	*(eine verzeihliche Sünde)*

Lastarm/Kraftarm   (der Teil eines Hebels, der eine Last be-
                                           wegt; Physik)

Lastenaufzug/Personenaufzug

Laster/Tugend   er hat Tugenden, aber auch Laster; kein
                                           Laster ohne Tugend

Lasterhaftigkeit/Tugendhaftigkeit

Lastkraftwagen/Personenkraftwagen; s. a.
  Pkw

Lastschrift/Gutschrift; a. Haben   (Abbuchung vom Bankkonto)

Lasurfarbe/Deckfarbe   (Farbe, bei der der Untergrund noch durch-
                                           schimmert)

latent/evident   latenter englischer Einfluß, zum Beispiel:
                                           Rotlichtbezirk nach englisch: red-light
                                           district; eine Ellipse mit latenter Kasus-
                                           inkongruenz, zum Beispiel: wir wollen
                                           Gott (Akkusativ) loben und (Gott: Da-
                                           tiv) danken, mit und ohne Blumen

latent/manifest   latente (äußerlich nicht erkennbare) Krank-
                                           heiten; eine latente Gicht

Latenzei/Subitanei; s. a. Sommerei   (Zoologie)

Latenzgebiet/Permanenzgebiet   (Biologie)

lateral/medial   lateraler (äußerer) Meniskus; (von der
                                           Mitte weg, zur Seite hin; Anatomie)

laterale Oberlippenspalte/mediane Ober-   (Hasenscharte)
  lippenspalte

Lateralstraße/Axialstraße   (Nord-Süd-Hauptstraße in Europa; Mili-
                                           tär)

Laubbaum/Nadelbaum   die Eiche ist ein Laubbaum

Laubholz/Nadelholz

Laubwald/Nadelwald

Laudand[us]/Laudator   (derjenige, der bei einer Lobrede — Lauda-
                                           tio — gerühmt wird)

Laudator/Laudand[us]   (derjenige, der die Lobrede — die Lauda-
                                           tio — hält)

Laufbild/Stehbild, Standfoto   (Fachsprache)

laufen/fahren   bist du zum Bahnhof gelaufen oder gefah-
                                           ren?

Läufer/Binder   (mit der längeren Seite nach außen liegen-
                                           der Mauerstein; Bauwesen)

Läufer/Schläger   (beim Schlagball)

Läufer/Ständer   (beweglicher Maschinenteil; Technik)

Laufkraftwerk/Speicherkraftwerk   (Technik)

Laufkundschaft/Stammkundschaft   (Kundschaft, die mehr zufällig in das be-
                                           treffende Geschäft kommt und kauft)

Laufschuh/Rennschuh   (Sport)

Lauge/Säure

laut/leise   laut lachen, sprechen

laut/ruhig   eine laute Straße

Laut; s. apikaler Laut, dorsaler Laut

lauter/unlauter	*eine lautere Gesinnung; er hat lautere Absichten*
Lautiermethode/Ganzheitsmethode	*(Erstleseunterricht vom Laut zum Wort; Pädagogik)*
Lautsprecher/Mikrofon	
lävogyr/dextrogyr; a. rechtsdrehend	*(nach links drehend; Physik)*
LDL-Cholesterin/HDL-Cholesterin	*LDL-Cholesterin (Low-Density-Lipoproteins; das „lausige") versorgt die Zellen mit dem nötigen Cholesterin; HDL-Cholesterin übernimmt die Rolle des Entsorgers, wenn das LDL-Cholesterin in seiner Eigenschaft als Lieferant die Oberhand gewinnt*
Lead/Lag	*(Vorsprung; Wirtschaft)*
Leander; s. Hero	*(Geliebter der Hero)*
Lebedame/Lebemann	
Lebemann/Lebedame	
leben/gelebt werden	*sie lebt gar nicht, sie wird (von ihrer Familie) gelebt (macht nicht ihr Eigenes, sondern das, was andere wollen oder erwarten)*
leben/sterben	*nicht leben, aber auch nicht sterben können; zum Leben zu wenig und zum Sterben zuviel*
leben/tot sein	*er lebt (noch); seine Eltern leben noch; seine Frau lebt noch, aber er ist schon tot*
Leben/Geist	
Leben/Tod	*es geht um Leben oder Tod; Produkte für das Leben, nicht Waffen für den Tod*
Leben; s. das Leben noch vor sich haben; das Leben schon hinter sich haben	
lebend/tot	*lebende Fische; lebend kommt hier keiner raus*
Lebende[r]/Tote[r]	*die Lebenden und die Toten mahnen*
lebendes Inventar/totes Inventar	*Vieh ist lebendes Inventar*
lebendes Konto/totes Konto; s. a. Sachkonto	
lebende Sprachen/tote Sprachen	*(Sprachen, die noch gesprochen werden)*
lebendgebärend/eierlegend; s. a. ovipar	*(in bezug auf die Fortpflanzung)*
Lebendgeborenes/Totgeborenes	
Lebendgeburt/Totgeburt	
Lebendgewicht/Schlachtgewicht	*(das Gewicht des zum Schlachten bestimmten, noch lebenden Tieres; Fachsprache)*
lebendig/tot	*eine lebendige Stadt; nach der Katastrophe waren wir mehr tot als lebendig; der Befehl lautete, ihn tot oder lebendig herbeizuschaffen*
leben lassen/töten	*sie haben die Gefangenen leben lassen und nicht getötet*

lebensbejahend/lebensverneinend
Lebensbejahung/Lebensverneinung
lebensfern/lebensnah   *ein lebensferner Wissenschaftler*
Lebensgefährte/Lebensgefährtin   *er ist mein Lebensgefährte*
Lebensgefährtin/Lebensgefährte   *sie ist meine Lebensgefährtin*
lebensnah/lebensfern   *ein lebensnaher Wissenschaftler*
lebenstüchtig/lebensuntüchtig   *er ist lebenstüchtig*
lebensuntüchtig/lebenstüchtig   *er ist lebensuntüchtig*
lebensunwert/lebenswert   *gibt es überhaupt ein lebensunwertes Le-*
                                        ben?

lebensverkürzend/lebensverlängernd
lebensverlängernd/lebensverkürzend
lebensverneinend/lebensbejahend
Lebensverneinung/Lebensbejahung
lebenswert/lebensunwert   *ein lebenswertes Leben*
lebhaft/ruhig   *ein lebhaftes Kind*
Lebzeiten; s. zu Lebzeiten
Lecken/Blasen; s. a. Fellatio   *(das Stimulieren des weiblichen Ge-*
                                        schlechtsteils mit Lippen, Zähnen,
                                        Zunge)
Lederkerl/Fummeltrine   *(sich männlich gebender Homosexueller;*
                                        Jargon)
Ledersex/Textilsex   *(Sexualität in Verbindung mit sexueller Lei-*
                                        denschaft für Lederkleidung, Lederge-
                                        genstände, Koitus mit Lederkleidung)
ledig/verheiratet   *er ist ledig*
ledig bleiben/heiraten   *die Frage ist: heiraten oder ledig bleiben?*
Lee/Luv; a. Windseite   *„Lee" ist die dem Wind abgekehrte Seite*
                                        eines Schiffes
Leeboje/Luvboje   *(Segelsport)*
Leedurchbruch/Luvdurchbruch   *(beim Segeln das Überholen eines Bootes*
                                        auf der Leeseite)
leegierig/luvgierig   *(bestrebt, den vordersten Teil nach Lee zu*
                                        drehen; Seemannssprache)
Leemarke/Luvmarke   *(beim Segeln)*
leer/voll   *eine leere Flasche; ein leeres Glas; ein lee-*
                                        rer Magen; leere Kassen; ein leerer
                                        Tank; der Zug war ganz leer; ein leerer
                                        Saal
leeren, sich/sich füllen   *das Stadion leert sich allmählich*
Leerkilometer/Nutzkilometer   *(Strecke von einem Kilometer, die ein*
                                        Nutzfahrzeug ohne Ladung fährt; Fach-
                                        sprache)
Leerkosten/Nutzkosten   *(Wirtschaft)*
leer stehen/bewohnt sein   *die Wohnung steht leer*
Leeseite/Luvseite   *(Seite, die dem Wind abgewandt ist)*
leewärts/luvwärts

legal/illegal	legale Geschäfte; auf legale Weise etwas bekommen; legale Einwanderung; das mag legal sein, aber es ist keinesfalls legitim
Legalität/Illegalität	
Legalitätsprinzip/Opportunitätsprinzip	(die Pflicht des Einschreitens der Staatsanwaltschaft beim Verdacht einer Straftat)
legato/staccato	(musikalische Vortragsanweisung: gebunden zu spielen)
legen auf/nehmen von	etwas (ein Tischtuch) auf den Tisch legen
legen in/nehmen aus; s. a. herausnehmen	die Wäsche in den Schrank legen
Legislative/Exekutive	(die gesetzgebende Gewalt)
Legist/Donatist	(im Mittelalter: Schüler einer Lateinschule, der erst noch Latein lesen lernen mußte)
Legisten/Kanonisten	(im Mittelalter: die Wissenschaftler, die sich mit dem römischen Recht beschäftigten)
legitim/illegitim	diese Maßnahme ist legitim (rechtmäßig); das mag legal (gesetzlich korrekt) sein, aber es ist keinesfalls legitim (widerspricht dem Rechtsempfinden)
Legitimationszeichen/Inhaberzeichen	(Rechtswesen)
Legitimität/Illegitimität	
Lehen/Allod	(auf Zeit oder erblich verliehenes Land; historisch)
Lehrbuchnorm/Gebrauchsnorm	(präskriptive grammatikalische Norm wie sie im Lehrbuch steht)
lehren/lernen	der Lehrer lehrt (die Schüler) die deutsche Sprache, und die Schüler lernen die deutsche Sprache
Lehrende[r]/Lernende[r]	
Lehrer/Lehrerin; s. a. Pädagogin	den Unterricht gibt ein Lehrer, nicht eine Lehrerin
Lehrerin/Lehrer; s. a. Pädagoge	Deutsch unterrichtet eine Lehrerin und nicht ein Lehrer
Lehrer[in]/Schüler[in]	das Verhältnis von Lehrer und Schüler ist gut
Lehrermangel/Lehrerschwemme	es gibt einen Lehrermangel (es fehlen Lehrer)
Lehrerschwemme/Lehrermangel	es gibt eine Lehrerschwemme (zuviel Lehrer)
Lehrling/Lehrmädchen (veraltet), Lehrtochter (schweiz.); s. a. Auszubildende, der, die	(männlicher Jugendlicher, der für einen Beruf ausgebildet wird)
Lehrling/Meister	sein Werdegang vom Lehrling zum Meister
Lehrmädchen/Lehrling	
Lehrtochter (schweiz.)/Lehrling; a. Auszubildende, der	

Leib/Seele	*mit Leib und Seele dabeisein; Essen und Trinken hält Leib und Seele zusammen*
leibliche Eltern/Adoptiveltern	
leibliche Mutter/Stiefmutter	
leiblicher Vater/Stiefvater	
leibliches Kind/Stiefkind	
leicht/schwer	*1. ein leichter Koffer; 2. eine leichte Arbeit, Frage; er ist leicht verletzt; eine leichte Aufgabe; die Tür geht leicht auf; die leichte Artillerie; eine leichte Zigarre; leichter Wein; leichte Krankheit; leichte Gehirnerschütterung; ein leichtes Gewitter*
leicht/stark	*leichte Beschwerden; die Straße steigt leicht an*
leicht/tief	*ein leichter Schlaf*
Leichtathlet/Schwerathlet	
leichtbewaffnet/schwerbewaffnet	
leichtblütig/schwerblütig	*sie ist leichtblütig (von unbekümmerter Lebensart)*
leichte Fahrlässigkeit/grobe Fahrlässigkeit	*(Rechtswesen)*
leichtfallen/schwerfallen	*es fiel ihm nicht leicht, seine Zustimmung zu geben; die Arbeit fällt ihr leicht; nach dieser Enttäuschung ist ihm die Trennung von ihm/ihr leichtgefallen*
Leichtgewicht/Schwergewicht	
Leichtgut/Schwergut	*(in bezug auf Fracht auf Seeschiffen)*
Leichtindustrie/Schwerindustrie	*Leichtindustrie war in der ehemaligen DDR das Synonym für Konsumgüterindustrie*
leichtmachen, sich, jemandem etwas/sich, jemandem etwas schwermachen	*sich das Leben leichtmachen; er hat mir die Entscheidung leichtgemacht*
Leichtmatrose/Vollmatrose	*(im Rang zwischen Schiffsjunge und Vollmatrose)*
Leichtmetall/Schwermetall	*(zum Beispiel Aluminium)*
leichtnehmen/schwernehmen	*er nimmt (immer) alles leicht*
leicht traben/deutsch traben	*(Pferdesport)*
leichttun, sich/sich schwertun	*er tut sich damit leicht (hat damit keine Probleme)*
leichtverdaulich/schwerverdaulich	*leichtverdauliche Speisen*
leichtverletzt/schwerverletzt	*leichtverletzte Personen*
Leichtverletzte[r]/Schwerverletzte[r]	*es gab einige Leichtverletzte und zwei Schwerverletzte*
leichtverständlich/schwerverständlich	*ein leichtverständlicher Text*
leichtverwundet/schwerverwundet	
Leid/Freud[e]	*Freud[e] und Leid mit jemandem teilen*
Leideform/Tatform; s. a. Aktiv	*„er wurde geschlagen/geliebt/geehrt" ist grammatisch eine Leideform*
leider/Gott sei Dank	*er ist leider krank; er ist leider noch sehr jung/leider schon sehr alt*

leidvoll/freudvoll	*Freudvoll und leidvoll, gedankenvoll sein (singt Clärchen in Goethes „Egmont")*
Lcihe/Miete	*(Rechtswesen)*
leihen, jemandem etwas/sich etwas (von jemandem) leihen	*er lieh mir das Buch*
leihen, sich etwas/jemandem etwas leihen, etwas verleihen	*ich lieh mir das Buch (von ihm)*
leise/laut	*leise lachen, sprechen*
Leistung/Preis	*Preis und Leistung müssen stimmen*
Leistung; s. Gestaltungsleistung, Pflichtleistung, Regelleistung, Wahlleistung	
Leistungselektronik/ Unterhaltungselektronik	
Leistungsgruppe/Neigungsgruppe	*(Sport, Pädagogik)*
Leistungskondiktion/Eingriffskondiktion	*(Rechtswesen)*
Leistungskurs/Grundkurs	*(Unterrichtswesen)*
leistungsschwach/leistungsstark	
Leistungssport/Breitensport	
leistungsstark/leistungsschwach	
Leistungsverwaltung/Eingriffsverwaltung	*(Rechtswesen)*
leitend/nichtleitend	*leitende Metalle, Stoffe*
Leiter/Leiterin	*der Leiter der Dienststelle*
Leiter/Nichtleiter	*(bei Metallen)*
leitereigen/leiterfremd	*leitereigene (in der Tonleiter einer Tonart enthaltene) Töne (Musik)*
leiterfremd/leitereigen	*leiterfremde Töne (Musik)*
Leiterin/Leiter	*die Leiterin der Dienststelle*
Leitlinie/Sicherheitslinie	*(gestrichelte Linie, die gegebenenfalls überfahren werden darf; Verkehr)*
Leitung; s. erdverlegte Leitung, freiverlegte Leitung	
Lektor/Lektorin	
Lektorin/Lektor	
Lektüre; s. kursorische Lektüre, statarische Lektüre	
Lemma/Teillemma	*„Sau" ist ein Lemma*
Lena; s. Leonce	
lendenlahm/lendenstark	
lendenstark/lendenlahm	
Lenis/Fortis	*die stimmhaften Laute b, d, g sind Lenes, sind mit schwachem Druck gesprochene Konsonanten*
lenken auf/ablenken von	*die Aufmerksamkeit auf etwas lenken*
lento/allegro	*(langsam; Musik)*
Lentoform/Allegroform	*(volle sprachliche Form beim langsamen Sprechen, zum Beispiel „wenn es" statt „wenn's")*

Leonce und Lena	*Leonce ist der verwöhnte Prinz und Lena die Prinzessin im gleichnamigen Lustspiel von Georg Büchner*
Lepton/Baryon	*(Kernphysik)*
leptosom/pyknisch; a. zyklothym	*ein leptosomer (schlankwüchsiger) Mensch*
lernen/lehren	*er lernt die deutsche Sprache (bei ihr)*
lernen/verlernen	*was man gelernt hat, verlernt man wieder, wenn man nicht in Übung bleibt*
Lernen; s. intentionales Lernen, inzidentelles Lernen	
Lernende[r]/Lehrende[r]	
Lesbe/Schwuler; s. a. Homosexueller, Urning	*(Frau, die Frauen liebt)*
Lesbierin/Homosexueller; s. a. Schwuler, Urning	*(Frau, die Frauen liebt))*
lesbisch/schwul; s. a. gay, homosexuell, mannmännlich	*sie ist lesbisch (ist homosexuell)*
Leselehrmethode; s. synthetische Leselehrmethode	
lesen/hören	*er hat den Vortrag (von ihm) gelesen, nicht selbst gehört*
lesen/schreiben	*ich habe gelesen, was du geschrieben hast*
Leser/Hörer	
Leser/Leserin	*die Leser waren wie die Leserinnen der gleichen Ansicht*
leserfreundlich/leserunfreundlich	*ein leserfreundlicher (gut lesbarer) Druck*
Leserin/Leser	*die Leserinnen waren wie die Leser der gleichen Ansicht*
Leser[in]/Schreiber[in]	
leserlich/unleserlich	*eine leserliche Handschrift*
leserunfreundlich/leserfreundlich	*ein leserunfreundlicher (schlecht lesbarer) Druck*
letzt.../erst...	*das letzte Kapitel; sie war die letzte Kundin*
letzte, der/der erste	*die Ersten werden die Letzten sein*
letzterer/ersterer	
letztgeboren/erstgeboren	
letztgenannt.../erstgenannt...	*der letztgenannte Autor*
letztmalig/erstmalig	*dieses Stück wird am Sonntag letztmalig aufgeführt*
leukoderm/melanoderm	*(hellhäutig)*
leukokrat/melanokrat	*(mit überwiegend hellen Bestandteilen; Geologie)*
Leukozyt/Erythrozyt; s. a. rote Blutkörperchen	
Lex generalis/Lex specialis	*(Rechtswesen)*
Lex specialis/Lex generalis	*(Rechtswesen)*
liberal/illiberal	*ein liberales Verhalten*
Liberalität/Illiberalität	

Licht/Dunkel
Licht/Schatten   *wo viel Licht ist, ist viel Schatten; ein Jahr*
                                            voll Licht und Schatten

Licht; s. Kunstlicht, Tageslicht
lichtdurchlässig/lichtundurchlässig   *lichtdurchlässiges Glas*
lichtempfindlich/lichtunempfindlich   *ein lichtempfindlicher Film*
lichten; s. den Anker lichten
Lichtholz/Schattenholz   *(Forstwesen)*
Lichtkeimer/Dunkelkeimer   *(Botanik)*
Licht- und Schattenseiten   *alles hat seine Licht- und Schattenseiten;*
                                            man muß die Licht- und Schattenseiten
                                            sehen

lichtundurchlässig/lichtdurchlässig   *lichtundurchlässiges Glas*
lichtunempfindlich/lichtempfindlich   *ein lichtunempfindlicher Film*
Liebe/Haß; a. Abneigung, Antipathie   *die Liebe braucht keine Erklärung, nur der*
                                            Haß; alles, was die Liebe übersehen
                                            hat, läßt der Haß als Lächerlichkeiten
                                            erscheinen; es bestand eine Haßliebe
                                            zwischen den beiden

lieben/geliebt werden   *in ihrem Alter − glaubt sie − kann man*
                                            noch lieben, aber nicht mehr geliebt
                                            werden; er liebt sie/sie wird von ihm ge-
                                            liebt; sie liebt sie; er liebt ihn; sie liebt
                                            ihn und er sich auch

lieben/hassen   *1. er liebt sie; erst hat sie ihn geliebt, nun*
                                            haßt sie ihn; wo alles liebt, kann Karl
                                            allein nicht hassen (Schiller); 2. sie liebt
                                            keine Schmeicheleien

liebend/geliebt   *der liebende Mann und die von ihm ge-*
                                            liebte Frau

Liebende[r]/Geliebte[r]
Liebesehe/Vernunftehe
liebesfähig/liebesunfähig
Liebesfähigkeit/Liebesunfähigkeit
Liebesheirat/Vernunftheirat   *das war eine Liebesheirat*
liebesunfähig/liebesfähig
Liebesunfähigkeit/Liebesfähigkeit
liebevoll/lieblos   *eine liebevolle Tochter; ein liebevoll einge-*
                                            packtes Geschenk; er hat alles sehr liebe-
                                            voll gemacht

Liebhaber[in]/Geliebte[r]   *er ist ihr/sein Liebhaber*
Liebhabertheater/Berufstheater
lieblich/herb   *ein lieblicher Wein*
lieblos/liebevoll   *ein liebloser Mann; ein lieblos eingepack-*
                                            tes Geschenk; sie hat alles sehr lieblos
                                            gemacht

Lied; s. Kunstlied, Volkslied
liegenbleiben/aufstehen   *1. sie bleibt (noch) liegen und steht noch*
                                            nicht auf; 2. er stürzte und blieb liegen,
                                            konnte nicht gleich wieder aufstehen

liegenbleiben/schmelzen	*der Schnee wird bei dieser Temperatur lie-genbleiben*
liegend aufgelegt/stehend freihändig	*(in bezug auf das Schießen; Militär)*
Liegende, das/das Hangende	*(Bergmannssprache)*
liegende Güter/fahrende Güter	*(nicht bewegliches Eigentum)*
liegen lassen/aufheben	*das Papier (auf dem Fußboden) liegen lassen*
liegenlassen/erledigen	*die Post liegenlassen*
liegen lassen; s. brach liegen lassen	
limitiert/unlimitiert	*eine limitierte Ausgabe eines Buches (mit begrenzter Auflagenhöhe)*
limnisch/marin, terrestrisch	*(im Süßwasser lebend)*
Limousine/Cabrio, Cabriolet, Kabrio[lett]	*(Personenwagen mit festem Dach)*
linear/nichtlinear	*ein Buch ist ein lineares Medium (bei dem die Informationen fortlaufend darge-stellt werden)*
linear/punktuell	*lineares Lesen*
line in/line out	*(hineinführend; Elektrotechnik)*
line out/line in	*(herausführend; Elektrotechnik)*
...ling/...er[in] (Substantiv)	*z. B. Prüfling/Prüfer[in]*
...ling/(veraltet) ...lingin (Substantiv)	*z. B. Liebling/(veraltet) Lieblingin; Jüng-ling/(veraltet) Jünglingin*
Lingam/Yoni; s. a. Vagina	*(in Indien Symbol des männlichen Ge-schlechts)*
...lingin (veraltet)/...ling (Substantiv)	*z. B. Lieblingin (veraltet)/Liebling; Jünglin-gin (veraltet)/Jüngling*
Lingualpfeife/Labialpfeife; s. a. Lippen-pfeife	*(Pfeife an der Orgel, bei der der Ton durch ein im Luftstrom schwingendes Metallblättchen erzeugt wird)*
Linguistik; s. angewandte Linguistik, theo-retische Linguistik	
linguistisch/außerlinguistisch, extralingui-stisch	
Linie; s. Leitlinie, Sicherheitslinie	
Linienflug/Charterflug	*(regelmäßiger Flug; Luftfahrt)*
Linienflugzeug/Charterflugzeug	*(regelmäßig fliegendes Flugzeug)*
Linienmaschine/Chartermaschine	*er flog mit einer Linienmaschine*
Linienschiff/Trampschiff	*(regelmäßig verkehrendes Schiff)*
Linienschiffahrt/Trampschiffahrt	
Linienverkehr/Charterverkehr	*(regelmäßiger Verkehr)*
liniert; s. liniiert	
liniiert/unliniiert	*liniiertes (mit Linien versehenes) Papier*
link.../recht...; a. schwarz; Ehe zur rech-ten Hand	*1. der linke Arm; die linke Hirnhälfte ist Sitz des analytischen Verstandes und vie-ler Aspekte der Sprache; 2. eine linke Partei; ein linker (sozialistisch eingestell-ter) Politiker*

Linke, die/die Rechte	*mit der Linken (der linken Hand) schreiben; die Rechte vorm Gesicht und mit der Linken kämpfen; die Linke weiß nicht, was die Rechte (die rechte Hand) tut*
Linke[r]/Rechte[r]; s. a. Schwarze[r]/Rote[r]	*er ist ein Linker (vertritt eine linke, sozialistische Position); die Linken wurden aktiv*
linkerseits/rechterseits	
links/rechts; a. Handpferd, hott	*1. er sitzt links; der Herr geht links, die Dame rechts; links abbiegen; links des Rheins; links vom Haus; früher saßen in der Kirche die Frauen links; 2. er wählt links (sozialistisch)*
Linksabbieger/Rechtsabbieger	*(Autofahrer, der nach links abbiegt)*
Linksausfall/Rechtsausfall	*(Boxen)*
Linksauslage/Rechtsauslage	*(Boxen)*
Linksausleger/Rechtsausleger	*(Boxen)*
linksaußen/rechtsaußen	*(Fußball)*
Linksaußen/Rechtsaußen	*(Fußball)*
linksbündig/rechtsbündig	*(Fachsprache)*
Linksdrall/Rechtsdrall	*ein Politiker mit Linksdrall*
linksdrehend/rechtsdrehend; a. dextrogyr	*linksdrehende Milchsäure*
Linksdrehung/Rechtsdrehung	
Linkser/Rechtser; s. a. Rechtshänder[in]	
Linksextremismus/Rechtsextremismus	
linksextremistisch/rechtsextremistisch	*linksextremistische Gruppierung*
linksfüßig/rechtsfüßig	*(mit dem linken Fuß schießend)*
Linksgalopp/Rechtsgalopp	*(Pferdesport)*
linksgängig/rechtsgängig	*eine linksgängige Schraube (deren Gewinde von rechts nach links ansteigt); ein linksgängiges Gewinde*
Linksgewinde/Rechtsgewinde	
Linkshaken/Rechtshaken	*(Boxen)*
Linkshänder[in]/Rechtshänder[in]; s. a. Rechtser	*sie ist Linkshänderin (nimmt zum Schreiben usw. die linke statt der rechten Hand)*
linkshändig/rechtshändig	
Linkshändigkeit/Rechtshändigkeit	
linksher/rechtsher	*(von der linken Seite her)*
linksherum/rechtsherum; a. im Uhrzeigersinn, rechtdrehend	
linkshin/rechtshin	*(auf die linke Seite hin; veraltet)*
linkshirnig/rechtshirnig	*(die linke Gehirnseite betreffend, charakteristisch für abstraktes und rationales Denken usw.)*
Linksinnen/Rechtsinnen	*(Fußball)*
Linkskonter/Rechtskonter	*(Boxen)*
Linkskurs/Rechtskurs	*1. Linkskurs der Partei; 2. (Pferdesport)*

Linkskurve/Rechtskurve	*er fuhr in die Linkskurve*
linkslastig/rechtslastig	
linksläufig/rechtsläufig	*(Technik)*
Linkslenker/Rechtslenker	*(Auto mit dem Lenkrad auf der linken Seite)*
Linkspartei/Rechtspartei	
linksradikal/rechtsradikal	
linksrheinisch/rechtsrheinisch; a. transrhe-nanisch	
Linksruck/Rechtsruck	*(Stimmenzuwachs der linken Parteien)*
linksrum/rechtsrum	*den Walzer linksrum tanzen*
Linksschnitt/Rechtsschnitt	*([Tisch]tennis)*
Linksschuß/Rechtsschuß	*(Schuß mit dem linken Fuß; Fußball)*
linksseitig/rechtsseitig	*linksseitig gelähmt*
Linkssystem/Rechtssystem	*(Mathematik)*
linksum/rechtsum	*(militärisches Kommando)*
Linksunterzeichnete[r]/ Rechtsunterzeichnete[r]	*(auf einem Schriftstück, in einem Brief)*
Linksverbinder/Rechtsverbinder	*(Ballspiele)*
Linksverkehr/Rechtsverkehr	*in England ist Linksverkehr*
Linksvortritt/Rechtsvortritt	*(Vorfahrt von links; schweizerisch)*
lipophil/lipophob	*(in Fett löslich)*
lipophob/lipophil	*(nicht in Fett löslich)*
Lippenpfeife/Zungenpfeife; s. a. Lingual-pfeife	*(Pfeife an der Orgel, bei der ein Luftstrom auf eine scharfkantige Schneide trifft)*
liquid/illiquid; s. a. insolvent, zahlungsun-fähig	*liquid (zahlungsfähig) sein; eine liquide Firma*
Liquidität/Illiquidität	
Listener/Talker	*(Gerät, das Daten empfängt; EDV)*
Listenkandidat/Direktkandidat	*(bei Wahlen)*
Listenplatz/Direktmandat	*sie hat einen Listenplatz (ist Kandidatin auf der Wahlvorschlagsliste einer Partei)*
Listenwahl/Persönlichkeitswahl	*(Wahl, bei der in Listen von Parteien aufge-führte Personen gewählt werden)*
Literalität/Oralität	*(Sprachwissenschaft)*
literat/orat; a. gesprochen	*(Sprachwissenschaft)*
Literatur; s. Primärliteratur, Sekundärlite-ratur	
litoral/ozeanisch	*litorale (nahe der Küste sich aufhaltende) Meeresfische*
Litotes/Hyperbel, Hyperbole; a. Übertrei-bung	*(eine Form der Untertreibung; zum Bei-spiel „ich habe mich nicht wenig = sehr gefreut; er ist nicht mehr der Jüng-ste = doch schon recht alt)*
live/aufgezeichnet	*die Fernsehsendung ist live*
Live-Sendung/Aufzeichnung	*(Fernsehen)*
Lizenzgeber/Lizenznehmer	*(Wirtschaft)*
Lizenznehmer/Lizenzgeber	*(Wirtschaft)*

Lkw/Pkw; s. a. Personenkraftwagen

Lob/Tadel — *man kann die Schwächen der Mitarbeiter weniger über Tadel verändern als die Stärken über das Lob*

loben/tadeln — *sie wurde gelobt*

Lochspiel/Zählspiel — *(Golfspiel)*

locker/fest — *die Schraube ist locker; locker zubinden; eine lockere Beziehung*

locker/steif — *eine lockere Atmosphäre*

lockern/anziehen — *eine Schraube lockern*

lockern/verschärfen — *Vorschriften lockern*

lockiges Haar/glattes Haar

logisch/unlogisch — *die Begründung ist logisch*

Logizität/Faktizität — *(Philosophie)*

Logopäde/Logopädin — *(männliche Person, die Sprachstörungen behandelt)*

Logopädin/Logopäde — *(weibliche Person, die Sprachstörungen behandelt)*

logozentrisch/biozentrisch — *eine logozentrische (dem Geist den Vorrang gebende) Weltsicht*

Lohn/Strafe — *das war der Lohn für seine Tat*

Lohnarbeiter/Kapitalist — *(Marxismus)*

Lokalanästhesie/Allgemeinanästhesie — *(Medizin)*

lokales Netz/Weitverkehrsnetz — *(Kommunikationstechnik)*

Lokogeschäft/Distanzgeschäft — *(Geschäft in bezug auf verfügbare Ware; Kaufmannssprache)*

lokutiv/illokutiv — *(die Artikulation, Konstruktion, Logik einer Aussage betreffend; Sprachwissenschaft)*

long/short — *(Wirtschaft)*

Longdrink/Shortdrink — *(alkoholisches Getränk mit Mineralwasser, Fruchtsaft o. ä.)*

Longitudinalwelle/Transversalwelle; s. a. Querwelle — *(Physik)*

Lorokonto/Nostrokonto — *(Bankwesen)*

...los/be...t (Adjektiv) — *z. B. haarlos/behaart, blätterlos/beblättert*

...los/...haft (Adjektiv) — *z. B. stimmlos/stimmhaft*

...los/...haltig (Adjektiv) — *z. B. merkmallos/merkmalhaltig*

...los/...ig (Adjektiv) — *z. B. bartlos/bärtig*

...los/mit ... — *z. B. schnörkellos/mit Schnörkeln, kinderlos/mit Kindern*

...los/...reich (Adjektiv) — *z. B. erfolglos/erfolgreich*

...los/...voll (Adjektiv) — *z. B. rücksichtslos/rücksichtsvoll*

lösbar/unlösbar; a. unlöslich — *lösbare Probleme*

losbinden/anbinden — *das Pferd (wieder) losbinden*

Loser/Winnertyp — *(Verlierertyp)*

loslassen/festhalten — *das Seil loslassen; er läßt das Kind los (hält es nicht mehr an der Hand fest); das Kind ließ den Luftballon los, und er flog weg; er neigt zum Festhalten, doch man muß auch loslassen können*

löslich/unlöslich   *lösliche Stoffe (Chemie)*
Lotte; s. Werther
Löwe/Löwin
low-end/high-end
Löwin/Löwe
loyal/illoyal   *sich einem anderen gegenüber loyal (wohl*
           gesinnt, ihn nicht behindernd usw.) ver-
           halten
Loyalität/Illoyalität
LP/die Single   *im Plattengeschäft eine LP (Langspiel-*
           platte) kaufen
Lubrikation/Ejakulation   *(Absonderung von Vaginalflüssigkeit bei*
           sexueller Erregung)
lückenhaft/lückenlos   *lückenhafte Erinnerungen*
lückenlos/lückenhaft   *lückenlose Erinnerungen*
Luft/Wasser   *die Luft hat 15 Grad, das Wasser nur 12*
Luft; s. Abluft, Frischluft, Zuluft; in der
  Luft
Luftakrobat/Parterreakrobat   *(Akrobat, der auf dem Seil oder am Tra-*
           pez seine Kunststücke vorführt)
Luftakrobatik/Parterreakrobatik
luftdurchlässig/luftundurchlässig *luftdurchlässiges Gewebe*
Luftgefecht/Bodengefecht   *(Militär)*
Luftkrieg/Landkrieg, Seekrieg
Luftkühlung/Wasserkühlung   *(Abführung von Wärme durch die Luft;*
           Technik)
Lufttemperatur/Wassertemperatur *(an der Nordsee) Lufttemperatur 20 Grad,*
           Wassertemperatur 18
luftundurchlässig/luftdurchlässig *luftundurchlässige Kleidung*
Luftwaffe/Armee, Marine   *(in der Luft kämpfende Einheiten)*
Luftweg/Landweg, Wasserweg   *auf dem Luftweg befördern*
lügen/die Wahrheit sagen   *er hat gelogen*
lügen; s. das ist gelogen
Lügner/Lügnerin   *er ist ein Lügner*
Lügnerin/Lügner   *sie ist eine Lügnerin*
lukrativ/oneros   *ein lukratives Rechtsgeschäft ist im Unter-*
           schied zu einem onerosen nur für den ei-
           nen Teil eine Verpflichtung, für den an-
           deren aber nur ein Vorteil (veraltet;
           Rechtswesen)
Lust/Unlust   *Lust und Unlust hielten sich die Waage*
Lustgarten/Nutzgarten   *(hauptsächlich dem Vergnügen dienender*
           Garten; veraltet)
Lustprinzip/Realitätsprinzip   *das Es (nach Freud) arbeitet nach dem*
           Lustprinzip
Lustspiel/Trauerspiel; s. a. Tragödie
Luv/Lee; a. Windschatten   *„Luv" ist die dem Wind zugekehrte Seite*
           eines Schiffes
Luvboje/Leeboje   *(Segelsport)*

Luvdurchbruch/Leedurchbruch	*(beim Segelsport das Überholen eines anderen Bootes auf der Luvseite)*
luvgierig/leegierig	*(mit dem vorderen Teil nach Luv, gegen den Wind drehend; Seemannssprache)*
Luvmarke/Leemarke	*(beim Segeln)*
Luvseite/Leeseite	*(die dem Wind zugewandte Seite; Seemannssprache)*
luvwärts/leewärts	*(dem Wind zugekehrt; Seemannssprache)*
Luxuria/Negligentia	*(bewußte Fahrlässigkeit; Rechtswesen)*
luxurieren/pauperieren	*(sich in Wuchs, Vitalität usw. steigern; in bezug auf Bastardpflanzen)*
Luxusausführung/Standardausführung	*ein Lexikon in Luxusausführung*
Lyoenzym/Desmoenzym	*(nicht strukturgebundenes Enzym)*
Lyogel/Xerogel	*(flüssigkeitsreiches Gel; Chemie)*
lyophil/lyophob	*(leicht löslich)*
lyophob/lyophil	*(schwer löslich)*
lyrisch/episch	*ein lyrisches (stimmungsvolles, gefühlvolles) Gedicht*
Lyzeum/Gymnasium	*(früher: höhere Schule für Mädchen)*

M

machen; s. selber machen

machen lassen/selber machen — *sie hat das Kleid machen lassen*

Macho/Softie — *er ist ein Macho (ein sich betont männlich gebender Mann mit Männlichkeitswahn, Überlegenheitsgefühl usw.)*

Macht/Ohnmacht — *das menschliche Schicksal als Spiegelung von Macht und Ohnmacht; Macht und Ohnmacht der Diplomatie; die Macht der Mächtigen kommt von der Ohnmacht der Ohnmächtigen (Havel)*

Madam/Sir; a. Herr, Monsieur, Signor — *(englische Anrede ohne Namen für: meine Dame)*

Madame/Monsieur; a. Herr, Signor, Sir — *(französische Anrede für: meine Dame)*

Mädchen/Frau — *sie ist (noch) ein Mädchen, keine Frau; vom Mädchen zur Frau werden*

Mädchen/Junge, (süddeutsch) Bub, (veraltet) Knabe; s. a. Boy — *eine Schule für Mädchen und Jungen*

Mädchenart/Jungenart — *das ist Mädchenart*

Mädchenname/Jungenname — *Editha ist ein seltener und schöner Mädchenname*

Mädchenschule/Jungenschule, (veraltet) Knabenschule

Mädel/Bub; s. a. Boy, Junge — *(landschaftlich, besonders süddeutsch)*

Maestra/Maestro — *(ehrend für: große Musikerin, Komponistin)*

Maestro/Maestra — *(ehrend für: großer Musiker, Komponist, „Meister")*

Magd/Knecht — *der Bauer hatte eine Magd und einen Knecht*

mager/fett — *mageres Fleisch; übertragen: magere Jahre*

Magermilch/Vollmilch

Magersucht/Freßsucht; a. Bulimie

maggiore/minore; a. Moll — *(Bezeichnung für die große Terz, für Dur; Musik)*

Magma; s. juveniles Magma, palingenes Magma

magnetisieren/entmagnetisieren — *eine Nadel magnetisieren*

Magnifika/Magnifikus; a. Rektor — *(Rektorin einer Hochschule)*

Magnifikus/Magnifika; a. Rektorin — *(Rektor einer Hochschule)*

Mahlmühle/Sägemühle

main; s. à deux mains

majeur/mineur; a. Moll, minor — *(französische Bezeichnung für Dur)*

major/minor; a. Moll	*(englische Bezeichnung für Dur)*
Majorat/Minorat	*(Vorrecht des Ältesten auf das Erbe)*
majorenn/minorenn; s. a. minderjährig; a. unmündig	*sie ist (schon) majorenn (volljährig, mündig)*
Majorennität/Minorennität; s. a. Minderjährigkeit	*(Volljährigkeit)*
Majorität/Minorität; s. a. Minderheit	*(Mehrheit)*
Majoritätsträger/Minoritätsträger	*(Physik)*
Majuskel/Minuskel; s. a. der Gemeine, Kleinbuchstabe	*Majuskeln sind Großbuchstaben wie A, N*
makro…/mikro… (Adjektiv)	*(mit der Bedeutung: groß-) z. B. makrokosmisch/mikrokosmisch*
Makro…/Mikro…; a. Klein… (Substantiv)	*(mit der Bedeutung: Groß-) z. B. Makrokosmos/Mikrokosmos*
Makroanalyse/Mikroanalyse	*(Chemie)*
Makroevolution/Mikroevolution	*(Biologie)*
Makrofauna/Mikrofauna	*(auf oder in dem Boden lebende Tiere von 2–20 mm Länge)*
Makrogamet/Mikrogamet	*(Biologie)*
Makroklima/Mikroklima	*(Großklima)*
makrokosmisch/mikrokosmisch	
Makrokosmos/Mikrokosmos	*(das Weltall)*
makrokristallin/mikrokristallin	*(aus großen Kristallen bestehend)*
Makromelie/Mikromelie	*(riesenhafter Wuchs)*
Makromeren/Mikromeren	*(Biologie)*
Makronährstoff/Mikronährstoff	
Makroökonomie/Mikroökonomie	*(Wirtschaft)*
makroökonomisch/mikroökonomisch	*(Wirtschaft)*
Makrophage/Mikrophage	*(Zoologie, Medizin)*
Makrophysik/Mikrophysik	
Makrophyt/Mikrophyt	*(pflanzlicher Organismus, der mit bloßem Auge zu erkennen ist; Biologie)*
Makropsie/Mikropsie	*(Sehstörung, bei der die Gegenstände größer erscheinen, als sie sind; Medizin)*
makroskopisch/mikroskopisch	*(mit bloßem Auge zu erkennen)*
Makrosmat/Mikrosmat	*(gut witterndes Säugetier)*
Makrosomie/Mikrosomie; s. a. Hyposomie, Kleinwuchs, Zwergwuchs	*(riesenhafter Wuchs)*
Makrosoziologie/Mikrosoziologie	
Makrospore/Mikrospore	*(Botanik)*
Makrostruktur/Mikrostruktur	*die Makrostruktur eines Textes, eines Wörterbuchs*
Makrotheorie/Mikrotheorie	*(Wirtschaftswissenschaft)*
Makrotie/Mikrotie	*(auffallende Größe der Ohren)*
makrozephal/mikrozephal	*(mit auffallend großem Schädel)*
Makrozephale/Mikrozephale	*(Medizin)*
mala fide/bona fide	*(in böser Absicht)*
Maler/Malerin	*der Maler Renoir*

Malerei; s. abstrakte Malerei, figürliche
  Malerei, gegenständliche Malerei

Malerin/Maler   *die Malerin Paula Modersohn-Becker; Editha ist eine intellektuelle Malerin*

maligne/benigne; s. a. gutartig   *eine maligne (bösartige) Geschwulst*

Malignität/Benignität; s. a. Gutartigkeit   *die Malignität (Bösartigkeit) einer Geschwulst*

malnehmen/teilen; s. a. dividieren   *wenn man 10 mit 5 malnimmt, gibt es 50*

malproper/proper   *(unordentlich)*

Malus/Bonus; a. Plus, Vorteil

Mama/Papa; s. a. Vater

Mami/Papi

man/frau   *wenn man keine Arbeit hat/wenn (feministischer Sprachgebrauch) frau keine Arbeit hat*

Management/Mißmanagement

Mandant/Mandantin   *der Rechtsanwalt hat mehr Mandanten als Mandantinnen, die er vertritt*

Mandant/Rechtsanwalt   *(jemand, den ein Rechtsanwalt in einer Rechtsangelegenheit vertritt)*

Mandantin/Mandant   *der Rechtsanwalt hat mehr Mandanten als Mandantinnen, die er vertritt*

Mandat; s. freies Mandat, imperatives
  Mandat

Mangel/Überfluß   *er sagte, es herrsche kein Mangel, es herrsche sogar Überfluß*

...mangel/...schwemme (Substantiv)   *z. B. Lehrermangel/Lehrerschwemme*

Mangelleiter/Überschußleiter   *(Physik)*

manierlich/unmanierlich   *der Junge hat sich ganz manierlich benommen; (vom Kind) manierlich essen*

manifest/latent   *die ursprünglich latenten Konflikte sind nun manifest (deutlich sichtbar) geworden; eine manifeste (deutlich feststellbare) Herzinsuffizienz*

Manifestation/Kryptomerie   *(das Sichtbarwerden von Erbanlagen usw.; Genetik)*

Maniküre/Pediküre   *(Handpflege)*

mann/frau   *darüber muß mann sich (muß sich der Mann, müssen sich die Männer) noch Gedanken machen (feministisch differenzierter Gebrauch)*

Mann/Frau; a. Dame, Gattin, das schwache Geschlecht   *die Männer auf dem Lande; die Männer des Widerstands; ein alter Mann; ein richtiger Mann; das ist mein Mann (Ehemann); Sind Frauen die besseren Männer?*

Mann/Junge, (veraltet) Knabe   *er ist kein Junge mehr, sondern schon ein Mann; vom Jungen zum Mann werden*

Mann/Männin   *in der Bibel ist „Männin" die Gefährtin des Mannes*

Mann/(veraltet) Weib

„Die Homosexualität des Mannes und des Weibes", Buchtitel von Dr. med. Magnus Hirschfeld 1914

Mann; s. weißer Mann

...mann/...frau (Substantiv)

z. B. Fachmann/Fachfrau

...mann/...männin (Substantiv)

z. B. Amtmann/Amtmännin

mannbar/unmannbar

ein (schon) mannbares Mädchen (veraltet)

Männchen/Weibchen

das Männchen fliegt zum Nest (ein männliches Tier, zum Beispiel bei Vögeln)

...männchen/...weibchen (Substantiv)

z. B. Vogelmännchen/Vogelweibchen

Manndeckung/Raumdeckung, Zonendeckung

(Deckung des Gegenspielers durch einen Spieler; Ballspiele)

Mannequin/Dressman

(Frau, die bei Modenschauen Kleidung vorführt)

Männerberuf/Frauenberuf

männerfeindlich/frauenfreundlich

sie ist männerfeindlich, aber frauenfreundlich

männerfeindlich/männerfreundlich

eine männerfeindliche Äußerung

männerfreundlich/frauenfeindlich

er ist männerfreundlich, aber frauenfeindlich

männerfreundlich/männerfeindlich; a. frauenfreundlich

eine männerfreundliche Äußerung

Männerhaß/Frauenhaß; s. a. Misogynie

Männerhaus/Frauenhaus

(Haus als Hilfeangebot für gewalttätige Ehemänner, die an Stelle der Frauen die Wohnung verlassen)

Männerkrankheit/Frauenkrankheit

es gibt typische Männer- und typische Frauenkrankheiten

Männerseite/Frauenseite; s. a. Nordseite; a. links

die Männerseite ist die Südseite, die rechte Seite im Kircheninneren

Männin/Mann

(Frau als Gefährtin des Mannes; bei Luther)

...männin/...mann (Substantiv)

z. B. Amtmännin/Amtmann

Männlein/Weiblein

ein altes Männlein

männlich/unmännlich

sein Verhalten ist sehr männlich; dieser spontane Kuß war sehr männlich

männlich/weibisch

männliche Frauen und weibische Männer; sie sieht mit dieser Frisur männlich aus

männlich/weiblich; a. feminin, gynoid

1. die männliche Bevölkerung; eine männliche Person; männliche Hormone; männliche Vornamen; männliche Prostitution; 2. „der" ist der männliche Artikel (Grammatik)

männlicher Reim/weiblicher Reim; s. a. klingender Reim

(reimende einsilbige Wörter oder reimende Schlußsilben, zum Beispiel: Strahl/Tal; denn auch das größte Potential/an Toleranz erschöpft sich mal; Melot gie dan und reit zehánt/ze walde, da er Marken vant; Tristan 14587 f.)

männliche Samenzelle/weibliche Eizelle;
  s. a. Ovulum, Ovum

männliches Glied/Scheide; s. a. Vagina   *das männliche Glied − äußeres Ge-*
                                         schlechtsorgan − und die Scheide − in-
                                         neres weibliches Geschlechtsorgan −
                                         sind die komplementären Kopulations-
                                         organe

mannmännlich/weibweiblich; s. a. lesbisch *die mannmännliche (gleichgeschlechtliche*
                                         männliche) Liebe

Mannschaft; s. Gastmannschaft, Heim-
  mannschaft, Platzmannschaft

Mannschafts.../Einzel... (Substantiv)   *z. B. Mannschaftswertung/Einzelwertung*

Mannschaftskampf/Einzelkampf   *(Sport)*

Mannschaftsspringen/Einzelspringen   *(Pferdesport)*

Mannschaftsstart/Einzelstart   *(Sport)*

Mannschaftsverfolgungsfahren/   *(Radsport)*
  Einzelverfolgungsfahren

Mannschaftswertung/Einzelwertung   *(Sport)*

mannstoll/weibstoll   *sie ist mannstoll*

Mannstollheit/Weibstollheit; s. a. Satyriasis

Manövermunition/Gefechtsmunition

manövrierfähig/manövrierunfähig   *das Schiff ist (wieder) manövrierfähig*

manövrierunfähig/manövrierfähig   *das Schiff ist manövrierunfähig*

manque/passe   *(beim Roulett die Zahlen 1 bis 18 betref-*
                                         fend)

Manual/Pedal   *(mit der Hand zu bedienender Teil an der*
                                         Orgel)

manualiter/pedaliter   *(bei der Orgel auf dem Manual − mit der*
                                         Hand − zu spielen)

manuell/automatisch   *die Einstellung der Belichtung am Fotoap-*
                                         parat muß manuell vorgenommen
                                         werden

manuell/fabrikmäßig   *manuell hergestellte Waren*

Märchen; s. Kunstmärchen, Volksmärchen

Margarine/[gute] Butter

marginal/laminal   *(am Rand angeordnet; Botanik)*

Maria und Josef   *(Josef ist der Mann Marias, der Mutter*
                                         von Jesus; Bibel)

marin/limnisch, terrestrisch   *(im Meer lebend)*

Marine/Armee, Luftwaffe   *(zu Wasser kämpfende Einheiten)*

Marine; s. Handelsmarine, Kriegsmarine

maritim/kontinental   *maritimes (vom Meer beeinflußtes) Klima*

Markenweltmeister/Fahrerweltmeister   *(Gewinner der Weltmeisterschaft der Fabri-*
                                         kate der Herstellerfirmen)

Marketender/Marketenderin   *(früher: die Truppe begleitender Händler)*

Marketenderin/Marketender   *(früher: die Truppe begleitende Händlerin)*

Markgraf/Markgräfin   *(Titel im Mittelalter)*

Markgräfin/Markgraf   *(Titel im Mittelalter)*

markhaltig/marklos	(Mark enthaltend; Biologie, Medizin)
markiert/unmarkiert; a. merkmallos	(merkmaltragend; Sprachwissenschaft)
marklos/markhaltig	(kein Mark enthaltend; Biologie, Medizin)
markscheidenfrei/markscheidenhaltig	markscheidenfreie Nervenfasern
markscheidenhaltig/markscheidenfrei	markscheidenhaltige Nervenfasern
Marktmiete/Sozialmiete	
Marktpreis/Kostenpreis	(durch Angebot und Nachfrage bestimmter Preis)
Marktproduktion/Auftragsfertigung, Kundenproduktion	(Wirtschaft)
Marktwirtschaft/Planwirtschaft, Kommandowirtschaft	
Marktwirtschaft; a. soziale Marktwirtschaft	
Marquis/Marquise	(männlicher französischer Adelstitel)
Marquise/Marquis	(weiblicher französischer Adelstitel)
Marsch/Geest	(fruchtbares, durch Deiche geschütztes Küstengebiet an der Nordsee)
Marx/Engels	
Masche; s. glatte Masche, verkehrte Masche	
Maschine; s. Arbeitsmaschine, Kraftmaschine, mit der Maschine	
maschinegeschrieben/handgeschrieben, handschriftlich	ein maschinegeschriebener Brief, Lebenslauf
Maschinen.../Hand... (Substantiv)	z. B. Maschinenarbeit/Handarbeit
Maschinenarbeit/Handarbeit	
Maschineneinband/Handeinband	(Buchbinderei)
maschinengeschrieben; s. maschinegeschrieben	
Maschinensatz/Handsatz	(Druckerei)
Maske; s. die Maske abnehmen	
maskieren, sich/sich demaskieren, die Maske abnehmen	sich für den Maskenball maskieren
maskiert/unmaskiert	er hat maskiert die Bank überfallen
maskulin/feminin; s. a. weiblich; a. gynoid, weibisch	sie hat ein maskulines Aussehen
Maskulinum/Femininum	„Tisch" ist ein Maskulinum (Sprachwissenschaft)
Maso/Sado; s. a. Sadist	(kurz für: Masochist)
Masochismus/Sadismus; a. aktiv	(Lust am Gequältwerden)
Masochist/Masochistin; a. Sklavin	auf der Party trafen sich Masochisten und Masochistinnen
Masochistin/Masochist; a. Sklave	auf der Party trafen sich Masochisten und Masochistinnen
Masochist[in]/Sadist[in]; a. Domina, Meister, Sado	der Masochist hat sexuelle Freude am Gequältwerden und der Sadist am Quälen
masochistisch/sadistisch	(sexuelle Lust am Geältwerden empfindend)

Maß.../... von der Stange, Konfektions...   z. B. Maßanzug/Anzug von der Stange,
  (Substantiv)   Konfektionsanzug
Maßanzug/Anzug von der Stange, Konfek-
  tionsanzug
Massé/Piqué   (Stoß beim Billard mit Vorwärtseffet)
Masse; s. in der Masse
Massenfach/Orchideenfach   (Fach – zum Beispiel: Germanistik –, das
                                                     von vielen studiert wird)

Massensport/Einzelsport
Massenstart/Einzelstart   (Sport)
Massenuniversität/Privatuniversität
Masseur/Masseurin, Masseuse
Masseurin/Masseur
Masseuse/Masseur
maßgeblich/unmaßgeblich   maßgeblich beteiligt sein an etwas
Maßhemd/Fertighemd   (Textil)
...mäßig/...widrig (Adjektiv)   z. B. gesetzmäßig/gesetzwidrig
Maßkleidung/Konfektionskleidung
maßlos/maßvoll   maßlose Forderungen stellen
Maßnahme/Gegenmaßnahme
maßvoll/maßlos   maßvolle Forderungen
Mast; s. Besanmast, Fockenmast
Masturbation; s. mutuelle Masturbation,
  solitäre Masturbation
Materialisation/Dematerialisation   (Physik)
Materialismus/Idealismus   (durch materielle Güter, Werte bestimmte
                                                     Weltanschauung; Philosophie)
Materialismus/Vitalismus   der biologische bzw. physiologische Mate-
                                                     rialismus steht in Opposition zum Vita-
                                                     lismus (Philosophie)
Materialist[in]/Idealist[in]   er ist ein Materialist (jemand, für den die
                                                     materiellen Güter für sein Denken und
                                                     Handeln bestimmend sind), sie aber ist
                                                     eine Idealistin
materialistisch/idealistisch   eine materialistische Philosophie; sie ist
                                                     sehr materialistisch eingestellt und auf
                                                     ihren Vorteil bedacht
Materialität/Spiritualität   (das Bestehen aus Materie, Stofflichkeit)
Materie/Antimaterie
Materie/Eidos   bei Aristoteles ist Eidos der Gegensatz zu
                                                     Materie
Materie/Geist   in der Philosophie ist die Materie die Wirk-
                                                     lichkeit außerhalb unseres Bewußtseins
                                                     im Gegensatz zum Geist
materiell/geistig   materielle Interessen
materiell/ideell   materielle (von Sachwerten bestimmte)
                                                     Werte; Produkte materieller Art; der ma-
                                                     terielle Wert eines Familienschmucks ist
                                                     vielleicht nicht so groß, aber der damit
                                                     verbundene ideelle; eine Idee materiell
                                                     fördern

materiell/immateriell	der materielle Schaden (zum Beispiel die Zerstörung von Gegenständen) bei einem Unfall
materielle Rechtskraft/formelle Rechtskraft	(Rechtswesen)
materielles Recht/Verfahrensrecht	(Rechtswesen)
Mathematik; s. angewandte Mathematik, reine Mathematik	
Matinee/Soiree; s. a. Abendveranstaltung	
matriarchal[isch]/patriarchal[isch]	(Völkerkunde)
Matriarchat/Patriarchat; s. a. Vaterherrschaft	(Gesellschaft, in der die Frau die bevorzugte Stellung innehat)
matrilineal/patrilineal	(in der Erbfolge der Mutterlinie folgend)
matrilokal/patrilokal	(dort befindlich, wo die Familie der Frau wohnt)
Matrilokalität/Virilokalität	(Völkerkunde)
Matrixsatz/Konstituentensatz; s. a. Nebensatz	(Hauptsatz; der übergeordnete Satz; Sprachwissenschaft)
Matrize/Patrize; a. Mönch	(Metallform mit eingeprägtem Muster; Druckwesen)
matroklin/patroklin	(mehr der Mutter ähnelnd)
Matronymikon; s. Metronymikon	
matronymisch/patronymisch	(vom Namen der Mutter abgeleitet)
Matrosenanzug/Matrosenkleid	(der Matrosenuniform ähnlicher Anzug für Jungen)
Matrosenkleid/Matrosenanzug	(der Matrosenuniform ähnliches Kleid für Mädchen)
matt/glänzend	wollen Sie die Fotos matt oder glänzend?
Mattkohle/Glanzkohle	(Mineralogie)
Mattlack/Glanzlack	
Maus/Katze	mit jemandem Katz[e] und Maus spielen (ihn hinhalten)
Maus/Mäuserich	
Mäuserich/Maus	(männliche Maus)
Max und Moritz	(Jungenpaar bei Wilhelm Busch)
maxi/mini	(recht lang; in bezug auf Damenkleidung)
Maxi.../Mini... (Substantiv)	(mit der Bedeutung: groß) z. B. Maxierfolg/Minierfolg
Maximalforderung/Minimalforderung	
maximieren/minimieren	Gewinne, Erträge maximieren (den Höchstwert anstreben, bis zum Äußersten steigern)
Maximierung/Minimierung	die Maximierung des Profits (auf das höchst Mögliche)
Maximum/Minimum	400 Mark ist das Maximum, das ich dafür geben würde; für ihn war ein Gehalt von 5000,00 DM das Maximum
Mäzen/Mäzenatin, Mäzenin	(Förderer der Kunst)
Mäzenatin/Mäzen	(Förderin der Kunst)

Mäzenin/Mäzen   (Förderin der Kunst)
Mechaniker/Mechanikerin
Mechanikerin/Mechaniker
Meckerfritze/Meckerliese   (Mann, der ständig meckert, etwas zu kriti-
                                           sieren findet)
Meckerliese/Meckerfritze   (Frau, die ständig meckert, etwas zu kriti-
                                           sieren findet)
Media/Tenuis   (stimmhafter Laut, z. B. b, g)
medial/lateral   medialer (innerer) Meniskus; (zur Mitte
                                           hin; Anatomie)
mediat/immediat   (mittelbar; veraltet)
mediatisieren/immediatisieren   ein Territorium mediatisieren („mittelbar
                                           machen", zum Beispiel eine Reichsstadt
                                           der Landeshoheit unterwerfen; histo-
                                           risch)

Medien; s. elektronische Medien, Printme-
    dien
medium/durch[gebraten], blutig   er wünschte das Steak medium (nur halb
                                           durchgebraten, innen noch roh)

Mediziner/Medizinerin
Medizinerin/Mediziner
Meer/Festland   auf dem Festland fühlt er sich wohler als
                                           auf dem Meer

Meeresfisch/Flußfisch
Meeresmolasse/Süßwassermolasse   (Geologie)
Meeressäugetier/Landsäugetier   (Biologie)
Meerwasser/Süßwasser   Meerwasser ist salzig
mehligkochend/festkochend   mehligkochende Kartoffeln für Klöße, für
                                           Kartoffelbrei
mehr/weniger   sie verdient mehr als er; er verdient also
                                           weniger als sie; weniger Müll, mehr Um-
                                           welt

mehr; s. nicht mehr
mehrdeutige Funktion/eindeutige Funktion   (Mathematik)
Mehrehe/Einehe; s. a. Monogamie
mehrfach/einfach   ein Schriftstück in mehrfacher Ausferti-
                                           gung

Mehrfamilienhaus/Einfamilienhaus
Mehrgebärende/Erstgebärende; s. a. Primi- (Frau, die mindestens schon zwei Schwan-
    para   gerschaften ausgetragen hat)
Mehrheit/Minderheit; s. a. Minorität   das ist die Mehrheit; die Befürworter des
                                           Antrags waren in der Mehrheit

Mehrheit; s. absolute Mehrheit, einfache
    Mehrheit, relative Mehrheit
Mehrheitswahl/Verhältniswahl   (Wahlverfahren, bei dem für die Wahl des
                                           Abgeordneten ausschlaggebend ist, wer
                                           die meisten Stimmen erhält; Politik)

mehrjährig/einjährig   mehrjährige Pflanzen
mehrmals/einmal   er war (schon) mehrmals in den USA

mehr oder minder	*sich mehr oder minder damit abfinden müssen*
mehrspaltig/einspaltig	*mehrspaltiger Druck*
Mehrspänner/Einspänner	*(ein von mehreren Pferden gezogenes Gefährt)*
mehrsprachig/einsprachig	
mehrspurig/einspurig	*ein Auto ist ein mehrspuriges Fahrzeug*
mehrstimmig/einstimmig	*(Musik)*
Mehrweg…/Einweg… (Substantiv)	*z. B. Mehrwegflasche/Einwegflasche*
Mehrwegflasche/Einwegflasche; s. a. Wegwerfflasche	
Mehrzahl/Einzahl; s. a. Singular	*„Kinder" ist die Mehrzahl von der Einzahl „Kind" (Sprachwissenschaft)*
mein/dein	*er kann mein und dein nicht unterscheiden (neigt zum Stehlen)*
Meinung; s. einer Meinung sein, geteilter Meinung sein, verschiedener Meinung sein	
meist; s. am meisten	
Meister/Domina; a. Bottom, Sklave	*der dominierende, sadistische Partner ist der Meister, die dominierende, sadistische Partnerin ist die Domina (SM-Jargon)*
Meister/Geselle, Lehrling	*der Meister hat drei Gesellen und einen Lehrling*
Meister/Meisterin; s. a. Chefin	
Meister/Sklave, Sklavin	*der dominierende, sadistische Partner ist der Meister; der masochistische Partner ist der Sklave (SM-Jargon)*
Meistergrad/Schülergrad	*(Kampfsportart Budo)*
Meisterin/Meister; s. a. Chef	
melanoderm/leukoderm	*(dunkelhäutig)*
melanokrat/leukokrat	*(mit überwiegend dunklen Bestandteilen; Geologie)*
Melioration/Pejoration; s. a. Verschlechterung	*(Verbesserung)*
meliorativ/pejorativ; a. abwertend	*(bedeutungsverbessernd; Sprachwissenschaft)*
Meliorativ[um]/Pejorativ[um]	*(Wort, dessen Bedeutung sich verbessert hat, zum Beispiel: Marschall = ursprünglich: Pferdeknecht)*
melismatisch/syllabisch	*(koloraturhaft; Gesang)*
Melodie/Text	*der Liedermacher hat sowohl die Melodie als auch den Text geschaffen*
Melodiegitarre/Rhythmusgitarre	*(vor allem zum Zupfen benutzte Gitarre)*
melodische Molltonleiter/harmonische Molltonleiter	
Menarche/Ejakularche; s. a. erster Samenerguß	*erste Monatsblutung (bei einem heranwachsenden Mädchen)*

Mengennotierung/Preisnotierung	*(Börsenwesen)*
meno/più	*(weniger; Hinweis für den musikalischen Vortrag)*
Menopause/Andropause	*(das Aufhören der Monatsblutung bei der Frau in den Wechseljahren)*
Menschenfeind/Menschenfreund; s. a. Phil- anthrop	*er ist ein Menschenfeind*
menschenfeindlich/menschenfreundlich; s. a. philanthropisch	
Menschenfreund/Menschenfeind; s. a. Mis- anthrop	*er ist ein Menschenfreund*
menschenfreundlich/menschenfeindlich; s. a. misanthropisch	
menschenunwürdig/menschenwürdig	*eine menschenunwürdige Behandlung*
menschenwürdig/menschenunwürdig	*menschenwürdig leben*
Menschewik/Bolschewik	*(jemand, der der gemäßigten Richtung in der russischen Sozialdemokratie zuge- hört; historisch)*
Menschewismus/Bolschewismus	
menschlich/unmenschlich; s. a. inhuman	*menschlich (nachsichtig gegenüber Schwä- chen usw. anderer) handeln; menschli- che Bedingungen*
mensurabel/immensurabel	*(meßbar)*
Mensuralnotation/Choralnotation	*(Notenschrift, die die mensurierten Tonhö- henunterschiede erkennen läßt; im Mit- telalter)*
Mentalismus/Behaviorismus	*(Chomskys Sprachbetrachtung, die Sprech- akte als Ergebnis angeborener geistiger Fähigkeiten auffaßt)*
Mephisto/Faust	*(Gestalt in Goethes „Faust", zynischer Ge- genspieler des Faust)*
merklich/unmerklich	*sein Gedächtnis hat merklich (deutlich wahrnehmbar) nachgelassen*
merkmalarm/merkmalreich	
merkmalhaltig/merkmallos; a. unmarkiert	*(Sprachwissenschaft)*
Merkmalhaltigkeit/Merkmallosigkeit	*(Sprachwissenschaft)*
merkmallos/merkmalhaltig; a. markiert	*(Sprachwissenschaft)*
Merkmallosigkeit/Merkmalhaltigkeit	*(Sprachwissenschaft)*
merkmalreich/merkmalarm	
merokrin/holokrin	*(Biologie)*
Mesokarp/Endokarp, Exokarp	*(Botanik)*
meßbar/unmeßbar	*meßbare Werte, Unterschiede*
Messerrücken/Messerschneide	*(die stumpfe Seite der Klinge eines Mes- sers)*
Messerschneide/Messerrücken	*(die schneidende Seite der Klinge eines Messers)*
Metagynie/Metandrie	*(Botanik)*
Metallismus/Nominalismus	*(Theorie, nach der der Wert des Geldes von seinem materiellen Wert abhängt; Wirtschaft)*

Metandrie/Metagynie	*(Botanik)*
Metasprache/Objektsprache	*„Metasprache" ist das Sprechen über die Sprache; in einem Wörterbuch sind die Definitionen die Metasprache*
Metazoon/Protozoon	*(vielzelliges Tier)*
Methode; s. Buchstabiermethode, Ganzheitsmethode, Lautiermethode, Leselehrmethode	
Metronymikon/Patronymikon	*(Name, der von dem Namen der Mutter abgeleitet ist, z. B. Niobide = Sohn der Niobe)*
Mevrouw/Mijnheer	*(niederländische Anrede: meine Dame)*
Miete/Leihe	*(Rechtswesen)*
mieten/vermieten; a. verkaufen, verpachten	*eine Wohnung mieten*
Mieter/Mieterin	
Mieter/Vermieter; a. Carrier	*der Mieter der Wohnung; das Verhältnis zwischen Mieter und Vermieter ist gespannt*
Mieterin/Mieter	
Mietwohnung/Eigentumswohnung	*eine Mietwohnung in eine Eigentumswohnung umwandeln*
Mignon/Mignonne	
Mignonne/Mignon	
Mijnheer/Mevrouw	*(niederländische Anrede: mein Herr)*
mikro.../makro... (Adjektiv)	*(mit der Bedeutung: klein) z. B. mikrokosmisch/makrokosmisch*
Mikro.../Makro...; a. Groß..., Riesen... (Substantiv)	*(mit der Bedeutung: klein) z. B. Mikrokosmos/Makrokosmos*
Mikroanalyse/Makroanalyse	*(Chemie)*
Mikroevolution/Makroevolution	*(Biologie)*
Mikrofauna/Makrofauna	*(unter 0,2 mm lange Lebewesen auf dem Boden)*
Mikrofon/Lautsprecher	
Mikrogamet/Makrogamet	*(Biologie)*
Mikroklima/Makroklima	
mikrokosmisch/makrokosmisch	
Mikrokosmos/Makrokosmos	*(das Weltall im kleinen im Menschen)*
mikrokristallin/makrokristallin	
Mikromelie/Makromelie	*(extreme Kleinwüchsigkeit)*
Mikromeren/Makromeren	*(Biologie)*
Mikronährstoff/Makronährstoff	
Mikroökonomie/Makroökonomie	*(Wirtschaft)*
mikroökonomisch/makroökonomisch	*(Wirtschaft)*
Mikrophage/Makrophage	*(Zoologie, Medizin)*
Mikrophysik/Makrophysik	
Mikrophyt/Makrophyt	*(Biologie)*
Mikropsie/Makropsie	*(Medizin)*

mikroskopisch/makroskopisch	*(nur mit dem Mikroskop zu erkennen)*
Mikrosmat/Makrosmat	*(schlecht witterndes Säugetier)*
Mikrosomie/Makrosomie; s. a. Groß- wuchs, Riesenwuchs	*(zwergenhafter Wuchs)*
Mikrosoziologie/Makrosoziologie	
Mikrospore/Makrospore	*(Botanik)*
Mikrostruktur/Makrostruktur	*die Mikrostruktur eines Textes; die Mikro- struktur eines Wörterbuchs enthält Hin- weise, Informationen zum Gebrauch des einzelnen Stichworts*
Mikrotheorie/Makrotheorie	*(Wirtschaftswissenschaft)*
Mikrotie/Makrotie	*(auffallende Kleinheit der Ohren)*
mikrozephal/makrozephal	*(mit auffallend kleinem Schädel)*
Mikrozephale, der/der Makrozephale	*(Medizin)*
Mikrozephalie/Makrozephalie	*(Medizin)*
Milch/[Fisch]rogen	*(Samenflüssigkeit des männlichen Fischs)*
Milch; s. Magermilch, Vollmilch	
Milch[n]er/Rog[e]ner	*(männlicher Fisch)*
mild/rauh	*mildes Klima*
mild/scharf	*milder Senf*
mild/streng	*milder Winter; mild schmecken*
militärisch/unmilitärisch	*ein militärischer Haarschnitt (kurze Haare; „Streichholzlänge")*
militärisch/zivil	*militärische Ziele, Einrichtungen; für mili- tärische Zwecke; militärische Nutzung der Atomenergie*
militarisieren/demilitarisieren, entmilitari- sieren; s. a. abrüsten	
Militarist/Antimilitarist	*(jemand, der von einem Denken bestimmt wird, das militärischen Zielen und Vor- stellungen Vorrang einräumt)*
minder; s. mehr oder minder	
Minderheit/Mehrheit; s. a. Majorität	*in der Minderheit sein; das ist (nur) die Minderheit*
minderjährig/volljährig, (veraltend) groß- jährig; s. a. majorenn	*sie ist (noch) minderjährig*
Minderjährigkeit/Volljährigkeit, (veral- tend) Großjährigkeit; s. a. Majorennität	
minderwertig/hochwertig	*minderwertige Ware; minderwertige Ange- bote*
mindest.../höchst...	*die mindeste Strafe*
Mindest.../Höchst... (Substantiv)	*z. B. Mindeststrafe/Höchststrafe*
Mindestalter/Höchstalter	*das Mindestalter für diese Ausbildung ist 24 Jahre*
Mindestdosis/Höchstdosis	
mindestens/höchstens	*er ist mindestens 1.90 Meter groß; er ver- dient mindestens 4000,00 DM monat- lich*

Mindestgeschwindigkeit/
  Höchstgeschwindigkeit
Mindestgewicht/Höchstgewicht
Mindestmaß/Höchstmaß   *ein Mindestmaß an Geduld muß man*
                                                  schon aufbringen

Mindeststrafe/Höchststrafe
mineur/majeur; a. Dur   *(Musik)*
mini/maxi   *(besonders kurz; in bezug auf Damenklei-*
                                                    dung)
Mini…/Maxi… (Substantiv)   *(mit der Bedeutung: klein) z. B. Minier-*
                                                    folg/Maxierfolg

Minimalforderung/Maximalforderung
minimieren/maximieren   *(auf ein Minimum verkleinern, verringern)*
Minimierung/Maximierung   *die Minimierung der Ausgaben (auf das ge-*
                                                    ringst Mögliche)
Minimum/Maximum   *400,00 DM sind das Minimum, das ich da-*
                                                    für haben möchte; für ihn war ein Ge-
                                                     halt von 5000,00 DM das Minimum;
                                                     ein Minimum an Nachsicht erwarten
Minister/Ministerin   *im Kabinett sind drei Ministerinnen und*
                                                      neun Minister
Ministerin/Minister   *im Kabinett sind drei Ministerinnen und*
                                                      neun Minister

Ministerpräsident/Ministerpräsidentin
Ministerpräsidentin/Ministerpräsident
minor/major; a. Dur   *(englische Bezeichnung für Moll)*
Minorat/Majorat   *(Vorrecht des Jüngsten auf das Erbe)*
minore/maggiore; a. Dur   *(Bezeichnung für die kleine Terz, für Moll;*
                                                    Musik)
minorenn/majorenn; s. a. volljährig; a.   *sie ist (noch) minorenn (noch minderjäh-*
  mündig   *rig)*
Minorennität/Majorennität; s. a. Volljäh-
  rigkeit
Minorität/Majorität; s. a. Mehrheit   *(Minderheit)*
Minoritätsträger/Majoritätsträger   *(Physik)*
Minuend/Subtrahend; a. Subtraktion   *in a − b ist a der Minuend, von dem et-*
                                                    was abgezogen wird
minus/plus   *die Summe minus der üblichen Abzüge;*
                                                    sie hat eine 3- in Latein; 5 minus 4 ist
                                                    1; die Temperatur ist heute 5 Grad
                                                    minus
Minus/Plus; a. Bonus, Vorteil   *das ist ein Minus für ihn*
Minuskel/Majuskel; s. a. Großbuchstabe,   *Minuskeln sind Kleinbuchstaben wie a, n*
  Versal
Minuspol/Pluspol   *der Minuspol der Batterie*
Minuspunkt/Pluspunkt   *das hat ihm für die Benotung Minus-*
                                                    punkte eingebracht
Minuszeichen/Pluszeichen   *das Minuszeichen ist -*
Misandrie/Misogynie; s. a. Frauenhaß   *(krankhafter Männerhaß)*

Misanthropie/Philanthropie	(Menschenscheu, Menschenhaß)
Misanthrop[in]/Philanthrop[in]; s. a. Menschenfreund	(Menschenfeind[in])
misanthropisch/philanthropisch; s. a. menschenfreundlich	(menschenfeindlich)
Mischbestand/Reinbestand	(Forstwesen)
Mischelement/Reinelement	(Chemie)
mischerbig/reinerbig; s. a. homozygot	(Biologie)
Misogynie/Misandrie; s. a. Männerhaß	(krankhafter Frauenhaß)
miß.../... (Verb)	z. B. mißglücken/glücken
Miß.../... (Substantiv)	z. B. Mißerfolg/Erfolg
mißachten/beachten	die Vorfahrt mißachten; Vorschriften mißachten
mißbilligen/billigen	sie hat das Vorgehen mißbilligt
Mißbilligung/Billigung	
Mißerfolg/Erfolg	seine Arbeit war von Mißerfolg begleitet
mißfallen/gefallen	diese Entwicklung mißfällt mir; ihre Äußerungen haben ihm mißfallen
Mißfallen/das Gefallen	sein Mißfallen ausdrücken
Miß Germany/Mister Germany	(beim Schönheitswettbewerb die schönste Frau aus Deutschland)
mißglücken/glücken	ein Experiment mißglückt; der Kuchen, Start mißglückte
mißgönnen/gönnen	sie mißgönnt ihr diesen Erfolg; er mißgönnt ihr ihre Million auf dem Konto
Missionarsstellung/Reitstellung; s. a. MOB	(Geschlechtsverkehr, bei dem sich der Mann oben, auf der Frau befindet)
Missionsbruder/Missionsschwester	
Missionsschwester/Missionsbruder	
mißlingen/gelingen; a. geraten	der Plan, der Versuch ist mißlungen; der Kuchen ist mißlungen
Mißmanagement/Management	
mißraten/geraten; a. gelingen	der Braten ist mißraten
mißtrauen/trauen	ich mißtraue ihm
Mißtrauen/Vertrauen	sein Mißtrauen ärgerte ihn
Mißtrauensvotum; s. destruktives Mißtrauensvotum, konstruktives Mißtrauensvotum	
Mißwahl/Misterwahl	(Schönheitswettbewerb für Frauen)
Mister/Mistreß; a. Frau/Herr	(englische Anrede für einen Mann in Verbindung mit dem Namen: Mister Gray)
Mister Germany/Miß Germany	(beim Schönheitswettbewerb der schönste, attraktivste Mann aus Deutschland)
Misterwahl/Mißwahl	(Schönheitswettbewerb für Männer)
Mistreß/Mister; a. Herr/Frau	(englische Anrede für eine Frau in Verbindung mit den Namen: Mistreß Miller)
mit/gegen	mit der Strömung, mit dem Wind; (zusammen) mit jemandem kämpfen

mit/ohne	*die Torte mit Sahne essen; Marzipaneier mit Schokolade; mit Licht fahren; mit Kondom*
mit .../ohne ..., ...frei	*z. B. mit Akzent/ohne Akzent, akzentfrei; mit Fehlern/ohne Fehler, fehlerfrei*
mit .../ohne ..., ...los	*z. B. mit Trägern/ohne Träger, trägerlos; mit Rand/ohne Rand, randlos*
Mit.../Allein... (Substantiv)	*z. B. Mitverantwortung/ Alleinverantwortung*
Mit.../Selbst... (Substantiv)	*z. B. Mitlaut/Selbstlaut*
mit Absicht/aus Versehen	*das hat er mit Absicht gemacht*
mit Akzent/ohne Akzent, akzentfrei	*sie spricht Deutsch mit Akzent*
mit Ärmeln/ohne Ärmel, ärmellos	*ein Kleid mit Ärmeln*
mit Artikel/ohne Artikel, artikellos	
mit Bart/ohne Bart, bartlos	*auf diesem Foto ist er noch mit Bart zu sehen*
Mitbesitz/Alleinbesitz	*(Rechtswesen)*
Mitbesitzer[in]/Alleinbesitzer[in]	*(Rechtswesen)*
mit der Hand/mit der Maschine	*mit der Hand genäht*
mit der Maschine/mit der Hand	*mit der Maschine genäht*
Miteigentum/Alleineigentum	*(Rechtswesen)*
Miterbe/Universalerbe	
Mitforderung/Gesamtforderung	
mit Gewalt/ohne Gewalt, gewaltfrei	*etwas mit Gewalt durchzusetzen versuchen*
Mitglied/Nichtmitglied	*die Mitglieder zahlen Tagungsgebühren 50 Mark, Nichtmitglieder 60 Mark*
Mitgliederpartei/Wählerpartei	*(politische Partei, deren Macht zum großen Teil auf der hohen Zahl ihrer Mitglieder basiert)*
mitgliederschwach/mitgliederstark	*eine mitgliederschwache Partei*
mitgliederstark/mitgliederschwach	*eine mitgliederstarke Partei*
mit halbem Arm/mit langem Arm	*ein Hemd mit halbem Arm*
mit Kindern/ohne Kinder, kinderlos	*ein Ehepaar mit Kindern*
mit Kreditkarte/bar	*mit Kreditkarte die Hotelrechnung bezahlen*
mit langem Arm/mit halbem Arm	*ein Hemd mit langem Arm*
Mitlaut/Selbstlaut; s. a. Vokal	*„d" ist ein Mitlaut*
mitnehmen/dalassen, hierlassen	*das Gepäck mitnehmen und nicht hierlassen (an dieser Stelle); er soll den Koffer mitnehmen und nicht dalassen (in dem entfernten Ort)*
mit Orchester/a cappella	*sie singen mit Orchester*
Mitose/Amitose	*(Biologie)*
mitotisch/amitotisch	*(Biologie)*
mit Recht/zu Unrecht	*er ist zu Recht verurteilt worden*
mit Scheck/bar	*mit Scheck bezahlen*
mit Schnörkeln/schnörkellos	

mit Schuhen/barfuß	*man kann auf dem steinigen Weg nur mit Schuhen laufen*
mittags/nachts; auch: a. m.; p. m.	*um 1 Uhr mittags (= 1 Uhr p. m.); um 12 Uhr mittags*
Mittagshöhe/Mitternachtstiefe	*(Astronomie)*
Mitte/Rand; s. a. Peripherie	*in der Mitte stehen*
mitteilen/erfahren	*Angelika teilte es Klaus-Rainer mit*
Mittelalter/Altertum, Neuzeit	
mittelbar/unmittelbar; s. a. direkt	*(nur) mittelbar davon betroffen sein*
mittelstandsfeindlich/ mittelstandsfreundlich	
mittelstandsfreundlich/ mittelstandsfeindlich	
Mitternachtstiefe/Mittagshöhe	*(niedrigste Höhe der Gestirne; Astronomie)*
mittlere Reife/Abitur	*(Schulabschluß nach erfolgreichem Besuch der letzten Klasse in der Realschule bzw. der 10. Klasse am Gymnasium)*
mit Trägern/ohne Träger, trägerlos	*eine Schürze mit Trägern*
Mitverantwortung/Alleinverantwortung	
mit Vorbehalt/ohne Vorbehalt, vorbehaltlos	
Mitwirkungsrecht/Abwehrrecht	*(Politik)*
mit Zuckerbrot und Peitsche	*(mit Milde und Strenge; in bezug auf die Durchsetzung von Wünschen, Zielen)*
MOB/MOT; s. a. Missionarsstellung	*(Bezeichnung für die Reitstellung beim Geschlechtsverkehr; Male on Bottom)*
mobil/immobil; s. a. unbeweglich	*mobile (bewegliche) Gegenstände; eine mobile Funkstation*
mobil/stationär	*mobile Abhöranlagen; mobile Sammelstelle für Schadstoffabfälle*
Mobilien/Immobilien	*(bewegliche Güter, bewegliche Wertobjekte)*
Mobilisation/Demobilisation	*(das Versetzen in Kriegsbereitschaft)*
mobilisieren/demobilisieren, entmobilisieren	*(Militär)*
Mobilisierung/Demobilisierung, Entmobilisierung	*(Militär)*
Mobilismus/Fixismus	*(Geologie)*
Mobilismus/Immobilismus	*(Beweglichkeit, auch übertragen: gedankliche Beweglichkeit)*
möbliert/unmöbliert	*ein möbliertes Zimmer*
modebewußt sein/ein Modemuffel sein	*er ist modebewußt*
Modemuffel; s. ein Modemuffel sein	
Moderator/Moderatorin; s. a. Anchorwoman, Ansagerin	
Moderatorin/Moderator; s. a. Anchorman, Ansager	

modern/altmodisch	*eine moderne Frisur, Anschauung; Hedwig Dohm ist in ihren Ansichten sehr modern*
modern/unmodern; a. out sein	*diese Farbe ist (jetzt) modern*
Modernismus/Traditionalismus	*diese Architekten sind Vertreter des Modernismus*
Modernist/Traditionalist	*er gehört unter den Architekten zu den Modernisten*
Modus/Substanz	*(bei Spinoza: Mensch, Ursache und Wirkung)*
möglich/unmöglich	*eine Verschiebung des Termins ist möglich*
Möglichkeit/Unmöglichkeit	*Diskussion über die Möglichkeit einer Vergewaltigung*
Möglichkeitsform/Wirklichkeitsform; s. a. Indikativ	*„käme" ist in „wenn er käme" eine Möglichkeitsform (II. Konjunktiv) von „kommen"*
Moll/Dur; s. a. majeur, maggiore, major	*(Tonart mit als weich klingend empfundener kleiner Terz)*
Molltonleiter; s. harmonische Molltonleiter, melodische Molltonleiter	
Momentanlaut/Dauerlaut	*(z. B. ein Verschlußlaut; Phonetik)*
Momentaufnahme/Zeitaufnahme	*der Fotograf machte eine Momentaufnahme*
Monarch/Monarchin	
Monarch/Untertan	
Monarchie/Republik	*(Staatsform mit einem Kaiser oder einem König)*
Monarchin/Monarch	
Monarchist/Republikaner	
Monatsblutung; s. erste Monatsblutung	
Monatsschein/Einzelschein	*(beim Lotto)*
monaural/binaural	*(einkanalig in bezug auf die Tonaufnahme und -wiedergabe)*
Mönch/Nonne	*1. ein Kloster für Mönche; 2. (Dachziegel, der nach oben gekrümmt ist); a. Patrize*
Mönchskloster/Nonnenkloster	
Mönchsorden/Nonnenorden	
Mond/Sonne	*in der Nacht schien der Mond, am Tage die Sonne*
Mond; s. Neumond, Vollmond	
Mondaufgang/Monduntergang	
Mondjahr/Sonnenjahr	*(um ungefähr 21 Tage kürzeres Jahr des altrömischen Kalenders, das nach den zwölf Mondumläufen berechnet ist)*
Monduntergang/Mondaufgang	
Monismus/Dualismus	*(Philosophie)*
monistisches Organ/Kollegialorgan	*(Rechtswesen)*
mono/stereo	*ein Konzert im Radio mono (nur auf einem Kanal) hören*

mono.../multi... (Adjektiv)	*(mit der Bedeutung: einzig, allein, einzeln)* *z. B. monofil/multifil*
mono.../poly... (Adjektiv)	*(mit der Bedeutung: einzig, allein, einzeln)* *z. B. monogam/polygam*
Mono.../Multi... (Substantiv)	*(mit der Bedeutung: einzig, allein, einzeln)* *z. B. Monokultur/Multikultur*
Mono.../Poly... (Substantiv)	*(mit der Bedeutung: einzig, allein, einzeln)* *z. B. Monogamie/Polygamie*
monochrom/polychrom	*(einfarbig; Kunstwissenschaft)*
Monochromie/Polychromie	*(Kunstwissenschaft)*
monofil/multifil	*(aus einer einzigen Faser bestehend; Fachsprache)*
monogam/polygam	*(mit nur einem Partner ehelich zusammenlebend, geschlechtlich verkehrend)*
Monogamie/Polygamie; s. a. Mehrehe, Vielehe	*(das Zusammenleben, geschlechtlicher Verkehr mit nur einem Partner)*
monogen/polygen	*(auf einen Faktor zurückführbar)*
Monogenese/Polygenese	*(Biologie)*
Monogenie/Polygenie	*(Biologie)*
Monogenismus/Polygenismus	*(Lehre, nach der der Stammvater aller Menschen Adam ist)*
monoglott/polyglott	*(nur eine Sprache sprechend)*
Monogonie/Amphigonie	*(ungeschlechtliche Fortpflanzung; Biologie)*
monohybrid/polyhybrid	*(von Eltern abstammend, die sich nur in einem Merkmal unterscheiden)*
Monohybride/Polyhybride	*(Biologie)*
Monoideismus/Polyideismus	*(das Beherrschtsein von nur einem Gedankenkomplex)*
monoklin/diklin	*(Botanik)*
monokotyl/dikotyl	*(Botanik)*
Monokotyle/Dikotyle	*(Botanik)*
Monokotyledone/Dikotyledone	*(Botanik)*
monokratisches Organ/Kollegialorgan	*(Rechtswesen)*
Monokultur/Multikultur	
monolingual/multilingual	
Monolog/Dialog	*(Selbstgespräch)*
monologisch/dialogisch	
monomer/polymer, dimer	*(aus einzelnen Molekülen bestehend; Chemie)*
Monomerie/Polymerie	*(Chemie)*
monophag/polyphag	*(von Tieren: nur von einer Pflanzen- oder Tierart sich ernährend)*
Monophage/Polyphage	*(Biologie)*
monophon/stereophon	*(einkanalig)*
Monophthong/Diphthong	*e und i sind Monophthonge*
monophthongieren/diphthongieren	*(Sprachwissenschaft)*
Monophthongierung/Diphthongierung	*(Sprachwissenschaft)*
monophthongisch/diphthongisch	*(Sprachwissenschaft)*

monophyletisch/polyphyletisch	*(einstämmig; in bezug auf die Abstammung)*
Monophysit/Dyophysit	*(Religion)*
Monophysitismus/Dyophysitismus	*(Religion)*
Monopodie/Dipodie	*(Metrik)*
Monopodium/Sympodium	*(Botanik)*
Monopol/Monopson; a. Nachfrage	*(Marktform, bei der das Angebot in einer Hand liegt)*
monopolar/bipolar	*eine monopolare Einstellung (Psychologie)*
Monopson/Monopol; a. Angebot	*(Marktform, bei der die Nachfrage in einer Hand liegt)*
monosem/polysem	*(mit nur einer Bedeutung; Sprachwissenschaft)*
monosemantisch/polysemantisch	*(Sprachwissenschaft)*
Monosemie/Polysemie	*(bei einem Wort das Vorhandensein nur einer Bedeutung, zum Beispiel: Schwiegereltern; Sprachwissenschaft)*
Monospermie/Polyspermie	*(durch nur eine männliche Geschlechtszelle vollzogene Besamung einer Eizelle)*
monostichisch/distichisch	*(metrisch gleich; Verslehre)*
Monotheismus/Polytheismus	*(Glaube an nur einen Gott)*
monotrop/polytrop	*(nur bedingt anpassungsfähig; Biologie)*
monovalent/bivalent	*monovalente (einwertige) Idiome (Fachsprache)*
Monözie/Diözie	*(Botanik)*
monözisch/diözisch	*(Botanik)*
monozygot/dizygot	*(eineiig)*
monozyklisch/polyzyklisch	*(Chemie)*
Monsieur/Madame; a. Dame, Madam, Signora	*(französische Anrede für: mein Herr)*
Montage/Demontage	*die Montage (der Aufbau) einer Maschine*
montieren/abmontieren	*einen Gepäckträger auf das Dach eines Autos montieren*
Moral/Unmoral	*über Moral und Unmoral unterschiedlicher Meinung sein*
moralisch/amoralisch	*moralische (auf dem System sittlicher Grundsätze beruhende) Kategorien*
moralisch/unmoralisch	*ein moralischer (sittenstrenger) Lebenswandel*
Moralität/Immoralität	
morgen/gestern, heute	*das Wetter von morgen; das Konzert findet morgen statt; er wird morgen (erst) abreisen*
Morgen/Abend	*am Morgen*
Morgenandacht/Abendandacht	
Morgenappell/Abendappell	*(Militär)*
Morgenausgabe/Abendausgabe	*die Morgenausgabe einer Zeitung*
Morgendämmerung/Abenddämmerung	
morgendlich/abendlich	*der morgendliche Himmel*

Morgenhimmel/Abendhimmel

Morgenland (veraltet)/Abendland; s. a.   (Orient)
  Okzident

morgenländisch (veraltet)/abendländisch   (orientalisch)

Morgenpunkt/Abendpunkt   (Astronomie)

Morgenrot/Abendrot   (am Horizont die Morgendämmerung,
                                               wenn das rote Sonnenlicht auf Wolken-
                                               [schleier] trifft)

morgens/abends   morgens geht er schon früh zur Arbeit,
                                               und abends kommt er erst spät nach
                                               Hause

Morgenseite (veraltet)/Abendseite (veral-   (Seite nach Osten)
  tet)

Morgensonne/Abendsonne

Morgenstern/Abendstern   (der helle Planet Venus ist morgens am
                                               Osthimmel der Morgenstern und
                                               abends am Westhimmel der Abend-
                                               stern)

Morgenstunde/Abendstunde

morgenwärts (veraltet)/abendwärts (veral-   (ostwärts)
  tet)

Morgenweite/Abendweite   (am Horizont der Winkelabstand des Auf-
                                               gangspunktes eines Gestirns vom Ost-
                                               punkt, dem Morgenpunkt)

Morgenzeitung/Abendzeitung

morgig.../heutig..., gestrig...   das morgige Konzert

Moritz; s. Max und Moritz

Morphem; s. Flexionsmorphem, Stammorphem

Morphosyntax/Nomosyntax   (formale Syntax, nach der äußeren Form;
                                               Sprachwissenschaft)

Mörser/Stößel   (Gefäß, in dem harte Stoffe mit Hilfe eines
                                               Stößels zerkleinert werden)

Mortalität/Immortalität; a. Unsterblichkeit (Sterblichkeit)

Mortalität/Natalität   die Mortalität (Sterblichkeitsziffer) ist ge-
                                               ringer als die Natalität (Geburtenhäufig-
                                               keit)

Mosaikauffassung/Gestaltpsychologie   (Annahme, daß sich das Seelische additiv
                                               erforschen lasse)

Mosaikei/Regulationsei   (Biologie)

Möse/Schwanz; s. a. Penis   (weibliche Scheide = Vagina und äußeres
                                               Genitale der Frau = Vulva; derb)

Moslem/Kafir; a. Ungläubige, der   (gläubiger Anhänger des Islam)

Moslem/Moslime, Moslemin; s. a. Mus-   (männliche Person, die sich zum Islam be-
  lime   kennt)

Moslemin/Moslem; s. a. Muslim   (weibliche Person, die sich zum Islam be-
                                               kennt)

Moslime/Moslem; s. a. Muslim   (weibliche Person, die sich zum Islam be-
                                               kennt)

MOT/MOB; s. a. Reitstellung	*(Bezeichnung für die Missionarsstellung beim Geschlechtsverkehr; Male on Top)*
Motilität/Motorik	*(Gesamtheit der unwillkürlichen, vegetativen, reflektorischen Muskelbewegungen)*
Motivation/Demotivation	*(Grund oder Gründe für eine bestimmte Handlung usw.)*
motivieren/demotivieren	*durch Lob wird er motiviert; die Schüler durch etwas motivieren*
motiviert/arbiträr; a. undurchsichtig	*(als Wort in der Bedeutung erschließbar, zum Beispiel häuslich von Haus; Sprachwissenschaft)*
motiviert/demotiviert, unmotiviert	*motivierte (zur Arbeit angeregte, aus innerem Antrieb heraus arbeitende) Angestellte*
Motivierung/Demotivierung	*Motivierung durch Lob*
Motorflugzeug/Segelflugzeug	
Motorik/Motilität	*(Gesamtheit der aktiven, bewußt ausgeführten Muskelbewegungen)*
müde/munter	*ich bin (schon) müde; Milch macht müde Männer munter*
...müdigkeit/...freudigkeit (Substantiv)	*z. B. Impfmüdigkeit/Impffreudigkeit*
...muffel sein/...bewußt sein	*z. B. ein Modemuffel sein/modebewußt sein*
Muhme (veraltet)/Oheim (veraltet); s. a. Onkel	*(Tante)*
Muldental/Satteltal	*(Geographie)*
multi.../mono... (Adjektiv)	*(mit der Bedeutung: viel, zahlreich) z. B. multifil/monofil*
Multi.../Mono... (Substantiv)	*(mit der Bedeutung: viel, zahlreich) z. B. Multikultur/Monokultur*
multifil/monofil	*(Fachsprache)*
multifunktional/unifunktional	*(viele Funktionen habend)*
Multikultur/Monokultur	
multilateral/bilateral	*multilaterale (mehrere Seiten betreffende) Regelungen, Verträge; multilaterale Gespräche*
Multilateralismus/Bilateralismus	*(Politik)*
multilingual/monolingual	
Multipara/Nullipara	*(Frau, die mehrmals geboren hat)*
Multiplikand/Multiplikator; a. Multiplikation	*(Zahl, die mit einer anderen multipliziert werden soll, z. B. die 7 in: 7 mal 3)*
Multiplikation/Division; a. teilen	*(Grundrechenart: das Malnehmen)*
Multiplikator/Multiplikand; a. Multiplikation	*(Zahl, mit der eine vorgegebene Zahl multipliziert wird, z. B. die 3 in: 7 mal 3)*
multiplizieren/dividieren; s. a. teilen	*wenn man 10 mit 5 multipliziert, erhält man 50*
Mum/Dad; s. a. Vater	*(Mutter; englisch familiär)*
Mund; s. den Mund aufmachen, den Mund halten	

Mundart/Hochdeutsch, Hochsprache,
    Standardsprache
Mündel/Vormund   *(Person − Minderjähriger oder Entmündig-*
                                        ter −, die einen Vormund, einen Men-
                                        schen hat, der sie vertritt)
münden/entspringen; a. Quelle   *die Donau entspringt im südlichen*
                                        Schwarzwald und mündet ins Schwarze
                                        Meer; der Rhein mündet in die Nordsee
mündig/unmündig; a. minorenn   *die Kinder sind (schon) mündig*
Mündigkeit/Unmündigkeit
mündlich/schriftlich   *die mündliche Prüfung; etwas mündlich*
                                        vereinbaren
Mündlichkeit/Schriftlichkeit
Mündung/Quelle; a. entspringen   *die Mündung des Flusses*
Mundverkehr/Afterverkehr; s. a. Analver- *(mit dem Mund, der Zunge ausgeübter Ge-*
    kehr   *schlechtsverkehr)*
munter/müde   *bist du müde? Nein, ich bin (noch ganz)*
                                        munter
Münze/[Geld]schein; s. a. Papiergeld   *der Automat nimmt nur Münzen, keine*
                                        Scheine an
Münztelefon/Kartentelefon   *(öffentliches Telefon, von dem aus man te-*
                                        lefonieren kann, indem man Münzen,
                                        Geldstücke einwirft)
Muselman (veraltet)/Muselmanin (veral- *(männliche Person, die sich zum Islam be-*
    tet); s. a. Moslime   *kennt)*
Muselmanin (veraltet)/Muselman (veral- *(weibliche Person, die sich zum Islam be-*
    tet); s. a. Moslem   *kennt)*
Musik; s. absolute Musik, E-Musik, ernste
    Musik, Figuralmusik, Instrumentalmu-
    sik, Programmusik, U-Musik, Unterhal-
    tungsmusik, Vokalmusik
musikalisch/unmusikalisch   *er ist (sehr) musikalisch*
musikalischer Akzent/dynamischer Akzent *(Phonetik)*
Musiktheater/Sprechtheater   *(Oper usw.)*
musisch/amusisch   *er ist musisch (hat Kunstsinn)*
Muskel; s. Beugemuskel, Extensor, Flexor,
    Strecker, Streckmuskel
Muslim/Muslime; s. a. Moslime   *(männliche Person, die sich zum Islam be-*
                                        kennt; Fachsprache)
Muslime/Muslim; s. a. Moslem   *(weibliche Person, die sich zum Islam be-*
                                        kennt; Fachsprache)
Muß-Bestimmung/Kann-Bestimmung
müssen/wollen   *er will das nicht machen, aber er muß es*
                                        machen; er will, sie muß
Mußkaufmann/Kannkaufmann   *(Rechtswesen)*
Mußvorschrift/Kannvorschrift
Mut/Feigheit
mutig/feige   *das war mutig; ein mutiger Mensch*
Mut machen/den Mut nehmen   *er hat mir Mut gemacht*

Mutter/Schraube[nbolzen]   *(flacher Hohlkörper aus Metall mit einem*
                                          Gewinde in der Innenfläche)

Mutter/Stiefmutter

Mutter/Tochter   *die Tochter ähnelt der Mutter*

Mutter/Vater; s. a. Dad, Papa   *Kinder brauchen Vater und Mutter*

Mutter; s. leibliche Mutter, Stiefmutter

Mutterfreuden/Vaterfreuden   *Mutterfreuden entgegensehen (bald Mutter*
                                         werden)

Muttergesellschaft/Tochtergesellschaft   *(in der Wirtschaft eine Gesellschaft, die be-*
                                         herrschenden Einfluß auf andere Unter-
                                         nehmen ausübt)

Mutterherrschaft/Vaterherrschaft; s. a. Pa-
triarchat

Mutterland/Kolonien   *die Kolonien waren vom Mutterland ab-*
                                         hängig

mütterlich/väterlich   *das mütterliche Erbe*

mütterlicherseits/väterlicherseits   *der Onkel, die Großeltern mütter-*
                                         licherseits

Muttersprache/Fremdsprache; s. a. Ziel-
sprache

muttersprachig/fremdsprachig   *muttersprachige Texte (in der Mutterspra-*
                                         che)

muttersprachlich/fremdsprachlich   *muttersprachlicher Unterricht (über die*
                                         Muttersprache)

Muttertag/Vatertag   *(zweiter Sonntag im Mai, an dem die Müt-*
                                         ter geehrt und verwöhnt werden sollen)

Muttertier/Vatertier   *(weibliches Zuchttier)*

Mutti/Vati; s. a. Dad, Papa, Papi, Vater *wo ist denn deine Mutti?*

mutuelle Masturbation/solitäre Masturba- *(gegenseitige Masturbation)*
tion

myop/hypermetropisch; s. a. weitsichtig *(kurzsichtig)*

Myopie/Hypermetropie; s. a. Weitsichtig- *(Kurzsichtigkeit)*
keit

mystifizieren/entmystifizieren   *die Erinnerung an jemanden mystifizieren*

mythisieren/entmythisieren

N

nach (bei Länder- und Städtenamen ohne Artikel)/aus (bei Länder- und Städtenamen mit oder ohne Artikel); in bezug auf zwei (Gegen)richtungen: in − hinein und aus − heraus/hinaus; a. aus/in, nach/in

die Fracht geht nach Polen, nach Warschau/kommt aus Polen, aus der Schweiz, aus Berlin, aus dem schönen Heidelberg; der Zug fährt nach Deutschland/kommt aus Deutschland; Waren nach Frankreich ausführen/aus Frankreich einführen

nach (bei Länder- und Städtenamen ohne Artikel)/in (bei Länder- und Städtenamen mit Artikel); in bezug auf eine Richtung: hinein; a. nach/aus

Flucht nach Polen/in die Schweiz; die Post nach Iran/ins Iran; die Reise nach Berlin/in das schöne Berlin

nach/von

der ICE fährt nach Hamburg und kommt von Basel; von links nach rechts; von hier nach dort; von oben nach unten

nach/vor

nach Christi Geburt; nach der Hochzeit; nach dem Essen; 10 Minuten nach 12; wir wollen erst nach der Vorstellung essen gehen; Sie sind erst nach mir dran; er ging nach ihr ins Haus

nach.../vor... (Adjektiv); s. a. prä...

z. B. nachreformatorisch/vorreformatorisch

nach.../vor... (Verb)

z. B. vorsprechen/nachsprechen

Nach.../Vor... (Substantiv)

z. B. Nachsaison/Vorsaison

nacharbeiten/vorarbeiten

einige Stunden nacharbeiten

Nachbar/Nachbarin

Nachbarin/Nachbar

Nachbeben/Vorbeben

(Beben der Erde nach dem eigentlichen Erdbeben)

nachbehandeln/vorbehandeln

ein Kleidungsstück nachbehandeln (bei der Reinigung)

Nachbemerkung/Vorbemerkung; a. Prolog

nachbereiten/vorbereiten

eine Unterrichtsstunde nachbereiten

Nachbereitung/Vorbereitung

intensive Vor- und Nachbereitung

Nachbeter/Vorbeter

Nachbörse/Vorbörse

(Börsenwesen)

nachbörslich/vorbörslich

(Börsenwesen)

nachchristlich/vorchristlich

nach Christus/vor Christus; s. auch: a. Chr. [n.], ante Christum [natum]

im Jahre 300 nach Christus

nachdatieren/vordatieren

(ein früheres Datum angeben)

Nachdatierung/Vordatierung

nachdem/bevor; a. vorher

er kaufte es, nachdem er mit ihr gesprochen hatte

Nacheid/Voreid · (nach der Vernehmung abgelegter Eid)

nacheinander/gleichzeitig · die Gäste trafen nacheinander ein

Nacherbe/Vorerbe · (Rechtswesen)

Nacherbschaft/Vorerbschaft · (Rechtswesen)

Nachfahre/Vorfahre

Nachfahrengleichheit/Ahnengleichheit · (Genealogie)

nachfolgend/vorhergehend · die nachfolgenden Äußerungen

Nachfolger[in]/Vorgänger[in] · sie ist meine Nachfolgerin; der Nachfolger von Herrn Schmidt ist Herr Kohl

Nachfrage/Angebot; a. Monopol · der Preis richtet sich nach Angebot und Nachfrage

Nachfrager/Anbieter · (Wirtschaft)

nachgeben/festbleiben; a. unnachgiebig sein · sie hat nachgegeben

nachgeburtlich/vorgeburtlich; s. a. pränatal

nachgehen/vorgehen · die Uhr geht nach

nachgestellt/vorangestellt · die Zusammenfassung ist eine nachgestellte Inhaltsangabe

nachgiebig/unnachgiebig; a. festbleiben · sie zeigte sich nachgiebig

nachher/sofort, gleich · ich mache das nicht gleich, sondern erst nachher

nachher/vorher; a. davor · kurz nachher erfuhr er, daß...; du kannst das doch auch nachher (noch) machen; vorher hat er alle aufgehetzt, und nachher wollte er es dann nicht mehr gewesen sein

nach...hin/von...her · nach Amerika hin

nachhinein; s. im nachhinein

Nachhut/Vorhut · (eine nachfolgende Gruppe)

Nachkalkulation/Vorkalkulation · (Wirtschaft)

Nachkomme/Vorfahre

nachkommen/vorfahren, vorlaufen, vorausgehen · er kommt nach

Nachkriegszeit/Vorkriegszeit

nach langem Hin und Her · (nach längeren Verhandlungen usw. endlich)

Nachlauf/Vorlauf · (Chemie, Technik)

nachmachen/vormachen · ich mache euch das vor, und ihr macht es mir nach

nach Maß/von der Stange · ein Anzug nach Maß

Nachmieter[in]/Vormieter[in] · Stefan war ihr Nachmieter

nachmittag/vormittag · morgen nachmittag

Nachmittag/Vormittag · am Nachmittag

nachmittags/früh; auch: a. m. · um 4 Uhr nachmittags (= p. m.)

nachmittags/vormittags; auch: a. m. · nachmittags einen Termin beim Arzt haben

Nachname/Vorname · Stefans Nachname ist Kirse

nachrangig/vorrangig   *das ist ein nachrangiges Thema*
nachreformatorisch/vorreformatorisch
Nachsaison/Vorsaison; a. Hauptsaison,   *Hotelpreise in der Nachsaison*
   Hochsaison, Nebensaison
Nachsatz/Vordersatz; s. a. Protasis   *(1. Nebensatz, der dem übergeordneten*
                                              Satz folgt, z. B.: Es irrt der Mensch, so-
                                              lang er strebt (Goethe); 2. zweiter Teil;
                                              Musik)

Nachsicht; s. Vorsicht
nachsichtig/unnachsichtig   *sie ist nachsichtig (läßt so manches durch-*
                                              gehen, zeigt duldendes Verständnis)
Nachsilbe/Vorsilbe; s. a. Präfix   *in „Reichtum" ist „-tum" eine Nachsilbe*
nachsingen/vorsingen
Nachspann/Vorspann   *(Film, Fernsehen)*
Nachspeise/Vorspeise   *das Menü enthält eine Vor- und eine Nach-*
                                              speise (ein Dessert)
Nachspiel/Vorspiel; a. Prolog   *(1. in der Musik; 2. beim Theater; 3. beim*
                                              Geschlechtsverkehr) zärtliches sexuelles
                                              Nachspiel; Nachspiel beim Liebesakt
nachsprechen/vorsprechen   *die Lehrerin sprach vor, was die Kinder*
                                              nachsprechen sollten
nächst.../vorig..., dies...   *nächste Woche verreist er*
nachstellen/vorstellen   *die Uhr nachstellen (den Zeiger zurückdre-*
                                              hen)
Nacht/Tag   *eine dunkle Nacht; die Nacht zum Tage*
                                              machen (die Tagesaktivitäten usw. in
                                              die Nacht verlegen); seid reinlich bei
                                              Tage und säuisch bei Nacht (Goethe,
                                              Faust Paralipomena)

Nacht; s. in der Nacht
nachtaktiv/tagaktiv
Nachtcreme/Tagescreme
Nachtdienst/Tag[es]dienst   *er hat heute Nachtdienst*
Nachteil/Vorteil; a. Bonus, Plus   *materielle Nachteile; das hat den Nachteil,*
                                              daß...; Vorteile und Nachteile abwägen
Nachtportier/Tagportier
Nachtragshaushalt/Ergänzungshaushalt   *(Politik)*
nachts/bei Tage   *er wurde nachts überfallen*
nachts/mittags; auch: a. m.   *um 1 Uhr nachts (= a. m.); um 12 Uhr*
                                              nachts
nachts/tagsüber; a. am Tage   *nachts wach sein*
Nachtschicht/Tagschicht; a. Frühschicht
Nachtseite; s. Tag- und Nachtseite
Nachtzeit/Tageszeit   *er kann zu jeder Tages- und Nachtzeit*
                                              essen
nach vorn/zurück   *einen Schritt nach vorn, bitte*
nach vorn blicken/zurückblicken   *wir wollen nach vorn und nicht zurück-*
                                              blicken

nachweihnachtlich/vorweihnachtlich

Nachwort/Vorwort; a. Prolog

das Nachwort (in dem Buch) hat ein bekannter Psychologe geschrieben

Nachzahlung/Vorauszahlung

Nachzeitigkeit/Vorzeitigkeit

(zeitliches Verhältnis zwischen den Handlungen in Haupt- und Nebensatz, bei dem die Handlung des Nebensatzes der des Hauptsatzes folgt; zum Beispiel: ich warte, bis du kommst; sie baten solange, bis er ihnen half; Sprachwissenschaft)

Nacktbadestrand/Textilstrand

Nacktsamer/Bedecktsamer; s. a. Angiospermen

(Botanik)

nacktsamig/bedecktsamig

(Botanik)

Nadelbaum/Laubbaum

die Tanne ist ein Nadelbaum

Nadelholz/Laubholz

schnellwachsende Nadelhölzer (Botanik)

Nadelwald/Laubwald

die Nadelwälder in der Mark Brandenburg

Nadir/Zenit

(der dem Zenit genau gegenüberliegende Punkt der Himmelskugel)

nah/entfernt

eine nahe Verwandte von mir

nah/weit

die Berge sind (schon) nah

...nah/...fern (Adjektiv)

z. B. praxisnah/praxisfern

Nahbeben/Fernbeben

Nahbereich/Fernbereich

(Foto)

Nahbrille/Fernbrille

nah[e]/fern

in naher Zukunft wird das stattfinden; der Tag, an dem die Wahrheit ans Licht kommen wird, ist (schon) nahe

nahe/fern (Präposition)

nahe dem Leben der Großstadt

Nähe/Abstand

er wünscht Nähe zu den anderen

Nähe/Distanz

die Angst vor Nähe; der Wunsch nach Nähe; Nähe in der Partnerschaft; sich zwischen Nähe und Distanz bewegen

Nähe/Ferne

eine Brille für die Nähe; aus der Nähe betrachtet sieht das gar nicht so schön aus; etwas ist in greifbare Nähe gerückt; die Nähe zur Kultur

nahe bei/weit weg von

nahe bei ihm

nähern, sich/sich entfernen

die Menschen nähern sich der Stadt

Naher Osten; s. der Nahe Osten

Nahkämpfer/Distanzboxer

Nahkongruenz/Fernkongruenz

Nahkongruenz in bezug auf das natürliche Geschlecht liegt vor in „das Mädchen und ihr Vater"

Nahrungsmittel/Genußmittel

Nahverkehr/Fernverkehr

(Eisenbahn)

Nahverkehrsmittel/Fernverkehrsmittel

Nahverkehrszug/Fernzug

Nahziel/Fernziel

sie hat sich das als Nahziel vorgenommen

naiv/sentimentalisch

(mit der Natur im Einklang stehend; Literaturwissenschaft)

Name; s. anonym, Autonym, Eigenname, Familienname, Gattungsname, Jungenname, Klarname, Mädchenname, Metronymikon, Nachname, Patronymikon, Pseudandronym, Pseudogynym, Realname, [unter einem] Pseudonym, unter ihrem/seinem [richtigen] Namen, Vorname

Namensaktie/Inhaberaktie

Namenspapier/Inhaberpapier

(Wirtschaft)

Narbenseite/Aasseite, Fleischseite

(Außenseite des gegerbten Leders; Gerberei)

Narkose; s. Rückennarkose, Vollnarkose

Narr/Närrin

die vielen Narren und Närrinnen in der Fastnachtszeit

Närrin/Narr

die vielen Narren und Närrinnen in der Fastnachtszeit

Narziß/Goldmund

(im gleichnamigen Werk Hermann Hesses die Konfrontation von Geist und Leben)

naß/trocken

die Wäsche ist (noch) naß; die Straße ist (nach dem Regen) naß; sich naß (mit Wasser und Seife) rasieren

Naßpökelung/Trockenpökelung

(Fleischerei)

Naßrasierer/Trockenrasierer

er ist vom Naßrasierer zum Trockenrasierer geworden

Naßrasur/Trockenrasur

Natalität/Mortalität

(Geburtenhäufigkeit)

national/international

auf nationalen und internationalen Märkten, Kongressen, Messen vertreten sein

national/übernational, supranational

die Probleme auf nationaler (national begrenzter) Basis lösen

Nationalitätsprinzip/Territorialprinzip

Nativismus/Empirismus

(Angeborenes; Psychologie)

NATO/(historisch) Warschauer Pakt

(westliches Verteidigungsbündnis)

Natur/Geist

der Widerstreit zwischen Natur und Geist

Natur/Kunst

was Sie hier sehen ist (wirklich) Natur (nichts Künstliches)

Naturaleinkommen/Geldeinkommen

(Wirtschaft)

Naturalisation/Denaturalisation

(Einbürgerung in einen Staat)

naturalisieren/denaturalisieren

(einbürgern; Staatsrecht)

Naturalwirtschaft/Geldwirtschaft

Natura naturans/Natura naturata

(Spinoza: die schaffende Natur)

Natura naturata/Natura naturans

(Spinoza: die geschaffene Natur)

Naturboden/Kulturboden

Naturdarm/Kunstdarm

(Haut von Wurst aus natürlichem Darm; Lebensmittelkunde)

Naturdünger/Kunstdünger

Natureisbahn/Kunsteisbahn

Naturfaser/Kunstfaser, Chemiefaser, syn-   *(Textilkunde)*
  thetische Faser

naturgemäß/naturwidrig   *naturgemäße Haltung von Hühnern*

Naturharz/Kunstharz

Naturheilkunde/Schulmedizin; a. Allopa-
  thie

Naturlandschaft/Kulturlandschaft

natürlich/grammatisch   *das natürliche Geschlecht von „Mädchen"*
                                    ist weiblich, das grammatische aber
                                      sächlich (Sprachwissenschaft)

natürlich/künstlich   *ein natürlicher Hafen; ein natürlicher See;*
                                      natürliche Blumen; natürliches Licht; na-
                                      türliche Sprachen

natürlich/übernatürlich   *natürliche Kräfte haben die Heilung be-*
                                      wirkt; das kann nicht auf natürlichem
                                      Wege geschehen

natürlich/unnatürlich   *eines natürlichen Todes sterben*

natürlich/widernatürlich   *natürliches Geschlechtsempfinden*

natürliche Person/juristische Person   *(ein Mensch mit allen seinen Rechten im*
                                      Unterschied zu einer Organisation usw.;
                                      Rechtswesen)

natürlicher Sohn/natürliche Tochter; a. Ba-   *(nichtehelicher Sohn)*
  stard

natürlicher Tod/gewaltsamer Tod   *er starb eines natürlichen Todes (z. B. an*
                                      Altersschwäche)

natürliche Tochter/natürlicher Sohn; a. Ba-   *(nichteheliche Tochter)*
  stard

Naturperle/Zuchtperle

Naturrecht/positives Recht   *(Rechtswesen)*

Naturvolk/Kulturvolk

naturwidrig/naturgemäß   *naturwidrige Haltung von Hühnern in Le-*
                                      gebatterien

Naturwissenschaft/Geisteswissenschaft   *(zum Beispiel Chemie, Biologie, Physik)*

naturwissenschaftlich/
  geisteswissenschaftlich

'nauf/'nunter; s. a. runter...   *(hinauf; süddeutsch)*

'naus/'nein; s. a. hinein.../hinaus...   *(hinaus; süddeutsch)*

neben.../haupt... (Adjektiv)   *z. B. nebenberuflich/hauptberuflich*

Neben.../Haupt... (Substantiv)   *z. B. Nebenfach/Hauptfach, Nebenein-*
                                      gang/Haupteingang

Nebenakzent/Hauptakzent; s. a. Hauptton

Nebenaltar/Hauptaltar

nebenamtlich/hauptamtlich   *das ist seine nebenamtliche Tätigkeit*

Nebenangeklagte[r]/Hauptangeklagte[r]

Nebenanschluß/Hauptanschluß   *(beim Telefon)*

Nebenausgang/Hauptausgang

Nebenbedeutung/Hauptbedeutung	*in dem Satz „er hat beim Unterricht wieder einmal geschlafen = nicht aufgepaßt" wird „schlafen" in einer Nebenbedeutung gebraucht*
Nebenberuf/Hauptberuf	*Kabarettist ist sein Nebenberuf*
nebenberuflich/hauptberuflich	*er ist nebenberuflich Taxifahrer, Statist, Sterndeuter*
Nebenbeschäftigung/Hauptbeschäftigung	*das ist nur eine Nebenbeschäftigung von ihm*
Nebenbühne/Hauptbühne	*(Theater)*
nebeneinander/hintereinander	*die Erstkläßler stehen nebeneinander und halten sich an den Händen*
Nebeneingang/Haupteingang	*der Nebeneingang der Kirche*
Nebenfach/Hauptfach	*sie studiert Geographie als Nebenfach*
Nebenfrau/Hauptfrau	*(in einer polygamen Gesellschaft die mit weniger Rechten ausgestattete Ehefrau)*
Nebengebäude/Hauptgebäude	*diese Abteilung befindet sich im Nebengebäude*
nebengeordnet/untergeordnet	*nebengeordnete Sätze sind zum Beispiel „der Vater surfte mit der Tochter, und die Mutter machte mit dem Sohn Schularbeiten"*
nebenordnend/unterordnend; s. a. hypotaktisch	*„und" ist eine nebenordnende Konjunktion*
Nebenordnung/Unterordnung; s. a. Hypotaxe, Subordination	*Nebenordnung besteht in: er kam nicht, denn er war krank*
Nebenrolle/Hauptrolle	*(Theater)*
Nebensache/Hauptsache	
Nebensaison/Hauptsaison; a. Vorsaison	
Nebensatz/Hauptsatz; s. a. Matrixsatz	*sie konnte nicht kommen (Hauptsatz), weil sie krank war (Nebensatz)*
Nebenstraße/Hauptstraße	*von der Hauptstraße in die Nebenstraße abbiegen*
Nebenton/Hauptton; s. a. Hauptakzent	*(zweite, schwächere Betonung bei mehrsilbigen Wörtern)*
Nebenwirt/Hauptwirt	*(Biologie)*
Nefas/Fas	*(bei den Römern das von den Göttern Verbotene)*
Neffe/Nichte	*der Onkel telefonierte mit seinem Neffen (dem Sohn seines Bruders oder seiner Schwester)*
Negation/Affirmation; a. Bejahung	*(Verneinung einer Aussage)*
negativ/affirmativ	*(Philosophie)*
negativ/positiv	*eine negative Einstellung; negativ geladen; eine negative Zahl (kleiner als Null, z. B. -5); ein negativer (schlechter, ungünstiger) Bescheid; der Krebstest war (Gott sei Dank) negativ (gut, der Verdacht auf Krebs wurde nicht bestätigt)*
Negativ/Abzug, Positiv	*(Fotografie)*

Negative, die/die Affirmative	*(Ablehnung, Verneinung; Philosophie)*
negativer Transfer/positiver Transfer	*(Transfer, bei dem der erste Lernvorgang den zweiten beeinträchtigt; Psychologie, Pädagogik)*
Negativfilm/Umkehrfilm	*(Fotografie)*
Negativform/Positivform	*(Form, in die für die Herstellung etwas hineingegossen usw. wird)*
Negativum/Positivum	*(etwas, was als schlecht gewertet, als ungünstig empfunden wird)*
Negatron/Positron	*(Atomphysik)*
Neger/Negerin	
Negerin/Neger	
negieren/affirmieren	*(Philosophie)*
Negligentia/Luxuria	*(unbewußte Fahrlässigkeit; Rechtswesen)*
nehmen/geben	*er nimmt gern; er nimmt das Buch (von ihr); Geben ist seliger denn Nehmen*
nehmen/genommen werden	*wenn er sie (sexuell) nimmt, sie von ihm genommen wird (Jargon)*
nehmen aus/legen in; s. a. hineinlegen	*die Wäsche aus dem Schrank nehmen*
nehmen aus/stecken in	*die Hand aus der Hosentasche nehmen; den Bonbon aus dem Mund nehmen/in den Mund stecken*
nehmen aus/stellen in; s. a. hineinstellen	*die Flasche, Vase aus dem Schrank nehmen; das Buch aus dem Regal nehmen/ in das Regal stellen*
Nehmende[r]/Gebende[r]	*er ist der Nehmende und sie die Gebende*
nehmen von/hängen an	*das Bild von der Wand, den Mantel vom Haken nehmen*
nehmen von/hängen auf	*die Hemden von der Wäscheleine nehmen/ auf die Leine hängen*
nehmen von/legen auf	*das Tischtuch vom Tisch nehmen*
Nehmer/Geber	
…nehmer/…geber (Substantiv)	*z. B. Arbeitnehmer/Arbeitgeber*
Nehmersprache/Gebersprache	*(Sprachwissenschaft)*
Neigung/Abneigung	*seine Neigungen und Abneigungen erkennen*
Neigung/Pflicht	*etwas aus Pflicht, nicht aus Neigung tun; Zwiespalt zwischen Pflicht und Neigung*
Neigungsgruppe/Leistungsgruppe	*(Sport, Pädagogik)*
nein/doch (bei verneintem Fragesatz); a. ja	*Kommst du heute nicht? Nein!; Hast du denn heute gar keine Zeit? Nein!*
nein/ja; a. doch	*kommst du heute? Nein!; Hast du morgen Zeit? Nein!*
Nein/Ja	*das Nein zum Asylantengesetz*
'nein/'naus; s. a. hinaus…/hinein…	*(hinein; süddeutsch)*
Neinsager[in]/Jasager[in]; a. Konformist	*sie gehört zu den Neinsagerinnen, wenn es um den Einsatz von Soldaten im Ausland geht*

Neinstimme/Jastimme

(bei einer Wahl Stimme gegen jemanden oder etwas)

Nekton/Plankton

(Biologie)

Nenner/Zähler; s. a. Dividend

(Zahl unter dem Bruchstrich)

Nennwert/Kurswert

der Nennwert (der genannte Wert, Ausgabewert) einer Aktie kann höher oder niedriger liegen als der (schwankende) Kurswert

Neologismus/Archaismus

„Datenautobahn" ist ein Neologismus (ein neu in die Sprache gekommenes Wort)

ne rep./rep.

(Abkürzung für: ne repetatur; auf einem Rezept der Hinweis, daß das Mittel nicht noch einmal – ein zweites Mal – auf dieses Rezept abgegeben, angefertigt werden darf)

neritisch/ozeanisch

(zum Küstengewässer gehörend)

nervend/genervt

sein nervender Auftritt und die genervten Zuschauer

nervenschwach/nervenstark

er ist nervenschwach (hat schwache Nerven, verliert leicht die Nerven bei Belastungen)

nervenstark/nervenschwach

Nestflüchter/Nesthocker

(Tier – Küken –, das vollausgebildet auf die Welt kommt, sich seine Nahrung selbst suchen kann und bald das Nest verläßt; Zoologie)

Nesthocker/Nestflüchter

(Tier, das in einem noch unvollkommenen Zustand geboren wird und noch der Pflege im Nest bedarf)

netto/brutto; a. Nominaleinkommen

er verdient netto 4000,00 Mark (bekommt das ausgezahlt nach allen Abzügen)

Nettobetrag/Bruttobetrag

(Betrag, der sich nach Abzug der Unkosten usw. ergibt)

Nettoeinkommen/Bruttoeinkommen; a. Nominaleinkommen

(nach allen Abzügen – Steuern – von dem nominellen Einkommen noch verbleibender Betrag)

Nettoeinnahmen/Bruttoeinnahmen

(Geld, das übrigbleibt, wenn von den Gesamteinnahmen alle damit zusammenhängenden Ausgaben usw. abgezogen sind)

Nettoertrag/Bruttoertrag

(Reinertrag)

Nettogehalt/Bruttogehalt

(nach allen Abzügen der noch verbleibende Betrag des Gehalts)

Nettogewicht/Bruttogewicht

(Reingewicht; Gewicht nach Abzug der Verpackung, des Verpackungsgewichts, der Tara)

Nettogewicht/die Tara, Verpackungsgewicht

(Gewicht allein der Ware ohne Verpackung)

Nettogewinn/Bruttogewinn

(Reingewinn)

netto Kasse/Kassenskonto	(Barzahlung ohne Vergünstigung durch Skontoabzug)
Nettolohn/Bruttolohn	(Lohnbetrag nach allen Abzügen)
Nettopreis/Bruttopreis	(Preis, von dem nichts mehr − zum Beispiel Skonto − abgezogen werden kann)
Nettoraumgehalt/Bruttoraumgehalt	(der für Frachten zur Verfügung stehende Raum auf Schiffen, also ohne Räume für die Mannschaft usw.)
Nettoregistertonne/Bruttoregistertonne	(Maßeinheit beim Schiffsbau)
Nettosozialprodukt/Bruttosozialprodukt	(Gesamtheit aller Güter, die eine Volkswirtschaft in einem bestimmten Zeitraum erzeugt − abzüglich der Abschreibungen)
Nettoverdienst/Bruttoverdienst	(das Geld, das vom Verdienst übrigbleibt, wenn alle Abzüge abgerechnet sind)
Nettoverkauf/Bruttoverkauf	
Nettozins/Bruttozins	(lediglich das Entgelt für die gewährte Kreditsumme ohne die Nebenkosten, die mit der Gewährung des Kredits verbunden sind)
Netzanschluß/Batterie	ein Radiogerät für Netzanschluß und Batterie
Netzanschlußgerät/Batteriegerät	
neu/alt	neue (neben noch erhältlichen alten, aus der diesjährigen Ernte stammende) Kartoffeln; ein neues Modell; neue Möbel; die neuen Bundesländer; Maria ist seit gestern seine neue Freundin
neu.../bisherig...	der neue Arbeitsstil
neu/gebraucht	dieses Gerät ist (noch) neu; er will ein neues, kein gebrauchtes Auto kaufen; Kinderspielzeug neu im Geschäft und nicht gebraucht auf dem Flohmarkt kaufen
neu/getragen	der Anzug ist (noch ganz) neu
neu; s. die neuen Bundesländer, das Neue Testament, die Neue Welt	
Neubau/Altbau	sie wohnt in einem Neubau
Neubauwohnung/Altbauwohnung	sie wohnt in einer Neubauwohnung
neuer.../alt...	neuere Sprachen; neuere Geschichte
Neumond/Vollmond	(Phase, in der der Mond auf Grund seiner Position zwischen Erde und Sonne nicht zu sehen ist)
Neuphilologe/Altphilologe; s. a. Altsprachler[in]	(Neusprachler; männliche Person, die sich mit den neueren, den lebenden Sprachen beschäftigt)
Neuphilologin/Altphilologin; s. a. Altsprachler[in]	
Neuschnee/Altschnee	

Neusprachler[in]/Altsprachler[in]; s. a. Alt-
   philologe, Altphilologin
neusprachliches Gymnasium/altsprach-
   liches Gymnasium
Neuwagen/Gebrauchtwagen
Neuwert/Zeitwert

Neuzeit/Altertum, Mittelalter
Ngoko/Kromo

nicht; s. noch nicht/schon
nicht.../... (Adjektiv)
Nicht.../... (Substantiv)
nichtapothekenpflichtig/apothekenpflichtig
nicht auf dem Damm sein/wieder auf den
   Damm kommen (umgangssprachlich)
nichtberufstätig/berufstätig
nichtchristlich/christlich

nichtdeutsch/deutsch
Nichte/Neffe

Nichtehe/Ehenichtigkeit
nichtehelich/ehelich
nicht ein noch aus wissen
Nichterfüllung/Erfüllung
nichteuklidische Geometrie/euklidische
   Geometrie
Nichtfachmann/Fachmann
nichtfleischfressend/fleischfressend
nichtflüssig/flüssig
nicht...genug/zu

nichtgläubig/gläubig
Nichthistoriker/Historiker

Nichtigkeitsklage/Restitutionsklage
Nichtjude/Jude

Nichtkombattant/Kombattant

nichtleitend/leitend
Nichtleiter/Leiter
nichtlinear/linear

*(jemand, der sich mit den neueren, den le-
   benden Sprachen beschäftigt)*

das ist ein Neuwagen
*die Versicherung ersetzt den Neuwert der
   Möbel*

*Ngoko ist die Sprache der Unterschicht
   auf Java*

z. B. nichtchristlich/christlich
z. B. Nichtraucher[in]/Raucher[in]
nichtapothekenpflichtiges Medikament
(krank sein, sich nicht gesund fühlen)

nichtberufstätige Mütter
*die nichtchristlichen Religionen (kontradik-
   torisch)*
Ergebnisse der nichtdeutschen Forschung
*der Onkel telefonierte mit seiner Nichte
   (der Tochter seines Bruders oder seiner
   Schwester)*
(Rechtswesen)
nichteheliche Kinder
(ratlos sein)
die Nichterfüllung eines Vertrages

nichtfleischfressende Tiere, Pflanzen
nichtflüssige Stoffe
*das Brett ist nicht groß genug und das an-
   dere ist wieder zu groß*
nichtgläubige Menschen
*ein für Historiker und Nichthistoriker in-
   teressantes Buch*
(Rechtswesen)
*Nichtjuden und Juden nahmen an der
   Kundgebung teil*
*(jemand, der im Krieg völkerrechtlich
   nicht zu Kampfhandlungen berechtigt
   ist, zum Beispiel Sanitäter, Zivilperso-
   nen)*
nichtleitende Stoffe, Metalle
(Physik)
*Hypertext ist ein nichtlineares Medium
   (bei dem man auf Grund der Vernetzun-
   gen selbst die Reihenfolge der Informationen bestimmen kann)*

nicht mehr/noch	*er ist nicht mehr da; in ihrem Alter −* *glaubt sie − kann man noch lieben,* *aber nicht mehr geliebt werden*
nicht mehr/noch nicht	*er ist nicht mehr hier, und sie ist noch* *nicht hier*
Nichtmitglied/Mitglied	*Nichtmitglieder zahlen für die Teilnahme* *an der Tagung 10 Mark mehr*
nichtproduktiv/produktiv	*nichtproduktive Leistungen (Dienstleistun-* *gen)*
Nichtraucher/Raucher	*Helmut ist Nichtraucher, doch sein Freund* *ist Raucher*
Nichtraucher[abteil]/Raucher[abteil]	*einen Platz im Nichtraucher reservieren* *(Eisenbahn)*
Nichtraucherin/Raucherin	*sie ist Nichtraucherin*
Nichtraucher werden/Raucher bleiben	*Günter ist Nichtraucher geworden, doch* *Micha ist Raucher geblieben*
nichtrechtsfähig/rechtsfähig	*(Rechtswesen)*
nichtrostend/rostend	*nichtrostender Stahl*
nichts/alles	*den Kindern wird nichts erlaubt; er will* *alles oder nichts*
nichts/etwas	*aus dem Jungen wird nichts (negatives Ur-* *teil in bezug auf dessen berufliche Ent-* *wicklung usw.); Jedenfalls ist es besser,* *ein eckiges Etwas als ein rundes Nichts* *zu sein (Hebbel)*
Nichtschwimmer/Schwimmer	*ein Becken für Nichtschwimmer*
Nichtsein/Sein	*Sein oder Nichtsein, das ist die Frage*
nichtsortimentsgerecht/sortimentsgerecht	
Nichtsportler/Sportler	*für Sportler und Nichtsportler attraktive* *Angebote*
nichtstaatlich/staatlich	*nichtstaatliche Schulen*
nichttechnisch/technisch	*Anwendung technischer Grundsätze in* *nichttechnischen Zusammenhängen*
Nichtübereinstimmung/Übereinstimmung	
Nicht... werden/... bleiben	*z. B. Nichtraucher werden/Raucher* *bleiben*
nichtzielendes Verb/zielendes Verb; s. a. transitiv	*„danken" ist ein nichtzielendes (intransiti-* *ves) Verb*
Nichtzutreffendes/Zutreffendes	*auf dem Formular Nichtzutreffendes bitte* *streichen*
nie/immer	*er kam nie zu spät*
nieder.../hoh...; a. hoch	*niederer Adel; niedere Jagd*
nieder.../höher...	*die niederen Weihen*
nieder; s. auf und nieder, die niedere Jagd, niedere Pflanzen	
Nieder.../Ober... (in geographischen Na- men)	*z. B. Niederbayern/Oberbayern*
Niederalm/Hochalm	

niederdeutsch/hochdeutsch, oberdeutsch; a. süddeutsch	*die niederdeutsche Mundart betreffend im Gegensatz zur oberdeutschen in Bayern, Österreich sowie im Schwäbisch-Alemannischen*
Niederdeutsch/Oberdeutsch	*Niederdeutsch wird im nördlichen Deutschland gesprochen; Oberdeutsch im Süden*
Niederdeutsche, das/das Hochdeutsche	*(das Plattdeutsche)*
Niederdruck/Hochdruck	*(Technik)*
niederentern/[auf]entern	*(herunterklettern aus der Takelung eines Schiffes)*
niedere Pflanzen/höhere Pflanzen	*niedere Pflanzen sind zum Beispiel Algen, Moose, Pilze*
Niederfrequenz/Hochfrequenz	
Niedergericht/Hochgericht	*(mittelalterliches Rechtswesen)*
niederholen/hissen	*die Fahne niederholen*
Niederjagd/Hochjagd	*(Jagd auf weniger edles Wild, zum Beispiel auf Hase, Reh usw.)*
Niederlage/Sieg; a. Gewinn	*es ging um Sieg oder Niederlage*
Niederlage; s. Auswärtsniederlage, Heimniederlage	
Niederrhein/Oberrhein	*(der nördliche Teil, der Unterlauf des Rheins − etwa von Bonn an)*
Niederrufe/Hochrufe	*Niederrufe erschollen bei der Kundgebung*
niederschlagsarm/niederschlagsreich	*ein niederschlagsarmes Gebiet*
niederschlagsreich/niederschlagsarm	*ein niederschlagsreiches Gebiet*
Niederspannung/Hochspannung	*(Elektrotechnik)*
Niederstwert/Höchstwert	*(Rechtswesen)*
niedertourig/hochtourig	*(mit niedriger Drehzahl laufend; Technik)*
Niederwald/Hochwald	*Niederwald ist Laubwald, der sich u. a. aus den Wurzeln gefällter Bäume erneuert*
Niederwild/Hochwild	*Niederwild wie Hase, Reh*
niedrig/hoch; a. hoh...	*niedrige Absätze; niedrige Räume; eine niedrige Mauer; niedriger Blutdruck; niedrige Temperaturen, Löhne, Gehälter, Preise; eine niedrige elektrische Spannung; übertragen: hoch und niedrig waren auf dem Jahrmarkt*
niedrigst.../höchst...	*das niedrigste Gehalt*
Niedrigwasser/Hochwasser; s. a. Flut	*bei Niedrigwasser soll man nicht schwimmen*
niemand/jemand	*für diese Arbeit wird sich niemand finden*
Niete/Gewinn, Treffer	*das war eine Niete (Los ohne Gewinn)*
nirgends/überall	*nirgends fühlt er sich sicher, zu Hause*
nirgendwo/irgendwo	*nirgendwo hättest du das finden können*
nitratarm/nitratreich	*Möhren, Rosenkohl, Chicorée sind nitratarm*

nitratreich/nitratarm	*Kopfsalat, Spinat, Grünkohl sind nitrat-reich, daher sollte man sie nicht so häu-fig essen*
niveaufrei/niveaugleich	*ein niveaufreier (nicht auf der gleichen Ebene verlaufender) Übergang (Ver-kehrswesen)*
niveaugleich/niveaufrei, niveauverschieden	*ein niveaugleicher (sich auf der gleichen Ebene befindender) Übergang (Verkehrs-wesen)*
niveaulos/niveauvoll	*eine niveaulose Veranstaltung (ohne Kul-tur usw.)*
niveauverschieden/niveaugleich	*(nicht auf gleicher Ebene verlaufend, sich befindend; Verkehrswesen)*
niveauvoll/niveaulos	*eine niveauvolle Veranstaltung (eine Veran-staltung von Rang, von Qualität)*
Nobilitation/Denobilitation	*(die Adelsverleihung)*
Nobility/Gentry	*(Hochadel in Großbritannien)*
noch/erst	*er kommt noch in diesem Jahr*
noch/nicht mehr	*die Frau ist noch am Leben, doch ihr Mann nicht mehr; sie ist noch hier; in ihrem Alter — glaubt sie — kann man noch lieben, aber nicht mehr geliebt werden*
noch/schon	*er schläft noch, doch sie ist schon wach; sie ist noch da; er ist noch zu Hause (wird bald gehen), und sie ist schon zu Hause (ist gerade gekommen); das Le-ben noch vor oder schon hinter sich ha-ben; sie ist noch da/sie ist schon weg*
noch; s. immer noch	
noch aufbleiben dürfen/ins Bett gehen müssen	*sie darf heute noch länger aufbleiben*
noch ein Kind sein/schon erwachsen sein	*er ist noch ein Kind*
noch nicht/nicht mehr	*sie ist noch nicht hier (noch nicht gekom-men), und er ist nicht mehr hier (schon weggegangen)*
noch nicht/schon	*er war noch nicht in Paris; als ich kam, war sie noch nicht abgereist; sie ist noch nicht wach; er ist noch nicht im Bett; sie ist noch nicht da (kommt spä-ter als erwartet), doch er ist schon da (kam früher als erwartet)*
noch nüchtern sein/schon gegessen haben	
noir/rouge; s. a. rot	*auf Noir (beim Roulett die schwarzen Zah-len betreffend) setzen*
Nomade/Seßhafter	
nominal/real	*der nominale (dem Nennwert entspre-chende) Wert der Aktie; nominales Wirt-schaftswachstum*
Nominaldefinition/Realdefinition	*(Worterklärung; Philosophie)*

Nominaleinkommen/Realeinkommen; a. netto, Nettoeinkommen	*(Einkommen ohne Berücksichtigung der damit verbundenen Kaufkraft)*
Nominalismus/Metallismus	*(Wirtschaft)*
Nominalismus/Realismus	*(Philosophie)*
Nominalkatalog/Realkatalog	*(alphabetischer Namenkatalog einer Bibliothek)*
Nominallohn/Reallohn	*die Höhe des Nominallohns sagt nichts über seine Kaufkraft aus*
Nominalstil/Verbalstil	*der Nominalstil – vor allem in Fachtexten – bevorzugt Substantive, zum Beispiel: die Erzeugung der Produkte durch Intensivarbeit (Sprachwissenschaft)*
Nominalverzinsung/Effektivverzinsung	*(Wirtschaft)*
Nominalzins/Realzins	*(Wirtschaft)*
Nominativ/Akkusativ; s. a. vierter Fall, Wenfall	*der Nominativ ist der erste Fall der Deklination, zum Beispiel: der Vater*
nominell/real	*das nominelle Einkommen; die nominelle Lohnerhöhung von 2,5 Prozent wird durch die Inflation wieder aufgefressen*
Nomokratie/Autokratie	*(Herrschaftsform, in der Macht nur im Namen der Gesetze ausgeübt wird)*
Nomosyntax/Morphosyntax	*(Syntax nach dem Inhalt eines Satzes; Sprachwissenschaft)*
nomothetisch/idiographisch	*(Fachsprache)*
Non-fiction/Fiction	*(Sachliteratur)*
Nonkonformismus/Konformismus	*(unangepaßte, selbständige Geisteshaltung)*
Nonkonformist/Konformist; a. Jasager	*er ist ein Querdenker und Nonkonformist (jemand, der sich nicht dem herrschenden Trend, einer gewünschten Haltung, Meinung anpaßt)*
nonkonformistisch/konformistisch	*(unangepaßt, der herrschenden Meinung usw. nicht entsprechend, von ihr deutlich abweichend)*
Nonkonformität/Konformität	*(Nichtübereinstimmung)*
Nonne/Borg, Bork; s. a. Eber, Keiler	*(weibliches kastriertes Schwein)*
Nonne/Mönch	*1. die Nonnen im Kloster; 2. (Dachziegel, der nach unten gekrümmt ist; a. Matrize)*
Nonnenkloster/Mönchskloster	
Nonnenorden/Mönchsorden	
Nonresponder/Responder	*(Patient, bei dem eine therapeutisch eingesetzte Substanz nicht wirkt)*
Nonstandard/Standard; a. Standardsprache	*(die nicht standardsprachliche Sprache wie zum Beispiel Dialekt; Sprachwissenschaft)*
nonverbal/verbal	*eine nonverbale (nicht auf Worte beruhende) Verständigung; nonverbale Beleidigung (durch Gesten); nonverbale Handlung (z. B. Betrug)*
Noopsyche/Thymopsyche	*(die intellektuelle Seite des Seelenlebens)*

Nord/Süd	die Teilnehmerinnen kamen aus Nord und Süd
Nord.../Süd... (Substantiv)	z. B. Nordhang/Südhang
norddeutsch/süddeutsch; a. oberdeutsch	
Norden/Süden	
Nordhang/Südhang	der Nordhang des Berges
nördlich/südlich	nördlich Berlins, von Berlin
Nordlicht/Südlicht	(nördliches Polarlicht)
Nordpol/Südpol; s. a. Antarktis	
Nordseite/Südseite; s. a. Männerseite; a. rechts	das Schlafzimmer liegt auf der Nordseite der Wohnung
Nordstaatler/Südstaatler	(jemand, der in den USA aus einem Nordstaat stammt − nördlich des Potomac und des Ohio)
normal/unnormal	normale Reaktionen
Normalgröße/Übergröße	Hosen für Normalgrößen
Normalspur/Breitspur, Schmalspur	(Eisenbahn)
Norweger/Norwegerin	
Norwegerin/Norweger	
Nostrokonto/Lorokonto	(Konto einer Bank, das sie als Kunde bei einer anderen Bank unterhält; Bankwesen)
Notfreund/Glücksfreund	(veraltet für: Freund, der sich auch in der Not als zuverlässig erweist)
nötig/unnötig	dieser Hinweis war nötig
notwendig/akzident[i]ell	notwendige Bestandteile
Notwendigkeit/Freiheit	
Noumenon/Phänomen	(das mit dem Geist zu Erkennende; Philosophie)
nüchtern/betrunken	als er das sagte, war er (noch) nüchtern; er kam nüchtern und ging betrunken
nüchtern sein/schon gegessen, gefrühstückt haben	ich bin (noch) nüchtern; der Patient muß bei der Blutabnahme noch nüchtern sein
Nukleus/Komplement	(Kern einer sprachlichen Einheit; Sprachwissenschaft)
null Bock auf etwas haben/Bock auf etwas haben	(etwas nicht gern wollen, keine Lust darauf haben; umgangssprachlich)
Nullhypothese/Alternativhypothese	(Hypothese, daß festgestellte Abweichungen vom Normalwert zufällig sind)
Nullipara/Multipara, Pluripara; s. a. Mehrgebärende	(Frau, die noch kein Kind geboren hat)
numeriert/unnumeriert	die Plätze sind numeriert
'nunter/'nauf; s. a. hoch.../runter...	(hinunter; süddeutsch)
nur für Erwachsene/jugendfrei	Eintritt nur für Erwachsene (über 18 Jahre); dieser Film ist nur für Erwachsene
Nutzen/Schaden	gesellschaftlicher Nutzen
Nutzen; s. Kosten-Nutzen-Rechnung	

nützen/schaden

das nützt der Karriere; es ist die Frage, ob das Fernsehen der Literatur nur schadet oder ihr auch nützt

Nutzgarten/Ziergarten, (veraltet) Lustgarten

Nutzholz/Brennholz

(Bauholz)

Nutzkilometer/Leerkilometer

(in Kilometern gemessene Strecke, die ein Fahrzeug mit einer Last zurücklegt; Fachsprache)

Nutzkosten/Leerkosten

(Kostenanteil, der beim Transport auf genutztes Fassungsvermögen entfällt)

nützlich/nutzlos

diese Unterweisung ist nützlich; nützliche Dinge tun

nützlich/schädlich

nützliche Tiere, Pflanzen; das ist nützlich für ihn

Nützling/Schädling

die Verwendung von Nützlingen wie Florfliegen und Marienkäfer gegen Blattläuse; ein Marienkäfer ist ein Nützling, er ernährt sich von Blattläusen (Fachsprache)

nutzlos/nützlich

diese Unterweisung ist nutzlos; nutzloses Geschenk; nutzlose Dinge tun

Nutzpflanze/Zierpflanze

(für Ernährung und technische Zwecke verwendbare Pflanze)

Nutzschall/Störschall

(bei Hörgeräten: das, was man hören will)

Nymphomanie/Satyriasis; s. a. Weibstollheit

Nymphomanie ist ein gesteigerter weiblicher Geschlechtstrieb, auch Mannstollheit genannt

Nynorsk/Bokmål; s. a. Riksmål

Nynorsk ist eine auf Dialekten beruhende norwegische Schriftsprache

O

Obelix/Asterix	*(die zwei gallischen Comic-Helden)*
oben/unten; a. drunten, MOB, Succubus	*oben auf dem Berg; oben im Dachge-schoß; oben im Schreibtisch liegt das Te-stament; er liegt oben; oben auf der Landkarte; die Nummer steht oben auf der Seite; oben im Norden*
Obenauflieger/Druntenlieger; s. a. MOB, Succubus	*(männlicher Alpdämon − Incubus − , der einer Hexe als Beischläfer dient; im Mit-telalter und bei den Hexenprozessen)*
obendrauf/untendrunter; a. darunter	*obendrauf lag ein Tagebuch*
obendrüber/untendrunter	*obendrüber (darüber) einen Pullover tragen*
obenherum/untenherum; s. a. untenrum	*obenherum ist sie ziemlich stark*
obenrum/untenrum; s. a. untenherum	*obenrum ist sie ziemlich stark*
Ober/Fräulein; a. Kellnerin	*Herr Ober, bitte die Speisekarte!*
ober.../nieder... (in geographischer Bedeu-tung; Adjektiv)	*z. B. oberdeutsch/niederdeutsch*
ober.../unter...	*die obere Grenze; übertragen: die oberen Schichten der Gesellschaft*
ober.../unter... (Adjektiv)	*z. B. oberirdisch/unterirdisch*
Ober.../Nieder... (in geographischen Na-men)	*z. B. Oberbayern/Niederbayern*
Ober.../Unter... (Substantiv)	*z. B. Oberkiefer/Unterkiefer*
Oberarm/Unterarm	
Oberbegriff/Unterbegriff; a. Hyponym	
Oberbekleidung/Unterbekleidung	
Oberbett/Unterbett	
Oberbewußtsein/Unterbewußtsein	*(das „helle" Bewußtsein; Psychologie, Phi-losophie)*
Oberdeck/Unterdeck	*(Deck, das einen Schiffsrumpf nach oben abschließt)*
oberdeutsch/niederdeutsch; a. norddeutsch	*im südlichen Deutschland spricht man oberdeutsche Mundart*
Oberdeutsch/Niederdeutsch	*(das im Süddeutschen gesprochene, dialek-tale Deutsch im Unterschied zum nördli-chen Niederdeutsch, dem Plattdeut-schen)*
oberflächenaktiv/oberflächeninaktiv	*(Chemie, Physik)*
oberflächeninaktiv/oberflächenaktiv	*(Chemie, Physik)*
Oberflächenstruktur/Tiefenstruktur	*(generative Grammatik)*
obergärig/untergärig	*obergäriges Bier (bei dem bei der Gärung mit hoher Temperatur die Hefe oben schwimmt)*

Obergärung/Untergärung	*(Brauerei)*
Obergrenze/Untergrenze	*die Obergrenze für das Gehalt*
oberhalb/unterhalb; a. dadrunter	*oberhalb des linken Auges; oberhalb des Gürtels; oberhalb 1000 Meter; Werte oberhalb des Minimums; oberhalb vom Ort*
Oberhaus/Unterhaus; a. Bundestag, Repräsentantenhaus	*das Oberhaus des britischen Parlaments*
Oberhaut/Unterhaut	*(Medizin)*
Oberhitze/Unterhitze	*(im Backofen: von oben kommende Hitze)*
oberirdisch/unterirdisch	*oberirdisch verlegte Kabel; die Rohre liegen oberirdisch*
Oberjunge/Unterjunge	*(Hüttenwesen; veraltet)*
Oberkiefer/Unterkiefer	
Oberkörper/Unterkörper	
Oberland/Unterland	*(höher gelegener Teil einer Landschaft)*
Oberlänge/Unterlänge	*die Oberlänge eines Buchstabens*
Oberlauf/Unterlauf	*der Oberlauf des Flusses*
Oberlid/Unterlid	*(das obere Lid des Auges)*
Oberlippe/Unterlippe	
Oberlippenspalte; s. laterale Oberlippenspalte, mediane Oberlippenspalte	
Oberrhein/Niederrhein	*(der südliche Teil, der Oberlauf des Rheins zwischen Basel und Bingen)*
Oberschenkel/Unterschenkel	
Oberschicht/Unterschicht	*sie gehören zur Oberschicht der Bevölkerung*
Oberschrank/Unterschrank	*ein Oberschrank für das Badezimmer*
Oberschule/Grundschule	
Oberseite/Unterseite	
oberst.../unterst...	*die oberste Stufe*
oberständig/unterständig	*(Botanik)*
Oberstufe/Unterstufe	*der Schüler ist in der Oberstufe*
Obertasse/Untertasse	*(Tasse ohne Untertasse; die Tasse selbst)*
Oberteil/Unterteil	
Oberwasser/Unterwasser	*(gestautes Wasser oberhalb einer Talsperre)*
Oberzug/Unterzug	*(Architektur)*
Obfrau/Obmann	*(Vorsitzende, Vertrauensfrau)*
Objekt/Subjekt	*in dem Satz „er schenkt ihr ein Buch" ist „Buch" das Objekt im Akkusativ*
Objekt; s. affiziertes Objekt, effiziertes Objekt	
objektiv/subjektiv; a. voreingenommen	*eine objektive (sachlich-unvoreingenommene) Darstellung eines Geschehens*
objektives Recht/subjektives Recht	*(Rechtswesen)*
objektivistisch/subjektivistisch	
Objektivität/Subjektivität	

Objektschutz/Personenschutz	*(bei Gebäuden o. ä. Sicherungsmaßnahme zum Schutz vor politisch motivierten Anschlägen)*
Objektsinfinitiv/Subjektsinfinitiv	*(Infinitiv, dessen Handlungsträger übereinstimmt mit dem Objekt der von ihm abhängenden finiten Verbform, zum Beispiel: sie bat <u>ihn</u>, zu helfen)*
Objektsprache/Metasprache	*die „Objektsprache" ist der Gegenstand der Metasprache, die jene wissenschaftlich beschreibt, darstellt; in einem Wörterbuch sind die Stichwörter die Objektsprache und die Definitionen sind die Metasprache*
Objektträger/Deckglas	*(Mikroskopie)*
obligat/ad libitum	*eine Arie mit obligater Violine (Musik)*
obligatorisch/fakultativ	*diese Vorlesung ist obligatorisch (muß gehört werden)*
obliquus/rectus; s. Casus obliquus	
Obmann/Obmännin	*(Vorsitzender, Vertrauensmann)*
Obmännin/Obmann	*(Vorsitzende, Vertrauensfrau)*
obsequent/resequent	*(Geologie)*
Obstipation/Diarrhö; s. a. Durchfall	*(Verstopfung)*
Ochse/Bulle, Stier	*Ochse und Bulle/Stier sind männliche Rinder, aber der Ochse ist kastriert, der Bulle/Stier ist unkastriert*
oder; s. entweder...oder	
Ödipuskomplex/Elektrakomplex	*(in der Psychologie nach S. Freud die sexuelle Hinneigung des Sohnes zur Mutter, die aus Angst vor Kastration verdrängt wird)*
OECD/COMECON	*(Organisation − westlicher Industrieländer − für wirtschaftliche Zusammenarbeit und Entwicklung)*
off/on; a. an	*(zu hören, aber auf dem Bildschirm für den Zuschauer nicht zu sehen)*
Off/On	*(das Unsichtbarbleiben des [kommentierenden] Sprechers) im Off sprechen (Fernsehen)*
Off-Beat/Beat	*(Musik)*
offen/geheim	*es wurde offen abgestimmt*
offen/geschlossen; a. zu	*1. eine offene Anstalt; 2. ein offener Wagen; 3. ein offenes o (Phonetik)*
offen/heimlich	*er macht das offen*
offen/verdeckt; a. indirekt	*offene Arbeitslosigkeit; offene Ermittlungen*
offen/verschlossen	*der Brief, die Tür war offen*
offen/versteckt	*eine offene Drohung*
offen/zu	*wir stehen selbst enttäuscht und sehn betroffen/den Vorhang zu und alle Fragen offen (Bertold Brecht aus: Der gute Mensch von Sezuan)*

öffenbar/schließbar

wie sind diese Fenster öffenbar (zu öff-
nen)?

offenbar werden/verborgen bleiben

die Bestechung ist offenbar geworden

offene Milch/Flaschenmilch

offener Dissens/versteckter Dissens

(Rechtswesen)

offener Vokal/geschlossener Vokal

beim offenen Vokal wird der Mund weiter
geöffnet, zum Beispiel das e in „Bett"

offener Wein/Flaschenwein

(auf der Getränkekarte)

offenes Spiel/geschlossenes Spiel

(Schach)

offenes Tor/blindes Tor

(Slalomtor, das quer zur Fahrtrichtung des
Skiläufers steht)

offenlassen/abschließen

das Tor offenlassen

offensiv/defensiv

ein offensives Bündnis; die einen spielen of-
fensiv − sie sind angriffslustig, greifen
an; die anderen spielen defensiv − sie
verteidigen sich gegen die Angreifer

offensiv/inoffensiv

die einen verhalten sich offensiv − sind an-
griffslustig, die anderen verhalten sich
inoffensiv − sie halten sich zurück, wer-
den nicht aktiv

Offensive/Defensive; s. a. Verteidigung

in der Offensive sein; aus der Offensive
spielen

Offensivspiel/Defensivspiel

(Sport)

öffentlich/geschlossen

eine öffentliche Veranstaltung

öffentlich/privat

öffentliche Gelder; öffentliche Einrichtun-
gen (der Stadt); eine öffentliche Veran-
staltung; eine öffentliche Äußerung des
Ministers

öffentliche Kommunikation/private Kom-
munikation

(Publizistik)

öffentlicher Verkehr/Individualverkehr

(Verkehr, der aus dem öffentlichen Perso-
nen- und Güterverkehr besteht)

öffentliches Recht/Privatrecht

(Rechtswesen)

öffentlich-rechtlich.../privat..., Privat...

öffentlich-rechtliches Fernsehen; öffentlich-
rechtliche Geldinstitute, zum Beispiel
Sparkasse, Landesbank

Offizialdelikt/Antragsdelikt

(ein Delikt − zum Beispiel Untreue in be-
zug auf ein Vermögen, das jemandem
zur Verwaltung übertragen worden ist
− , das grundsätzlich strafverfolgt
wird)

Offizialverteidiger/Wahlverteidiger

(Rechtswesen)

offiziell/inoffiziell

ein offizieller (amtlicher) Besuch; eine offi-
zielle Mitteilung

Offizier; s. aktiver Offizier, Reserveoffizier

off line/on line

(getrennt von der Datenverarbeitungsan-
lage arbeitend); zwei Geräte sind off
line verbunden, wenn zwischen ihnen
keine direkte Verbindung besteht

Off-line-Betrieb/On-line-Betrieb

(EDV)

Off-line-Spielsystem/On-line-Spielsystem　　　*(Lotto)*

Off-line-Verbindung/On-line-Verbindung　　　*der Telegrammdienst ist eine Off-line-Ver-*
bindung; eine On-line-Verbindung be-
steht bei einem Telefongespräch (EDV)

öffnen/schließen; s. a. zumachen　　　*das Fenster öffnen; das Geschäft, der*
Schalter wird um 9 Uhr geöffnet

öffnen, sich/sich schließen; s. a. zugehen　　　*die Tür öffnet sich; eine Blüte öffnet sich*
am Morgen

öffnen, sich jemandem/sich jemandem ver-
schließen

Off-Sprecher/On-Sprecher　　　*(Sprecher aus dem Hintergrund, der nicht*
zu sehen ist; beim Fernsehen)

Off-Stimme/On-Stimme

Oheim (veraltet)/Base (veraltet), Muhme　　　*(Onkel)*
(veraltet); s. a. Tante

ohne/mit; a. be...t/...los, ...ig/...los　　　*ein Text ohne Fehler; die Torte ohne*
Sahne essen; ohne Bart; Geschlechtsver-
kehr ohne Kondom; ohne Licht fahren

ohne/unter　　　*ohne Zufuhr von...*
ohne .../mit ...　　　*z. B. ohne Akzent/mit Akzent*
ohne Akzent/mit Akzent　　　*sie spricht Deutsch ohne Akzent*
ohne Ärmel/mit Ärmeln　　　*ein Kleid ohne Ärmel*
ohne Artikel/mit Artikel　　　*ein Substantiv mit bestimmtem Artikel*
ohne Bart/bärtig
ohne Bedeutung/bedeutungsvoll
ohne Belang/von Belang; a. belangvoll　　　*das Faktum ist ohne Belang*
ohne Ehrgeiz/ehrgeizig　　　*er ist ohne Ehrgeiz*
ohne Gewalt/mit Gewalt
ohne Kinder/mit Kindern　　　*Ehepaare ohne Kinder*
ohne Träger/mit Trägern　　　*eine Schürze ohne Träger*
ohne Vorbehalt/mit Vorbehalt
Ohnmacht; s. Macht und Ohnmacht
ohnmächtig werden/[wieder] zu sich
kommen
Ohrenbeichte/Gemeinschaftsbeichte　　　*(katholische Kirche)*
Ohrfeige; s. eine Ohrfeige bekommen,
geben
okkasionell/usuell
oknophil/philobat　　　*(sich an jemandem anklammernd; Psycho-*
logie)
ökonomisch/unökonomisch; a. unwirt-　　　*das ist sehr ökonomisch gedacht*
schaftlich
oktroyierte Verfassung/paktierte Verfas-　　　*(aus eigener Machtvollkommenheit verlie-*
sung　　　*hene, vorgeschriebene Verfassung)*
Ökumene/Anökumene　　　*(die bewohnte Erde als Lebensraum; Geo-*
graphie)
Okzident (veraltet)/Orient (veraltet); s. a.　　　*(Europa)*
Morgenland
okzidental (veraltet)/orientalisch (veraltet)　　　*(westlich, abendländisch)*

Öl; s. in Öl
ölerzeugend/ölverbrauchend   *ölerzeugende Länder*
Oligogen/Polygen   *(für qualitative Merkmalsunterschiede ver-*
                                            antwortliches Gen)
Oligopol/Oligopson   *(Marktform, bei der viel Nachfragende we-*
                                            nigen Anbietern gegenüberstehen)
Oligopson/Oligopol   *(Marktform, bei der wenig Nachfragende*
                                            vielen Anbietern gegenüberstehen)
oligotroph/eutroph   *(nährstoffarm; Biologie, Landwirtschaft)*
ölverbrauchend/ölerzeugend   *ölverbrauchende Länder*
Oma/Opa; s. a. Großvater, Opi
Omama/Opapa
ombrophil/ombrophob   *(feuchtigkeitsliebend; von Tieren und*
                                            Pflanzen)
ombrophob/ombrophil   *(trockene Gebiete bevorzugend; von Tie-*
                                            ren und Pflanzen)
Ombudsfrau/Ombudsmann   *(Frau, die die Rechte des Bürgers der Be-*
                                            hörde gegenüber wahrnimmt)
Ombudsmann/Ombudsfrau   *(Mann, der die Rechte des Bürgers der Be-*
                                            hörde gegenüber wahrnimmt)
Omega/Alpha; a. A bis Z, Anfang/Ende   *du bist Alpha und Omega – Anfang und*
                                            Ende; Omega ist der letzte – der 24. –
                                            Buchstabe des griechischen Alphabets
Omi/Opi; s. a. Großvater, Opa
on/off; a. aus   *(nicht nur zu hören, auch auf dem Bild-*
                                            schirm zu sehen)
On/Off   *(das Sichtbarsein des [kommentierenden]*
                                            Sprechers; beim Fernsehen)
oneros/lukrativ   *(beschwerlich; Rechtswesen)*
Onkel/Tante; s. a. Muhme
on line/off line   *(in direkter Verbindung mit der Datenver-*
                                            arbeitungsanlage arbeitend; unmittelbar
                                            mit einem anderen Gerät verbunden, so
                                            daß zwischen beiden Geräten ein verzö-
                                            gerungsfreier Kommunikationsverkehr
                                            möglich ist)
On-line-Betrieb/Off-line-Betrieb   *(EDV)*
On-line-Spielsystem/Off-line-Spielsystem   *(Lotto)*
On-line-Verbindung/Off-line-Verbindung   *der Telegrammdienst ist eine Off-line-Ver-*
                                            bindung; eine On-line-Verbindung be-
                                            steht bei einem Telefongespräch (EDV)
Onomasiologie/Semasiologie; s. a. Bedeu-   *(Wissenschaft, die sich mit den Bezeichnun-*
tungslehre   *gen von Dingen beschäftigt und damit,*
                                            daß mehrere Wörter – Synonyme –
                                            für ein und dasselbe vorhanden sind)
On-Sprecher/Off-Sprecher   *(sichtbarer Sprecher, zum Beispiel beim*
                                            Fernsehen)
On-Stimme/Off-Stimme
Ontogenese/Phylogenese   *(Entwicklung des einzelnen Lebewesens,*
                                            Individualentwicklung; Biologie)

ontogenetisch/phylogenetisch	*(die Entwicklung des Individuums betreffend)*
Opa/Oma; s. a. Großmutter, Omi	
opak/transparent; a. durchsichtig	*(undurchsichtig)*
Opapa/Omama	
Open Loop/Closed Loop	*(EDV)*
Open Shop/Closed Shop	*(EDV)*
Oper/Schauspiel	*er hört gern Opern*
operabel/inoperabel	*der Krebs ist in diesem Stadium noch operabel*
Operabilität/Inoperabilität	
Opera buffa/Opera seria	*(heitere, komische Oper)*
Opera seria/Opera buffa	*(ernste, große Oper)*
Operationspfleger/Operationsschwester	
Operationsschwester/Operationspfleger	
Opfer/Täter; a. verübt	*der Täter schlug auf sein Opfer ein; die Täter von einst fühlen sich heute als Opfer*
Opi/Omi; s. a. Großmutter, Oma	
opisthographisch/anopisthographisch	*(auf beiden Seiten bedruckt; in bezug auf Papyrushandschriften)*
opportun/importun, inopportun	*das ist gerade opportun (passend, angebracht)*
Opportunität/Inopportunität	
Opportunitätsprinzip/Legalitätsprinzip	*(bei einem Strafverfahren der Grundsatz, daß es – zum Beispiel bei Bagatelldelikten – im Ermessen der Strafverfolgungsbehörden liegt, ob dagegen eingeschritten werden soll)*
Opposition/Konjunktion	*(Astronomie)*
Opposition/Regierung	*die Opposition von SPD, Bündnis 90/Die Grünen und PDS gegen die Regierung von CDU, CSU und FDP (Parlament)*
Optimismus/Pessimismus	*(zuversichtliche, lebensbejahende Einstellung, Grundstimmung)*
Optimist/Pessimist	*er ist ein Optimist*
optimistisch/pessimistisch	*sie ist optimistisch*
Optimum/Pessimum	*(Bereich der günstigsten Umweltbedingungen für ein Lebewesen, zum Beispiel im Hinblick auf die Temperatur; Ökologie)*
Opting in/Opting out	*(im üblichen Stil bleibend; Stilistik)*
Opting out/Opting in	*(vom üblichen Stil abweichend; Stilistik)*
optisch/haptisch	*einen Gegenstand optisch (durch Sehen) oder haptisch (durch Tasten, Befühlen) wahrnehmen*
optische Kopie/Kontaktkopie	*(Abzug mittels Projektion eines Negativs auf Positivmaterial)*
optischer Typ/akustischer Typ; s. a. auditiver Typ	
opulent/frugal	*ein opulentes (üppiges) Mahl*

Opulenz/Frugalität

oral/anal   *oraler Geschlechtsverkehr (mit Zunge,*
                                            Mund am Geschlechtsteil)

oral/literal   *(mündlich im Unterschied zu schriftlich in*
                                            bezug auf sprachliche Überlieferung;
                                            Sprachwissenschaft)

oral/rektal   *(in bezug auf den Gebrauch von Medika-*
                                            menten, die einzunehmen sind: über
                                            den Mund)

oral-anal/oral-genital   *oral-anale Sexualpraktiken*
oral-genital/oral-anal   *oral-genitale Sexualpraktiken*
Oralität/Literalität   *(Sprachwissenschaft)*
Oralsex/Analsex; s. a. Afterverkehr, Anal- *(Geschlechtsverkehr, bei dem das weibli-*
verkehr   *che und/oder männliche Geschlechtsteil*
                                            mit Mund, Zunge erregt wird)

Oralverkehr/Analverkehr; s. a. Afterver-   *(Geschlechtsverkehr, bei dem das weibli-*
kehr, Analsex, Coitus per anum   *che und/oder männliche Geschlechtsteil*
                                            mit Mund, Zunge erregt wird)

orat/literat; a. geschrieben/gesprochen
Oratio obliqua/Oratio recta; s. a. direkte *(indirekte Rede)*
Rede

Oratio recta/Oratio obliqua; s. a. indi-   *(direkte Rede)*
rekte Rede

Orchester; s. mit Orchester
Orchideenfach/Massenfach   *(Fach, das nur von wenigen studiert wird)*
Ordensbruder/Laienbruder   *(katholische Kirche)*
Ordensbruder/Ordensschwester   *(katholische Kirche)*
Ordensbruderschaft/Laienbruderschaft   *(katholische Kirche)*
Ordensgeistlicher/Weltgeistlicher   *(katholische Kirche)*
Ordenspriester/Laienpriester, Weltpriester *(katholische Kirche)*
Ordensschwester/Ordensbruder   *(katholische Kirche)*
ordentlich/außerordentlich   *ordentlicher Professor; ordentliches Mit-*
                                            glied der Akademie

ordentlich/unordentlich   *er ist sehr ordentlich; bei ihr sieht alles*
                                            sehr ordentlich aus

ordentliches Mitglied/korrespondierendes   *ordentliches Mitglied einer Akademie*
Mitglied; a. außerordentlich
Orderpapier/Inhaberpapier   *(Wertpapier)*
Ordinalzahl/Kardinalzahl; s. a. Grundzahl   *Ordinalzahlen geben die Stelle in einer Rei-*
                                            henfolge an, zum Beispiel erster (1.),
                                            zweiter (2.), dritter (3.) usw.

Ordinarienuniversität/Gruppenuniversität   *(Politik)*
Ordinate/Abszisse   *(Mathematik)*
Ordinatenachse/Abszissenachse   *(Mathematik)*
Ordnung/Unordnung   *eine vorbildliche Ordnung; die Ordnung*
                                            in seinem Zimmer

ordnungsgemäß/ordnungswidrig
ordnungswidrig/ordnungsgemäß

Ordnungszahl/Grundzahl; s. a. Kardinal- zahl	*Ordnungszahlen geben die Stelle in einer Reihenfolge an, zum Beispiel erster (1.), zweiter (2.), dritter (3.) usw.*
Orest/Pylades	*(Freundespaar in der griechischen Mytholo- gie)*
Organempfänger[in]/Organspender[in]	*(jemand, der ein gesundes fremdes Organ operativ eingesetzt erhält)*
organisch/anorganisch	*organische Chemie*
organisch/unorganisch	*etwas ist organisch aufgebaut*
organische Krankheiten/funktionelle Krankheiten	
Organspender[in]/Organempfänger[in]	*(jemand, von dem ein gesundes Organ bei einem Kranken operativ eingesetzt wird)*
Orient (veraltet)/Okzident (veraltet); s. a. Abendland	
orientalisch (veraltet)/okzidental (veraltet)	*(östlich, zum Orient gehörend)*
Original/Duplikat, Durchschlag, [Foto]- kopie	*das Original der Urkunde*
Original/Fälschung; a. Kopie	*dieses Bild ist das Original*
Original/Imitation	*das ist das Original (Schmuck)*
Originaltext/Übersetzung	
Ort; s. am Ort	
ortho.../hetero... (vor fremdsprachlicher Basis; Adjektiv)	*(mit der Bedeutung: richtig, recht) z. B. or- thodox/heterodox*
Ortho.../Hetero... (vor fremdsprachlicher Basis; Substantiv)	*(mit der Bedeutung: richtig, recht) z. B. Or- thodoxie/Heterodoxie*
orthodox/heterodox	*(rechtgläubig)*
orthodox/unorthodox	*eine sehr orthodoxe (streng der Lehrmei- nung folgende) Entscheidung*
Orthodoxie/Heterodoxie	*(Religion)*
Orthogestein/Paragestein	*(Geologie)*
orthonym/pseudonym	*(unter dem richtigen Namen [veröffent- licht])*
Orthowasserstoff/Parawasserstoff	*(Chemie)*
ortsbeweglich/ortsfest	*ortsbewegliche Maschinen*
Ortsbrief/Fernbrief	
ortsfest/ortsbeweglich	*ortsfeste Maschinen*
ortsfremd/ortsüblich	*ortsfremde Bräuche*
ortsgebunden/ortsungebunden	*er ist ortsgebunden und nicht bereit zu reisen*
Ortsgespräch/Ferngespräch	*(Telefon)*
Ortsleihe/Fernleihe	*(Bibliothekswesen)*
ortsüblich/ortsfremd	*ortsübliche Bräuche*
ortsungebunden/ortsgebunden	*er ist ortsungebunden und bereit zu reisen*
Ortsverbindung/Fernverbindung	*(Telefon)*
...ose/...itis (mit fremdsprachlicher Basis; Substantiv)	*(bezeichnet einen krankhaften Zustand) z. B. Arthrose/Arthritis*
Öse/Haken	*der Haken wird in die Öse eingehängt*

Osiris/Isis   *(Osiris wird von seiner Schwester und Ge-*
                                                     mahlin Isis − ägyptische Göttin − nach
                                                     seiner Ermordung zu neuem Leben er-
                                                     weckt)

Ossi/Wessi; s. a. Westler   *(Ostler; in bezug auf die ehemalige DDR;*
                                                     umgangssprachlich)

Ost/West   *der Wind kommt aus Ost*

Ost.../West... (Substantiv)   *z. B. Ostkontakte/Westkontakte*

Ostdeutschland/Westdeutschland; s. a. alte
  Bundesländer, BRD

Osten/Westen   *der Wind kommt aus Osten; die Bevölke-*
                                                     rung im Osten (als politischer Begriff)

Osten; s. der Ferne Osten, der Nahe Osten
Österreicher/Österreicherin
Österreicherin/Österreicher
ostindisch/westindisch
Ostkontakte/Westkontakte
Ostler/Westler; s. a. Wessi
östlich/westlich (Adjektiv)   *östliche Winde; übertragen: östliche Denk-*
                                                     weise, Mentalität (politisch)

östlich/westlich (Präposition, Adverb)   *östlich des Flusses; östlich vom Fluß*

Östrogen/Androgen, Testosteron   *Östrogen ist ein weibliches Hormon*

Othello/Desdemona   *(Shakespearescher dunkelhäutiger Held ei-*
                                                     ner seiner Tragödien, der aus − unbe-
                                                     gründeter − Eifersucht seine Ehefrau
                                                     Desdemona tötet)

Outborder/Inborder   *(Außenbordmotorboot)*

Outgroup/Ingroup   *(Fremdgruppe; Soziologie)*

Output/Input; a. Eingabe   *(Ausgabe von Daten usw.; Wirtschaft)*

out sein/in sein; a. modern   *diese Mode, Musik ist jetzt out; Fleisch ist*
                                                     zur Zeit out

Outsider/Insider   *(jemand, der nicht dazugehört, nicht Be-*
                                                     scheid weiß über etwas)

Overachievement/Underachievement   *(wider Erwarten gutes Ergebnis bei einer*
                                                     Leistung)

Overachiever/Underachiever   *(jemand, der besser als erwartet abschnei-*
                                                     det)

Overstatement/Understatement; a. Unter-   *(Übertreibung)*
  treibung

ovipar/vivipar; s. a. lebendgebärend   *(eierlegend)*

Oviparie/Viviparie   *(bei Tieren: Fortpflanzung durch Eiablage)*

Ov[ul]um/Spermium; s. a. männliche Sa-   *(Eizelle)*
  menzelle

Oxydation/Desoxydation   *(Chemie)*
oxydieren/desoxydieren

ozeanisch/litoral   *ozeanische Meeresfische (zum Beispiel:*
                                                     Thunfisch, Schwertfisch)

ozeanisch/neritisch   *(zum Meer, zu den Ozeanen gehörend)*

P

Paar; s. ein Paar	
Paare/Singles	*Reisen für Paare*
Paarerzeugung/Paarvernichtung	*(Physik)*
paariges Komma/einfaches Komma	*ein paariges Komma (zum Beispiel in: Tizian, der große Maler, malte Karl V.)*
Paarlauf/Einzellauf	*(Eislauf)*
Paarvernichtung/Paarerzeugung	*(Physik)*
Pacht; s. in Pacht geben, in Pacht nehmen	
pachten/verpachten; s. a. in Pacht geben; a. verkaufen, vermieten	*einen Garten, ein Grundstück, ein Lokal pachten; er hat das Land (von ihm) gepachtet*
packen/auspacken	*den Koffer, den Rucksack, ein Paket packen*
Packer/Packerin	
Packerin/Packer	
Pädagoge/Pädagogin; s. a. Lehrerin	
Pädagogin/Pädagoge; s. a. Lehrer	
pädagogisch/unpädagogisch	*er ist sehr pädagogisch (erzieherisch richtig, klug) vorgegangen*
Pädicator; s. Pedikator	
Pädikator; s. Pedikator	
pair/impair	*(gerade im Zahlenbereich; Roulettspiel)*
Pakt; s. Warschauer Pakt	
paktierte Verfassung/oktroyierte Verfassung	*(durch Vertrag entstandene Verfassung)*
Palast/Hütte	*Friede den Hütten, Krieg den Palästen (Büchners Motto im „Hessischen Landboten")*
Palästinenser/Israeli	
palataler Vokal/velarer Vokal	*(heller, am Vordergaumen gesprochener Vokal, zum Beispiel: e, i)*
palingenes Magma/juveniles Magma	*(Geologie)*
Panmixie/Amixie	*(Biologie)*
Pantoffel; s. unter dem Pantoffel stehen	
Papa/Mama; s. a. Mum, Mutter, Mutti	
Papalismus/Episkopalismus	*(katholische Theologie)*
Papalsystem/Episkopalsystem	*(katholische Kirche)*
Paperback/Hard cover	*(kartoniertes, nicht fest gebundenes Buch, meist Taschenbuch)*
Papi/Mami; s. a. Mama, Mum, Mutter, Mutti	
Papiergeld/Hartgeld; s. a. Münze	

Papierserviette/Stoffserviette
Papist/Antipapist   *(jemand, der dem Papsttum anhängt)*
Papst/Gegenpapst
Paradigmatik/Syntagmatik
paradigmatisch/syntagmatisch   *(die Stellen eines Satzes betreffend, die in*
                                           bezug auf dieselbe Wortklasse auf verti-
                                           kaler Ebene austauschbar sind, zum Bei-
                                           spiel: er ist hübsch/jung/zärtlich); para-
                                           digmatische Assoziationen sind Syn-
                                           onyme (z. B. zu klein: winzig, unschein-
                                           bar)

Paragestein/Orthogestein   *(aus Sedimenten entstandenes metamor-*
                                           phes Gestein; Geologie)

parakarp/synkarp   *(Botanik)*
Paraklase/Diaklase   *(Geologie)*
Parakme/Epakme   *(das Ende der Entwicklung einer Stammes-*
                                           geschichte)

Parallelismus/Chiasmus   *(syntaktisch gleichmäßige Stellung, zum*
                                           Beispiel: der Anfang war schön; das
                                           Ende war schlecht)

Parallelschaltung/Reihenschaltung, Serien- *(Elektrotechnik)*
   schaltung
Paraparese/Hemiparese   *(beidseitige Lähmung)*
Parasit; s. autözische Parasiten, heterözi-
   sche Parasiten
Parasympathikus/Sympathikus   *(Medizin)*
parataktisch/hypotaktisch; s. a. unterord- *(nebenordnend; in bezug auf Wörter oder*
   nend; a. Subordination   *Sätze; Sprachwissenschaft)*
Parataxe/Hypotaxe; s. a. Subordination,   *(syntaktische Nebenordnung, zum Beispiel:*
   Unterordnung   *sie sagte: „Ich bin verliebt.")*
Parawasserstoff/Orthowasserstoff   *(Chemie)*
Parentelsystem/Gradualsystem   *(Erbrecht)*
Parität/Disparität   *(Gleichheit; Wirtschaft)*
Parität/Imparität   *(Gleichheit; bildungssprachlich)*
parlamentarisch/außerparlamentarisch   *parlamentarische Opposition; parlamenta-*
                                           rische Aktivitäten
parlamentarische Demokratie/Referen-   *(auf Parteien basierende Demokratie)*
   dumsdemokratie, Präsidialdemokratie
Parodie/Travestie   *(verspottende, übertreibende Nachahmung*
                                           ernster Dichtung unter Beibehaltung der
                                           äußeren Form, doch mit anderem In-
                                           halt)

Parodos/Exodos   *(im altgriechischen Drama Einzugslied des*
                                           Chors)

Parole/Langue; s. a. Kompetenz   *(die Sprache im Gebrauch, die Rede; nach*
                                           de Saussure)

Parteibetrieb/Amtsbetrieb   *(Rechtswesen)*
parteiisch/unparteiisch   *er ist parteiisch (nicht neutral im Urteil*
                                           u. a.)

parteilich/überparteilich   *parteiliche Gesichtspunkte*

Parterreakrobat/Luftakrobat	
Parterreakrobatik/Luftakrobatik	*(akrobatische Übungen, Vorführungen auf dem Boden)*
partiell/total; a. ganz	*partiell von etwas befallen; eine partielle Vernichtung; eine partielle Übereinstimmung*
partikulares Recht/gemeines Recht	
Partizip I/Partizip II; s. a. Partizip Perfekt	*„liebend" ist ein Partizip I*
Partizip II/Partizip I; s. a. Partizip Präsens	*„geliebt" ist ein Partizip II*
Partizip Perfekt/Partizip Präsens; s. a. Partizip I	*„geliebt" ist ein Partizip Perfekt*
Partizip Präsens/Partizip Perfekt; s. a. Partizip II	*„liebend" ist ein Partizip Präsens*
Partner/Partnerin	
Partnerin/Partner	
passe/manque	*(beim Roulett: von 19 bis 36; in bezug auf eine Gewinnmöglichkeit)*
passen/zu groß, klein sein	*die Schuhe passen*
passend/unpassend	*eine passende (angebrachte) Bemerkung*
passierbar/unpassierbar	*der Tunnel ist passierbar*
Passio/Actio	*(das Erdulden; Philosophie)*
passiv/aktiv; a. produktiv, Sadismus	*passiven Widerstand leisten (zum Beispiel durch Nichtbefolgen von Befehlen); Bilder und Szenen passiv träumen oder aktiv phantasieren; den passiven (duldenden, empfangenden) Part in einer Beziehung übernehmen; passiver Sexualpartner; passiver Analverkehr*
Passiv/Aktiv; s. a. Tatform	*„ich werde geliebt" ist Passiv (Grammatik)*
Passiva/Aktiva	*(die Schulden eines Unternehmens; Bankwesen)*
Passivbürger[in]/Aktivbürger[in]	*(beim Zensuswahlrecht − von 1791 bis 1848 −, bei dem das Wahlrecht von der Steuerleistung abhing) ein Passivbürger ist ein volljähriger Bürger oder eine volljährige Bürgerin, der bzw. die nicht über das Wahlrecht verfügt*
passive Bestechung/aktive Bestechung	*es ist eine passive Bestechung, wenn sich jemand bestechen läßt, auf eine Bestechung eingeht, zum Beispiel Geschenke annimmt, Vergünstigungen für eine Handlung erhält, die in des Nehmenden Bereich fällt*
passive Handelsbilanz/aktive Handelsbilanz	*(Handelsbilanz, bei der die Ausfuhren hinter den Einfuhren zurückbleiben)*
passiver Widerstand/aktiver Widerstand	
passiver Wortschatz/aktiver Wortschatz	*(alle Wörter, die jemand kennt, aber nicht selbst gebraucht)*
passives Wahlrecht/aktives Wahlrecht	*(das Recht, bei einer politischen Wahl gewählt zu werden)*

Passivgeschäft/Aktivgeschäft   *(Bankwesen)*

Passivhandel/Aktivhandel   *(Außenhandel von Kaufleuten anderer Länder)*

passivieren/aktivieren   *die Kosten passivieren (in der Bilanz ausweisen; Kaufmannssprache)*

Passivierung/Aktivierung   *(Wirtschaft)*

passivisch/aktivisch   *(auf das Passiv bezüglich; Sprachwissenschaft)*

Passivismus/Aktivismus   *(Untätigkeit)*

Passivität/Aktivität   *politische Passivität*

Passivkonten/Aktivkonten   *(in der Bilanz die Konten der Passivseite; Wirtschaft)*

Passivlegitimation/Aktivlegitimation   *(Rechtswesen)*

Passivposten/Aktivposten   *(Wirtschaft)*

Passivprozeß/Aktivprozeß   *(Prozeß, in dem jemand als Beklagter auftritt)*

passivrauchen/rauchen   *(den Rauch anderer Raucher zwangsläufig einatmen)*

Passivrauchen/Aktivrauchen   *(das Einatmen von Tabakrauch, den andere verursachen)*

Passivraucher/Aktivraucher   *(jemand, der selbst nicht raucht, aber den Rauch, den andere verursachen, einatmen muß)*

Passivsaldo/Aktivsaldo; s. a. Sollsaldo   *(Habensaldo; der Unterschiedsbetrag zwischen Soll und Haben, der auf der rechten Seite eines Kontos erscheint; Bankwesen)*

Passivseite/Aktivseite; a. Sollsaldo   *(rechte Seite der Bilanz, auf der Rücklagen usw. aufgeführt sind; Wirtschaft)*

Passivum/Aktivum   *(1. Wirtschaft; schweizerisch; 2. Passiv; Grammatik)*

Passivzinsen/Aktivzinsen   *(Zinsen, die jemand zu zahlen hat; Bankwesen)*

Pastor/Pastorin

Pastorin/Pastor

Pat/Patachon   *(Komikerpaar)*

Patachon; s. Pat

Pate/Patin; s. a. Patentante   *er ist sein Pate (war Zeuge bei seiner Taufe)*

Patenonkel/Patentante; s. a. Patin   *Günter ist ihr Patenonkel*

Patensohn/Patentochter   *Tilo ist ihr Patensohn*

Patentante/Patenonkel; s. a. Pate   *Gisela ist ihre Patentante*

Patentochter/Patensohn   *Heidrun ist seine Patentochter*

pathetisch/unpathetisch   *pathetische (übertrieben gefühlvoll wirkende) Worte*

Pathikus (veraltet)/Pedikator (veraltet)   *der Pathikus ist der passive homosexuelle Sexualpartner (Antike)*

pathogen/apathogen   *(Krankheiten bewirkend)*

Patiens/Agens	„sie/ihn" ist Patiens (der passive, betroffene Teil) in „er liebt sie/ihn"
Patient/Arzt, Ärztin	zwischen Arzt und Patient besteht ein persönliches Verhältnis
Patient/Patientin	er hat mehr Patientinnen als Patienten
Patient; s. Kassenpatient, Privatpatient	
Patientin/Arzt, Ärztin	
Patientin/Patient; a. Arzt	der Arzt hat mehr Patientinnen als Patienten
Patin/Pate; s. a. Patenonkel	sie ist meine Patin (war Zeugin bei meiner Taufe)
patriarchal[isch]/matriarchal[isch]	(die Männerherrschaft betreffend)
Patriarchat/Matriarchat; s. a. Mutterherrschaft	(Gesellschaft, in der der Mann die bevorzugte Stellung innehat)
patrilineal/matrilineal	(in der Erbfolge der Vaterlinie folgend)
patrilokal/matrilokal	(am Wohnsitz der Familie des Mannes befindlich)
Patriot/Patriotin	
Patriotin/Patriot	
Patrize/Matrize; a. Nonne	(Teil in erhabener Form; Druckwesen)
Patrizier/die Plebs	(Mitglied des altrömischen Adels)
patroklin/matroklin	(mehr dem Vater ähnelnd)
Patronenfüllhalter/Kolbenfüllhalter	
Patronymikon/Matronymikon, Metronymikon	(Name, der von dem Namen des Vaters abgeleitet ist, z. B. Johannesson = Sohn des Johannes)
patronymisch/matronymisch	(vom Namen des Vaters abgeleitet)
Paulus/Saulus	aus einem Saulus ein Paulus werden; vom Saulus zum Paulus werden (wenn aus dem Gegner einer Sache deren Befürworter wird)
pauperieren/luxurieren	(im Vergleich zu der Elterngeneration – bei Pflanzenbastarden – kümmerlicher werden)
pauschal/detailliert	den Vorgang sehr pauschal (nur ganz allgemein, undifferenziert) beschreiben
Pauschalhonorar/Absatzhonorar, Bogenhonorar	(Buchwesen)
Pauschaltourismus/Individualtourismus	
Pause machen/durcharbeiten	er hat Pause gemacht; sie hat heute gar keine Pause gemacht und hat durchgearbeitet
Pazifist/Bellizist	(jemand, der für Frieden eintritt und Krieg ablehnt)
Pazifist/Pazifistin	
Pazifistin/Pazifist	
p. Chr. [n.]/a. Chr. [n.]; s. a. vor Christus	(post Christum [natum] = nach Christi [Geburt]) im Jahre 12 p. Chr.

Pech/Glück

sie hatte Pech, das Vorhaben ist ihr nicht geglückt; er hatte Pech und verlor im Spiel; er hat Pech gehabt und wurde beim Diebstahl erwischt; Pech im Spiel — Glück in der Liebe

Pechmarie/Goldmarie

(nach dem Märchen „Frau Holle" das faule Mädchen)

Pechsträhne/Glückssträhne

er hatte gerade seine Pechsträhne: Nichts gelang ihm

Pechvogel/Glückspilz; a. Winnertyp

er ist ein Pechvogel

Pedal/Manual

(mit dem Fuß zu bedienender Teil an der Orgel)

pedaliter/manualiter
pedantisch/unpedantisch

er hat das sehr pedantisch behandelt

Pedikator (veraltet)/Pathikus (veraltet)

der Pedikator ist der aktive homosexuelle Sexualpartner (Antike)

Pediküre/Maniküre

(Fußpflege)

Peer/Peereß

(Angehöriger des hohen englischen Adels)

Peereß/Peer

(Gemahlin eines Peers, eines Angehörigen des hohen englischen Adels)

Peitsche; s. Zuckerbrot und Peitsche
Pejoration/Melioration; a. Verbesserung

(Verschlechterung eines Wortes, zum Beispiel „gemein", das ursprünglich „gemeinsam" bedeutete; „blöd", das früher „gebrechlich, schwach, zart" bedeutete oder „ficken", das „hin und her bewegen, reiben" bedeutete)

pejorativ/meliorativ; a. aufwertend

pejorativer (verschlechternder) Bedeutungswandel (Sprachwissenschaft)

Pejorativ[um]/Meliorativ[um]

(Wort, das eine [inhaltliche] Abwertung erfahren hat, z. B. „Schwanz" für Penis — anfangs verhüllend, heute derb; auch durch die Wortbildung: Liebchen für Freundin, frömmeln = sich fromm gerieren; anderen bewußt zeigen, daß man fromm ist)

Penis/Vagina; s. a. Scheide, Yin, Yoni

Penis — äußeres männliches Geschlechtsorgan — und Vagina — inneres weibliches Geschlechtsorgan — sind die komplementären Kopulationsorgane

Penis/Vulva

der Penis ist das männliche äußere Geschlechtsorgan, und die Vulva (Scham, Pudendum femininum) ist das weibliche äußere Geschlechtsorgan mit Schamhügel, Schamlippen, Klitoris, Scheidenvorhof

Pensionär/Pensionärin; a. Rentnerin
Pensionärin/Pensionär; a. Rentner
Pensionist/Pensionistin; s. a. Pensionärin

(österreichisch, schweizerisch)

Pensionistin/Pensionist; s. a. Pensionär

(österreichisch, schweizerisch)

Peppone/Don Camillo	*Hochwürden Don Camillo und sein Lieb-lingsfeind, der kommunistische Bürger-meister Peppone*
Peptisation/Koagulation	*(Chemie)*
peptisieren/koagulieren	*(Chemie)*
per anum/per os	*(durch den After; in bezug auf die Anwen-dung eines Medikamentes, zum Beispiel bei Zäpfchen)*
pereant/vivant; a. Daumen hoch, für, ho-sianna	*(nieder!; gegen mehrere Personen gerich-tet)*
pereat/vivat; a. Daumen hoch, für, ho-sianna	*(nieder!; gegen eine Person gerichtet)*
peremptorische Einrede/dilatorische Ein-rede	*(Ansprüche aufhebende Einrede; Rechtswe-sen)*
perennierend/intermittierend	*perennierende (ständig sprudelnde) Quelle; perennierender Fluß (in dem ständig Wasser ist)*
perfektiv/imperfektiv	*(eine zeitliche Begrenzung ausdrückend, zum Beispiel „erleben", „verrechnen" im Unterschied zu den imperfektiven − den durativen − Verben „leben", „rech-nen")*
Perfektiv/Imperfektiv	*(grammatischer Aspekt − Geschehensform −, der ein zeitlich begrenztes Gesche-hen kennzeichnet; bei slawischen Ver-ben)*
perforabel/imperforabel	*(perforierbar)*
Performanz/Kompetenz; s. a. Langue	*(konkreter Gebrauch der Sprache)*
Periastron/Apastron	*(Astronomie)*
Perigalaktikum/Apogalaktikum	*(Astronomie)*
Perigäum/Apogäum	*(erdnächster Punkt; Astronomie)*
Perihel/Aphel	*(Sonnennähe; Astronomie)*
Perikles/Aspasia	*Aspasia war die Geliebte und spätere Ge-mahlin des athenischen Staatsmannes Perikles (um 500 vor Christus)*
Periodica/aperiodische Schriften	*(Zeitschrift o. ä., die in zeitlich festen Ab-ständen erscheint; Buchwesen)*
Periodika; s. Periodica	
peripher/zentral	*eine periphere (am Rande befindliche) Lage; übertragen: nur von peripherer (nebensächlicher) Bedeutung*
Peripherie/Zentrum; s. a. Mitte	*das Haus liegt an der Peripherie (am Rande) der Stadt; übertragen: umgangs-sprachliche Wörter gelangen immer mehr von der Peripherie der Sprache in ihr Zentrum*
Periselen/Aposelen	*(mondnächster Punkt bei einer Mondum-laufbahn; Astronomie)*
Peristaltik/Antiperistaltik	*(Medizin)*

Perle; s. echte Perle, Naturperle, Zucht-
perle
Perlokution/Illokution   (außersprachliche Wirkung, die durch eine
                                          sprachliche Äußerung erzielt wird, zum
                                          Beispiel Traurigkeit, Heiterkeit; Sprach-
                                          wissenschaft)
perlokutionär/illokutionär   (Sprachwissenschaft)
perlokutiv/illokutiv   (Sprachwissenschaft)
Permanenzgebiet/Latenzgebiet   (Biologie)
permeabel/impermeabel   (durchlässig; Medizin)
permissiv/repressiv   permissive (gewähren lassende) Erziehung
per os/per anum   (durch den Mund; in bezug auf die Anwen-
                                          dung eines Medikamentes, zum Beispiel
                                          bei Tabletten)

Person; s. juristische Person, natürliche
Person
persona grata/persona ingrata, persona   (gern gesehene Person; Diplomat, gegen
non grata   den keine Einwände von seiten des Lan-
                                          des, in dem er tätig ist, erhoben wer-
                                          den)
persona ingrata/persona grata   (ausländischer Diplomat, dessen Anwesen-
                                          heit im Lande nicht erwünscht ist)
personal/unpersonal   personale Wesen (mit Bewußtsein im Sinne
                                          von Bewußtheit usw.); auch Tiere sind
                                          personale Wesen (Bioethik)

Personal; s. Bodenpersonal, fliegendes Per-
sonal
Personale/Impersonale   (Verb, das in allen Personalformen ge-
                                          braucht wird, z. B. ich schlafe/du
                                          schläfst/sie schläft)
personaler Erzähler/allwissender Erzähler (Literaturwissenschaft)
Personalfolium/Realfolium   (sämtliche Grundstücke eines Eigentümers
                                          erfassendes Grundbuchblatt)
Personalhoheit/Gebietshoheit   (Rechtswesen)
Personalitätsprinzip/Territorialitätsprinzip
Personalkörperschaft/Gebietskörperschaft (Rechtswesen)
Personalkosten/Sachkosten
Personalkredit/Realkredit   (Kredit, den man auf der Basis von Ver-
                                          trauen einräumt)
Personalsicherheit/Sachsicherheit   (Rechtswesen)
Personalsteuer/Realsteuer
Personalunion/Realunion   (eine nur durch ein gemeinsames Staats-
                                          oberhaupt — Monarch — hergestellte
                                          Staatenverbindung bei staatsrechtlicher
                                          Selbständigkeit der verbundenen Staa-
                                          ten, zum Beispiel: Großbritannien und
                                          Hannover 1714—1837)
persona non grata/persona grata   (ausländischer Diplomat, dessen Anwesen-
                                          heit im Land nicht erwünscht ist)
Personenaufzug/Lastenaufzug

Personenfirma/Sachfirma	*(Wirtschaft)*
Personengesellschaft/Kapitalgesellschaft	*(Wirtschaft)*
Personenhehlerei/Sachhehlerei	*(Rechtswesen)*
Personenkatalog/Realkatalog, Sachkatalog	*(Bibliothekswesen)*
Personenkilometer/Tonnenkilometer	*(Rechnungseinheit im Personenverkehr, definiert als Produkt aus der Anzahl der beförderten Personen und der zurückgelegten Strecke; dem entspricht im Güterverkehr der Tonnenkilometer)*
Personenkonto/Sachkonto; s. a. totes Konto	
Personenkraftwagen/Lastkraftwagen; s. a. Lkw	
Personenrecht/Vermögensrecht	*(Rechtswesen)*
Personenrede/Erzählerbericht	*(Literaturwissenschaft)*
Personenregister/Sachregister	
Personenschaden/Sachschaden	
Personenschutz/Objektschutz	*(Schutz von Personen, deren Leben gefährdet ist)*
Personenverbandsstaat/Flächenstaat, Territorialstaat	
Personenverkehr/Güterverkehr	*(zum Beispiel bei der Eisenbahn)*
Personenwagen/Güterwagen	*(bei der Eisenbahn)*
Personenzug/Güterzug	*(bei der Eisenbahn)*
persönlich/unpersönlich	*sehr persönliche Worte; persönliches Passiv, zum Beispiel: er wurde gelobt*
persönliches Recht/dingliches Recht	*(Rechtswesen)*
Persönlichkeitswahl/Listenwahl	*(bei Wahlen)*
Perspektive; s. Froschperspektive, Vogelperspektive	
perzeptibel/imperzeptibel	*(Psychologie)*
Perzeption/Apperzeption	*(Philosophie)*
perzipieren/apperzipieren	*(sinnlich wahrnehmen)*
Pessimismus/Optimismus	*(negative Lebenseinstellung)*
Pessimist/Optimist	*er ist ein Pessimist*
pessimistisch/optimistisch	*sie blickt pessimistisch in die Zukunft*
Pessimum/Optimum	*(der schlechteste Bereich der Umweltbedingungen für ein Lebewesen; Ökologie)*
Peter-Pan-Syndrom/Cinderella-Syndrom	*als Peter-Pan-Syndrom bezeichnet man das Verhalten eines Mannes, der nicht erwachsen werden will*
Pfandflasche/Einwegflasche, Wegwerfflasche	
Pfarrer/Pfarrerin	*heute predigt eine Pfarrerin und kein Pfarrer*
Pfarrer/Pfarrersfrau	*der Pfarrer und die Pfarrersfrau (die Frau des Pfarrers) leiteten den Kindergottesdienst*

Pfarrerin/Pfarrer	*heute predigt eine Pfarrerin und kein Pfarrer*
Pfarrersfrau/Pfarrer	*die Pfarrersfrau (die Frau des Pfarrers) leitete den Kindergottesdienst*
Pfarrvikar/Pfarrvikarin	
Pfarrvikarin/Pfarrvikar	
Pfeilerbasilika/Säulenbasilika	*(Architektur)*
Pferd; s. Handpferd, Hengst, Sattelpferd, Stute, Wallach	
Pflanze; s. höhere Pflanzen, Kulturpflanze, niedere Pflanzen, wild wachsende Pflanze	
Pflanzenfresser/Fleischfresser	*(Tier, das sich nur von Pflanzen ernährt; Phytophage)*
Pflanzenreich/Tierreich	*(alle Pflanzen, die es gibt)*
Pflanzenwelt/Tierwelt; s. a. Fauna	
Pflanzgemüse/Saatgemüse	
Pflanzgut/Saatgut	
pflanzlich/tierisch	*pflanzliche Fette, zum Beispiel: Sonnenblumenöl, Distelöl*
Pflegemutter/Pflegevater; a. Ziehvater	
pflegen/verkommen lassen	*den Garten pflegen*
Pfleger/[Kranken]schwester	*der Pfleger Andreas auf der Station CH 14*
Pflegevater/Pflegemutter; a. Ziehmutter	
Pflicht/Kür	*die Pflicht ist eine vorgeschriebene Übung im Sportwettkampf, zum Beispiel beim Eiskunstlauf*
Pflicht/Neigung	*aus Pflicht, nicht aus Neigung etwas tun; der Zwiespalt zwischen Pflicht und Neigung*
Pflicht/Recht	*das ist seine Pflicht; über seine Rechte und Pflichten informiert werden; wer die Pflicht hat, Steuer zu zahlen, hat auch das Recht, Steuer zu sparen*
Pflichtfach/Wahlfach	*Deutsch ist Pflichtfach*
pflichtgemäß/pflichtwidrig	*pflichtgemäß handeln*
...pflichtig/...frei (Adjektiv)	*z. B. gebührenpflichtig/gebührenfrei*
Pflichtleistung/Wahlleistung; s. a. Gestaltungsleistung	
Pflichtturnen/Kürturnen	
Pflichtübung/Kürübung	
pflichtversichert/freiwillig versichert	*er ist pflichtversichert (in der Krankenkasse)*
Pflichtversicherung/Privatversicherung	
Pflichtverteidiger/Wahlverteidiger	*(Rechtswesen)*
pflichtwidrig/pflichtgemäß	*pflichtwidrig handeln*
Pförtner/Pförtnerin	
Pförtnerin/Pförtner	
pfui; s. hui	

Phanerogame/Kryptogame	(Pflanze, die anlagemäßig Blüten bekommen kann)
phaneromer/kryptomer	(ohne Vergrößerung erkennbar; Geologie)
Phänomen/Noumenon	(das sich den Sinnen Zeigende; Philosophie)
Phänotyp/Genotyp[us]	
phänotypisch/genotypisch	
Phänotypus/Genotyp[us]	(Erscheinungsbild eines Lebewesens, das sich aus dem Zusammenwirken von Erbanlagen und Umwelt ergibt; Biologie)
...phil/...fug (mit fremdsprachlicher Basis; Adjektiv)	(mit der Bedeutung: eine Vorliebe für etwas habend, es liebend) z. B. kalziphil/kalzifug
...phil/...phob (mit fremdsprachlicher Basis; Adjektiv)	(mit der Bedeutung: eine Vorliebe für etwas habend, es liebend) z. B. frankophil/frankophob
Philanthrop/Misanthrop[in]; s. a. Menschenfeind	er ist ein Philanthrop (ein Menschenfreund)
Philanthropie/Misanthropie	(Menschenliebe, Menschenfreundlichkeit)
Philanthropin/Misanthrop[in]; s. a. Menschenfeind	sie ist eine Philanthropin (eine Menschenfreundin)
philanthropisch/misanthropisch; s. a. menschenfeindlich	(menschenfreundlich)
Philemon und Baucis, Baukis	altes, armes, aber gastfreundliches Ehepaar der griechischen Sage; Philemon lebte mit seiner Frau Baucis in Phrygien; sie erbaten sich einen gemeinsamen Tod. Im hohen Alter wurde Philemon in eine Eiche, Baucis in eine Linde verwandelt
...philie/...phobie (Substantiv)	(mit der Bedeutung: die Vorliebe für etwas, die Liebe zu etwas) z. B. Frankophilie/Frankophobie
Phil[o].../Anti... (Substantiv)	(mit der Bedeutung: Freund, Anhänger von etwas) z. B. Philosemitismus/Antisemitismus
philobat/oknophil	(Distanz suchend; enge Verbindungen meidend; Psychologie)
Philosemit/Antisemit	(jemand, der ein Freund der Juden ist)
philosemitisch/antisemitisch	
Philosemitismus/Antisemitismus	(freundliche Gesinnung gegenüber den Juden)
...phob/...phil (mit fremdsprachlicher Basis; Adjektiv)	(mit der Bedeutung: Vorbehalte, eine Abneigung gegen etwas habend) z. B. anglophob/anglophil
...phobie/...philie (mit fremdsprachlicher Basis; Substantiv)	(mit der Bedeutung: Abneigung gegen etwas; Angst vor etwas) z. B. Frankophobie/Frankophilie
Phobotaxis/Topotaxis	(Biologie)

phosphatfrei/phosphathaltig	*phosphatfreie Mittel*
phosphathaltig/phosphatfrei	*phosphathaltige Mittel*
photophil/photophob	*(das Leben im Licht suchend; von Tieren und Pflanzen)*
photophob/photophil	*(das Licht meidend; von Tieren und Pflanzen)*
Phrasenstrukturgrammatik/ Dependenzgrammatik	*(Sprachwissenschaft)*
Phylogenese/Ontogenese	*(Stammesentwicklung; Biologie)*
phylogenetisch/ontogenetisch	*(die Stammesgeschichte betreffend)*
Physik; s. Experimentalphysik, theoretische Physik	
Physikotheologie/Ethikotheologie	*(Schluß auf die Existenz Gottes auf Grund der sinnvollen und zweckmäßigen Einrichtung der Welt; Philosophie)*
physiogen/psychogen	*(körperlich bedingt)*
physisch/psychisch; s. a. seelisch	*er ist nach dieser Katastrophe physisch (körperlich) und psychisch (seelisch) am Ende*
Pianist/Pianistin	
Pianistin/Pianist	
piano/forte	*(leise; Musik)*
Piers Gaveston; s. Gaveston	
pietätlos/pietätvoll	*sich pietätlos (ohne die innere Befindlichkeit des anderen zu achten) benehmen*
pietätvoll/pietätlos	*sich pietätvoll (die innere Befindlichkeit des anderen berücksichtigend) benehmen*
Pilot/Kopilot	*(Flugwesen)*
Pipi/Aa; s. a. großes Geschäft, Kot, Scheiße	*(Urin); Pipi machen (kindertümlich)*
Piqué/Massé	*(Stoß beim Billard mit Rückwärtseffet)*
Pirouette; s. Sitzpirouette, Standpirouette	
Pisse/Scheiße; s. a. Aa, großes Geschäft, Kot	*(derb für: Urin)*
più/meno	*(mehr; Hinweis für den musikalischen Vortrag)*
pizz[icato]/[coll']arco	*(gezupft; Musik)*
Pkw/Lkw; s. a. Lastkraftwagen	*(Personenkraftwagen)*
Planet/Fixstern	*ein Planet ist ein nicht selbstleuchtender Himmelskörper*
plangemäß/unplangemäß	*mit etwas plangemäß beginnen*
Plankton/Nekton	*(Biologie)*
planmäßig/außerplanmäßig, unplanmäßig	*der Zug verkehrt planmäßig*
Planrückstand/Planvorsprung	
Planvorsprung/Planrückstand	
Planwirtschaft/[soziale] Marktwirtschaft	
plaqué/arpeggio	*(Anweisung für die Harfe: geschlossener Akkord, Akkord zusammen erklingen zu lassen)*

Platte; s. Langspielplatte, LP, Single

Plattfuß/Hohlfuß | (Fuß mit zu wenig gewölbter Fußsohle)

Platz/Sieg | wir setzen auf Sieg und nicht auf Platz

Platz; s. Sitzplatz, Stehplatz

Platzhirsch/Beihirsch | (stärkster Hirsch auf dem Brunftplatz; Jägersprache)

Platzmannschaft/Gastmannschaft | (Ballspiele)

Platzwechsel/Distanzwechsel | (Wirtschaft)

plausibel/implausibel, unplausibel | eine plausible (einleuchtende) Erklärung

Playboy/Playgirl

Playgirl/Playboy

Plazentalier/Aplazentalier | (Biologie)

plebiszitäre Demokratie/repräsentative Demokratie | (Staatsform, in der das Volk direkt Einfluß auf die Machtausübung hat)

Plebs, die/Patrizier | (im alten Rom die Masse der römischen Bürger)

pleisiomorpher Typ/apomorpher Typ | (ursprünglicher Typ eines Merkmals bei Organen)

Plenterwirtschaft/Schlagwirtschaft | (Forstwirtschaft, bei der nur die stärkeren Bäume gefällt werden)

Plethi; s. Krethi und Plethi

Plural/Singular; s. a. Einzahl | „die Mütter" ist der Plural zu „Mutter"

Pluraletantum/Singularetantum | ein Pluraletantum ist ein Wort, das nur im Plural vorkommt; „Ferien" und „Leute" sind Pluraliatantum

Pluralismus/Singularismus | (Philosophie)

Pluripara/Nullipara | (Frau, die mehrmals geboren hat)

plus/minus | 3 plus 2 ist 5; die Summe plus der üblichen Zulagen; ihr Aufsatz hatte die Note 2 plus (+); die Temperatur war 5 Grad plus

Plus/Minus; s. a. Malus, Nachteil | seine Korrektheit ist ein großes Plus für ihn

Pluspol/Minuspol | der Pluspol bei der Batterie

Pluspunkt/Minuspunkt | das hat ihm für die Benotung einige Pluspunkte eingebracht

Pluszeichen/Minuszeichen | das Pluszeichen ist +

p. m./a. m.; s. a. ante meridiem; a. vormittags | (post meridiem = nach 12 Uhr mittags); 4 Uhr p. m. (4 Uhr nachmittags = 16 Uhr); 8 Uhr p. m. (8 Uhr abends = 20 Uhr)

pneumatisch/elektronisch | (Regeltechnik)

Pnigos/Antipnigos | (in der attischen Komödie schnell gesprochene Verse am Schluß)

Poesie/Prosa | (vor allem in Versen geschriebene Dichtung)

poetisch/prosaisch | etwas poetisch (bilderreich-schön, gefühlvoll) ausdrücken

poikilosmotisches Tier/homoiosmotisches Tier	*(Meerestier: Hohltier, Stachelhäuter)*
poikilotherm/homöotherm	*(wechselwarm)*
Pol; s. Minuspol, Pluspol	
Pole/Polin	
polemisch/unpolemisch	*eine polemische Argumentation*
Polin/Pole	
politisch/unpolitisch	*eine politische Rede; er ist ein politischer Mensch*
Politisierung/Entpolitisierung	*die Politisierung der Diskussion durch einige Teilnehmer*
pollakanth/hapaxanth	*pollakanthe (mehrjährig blühende) Pflanzen*
Pollux/Castor; s. a. Kastor	*(Zwillingsbrüder in der griechischen Sage)*
poly.../mono... (Adjektiv)	*(mit der Bedeutung: viel) z. B. polygam/ monogam*
Poly.../Mono... (Substantiv)	*(mit der Bedeutung: mehr, viel) z. B. Polygamie/Monogamie*
Polyandrie/Polygynie; s. a. Vielweiberei	*(eheliche Gemeinschaft einer Frau mit mehreren Männern; Völkerkunde)*
polychrom/monochrom	*(vielfarbig)*
Polychromie/Monochromie	*(Vielfarbigkeit)*
Polydeukes/Kastor; s. a. Castor	*(Zwillingsbrüder in der griechischen Sage)*
polygam/monogam	*(mit mehreren Partnern geschlechtlich verkehrend)*
Polygamie/Monogamie; s. a. Einehe	*(geschlechtlicher Verkehr mit mehreren ehelichen Partnern; Völkerkunde)*
polygen/monogen	*(auf mehrere Faktoren zurückführbar; Biologie)*
Polygen/Oligogen	*(für ein quantitatives Merkmal verantwortliches Gen im Zusammenwirken mit anderen)*
Polygenese/Monogenese	*(Biologie)*
Polygenie/Monogenie	*(Biologie)*
Polygenismus/Monogenismus	*(Lehre, nach der das Menschengeschlecht auf verschiedene Stammpaare zurückgeht)*
polyglott/monoglott	*(mehrere Sprachen sprechend)*
Polygynie/Polyandrie; s. a. Vielmännerei	*(eheliche Gemeinschaft eines Mannes mit mehreren Frauen; Völkerkunde)*
polyhybrid/monohybrid	*(von Eltern abstammend, die sich in mehreren Merkmalen unterscheiden)*
Polyhybride/Monohybride	*(Biologie)*
Polyideismus/Monoideismus	*(Gedankenreichtum, Breite des Bewußtseins)*
polymer/monomer, dimer	*(aus größeren – durch Verknüpfung kleinerer – Molekülen bestehend; Chemie)*
Polymerie/Monomerie	*(Chemie)*
Polymerisation/Depolymerisation	*(Chemie)*

polymerisieren/depolymerisieren	*(Chemie)*
polyphag/monophag	*(Nahrung verschiedener Herkunft aufnehmend)*
Polyphage/Monophage	*(Biologie)*
polyphon/homophon	*(mehrstimmig; Musik)*
Polyphonie/Homophonie	*(in der Musik; Vielstimmigkeit, Mehrstimmigkeit mit melodisch und rhythmisch selbständigen Stimmen)*
polyphyletisch/monophyletisch	*(mehrstämmig; in bezug auf die Abstammung)*
polysem/monosem	*(mit mehreren Bedeutungen; in bezug auf ein Wort; Sprachwissenschaft)*
polysemantisch/monosemantisch	*(Sprachwissenschaft)*
Polysemie/Monosemie	*(das Vorhandensein von mehr als einer Bedeutung eines Wortes, zum Beispiel: Arbeit: 1. Tätigkeit, 2. Ergebnis einer Tätigkeit, 3. Mühe; Sprachwissenschaft)*
Polyspermie/Monospermie	*(durch mehr als nur eine männliche Geschlechtszelle vollzogene Besamung einer Eizelle)*
Polytheismus/Monotheismus	*Polytheismus ist Vielgötterei*
polytrop/monotrop	*(sehr anpassungsfähig)*
polyzyklisch/monozyklisch	*(Chemie)*
ponderabel/imponderabel	*(wägbar)*
Ponderabilien/Imponderabilien	*Ponderabilien sind kalkulierbare Dinge*
populär/unpopulär; a. unbeliebt	*eine populäre Maßnahme*
populärwissenschaftlich/wissenschaftlich	*er schreibt neben wissenschaftlichen Aufsätzen auch populärwissenschaftliche Sprachglossen*
Portfolioinvestition/Direktinvestition	*(Wirtschaft)*
portofrei/portopflichtig	*eine portofreie Sendung*
portopflichtig/portofrei	*eine portopflichtige Sendung*
positiv/negativ	*eine positive (vom Sprecher aus gesehen wünschenswerte) Einstellung; positiv geladen; eine positive Zahl (größer als Null, z. B. + 5); ein positiver (günstiger) Bescheid; der Krebstest war (leider) positiv (der Verdacht auf Krebs wurde bestätigt)*
Positiv/Negativ	*(Fotografie)*
positiver Transfer/negativer Transfer	*(Transfer, bei dem ein Lernvorgang einen weiteren günstig beeinflußt; Pädagogik, Psychologie)*
positives Recht/Naturrecht	*(Rechtswesen)*
Positivform/Negativform	*(Form, um die herum der Werkstoff gearbeitet wird)*
Positivum/Negativum	*(etwas, was als gut gewertet, als günstig empfunden wird)*
Positron/Negatron	*(Atomphysik)*

post.../ante... (Verb)   z. B. postdatieren/antedatieren
post.../prä...; s. a. vor.../nach... (Adjek-   (mit der Bedeutung: nach, hinterher) z. B.
tiv)   postnatal/pränatal
Post.../Ante... (Substantiv)   (mit der Bedeutung: nach, hinter)
                                                z. B. Postposition/Anteposition

Postausgänge/Posteingänge
post Christum [natum]/ante Christum [na-   (nach Christi [Geburt]); 50 post Christum
tum]; s. auch: a. Chr. [n.], vor Christus   [natum]
postdatieren/antedatieren   (1. ein früheres Datum einsetzen, zurück-
                                                datieren; 2. ein späteres Datum einset-
                                                zen, vor-, vorausdatieren)
Postdormitium/Prädormitium   (Zustand zwischen Schlafen und Wach-
                                                sein, in dem lebhaft geträumt wird; Psy-
                                                chologie)
Posteingänge/Postausgänge
Postellipse/Präellipse   eine Postellipse liegt vor in „Brotherstel-
                                                lung und -verkauf" oder „eine Schwe-
                                                ster oder zwei"
posterior/anterior   (auf den hinteren Teil des Körpers bezo-
                                                gen)
Postexistenz/Präexistenz   (das Existieren der Seele nach dem Tod;
                                                Philosophie)
postglazial/präglazial   (nach der Eiszeit)
Postglazial/Präglazial   (Nacheiszeit; Geologie)
posthum; s. postum
Posticheur/Posticheuse   (männliche Person, die Perücken macht)
Posticheuse/Posticheur   (weibliche Person, die Perücken macht)
postkarbonisch/präkarbonisch   (Geologie)
postkulmisch/präkulmisch   (Geologie)
post meridiem/ante meridiem; s. auch: a.   (nach 12 Uhr mittags; in bezug auf Zeitan-
m.   gaben)
postmortal/prämortal   (nach dem Tod)
postnatal/pränatal; s. a. vorgeburtlich   (nach der Geburt)
postnumerando/pränumerando   (hinterher [zu bezahlen])
Postnumeration/Pränumeration   (Zahlung nach dem Kauf)
postoperativ/präoperativ   eine postoperative (nach der Operation er-
                                                folgende) Therapie
postpalatal/präpalatal   (hinter dem Gaumen gesprochen; Phone-
                                                tik)
Postposition/Anteposition   (Verlagerung eines Organs nach hinten;
                                                Medizin)
Postszenium/Proszenium   (Raum hinter der Bühne)
postum/zu Lebzeiten   ein postum (nach dem Tode des Betreffen-
                                                den) veröffentlichtes Werk; dieser Ro-
                                                man ist postum erschienen; der Preis
                                                wurde ihm postum verliehen
Postvention/Prävention   (Nachsorge)
potent/impotent; a. zeugungsunfähig, infer-   1. er ist potent (zeugungsfähig); 2. potente
til, unfruchtbar   (zahlungskräftige) Kaufinteressenten

potential/aktual	*(Philosophie)*
Potentialität/Aktualität	*(Philosophie)*
potentiell/aktuell	*das potentielle Generieren (im abstrakten Gefüge der Langue) und das aktuelle Produzieren (in der konkreten Rede); potentielle (mögliche) Bedeutungen eines Wortes*
Potenz/Impotenz; s. a. Zeugungsunfähigkeit, Infertilität	*(Medizin)*
Potenzprotz/Sexmuffel	*er ist ein Potenzprotz*
poussez/tirez; s. a. pull, ziehen	
Powertest/Speedtest	*(Test für die Leistungsfähigkeit)*
prä.../... (Adjektiv)	*(mit der Bedeutung: vor) z. B. prägenital/ genital*
prä.../post...; s. a. nach.../vor... (Adjektiv)	*(mit der Bedeutung: vor) z. B. pränatal/ postnatal*
Prädestination/Universalismus	*(Theologie)*
Prädikatsgruppe/Subjektsgruppe	
Prädormitium/Postdormitium	*(Zustand zwischen Wachsein und Einschlafen; Psychologie)*
Präellipse/Postellipse	*eine Präellipse liegt vor in „Groß- und Einzelhandel" oder in „eine oder zwei Schwestern"; Präellipse und Postellipse zusammen liegen vor in „Sonnenauf- und -untergang"*
Präexistenz/Postexistenz	*(das Existieren der Seele schon vor der Geburt; Philosophie)*
präfigieren/suffigieren	*(mit einem Präfix versehen, z. B. be-pflanzen)*
Präfix/Suffix; s. a. Nachsilbe	*in „wegheucheln" ist „weg-" ein Präfix*
präfixoid/suffixoid	*„Traumfrau" ist eine präfixoide Bildung, ein präfixoides Kompositum*
Präfixoid/Suffixoid; s. a. Halbsuffix	*in „Lieblingsschlager" ist „Lieblings-" ein Präfixoid*
prägenital/genital	*die prägenitalen Phasen in der Entwicklung eines Mädchens*
präglazial/postglazial	*(vor der Eiszeit)*
Präglazial/Postglazial	*(Geologie)*
prähistorisch/historisch	*prähistorische (vorgeschichtliche) Funde*
präkarbonisch/postkarbonisch	*(Geologie)*
praktikabel/impraktikabel	*eine praktikable (brauchbare) Anordnung*
Praktikant/Praktikantin	
Praktikantin/Praktikant	
Praktiker/Theoretiker	*er ist Praktiker*
praktisch/theoretisch	*der praktische Teil einer Prüfung*
praktisch/unpraktisch	*eine praktische (den Umständen gut entsprechende) Kleidung; er ist ein praktischer Mensch; er ist sehr praktisch (handwerklich geschickt); ein praktisch konstruierter Gegenstand*

praktischer Arzt/Facharzt
präkulmisch/postkulmisch   *(Geologie)*
Prallhang/Gleithang   *(Geographie)*
prämortal/postmortal   *(dem Tod vorausgehend)*
pränatal/postnatal; s. a. nachgeburtlich   *(vor der Geburt)*
pränumerando/postnumerando   *(vorher [zu bezahlen])*
Pränumeration/Postnumeration   *Pränumeration ist Vorauszahlung (Kaufmannssprache)*

präoperativ/postoperativ   *eine präoperative (vor der Operation stattfindende) Therapie*

präpalatal/postpalatal   *(vor dem Gaumen gesprochen; Phonetik)*
präsent/absent   *(anwesend)*
Präsenzbibliothek/Ausleihbibliothek   *(Anzahl von Büchern, die nur in der Bibliothek benutzt und nicht mit nach Hause genommen werden dürfen; Bibliothekswesen)*

Präsenzpublikum/disperses Publikum   *(zum Beispiel in Theater, Kino usw. gleichzeitig versammeltes Publikum)*

Präsidialdemokratie/parlamentarische Demokratie   *(Politik)*

präskriptiv/deskriptiv   *eine präskriptive (eine Norm vorschreibende) Grammatik*

Prävention/Postvention   *(Vorsorge, Vorbeugung)*
Praxis/Theorie   *sie beherrscht die Theorie und die Praxis*
praxisfern/praxisnah   *praxisferner Unterricht*
praxisnah/praxisfern   *praxisnaher Unterricht*
präzise/unpräzise; s. a. ungenau   *sich präzise ausdrücken*
Preemphasis/Deemphasis   *(Funkwesen)*
Preis/Leistung   *hier stimmt das Verhältnis zwischen Preis und Leistung*

Preis; s. Ausgabepreis, Herstellerpreis, Kostenpreis, Marktpreis, Rücknahmepreis, Verbraucherpreis, Verkaufspreis
Preisnotierung/Mengennotierung   *(Börsenwesen)*
Pre-shave/After-shave   *(vor der Rasur anzuwendendes Gesichtswasser)*

Pre-shave-Lotion/After-shave-Lotion   *(vor der Rasur anzuwendendes Gesichtswasser)*

Priester/Priesterin
Priesterin/Priester
primär/sekundär   *primäre Gicht entsteht durch Ernährungsfehler*

Primär.../Sekundär... (Substantiv)   *(mit der Bedeutung: die Grundlage bildend, zuerst auftretend) z. B. Primärliteratur/Sekundärliteratur*

Primararzt/Sekundararzt   *(Chefarzt; österreichisch)*
Primarärztin/Sekundarärztin   *(Chefärztin; österreichisch)*
Primarbereich/Sekundarbereich   *(Pädagogik)*

primäre Geschlechtsmerkmale/sekundäre Geschlechtsmerkmale	*primäre Geschlechtsmerkmale sind bei der Frau die Eierstöcke, die Scheide, die Schamlippen, der Kitzler; beim Mann das männliche Glied und die Hoden*
Primärfarbe/Sekundärfarbe	*Primärfarben sind Rot, Gelb, Blau*
Primärheilung/Sekundärheilung	*(Wundheilung ohne Eiterung; Medizin)*
Primärinsekten/Sekundärinsekten	*(Insekten, die gesunde Pflanzen befallen, zum Beispiel Maikäfer)*
Primärliteratur/Sekundärliteratur	*(die Werke der Dichter, Schriftsteller usw.)*
Primärquelle/Sekundärquelle	*(Material aus erster Hand, zum Beispiel Protokolle; Geschichte)*
Primärrumpf/Endrumpf	*(Geologie)*
Primarschule/Sekundarschule	*(Grund- und Hauptschule)*
Primärspule/Sekundärspule	*(Elektrotechnik)*
Primärstatistik/Sekundärstatistik	*(direkte Zählung für statistische Zwecke)*
Primärstrahlung/Sekundärstrahlung	*(Physik)*
Primarstufe/Sekundarstufe	*(die allen Schülern gemeinsame Schulzeit nach der Einschulung, die ersten 4−5 Jahre in der Grundschule)*
Primärtektogenese/Sekundärtektogenese	*(Geologie)*
Primärwicklung/Sekundärwicklung	*(Elektrotechnik)*
Prime/Sekunde	*(Bogennummer am Fuß der ersten Seite eines Druckbogens; Druckwesen)*
Primipara/Sekundipara	*(Erstgebärende)*
Primitivpubertät/Kulturpubertät	*(Pubertät, bei der ungehemmte Sexualität an erster Stelle steht; Psychologie)*
Primitivsprache/Kultursprache	
Primo/Secondo	*(die rechte Hälfte der Tastenreihe bei vierhändigem Klavierspiel, der Spieler des Diskantparts)*
Primogenitur/Sekundogenitur	*(Erstgeburtsrecht)*
Printmedien/elektronische Medien	*(zum Beispiel Zeitungen, Zeitschriften)*
Prinz/Prinzessin	
Prinzessin/Prinz	
Prinzipal/Clarino	*das Prinzipal ist eine tiefe Trompete*
Prinzipal/Prinzipalin	
Prinzipalfarbe/Übergangsfarbe	*Prinzipalfarben sind Rot, Gelb, Grün, Blau*
Prinzipalin/Prinzipal	
privat/dienstlich, beruflich, geschäftlich	*er ist privat unterwegs; private Belange*
privat/öffentlich	*eine private Veranstaltung; private Einrichtungen; private Mittel; eine private Äußerung des Ministers*
privat/staatlich	*ein privates Gymnasium*
privat/staatseigen, (historisch) volkseigen	*private Betriebe*
Privat.../öffentlich-rechtlich...	*privates Fernsehen; private Geldinstitute*
Privat.../gesellschaftlich...	*Privateigentum*
Privat.../Kassen... (Substantiv)	*z. B. Privatpatient/Kassenpatient*
Privat.../öffentlich-rechtlich...	*Privatfernsehen*

Privatarzt/Kassenarzt
Privatbrief/Geschäftsbrief
Privateigentum/Gemeineigentum, Staats-
    eigentum
private Kommunikation/öffentliche Kom-   (Publizistik)
    munikation
private Krankenkasse/gesetzliche Kranken-
    kasse
private Krankenversicherung/gesetzliche
    Krankenversicherung
Privatfahrt/Dienstfahrt   mit dem Geschäftswagen eine Privatfahrt
                                                     machen
Privatgespräch/Dienstgespräch   war das ein Privatgespräch (beim Telefo-
                                                     nieren)?
privatisieren/entprivatisieren   privatisierte Unternehmen wieder ent-
                                                     privatisieren
privatisieren/verstaatlichen   staatliche Betriebe privatisieren
Privatisierung/Vergesellschaftung
Privatkapitalismus/Staatskapitalismus
Privatkasse/Ersatzkasse
Privatkrankenkasse/Ersatzkasse
Privatkunde/Geschäftskunde   Privatkunden der Telekom
Privatleben/Berufsleben   im Privatleben
Privatnummer/Diensnummer   (beim Telefon)
Privatpatient[in]/Kassenpatient[in]   sie ist Privatpatientin
Privatrecht/öffentliches Recht   (Rechtswesen)
Privatreise/Dienstreise   das ist eine Privatreise
Privatschule/staatliche Schule   sie geht in eine Privatschule
Privatuniversität/Massenuniversität
Privatversicherung/Pflichtversicherung
Privatwagen/Dienstwagen
Privatwohnung/Dienstwohnung   das ist meine Privatwohnung
privilegiert/unterprivilegiert   er ist privilegiert (hat eine besondere Stel-
                                                     lung in der Gesellschaft)
privilegierter Straftatbestand/qualifizierter
    Straftatbestand
pro/anti; s. a. gegen   er ist pro (dafür)
pro/contra, kontra; s. a. [da]gegen, anti...   er ist pro (dafür) eingestellt
Pro/Kontra; a. das Für und Wider   das Pro (Für) und Kontra (Gegen) ab-
                                                     wägen
pro.../anti...; a. gegen/für (Adjektiv)   (mit der Bedeutung: für eine Sache, sie mö-
                                                     gend) z. B. proamerikanisch/antiameri-
                                                     kanisch
proaktiv/retroaktiv   (vorauswirkend)
proamerikanisch/antiamerikanisch   proamerikanische Demonstrationen
problematisch/unproblematisch   die Regelung der Ansprüche ist problema-
                                                     tisch
prodeutsch/antideutsch; s. a. deutschfeind-
    lich, germanophob

Produkt/Edukt	*(Erzeugnis, Hergestelltes)*
Produktion/Konsum[tion]	*die Produktion von Nahrungsmitteln*
Produktion/Rezeption	*die Produktion literarischer Werke*
Produktionsbetrieb/Dienstleistungsbetrieb	
Produktionsbreite/Produktionstiefe	
Produktionstiefe/Produktionsbreite	
produktiv/rezeptiv	*beim Schreiben ist man produktiv, beim Lesen rezeptiv*
produktiv/unproduktiv, nichtproduktiv; a. passiv	*eine produktive Arbeit; der Komponist hatte gerade eine produktive Phase*
Produzent/Konsument; a. Verbraucher	*der Produzent von Waren*
Produzent/Rezipient; a. Empfänger	*der Produzent (der Schreiber) von Texten*
Produzentenkino/Autorenkino	
produzieren/konsumieren	*Güter produzieren*
produzieren/rezipieren	*Texte (durch Schreiben) produzieren*
profan/heilig, sakral	*profane (weltliche) Texte*
Profanbau/Sakralbau	*(nichtkirchlichen Zwecken dienender Bau)*
Professor/Professorin	
Professorin/Professor	
Profi/Amateur; a. Laie/Fachmann	
Profil; s. im Profil	
Profitwirtschaft/Bedarfswirtschaft	
Progenie/Prognathie	*(Vorstehen des Unterkiefers; Medizin)*
Prognathie/Progenie	*(Vorstehen des Oberkiefers; Medizin)*
prograd/retrograd	*eine prograde Ejakulation*
Programmusik/absolute Musik	*Programmusik gibt Inhalte, Vorgänge (z. B. das Aufziehen der Wache) musikalisch wieder*
Progression/Regression	*(Finanzwesen)*
progressiv/reaktionär	*(fortschrittlich)*
progressiv/regressiv	*progressive (fortschreitende) Tendenzen*
projüdisch/antijüdisch	
Prokaryonten/Eukaryonten	*(Biologie)*
Proklise/Enklise	*(Verschmelzung eines unbetonten Wortes mit einem nachfolgenden betonten, z. B. 's Kind = das Kind; 'z Hause = zu Hause; 'n Morgen = guten Morgen)*
Proklitikon/Enklitikon	*(unbetontes Wort, das sich als Verkürzung an das folgende anlehnt, zum Beispiel 's in: wenn 's Wetter so bleibt)*
proklitisch/enklitisch	*eine proklitische (vorgeneigte) Silbe*
Proletariat/Bourgeoisie	*(Marxismus)*
Proletariat; s. Industrieproletariat, Landproletariat	
Proletarier/Bourgeois	*(Marxismus)*
Proletarier/Proletarierin	
Proletarierin/Proletarier	
Prolog/Epilog; a. Nachbemerkung, Nachwort	*(vorangestellte Worte in einem literarischen Werk)*

Prometheus/Epimetheus	*Prometheus ist der Vorsorgliche, der „Vorbedacht" im Gegensatz zu seinem Bruder Epimetheus, dem „Nachbedacht", dem erst hinterher die Folgen seines Handelns bewußt werden*
promovieren/relegieren	*(aufsteigen; im Sport; schweizerisch)*
Pronation/Supination	*(Drehung der Hand, des Fußes nach innen)*
pronieren/supinieren	*(die Hand, den Fuß nach einwärts drehen)*
proper/(veraltet) malproper	*(sauber, ordentlich)*
Proportion; s. Disproportion, richtige Proportion	
Proportionalität/Disproportionalität	
proportioniert; s. gut, richtig proportioniert	
Proposta/Risposta	*(beim Kanon die beginnende Stimme)*
propriozeptiv/exterozeptiv	*(in bezug auf Wahrnehmung über Muskeln, Sehnen usw.)*
Prosa/Poesie	*eine gute Prosa, zum Beispiel ein Roman*
Prosa; s. in Prosa	
prosaisch/poetisch	*sich sehr prosaisch (ernüchternd-sachlich) ausdrücken*
prospektiv/retrospektiv	*(vorausschauend)*
Prosperität/Depression	*(wirtschaftlicher Aufschwung)*
Prostituierte/Zuhälter	*der Zuhälter einer Prostituierten*
Proszenium/Postszenium	*(Raum zwischen Vorhang und Rampe einer Bühne)*
Protagonist/Deuteragonist	*(Hauptdarsteller im griechischen Theater)*
Protandrie/Protogynie	*(bei Zwittern das Reifwerden der männlichen vor den weiblichen Geschlechtsprodukten; Biologie)*
protandrisch/protogyn	*(Biologie)*
Protasis/Apodosis; s. a. Nachsatz	*(Vordersatz; Sprachwissenschaft)*
Protestant/Protestat	*(jemand, der die Annahme/Einlösung eines Schecks, Wechsels verweigert; Wirtschaft)*
Protestantismus/Katholizismus	
Protestat/Protestant	*(jemand, gegen den sich die Verweigerung der Annahme/Einlösung eines Schecks, Wechsels richtet; Wirtschaft)*
Prothesis/Epithesis	*(Phonetik)*
protogyn/protandrisch	*(Biologie)*
Protogynie/Protandrie	*(bei Zwittern das Reifwerden der weiblichen vor den männlichen Geschlechtsprodukten; Biologie)*
Protoklase/Kataklase	*(Geologie)*
Proton/Antiproton	*(Kernphysik)*
Protoplast/Sphäroplast	*(Bakteriologie)*
Prototyp/Ektypus	*(Urbild)*

Protozoon/Metazoon	*(nur aus einer Zelle bestehendes Lebewesen)*
provinziell/weltmännisch	*er ist sehr provinziell (kleinlich, engstirnig); sein provinzielles Verhalten*
provinziell/weltstädtisch	*er fand Berlin provinziell und gar nicht weltstädtisch*
proximal/distal	*(Medizin)*
Prozentkurs/Stückkurs	*(Börsenwesen)*
Prozeß; s. Strafprozeß, Zivilprozeß	
Prozeßantrag/Sachantrag	*(Rechtswesen)*
prozeßfähig/prozeßunfähig	*(Rechtswesen)*
prozeßunfähig/prozeßfähig	*(Rechtswesen)*
Prozeßvergleich/außergerichtlicher Vergleich	
prozyklisch/antizyklisch	*(in bezug auf die bestehende Konjunktur, ihr entsprechend)*
Prüfende[r]/Geprüfte[r], Prüfling	*eine unangenehme Situation — sowohl für den Prüfenden als auch für den Geprüften*
Prüfer/Geprüfte[r], Prüfling	*Prüfer und Prüfling/Geprüfter waren zufrieden*
Prüfer/Prüferin	*hattest du einen Prüfer oder eine Prüferin?*
Prüferin/Geprüfte[r], Prüfling	*Prüferin und Prüfling/Geprüfter waren zufrieden*
Prüferin/Prüfer	*hattest du einen Prüfer oder eine Prüferin?*
Prüfling/Prüfer[in], Prüfende[r]	*der Prüfling und sein Prüfer*
Pseudandronym/Pseudogynym	*(männlicher Name als Deckname für eine Frau, zum Beispiel: George Eliot für Mary Ann Evans; Johannes Langenfeld für Daniela Krein)*
Pseudogynym/Pseudandronym	*(weiblicher Name als Deckname für einen Mann, zum Beispiel: Clara Gazul für Prosper Mérimée; Charlotte von Mahlsdorf für Lothar Berfelde oder Gerda von Nussink für Winfried Bornemann)*
pseudonym/autonym, orthonym	*(unter einem Decknamen, falschen, anderen Namen)*
Pseudonym/Autonym, Klarname, Realname	*(Künstlername, Deckname, zum Beispiel: Jack London für John Griffith); das Pseudonym des Schriftstellers Ludwig Eichrodt (1827—1892) — auf den Wort und Begriff „Biedermeier" zurückgeht — ist Rudolf Rodt; Iwan Bloch (1872—1922) veröffentlichte sein Werk „Geschlechtsleben in England" unter dem Pseudonym Eugen Dühren*
Pseudonym; s. unter einem Pseudonym	
Psyche; s. Amor	

psychisch/physisch; s. a. körperlich/see-
  lisch

ein psychisches (seelisches) Leiden; jeman-
den psychisch vernichten; nach der Ka-
tastrophe war er physisch und psy-
chisch am Ende

psychisch/somatisch; s. a. körperlich, physisch

diese Krankheit ist psychisch, nicht soma-
tisch bedingt

psychogen/physiogen

(seelisch bedingt)

Psychologe/Psychologin

Psychologin/Psychologe

psychonom/apsychonom

(der Psyche unterstehend; Psychologie)

Pubertät; s. Kulturpubertät, Primitivpu-
  bertät

Publikum; s. disperses Publikum, Präsenz-
  publikum

pull/push; s. a. drücken, poussez

pumpen, jemandem etwas/pumpen, sich
  etwas

sie hat ihm 100 Mark, ihre Schlittschuhe
gepumpt (umgangssprachlich)

pumpen, sich etwas/verpumpen, etwas

er hat sich (von ihr) 100 Mark, die Schlitt-
schuhe gepumpt (umgangssprachlich)

Punktgewinn/Punktverlust

pünktlich/unpünktlich

sie kam pünktlich; ein pünktlicher Zahler

Punktniederlage/Punktsieg

Punktpreis/Tagespreis

(beim Segeln Preis für eine Regattaserie)

Punktsieg/Punktniederlage

Punktspiel/Freundschaftsspiel

(Spiel um die Meisterschaft; Ballspiele)

punktuell/linear

punktuelles Lesen (Nachschlagen)

Punktverlust/Punktgewinn

purinarm/purinreich

purinarme Ernährung

purinreich/purinarm

Nieren (als Essen) sind purinreich; purin-
reiche Ernährung

push/pull; s. a. tirez, ziehen

putzen/abputzen

den Weihnachtsbaum putzen (schmücken)

pyknisch/leptosom; a. asthenisch, schizo-
  thym

ein pyknischer (gedrungener) Mensch (Ty-
penlehre)

Pylades/Orest

(Freundespaar in der griechischen Mytholo-
gie)

Pyramus und Thisbe

(babylonisches Liebespaar in Ovids „Meta-
morphosen")

Pyretikum/Antipyretikum

(fieberbewirkendes Mittel; Medizin)

Q

Quadrophonie/Stereophonie	*(über vier Kanäle laufende Übertragungstechnik)*
qualifizieren/dequalifizieren	
qualifizieren/quantifizieren	*eine qualifizierende (die Qualität betreffende) Größe*
qualifiziert/unqualifiziert	*ein für diese Aufgabe qualifizierter Mitarbeiter*
qualifizierter Straftatbestand/privilegierter Straftatbestand	
Qualität/Ausschuß	*das ist Qualität (gute Ware)*
Qualität/Quantität	*es kommt auf Qualität (die Güte) und nicht auf Quantität (die Menge) an*
qualitativ/quantitativ	*qualitative Merkmale*
Qualitätsware/Ausschuß	*das ist Qualitätsware*
quantifizieren/qualifizieren	*eine quantifizierende (die Quantität betreffende) Größe*
Quantität/Qualität	*es kommt auf Qualität (die Güte) und nicht auf Quantität (die Menge) an*
quantitativ/qualitativ	*quantitativ (in bezug auf die Menge, Anzahl) überlegen sein*
Quasselfritze/Quasselliese	*(männliche Person, die viel redet, was mißfällt)*
Quasselliese/Quasselfritze	*(weibliche Person, die viel redet, was mißfällt)*
Quelldiskette/Zieldiskette	*(EDV)*
Quelle/Mündung; a. münden	*die Quelle eines Flusses*
Quelle/Senke	*(Physik)*
Quellordner/Zielordner	*(EDV)*
Quellprogramm/Zielprogramm	*(Programm, das von einem anderen Programm verarbeitet werden soll, das von einem Übersetzer in ein Zielprogramm übersetzt werden soll; EDV)*
Quellverkehr/Zielverkehr	*(von einem bestimmten Ort ausgehender Verkehr; Verkehrswesen)*
quer/längs	*das Schiff liegt quer*
quer.../längs... (Adjektiv)	*z. B. quergestreift/längsgestreift*
Quer.../Längs... (Substantiv)	*z. B. Querschnitt/Längsschnitt*
Querachse/Längsachse	
Querfaden/Längsfaden	
Querflöte/Längsflöte	
Querformat/Hochformat	*(Format, bei dem die Breite – von Büchern o. ä. – länger ist als die Höhe)*

quergestreift/längsgestreift   *ein quergestreiftes Hemd*
Querlage/Längslage
querschiffs/längsschiffs   *(im rechten Winkel zur Kielrichtung)*
Querschnitt/Längsschnitt   *(senkrecht zur Längsachse)*
Querschnittsuntersuchung/   *(Soziologie)*
   Längsschnittuntersuchung
Querseite/Längsseite
Querstreifen/Längsstreifen
Querstrich/Längsstrich
Quertitel/Längstitel   *(Buchtitel in Querrichtung auf dem Buch-*
                                                    rücken)

Querulant/Querulantin
Querulantin/Querulant
Querwand/Längswand
Querwelle/Längswelle; s. a. Longitudinal-   *(Physik)*
   welle
Quichotte; s. Don Quichotte
Quiddität/Entität   *(das Wesen von etwas Seiendem im Unter-*
                                           schied zu seinem Da-Sein; Philosophie)

Quotenmethode/Arealmethode   *(Methode der Befragung von Personen*
                                           nach Alter, Geschlecht, Bildung; Mei-
                                           nungsforschung)

R

R; s. Zäpfchen-R, Zungen-R
Radfahrer/Autofahrer, Fußgänger
Radiator/Konvektor   *ein Radiator ist ein Heizkörper, der die*
                                            Luft durch Strahlung erwärmt im Unter-
                                            schied zum Konvektor, der die Luft
                                            durch Bewegung erwärmt

Radsteuerung/Seilsteuerung   *(Bobsport)*
Rahmenerzählung/Binnenerzählung   *bei einer Rahmenerzählung umschließt*
                                            eine Erzählung eine oder mehrere an-
                                            dere

Rammler/Häsin   *(männlicher Hase)*
Rammler/Kaninchen   *(männliches Kaninchen)*
ran/weg   *ran an die Wand!*
Rand/Mitte; a. Zentrum   *am Rand stehen*
Rappe/Schimmel   *der Rappe ist ein schwarzes Pferd*
rasen/schleichen   *er rast über die Autobahn*
rasiert/unrasiert   *er ist rasiert*
Rat/Rätin
Rate; s. in Raten
Ratenzahlung/Barzahlung
Rätin/Rat
rational/irrational   *rationale Argumente*
Rationalismus/Empirismus   *(philosophische Richtung, die für die Er-*
                                            kenntnis das begriffliche Denken in den
                                            Mittelpunkt stellt)

Rationalismus/Irrationalismus   *(von der Vernunft geleitetes Denken usw.)*
rationell/unrationell   *sie arbeiten rationell (zweckmäßig, effek-*
                                            tiv)

Raubfisch/Friedfisch   *Raubfische verschlingen ihre Beute — Fi-*
                                            sche — meist ganz (Fachsprache)

Raubtierkrebs/Haustierkrebs   *(lebensgefährliche Krebserkrankung; nach*
                                            Hackethal)

rauchen/passivrauchen
Raucher/Nichtraucher   *er ist Raucher*
Raucher/Raucherin
Raucher[abteil]/Nichtraucher[abteil]   *sie wollte einen Platz im Raucher (Eisen-*
                                            bahn)

Raucher bleiben/Nichtraucher werden
Raucher[in]/Nichtraucher[in]   *sie ist Raucherin*
Raucherin/Raucher   *es gibt immer mehr Raucherinnen als Rau-*
                                            cher

rauf/runter; s. a. 'nunter/'nauf, runter.../   *rauf auf den Wagen!; rauf auf die Auto-*
hoch...   *bahn!; nicht rauf, sondern runter mit*
                                                          den Preisen, mit den Mieten!; Löhne
                                                          rauf und Abgaben runter!; Steuern rauf,
                                                          Nebenkosten runter!

rauf.../runter...; s. a. 'nunter/'nauf (Ver-   *z. B. raufgehen/runtergehen*
ben mit gleichem Basiswort)

rauf.../runter...; s. a. 'nunter/'nauf (Ver-   *z. B. raufbringen/runterholen (Geld auf*
ben mit nicht gleichem Basiswort)   *die Bank bringen/Geld von der Bank ho-*
                                                          len)

raufbringen/runterbringen   *er hat die eine Kiste erst in die Wohnung*
                                                          zu mir rauf-, dann die andere in den
                                                          Keller zu ihr runtergebracht

raufbringen/runterholen; s. a. abheben   *Geld (aufs Konto) raufbringen*
raufbringen/runtertragen   *bringen Sie den Stuhl aus dem Keller rauf*
                                                          zu mir, und tragen Sie danach die Kiste
                                                          in den Keller runter

raufdrücken/runterdrücken   *den Hebel raufdrücken (noch oben drük-*
                                                          ken)

rauffallen/runterfallen   *die Treppe rauffallen bringt Glück − sagt*
                                                          man

raufgehen/runtergehen; s. a. hinuntergehen   *morgens ging er rauf auf den Berg, und*
                                                          abends ging er wieder runter; geh doch
                                                          rauf (hinauf) in die Wohnung!/geh doch
                                                          runter (hinunter) auf die Straße! (2 Sach-
                                                          verhalte, 1 personenidentische Perspek-
                                                          tive, 2 Standorte)

raufgehen/runterkommen; s. a. herunter-   *1. (höhenbezogen) sie geht (die Treppe)*
kommen   *rauf (hinauf), und er kommt (die*
                                                          Treppe) runter (herunter); morgens ging
                                                          er rauf (hinauf) auf den Berg, und
                                                          abends kam er wieder runter (herunter)
                                                          (vom Berg); 2. (flächenbezogen) geh
                                                          rauf auf den Spielplatz!

raufholen/runterbringen   *Wein aus dem Keller raufholen*
raufkommen/runtergehen   *sie kommt (die Treppe) rauf, und er geht*
                                                          runter; morgens kam er rauf auf den
                                                          Berg, und abends ging er wieder runter;
                                                          komm doch rauf (zu mir in die Woh-
                                                          nung)!

raufkommen/runterkommen; s. a. herun-   *komm doch rauf (herauf) in die Woh-*
terkommen   *nung!/komm doch runter (herunter) auf*
                                                          die Straße! (2 Sachverhalte, 1 personen-
                                                          identische Perspektive, 2 Standorte)

raufkrempeln/runterkrempeln; s. a. herun-   *die Ärmel raufkrempeln*
terkrempeln
raufkurbeln/runterkurbeln; s. a. herunter-   *das Autofenster raufkurbeln*
kurbeln
rauflassen/runterlassen   *laß mich rauf (hinauf) zu dir auf die*
                                                          Schaukel!; Ich laß dich nicht rauf (her-
                                                          auf) zu mir

raufpaddeln/runterpaddeln	*die Lahn rauf- und wieder runterpaddeln*
raufschrauben/runterschrauben	*die Forderungen raufschrauben*
raufsetzen/runtersetzen	*die Preise raufsetzen*
raufsteigen/runtersteigen	*auf die Leiter raufsteigen*
rauftragen/runtertragen	*eine Kiste Wein habe ich in die Wohnung rauf-, eine andere in den Keller runtergetragen*
raufziehen/runterlassen; s. a. hinunterlassen	*den Eimer raufziehen aus dem Brunnen*
rauh/glatt	*eine rauhe Oberfläche*
rauh/mild	*rauhes Klima*
Raumcharter/Teilcharter	*(Wirtschaft)*
Raumdeckung/Manndeckung	*(Ballspiele)*
räumlich/zeitlich	*„vor" kann räumlich (vor dem Haus) und zeitlich (vor den Ferien) gebraucht werden; räumliche Ergänzung (Sprachwissenschaft)*
Raummeter/Festmeter	*(Maß für einen Kubikmeter aufgeschichtetes Holz)*
raus/rein	*morgens rein in die Fabrik – abends raus aus der Fabrik; raus aus dem Bett, du Langschläfer!; raus aus der Stadt; raus aus dem Haus und rein ins Vergnügen!; Brust raus, Bauch rein!*
raus…/rein… (Verben mit gleichem Basiswort)	*z. B. rausrauschen/reinrauschen (2 Sachverhalte, 1 personenidentische, passivische Perspektive, 1 Standort oder 2 Sachverhalte, 1 personenidentische, aktivische Perspektive, 2 Standorte)*
raus…/rein… (Verben mit nicht gleichem Basiswort)	*z. B. rausziehen/reinstecken, rauskommen/reingehen (2 Sachverhalte, 1 personenidentische Perspektive, 1 Standort)*
rausfahren/einfahren	*der Zug fährt aus der Halle raus (zu mir oder von mir weg)*
rausfahren/reinfahren; s. a. hereinfahren	*rausfahren aus der Garage; der Zug fährt (aus der Bahnhofshalle) raus (hinaus)*
rausgehen/reingehen (2 Sachverhalte, 1 personenidentische Perspektive, 2 Standorte)	*er geht raus (aus dem Haus), und sie geht rein (in das Haus); er ging raus in die frische Luft, und nach einiger Zeit ging er wieder rein*
rausgehen/reinkommen	*ich gehe raus, und sie kommt rein*
raushängen/reinnehmen	*die Wäsche (in den Garten) raushängen; die Fahne (aus dem Fenster) raushängen*
rauskommen/reingehen (2 Sachverhalte, 1 personenidentische Perspektive, 1 Standort)	*er kommt raus, und ich gehe rein*
rauskommen/reinkommen (2 Sachverhalte, 1 personenidentische Perspektive, 2 Standorte)	*er kommt raus (zu mir)/er kommt rein (zu mir)*
rauskriegen/reinkriegen	*den Korken aus der Flasche rauskriegen*

rauslassen/reinlassen	*den Hund rauslassen (hinauslassen, herauslassen)*
rauslaufen/reinlaufen	*sie liefen ständig rein und raus*
rausrauschen/reinrauschen	*sie rauschte aus dem Zimmer raus (hinaus, heraus)*
rausschleppen/reinschleppen	*die Sachen aus dem Haus rausschleppen*
rausschmuggeln/reinschmuggeln; a. einschmuggeln	*Waffen aus dem Land rausschmuggeln (hinaus, heraus)*
rausschrauben/reinschrauben; a. einschrauben	*eine alte Glühbirne rausschrauben und eine neue reinschrauben; eine Schraube rausschrauben*
rausstellen/reinnehmen	*die Blumen im Frühling (auf den Balkon) rausstellen*
rausstrecken/einziehen	*den Bauch rausstrecken*
raustragen/reintragen; s. a. hereintragen, hineintragen	*die Möbel aus der Wohnung raustragen*
rausziehen/drinlassen	*den Nagel (aus der Wand) rausziehen, ihn nicht drinlassen*
rausziehen/einschlagen	*einen Nagel (aus der Wand) rausziehen*
rausziehen/reinschieben	*das Schubfach rausziehen*
rausziehen/reinstecken; s. a. hineinstecken	*das Kabel, den Stecker aus der Steckdose (wieder) rausziehen*
Reaktion/Gegenreaktion	*auf seine Reaktion erfolgte die Gegenreaktion*
reaktionär/progressiv	*(rückschrittlich)*
real/fiktiv	*reale (nicht nur vorgestellte) Bedeutung*
real/ideal	*(so wirklich vorhanden, nicht bloß gewünscht)*
real/irreal	*reale (vorstellbare, den Gegebenheiten entsprechende) Gehaltsforderungen*
real/nominal	*der reale Wert der Aktie*
real/nominell	*das reale Einkommen*
real/virtuell	*ein reales Klassenzimmer im Unterschied zum virtuellen über Internet*
Realdefinition/Nominaldefinition	*(Definition, die das Wesen von etwas beschreibt; Sacherklärung)*
Realeinkommen/Nominaleinkommen; a. brutto, Bruttoeinkommen	*(Einkommen unter dem Aspekt der Kaufkraft)*
Realfolium/Personalfolium	*(für jedes Grundstück angelegtes Grundbuchblatt)*
Realien/Humaniora, Verbalien	*(Sachkenntnisse; Pädagogik)*
Realinjurie/Verbalinjurie	*(Beleidigung, die durch eine Handlung hervorgerufen wird)*
realisierbar/unrealisierbar	*dieses Projekt ist realisierbar*
Realismus/Nominalismus	*(Philosophie)*
Realist[in]/Idealist[in]	*(jemand, der auf dem Boden der Tatsachen steht und die Dinge so sieht, wie sie sind)*

realistisch/idealistisch	*eine realistische (die Wirklichkeit − so wie sie ist und nicht so, wie man sie sich wünschte − sehende) Einstellung*
realistisch/unrealistisch; s. a. realitätsfern	*realistische (erfüllbare) Normen; dieser Plan ist realistisch (läßt sich verwirklichen); eine realistische Vorstellung von etwas haben; eine realistische Einschätzung der Verhältnisse; dieser Termin für die Beendigung der Arbeiten ist realistisch*
Realität/Idealität	*(Philosophie)*
Realität/Illusion	*das existiert nur als Illusion, nicht als Realität*
Realität/Irrealität	
realitätsfern/realitätsnah; s. a. realistisch	
Realitätsferne/Realitätsnähe	
realitätsnah/realitätsfern; s. a. unrealistisch	
Realitätsnähe/Realitätsferne	
Realitätsprinzip/Lustprinzip	*(nach Freud)*
Realkapital/Geldkapital	*(Kapital, das in Sachwerten besteht, zum Beispiel Grundbesitz)*
Realkatalog/alphabetischer Katalog, Autorenkatalog, Nominalkatalog, Personenkatalog	*ein Realkatalog ist nach dem sachlichen Inhalt geordnet (Bibliothekswesen)*
Realkontrakt/Konsensualkontrakt	*(Rechtswesen)*
Realkredit/Personalkredit	*(Kredit, den man gegen Verpfändung von Vermögenswerten erhält)*
Realkristall/Idealkristall	*(jeder wirkliche, natürlich entstandene oder künstlich hergestellte Kristall; Kristallographie)*
Reallohn/Nominallohn	*Reallohn ist das Einkommen unter dem Aspekt der Kaufkraft*
Realname/Pseudonym	*der Realname von Stephan Hermlin ist Rudolph Leder; der Realname von Hans Fallada ist Rudolf Ditzen*
Realo/Fundi	*(Mitglied der Partei der Grünen, das gemäßigte, politisch realistische Forderungen stellt)*
Realpolitiker/Fundamentalist	*(im Bündnis 90/Die Grünen)*
Realsteuer/Personalsteuer	*Realsteuer ist eine Steuer für Besitz ohne Berücksichtigung der persönlichen Verhältnisse*
Realunion/Personalunion	*(Staatenbund, z. B. Österreich-Ungarn von 1867−1918)*
Realvertrag/Konsensualvertrag	*(Vertrag, der neben der Einigung noch ein Handeln erfordert, zum Beispiel bei einem Darlehen die Geldübergabe)*
Realzeitbetrieb/Stapelverarbeitung	*(EDV)*
Realzins/Nominalzins	*(Wirtschaft)*
Rechnung; s. Kosten-Nutzen-Rechnung	

recht/unrecht   *er hat recht getan*
Recht/Pflicht   *das ist sein Recht; über seine Rechte und*
                                                     Pflichten informiert werden; wer die
                                                     Pflicht hat, Steuer zu zahlen, hat auch
                                                     das Recht, Steuer zu sparen
Recht/Unrecht   *Recht wird Unrecht; Recht und Unrecht*
                                                     gibt es auf beiden Seiten
Recht; s. absolutes Recht, Ältestenrecht,
    dingliches Recht, gemeines Recht, Jüng-
    stenrecht, mit Recht, Naturrecht, parti-
    kulares Recht, persönliches Recht, posi-
    tives Recht, relatives Recht
recht.../link...; a. rot, Ehe zur linken   *1. der rechte Arm; die rechte Hirnhälfte*
    Hand   *ist zuständig für Intuition, Emotionen,*
                                                     Musikalität; 2. eine rechte (konserva-
                                                     tive) Partei
rechtdrehend/rückdrehend; a. linksherum   *rechtdrehender Wind (der sich in der Uhr-*
                                                     zeigerweise dreht; Meteorologie)
Rechte, die/die Linke   *die Rechte (Hand) vorm Gesicht und mit*
                                                     der Linken kämpfen; er gab mir die
                                                     Rechte; mit der Rechten winken
Rechte[r]/Linke[r]; s. a. Rote[r]   *er ist ein Rechter (vertritt den Standpunkt*
                                                     einer rechten Partei); die Rechten wur-
                                                     den aktiv
rechterseits/linkerseits
Rechtgläubige, der, die/Ketzer[in]
Rechtgläubigkeit/Irrgläubigkeit   *(Religion)*
recht haben/unrecht haben   *sie hatte mit ihrer Vermutung recht*
rechtläufig/rückläufig   *(entgegen dem Uhrzeigersinn; in bezug auf*
                                                     die Bewegungsrichtung der Himmelskör-
                                                     per)
rechtmäßig/unrechtmäßig   *rechtmäßige Beschäftigung; er hat das*
                                                     rechtmäßig erworben
rechts/links; a. Frauenseite, hüh, Sattel-   *1. das Auto bog (nach) rechts ab; rechts*
    pferd, Nordseite   *des Weges, rechts vom Fluß; die Dame*
                                                     geht rechts, der Herr geht links; früher
                                                     saßen in der Kirche die Männer rechts;
                                                     2. er steht, wählt rechts (konservativ)
Rechtsabbieger/Linksabbieger   *(im Straßenverkehr)*
Rechtsanalogie/Gesetzesanalogie   *(Rechtswesen)*
Rechtsanwalt/Mandant   *der Rechtsanwalt und sein Mandant*
Rechtsanwalt/Rechtsanwältin
Rechtsanwältin/Rechtsanwalt
Rechtsaufsicht/Fachaufsicht   *(Rechtswesen)*
Rechtsausfall/Linksausfall   *(Boxen)*
Rechtsauslage/Linksauslage   *(Boxen)*
Rechtsausleger/Linksausleger   *(Boxen)*
rechtsaußen/linksaußen   *(Fußball)*
Rechtsaußen/Linksaußen   *(Fußball)*

rechtsbündig/linksbündig	*(Fachsprache)*
Rechtsdrall/Linksdrall	*Drehbewegung nach rechts; übertragen: ein Politiker mit Rechtsdrall*
rechtsdrehend/linksdrehend; a. lävogyr	*rechtsdrehende Milchsäure in Reformhausprodukten*
Rechtsdrehung/Linksdrehung	
Rechtser/Linkser; s. a. Linkshänder[in]	*(jemand, der alles mit der rechten Hand macht)*
Rechtsextremismus/Linksextremismus	
rechtsextremistisch/linksextremistisch	*rechtsextremistische Gruppierung*
rechtsfähig/nichtrechtsfähig	*(die Voraussetzung für die Ausübung von Rechten und Pflichten habend; Rechtswesen)*
Rechtsfrage/Tatfrage	*(auf dem Rechtsweg zu entscheidende Frage; Rechtswesen)*
Rechtsfrüchte/Sachfrüchte	*Rechtsfrüchte sind Erträge, die ein Recht seiner Bestimmung gemäß oder infolge eines weiteren Rechtsverhältnisses gewährt, zum Beispiel bei den vom Pächter auf Grund seines Pachtrechts gezogenen Erträgen (Rechtswesen)*
rechtsfüßig/linksfüßig	*(mit dem rechten Fuß schießend)*
Rechtsgalopp/Linksgalopp	*(Pferdesport)*
rechtsgängig/linksgängig	*eine rechtsgängige Schraube (deren Gewinde von links nach rechts ansteigt)*
Rechtsgeschäft; s. abstraktes Rechtsgeschäft, einseitiges Rechtsgeschäft, kausales Rechtsgeschäft, zweiseitiges Rechtsgeschäft	
Rechtsgewinde/Linksgewinde	*(Technik)*
rechtsgültig/rechtsungültig	*(rechtlich geltend)*
Rechtshaken/Linkshaken	*(Boxen)*
Rechtshänder[in]/Linkshänder[in]; s. a. Linkser	*(jemand, der mit der rechten Hand schreibt usw.)*
rechtshändig/linkshändig	
Rechtshändigkeit/Linkshändigkeit	
rechtsher/linksher	*(von der rechten Seite her)*
rechtsherum/linksherum; a. entgegen dem Uhrzeigersinn, rückdrehend	
rechtshin/linkshin	*(veraltet)*
rechtshirnig/linkshirnig	*(auf die rechte Gehirnhälfte bezogen; eher gefühlsmäßig orientiert im Gegensatz zur eher logisch arbeitenden linken Gehirnhälfte)*
Rechtsinnen/Linksinnen	*(Fußball)*
Rechtskonter/Linkskonter	*(Boxen)*
Rechtskraft; s. formelle Rechtskraft, materielle Rechtskraft	
rechtskundig/rechtsunkundig	*(Rechtswesen)*

Rechtskurs/Linkskurs	1. Rechtskurs der Partei; 2. (Pferdesport)
Rechtskurve/Linkskurve	er fuhr in die Rechtskurve
rechtslastig/linkslastig	(1. auf der rechten Seite mehr Last habend als auf der linken; 2. politisch nach rechts, zum Konservativen neigend)
rechtsläufig/linksläufig	(von links nach rechts)
Rechtslenker/Linkslenker	(Auto mit dem Lenkrad auf der rechten Seite)
Rechtsmangel/Sachmangel	(Rechtswesen)
Rechtsnachfolger/Rechtsvorgänger	
Rechtspartei/Linkspartei	
rechtsradikal/linksradikal	
rechtsrheinisch/linksrheinisch; a. cisrhenanisch	(rechts des Rheins)
Rechtsruck/Linksruck	(Stimmenzuwachs der rechten Parteien)
rechtsrum/linksrum	den Walzer rechtsrum tanzen
Rechtsschnitt/Linksschnitt	([Tisch]tennis)
Rechtsschuß/Linksschuß	(Schuß mit dem rechten Fuß; Fußball)
rechtsseitig/linksseitig	er ist rechtsseitig gelähmt
Rechtsstaat/Unrechtsstaat	
Rechtssystem/Linkssystem	(Mathematik)
rechtsum/linksum	(militärisches Kommando)
rechtsungültig/rechtsgültig	(rechtlich nicht geltend)
rechtsunkundig/rechtskundig	(in rechtlichen Dingen keine Kenntnisse habend)
Rechtsunterzeichnete[r]/ Linksunterzeichnete[r]	(auf einem Schriftstück)
rechtsunwirksam/rechtswirksam	(rechtlich keine Folgen habend)
Rechtsverbinder/Linksverbinder	(Ballspiele)
Rechtsverkehr/Linksverkehr	in den meisten Ländern ist Rechtsverkehr (fährt man auf der rechten Seite)
Rechtsvermutung/Tatsachenvermutung	(Rechtswesen)
Rechtsverordnung/Verwaltungsverordnung	(Rechtswesen)
Rechtsvorgänger/Rechtsnachfolger	
Rechtsvortritt/Linksvortritt	(von rechts Vorfahrt; schweizerisch)
rechtswirksam/rechtsunwirksam	(rechtlich Folgen habend)
recte/kursiv	(mit geraden Buchstaben; Druckwesen)
recto folio/verso folio	(auf der Vorderseite stehend)
rectus/obliquus; s. Casus rectus	
Redakteur/Redakteurin	
Redakteurin/Redakteur	
Rede/Gegenrede	
Rede/Schrift	in Rede und Schrift
Rede; s. direkte Rede, indirekte Rede	
reden/handeln	er redet nur, aber handelt nicht
reden/hören	Rede! Ich höre.
reden/schreiben	er kann besser reden als schreiben

reden/schweigen	*ich fragte, und er redete/er schwieg; er wollte nicht reden, er schwieg; wenn er redet, schweigen die anderen*
Redeparlament/Arbeitsparlament	*(Parlament mit dem Schwerpunkt auf der politischen Auseinandersetzung; Politik)*
redlich/unredlich	*eine redliche Gesinnung; redlich handeln*
Redner[in]/Zuhörer[in]	*der Redner hatte aufmerksame ZuhörerInnen*
reduzibel/irreduzibel	*eine reduzible (reduzierbare) Gleichung*
reell/unreell	*ein reelles Geschäft*
reelles Bild/virtuelles Bild	*(Optik)*
reelle Zahlen/imaginäre Zahlen	
Referendar/Referendarin	
Referendarin/Referendar	
Referendumsdemokratie/parlamentarische Demokratie	*(demokratische Staatsform, in der die BürgerInnen durch Referenden, Volksabstimmungen Einfluß auf Entscheidungen ausüben können)*
reflektiert/unreflektiert	*(durchdacht, überlegt)*
Reflexionsmoral/Gefühlsmoral	*(Philosophie)*
Regattasegeln/Fahrtensegeln	*(Wassersport)*
Regel/Ausnahme	*das ist die Ausnahme von der Regel; keine Regel ohne Ausnahme*
Regelleistung/Gestaltungsleistung, Satzungsleistung, Wahlleistung	*(gesetzlich vorgeschriebene Mindestleistung; in bezug auf die Krankenkassen)*
regelmäßig/unregelmäßig; a. irregulär	*die Zeitschrift soll in regelmäßigen Abständen erscheinen; der Puls geht regelmäßig*
Regen/Sonne	*wir haben schon zehn Tage Regen; auf Regen folgt Sonne*
regenarm/regenreich	*ein regenarmer Sommer*
Regeneration/Degeneration	*(Biologie)*
regenerieren/degenerieren	*(Biologie)*
regenreich/regenarm	*ein regenreicher Sommer*
Regentag/Sonnentag	*wir hatten im Urlaub nur einen Regentag (Tag, an dem es fast nur regnete)*
Regenzeit/Trockenzeit	*(in tropischen und subtropischen Gebieten)*
Regierenden, die/die Regierten	*die Kluft zwischen den Regierenden und den Regierten*
Regierten, die/die Regierenden	*die Kluft zwischen den Regierenden und den Regierten*
Regierung/Opposition	*(Parlament)*
regierungsfeindlich/regierungsfreundlich	
regierungsfreundlich/regierungsfeindlich	
Regiment; s. aktives Regiment, Reserveregiment	
regional/überregional	*regionale Werbung*
Regisseur/Regisseurin	

Regisseurin/Regisseur
Regression/Progression   (rückläufige Bewegung; Finanzwesen)
Regression/Transgression   (das Zurückweichen des Meeres, wodurch
                                               neues Festland entsteht)
regressiv/progressiv   (sich zurückentwickelnd)
regulär/irregulär; a. unregelmäßig   sich etwas regulär (auf üblichem Wege) be-
                                               schaffen
Regularität/Irregularität   (Gesetzmäßigkeit)
Regularkleriker/Säkularkleriker   (Ordensgeistlicher)
Regulationsei/Mosaikei   (Biologie)
regulieren/deregulieren   (in richtige Bahnen lenken)
Rehbock/Geiß, Ricke   (männliches Reh)
reich/arm; a. unbegütert   ein reicher Bauer; ein reiches Land; sie ist
                                               reich; je reicher, desto ärmer; die Kluft
                                               zwischen Arm und Reich wird immer
                                               tiefer; reich sind wir durch die Dinge,
                                               die wir nicht benötigen (Gandhi)
...reich/...arm (Adjektiv)   z. B. fettreich/fettarm
...reich/...los (Adjektiv)   z. B. einflußreich/einflußlos
reich an/arm an   reich an Liebe, an Vitaminen, Boden-
                                               schätzen
Reiche, der/der Arme   die Reichen werden immer reicher, die Ar-
                                               men immer ärmer
reichlich/spärlich   die Portionen waren reichlich
reichsmittelbar/reichsunmittelbar   (nicht dem Kaiser oder dem Reich, son-
                                               dern dem Landesherrn unterstehend; hi-
                                               storisch)
Reichsstadt/Landstadt   (historisch)
reichsunmittelbar/reichsmittelbar   (nur dem Kaiser oder dem Reich unterste-
                                               hend; historisch)
Reichtum/Armut   der Reichtum dieses Landes, dieser Familie
...reichtum/...armut (Substantiv)   z. B. Ideenreichtum/Ideenarmut
Reichtum an/Armut an   Reichtum an Bodenschätzen
reif/unreif   reifes Obst
Reife/Unreife   sittliche Reife
Reife; s. mittlere Reife
Reihengrab/Wahlgrab   (übliches Grab in einer Reihe)
Reihenschaltung/Parallelschaltung   (Elektrotechnik)
Reihenwurf/Einzelwurf   (in bezug auf das Abwerfen von Bomben)
Reim; s. klingender Reim, konsonanti-
   scher Halbreim, männlicher Reim, rei-
   ner Reim, stumpfer Reim, unreiner
   Reim, vokalischer Halbreim, weiblicher
   Reim
rein/gestreckt   reines Rauschgift
rein/raus (Adverb)   morgens rein in die Fabrik − abends raus
                                               aus der Fabrik; rein ins Haus zum Es-
                                               sen!; rein (ins Zimmer, ins Bett) mit
                                               dir!; das Rein und Raus beim Ge-
                                               schlechtsverkehr

rein/unrein; a. treife	*1. reine Haut; 2. reine Töne; die Geige hat einen reinen Klang*
rein.../raus... (Verben mit gleichem Basiswort)	*z. B. reinrauschen/rausrauschen (2 Sachverhalte, 1 personenidentische passivische Perspektive, 1 Standort oder 2 Sachverhalte, 1 personenidentische aktivische Perspektive, 2 Standorte)*
rein.../raus... (Verben mit nicht gleichem Basiswort)	*z. B. reinstecken/rausziehen, reingehen/rauskommen (2 Sachverhalte, 1 personenidentische Perspektive, 1 Standort)*
Reinbestand/Mischbestand	*(Forstwesen)*
reine Chemie/angewandte Chemie	
reine Farben/gebrochene Farben	*(Malerei)*
Reinelement/Mischelement	*(Chemie)*
reine Mathematik/angewandte Mathematik	
reinerbig/mischerbig; s. a. heterozygot	*(Biologie)*
reiner Reim/unreiner Reim	*reine Reime sind Reime, bei denen eine Übereinstimmung in bezug auf Vokale und Konsonanten besteht, bei dem die sich reimenden Silben völlig gleich klingen, zum Beispiel: Liebe/Triebe, Herz/Schmerz, sollten/wollten*
reines Gewissen/schlechtes Gewissen	*er hatte ein reines Gewissen (brauchte sich nichts vorzuwerfen, hatte nichts Unrechtes gemacht)*
reinfahren/rausfahren; s. a. herausfahren; a. rausfahren/einfahren	*sie fährt in die Garage rein; der Zug fährt jetzt (in die Bahnhofshalle) rein (hinein)*
reingehen/rausgehen	*um 8 Uhr ging ich ins Haus rein, und um 10 Uhr ging ich wieder raus*
reingehen/rauskommen	*er ging ins Haus rein, und sie kam aus dem Haus raus; er ist nach 15 Jahren aus dem Knast rausgekommen, wie er reingegangen ist*
reinkommen/rausgehen	*er kam ins Zimmer rein, und ich ging aus dem Zimmer raus*
reinkommen/rauskommen	*er kommt rein (zu mir nach drinnen)/sie kommt raus (zu mir nach draußen)*
reinkriegen/rauskriegen	*den Korken nicht wieder in die Flasche reinkriegen*
reinlassen/rauslassen	*den Hund reinlassen (hineinlassen, hereinlassen ins Haus)*
reinlaufen/rauslaufen	*sie liefen ständig rein und raus*
reinnehmen/raushängen	*die Fahne reinnehmen (vom Fenster weg ins Zimmer)*
reinnehmen/rausstellen	*die Blumen im Herbst (vom Balkon) reinnehmen*
reinperiodischer Dezimalbruch/gemischtperiodischer Dezimalbruch	

reinquadratische Gleichung/gemischtquadratische Gleichung	*(Mathematik)*
reinrauschen/rausrauschen	*sie rauschte in das Zimmer rein und bald wieder aus dem Zimmer raus; er rauscht rein (hinein, herein ins Zimmer)*
reinschieben/rausziehen	*das Schubfach reinschieben*
reinschleppen/rausschleppen	*die Sachen ins Haus reinschleppen*
reinschmuggeln/rausschmuggeln; a. hinausschmuggeln	*Waffen in das Land reinschmuggeln (hineinschmuggeln)*
reinschrauben/rausschrauben; a. ausschrauben	*eine neue Glühbirne reinschrauben und vorher die alte rausschrauben*
reinstecken/rausziehen; s. a. herausziehen	*den Stecker (in die Steckdose) reinstecken*
reintragen/raustragen; s. a. heraustragen, hinaustragen	*die Möbel in die Wohnung reintragen*
Reise; s. Hinreise, Rückreise	
Reiseführer/Reiseführerin	
Reiseführerin/Reiseführer	
Reiseleiter/Reiseleiterin	
Reiseleiterin/Reiseleiter	
Reiter/Reiterin	
Reiterin/Reiter	
Reitstellung/Missionarsstellung; s. a. MOT	*(Geschlechtsverkehr, bei dem sich die Frau oben, auf dem Mann befindet)*
Reizklima/Schonklima	*(durch Temperaturschwankungen und Wind gesundheitsförderndes, stärkendes Klima, zum Beispiel an der Nordsee)*
reizlos/reizvoll	*eine reizlose Aufgabe*
reizvoll/reizlos	*eine reizvolle Aufgabe*
rektal/oral	*(über den After; in bezug auf den Gebrauch von Medikamenten)*
Rektapapier/Inhaberpapier	*(Wertpapier)*
Rekto/Verso	*(Vorderseite eines Blattes einer Handschrift o. ä.)*
Rektor/Rektorin; a. Magnifika	
Rektorin/Rektor; a. Magnifikus	
Relation/Delation	*(Zurückschiebung eines zugeschobenen Eides im Zivilprozeß an den Gegner; Rechtswesen)*
relativ/absolut	*eine relative Größe (Fachsprache)*
Relativbeobachtung/Absolutbeobachtung	*(Astronomie)*
relative Adresse/absolute Adresse	*(EDV)*
relative Mehrheit/absolute Mehrheit	*(einfache Mehrheit; die meisten Stimmen, mehr Stimmen als die anderen jeweils allein)*
relatives Gehör/absolutes Gehör	*(Fähigkeit, den Intervallabstand erklingender Töne zu bestimmen)*
relatives Recht/absolutes Recht	*(Rechtswesen)*

relatives Verb/absolutes Verb	*(Verb, das außer dem Subjekt mindestens eine weitere Ergänzung im Satz braucht, damit der Satz grammatikalisch vollständig wird, zum Beispiel: er half <u>seinem Freund</u>; er wohnt <u>in der Garnisonstraße</u>; Sprachwissenschaft)*
relegieren/promovieren	*(absteigen; im Sport; schweizerisch)*
relevant/irrelevant	*diese Unterschiede sind relevant (von Bedeutung)*
Relevanz/Irrelevanz	
Relief; s. Flachrelief, Hochrelief	
religiös/irreligiös	*sie sind religiös*
Religiosität/Irreligiosität	
Rematerialisation/Dematerialisation	*(das Wiedererscheinen; Parapsychologie)*
rematerialisieren/entmaterialisieren	*Materie entmaterialisieren und dann wieder rematerialisieren*
REM-Schlaf/Tiefschlaf	*die Traumphase liegt im REM-Schlaf*
Remus/Romulus	*(Zwillingsbrüder; römische Mythologie)*
Renaissance; s. Dialektrenaissance	
Rennschuh/Laufschuh	*(Spike)*
Rennwagen; s. Formelrennwagen	
rentabel/unrentabel	*ein rentables (Gewinn abwerfendes) Geschäft*
Rentenerhöhung/Rentenkürzung	
Rentenkürzung/Rentenerhöhung	
Rentner/Rentnerin; a. Pensionärin	
Rentnerin/Rentner; a. Pensionär	
Rentner sein/im Berufsleben stehen	*er ist schon Rentner, steht nicht mehr im Berufsleben*
rep./ne rep.	*(Abkürzung für: repetatur; Hinweis, daß das auf dem Rezept stehende Mittel wiederholt abgegeben, angefertigt werden darf)*
reparabel/irreparabel	*dieser Schaden ist reparabel*
reponibel/irreponibel	*der Leistenbruch ist reponibel (kann wieder zurückgedrückt werden)*
Report/Deport	*(Börsenwesen)*
Reporter/Reporterin	
Reporterin/Reporter	
Repräsentant/Repräsentantin	
Repräsentantenhaus/Senat; a. Bundesrat, Oberhaus	*(Abgeordnetenkammer; USA)*
Repräsentantin/Repräsentant	
repräsentative Demokratie/plebiszitäre Demokratie	*in der repräsentativen Demokratie ist das Volk durch die von ihm gewählten Abgeordneten vertreten*
Repressalie/Retorsion	*(Völkerrecht)*
repressiv/permissiv	*eine repressive (Zwang ausübende) Erziehung*

Republik/Monarchie	*(Staatsform mit einem Präsidenten als Oberhaupt und einer meist vom Volk gewählten Regierung)*
Republikaner/Demokraten	*(die Anhänger der Republikanischen Partei in den USA)*
Republikaner/Monarchist	*(jemand, der Anhänger einer republikanischen Staatsform und nicht Anhänger einer Monarchie ist)*
Repulsion/Attraktion	*(Zurückstoßung; Technik)*
Resektion/Ektomie	*(operative Entfernung kranker Organteile; Medizin)*
resequent/obsequent	*(Geologie)*
Reserve/aktive Truppe	
Reserveoffizier/aktiver Offizier	
Reserveregiment/aktives Regiment	
resolut/irresolut	
respektlos/respektvoll	*er hat sich ihm gegenüber respektlos verhalten*
respektvoll/respektlos	*er hat sich ihm gegenüber respektvoll verhalten*
Responder/Nonresponder	*(Patient, bei dem eine therapeutisch eingesetzte Substanz wirkt)*
Response/Challenge	*(EDV)*
Response/Stimulus	*(durch einen Reiz ausgelöstes Verhalten; Sprachwissenschaft)*
Restitutionsklage/Nichtigkeitsklage	*(Klage zur Wiederaufnahme eines Prozesses; Rechtswesen)*
restriktiv/extensiv	*restriktive (einschränkende) Auslegung von Gesetzen*
restringierter Code/elaborierter Code	*(eingeschränkter Wortschatz, kein sehr differenzierter Wortgebrauch; Sprachwissenschaft)*
Retardation/Akzeleration	*(Verlangsamung, Verzögerung; Psychologie)*
Retorsion/Repressalie	*(auf eine unfreundliche Handlung eines Staates folgende entsprechende Handlung des betroffenen Staates; Völkerrecht)*
retroaktiv/proaktiv	*(nachwirkend)*
retrograd/prograd	*eine retrograde (zurückfließende) Ejakulation*
retrospektiv/prospektiv	*(rückblickend)*
Retter/Retterin	
Retterin/Retter	
Revers/Avers; s. a. Kopf/Zahl; a. Vorderseite	*der Revers ist die Rückseite einer Münze, die Zahl*
reversibel/irreversibel	*ein reversibler (änderbarer, umkehrbarer) Prozeß*
Reversibilität/Irreversibilität	

revisibel/irrevisibel *(durch Revision anfechtbar; Rechtswesen)*

Revolution/Evolution *die Revolution ist ein gewaltsamer Umsturz, die Evolution eine langsame Entwicklung*

Revolution/Konterrevolution, Gegenrevolution; a. weißer Terror *die mit Gewalt verbundenen Aktivitäten der Revolution riefen die Konterrevolution hervor*

Rezensent/Rezensentin

Rezensentin/Rezensent

rezent/fossil *(gegenwärtig noch lebend; Biologie)*

rezeptfrei/rezeptpflichtig *ein rezeptfreies Medikament*

Rezeption/Produktion *die Rezeption (geistige Aneignung) literarischer Werke*

rezeptiv/produktiv *beim Lesen ist man rezeptiv*

rezeptpflichtig/rezeptfrei *dieses Medikament ist rezeptpflichtig*

Rezeptur/Defektur *(Zubereitung von Arzneimitteln in kleinen Mengen nach Rezept)*

rezessiv/dominant *rezessive (vorhandene, aber nicht in Erscheinung tretende) Erbfaktoren*

Rezessivität/Dominanz *(Biologie)*

Rezipient/Produzent; a. Sender *der Rezipient (Leser, Hörer) von Texten*

rezipieren/produzieren *einen Text (lesend) rezipieren*

Rezitativ/Arie *(von einem Instrument begleiteter Sprechgesang, zum Beispiel in der Oper)*

Rhema/Thema *Rhema ist die noch nicht erwähnte, die neue Information; Thema ist das, was schon aus dem Vorangegangenen bekannt ist, zum Beispiel: wir gingen in den Zoo. Dort (Rhema:) kletterte ein Affe am Gitter*

Rhythmusgitarre/Melodiegitarre *(elektrische Gitarre zur Erzeugung des Beats)*

Richter/Richterin

Richter; s. Berufsrichter, ehrenamtlicher Richter

Richterin/Richter

richtig/falsch *eine richtige Diagnose; eine richtige Antwort; etwas richtig zitieren; die Uhr geht richtig; richtig informiert sein; der erste Eindruck war richtig; das Wort ist richtig geschrieben; die richtige Einstellung zu etwas haben*

richtig; s. unter seinem richtigen Namen

richtige Proportion/Disproportion

richtig, gut proportioniert/disproportioniert *ein gut proportionierter junger Mann*

Richtpreis/Festpreis *(nicht verbindlich festgelegter Preis; Handel)*

Richtungsgewerkschaft/   *(Gewerkschaft, die sich unter konfessionel-*
  Einheitsgewerkschaft   *len oder weltanschaulichen Aspekten zu-*
    sammengeschlossen hat; Politik)

Ricke/[Reh]bock   *(weibliches Reh)*
riechen/geruchlos sein   *das Gas riecht*
Riese/Riesin   *er ist ein Riese, und sie ist eine Riesin*
Riese/Zwerg; s. a. David   *er ist ein Riese, sein Freund ist dagegen*
    ein Zwerg

Riesen.../Zwerg...; a. Klein..., Mikro...   *z. B. Riesenbetrieb/Zwergbetrieb*
  (Substantiv)

Riesenbetrieb/Zwergbetrieb   *(ein sehr großer Betrieb mit vielen Ange-*
    stellten)

Riesenwuchs/Zwergwuchs; s. a. Hyposo-   *(Medizin)*
  mie, Kleinwuchs, Mikrosomie
riesig/winzig   *eine riesige Torte*
Riesin/Riese   *sie ist eine Riesin, und er ist ein Riese*
Riksmål/Landsmål; s. a. Nynorsk   *(früherer Name für die vom Dänischen be-*
    einflußte norwegische Schriftsprache,
    die jetzt Bokmål heißt)

Ripienist/Solist   *(Orchestergeiger; Chorsänger)*
ripieno/solo   *(Musik)*
Ripieno/Concertato   *(das ganze Orchester)*
risikoarm/risikoreich   *ein risikoarmes Geschäft*
risikofreudig/risikoscheu   *er ist risikofreudig und kauft Aktien*
risikoreich/risikoarm   *ein risikoreiches Geschäft*
risikoscheu/risikofreudig   *er ist risikoscheu und kauft keine Aktien,*
    sondern die festverzinslichen Bundes-
    schatzbriefe

Risposta/Proposta   *(beim Kanon die nachahmende Stimme,*
    Antwortstimme)
ritterlich/unritterlich   *sich ritterlich (höflich-zuvorkommend) be-*
    nehmen

Rocket-Bungee/Bungeejumping   *Rocket-Bungee ist die umgekehrte Vari-*
    ante des Bungeejumpings: Statt sich in
    die Tiefe zu stürzen, läßt man sich bis
    zu 50 Meter in die Höhe katapultieren

Rockrolle/Hosenrolle   *(Frauenrolle, die von einem Mann gespielt*
    wird; Theater)
Rogen/Milch   *(Eier des weiblichen Fischs)*
Rogener/Milcher, Milchner   *Rogener ist ein weiblicher Fisch*
Rogner/Milcher, Milchner   *(weiblicher Fisch)*
roh/gekocht   *rohes Gemüse; roher Schinken*
Rohstoff/Fertigprodukt
Rolle; s. Hosenrolle, Rockrolle
Rollendistanz/Rollenidentifikation   *(Soziologie)*
Rollenidentifikation/Rollendistanz   *(Soziologie)*
Romantik/Klassik
Romantiker/Klassiker   *(Literatur)*
romantisch/klassisch   *(Literatur, Musik)*

romantisch/unromantisch	*eine romantische Stimmung; sie ist sehr romantisch, er aber ganz unromantisch*
Romeo und Julia	*(Liebespaar in Shakespeares gleichnamiger Tragödie)*
römische Ziffer/arabische Ziffer	*VI ist eine römische Ziffer (für 6)*
Romulus/Remus	*(Zwillingsbrüder; römische Mythologie)*
röntgennegativ/röntgenpositiv	
röntgenpositiv/röntgennegativ	
rosa/hellblau	*eine rosa Babyausstattung für Mädchen*
Rosenrot; s. Schneeweißchen	
rostend/nichtrostend	*rostender Stahl*
rot/grün	*wenn die Ampel rot ist, muß man stehenbleiben*
rot/schwarz; a. recht...	*ein roter (sozialdemokratischer) Politiker*
rot/weiß	*roter Wein; rote Blutkörperchen*
Rot/Grün	*die Ampel steht auf Rot*
rote Blutkörperchen/weiße Blutkörperchen; s. a. Leukozyt	
Rote[r]/Schwarze[r]; s. a. Rechte[r]	*das ist ein Roter (politisch links Stehender)*
roter Terror/weißer Terror; a. Konterrevolution	*der rote Terror in der russischen Revolution*
rote Wangen/blasse Wangen	
rote Zahlen/schwarze Zahlen	*in den roten Zahlen sein (im Defizit sein)*
Rothaut/weißer Mann	*(nordamerikanischer Indianer)*
Rotor/Stator	*(sich drehender Teil einer elektrischen Maschine)*
Rotwein/Weißwein	*er trinkt gern Rotwein; Rotwein ist für alte Knaben*
rouge/noir; s. a. schwarz	*auf Rouge (beim Roulett die roten Zahlen betreffend) setzen*
rück.../höher... (Verb)	*z. B. rückstufen/höherstufen*
rück.../vor... (Verb)	*z. B. rückverweisen/vorverweisen*
Rück.../Vor... (Substantiv)	*z. B. Rückschau/Vorschau*
Rück../Vorder... (Substantiv)	*z. B. Rückseite/Vorderseite*
Rückbau/Vorbau	*(Bergbau)*
Rückblick/Ausblick	*Rückblick und Ausblick auf die Themen unserer Zeitschrift*
rückdatieren/vordatieren	*einen Brief rückdatieren*
rückdrehend/rechtdrehend; a. rechtsherum	*rückdrehender Wind (Meteorologie)*
Rücken/Brust	*das Baby hinten auf dem Rücken tragen*
Rücken/Schneide	*(beim Messer)*
Rücken; s. gebrochener Rücken, gerader Rücken	
Rückenmarksnarkose/Vollnarkose	
Rückenschwimmen/Brustschwimmen	
Rückenteil/Brustteil	
Rückenwind/Gegenwind; a. gegen/mit	*bei Rückenwind fährt es sich gut auf dem Rad*

Rückfahrt/Hinfahrt	*auf der Rückfahrt war der Zug voll*
Rückfährte/Hinfährte	*(Jägersprache)*
Rückflug/Hinflug	*auf dem Rückflug wurde ihr schlecht*
Rückfracht/Hinfracht	*(Wirtschaft)*
Rückgang/Anstieg	*der Rückgang der Arbeitslosenzahlen*
Rückgriff/Vorgriff	*im Rückgriff auf die angesammelten Be-stände*
Rückhand/Vorhand; a. Forehand	*(Tennis)*
Rücklauf/Vorlauf	*(bei Kassetten)*
rückläufig/rechtläufig	*(im Uhrzeigersinn; in bezug auf die Bewe-gungsrichtung der Himmelskörper; von Ost nach West; Astronomie)*
Rücknahmepreis/Ausgabepreis	*(bei Wertpapieren)*
Rückprojektion/Aufprojektion	*(Film)*
Rückreise/Hinreise	*sowohl die Hin- als auch die Rückreise waren problemlos; auf der Rückreise lernte sie ihn kennen*
Rückrunde/Hinrunde	*(zweite Hälfte einer Spielsaison)*
Rückschau/Vorschau	*Rückschau auf die Themen der früheren Nummern der Zeitschrift*
Rückschläger/Aufschläger	*([Tisch]tennis, Badminton)*
Rückschritt/Fortschritt	*das ist ein Rückschritt; der Fortschritt kann auch Rückschritt bedeuten*
rückschrittlich/fortschrittlich; a. progressiv	*rückschrittliche Maßnahmen*
Rückseite/Vorderseite; a. Avers	*der Text steht auf der Rückseite; die Rück-seite eines Hauses*
rücksichtslos/rücksichtsvoll	*ein rücksichtsloser Autofahrer; er ist rück-sichtslos; rücksichtslos vorgehen*
rücksichtsvoll/rücksichtslos	*ein rücksichtsvoller (auf andere Rücksicht nehmender) Autofahrer; er ist rück-sichtsvoll zu ihr; rücksichtsvoll handeln*
Rücksitz/Vordersitz	*auf dem Rücksitz im Auto*
Rückspiel/Hinspiel	*(Sport)*
Rückstand/Vorsprung	*er hat einen Rückstand (Abstand zu einem Gegner oder in bezug auf eine Leistung)*
rückstufen/höherstufen	*jemanden (in eine niedrigere Gehaltsstufe) rückstufen*
Rückteil/Vorderteil	*(beim Kleidungsstück: hinteres Teil)*
Rücktransport/Hintransport	
Rücktritt/Handbremse	*(beim Fahrrad die mit dem Fuß – über das Pedal – zu bedienende Bremsmög-lichkeit)*
Rückverweis/Vorverweis	*(Verweis, Hinweis auf eine vorher ge-nannte Stelle)*
rückverweisen/vorverweisen	*(auf eine vorher genannte Stelle verweisen)*
rückwärts/vorwärts	*los, nach rückwärts!; rückwärts fahren; eine Rolle rückwärts; rückwärts (mit dem Rücken voran) gehen*
Rückwärtsgang/Vorwärtsgang	*(Gang zum Rückwärtsfahren beim Auto)*

Rückwärtssprung/Vorwärtssprung	*(Wassersport)*
Rückweg/Hinweg	*auf dem Rückweg werde ich das erledigen*
rückweisend/vorausweisend; a. kataphorisch	
Rückzug/Vormarsch	*die Truppen sind auf dem Rückzug*
Rüde/Hündin	*(männlicher Hund)*
Ruderer/Ruderin	
Ruderin/Ruderer	
rufende Sünde/stumme Sünde	*(veraltet)*
Ruhe/Unruhe	*innere Ruhe*
ruhender Verkehr/fließender Verkehr	*(das Halten und Parken der Autos auf den Straßen und öffentlichen Plätzen; Verkehrswesen)*
Ruhestrom/Arbeitsstrom	*(Strom, der in einer ruhenden Anlage ständig fließt und durch dessen Unterbrechung ein Schaltvorgang ausgelöst wird; Elektrotechnik)*
ruhig/laut	*eine ruhige Straße; ruhige Nachbarn*
ruhig/lebhaft	*ein ruhiges Kind*
ruhig/stürmisch	*die See ist ruhig*
ruhig/unruhig	*sie war ganz ruhig; ruhig sein; ruhige Zeiten*
ruhig bleiben/unruhig werden	
rühmlich/unrühmlich	*eine rühmliche Ausnahme*
rührt Euch!/stillgestanden!	*(militärisches Kommando)*
rund/eckig	*ein runder Tisch; Jedenfalls ist es besser, ein eckiges Etwas als ein rundes Nichts zu sein (Hebbel)*
rund/schmal	*ein rundes Gesicht*
rund/unrund	*der Motor läuft rund (gleichmäßig; von einem Werkstück; Technik)*
Rundbogen/Spitzbogen	*(Architektur)*
Runde; s. Hinrunde, Rückrunde	
Rundsiebmaschine/Langsiebmaschine	*(Papierindustrie)*
Rundwirkmaschine/Flachwirkmaschine	
runter/rauf; a. hoch.../runter...	*Nebenkosten runter, Steuern rauf!; Löhne rauf und Abgaben runter!; runter von dem Stuhl!; Preise runter!*
runter; s. Daumen runter	
runter.../hoch... (Verben mit gleichem Basiswort)	*z. B. runterklappen/hochklappen, runtersteigen/hochsteigen*
runter.../hoch... (Verben mit nicht gleichem Basiswort)	*z. B. runterlassen/hochziehen, runterkommen/hochgehen (2 Sachverhalte, 1 personenidentische Perspektive, 1 Standort)*
runter.../rauf...; s. a. 'nauf/'nunter (Verben mit gleichem Basiswort)	*z. B. runtergehen/raufgehen (2 Sachverhalte in entgegengesetzter Richtung, 1 personenidentische Perspektive, 1 Standort oder 2 Sachverhalte, 1 personenidentische Perspektive, 2 Standorte)*

runter.../rauf...; s. a. 'nauf/'nunter (Verben mit nicht gleichem Basiswort)	z. B. runterholen/raufbringen; runterkommen/raufgehen (2 Sachverhalte hin und zurück, 1 personenidentische Perspektive, 1 Standort)
runterbringen/hochbringen, raufbringen	er hat die eine Kiste erst in den Keller zu mir runtergebracht und dann eine andere in die Wohnung zu ihr raufgebracht
runterbringen/raufholen	Wein in den Keller runterbringen
runterdrücken/hochdrücken, raufdrücken	einen Hebel runterdrücken
runterfallen/rauffallen	die Treppe runterfallen
runtergehen/hochgehen	1. die Preise gehen runter; 2. ich gehe erst (die Treppe) runter, und dann gehe ich wieder (die Treppe) hoch (2 Sachverhalte, 1 personenidentische Perspektive, 2 Standorte)
runtergehen/hochkommen, raufkommen; s. a. heraufkommen	sie kommt (die Treppe) rauf/hoch, und er geht (die Treppe) runter; morgens kam er rauf (herauf) auf den Berg, und abends ging er wieder runter (hinunter); er kam hoch/rauf, und sie ging runter
runtergehen/raufgehen; s. a. hinaufgehen	er ging die Treppe runter (hinunter), und sie ging die Treppe rauf (hinauf); morgens ging er rauf (hinauf) auf den Berg und abends wieder runter (hinunter); die Börsenkurse gehen runter (2 Sachverhalte in entgegengesetzter Richtung)
runterholen/raufbringen; s. a. einzahlen	Geld (vom Konto) runterholen
runterklappen/hochklappen	den Kragen runterklappen
runterkommen/raufgehen	komm runter von dem Spielplatz!
runterkommen/raufgehen, hochgehen	sie geht (die Treppe) rauf/hoch, und er kommt runter; morgens ging er auf den Berg rauf, und abends kam er wieder runter (vom Berg) (2 Sachverhalte hin und zurück, 1 personenidentische Perspektive, 1 Standort)
runterkommen/raufkommen; s. a. heraufkommen	komm doch runter (herunter) auf die Straße!; er kam runter zu mir in den Keller/er kam rauf zu mir in die Wohnung (2 Sachverhalte, 1 personenidentische Perspektive, 2 Standorte)
runterkrempeln/raufkrempeln, hochkrempeln	die Ärmel runterkrempeln
runterkurbeln/raufkurbeln; s. a. hinaufkurbeln, hochkurbeln	das Autofenster runterkurbeln
runterlassen/aufklappen	das Visier runterlassen
runterlassen/hochziehen	die Jalousie, die Hosen runterlassen
runterlassen/rauflassen	laß mich runter (hinunter) von der Schaukel!; er läßt ihn nicht runter (herunter) zu mir

runterlassen/raufziehen; s. a. heraufziehen	*den Eimer in den Brunnen runterlassen*
runterlaufen/hochlaufen	*die Treppe runterlaufen*
runterpaddeln/raufpaddeln	*die Lahn rauf- und wieder runterpaddeln*
runterrutschen/hochziehen	*die Strümpfe rutschten runter, und er mußte sie immer wieder hochziehen*
runterschrauben/raufschrauben	*seine Forderungen runterschrauben*
runtersetzen/raufsetzen	*die Preise runtersetzen*
runterspielen/hochspielen	*eine Sache runterspielen (ihre Bedeutung als geringer hinstellen, als sie wirklich ist)*
runtersteigen/hochsteigen, raufsteigen	*von der Leiter runtersteigen*
runterstufen/höherstufen	*jemanden runterstufen (in bezug auf das Gehalt)*
runtertragen/hochtragen, rauftragen	*ich habe die eine Kiste erst in den Keller runter-, dann eine andere in die Wohnung raufgetragen*
runtertragen/raufbringen	*tragen Sie die Kiste runter in den Keller, und bringen Sie den Stuhl aus dem Keller rauf zu mir*
rüsten/abrüsten; s. a. demilitarisieren	*das Land hat gerüstet*
Rüstung/Abrüstung	

S

Saat/Ernte	
Saatgemüse/Pflanzgemüse	
Saatgut/Pflanzgut	
Sachantrag/Prozeßantrag	(Rechtswesen)
Sacheinlage/Geldeinlage	(Wirtschaft)
Sachfirma/Personenfirma	(Firmenname, der sich auf den Gegenstand des Unternehmens bezieht)
Sachfrüchte/Rechtsfrüchte	als Sachfrüchte gelten Erzeugnisse einer Sache wie Wolle eines Tieres oder Milch, Obst; Sand, Steine als Ausbeute aus einem Steinbruch sowie Erträge aus einer Sache wie Mietzins (Rechtswesen)
sachgemäß/unsachgemäß	eine sachgemäße Behandlung, Lagerung
sachgerecht/unsachgerecht	
Sachgewinn/Geldgewinn	bei diesen Losen gibt es nur Sachgewinne (Haushaltsgegenstände o. ä.)
Sachhehlerei/Personenhehlerei	(Hehlerei bezüglich einer gestohlenen Sache o. ä.; Rechtswesen)
Sachkatalog/Autorenkatalog, Personenkatalog	(Bibliothekswesen)
Sachkonto/Personenkonto; s. a. lebendes Konto	(Konto, das Sachwerte verrechnet)
Sachkonzern/Finanzkonzern	(Konzern zur rationelleren Gestaltung der Produktion usw.; Wirtschaft)
Sachkosten/Personalkosten	
sachlich/unsachlich	sachliche Kritik; sachliche Einwände gegen ein Projekt
Sachmangel/Rechtsmangel	(Mangel, Fehler an einer Sache o. ä.; Rechtswesen)
Sachpreis/Geldpreis	(bei Preisausschreiben usw.)
Sachregister/Personenregister	das Buch hat ein Sachregister
Sachschaden/Personenschaden	der Sachschaden bei einen Unfall
Sachse/Sächsin	er ist ein Sachse (stammt aus Sachsen)
Sachsicherheit/Personalsicherheit	(Rechtswesen)
Sächsin/Sachse	sie ist eine Sächsin
Sadismus/Masochismus; a. passiv	(sexuell bestimmte Lust am Quälen, Schmerzzufügen)
Sadist/Sadistin; a. Domina	(männliche Person, die sexuelle Lust aus dem Quälen eines anderen, aus Schmerzzufügen gewinnt)
Sadist[in]/Masochist[in]; a. Sklave, Sklavin	der Sadist findet sexuelle Lust am Quälen, der Masochist am Gequältwerden

Sadistin/Sadist; a. Meister/Sklave	*(weibliche Person, die sexuelle Lust aus dem Quälen eines anderen, aus Schmerzzufügen gewinnt)*
sadistisch/masochistisch	*sexuelle Freude am Quälen anderer habend*
Sado/Maso; s. a. Masochist	*er erzählte seine Erlebnisse als Sado (Sadist)*
säen/ernten	*wer nicht sät, wird auch nicht ernten; die Vögel unter dem Himmel: Sie säen nicht und ernten doch*
Sägemühle/Mahlmühle	
sagen; s. die Wahrheit sagen	
Saison; s. Hauptsaison, Nachsaison, Nebensaison, Vorsaison	
sakral/profan	*(heilig)*
Sakralbau/Profanbau	*(heiligen Zwecken dienender Bau)*
säkular/instantan	*säkulare (über lange Zeiträume sich erstreckende) Bodensenkung (Geologie)*
Säkularkleriker/Regularkleriker	*(Weltgeistlicher)*
Saldo; s. Debetsaldo, Habensaldo, Sollsaldo	
salisch/femisch	*(an Kieselsäure usw. reich; Mineralogie)*
Salvenfeuer/Lagenfeuer	*(das gleichzeitige Feuern aus allen Rohren; Militär)*
Salzwasser/Süßwasser	
Samenerguß; s. erster Samenerguß	
Samenpflanze/Sporenpflanze	*(Botanik)*
Samenzelle; s. männliche Samenzelle	
Sammelfahrkarte/Einzelfahrkarte	
Sammellinse/Zerstreuungslinse; a. konkav	*(eine konvexe Linse, die einfallende Strahlen sammelt)*
Sammelurkunde/Einzelurkunde	
Sammelverwahrung/Sonderverwahrung	*(Wertpapierdepot, in dem hinterlegte Stücke von verschiedenen Kunden zusammen aufbewahrt werden; Bankwesen)*
Samson/Dalila, Delila	*(im Alten Testament ein mit übermenschlicher körperlicher Kraft ausgestatteter Mann, dessen Geliebte − die Philisterin Dalila − ihm diese Kraft dadurch raubte, daß sie ihm im Schlaf das Haar abschnitt, so daß ihn nun die Philister besiegen konnten)*
Sancho Pansa/Don Quichotte	*(Diener des Don Quichotte)*
sanft/grob	*er ist sehr sanft; jemanden sanft anfassen*
sanft/hart	*das Flugzeug setzte sanft auf*
sanft/unsanft	*sie hat ihn sanft geweckt*
Sänger/Sängerin; a. Vokalistin	
Sängerin/Sänger; a. Vokalist	

Saprobie/Katharobie	*(Organismus, der in oder auf faulenden Stoffen lebt)*
Sara/Abraham; a. Stammvater	*(die Frau Abrahams, die nach langer Unfruchtbarkeit den Isaak gebar)*
Sarah; s. Sara	
Satan/Gott	
Satellitenflughafen/Zentralflughafen	
Satemsprache/Kentumsprache	*(Sprache, in der sich ursprüngliche palatale Verschlußlaute in Zisch- und Reibelaute gewandelt haben); Satemsprachen sind zum Beispiel Indisch, Iranisch, Slawisch; die Benennungen basieren auf dem Wort für 100: lateinisch: centum und altiranisch: satem*
Sattelpferd/Handpferd	*(das Pferd, das im Gespann links – vom Bock aus gesehen – geht)*
Satteltal/Muldental	*(Geographie)*
satt sein/Hunger haben, hungrig sein	*ich bin (schon) satt*
Satyriasis/Andromanie, Nymphomanie; s. a. Mannstollheit	*Satyriasis ist der gesteigerte Geschlechtstrieb eines Mannes*
Satz; s. einfacher Satz, Gliedsatz, Hauptsatz, Kernsatz, komplexer Satz, Konstituentensatz, Matrixsatz, Nebensatz, Spannsatz, Stirnsatz	
satzeröffnend/satzschließend	*satzeröffnendes Gliederungssignal*
satzschließend/satzeröffnend	*satzschließendes Gliederungssignal*
Satzungsleistung/Regelleistung	*(bei Krankenkassen)*
Sau/Eber; s. a. Borg, Keiler	*(weibliches Schwein)*
sauber/schmutzig	*saubere Hände, Schuhe, Fingernägel, Wäsche; das Hemd ist (noch) sauber; übertragen: saubere Gedanken*
sauber/unsauber	*das hat er sauber gearbeitet; sie hat auf dem Klavier sauber gespielt*
sauer/alkalisch	*(pH-Werte bis 6 inklusive)*
sauer/basisch; a. süß	*das Milieu im Magen ist sauer*
sauer/süß	*saure Kirsche; saure Trauben; saure Sahne; es schmeckt sauer*
Sauer/Süß	*(bezahlte, aber noch nicht geleistete Arbeit; Jargon)*
Sauerkirsche/Süßkirsche	
Sauermilchkäse/Labkäse	*(aus Sauermilchquark hergestellter Käse)*
Sauermilchquark/Labquark	
Sauermolke/Süßmolke, Labmolke	
Sauerrahmbutter/Süßrahmbutter	
saufen/fressen; a. essen	
saugen/blasen	*(mit dem Mund unter Anspannung der Mundmuskulatur in sich hineinziehen)*
Saugluftanlage/Druckluftförderanlage	*(Technik)*
Saugpumpe/Druckpumpe	*(Technik)*

Säulenbasilika/Pfeilerbasilika	(Architektur)
Saulus/Paulus	vom Saulus zum Paulus werden (aus einem Bekämpfer, Gegner einer Ansicht zu dessen Verteidiger, Befürworter werden)
Sauna; s. Dampfsauna, Trockensauna	
Säure/Base, Lauge	Säuren färben Lackmuspapier rot; zu hohe Zufuhr von Eiweiß führt zu vermehrtem Anfall von Säuren
säurefrei/säurehaltig	
säurehaltig/säurefrei	
Scanner/Drucker	
schaden/nützen	das schadet der Karriere, dem Verein; es ist die Frage, ob das Fernsehen der Literatur nur schadet oder auch nützt
Schaden/Nutzen	gesellschaftlicher Schaden; das wird nicht zu deinem Schaden sein, sondern zu deinem Nutzen
Schädiger[in]/Geschädigte[r]	(Rechtswesen)
schädlich/nützlich	schädliche Pflanzen, Tiere
schädlich/unschädlich	schädliche Stoffe; diese Strahlen sind schädlich
Schädling/Nützling	Schädlinge sind für den Menschen schädliche Tiere (Fachsprache)
Schaf/[Schaf]bock, Hammel, Schöps, Widder	(weibliches Schaf)
Schafbock/Hammel, Schöps	(nicht kastriertes männliches Schaf)
Schafbock/Schaf	(männliches Schaf)
Schale/Kern	eine rauhe Schale, aber ein weicher Kern
schalldicht/hellhörig	die Wohnung ist schalldicht
schallhart/schallweich	(kaum Schall schluckend; Bauwesen)
schallweich/schallhart	(sehr stark den Schall schluckend; Bauwesen)
Schaltjahr/Gemeinjahr	(Jahr – alle vier Jahre –, das durch Einschalten eines Tages im Februar länger ist als die üblichen)
Schamlippen; s. große Schamlippen, kleine Schamlippen	
Schande/Ehre	wo Saufen eine Ehre ist, ist Kotzen keine Schande (Spruch)
scharf/mild	scharfer Senf
scharf/stumpf	ein scharfes Messer, Beil
scharf/unscharf	scharfe (sehr klare, deutliche) Landschaftsbilder, Fotos
Schärfe/Unschärfe	die Schärfe oder Unschärfe eines Begriffs
scharren/klopfen	die Studenten äußern ihr Mißfallen durch Scharren
Schatten/Licht	wo viel Licht ist, ist auch viel Schatten
Schatten/Sonne	sie legte sich in den Schatten

Schattenblatt/Sonnenblatt	*(Botanik)*
Schattenholz/Lichtholz	*(wenig Licht brauchende Holzart; Forstwe-sen)*
Schattenpflanze/Sonnenpflanze	*(Pflanze, die nicht viel Licht, Sonne braucht; Botanik)*
Schattenseite/Sonnenseite	*auf der Schattenseite des Lebens (benach-teiligt) sein*
Schattenseite; s. Licht- und Schattenseiten	
schattig/sonnig	*ein schattiger Platz*
Schauspiel/Oper	*sie hat mehr Interesse an Schauspielen als an Opern*
Scheck; s. Barscheck, mit Scheck, Verrech-nungsscheck	
Scheel; s. Tünnes	
Scheibe; s. in Scheiben	
Scheibenrad/Speichenrad	*(Rad, das zwischen Felge und Nabe eine Metallplatte hat)*
Scheide/[männliches] Glied; s. a. Penis	*männliches Glied – äußeres männliches Geschlechtsorgan – und Scheide – in-neres weibliches Geschlechtsorgan – sind die komplementären Kopulations-organe*
Scheide/Schwert	*das Schwert in die Scheide stecken*
Scheidemünzen/Kurantmünzen	*(Münzen kleineren Nennwerts mit begrenz-ter gesetzlicher Zahlungskraft)*
scheiden/trauen	*ein Paar scheiden (seine Ehe für aufgelöst erklären); wann wurden sie geschieden?*
scheiden lassen, sich/heiraten	*sie haben sich (wieder) scheiden lassen*
Scheidung/Trauung	
Schein/Münze; s. a. Hartgeld	*in Scheinen bezahlen*
Schein/Sein	*der Unterschied zwischen Schein (dem äußeren Erscheinungsbild, das von dem eigentlichen Wesen oft verschieden ist) und Sein*
scheinbar/in Wahrheit	*das scheinbar Vergessene lebt im Unterbe-wußtsein fort; sein Wert ist scheinbar groß, aber in Wahrheit klein*
scheinen/sein	*das scheint nicht nur so, das ist auch so*
Scheiße/Pisse; s. a. Pipi, Urin	*(derbe Ausdrucksweise für die menschli-che Ausscheidung aus dem Darm)*
schenken/beschenkt werden	*er schenkt und wird beschenkt*
Schenkende[r]/Beschenkte[r]	
Schenker[in]/Beschenkte[r]	
Scherz/Ernst	*das war halb Scherz, halb Ernst*
Schia/Sunna	*(islamische religiöse Richtung)*
schicklich/unschicklich	*schickliches Benehmen*
Schickschuld/Holschuld	*(Rechtswesen)*
schieben/ziehen	*er hat sich hinter den Karren gestellt und schiebt ihn; der Triebkopf beim ICE 2 schiebt oder zieht die Wagen*

Schiedsfrau/Schiedsmann	(Rechtswesen)
Schiedsmann/Schiedsfrau	(Rechtswesen)
schief/gerade	das Bild hängt schief
Schießjagd/Fangjagd	
Schiffahrt; s. Hochseeschiffahrt, Küsten- schiffahrt	
Schiit/Sunnit	(Anhänger der Schia, eine der beiden Hauptrichtungen des Islams)
Schimmel/Rappe	(weißes Pferd)
Schinken; s. Hinterschinken, Vorder- schinken	
schizothym/zyklothym; a. pyknisch	(introvertiert-feinsinnig; nach Kretschmer)
Schlachtgewicht/Lebendgewicht	(Gewicht eines geschlachteten Tieres ohne Haut, Kopf, Füße usw.; Fachsprache)
Schlaf; s. REM-Schlaf, Tiefschlaf	
schlafen/wachen	er kann schlafen, ich jedoch muß beim Kranken wachen
schlafen/wach sein	er schläft (schon); sie schläft (noch), und er ist (schon) wach
schlafen gehen/aufbleiben	Thiemo muß jetzt schlafen gehen, aber Sas- kia darf noch aufbleiben
schlafen gehen/aufstehen	wann gehst du abends schlafen, und wann stehst du morgens auf?
schlafen lassen/[auf]wecken	laß ihn schlafen! Weck ihn nicht auf!
schlaff/steif; a. erigiert	ein schlaffer (unerigierter) Penis
schlaff werden/sich aufrichten	der Penis wird schlaff
Schläge austeilen/Schläge einstecken	
Schläge einstecken/Schläge austeilen	
Schlagende[r]/Geschlagene[r]	
Schläger/Geschlagene[r]	
Schläger/Läufer	(Spieler, der den Ball mit dem Schlagholz ins Spielfeld schlägt; Schlagball)
Schlägerin/Geschlagene[r]	
Schlaghand/Führhand	(Boxen)
Schlagpartei/Fangpartei	(Ballspiele)
Schlagwirtschaft/Plenterwirtschaft	(Forstwirtschaft)
schlank/dick	diese Ernährung macht schlank
schlau/dumm	die einen sind die Schlauen (die die Vor- teile haben), die anderen sind die Dum- men (die das Nachsehen haben); ein schlauer Mensch; ein schlauer Plan
schlecht/gut	ein schlechter Mensch (in bezug auf seinen Charakter); eine schlechte Mutter; et- was erweist sich als schlecht; eine schlechte Ernte; schlechte Nachrichten; schlecht geschlafen haben; sich den Na- men schlecht merken können
schlecht/schön	gestern hatten wir schönes Wetter, heute aber schlechtes

schlechter/besser	*es geht ihm wieder schlechter*
schlechtes Gewissen/reines Gewissen	*er hatte ein schlechtes Gewissen*
schlechtgehend/gutgehend	*schlechtgehende Waren*
schlechtgelaunt/gutgelaunt	*ein schlechtgelaunter Vorstand*
schlechtreden, etwas/etwas schönreden	*den Standort Deutschland schlechtreden (ihn durch ständiges kritisches Reden darüber abwerten)*
Schlechtwetterlage/Schönwetterlage	
schleichen/rasen	*er schleicht (fährt ganz langsam) über die Autobahn*
Schlichtfeile/Schruppfeile	*(Feile zum Glätten)*
Schlichthobel/Schrupphobel	*(feiner Hobel zum Glätten)*
schließbar/öffenbar	*wie sind diese Fenster schließbar (zu schließen)?*
schließen/aufbehalten	*die Augen schließen*
schließen/auflassen	*das Fenster auflassen und nicht schließen*
schließen/eröffnen	*die Diskussion schließen; das Geschäft wurde in diesem Jahr (für immer) geschlossen (aufgegeben)*
schließen/öffnen; a. aufschließen	*das Fenster schließen; das Geschäft schließt am Donnerstag um 20.30 Uhr; der Schalter wird um 16 Uhr geschlossen*
schließen, sich/sich öffnen	*die Tür schließt sich; die Blüte hat sich geschlossen*
schlimmstenfalls/bestenfalls	*schlimmstenfalls (im ungünstigsten Fall) ist er letzter; schlimmstenfalls muß er Strafe zahlen*
Schlitzverschluß/Zentralverschluß	*(bei der Kamera)*
Schlüpfrigkeit/Griffigkeit	*(Straßenzustand, -eigenschaft, die das Rutschen eines Fahrzeugs begünstigt; Verkehrswesen)*
Schlußchor/Anfangschor, Eingangschor	
Schlußhälfte/Anfangshälfte	*(zweite Hälfte der Spielzeit; Sport)*
schlüssig werden, sich/unschlüssig sein	*ich bin mir darüber schlüssig geworden*
Schlußkurs/Anfangskurs	*(Börsenwesen)*
schmal/breit	*schmale Hüften, Schultern; schmale Stufen; eine schmale Straße, ein schmaler Fluß*
schmal/dick	*eine schmale Brieftasche haben (nur über wenig Geld verfügen)*
schmal/rund	*ein schmales Gesicht*
schmal/voll	*schmale Lippen*
Schmalbahn/Breitbahn	*(beim Papier)*
schmalbrüstig/breitbrüstig	
Schmalspur/Normalspur; a. Breitspur	*(bei Eisenbahngleisen)*
schmelzen/liegenbleiben	*der Schnee wird bei dieser Temperatur bald schmelzen*
Schmiedeeisen/Gußeisen	*(Eisen, das kunstvoll geschmiedet ist)*

Schmierseife/Kernseife	*(zähflüssige Seife)*
schminken/abschminken	*das Gesicht schminken*
schmöll/durstig	*er ist (schon) schmöll (nicht existierendes, aber zur Schließung der semantischen Lücke vorgeschlagenes Wort für: keinen Durst mehr habend)*
schmutzig/sauber	*schmutzige Hände, Schuhe, Fingernägel, Wäsche; das Hemd ist (schon) schmutzig; übertragen: schmutzige Gedanken*
Schnabel/Schwanz	*der Schnabel des Vogels*
schneearm/schneereich	*ein schneearmer Winter*
schneereich/schneearm	*ein schneereicher Winter*
Schneeweißchen und Rosenrot	*(Grimms Märchen)*
Schneide/Rücken	*(beim Messer die zum Schneiden vorgesehene Seite)*
Schneidezahn/Backenzahn	*(Zahn, in der Mitte von Ober- und Unterkiefer)*
schnell/langsam	*schnell arbeiten, sprechen, laufen, fahren*
Schnelligkeit/Langsamkeit	
Schnitzbriah/Seckelesmoscht	*(weiblicher Urin, landschaftlich; bei Walser in „Seelenarbeit")*
schnörkellos/mit Schnörkeln	*eine schnörkellose Schrift*
Schöffe/Schöffin	
Schöffin/Schöffe	
Schofför; s. Chauffeur	
Schofförin; s. Chauffeurin	
Schokolade; s. bittere Schokolade	
schon/erst; a. noch, noch nicht	*er kam schon morgens (nicht erst abends); er kommt schon in diesem Jahr, nicht erst im nächsten; sie ist schon früh, doch er ist erst spät aufgestanden; drei Morde sind (erfreulicherweise) schon/ (bedauerlicherweise) erst aufgeklärt*
schon/noch	*er schläft schon (so früh), doch sie ist noch wach; er schläft noch (so lange), doch sie ist schon wach; das Leben schon hinter sich haben; Klaus ist schon weggegangen; er ist schon weg/er ist noch da*
schon/noch nicht	*sie ist schon angekommen, doch er noch nicht; als ich kam, war sie schon abgereist, doch er noch nicht; Tilo war schon in Paris, Christian aber noch nicht; ich habe mich schon/noch nicht entschieden; das ist schon lange her/ noch nicht lange her*
schön/häßlich	*eine schöne Frau; ein schöner Mann; ein schönes Aussehen; im Märchen „Frau Holle" ist die Goldmarie schön und fleißig; die schönen und die häßlichen Seiten der Stadt*

schön/schlecht

schönes Wetter

Schöndruck/Widerdruck

(die zuerst bedruckte Seite eines Bogens; Buchdruck)

schon erwachsen sein/noch ein Kind sein

er ist schon erwachsen

schon gegessen, gefrühstückt haben/[noch] nüchtern sein

ich habe schon gegessen

Schönheit/Häßlichkeit

Schonklima/Reizklima

schönreden, etwas/etwas schlechtreden

die Lage schönreden (bestrebt, durch vieles bewußt positive Reden eine schlechte Situation im günstigen Licht erscheinen zu lassen)

Schönwetterlage/Schlechtwetterlage

schon wieder/immer noch

sie ist schon wieder da; er ist schon wieder krank

Schonzeit/Jagdzeit

Schopfbaum/Kronenbaum

(keine Äste ausbildender Baum, zum Beispiel die Palme)

Schöps/Schaf

(kastriertes männliches Schaf)

Schöps/Schafbock, Widder

ein Schöps ist im Unterschied zu Schafbock und Widder ein kastriertes männliches Schaf (besonders österreichisch)

Schotte/Schottin

Schottin/Schotte

Schrägküste/Längsküste

(Geologie)

Schraube[nbolzen]/[Schrauben]mutter

(nagelförmiger Gegenstand mit Gewinde, der in etwas eingeschraubt werden kann; Technik)

Schraubenmutter/Schraube[nbolzen]

Schreibe/Spreche

der Unterschied zwischen Schreibe und Spreche (Umgangssprache)

schreiben/lesen

er liest, was sie geschrieben hat

schreiben/reden

er kann besser schreiben als reden

schreiben/sprechen

das geschriebene und das gesprochene Wort

schreiben; s. getrennt schreiben, zusammenschreiben

Schreiber[in]/Leser[in]

Schreibschrift/Druckschrift

(Schrift, bei der die einzelnen Buchstaben eines Wortes miteinander verbunden sind)

schreien/flüstern

einem Schwerhörigen etwas ins Ohr schreien

Schrift/Rede

in Rede und Schrift

Schrift; s. Begriffsschrift, Buchstabenschrift, Druckschrift, Schreibschrift

schriftlich/mündlich

die schriftliche Prüfung; etwas schriftlich vereinbaren

Schriftlichkeit/Mündlichkeit

Schriftsprache/Umgangssprache
schriftsprachlich/sprechsprachlich
Schriftsteller/Schriftstellerin
Schriftstellerin/Schriftsteller
Schritt/Galopp   *im Schritt*
Schruppfeile/Schlichtfeile   *(grobe Feile)*
Schrupphobel/Schlichthobel   *(grober Hobel des Tischlers)*
Schub/Sog   *(Phonetik)*
Schub/Umkehrschub   *(Luftfahrt)*
Schub/Zug   *(Kraft durch Schieben)*
Schuh; s. Halbschuh, Hausschuh, hoher
   Schuh, mit Schuhen, Stiefel, Straßen-
   schuh
Schuld/Sühne; a. Strafe   *Schuld und Sühne*
Schuld/Unschuld   *es geht um Schuld oder Unschuld des An-*
                                          geklagten; die Richter mußten über
                                          Schuld oder Unschuld entscheiden

Schuld; s. Bringschuld, Holschuld, Schick-
   schuld
Schulden/Außenstände   *er hat große Schulden (Geld, das er von*
                                          anderen geliehen hat)
schuldenfrei/verschuldet   *sie sind (jetzt) schuldenfrei*
schuldfähig/schuldunfähig   *er ist schuldfähig*
Schuldfähigkeit/Schuldunfähigkeit
schuldig/schuldlos   *schuldig geschieden*
schuldig/unschuldig   *der Angeklagte ist schuldig*
schuldlos/schuldig   *schuldlos geschieden*
Schuldmitübernahme/befreiende Schuld-   *(Rechtswesen)*
   übernahme
Schuldner/Gläubiger; s. a. Kreditor   *der Schuldner konnte das Geld nicht*
                                          pünktlich zurückzahlen
Schuldspruch/Freispruch   *(Rechtswesen)*
schuldunfähig/schuldfähig   *jemanden als schuldunfähig ansehen*
Schuldunfähigkeit/Schuldfähigkeit   *diese Tat wurde im Zustand der Schuldun-*
                                          fähigkeit begangen

Schule; s. Grundschule, Oberschule, Pri-
   marschule, Privatschule, Sekundar-
   schule, staatliche Schule, Teilzeitschule,
   Vollzeitschule
Schüler/Lehrer[in]   *Schüler und Lehrer feierten gemeinsam*
Schüler/Schülerin   *in der Klasse gab es 10 Schüler und 14*
                                          Schülerinnen
Schülergrad/Meistergrad   *(bei der Kampfsportart Budo)*
Schülerin/Lehrer[in]   *dieser Ausflug war für die Lehrerin und*
                                          für die Schülerinnen ein schönes Er-
                                          lebnis
Schülerin/Schüler   *in der Klasse gab es 10 Schüler und 14*
                                          Schülerinnen
schulisch/außerschulisch   *schulische Belange*

Schuljunge/Schulmädchen	*er ist schon ein Schuljunge (geht schon zur Schule)*
Schulmädchen/Schuljunge	*sie ist schon ein Schulmädchen (geht schon zur Schule)*
Schulmedizin/Naturheilkunde; a. Homöopathie	
Schultern; s. abfallende Schultern, gerade Schultern	
Schuß/Kette	*(Weberei)*
schußbändig/schußscheu	*(an Schüsse gewöhnt; Jägersprache)*
schußscheu/schußbändig	*(durch Schüsse unruhig werdend; Jägersprache)*
Schusterjunge/Hurenkind	*(erste Zeile eines neuen Absatzes, die als letzte Zeile auf einer Seite oder einer Spalte steht; Druckwesen)*
schütter/voll; a. dicht	*schütteres Haar*
Schutz; s. Objektschutz, Personenschutz	
Schützling/Beschützer[in], Beschützende[r]	
Schwabe/Schwäbin	*(Mann, der aus Schwaben stammt)*
Schwäbin/Schwabe	
schwach/kräftig	*1. schwache Gelenke; 2. schwaches Aroma*
schwach/stark	*1. ein schwacher Charakter, Mensch; eine schwache Leistung; eine schwache Arznei; eine schwache Gegenwehr des Feindes; 2. schwache (regelmäßige) Verben wie „lachen, lachte, gelacht"; das Substantiv Automat wird schwach dekliniert: der Automat, des Automaten*
schwach; s. auflagenschwach, ausdrucksschwach, charakterschwach, geburtenschwach, nervenschwach, willensschwach, das schwache Geschlecht, der Geist ist willig	
...schwach/...stark (Adjektiv)	*z. B. willensschwach/willensstark*
Schwäche/Stärke	*man kann die Schwächen der Mitarbeiter weniger über Tadel verändern als die Stärken über das Lob; das ist ihre Schwäche; die Stärken und Schwächen dieses Systems*
schwächen/stärken	*das schwächt die Gesundheit; das Fieber hat seinen Körper geschwächt; der Skandal hat seine Position als Parteivorsitzenden sehr geschwächt*
schwächer als/stärker als	*sie ist schwächer als er*
Schwachheitssünde/Bosheitssünde	*(veraltet)*
Schwachstrom/Starkstrom	
Schwager/Schwägerin	*(Ehemann der Schwester; Bruder des Ehemannes, der Ehefrau)*
Schwägerin/Schwager	*(Ehefrau des Bruders; Schwester des Ehemannes, der Ehefrau)*

Schwanz/Fotze, Möse; s. a. Scheide, Vagina	*(derb für: Penis)*
Schwanz/Kopf	*1. der Schwanz der Schlange; 2. (unterer Teil des Buchrückens)*
Schwanz/Schnabel	*der Schwanz des Vogels*
schwanzlastig/kopflastig; a. vorderlastig	*(in bezug auf das hintere Ende eines Flugzeugs besonders schwer beladen)*
Schwanzstück/Kopfstück	*(hintere Fischhälfte; Kochkunst)*
schwarz/blond	*schwarze Haare*
schwarz/rot; a. link...	*ein schwarzer Politiker (von einer rechten, konservativen Partei)*
schwarz/weiß	*die schwarze Bevölkerung*
Schwarzbrot/Weißbrot	*(vor allem aus Roggenmehl hergestelltes Brot)*
Schwarze[r]/Rote[r]; s. a. Linke[r]	*das ist ein Schwarzer (politisch rechts Stehender)*
Schwarze[r]/Weiße[r]	*die Schwarzen und Weißen in Südafrika*
schwarzer Bruch/weißer Bruch	*(Weinbau)*
schwarzer Kreis/weißer Kreis	*(früher: Stadt- oder Landkreis mit Mietpreisbindung)*
schwarze Zahlen/rote Zahlen	*schwarze Zahlen schreiben (Gewinn machen)*
schwarzweiß/farbig	*schwarzweiß fotografieren*
schwarzweiß/in Farbe	*der Fernsehfilm war schwarzweiß*
Schwarzweißfernseher/Farbfernseher	
Schwarzweißfilm/Farbfilm	
schweigen/reden	*wenn er redet, schweigen die anderen*
Schweizer/Schweizerin	*er ist ein Schweizer*
Schweizerin/Schweizer	*sie ist eine Schweizerin*
...schwemme/...mangel (Substantiv)	*z. B. Lehrerschwemme/Lehrermangel*
schwer/leicht	*1. ein schwerer Koffer; 2. schwere Arbeit; schwere Aufgaben; schwer verletzt; schwer verdaulich; die Tür geht schwer auf; schwere Zigarren; schwerer Wein; schwere Artillerie; schwere Krankheit, Gehirnerschütterung; schweres Gewitter; schweren Herzens*
Schwerathlet/Leichtathlet	
schwerbewaffnet/leichtbewaffnet	*schwerbewaffnete Soldaten*
schwerblütig/leichtblütig	*sie ist schwerblütig (von ernster Natur)*
Schwerchemikalie/Feinchemikalie	
schwerfallen/leichtfallen	*die Arbeit fiel ihm schwer; es fiel ihm nicht schwer, seine Zustimmung zu geben; die Trennung von ihr ist ihm schwergefallen*
Schwergewicht/Leichtgewicht	
Schwergut/Leichtgut	*(in bezug auf Frachtgut auf Schiffen)*
Schwerindustrie/Leichtindustrie	*eisenerzeugende, -verarbeitende Industrie ist Schwerindustrie*

schwermachen, sich, jemandem etwas/
   sich, jemandem etwas leichtmachen

sich das Leben schwermachen; er hat mir
   die Entscheidung schwergemacht

Schwermetall/Leichtmetall

(zum Beispiel Eisen, Kupfer)

schwernehmen/leichtnehmen

er nimmt alles (so) schwer

Schwert/Scheide

er steckt das Schwert in die Scheide

Schwertboot/Kielboot

(Schiffsbau)

schwertun, sich/sich leichttun

er tut sich damit schwer

schwerverdaulich/leichtverdaulich

schwerverdauliche Speisen

schwerverletzt/leichtverletzt

schwerverletzte Personen

Schwerverletzte[r]/Leichtverletzte[r]

es gab einen Schwer- und zwei Leichtver-
   letzte

schwerverständlich/leichtverständlich

ein schwerverständlicher Text

schwerverwundet/leichtverwundet

die schwerverwundeten Soldaten wurden
   in die Heimat geflogen

Schwester/Bruder

Karen ist Tims Schwester; Bruder und
   Schwester unternahmen das gemeinsam;
   meine ältere, größere Schwester

Schwester/[Kranken]pfleger

die Schwester gab dem Kranken eine
   Spritze

Schwiegermama/Schwiegerpapa; s. a.
   Schwiegervater

Schwiegermutter/Schwiegervater

Schwiegerpapa/Schwiegermama; s. a.
   Schwiegermutter

Schwiegervater/Schwiegermutter

Schwimmer/Nichtschwimmer

das Becken für Schwimmer

schwindelfrei, jemand ist/jemandem wird
   schwindlig

ich bin schwindelfrei

schwindlig, jemandem wird/jemand ist
   schwindelfrei

mir wird leicht schwindlig

schwitzen/frieren

erst habe ich geschwitzt und dann wieder
   gefroren

schwul/lesbisch; a. homosexuell, weibweib-
   lich

schwule (homosexuelle) Männer und lesbi-
   sche (homosexuelle) Frauen

Schwuler/Lesbe; s. a. Lesbierin, Urninde

(Mann mit gleichgeschlechtlicher Neigung)

schwunglos/schwungvoll

eine schwunglose Rede

schwungvoll/schwunglos

eine schwungvolle Rede

Scordatura/Accordatura

(zur Erlangung besonderer Klangeffekte
   vom Üblichen abweichende Stimmung
   bei Saiteninstrumenten)

Scylla/Charybdis

(Meeresungeheuer mit sechs Köpfen und
   zwölf Füßen); zwischen Scylla und Cha-
   rybdis (in einer Situation, in der man
   nur die Wahl zwischen zwei gleich unan-
   genehmen Dingen o. ä. hat; in einer aus-
   sichtslosen Lage; Zwickmühle)

Scylla und Charybdis/Buridans Esel

er befindet sich zwischen Scylla und Cha-
   rybdis (muß zwischen zwei Übeln wäh-
   len; egal, was er wählt, es ist schlimm)

secco; siehe: a secco
Seccomalerei/Freskomalerei   (Wandmalerei auf trockenem Putz)
Secco-Rezitativ/Accompagnato   (Musik)
Seckelesmoscht/Schnitzbriah   (männlicher Urin; landschaftlich; bei Wal-
                                          ser in „Seelenarbeit")
Secondo/Primo   (Baß bei vierhändigem Klavierspiel)
sedimentieren/aufrahmen   (einen Bodensatz bilden; Chemie)
Seefisch/Flußfisch
seegestützt/landgestützt   (Militär)
Seehafen/Binnenhafen, Flußhafen   (Hafen am Meer)
Seeklima/Kontinentalklima   (Klima mit geringen Temperaturschwan-
                                          kungen)
Seekrieg/Landkrieg, Luftkrieg   (Krieg auf dem Wasser)
Seele/Geist   der Geist als Widersacher der Seele (Kla-
                                          ges)
Seele/Körper   eine zarte Seele in einem robusten Körper
Seele/Leib   Essen und Trinken hält Leib und Seele zu-
                                          sammen
seelisch/körperlich; s. a. physisch, soma- seelische Leiden
  tisch
Seemacht/Landmacht   (Staat, dessen militärische Stärke vor
                                          allem bei den Seestreitkräften liegt)
Seeseite/Landseite   (die Seite, die zum Wasser hin liegt, zum
                                          Beispiel bei einem Haus)
seetriftig/strandtriftig   (als Gegenstand in der See treibend; See-
                                          fahrt)
seewärts/landwärts   der Wind weht seewärts
Seeweg/Landweg   Waren auf dem Seeweg transportieren
Seewind/Landwind
Sefardi; s. Sephardi
Segel; s. die Segel einholen, die Segel
  setzen
Segelflugsport/Motorflugsport
Segelflugzeug/Motorflugzeug
Segen/Fluch   der Liebe Fluch und Segen; die Technik:
                                          Fluch oder Segen?; darauf liegt ein Se-
                                          gen, daher gedeiht alles so gut
segnen/verfluchen   er segnete sie
Segregation/Integration   (Absonderung, Trennung)
sehen/gesehen werden   das Prinzip der Schickimickis: Sehen und
                                          gesehen werden
sehen können/blind sein   er kann jetzt (wieder) sehen
Seife; s. Kernseife, Schmierseife
Seilakrobat/Bodenakrobat   (Akrobat, der seine Nummern auf dem
                                          Seil vorführt)
Seilsteuerung/Radsteuerung   (Bobsport)
sein/scheinen   das scheint nicht nur so, das ist so
Sein/Nichtsein   Sein oder Nichtsein, das ist die Frage

Sein/Schein	*der Unterschied zwischen Schein und Sein (dem, was jemand wirklich ist)*
seiner Zeit weit voraussein/hinter seiner Zeit sein	*er war seiner Zeit immer weit voraus*
Seite; s. von der Seite	
Seiten.../Haupt... (Substantiv)	*z. B. Seiteneingang/Haupteingang*
Seitenaltar/Hauptaltar	
Seitenaus/Toraus	*(Ballspiele)*
Seitenausgang/Hauptausgang	
Seiteneingang/Haupteingang	
Seitenlinie/Torlinie	*(Ballspiele)*
seitenrichtig/seitenverkehrt	
seitenverkehrt/seitenrichtig	*(den abgebildeten Gegenstand mit vertauschten Seiten zeigend wie ein Spiegelbild; von Bildern)*
Seitpferd/Langpferd	*(Pferd in Querrichtung; Turnen)*
sekundär/primär	*etwas ist von sekundärer (zweitrangiger) Bedeutung; die sekundäre Gicht ist die Folge einer Erkrankung*
Sekundär.../Primär... (Substantiv)	*(mit der Bedeutung: an zweiter Stelle) z. B. Sekundärliteratur/Primärliteratur*
Sekundararzt/Primararzt	*(Assistenzarzt; österreichisch)*
Sekundarärztin/Primarärztin	*(Assistenzärztin; österreichisch)*
Sekundarbereich/Primarbereich	*(Pädagogik)*
sekundäre Geschlechtsmerkmale/primäre Geschlechtsmerkmale	*sekundäre Geschlechtsmerkmale sind die Schambehaarung und − bei der Frau − der Busen und − bei dem Mann − der Bart*
Sekundäreigenschaft/Kardinaleigenschaft	*(weniger auffallende Eigenschaft; Psychologie)*
Sekundärfarbe/Primärfarbe	*Sekundärfarben sind beispielsweise Orange (aus Gelb und Rot), Grün (aus Blau und Gelb)*
Sekundärheilung/Primärheilung	*([durch Infektion] verzögerte Wundheilung)*
Sekundärinsekten/Primärinsekten	*(Insekten, die kranke oder abgestorbene Pflanzen befallen, zum Beispiel Borkenkäfer)*
Sekundärliteratur/Primärliteratur	*(Literatur über die Primärliteratur, zum Beispiel über Goethes Faust)*
Sekundärquelle/Primärquelle	*(Material aus zweiter Hand; Geschichtswissenschaft)*
Sekundarschule/Primarschule	*(Mittelschule, Realschule)*
Sekundärspule/Primärspule	*(Elektrotechnik)*
Sekundärstatistik/Primärstatistik	*(Statistik, die auf Material beruht, das nicht eigens zu dem Zweck gesammelt worden ist)*
Sekundärstrahlung/Primärstrahlung	*(Physik)*
Sekundarstufe/Primarstufe	*(zum Beispiel Hauptschule, Realschule, Gymnasium)*

Sekundärtektogenese/Primärtektogenese	*(Geologie)*
Sekundärwicklung/Primärwicklung	*(Elektrotechnik)*
Sekunde/Prime	*(Druckwesen)*
Sekundipara/Primipara; s. a. Erstgebärende	*(Frau, die ihr zweites Kind gebiert, geboren hat)*
Sekundogenitur/Primogenitur	*(Besitzrecht des zweitgeborenen Sohnes)*
selber machen/gemacht bekommen	*sich sein Essen selber machen; das Bett selber machen (nach dem Schlafen wieder in Ordnung bringen)*
selber machen/machen lassen	*sie hat das Kleid selber gemacht*
selbst/ein[e] andere[r]	*hast du das selbst gemacht oder ein anderer?; das hat Tilo selbst gemacht*
selbst.../fremd... (Adjektiv)	*z. B. selbstbestimmt/fremdbestimmt*
Selbst.../Fremd... (Substantiv)	*z. B. Selbsteinschätzung/ Fremdeinschätzung*
Selbst.../Mit... (Substantiv)	*z. B. Selbstlaut/Mitlaut*
selbständig/unselbständig	*der Junge ist schon recht selbständig*
Selbständiger/Festangestellter	*(jemand, der einen selbständigen Beruf ausübt, z. B. Handwerker)*
Selbständigkeit/Unselbständigkeit	
selbstbestäubend/fremdbestäubend	*(Botanik)*
selbstbestimmt/fremdbestimmt	*selbstbestimmtes Handeln*
Selbstbestimmung/Fremdbestimmung	
Selbstbeurteilung/Fremdbeurteilung	
Selbstbild/Fremdbild	*nationale Selbstbilder (die die Betreffenden von sich selbst haben)*
Selbsteinschätzung/Fremdeinschätzung	*Aktivierung der Schüler zur Selbsteinschätzung*
Selbstgefährdung/Fremdgefährdung	
Selbsthaß/Selbstliebe	
Selbstlaut/Mitlaut; s. a. Konsonant	*„a" ist ein Selbstlaut*
Selbstliebe/Selbsthaß	
Selbstschädigung/Fremdschädigung	
Selbstsicherheit/Selbstunsicherheit	
Selbstunsicherheit/Selbstsicherheit	
selbst verschuldet/unverschuldet	*ein selbst verschuldeter Unfall; selbst verschuldete Not*
selig/unselig	*seligen Angedenkens*
Selo/Derewnja	*(größeres russisches Dorf mit Kirche)*
selten/häufig	*ein seltener Fehler; sie kam selten zu spät*
Semasiologie/Onomasiologie; s. a. Bezeichnungslehre	*(Wissenschaft, die sich mit den Bedeutungen von Wörtern oder eines Wortes − Polysemie − beschäftigt)*
Semesteranfang/Semesterende	
Semesterbeginn/Semesterschluß	
Semesterende/Semesteranfang	
Semesterschluß/Semesterbeginn	
Senat/Repräsentantenhaus; a. Bundestag, Unterhaus	*(Kammer des Parlaments; USA)*

senden/empfangen	*einen Funkspruch senden*
Sender/Empfänger; a. Adressat, Hörer, Re- zipient	*(Rundfunk, Sprachwissenschaft)*
Sendestaat/Empfangsstaat	*(Entsendestaat; Politik)*
Sendung/Empfang	
Senhor/Senhora	*(Bezeichnung und Anrede in bezug auf ei- nen Herrn; in Portugal)*
Senhora/Senhor	*(Bezeichnung und Anrede in bezug auf eine Frau; in Portugal)*
senil/juvenil	*(greisenhaft)*
senior/junior	*Krause senior*
Senior/Junior	*Senior (der Vater) und Junior (der Sohn) führen das Geschäft gemeinsam*
Senior/Seniorin	*die Senioren und Seniorinnen des Altenheims*
Seniorat/Juniorat	*(Vorrecht des Ältesten im Verband der Fa- milie in bezug auf das Erbe)*
Senioren/Junioren	*(beim Sport: die Älteren)*
Seniorenachter/Juniorenachter	*(Bootssport)*
Seniorin/Senior	*die Seniorinnen und Senioren des Wohn- heims*
Senke/Quelle	*(Physik)*
senken/anheben; s. a. heraufsetzen	*die Preise, Gebühren, Steuern senken*
senken/heben	*1. den Kopf, den Blick senken; 2. die Stimme senken*
senken, sich/sich heben	*die Brust senkt sich (beim Ausatmen); die Flanken heben und senken sich; der Vor- hang senkt sich*
senkrecht/waag[e]recht; s. a. horizontal	*ein senkrechter Strich*
Senkrechte, die/die Waag[e]rechte	*(Mathematik)*
Senkung/Hebung; a. betont	*(1. in der Geographie; 2. in der Verslehre: unbetonte Silbe)*
Senn/Sennin; s. a. Sennerin	
Senner/Sennerin; s. a. Sennin	*(Mann, der auf der Alm die Kühe versorgt und die Milch weiterverarbeitet)*
Sennerin/Senner; s. a. Senn	*(Frau, die auf der Alm die Kühe versorgt und die Milch weiterverarbeitet)*
Sennin/Senn; s. a. Senner	
sensationell/unsensationell	*diese Erklärung war sensationell*
sensibel/insensibel, unsensibel	*eine Angelegenheit sehr sensibel behan- deln; sensibler Umgang mit etwas*
sensibilisieren/desensibilisieren	*Erfahrungen sensibilisieren den Menschen*
Sensibilisierung/Desensibilisierung	
sentimental/unsentimental	*er ist sehr sentimental*
sentimentalisch/naiv	*(die verlorengegangene Natürlichkeit durch Reflexion wieder zu erreichen su- chend; Literaturwissenschaft)*
senza misura/alla misura	*(frei im Tempo; Musik)*
senza sordino/con sordino	*(ohne Dämpfer; Musik)*

Sephardi/Aschkenasi	*die Sephardim sind Nachkommen der 1492 vertriebenen spanisch-portugiesischen Juden mit einer spezifischen Kulturtradition*
septisch/aseptisch	*(nicht keimfrei; Medizin)*
Serenade/Aubade	*(Ständchen [am Abend])*
Seriengeschirr/Service	*(nach eigener Wahl zusammenstellbares Tafelgeschirr)*
Serienschaltung/Parallelschaltung	*(Elektrotechnik)*
seriös/unseriös	*ein seriöses Angebot; ein seriöser Vermittler (dem man sich anvertrauen kann)*
Service/Seriengeschirr	*(Satz von zusammengehörendem Tafelgeschirr)*
Servus/Domina	*(im sadomasochistischen Sprachgebrauch) der Servus ist der Masochist − der Diener −, der sich der Domina − der sadistischen Herrin − unterwirft*
Seßhafter/Nomade	
setzen/abreißen	*einen Ofen setzen*
setzen/absetzen	*auf die Tagesordnung setzen; etwas aufs Programm setzen*
setzen, sich/aufstehen	*er stand auf, damit sie sich setzen konnte; sie setzt sich (an den Tisch), und er steht (vom Tisch) auf*
setzen, sich/stehen bleiben	*sie setzte sich nach der Begrüßung, er blieb stehen*
setzen; s. die Segel setzen	
Setzhase/Feldhase	*(weiblicher Feldhase)*
Sex; s. Alloerotismus, Analsex, Autoerotismus, [Gänse]blümchensex, Oralsex, SM-Sex	
Sexmuffel/Potenzprotz	*er ist ein Sexmuffel (jemand, der sich für Sex nicht interessiert)*
sexuell/asexuell	*sexuelle Fortpflanzung; das Wort „Scheide" hat eine sexuelle und eine asexuelle Bedeutung*
Sexus/Genus	*Sexus ist das natürliche Geschlecht (das Mädchen und <u>ihre</u> Mutter)*
Sexus potior/Sexus sequor	
Sexus sequor/Sexus potior	
sharp/flat	*(Erhöhungszeichen; Musik)*
Shopping-goods/Convenience-goods	*(Waren, Gegenstände, die nicht zu den alltäglichen Dingen gehören und die mit Auswahl und Überlegung gekauft werden)*
short/long	*(Wirtschaft)*
Shortdrink/Longdrink	*(kleines, hochprozentiges alkoholisches Getränk)*

sicher/unsicher	*eine sichere Geldanlage; das ist eine sichere Sache; er wirkt sicher; ein sicherer Freund erweist sich in unsicherer Lage*
Sicherheit/Unsicherheit	*mit einer erstaunlichen Sicherheit trat er auf*
Sicherheitsfaktor/Unsicherheitsfaktor	
Sicherheitslinie/Leitlinie	*(auf der Fahrbahn durchgehende gelbe oder weiße Linie, über die nicht gefahren werden darf; Verkehr)*
sichern/entsichern	*das geladene Gewehr sichern (damit es nicht ungewollt losgeht)*
Sicherungsgeber/Sicherungsnehmer	*(Bankwesen)*
Sicherungsnehmer/Sicherungsgeber	*(Bankwesen)*
sich ... lassen/...	*z. B. sich verführen lassen/jemanden verführen*
sichtbar/unsichtbar	*sichtbarer Verfall*
Sichteinlage/Termineinlage	*(Bankwesen)*
sich wieder vertragen/sich zanken	*sie haben sich gezankt, haben sich aber bald wieder vertragen*
Sie/Du	*wir sprechen uns mit „Sie" an*
Sie/Er	*Er sucht eine liebevolle Sie; Sie sucht Ihn (einen Mann); Sie sucht Sie (eine Frau) (Kontaktanzeige); Ist das eine Sie (ein weibliches Tier) oder ein Er?*
Siebseite/Filzseite	*(in der Papierindustrie)*
Siedepunkt/Gefrierpunkt	*(Temperatur, bei der eine Flüssigkeit zu sieden, zu kochen anfängt)*
Sieg/Niederlage; a. Verlust	*mit einem Sieg hatte sie nicht gerechnet*
Sieg/Platz	*wir setzen auf Sieg und nicht auf Platz (nicht auf einen Rang, eine Position nach dem Sieger)*
Sieger/Siegerin	*es gab zwei Siegerinnen und einen Sieger*
Sieger[in]/Besiegte[r]; a. Verlierer[in]	*es gibt immer Sieger und Besiegte*
Siegerin/Sieger	*es gab zwei Siegerinnen und einen Sieger*
siegreich/geschlagen	*die siegreiche Armee kehrte heim*
siezen/duzen	*er siezt seine Kollegin; sie siezen sich (sprechen sich mit Sie an)*
signiert/unsigniert	*ein signiertes Exemplar dieses Romans*
Signifiant/Signifié; s. a. Bezeichnetes, Inhaltsseite, Signifikat	*(die Ausdrucksseite des sprachlichen Zeichens, des Wortes; der Wortkörper; Sprachwissenschaft)*
Signifié/Signifiant; s. a. Ausdrucksseite, Bezeichnendes, Signifikant	*(die Inhaltsseite des sprachlichen Zeichens, des Wortes; die Wortbedeutung; Sprachwissenschaft)*
signifikant/insignifikant	*signifikante (wesentliche) Unterschiede*
Signifikant/Signifikat; s. a. Bezeichnetes, Designat, Inhaltsseite, Signifié	*(die Ausdrucksseite des sprachlichen Zeichens, des Wortes; der Wortkörper; Sprachwissenschaft)*

Signifikat/Signifikant; s. a. Ausdrucksseite, Bezeichnendes, Designator, Signifiant — *(die Inhaltsseite des sprachlichen Zeichens, des Wortes; die Wortbedeutung; Sprachwissenschaft)*

Signor/Signora; a. Dame, Madam, Madame — *(italienische Anrede alleinstehend oder vor dem Namen oder dem Titel für: mein Herr, Herr…)*

Signora/Signor; a. Herr, Monsieur, Sir — *(italienische Anrede alleinstehend oder vor dem Namen oder dem Titel für: meine Dame, Frau…)*

Signorina/Signorino — *(italienische Anrede mit oder ohne Namen für: Fräulein)*

Signorino/Signorina — *(italienische Anrede mit oder ohne Namen für: junger Herr)*

Silbe; s. Nachsilbe, Vorsilbe

Simplex/Kompositum; a. Derivativum — *ein Simplex ist ein einfaches, nicht zusammengesetztes Wort, zum Beispiel „Kuchen"*

Simplex-Verbindung/Duplex-Verbindung — *(Telefon)*

Simson; s. Samson

Simultandolmetschen/Konsekutivdolmetschen

Simultandolmetscher/Konsekutivdolmetscher — *ein Simultandolmetscher übersetzt gleichzeitig*

simultanes Dolmetschen/konsekutives Dolmetschen — *beim simultanen Dolmetschen erfolgt die Übersetzung gleichzeitig mit dem Originalvortrag über Kopfhörer*

Simultangründung/Stufengründung — *(in bezug auf die Gründung einer Aktiengesellschaft)*

Simultankontrast/Sukzessivkontrast — *(gegenseitige Beeinflussung gleichzeitiger Wahrnehmungen; Psychologie)*

Simultanschule/Bekenntnisschule, Konfessionsschule — *(Schule, die nicht konfessionell bestimmt ist; Gemeinschaftsschule)*

sine tempore/cum tempore; s. auch: c. t. — *(ohne akademisches Viertel; ohne eine akademische Viertelstunde, um die eine Veranstaltung später beginnt als genannt, also ganz pünktlich; zum Beispiel: 20 Uhr s. t. = 20 Uhr, nicht 20.15 Uhr)*

Single, die/Langspielplatte, LP — *sich eine Single (eine kleine Schallplatte mit nur je einem Titel auf der Vorder- und Rückseite) kaufen*

Singles/Paare — *eine Party für Singles*

Singular/Plural; s. a. Mehrzahl — *der Singular ist die Einzahl bei einem Substantiv, zum Beispiel: der Baum; manche Substantive werden nur im Singular gebraucht; zum Beispiel: das Obst*

singulär/allgemein — *eine singuläre Erscheinung*

singulär/generell — *singuläre (auf Einzelnes bezogene) Aussagen*

Singularetantum/Pluraletantum — *(nur im Singular vorkommendes Wort); Singulariatantum sind zum Beispiel: das All, das Obst, die Jugend)*

Singularismus/Pluralismus	*(philosophische Richtung, die alle Mannig-* *faltigkeiten, Besonderheiten der Welt* *aus einem einzigen Prinzip herleitet)*
sinkbar/unsinkbar	
sinken/steigen	*das Barometer, das Wasser ist gesunken;* *übertragen: sein Ansehen ist gesunken;* *das Niveau, der Wert von etwas ist ge-* *sunken; tief sinken*
Sinn/Unsinn	*Sinn und Unsinn der Geschichte; Sinn und* *Unsinn einer Vorschrift; Sinn und Un-* *sinn der neuen Spezialtruppe*
sinnlich/übersinnlich	*sinnliche Wahrnehmungen*
sinnlich/unsinnlich	*sinnlich volle Lippen; ein sehr sinnliches* *(erotisch anziehendes, faszinierendes)* *Aussehen*
sinnlos/sinnvoll	*eine sinnlose Maßnahme*
sinnvoll/sinnlos	*eine sinnvolle Maßnahme*
Sinus/Kosinus	*(das Verhältnis von Gegenkathete zur Hy-* *potenuse im rechtwinkligen Dreieck)*
Sir/Madam; a. Dame, Madame, Signora	*(englische Anrede ohne Namen für: mein* *Herr)*
Sitz; s. Hintersitz, Rücksitz, Vordersitz	
sitzen/stehen	*er konnte sitzen; sie hat die ganze Zeit* *über in der Bahn gesessen, er aber* *mußte stehen*
sitzen bleiben/aufstehen	*er ist in der Bahn vor der älteren Frau* *nicht aufgestanden, sondern sitzen ge-* *blieben*
sitzenbleiben/versetzt werden	*einige Schüler der Klasse sind sitzengeblie-* *ben (haben das Klassenziel nicht er-* *reicht)*
sitzenlassen/abnehmen	*jemanden auf der Ware sitzenlassen (sie* *nicht abnehmen, nicht abkaufen)*
Sitzpirouette/Standpirouette	*(Pirouette in der Hocke, zum Beispiel* *beim Eislauf)*
Sitzplatz/Stehplatz	*die Zuschauer auf den Sitzplätzen im Sta-* *dion; im Theater gab es früher neben* *den Sitzplätzen auch Stehplätze*
Skalar/Vektor	*(allein durch einen Zahlenwert bestimmte* *mathematische Größe)*
Sklave/Domina, Herrin; a. Meister/Sklave, Sadistin	*(im sadomasochistischen Sprachgebrauch)* *der Sklave ist der heterosexuelle Maso-* *chist, der sich der Domina – der sadisti-* *schen Herrin – unterwirft*
Sklave/Herr	*(im Altertum: Unfreier und Rechtloser)*
Sklave/Herr, Dominus, Meister; a. Do- **mina, Sadist, Top**	*(im sadomasochistischen Sprachgebrauch)* *der Sklave ist der homosexuelle Maso-* *chist, der sich dem sadistischen Herrn* *unterwirft*

Sklave/Sklavin; a. Meister, Domina, Masochistin	*(1. im Altertum: Unfreier; 2. im sadomasochistischen Sprachgebrauch: der masochistische Partner)*
Sklavenmoral/Herrenmoral	*(abwertend für die vom Christentum geprägte Moral − auch Herdenmoral −, die Demut, Mitleid mit den Schwachen, Nächstenliebe lehrt; Nietzsche)*
Sklavin/Domina; a. Sadistin, Meister	*(im sadomasochistischen Sprachgebrauch) die Sklavin ist die homosexuelle Masochistin, die sich der Domina − der sadistischen Herrin − unterwirft*
Sklavin/Dominus, Meister; a. Sadist	*(im sadomasochistischen Sprachgebrauch) die Sklavin ist die Masochistin, die sich dem sadistischen Meister unterwirft*
Sklavin/Sklave; a. Domina, Masochist, Meister	*(1. im Altertum: Unfreie; 2. im sadomasochistischen Sprachgebrauch: die masochistische Partnerin)*
Skordatur; s. Scordatura	
Skylla; s. Scylla	
Small Band/Big Band	*(kleine Band, kleines Tanzorchester)*
Small Business/Big Business	*(Wirtschaftsform auf kleinbetrieblicher Basis)*
SM-Sex/[Gänse]blümchensex	*(sadomasochistischer Sex mit Fesseln usw.)*
sofort/später, nachher	*ich mache das sofort*
Soft.../Hard... (Substantiv)	*(mit der Bedeutung: weich) z. B. Software/ Hardware*
Softcopy/Hardcopy	*(EDV)*
Soft Drink/Hard Drink	*(Getränk mit nur wenig Alkohol)*
Soft drug/Hard drug	*(schwaches Rauschgift; z. B. Haschisch)*
Soft fail/Hard fail	*(Versagen auf Grund von Verunreinigung o. ä.; EDV)*
Softie/Macho	*er ist ein Softie (ein weicherer, empfindungsoffener Mann)*
Software/Hardware	*(die nichtapparativen Funktionsbestandteile eines Computers, z. B. die Programme, Dateien)*
Sog/Schub	*(Phonetik)*
Sohle/Dach	*(Bergbau)*
Sohlengänger/Zehengänger	*(Zoologie)*
Sohlfläche/Dachfläche	*(Geologie)*
Sohn/Tochter	*sie hat einen Sohn und eine Tochter*
Sohn/Vater	*Vater und Sohn haben das Haus gebaut; ein Walzer von Johann Strauß Sohn*
Sohn; s. natürlicher Sohn	
Soiree/Matinee; s. a. Vormittagsveranstaltung	*(Abendveranstaltung)*
Soldat/Soldatin	*neuerdings gibt es nicht nur Soldaten, sondern auch Soldatinnen*
Soldat/Zivilist	*zwei Soldaten und ein Zivilist waren im Abteil des Zuges*

Soldat; s. Berufssoldat, Zeitsoldat

Soldatin/Soldat   *neuerdings gibt es nicht nur Soldaten, son-*
                                         dern auch Soldatinnen

soldatisch/unsoldatisch   *eine soldatische Haltung*

Soli; s. Solo

solidarisch/unsolidarisch   *sie verhielten sich solidarisch*

Solidarisierung/Entsolidarisierung

Solidarprinzip/Konkurrenzprinzip   *das Solidarprinzip der Gewerkschaften*

solide/unsolide   *eine solide Geschäftsbasis; er ist sehr so-*
                                         lide (geht wenig aus)

Soliloquent/Turba   *(einzeln auftretende Person — zum Bei-*
                                         spiel Petrus — in einer Darstellung der
                                         Leiden Jesu)

Solist/Solistin   *gute Leistungen der Solisten und Soli-*
                                         stinnen

Solist[in]/Chorist[in], Chorsänger[in], Ri-   *(Sänger[in], der/die ein Solo vorträgt)*
pienist

Solistin/Solist   *gute Leistungen der Solisten und Soli-*
                                         stinnen

solitär/sozial   *(einzeln lebend; von Tieren)*

solitäre Masturbation/mutuelle Masturba- *(einzelne, nicht gegenseitige Masturbation)*
tion

Soll/Haben; a. Guthaben, Kredit   *(der Minusbetrag auf einem Konto)*

Soll.../Haben... (Substantiv)   *z. B. Sollsaldo/Habensaldo*

Soll.../Ist... (Substantiv)   *z. B. Soll-Stärke/Ist-Stärke*

sollen/dürfen   *wenn man etwas „soll", dann ist man*
                                         fremdbestimmt: er soll Klavier spielen

Sollsaldo/Habensaldo; s. a. Passivseite *(Saldo, bei dem das Soll auf der linken*
                                         Seite überwiegt)

Sollseite/Habenseite   *auf der Sollseite (der linken Seite eines*
                                         Bankauszugs, auf der das Defizit einge-
                                         tragen ist; Bankwesen)

Soll-Stärke/Ist-Stärke   *(beim Militär die festgelegte Anzahl der*
                                         Soldaten)

Soll-Wert/Ist-Wert   *(Physik)*

Sollzins/Habenzins   *(Zinsen für Überziehungsgeld, für einen*
                                         Kredit)

Soll-Zustand/Ist-Zustand

solmisieren/abecedieren   *(Töne der Tonleiter mit den Tonsilben do,*
                                         re, mi, fa, so usw. singen; Musik)

solo/ripieno   *(Musik)*

solo/tutti   *(allein; Musik)*

Solo/Tutti   *(aus dem Chor oder Orchester heraustre-*
                                         tender Einzelgesang oder heraustreten-
                                         des Einzelspiel)

Sologesang/Chorgesang

Soloklasse/Beiwagenklasse   *(Motorsport)*

Solorennen/Beiwagenrennen   *(Rennveranstaltung für einsitzige Rennrä-*
                                         der; Motorsport)

solubel/insolubel	*(löslich; Chemie)*
solvent/insolvent; s. a. illiquid, zahlungsunfähig	*das Unternehmen ist solvent (zahlungsfähig)*
Solvenz/Insolvenz	*(Zahlungsfähigkeit)*
somatisch/psychisch; s. a. seelisch	*(den Körper betreffend); somatische Leiden, Ursachen; somatisch bedingt*
Sommer/Winter	*ein Mantel für den Sommer*
Sommer.../Winter... (Substantiv)	*z. B. Sommermantel/Wintermantel*
Sommeranzug/Winteranzug	
Sommerbiwak/Winterbiwak	
Sommerei/Dauerei, Winterei; s. a. Latenzei	*(dünnschaliges Ei der Wasserflöhe usw., dotterarmes Ei wirbelloser Tiere; Zoologie)*
Sommerfahrplan/Winterfahrplan	
Sommerfeder/Winterfeder	*(beim Schwarzwild das Haar im Sommer)*
sommergrün/immergrün	*sommergrüne Holzgewächse verlieren im Winter ihr Laub (Botanik)*
Sommerhaar/Winterhaar	*(beim Haarwild)*
Sommerhalbjahr/Winterhalbjahr	
Sommermantel/Wintermantel	
Sommermode/Wintermode	
Sommerolympiade/Winterolympiade	
Sommerreifen/Winterreifen	*(Autoreifen, die für das Fahren im Sommer geeignet sind)*
sommers/winters	*er ging sommers wie winters (das ganze Jahr über) zu Fuß ins Büro*
Sommersaat/Wintersaat	
Sommersachen/Wintersachen	*die Sommersachen herausholen, wenn der Frühling kommt*
Sommerschäle/Winterschäle	*(Jagdwesen)*
Sommerschlußverkauf/ Winterschlußverkauf	
Sommersemester/Wintersemester	
Sommersonnenwende/Wintersonnenwende	*Sommersonnenwende ist am 22. Juni, der Anfang des Sommers*
Sommerurlaub/Winterurlaub	
Sommerzeit/Winterzeit	*die Uhr auf Sommerzeit umstellen (eine Stunde vorstellen)*
Sonderabschreibung/verbrauchsbedingte Abschreibung	
Sondernutzung/Gemeingebrauch	*(Rechtswesen)*
Sonderverwahrung/Sammelverwahrung	*(Bankwesen)*
Sonne/Mond	*wenn die Sonne aufgeht, verblaßt der Mond*
Sonne/Regen	*wir haben schon zehn Tage Sonne; Sonne und Regen wechselten ab*
Sonne/Schatten	*sie sitzt in der Sonne*
sonnenarm/sonnenreich	*eine sonnenarme Gegend*

Sonnenaufgang/Sonnenuntergang	*vor Sonnenaufgang*
Sonnenblatt/Schattenblatt	*(Botanik)*
Sonnenjahr/Mondjahr	*(das Jahr mit 365 Tagen, unser heutiger Kalender)*
Sonnenpflanze/Schattenpflanze	
sonnenreich/sonnenarm	*eine sonnenreiche Gegend*
Sonnenseite/Schattenseite	*auf der Sonnenseite des Lebens sein*
Sonnentag/Regentag	*(Tag, an dem lange die Sonne scheint)*
Sonnenuntergang/Sonnenaufgang	*vor Sonnenuntergang*
sonnig/schattig	*ein sonniges Plätzchen*
Sonntag/Wochentag, Werktag	*sein Geburtstag fällt auf einen Sonntag*
sonntags/wochentags, werktags	
Sonntags.../Alltags... (Substantiv)	*z. B. Sonntagsanzug/Alltagsanzug*
Sonntagsanzug/Alltagsanzug	
Sonntagskleid/Alltagskleid	
Sopran/Alt	*(höchste Stimmlage einer Frau; Gesang)*
Sortimentsbuchhändler/ Kommissionsbuchhändler	*(Buchhändler, der in einer Buchhandlung Bücher verschiedener Thematiken und Verlage zum Verkauf anbietet)*
sortimentsgerecht/nichtsortimentsgerecht	
Sosein/Dasein	*(Philosophie)*
Souffleur/Souffleuse	*(männliche Person, die im Souffleurkasten sitzt, um Schauspielern beim Stecken- bleiben weiterzuhelfen)*
Souffleuse/Souffleur	*(weibliche Person, die im Souffleurkasten sitzt, um Schauspielern beim Stecken- bleiben weiterzuhelfen)*
soviel/sowenig	*soviel wie möglich*
sowenig/soviel	*sowenig wie möglich*
sowohl...als auch	*sowohl die Eltern als auch die Kinder*
sozial/solitär	*(in Gemeinschaft, staatenbildend lebend; von Tieren)*
sozial/unsozial	*diese Gesetze sind sozial; soziales Ver- halten*
soziale Marktwirtschaft/Planwirtschaft	
sozialer Wohnungsbau/freifinanzierter Wohnungsbau	
Sozialethik/Individualethik	*(Philosophie)*
Sozialisation/Individuation	*(das Hineinwachsen des Individuums in die Gesellschaft, Gemeinschaft)*
Sozialismus/Kapitalismus	*die Wirtschaftsform des Sozialismus*
sozialistisch/kapitalistisch	*sozialistische Wirtschaftsform*
Sozialmiete/Marktmiete	*(Wohnungswesen)*
Soziolekt/Idiolekt	*(Sprachgebrauch einer bestimmen Gruppe, zum Beispiel Schülersprache, Jägerspra- che, Dirnensprache)*
soziomorph/biomorph	*(von den sozialen Gegebenheiten geprägt)*
Spaghetticode/strukturierte Programmie- rung	*(EDV)*

spanabhebend/spanlos	*spanabhebende Formung (Fachsprache)*
spanlos/spanabhebend	*spanlose Formung (Fachsprache)*
spannen/entspannen	*das Gewehr spannen*
spannend/langweilig	*ein spannender Film*
Spannsatz/Kernsatz, Stirnsatz	*(Gliedsatz, Nebenatz mit zusätzlichen Satzgliedern, die zwischen der Konjunktion und dem finiten Verb stehen, zum Beispiel: sie freute sich, weil ihre Zeichnungen so gute Aufnahme bei der Kritik fanden; Sprachwissenschaft)*
Sparform/Vollform	*(Sprachwissenschaft)*
spärlich/reichlich	*die Rationen waren spärlich*
sparsam umgehen mit etwas/aasen mit etwas	*mit den Vorräten sparsam umgehen*
spät/früh	*sie kam (erst) spät; ein spätes Werk Goethes*
spät.../früh... (Adjektiv)	*z. B. spätkapitalistisch/frühkapitalistisch*
Spät.../Früh... (Substantiv)	*z. B. Spätschicht/Frühschicht*
Spätblüher/Frühblüher	*(Botanik)*
Spätdienst/Frühdienst	*er hat heute Spätdienst*
später/früher (Komparativ)	*er kam später als sie*
später/sofort, gleich	*ich mache das später*
spätestens/frühestens	*er kommt spätestens morgen*
spätestmöglich/frühestmöglich	
Spätgebärende/Frühgebärende	*Spätgebärende haben meist einen Partner, der jünger ist als sie selbst*
Spätgeburt/Frühgeburt	*(Kind, das mindestens 14 Tage nach dem errechneten Termin geboren worden ist)*
Spätgotik/Frühgotik	
Spätholz/Frühholz	*(Holz, das gegen Ende der Vegetationszeit gebildet worden ist; Botanik)*
Spätkapitalismus/Frühkapitalismus	
spätkapitalistisch/frühkapitalistisch	
Spätkartoffeln/Frühkartoffeln	*Spätkartoffeln (mit hohem Stärkegehalt) gibt es ab Oktober*
Spätschicht/Frühschicht; a. Tagschicht	*er hat heute Spätschicht (in der Fabrik)*
Spätsommer/Frühsommer	*im Spätsommer verreisen*
Spätstadium/Frühstadium	*das Spätstadium einer Krankheit*
Spätzündung/Frühzündung	*(Technik)*
Speedtest/Powertest	*(Test, bei dem es auf die Schnelligkeit ankommt)*
Speichenrad/Scheibenrad	*(Rad mit Speichen)*
Speicher/Keller	*die Kiste befindet sich auf dem Speicher (unter dem Dach; süddeutsch)*
Speicherkraftwerk/Laufkraftwerk	*(Kraftwerk mit der Möglichkeit, Energie zu speichern)*
speichern/abrufen	*Daten speichern*
Spekulationspapier/Anlagepapier	*(Wirtschaft)*
Spekulativhandel/Effektivhandel	*(Wirtschaft)*

Spender/Empfänger; a. Organempfänger[in]	*der Spender des Blutes*
Spermatophyt/Sporophyt	*(samenbildende Pflanze)*
Spermium/Ovulum, Ovum; s. a. weibliche Eizelle	*(reife männliche Keimzelle, Samenfaden)*
sperren/entsperren	*ein Konto sperren (Bankwesen)*
Spezialist/Generalist	*(jemand, der auf einem speziellen Gebiet besonders gut Bescheid weiß)*
Spezialprävention/Generalprävention	*(bei Strafen mit dem Ziel, den Betroffenen vor erneuter Straffälligkeit zu bewahren — Maßnahmen zur Resozialisierung; Rechtswesen)*
Spezialsprunglauf/Kombinationssprunglauf	*(Ski)*
Spezialstabsabteilung/ Generalstabsabteilung	*(Militär)*
Spezialvollmacht/Generalvollmacht	*(Rechtswesen)*
Spezialwissen/Allgemeinwissen	*sie hat ein großes Spezialwissen*
speziell/allgemein	*spezielles Wissen*
speziell/generell	*das ist ein spezielles Problem*
Spezieskauf/Gattungskauf	*(Rechtswesen)*
Speziesschuld/Gattungsschuld	*(Rechtswesen)*
spezifisch/unspezifisch	*das ist ganz spezifisch für diesen Bereich*
Sphäroplast/Protoplast	*(Bakteriologie)*
Spiegel; s. Konkavspiegel, Konvexspiegel	
Spiel; s. Angriffsspiel, Defensivspiel, Hinspiel, Offensivspiel, Rückspiel	
Spielball/Stoßball	*(Billard)*
Spielbein/Standbein	*(das Bein, das nicht das volle Gewicht des Körpers trägt)*
Spielfilm/Dokumentarfilm	
spielschwach/spielstark	*eine spielschwache Mannschaft*
Spielschwäche/Spielstärke	
spielstark/spielschwach	*eine spielstarke Mannschaft*
Spielstärke/Spielschwäche	
Spion/Spionin	
Spionin/Spion	
Spiritismus/Animismus	*(Glaube an Geister; okkultistische Theorie)*
Spiritualien/Temporalien	*(zum Beispiel Predigt, Gottesdienst; katholische Kirche)*
Spiritualität/Materialität	*(Geistigkeit, Unstofflichkeit)*
Spitzbogen/Rundbogen	*(Architektur)*
Spitze/Ende	*an der Spitze des Zuges*
Spitzel/Bespitzelte[r]	
Spitzenlast/Grundlast	*(Elektrotechnik)*
Spitzensport/Breitensport	*(Hochleistungssport)*
spitzer Winkel/stumpfer Winkel	*(Winkel unter 90°)*
spitzwinklig/stumpfwinklig	*ein spitzwinkliges Dreieck*

splendid/kompreß	*(mit großen Zwischenräumen, weitläufig; Druckwesen)*
Sporenpflanze/Samenpflanze	*(zum Beispiel Algen, Pilze)*
Sporophyll/Trophophyll	*(sporentragendes Blatt; bei Farnen)*
Sporophyt/Gametophyt, Spermatophyt	*(Sporenpflanze)*
Sport; s. Breitensport, Leistungssport	
Sportler/Nichtsportler	*für Sportler und Nichtsportler*
Sportler/Sportlerin	*alle Sportler und Sportlerinnen*
Sportlerin/Sportler	*alle Sportler und Sportlerinnen*
sportlich/unsportlich	*sich sportlich verhalten*
Sprache; s. Affektsprache, agglutinierende Sprache, analytische Sprache, Ausgangssprache, Empfängersprache, flektierende Sprache, Fremdsprache, Hochsprache, Intellektualsprache, isolierende Sprache, Kentumsprache, Kultursprache, lebende Sprache, Mundart, Muttersprache, Nonstandard, Primitivsprache, Satemsprache, Schriftsprache, Standard, Standardsprache, synthetische Sprache, tote Sprache, Umgangssprache, Zielsprache	
Spracherwerb/Sprachverlust	
sprachextern/sprachintern	*sprachexterne − zum Beispiel funktionale − Kriterien; sprachexterne Einflüsse auf die Sprache*
sprachintern/sprachextern	*sprachinterne − zum Beispiel strukturelle − Kriterien; sprachinterne Einflüsse auf die Sprache*
sprachlich/außersprachlich	*sprachliche Mittel*
Sprachpraktiker/Sprachtheoretiker	
Sprachproduktion/Sprachrezeption	
Sprachrezeption/Sprachproduktion	
Sprachtheoretiker/Sprachpraktiker	
Sprachverlust/Spracherwerb	
Spreche/Schreibe	*(salopp für: Gesprochenes [und seine Art]); seine Spreche regt mich auf*
sprechen/hören	*das gesprochene und das gehörte Wort gräbt sich ins Gedächtnis ein; er hört, was sie spricht*
sprechen/schreiben	*das gesprochene und das geschriebene Wort*
sprechen; s. frei sprechen	
Sprecherschreiber/Hörerleser	*(zusammenfassende Bezeichnung für den Sprachproduzierenden)*
Sprechmuschel/Hörmuschel	*(beim Telefon)*
sprechsprachlich/schriftsprachlich	
Sprechtheater/Gesangstheater, Musiktheater	*(auf dem gesprochenen Wort basierende Gattung des Theaters; Schauspiele)*
Spreu/Weizen	*die Spreu vom Weizen trennen*

Sproßpflanze/Lagerpflanze; s. a. Thallo-
   phyt

Sprungbein/Landebein   *(Bein, mit dem der Springer abspringt;*
                                            Sport)

Sprungwurf/Standwurf   *(Wurf im Sprung auf das Tor oder den*
                                            Korb; Ballspiele)

s. t./c. t.; s. a. cum tempore   *der Vortrag beginnt 20.00 Uhr s. t. (also*
                                            Punkt 20.00 Uhr)

Staat; s. Agrarstaat, Industriestaat

Staatenbund/Bundesstaat   *(Union von gleichberechtigten, unabhängi-*
                                            gen Staaten)

staatlich/nichtstaatlich   *staatliche und nichtstaatliche Organisatio-*
                                            nen waren im Einsatz

staatlich/privat   *ein staatliches Gymnasium*

staatliche Schule/Privatschule   *sie geht in eine staatliche Schule*

staatseigen/privat   *ein staatseigener Betrieb*

Staatseigentum/Privateigentum

Staatskapitalismus/Privatkapitalismus

Staatskirchentum/Kirchenstaatstum   *(Politik)*

Staatsnation/Kulturnation   *(auf politisch-staatlichen Zusammenschluß*
                                            beruhende Nation)

Staatsprüfung/Diplomprüfung   *(Rechtswesen)*

stabil/instabil, unstabil   *ein stabiler Gesundheitszustand; stabile*
                                            Wirtschaft; die Lage ist stabil; die sta-
                                            bile Währung soll nicht instabil werden;
                                            stabil bleiben und nicht instabil werden;
                                            ein stabiler [Atom]kern; stabile Verhält-
                                            nisse

stabil/labil   *eine stabile Konstitution; seine Gesund-*
                                            heit, ihr Kreislauf ist stabil; seelisch sta-
                                            bil (widerstandskräftig); eine stabile
                                            Psyche

stabilisieren/destabilisieren   *die Lage wird stabilisiert*

Stabilisierung/Destabilisierung   *die Stabilisierung der Wirtschaft*

Stabilität/Instabilität   *eine Phase der Stabilität*

Stabilität/Labilität   *körperliche, seelische Stabilität*

Stabreim/Endreim   *um einen Stabreim handelt es sich in Wag-*
                                            ners Text „Winterstürme wichen dem
                                            Wonnemond" (die anlautenden W)

staccato/legato   *(musikalische Vortragsanweisung: kurz ab-*
                                            gestoßen zu spielen, zu singen)

Stadt/Dorf   *das ist kein Dorf, das ist schon eine Stadt*

Stadt/Land   *in der Stadt ist es stressiger als auf dem*
                                            Land

Stadtarmut/Dorfarmut

stadtauswärts/stadteinwärts   *alle Autos fahren stadtauswärts in Rich-*
                                            tung Odenwald

stadteinwärts/stadtauswärts   *alle Autos fahren stadteinwärts zum Fe-*
                                            stival

Städter/Dörfler

städtisch/ländlich · die *städtische Bevölkerung ist nicht so kon-
servativ wie die ländliche*

Stadtkind/Landkind · *sie ist eben ein Stadtkind und braucht das
kulturelle Leben*

Stadtmitte/Stadtrand; a. Peripherie, Rand · *in der Stadtmitte (im Zentrum, in der
City) wohnen*

Stadtrand/Stadtmitte; a. Mitte, Zentrum · *am Stadtrand (an der Peripherie) wohnen*

Stadtstaat/Flächenstaat · *(zum Beispiel Hamburg, Bremen)*

Stadtstreicher/Landstreicher

Stahl; s. beruhigter Stahl, unberuhigter
Stahl

Stalagmit/Stalaktit · *ein Stalagmit (Tropfstein) wächst nach
oben*

Stalaktit/Stalagmit · *ein Stalaktit (Tropfstein) wächst nach
unten*

Stammkundschaft/Laufkundschaft · *(Kundschaft, die regelmäßig im selben Geschäft einkauft)*

Stammorphem/Flexionsmorphem · *in der Ableitung „tragbar" ist „trag-" das
Stammorphem*

Stammtisch/Kaffeekränzchen · *die Männer trafen sich zum Stammtisch*

Stammutter/Stammvater; a. Abraham · *(Religion)*

Stammvater/Stammutter; a. Sara[h] · *(Religion)*

Stammwähler[in]/Wechselwähler[in] · *(immer dieselbe Partei Wählende[r])*

stand-alone/vernetzt · *(EDV)*

Standard/Nonstandard; s. a. Umgangssprache

Standardausführung/Luxusausführung

Standardsprache/Mundart, Umgangs-
sprache · *(die als allgemein üblich angesehene, stil-
bildende, normsetzende, von Mundart
und Umgangssprache freie Sprache, vor
allem in bezug auf die Wortwahl)*

Standbein/Ausfallbein · *(Fechten)*

Standbein/Spielbein · *(Bein, das die Hauptlast des Körpers
trägt)*

Standbilder/bewegte Bilder · *(Fernsehen)*

Ständemehr/Volksmehr · *(in der Schweiz bei Volksabstimmungen
die Mehrheit nach Kantonen)*

Ständer/Läufer · *(feststehender Teil einer elektrischen Maschine)*

Standfoto/Laufbild

standhalten/zurückweichen · *er hielt dem Feind stand*

ständig/vorübergehend · *das sind ständige Einschränkungen*

Standlicht/Abblendlicht · *(schwaches Licht, das nur bei stehenden
Fahrzeugen angeschaltet werden darf)*

Standpirouette/Sitzpirouette · *(in aufrechtstehender Position gedrehte Pi-
rouette)*

Standspur/Fahrspur · *(Spur zum Halten neben der Fahrbahn)*

Standvogel/Zugvogel · *(den Aufenthaltsort mit den Jahreszeiten nicht wechselnder Vogel)*

Standwild/Wechselwild · *(im Revier bleibendes Wild)*

Standwurf/Sprungwurf · *(Wurf aus dem Stand auf das Tor oder den Korb beim Handball, Basketball)*

Stange; s. von der Stange

Stangenzimt/gestoßener Zimt

Stapelverarbeitung/Realzeitbetrieb · *(Schubverarbeitung von gesammelten Geschäftsvorfällen; EDV)*

stark/leicht · *ein starker Bluterguß; stark verschmutzt*

stark/schwach · *ein starker Charakter; ein starker Mensch; starke Gegenwehr des Feindes; eine starke Opposition im Bundestag; starke (unregelmäßige) Verben wie „kommen, kam, gekommen"; das Substantiv „Kind" wird stark dekliniert: das Kind, des Kindes)*

stark; s. auflagenstark, ausdrucksstark, charakterstark, geburtenstark, nervenstark, willensstark; das starke Geschlecht

...stark/...schwach (Adjektiv) · *z. B. geburtenstark/geburtenschwach*

Stärke/Schwäche · *seine Stärken und Schwächen kennen; man kann die Schwächen der Mitarbeiter weniger über Tadel verändern als die Stärken über das Lob; die Stärken und Schwächen dieses Systems*

stärkearm/stärkereich · *(arm an Stärke; Biochemie)*

Stärkebaum/Fettbaum · *(stärkespeichernder hartholziger Baum)*

stärken/schwächen · *das gute Wahlergebnis hat seine Position als Parteivorsitzenden sehr gestärkt*

stärker als/schwächer als · *er ist stärker als sie*

stärkereich/stärkearm · *(reich an Stärke; Biochemie)*

Starkstrom/Schwachstrom

starre Verteidigung/bewegliche Verteidigung · *(zum Beispiel das Verteidigen eines Objektes; Militär)*

Starrflügelflugzeug/Drehflügelflugzeug · *(Flugzeug, dessen Tragflächen beim Fliegen feststehen)*

Starrflügler/Drehflügler · *(Flugzeug, dessen Tragflächen beim Fliegen feststehen)*

Start/Landung; a. Ankunft · *beim Start des Flugzeugs*

Start/Ziel; a. Ende · *der Läufer steht am Start*

Start; s. Kaltstart, Warmstart

Start aus dem Stand/fliegender Start · *(Motorsport)*

Startbahn/Landebahn · *(Luftfahrt)*

Startband/Endband · *(beim Filmstreifen)*

starten/landen; a. ankommen · *das Flugzeug startete um 10 Uhr und landete um 12 Uhr*

Startrollstrecke/Landerollstrecke · *(Flugwesen)*

Startschiff/Zielschiff	*(Segelsport)*
Startstrecke/Landestrecke	*(Flugwesen)*
statarische Lektüre/kursorische Lektüre	*(das Lesen eines Textes mit erläuternden Unterbrechungen)*
Statik/Dynamik	*(Physik)*
Statikgurt/Automatikgurt	*(Sicherheitsgurt ohne Aufrollmechanik)*
Station; s. Bergstation, Talstation	
stationär/ambulant	*jemanden stationär (mit Krankenhausaufenthalt) behandeln*
stationär/mobil	*stationäre (ortsfeste) Abhöranlage; stationäre Sammelstelle für Schadstoffabfälle*
stationäre Pflege/häusliche Pflege	
Stationspfleger/Stationsschwester	
Stationsschwester/Stationspfleger	
statisch/dynamisch	*(in sich ohne Bewegung, Entwicklung)*
Stator/Rotor	*(feststehender Teil einer elektrischen Maschine)*
stattfinden/ausfallen	*der Vortrag findet statt*
statthaft/unstatthaft	*das ist statthaft*
Status quo/Status quo ante	*den Status quo (den gegenwärtigen Status) erhalten*
Status quo ante/Status quo	*den Status quo ante (den Zustand, so wie er vor einem bestimmten Ereignis usw. gewesen ist) wiederherstellen*
staubfrei/staubig	*das Regal ist (jetzt) staubfrei*
staubig/staubfrei	*das Regal ist ganz staubig*
Stauturbine/Auspuffturbine	*(Gasturbine)*
Stechpaddel/Doppelpaddel	
Steckdose/Stecker	*den Stecker in die Steckdose stecken*
stecken in/nehmen aus	*in den Mund stecken; das Buch in die Tasche stecken; die Hand in die Hosentasche stecken*
stecken in/ziehen aus; s. a. herausziehen/ hineinstecken, rausziehen/reinstecken	*den Stecker in die Dose stecken*
steckenlassen/abziehen	*den Schlüssel steckenlassen*
Stecker/[Steck]dose	*den Stecker in die Steckdose stecken*
Steckzigarette/Fertigzigarette	
Stehbild/Laufbild	*(bei der Fotografie; Fachsprache)*
stehen/gehen	*die Uhren stehen und müssen aufgezogen werden*
stehen/sitzen	*er wollte sitzen, denn er konnte nicht längere Zeit stehen; er steht lieber, als daß er sitzt*
stehenbleiben/gehen	*die Uhr ist stehengeblieben*
stehen bleiben/sich setzen	*er blieb auch nach der Begrüßung stehen und setzte sich nicht*
stehenbleiben/weitergehen	*er blieb kurz stehen und ging dann weiter*
stehendes Gewässer/fließendes Gewässer	*stehende Gewässer sind Tümpel, Teich, Weiher, Haff, Lagune, See*

stehend freihändig/liegend aufgelegt	*stehend freihändig schießen*
stehenlassen/abrasieren	*soll ich den Bart abrasieren oder stehenlassen?*
stehenlassen/ausstreichen	*den Satz stehenlassen*
stehenlassen/wegräumen, wegstellen	*das Geschirr bis morgen stehenlassen*
Steher/Flieger	*(1. Radrennfahrer für längere Strecken; 2. Rennpferd für längere Strecken)*
Steherrennen/Fliegerrennen	*(Radsport, Pferdesport)*
Stehplatz/Sitzplatz	*sie konnte sich früher nur einen Stehplatz im Theater leisten; die Zuschauer auf den Stehplätzen im Stadion*
steif/locker	*eine steife Atmosphäre*
steif/schlaff; s. a. unerigiert	*ein steifes (erigiertes) männliches Glied*
steifer Kragen/weicher Kragen	*(am Oberhemd)*
steigen/fallen	*das Wasser steigt; die Temperaturen steigen; die Aktien steigen*
steigen/sinken	*das Niveau, der Wert ist gestiegen*
steigen/zurückgehen	*der Verbrauch ist gestiegen*
steigen aus/steigen in; s. a. einsteigen	*aus dem Bus steigen*
steigender Diphthong/fallender Diphthong	*(Diphthong, bei dem der zweite Vokal stärker hervortritt, zum Beispiel in „Familie")*
steigender Ton/fallender Ton	*(Phonetik)*
steigen in/steigen aus; s. a. aussteigen	*in den Bus steigen*
steigern/einschränken	*die Produktion steigern*
Steigung/Gefälle	*(bei einer Straße)*
Steigwachs/Gleitwachs	*(Skilauf)*
Steilküste/Flachküste	*(Geographie)*
Stellenangebot/Stellengesuch	*sie liest die Stellenangebote (Arbeitsmöglichkeiten) in der Zeitung*
Stellengesuch/Stellenangebot	*(das Anbieten der eigenen Arbeitskraft in einer Zeitung)*
stellen in/nehmen aus; s. a. herausnehmen/ hineinstellen	*die Bücher in das Regal stellen; die Vase in den Schrank stellen*
Stellplatz/Garage	*er hat für sein Auto keine Garage, sondern nur einen Stellplatz (vor dem Haus)*
Stellungskrieg/Bewegungskrieg	*(Militär)*
Stemmbein/Stoßbein	*(Sport)*
Stempel/Stempelkissen	
Stempelkissen/Stempel	
stempeln/entstempeln	*ein Autokennzeichen stempeln*
sten[o].../eur[y]... (vor fremdsprachlicher Basis; Adjektiv)	*(mit der Bedeutung: eng, schmal) z. B. stenophag/euryphag*
stenobath/eurybath	*(Biologie)*
Stenograph/Stenographin	
Stenographin/Stenograph	
stenohalin/euryhalin	*(Biologie)*
stenök/euryök	*(Biologie)*

Stenökie/Euryökie	*(Biologie)*
stenophag/euryphag	*(Biologie)*
stenophot/euryphot	*(Biologie)*
stenotherm/eurytherm	*(gegenüber Temperaturschwankungen empfindlich; Biologie)*
Stenothermie/Eurythermie	*(Biologie)*
sterben/geboren werden	*sie ist am 20. Juli 1991 gestorben*
sterben/leben	*zum Sterben zuviel und zum Leben zuwenig; für Gold leben und sterben*
Sterbeort/Geburtsort	
Sterbetag/Geburtstag	
Sterbezimmer/Geburtszimmer	*das Sterbezimmer des Dichters*
sterblich/unsterblich	*ein Genie ist sterblich, seine Werke sind unsterblich*
Sterblichkeit/Unsterblichkeit; a. Immortalität	
stereo/mono	*ein Konzert im Radio stereo hören (so, daß es räumlich klingt, von zwei Seiten)*
Stereoagnosie/Stereognosie	*(Unfähigkeit, Dinge mit dem Tastsinn zu erkennen; Medizin)*
Stereognosie/Stereoagnosie	*(Fähigkeit, Dinge mit dem Tastsinn zu erkennen; Medizin)*
stereophon/monophon	*(Akustik)*
Stereophonie/Quadrophonie	*(über zwei Kanäle laufende Übertragungstechnik)*
steril/fertil; a. fruchtbar	*(fortpflanzungsunfähig)*
Sterilität/Fertilität	*(Unfruchtbarkeit der Frau, Zeugungsunfähigkeit des Mannes)*
Stern; s. Fixstern, Planet, Wandelstern	
stetig/diskret	*(Mathematik)*
Steuer; s. direkte Steuer, indirekte Steuer	
Steuerbord/Backbord	*Steuerbord ist die rechte Seite eines Schiffes*
steuerbords/backbords	*(Seemannssprache)*
Steuererhöhung/Steuersenkung	
Steuerfrau/Steuermann	*(beim Rudern)*
steuerfrei/steuerpflichtig	*ein steuerfreies Einkommen*
Steuermann/Steuerfrau	*(beim Rudern)*
steuerpflichtig/steuerfrei	*ein steuerpflichtiges Einkommen*
Steuersenkung/Steuererhöhung	
Steward/Stewardeß	*er ist Steward*
Stewardeß/Steward	*sie ist Stewardeß*
sthenisch/asthenisch; a. leptosom	*ein sthenischer Konstitutionstyp (voller Kraft; Medizin)*
Stich; s. im Stich lassen	
stickstoffarm/stickstoffreich	*stickstoffarmer Boden*
stickstoffreich/stickstoffarm	*stickstoffreicher Boden*
Stiefbruder/Stiefschwester	

Stiefel/Halbschuh   *er trägt meist Stiefel*
Stiefkind/leibliches Kind   *(angeheiratetes Kind; Kind, das aus einer*
                                               früheren Ehe des Ehepartners stammt)
Stiefmutter/[leibliche] Mutter   *sie ist ihre Stiefmutter, nicht ihre leibliche*
                                               Mutter
Stiefmutter/Stiefvater
Stiefschwester/Stiefbruder
Stiefsohn/Stieftochter
Stieftochter/Stiefsohn
Stiefvater/[leiblicher] Vater   *er ist ihr Stiefvater, nicht ihr leiblicher*
                                               Vater
Stiefvater/Stiefmutter
Stier/Kuh   *ein Stier ist das männliche, zeugungsfähige*
                                               Rind
Stier/Ochse   *ein Stier ist − anders als der Ochse − das*
                                               nicht kastrierte, das zeugungsfähige
                                               männliche Rind

Stifter/Stifterin
Stifterin/Stifter
Stiftsdame/Stiftsherr; s. a. Kanonikus
Stiftsherr/Stiftsdame; s. a. Kanonissin
stilllegen/in Betrieb nehmen   *eine Werft stilllegen*
stillgestanden!/rührt Euch!   *(militärisches Kommando)*
Stimme; s. Deliberativstimme, Dezisiv-
   stimme, Jastimme, Neinstimme
stimmhaft/stimmlos   *b, d, g sind im Deutschen stimmhafte*
                                               Laute; s in „so" ist stimmhaft
stimmlos/stimmhaft   *p, t, k sind im Deutschen stimmlose*
                                               Laute; s in „was" ist stimmlos
Stimulus/Response   *(ein dem Sprechakt vorausgehender*
                                               [äußerer] Reiz; Sprachwissenschaft)
Stirn; s. Arbeiter der Stirn und der Faust
Stirnsatz/Spannsatz   *(Satz, bei dem das finite Verb am Anfang*
                                               steht, zum Beispiel: Kommst du heute?)
stochastischer Automat/determinierter   *(EDV)*
   Automat
Stoffserviette/Papierserviette
stopfen/abführen   *dieses Mittel stopft (hemmt den Stuhl-*
                                               gang)
Stopping/Doping   *(Einnahme von leistungsherabsetzenden*
                                               Mitteln, bei Rennpferden)
Storch/Störchin
Störchin/Storch
Störschall/Nutzschall   *(bei Hörgeräten: die nicht gewünschten Ne-*
                                               bengeräusche [Straßenlärm, diffuse Ge-
                                               räusche im Restaurant usw.], die man
                                               nicht hören will)
störungsanfällig/störungsunanfällig   *störungsanfällige Geräte*
störungsunanfällig/störungsanfällig

Stoßball/Spielball	(Billard)
Stoßbein/Stemmbein	(Sport)
Stößel/Mörser	(Werkzeug zum Zerkleinern, Zerstoßen im Mörser)
stoßempfindlich/stoßfest	stoßempfindliche Möbel
stoßen/ziehen; s. a. pull, tirez	(an Türen; englisch: push)
stoßfest/stoßempfindlich	stoßfeste Möbel
Stoßfuge/Lagerfuge	(senkrechte Fuge; Bauwesen)
strafbar/straffrei	sexuelle Nötigung in der Ehe ist strafbar
Strafe/Lohn	das ist die Strafe für deine Unvorsichtigkeit
Strafe/Verbrechen; a. Schuld	das Verbrechen und die Strafe dafür
Strafe; s. Gefängnisstrafe, Geldstrafe, Haftstrafe	
straffrei/strafbar	bleibt sexuelle Nötigung in der Ehe straffrei?
Strafkammer/Zivilkammer	(Rechtswesen)
strafmildernd/strafverschärfend	strafmildernde Umstände; sein Geständnis wirkte sich strafmildernd aus
strafmündig/strafunmündig	strafmündige Kinder
Strafmündigkeit/Strafunmündigkeit	
Strafprozeß/Zivilprozeß	(Rechtswesen)
Strafrecht/Zivilrecht	(in bezug auf die Strafen für Verbrechen)
Strafsache/Zivilsache	(Rechtswesen)
strafunmündig/strafmündig	strafunmündige Kinder; ein strafunmündiger Junge (der wegen seines Alters noch nicht bestraft werden kann)
Strafunmündigkeit/Strafmündigkeit	
strafverschärfend/strafmildernd	strafverschärfende Umstände; sein Schweigen wirkte sich strafverschärfend aus
straight/gay; s. a. homosexuell, schwul	(heterosexuell)
Straight/Gay; s. a. Homosexueller, Homo	(Heterosexueller)
Strand; s. FKK-Strand, Nacktbadestrand, Textilstrand	
strandtriftig/seetriftig	(an den Strand getrieben; Seefahrt)
straßab; s. straßauf	
straßauf/straßab	sie gingen straßauf und straßab (durch viele Straßen); straßauf, straßab (überall in den Straßen) waren fröhliche Menschen zu sehen
Straßenbahnfahrer/Straßenbahnfahrerin	
Straßenbahnfahrerin/Straßenbahnfahrer	
Straßenfahrer/Bahnfahrer	(Radsportler, der Straßenrennen fährt)
Straßengehen/Bahngehen	(auf öffentlichen Straßen ausgetragener Wettbewerb der Geher)
Straßenrennen/Bahnrennen	(Radrennen auf öffentlichen Straßen)
Straßenrennfahrer/Bahnradfahrer; s. a. Bahnfahrer	(Radsport)
Straßenrennsport/Bahnrennsport	(Radsport)

Straßenschuh/Hausschuh
strecken/beugen   den Arm strecken
Streckenfahren/Zeitfahren   (Radsport)
Strecker/Beuger; s. a. Beugemuskel, Bizeps, (Muskel; Anatomie)
    Flexor
Streckmuskel/Beugemuskel; s. a. Beuger,
    Bizeps, Flexor
Streichorchester/Blasorchester   (Orchester mit Streichinstrumenten)
Streik/Aussperrung   auf den Streik antworteten die Arbeitgeber
                                                mit Aussperrung
Streikbrecher[in]/Streikende[r]   (jemand, der sich nicht am Streik beteili-
                                                gen, sondern arbeiten will)
streiken/aussperren   die Arbeitnehmer streiken, und die Arbeit-
                                                geber sperren aus
Streikende[r]/Ausgesperrte[r]   im Arbeitskampf ist ein Streikender je-
                                                mand, der die Arbeit niederlegt, streikt,
                                                während ein Ausgesperrter vom Arbeit-
                                                geber von der Arbeit ausgeschlossen
                                                wird

Streikende[r]/Streikbrecher[in]
streikfähig/streikunfähig
streikunfähig/streikfähig
streitige Gerichtsbarkeit/freiwillige Ge-   (Rechtswesen)
    richtsbarkeit
streng/mild   etwas schmeckt streng; strenge Erziehung;
                                                strenger Winter
Strengbeweis/Freibeweis   der Strengbeweis ist ein Beweis im Rah-
                                                men der gesetzlich fixierten Formerfor-
                                                dernisse (Rechtswesen)

Streß/Eustreß
Streß; s. Disstreß, Eustreß
Strichätzung/Autotypie   (Typographie)
Strichjunge/Strichmädchen; a. Callgirl   (Junge, junger Mann, der sich prostituiert,
                                                auf den Strich geht)
Strichmädchen/Strichjunge; a. Callboy   (Mädchen, junge Frau, die sich prostitu-
                                                iert, auf den Strich geht)
Strichvorlage/Halbtonvorlage   (Graphik)
Stripper/Stripperin; s. a. Stripteasetänzerin (Mann, der einen Striptease vorführt)
Stripperin/Stripper; s. a. Stripteasetänzer (Frau, die einen Striptease vorführt)
Stripteasetänzer/Stripteasetänzerin; s. a. (Mann, der einen Striptease vorführt)
    Stripperin
Stripteasetänzerin/Stripteasetänzer; s. a. (Frau, die einen Striptease vorführt)
    Stripper
Strohwitwe/Strohwitwer   (Ehefrau, die vorübergehend ohne ihren
                                                Mann ist, weil dieser verreist o. ä. ist)
Strohwitwer/Strohwitwe
Strom; s. Gleichstrom, Wechselstrom
stromab/stromauf   das Schiff fuhr den Rhein stromab in Rich-
                                                tung Rotterdam

stromabwärts/stromaufwärts	*das Schiff fährt den Rhein stromabwärts (in Richtung Mündung, mit der Strömung) nach Köln*
stromauf/stromab	*das Schiff fuhr den Rhein stromauf in Richtung Basel*
stromaufwärts/stromabwärts	*das Schiff fährt den Rhein stromaufwärts (in Richtung Quelle, gegen die Strömung) nach Basel*
stromführend/stromlos	*ein stromführendes Kabel*
stromlos/stromführend	*ein stromloses Kabel*
Strophe/Antistrophe	*in der altgriechischen Tragödie folgt die Antistrophe der Strophe als Gegenwendung*
strukturiert/unstrukturiert	
strukturierte Programmierung/Spaghetti-code	*(EDV)*
strukturviskos/dilatant	*(Chemie)*
Strukturviskosität/Dilatanz	*(Chemie)*
Stück; s. am Stück, im Stück	
Stückkauf/Gattungskauf	*(Rechtssprache)*
Stückkurs/Prozentkurs	*(Börsenwesen)*
Stückschuld/Speziesschuld	*(Rechtswesen)*
Stückvermächtnis/Gattungsvermächtnis	*(Vermächtnis, dessen Gegenstand der Erblasser genau festgelegt hat)*
stückweise/im ganzen	*etwas stückweise abgeben*
Student/Studentin	*der Student liebt die Studentin Editha*
Studentin/Student	*die Studentin liebt den Studenten Klaus*
Studienrat/Studienrätin	
Studienrätin/Studienrat	
Studienreferendar/Studienreferendarin	
Studienreferendarin/Studienreferendar	
studium generale/studium particulare	*(im Mittelalter Bezeichnung für Universitäten, Ordensschulen usw., die für alle Nationen bestimmt waren und in denen mindestens Recht, Medizin oder Theologie unterrichtet wurden)*
studium particulare/studium generale	*(im Mittelalter Bezeichnung für Hochschulen von nur regionaler Bedeutung und fachlicher Beschränkung auf die Artes liberales)*
Stufengründung/Simultangründung	*(in bezug auf die Gründung einer Aktiengesellschaft)*
Stufenheck/Fließheck	*(beim Auto)*
stumme Sünde/rufende Sünde	*(früher für: von der sexuellen Norm abweichende Handlungsweise − mit Ausnahme der Blutschande −, zum Beispiel: Homosexualität, Onanie, Sodomie)*
Stummfilm/Tonfilm	*(Film, bei dem zu den Bildern kein Ton, keine Sprache existiert)*

stumpf/glatt	*das Parkett ist stumpf*
stumpf/scharf	*ein stumpfes Messer; das Beil ist stumpf*
stumpfer Reim/klingender Reim; s. a. weiblicher Reim	*(Reim einsilbiger Wörter oder nur der Schlußsilben von Wörtern, auch männlicher Reim genannt, zum Beispiel: Wahl/Qual)*
stumpfer Winkel/spitzer Winkel	*(Winkel zwischen 90° und 180°)*
stumpfwinklig/spitzwinklig	*ein stumpfwinkliges Dreieck*
Stundenunterricht/Epochalunterricht	*(Fachunterricht, der während des ganzen Jahres stundenweise erteilt wird; Pädagogik)*
Stuntfrau/Stuntman	*(weibliche Person, die eine gefährliche Aktion in einem Film an Stelle der eigentlichen Darstellerin ausführt)*
Stuntman/Stuntwoman, Stuntfrau	*(männliche Person, die eine gefährliche Aktion in einem Film an Stelle des eigentlichen Darstellers ausführt)*
Stuntwoman/Stuntman	*(weibliche Person, die eine waghalsige Szene in einem Film für die eigentliche Filmschauspielerin übernimmt)*
stürmisch/ruhig	*die See ist stürmisch*
Stute/Hengst; a. (kastriert) Wallach	*der Hengst beschält die Stute*
Stylist/Stylistin	
Stylistin/Stylist	
sub.../super... (vor fremdsprachlichem Adjektiv)	*(mit der Bedeutung: unter) z. B. subkrustal/superkrustal*
Sub.../Ko... (vor fremdsprachlichem Substantiv)	*(mit der Bedeutung: unter) z. B. Subkonstituente/Kokonstituente, Subordination/Koordination*
Sub.../Super... (vor fremdsprachlicher Basis; Substantiv)	*(mit der Bedeutung: unter) z. B. Substrat/Superstrat*
Subitanei/Latenzei; s. a. Dauerei, Winterei	*(Zoologie)*
Subjekt/Objekt	*in „ich liebe ihn" ist „ich" Subjekt und „ihn" Objekt*
subjektiv/intersubjektiv	*das sind lediglich subjektive (einzelpersönliche), aber nicht intersubjektive (mehrpersönliche) Erfahrungen*
subjektiv/objektiv; a. unvoreingenommen	*eine subjektive (von einer einzelnen Person abhängende, geprägte) Beurteilung; eine subjektive (persönlich-voreingenommene) Darstellung eines Geschehens*
subjektives Recht/objektives Recht	*(Rechtswesen)*
subjektivistisch/objektivistisch	*(Philosophie)*
Subjektivität/Objektivität	*Subjektivität kennzeichnet den Bericht; den Vorwurf der Subjektivität wies sie zurück*
Subjektsgruppe/Prädikatsgruppe	*in dem Satz „mein Freund Stefan liest Wieland" ist „mein Freund Stefan" die Subjektsgruppe und „liest Wieland" die Prädikatsgruppe*

Subjektsinfinitiv/Objektsinfinitiv	*(Infinitiv, dessen Handlungsträger mit dem Subjekt der finiten Form übereinstimmt, zum Beispiel: er ging einkaufen)*
Subkonstituente/Kokonstituente	*(Sprachwissenschaft)*
subkrustal/superkrustal	*(unter der Erdkruste; Geologie)*
submers/emers	*(unter dem Wasser)*
Subordination/Koordination; s. a. Nebenordnung, Parataxe	*(Unterordnung von Sätzen, Satzgliedern)*
subordinativ/koordinativ	*„groß" ist in „großes Haus" subordinativ (untergeordnet)*
subordinieren/koordinieren	*(unterordnen)*
subordinierend/koordinierend; s. a. parataktisch	
subordinierende Konjunktion/koordinierende Konjunktion	*„weil" und „daß" sind subordinierende (unterordnende) Konjunktionen*
subordiniert/koordiniert	*(Sprachwissenschaft)*
Substantiv/Verb; s. a. Tuwort	*„Kind, Haus, Liebe" sind Substantive*
Substanz/Akzidens	*(das unveränderlich Bleibende; Philosophie)*
Substanz/Modus	*bei Spinoza ist Substanz Natur, Gott*
Substanz; s. graue Substanz, weiße Substanz	
Substrat/Superstrat	*(Sprachgut des besiegten Volkes in der aufgezwungenen Sprache des Siegervolkes)*
Subtrahend/Minuend; a. Subtraktion	*in a − b ist b der Subtrahend, der von a abgezogen wird*
subtrahieren/addieren; s. a. zuzählen	*wenn man 3 von 5 subtrahiert, bekommt man 2*
Subtraktion/Addition; a. Addend, Augend	*(Mathematik)*
subtraktiv/additiv	*(auf Subtraktion beruhend; Mathematik)*
Succubus; s. Sukkubus	
suchen/bieten	*ich biete Radio, suche Video (Anzeige)*
suchen/finden	*einen Partner suchen; seine Schlüssel suchen und sie schließlich finden*
Süd/Nord	
Süd.../Nord... (Substantiv)	*z. B. Südhang/Nordhang*
süddeutsch/norddeutsch; a. niederdeutsch	
Süden/Norden	*er wohnt im Süden der Stadt*
Südhang/Nordhang	
südlich/nördlich	*südlich Berlins, von Berlin*
Südlicht/Nordlicht	*(Polarlicht auf der südlichen Erdhalbkugel)*
Südpol/Nordpol; s. a. Arktis	*eine Expedition zum Südpol*
Südseite/Nordseite; s. a. Frauenseite	
Südstaatler/Nordstaatler	*(jemand, der aus einem Südstaat in den USA stammt)*
suffigieren/präfigieren	*(mit einem Suffix – einer Endung – versehen, z. B. Bereit-schaft)*
Suffix/Präfix; s. a. Vorsilbe	*in „Freiheit" ist „-heit" ein Suffix*

Suffix; s. Amplifikativsuffix, Augmentativ-
  suffix, Diminutivsuffix

suffixoid/präfixoid   *„Ehemuffel" ist eine suffixoide Bildung*

Suffixoid/Präfixoid; s. a. Halbpräfix   *in „karrieregeil" ist „-geil", in „Ehemuf-*
                                                 fel" ist „-muffel" ein Suffixoid

suffizient/insuffizient   *(ausreichend [funktionsfähig]; Medizin)*

Suffizienz/Insuffizienz   *(ausreichendes Können, genügend Kraft)*

Suffragan/exemter Bischof   *(katholische Kirche)*

Sühne/Schuld; a. Verbrechen   *Schuld und Sühne*

Sukkubus/Inkubus; a. MOT, Obenauf-   *(in der Volkskunde: weiblicher Alpdämon,*
  lieger   *der den Schlafenden zum Liebesverkehr*
                                                 nötigt; in mittelalterlichen Hexenprozes-
                                                 sen wurden Frauen beschuldigt, des Teu-
                                                 fels Succubus zu sein)

Sukzessivkontrast/Simultankontrast   *(gegenseitige Beeinflussung nacheinander*
                                                 erfolgender Wahrnehmungen; Psycholo-
                                                 gie)

Suleika; s. Jussuf

Sultan/Sultanin   *(moslemischer Herrscher)*

Sultanin/Sultan   *(Frau des Sultans)*

Summationston/Kombinationston   *(Musik)*

summum ius summa iniuria/fiat justitia pe-   *(buchstabengetreue Auslegung eines Geset-*
  reat mundus   *zes kann zu größter Ungerechtigkeit füh-*
                                                 ren; Philosophie)

Sünde; s. läßliche Sünde, rufende Sünde,
  stumme Sünde, Todsünde

Sünder/Sünderin   *es sind alles Sünder und Sünderinnen,*
                                                 meinte er

Sünderin/Sünder   *es sind alles Sünder und Sünderinnen,*
                                                 meinte er

Sunna/Bida   *im Islam bezeichnet Bida eine Anschauung*
                                                 oder einen Gebrauch, der nicht auf Mo-
                                                 hammed zurückzuführen ist, der also
                                                 nicht Sunna — Richtschnur des mosle-
                                                 mischen Lebens — ist

Sunna/Schia   *(islamische religiöse Richtung)*

Sunnit/Schiit   *(Anhänger der orthodoxen Hauptrichtung*
                                                 — der Sunna — des Islams)

super.../sub... (vor fremdsprachlichem Ad-   *(mit der Bedeutung: über, ober) z. B. super-*
  jektiv)   *krustal/subkrustal*

Super.../Sub... (vor fremdsprachlicher Ba-   *(mit der Bedeutung: ober, über) z. B. Super-*
  sis; Substantiv)   *strat/Substrat*

Superheterodynempfänger/   *(Elektrotechnik)*
  Geradeausempfänger

Superiorität/Inferiorität   *(Überlegenheit)*

superkrustal/interkrustal, subkrustal   *(auf der Erdkruste)*

Superstrat/Substrat   *(Sprachgut des Siegervolkes in der Sprache*
                                                 des besiegten)

Supination/Pronation   *(Drehung der Hand, des Fußes nach*
                                                 außen)

supinieren/pronieren — *(die Hand, den Fuß nach auswärts drehen)*

supra.../infra... (vor fremdsprachlicher Basis; Adjektiv) — *(mit der Bedeutung: ober, über) z. B. supraglottal/infraglottal*

supraglottal/infraglottal — *(Phonetik)*

suprakrustal/infrakrustal — *(an der Erdoberfläche; Geologie)*

supranational/national — *Leistungsmessung im supranationalen Rahmen*

Susception; s. Suszeption

süß/bitter — *süße Mandeln*

süß/sauer — *es schmeckt süß; süße Sahne; süße Kirschen; die Trauben sind süß*

Süß/Sauer — *(geleistete, aber noch nicht bezahlte Arbeit; Jargon Druckersprache)*

Süßkirsche/Sauerkirsche

Süßmolke/Sauermolke

Süßrahmbutter/Sauerrahmbutter

Süßwasser/Salzwasser, Meerwasser

Süßwassermolasse/Meeresmolasse — *(Geologie)*

Suszeption/Immission — *(die Aufnahme [des Penis in die Vagina, in den After])*

Sweet Music/Hot Jazz

syllabisch/melismatisch — *(silbenweise komponiert; Gesang)*

Symmetrie/Asymmetrie — *(Ebenmäßigkeit)*

symmetrisch/asymmetrisch, unsymmetrisch — *symmetrisch (gleich auf beiden Seiten) gebaut*

symmikt/diatakt — *(Geologie)*

Sympathie/Antipathie; a. Abneigung, Haß

Sympathikotonie/Vagotonie — *(Medizin)*

Sympathikus/Parasympathikus — *(Medizin)*

sympathisch/unsympathisch — *eine sympathische Frau; sympathisches Wesen; sympathisch wirken; jemanden sympathisch finden; sie/er ist mir sehr sympathisch (ich mag sie/ihn)*

sympetal/choripetal — *(Botanik)*

Sympodium/Monopodium — *(Botanik)*

symptomatische Behandlung/Kausalbehandlung — *(Behandlung, bei der die Erscheinungen und nicht die Ursache behandelt wird)*

Syn.../Anti... (Substantiv) — *(mit der Bedeutung: mit, zusammen) z. B. Synklinorium/Antiklinorium*

synchron/asynchron — *etwas verläuft synchron (zeitlich übereinstimmend)*

synchron/diachron — *(zu gleicher Zeit; auf nur eine Zeitschicht, einen Zeitquerschnitt bezogen; Sprachwissenschaft)*

Synchronie/Diachronie — *(Sprachwissenschaft)*

synchronisch/diachronisch

Synchronmotor/Asynchronmotor — *(Elektrotechnik)*

syndetisch/asyndetisch; s. a. unverbunden — *(durch eine Konjunktion verbunden; Sprachwissenschaft)*

Syndrom; s. Cinderella-Syndrom, Peter-
  Pan-Syndrom

Syneklise/Anteklise	*(Geologie)*
syngenetisch/epigenetisch	*(gleichzeitig entstanden; Geologie)*
synkarp/parakarp	*(zusammengewachsen; Botanik)*
Synklinaltal/Antiklinaltal	*(Geographie)*
Synklinorium/Antiklinorium	*(Geologie)*
Synkotylie/Heterokotylie	*(Botanik)*
Synkrise/Diakrise	*(Philosophie)*
synkritisch/diakritisch	*(Philosophie)*
Synökologie/Autoökologie	*(auf die Wechseleinwirkungen von Biologie und Soziologie eingehende Ökologie)*
synonym/antonym	*synonyme Wörter sind gleich- oder ähnlichbedeutende Wörter, zum Beispiel: hübsch/schön; Bahnsteig/Perron*
Synonym/Antonym	*(gleich-, ähnlichbedeutendes Wort in bezug auf ein anderes oder mehrere andere, z. B. bunt/farbenfreudig/knallig)*
Synonymie/Antonymie	*(Wissenschaft von der Bedeutungsgleichheit oder -ähnlichkeit von Wörtern; Sprachwissenschaft)*

Synonymik; s. distinktive Synonymik, ku-
  mulative Synonymik

Synsemantikon/Autosemantikon	*(Wort, das erst im Zusammenhang mit anderen seine Bedeutung erhält oder entwickelt, z. B. dieser, an; auch Wortbildungselemente wie -schaft, -keit)*
synsemantisch/autosemantisch	*(Sprachwissenschaft)*
Syntagmatik/Paradigmatik	*(Sprachwissenschaft)*
syntagmatisch/paradigmatisch	*syntagmatische Assoziationen beziehen sich auf Kollokationen, zum Beispiel zu Fisch: schwimmen, Flosse, Schuppen; syntagmatische Verknüpfungen bestehen zwischen Subjekt und Prädikat*

Syntax; s. Morphosyntax, Nomosyntax

Synthese/Analyse	*(Zusammenschau)*
Synthetik/Analytik	*(ganzheitliche Betrachtung; Philosophie)*
synthetisch/analytisch	*ein synthetisches Verfahren*
synthetisch/antithetisch	*(Geologie)*
synthetische Faser/Naturfaser	
synthetische Leselehrmethode/Ganzheits- methode	*(Pädagogik)*
synthetische Sprache/analytische Sprache	*(Sprache, die Syntaktisches mit Hilfe von Endungen ausdrückt, z. B. amo = ich liebe)*
systematisch/alphabetisch	*ein systematisches (nach Sachgebieten geordnetes) Register*
systematisch/unsystematisch	*systematisch vorgehen*

Systemsoftware/Anwendungssoftware	*zur Systemsoftware gehören Dienstpro-gramm, Betriebssystem*
Systole/Diastole	*(rhythmische Zusammenziehung des Herz-muskels)*
systolisch/diastolisch	*(Medizin)*
Szientismus/Fideismus	*(wissenschaftliche Haltung, die sich auf Wissen und Erfahrung stützt)*
Szylla; s. Scylla	

T

...t (Partizip II)/...end (Partizip I)	*z. B. definiert/definierend*
tabuisieren/enttabuisieren	*den Tod, die Sexualität tabuisieren*
Tadel/Lob	*der Tadel traf ihn tief; man kann die Schwächen der Mitarbeiter weniger über Tadel verändern als die Stärken über das Lob*
tadeln/loben	*ihre inkonsequente Haltung wurde getadelt*
Tafelglas/Hohlglas	*(tafelförmiges Glas)*
Tag/Nacht	*ein sonniger Tag; seid reinlich bei Tage und säuisch bei Nacht (Goethe, Faust Paralipomena)*
Tag; s. am Tage, bei Tage, über Tage, unter Tage	
tagaktiv/nachtaktiv	*tagaktive Tiere*
tagaus/tagein	*tagaus, tagein die gleiche langweilige Tätigkeit*
Tagdienst/Nachtdienst	*sie macht nur Tagdienst (Dienst am Tage)*
tagein/tagaus	*tagein, tagaus die gleiche langweilige Tätigkeit*
Tagescreme/Nachtcreme	*(Gesichtscreme für den Tag)*
Tagesdienst/Nachtdienst	*sie macht nur Tagesdienst und keinen Nachtdienst*
Tageslicht/Kunstlicht	*bei Tageslicht (bei natürlichem, von der Sonne herrührendem Licht) sehen die Farben ganz anders aus*
Tagespreis/Punktpreis	*(Segeln)*
Tageszeit/Nachtzeit	*er kann zu jeder Tages- und Nachtzeit essen*
Tagportier/Nachtportier	
Tagschicht/Nachtschicht; a. Spätschicht	*er hat die Tagschicht (in der Fabrik)*
tagsüber/nachts; s. a. in der Nacht	*tagsüber schlafen*
Tag- und Nachtseite	*die Tag- und Nachtseiten des Lebens*
taktlos/taktvoll	*er war sehr taktlos*
taktvoll/taktlos	*er war sehr taktvoll*
Tal/Berg	*das Haus liegt im Tal; er geht ins Tal; über Berg und Tal*
talab/talauf; s. a. talaufwärts	
talabwärts/talaufwärts; s. a. talauf	
talauf/talab; s. a. talabwärts	
talaufwärts/talabwärts; s. a. talab	
talaus/talein	*talaus (aus dem Tal hinaus) blickt man in die weite Ebene*

talein/talaus

talein (in das Tal hinein) blickt man auf
die alte Kirche

talentiert/untalentiert; a. talentlos, unbegabt

ein recht talentierter junger Mann

talentlos/talentvoll; a. begabt

talentvoll/talentlos; a. unbegabt

Talfahrt/Bergfahrt

(1. Fahrt ins Tal hinab; 2. Fahrt mit dem
Schiff flußabwärts)

Talker/Listener

(Gerät, das Daten sendet; EDV)

Talkmaster/Talkmasterin

Talkmasterin/Talkmaster

Talski/Bergski

(der talseitig laufende, belastete untere Ski
bei der Hangfahrt)

Talstation/Bergstation

(bei Bergbahn oder Skilift: im Tal liegende
Station)

talwärts/bergwärts

1. die Bahn fährt talwärts; 2. das Schiff
fährt talwärts (flußabwärts)

Tangens/Kotangens

(Mathematik)

Tante/Onkel; s. a. Oheim

Tänzer/Tänzerin; a. Go-go-Girl

Tänzerin/Tänzer; a. Go-go-Boy

Tara, die/Nettogewicht

(Gewicht der Verpackung; was die Verpak-
kung wiegt)

tariflich/außertariflich

tarifliche Löhne

tarnen, sich/enttarnt werden

er hat sich getarnt

Tasse/Untertasse

die Tasse auf die Untertasse stellen; die
Tasse steht auf der Untertasse

Tatbestandswirkung/Feststellungswirkung

(Rechtswesen)

Tateinheit/Tatmehrheit

(eine strafbare Handlung, bei der mehrere
Strafgesetze verletzt werden; Rechtswe-
sen)

tatenarm/gedankenvoll

tatenarm, aber gedankenvoll

Täter/Opfer

der Täter schlug auf sein Opfer ein; die Tä-
ter fühlen sich als Opfer

Täter/Täterin

Täterin/Täter

Tatform/Leideform; s. a. Passiv

„er schlägt" ist eine Tatform

Tatfrage/Rechtsfrage

(Frage nach dem Tatbestand; Rechtswe-
sen)

tätig/untätig

seine Freizeit tätig verbringen

Tätigkeitsdelikt/Erfolgsdelikt

(Straftat, die mit der Tätigkeit des Täters
vollendet ist)

tätlich angreifen/verbal angreifen

Tatmehrheit/Tateinheit

(verschiedene strafbare Handlungen, bei
denen mehrere Strafgesetze verletzt wer-
den oder mehrmaliges Begehen der glei-
chen Straftat; Rechtswesen)

tätowieren/enttätowieren

Tatsachenvermutung/Rechtsvermutung

(Annahme eines bestimmten Sachverhalts)

Taube/Falke	*er gehört zu den Tauben; die Tauben vertreten einen gemäßigten politischen Kurs*
Taube/Tauber, Täuber, Tauberich, Täuberich	*(weibliche Taube)*
Tauber/Taube	*(männliche Taube)*
Täuber/Taube	*(männliche Taube)*
Tauberich/Taube	*(männliche Taube)*
Täuberich/Taube	*(männliche Taube)*
tauen/frieren	*es taut*
Taufpate/Taufpatin	
Taufpatin/Taufpate	
tauglich/untauglich	*jemanden für tauglich erklären; für diese Aufgabe tauglich sein*
...tauglich/...untauglich (Adjektiv)	*z. B. diensttauglich/dienstuntauglich*
Tauglichkeit/Untauglichkeit	
...tauglichkeit/...untauglichkeit (Substantiv)	*z. B. Fahrtauglichkeit/Fahruntauglichkeit*
Taxifahrer/Taxifahrerin	
Taxifahrerin/Taxifahrer	
...te/...ende[r] (Substantivierung vom schwachen, dem regelmäßigen Verb)	*z. B. Begehrte/Begehrende[r]*
...te/...ter (Substantivierung vom schwachen, dem regelmäßigen Verb)	*z. B. Delegierte/Delegierter*
Techniker/Technikerin	
Technikerin/Techniker	
technisch/nichttechnisch	*Anwendung technischer Grundsätze in nichttechnischen Zusammenhängen*
technomorph/biomorph	*(von den Kräften der Technik geprägt; Philosophie)*
Tee/Kaffee	*trinken Sie Kaffee oder Tee?*
Teil/Ganzes	
Teil; s. ein Teil, zum Teil	
teil.../voll... (Adjektiv)	*z. B. teilbeschäftigt/vollbeschäftigt*
Teil.../Ganz... (Substantiv)	*z. B. Teiltext/Ganztext*
Teil.../Ganz..., Gesamt..., Total... (Substantiv)	*z. B. Teilansicht/Ganzansicht, Gesamtansicht, Totalansicht*
Teil.../Gesamt... (Substantiv)	*z. B. Teilgebiet/Gesamtgebiet*
Teil.../Voll... (Substantiv)	*z. B. Teilglatze/Vollglatze*
Teilansicht/Ganzansicht, Gesamtansicht, Totalansicht	*Teilansicht des Hauses*
teilautomatisch/vollautomatisch	
teilautomatisieren/vollautomatisieren	
Teilautomatisierung/Vollautomatisierung	
teilbar/unteilbar; a. ungerade	*50 ist eine teilbare Zahl (die durch eine andere ohne Rest geteilt werden kann, zum Beispiel durch 2, 5, 10)*
teilbeschädigt/totalbeschädigt	*das Haus ist teilbeschädigt*

teilbeschäftigt/vollbeschäftigt	*sie ist teilbeschäftigt*
Teilbeschäftigung/Vollbeschäftigung	
Teilbetrag/Gesamtbetrag	
Teilcharter/Raumcharter, Vollcharter	*(im Seeverkehr Frachtvertrag über die Miete nur einzelner Laderäume auf einem Schiff, nicht eines ganzen Schiffes)*
teilen/malnehmen; s. a. multiplizieren	*wenn man 10 : 5 teilt, erhält man 2*
Teilergebnis/Gesamtergebnis	
Teilforderung/Gesamtforderung	*(Rechtswesen)*
Teilgebiet/Gesamtgebiet	
Teilglatze/Vollglatze	
Teilkasko/Vollkasko	*(Versicherung)*
Teillemma/Lemma	*Sau- ist ein Teillemma (Lexikographie)*
Teilrente/Vollrente	*(Rechtswesen)*
Teilschuld/Gesamtschuld	*(Teil einer geschuldeten Leistung; Rechtswesen)*
Teilstrecke/Gesamtstrecke	*(Etappe einer bestimmten Strecke)*
Teilsumme/Gesamtsumme	
Teiltext/Ganztext	
Teilurteil/Vollurteil	*(Rechtswesen)*
Teilverkauf/Gesamtverkauf	*Teilverkauf der Aktien*
teilweise/ganz; a. total	*die Straße wurde teilweise gesperrt*
teilweise/ganz, völlig	*das Haus wurde teilweise zerstört*
Teilzahlungspreis/Barzahlungspreis	*(Rechtswesen)*
Teilzeit/Vollzeit	*Arbeit für Teilzeit*
Teilzeit…/Vollzeit… (Substantiv)	*z. B. Teilzeitarbeit/Vollzeitarbeit*
Teilzeitarbeit/Vollzeitarbeit	
teilzeitbeschäftigt/vollbeschäftigt	
Teilzeitbeschäftigte[r]/ Vollzeitbeschäftigte[r]	
Teilzeitbeschäftigung/Vollbeschäftigung	
Teilzeitschule/Vollzeitschule	*(zum Beispiel Berufsschule, Abendschule)*
Telearbeit/Büroarbeit	*(zum Beispiel als Angestellte[r] eines Betriebes Arbeit, die an einem Arbeitsplatz zu Hause am PC geleistet wird)*
Telefon; s. Kartentelefon, Münztelefon	
Teleologie/Dysteleologie	*(philosophische Lehre von der Ziel- und Zweckgerichtetheit der Entwicklung)*
teleologisch/dysteleologisch	
Teleskopie/Kryptoskopie	*(die Wahrnehmung von in der Ferne befindlichen verborgenen Dingen)*
Temperaturanstieg/Temperaturrückgang	
Temperaturrückgang/Temperaturanstieg	
Temporalien/Spiritualien	*(Rechte und Einnahmen, die mit einem kirchlichen Amt verbunden sind; katholische Kirche)*
Tennis/Damentennis	*Boris Becker spielt Tennis; Steffi Graf spielt Damentennis*

Tenor/Baß   (1. hohe Stimmlage in bezug auf Männer;
                                               2. Sänger mit hoher Stimmlage)

Tenuis/Media   (stimmloser Laut, z. B. p, t, k)

Teppich; s. auf dem Teppich bleiben

...ter/...ende[r] (Substantivierung von   z. B. Begehrter/Begehrende[r]
   schwachem, dem regelmäßigen Verb)

...ter/...te (Substantivierung von schwa-   z. B. Delegierter/Delegierte
   chem, dem regelmäßigen Verb)

Termineinlage/Sichteinlage   (Bankwesen)

Termingeschäft/Kassageschäft   (Börsenwesen)

Terminmarkt/Kassamarkt   (Börsenwesen)

terrestrisch/limnisch, marin   (auf dem Erdboden lebend)

Territorialheer/Feldheer   (Militär)

Territorialitätsprinzip/   (Rechtsgrundsatz, daß eine Person den
   Nationalitätsprinzip, Personalitäts-   Rechtsbestimmungen des Staates unter-
   prinzip   liegt, in dem sie lebt)

Territorialstaat/Personenverbandsstaat   (in der Zeit des Feudalismus Staat, der der
                                               kaiserlichen Zentralgewalt nicht unter-
                                               worfen ist)

Terror/Gegenterror

Terror; s. roter Terror, weißer Terror

Testament; s. das Alte Testament, das
   Neue Testament

Testgruppe/Kontrollgruppe   (Gruppe, die bestimmten Testbedingungen
                                               unterworfen ist; Psychologie)

Testosteron/Östrogen   (männliches Keimdrüsenhormon)

teuer/billig   ein teures Gerät; das Leben ist dort teuer;
                                               ist das Telefonieren nun billiger oder
                                               teurer?

Teufel/Engel   sie ist mal Teufel, mal Engel

Teufel/Gott

Text/Melodie   der Text des Liedes

Text; s. Geheimtext, Klartext, verschlüssel-
   ter Text

Textabbildung/Vollbild   (Abbildung, die nicht die ganze Seite füllt
                                               und von Text umgeben ist; Druckwe-
                                               sen)

textextern/textintern   textexterne Merkmale von Fachtexten

Textilsex/Ledersex   (Sex zwischen nicht in Leder gekleideten
                                               Partnern; kein SM-Sex; Jargon)

Textilstrand/FKK-Strand, Nacktbade-   (Badestrand für bekleidete – mit Badestrand   hose, Badeanzug – Badegäste im Unter-
                                               schied zu dem Strand, an dem sich die
                                               Badegäste unbekleidet aufhalten)

textintern/textextern   textinterne Merkmale von Fachtexten

Textproduktion/Textrezeption; a. Herüber-   Schreiben ist Textproduktion; ein Wörter-
   setzung   buch zur (fremdsprachigen) Textproduk-
                                               tion (aktives Wörterbuch) braucht sehr
                                               zahlreiche Informationen in der Mikro-
                                               struktur, Hinweise zum Gebrauch des
                                               einzelnen Wortes

Textproduzent/Textrezipient; a. Empfänger/Absender	*(Sprachwissenschaft)*
Textrezeption/Textproduktion; a. Hinübersetzung	*Lesen ist Textrezeption; ein Wörterbuch zur (fremdsprachigen) Textrezeption (passives Wörterbuch) braucht vor allem einen großen Lemmabestand, viele Stichwörter)*
Textrezipient/Textproduzent; a. Absender/Empfänger	*(Sprachwissenschaft)*
Thalattokratie/Geokratie	*(Zeitabschnitt in der Erdentwicklungsgeschichte, in der die Erde überwiegend vom Meereswasser bedeckt war; Geologie)*
Thallophyt/Kormophyt; s. a. Sproßpflanze	*(Sporenpflanze; Botanik)*
Thallus/Kormus	*(primitive Pflanze ohne Wurzeln und Blätter)*
Thanatos/Eros	*(Todestrieb; Psychologie)*
Theater; s. Gesangstheater, Musiktheater, Sprechtheater	
Theismus; s. Monotheismus, Polytheismus	
Thelygenie/Arrhenogenie	*(Erzeugung nur weiblicher Nachkommen; Medizin)*
.Thelytokie/Arrhenotokie	*(Erzeugung nur weiblicher Nachkommen; Medizin)*
thelytokisch/arrhenotokisch	*(nur weibliche Nachkommen habend; Medizin)*
Thema/Rhema	*das Thema ist der Satzteil, der bereits Bekanntes, den Gegenstand der Aussage enthält; zum Beispiel: Er schenkte mir ein Buch. (Thema:) /Dieses Buch/ habe ich gleich gelesen. (Thema:) /Dabei/ habe ich alles um mich herum vergessen*
thematisch/athematisch	*(mit Themavokal gebildet in bezug auf die Wortform, zum Beispiel: das e in „er red- e -t" im Unterschied zu „er tu-t"; Sprachwissenschaft; auch Musik)*
Theologe/Theologin	
Theologin/Theologe	
Theoretiker/Praktiker	*er ist reiner Theoretiker*
theoretisch/experimentell	*sich theoretisch mit etwas beschäftigen*
theoretisch/praktisch	*der theoretische Teil einer Prüfung*
theoretische Linguistik/angewandte Linguistik	
theoretische Physik/Experimentalphysik	
Theorie/Empirie	*statt Theorie mehr Empirie in der Wissenschaft*
Theorie/Praxis	*in der Theorie sieht das viel einfacher aus; von der Theorie zur Praxis übergehen*
Therapeut/Therapeutin	*zur Tagung kamen zahlreiche Therapeuten und Therapeutinnen*

Therapeutin/Therapeut	zur Tagung kamen zahlreiche Therapeuten und Therapeutinnen
Therapie; s. Einzeltherapie, Familientherapie	
theriomorph/anthropomorph	(tiergestaltig; von Göttern)
thermolabil/thermostabil	(Physik)
thermostabil/thermolabil	(Physik)
These/Antithese	der These wird eine Antithese entgegengesetzt
Thesis/Arsis	(in altgriechischer Verskunst der betonte, lange Teil des Versfußes)
Thisbe; s. Pyramus	
Thymopsyche/Noopsyche	(die gemüthafte Seite des Seelenlebens)
tief/flach	ein tiefer Teller; eine tiefe Stelle im See; er atmet tief
tief/hoch	1. die Sonne steht tief; die Schwalben fliegen tief; wer hoch steigt, kann tief fallen; 2. eine tiefe Stimme; u ist ein tiefer Vokal
tief/leicht	ein tiefer Schlaf
tief; s. klassentiefer	
Tief/Hoch	ein Tief (Tiefdruckgebiet) über Deutschland (Meteorologie)
Tief.../Hoch... (Substantiv)	z. B. Tiefbau/Hochbau
Tiefangriff/Hochangriff	(Militär)
Tiefbau/Hochbau	(das Bauen in und unter der Erde und zu ebener Erde)
tiefbetrübt/hochbeglückt	sie ist darüber tiefbetrübt
Tiefdecker/Hochdecker	(Flugzeug mit Tragflügeln unter dem Rumpf; Flugwesen)
Tiefdruck/Hochdruck	(1. niedriger Luftdruck; Meteorologie; 2. Druckwesen)
Tiefdruckgebiet/Hochdruckgebiet	(Meteorologie)
Tiefe/Höhe	1. ein Leben mit Höhen und Tiefen; 2. die Tiefe eines Tones (Musik)
Tiefebene/Hochebene	
Tiefenstruktur/Oberflächenstruktur	(Sprachwissenschaft)
Tiefgarage/Hochgarage	
Tiefland/Hochland	(bis 200 Meter)
tiefliegend/hervortretend	tiefliegende Augen
Tiefpunkt/Höhepunkt	die Tiefpunkte in seiner Laufbahn
Tiefschlaf/REM-Schlaf	(tiefer Schlaf; Phase im Schlaf, in der man nicht träumt)
tiefst.../höchst...	die höchste Freude und das tiefste Leid
tiefstapeln/hochstapeln; a. übertreiben	(etwas entgegen der Realität als nur gering vorhanden darstellen); tiefstapelnde Bescheidenheit
Tiefstart/Hochstart	(Leichtathletik)
Tiefstwert/Höchstwert	Tiefstwerte der nächtlichen Temperatur

Tiefton/Hochton	*(Phonetik)*
Tiefwurzler/Flachwurzler	*(Forstwirtschaft)*
tierisch/pflanzlich	*tierische Fette, Öle, zum Beispiel Butter, Schmalz*
Tierreich/Pflanzenreich; s. a. Flora	*(alle Tiere, die es gibt)*
Tierwelt/Pflanzenwelt; s. a. Flora	
Tilgungshypothek/Abzahlungshypothek	*(Rechtswesen)*
Tippen/Blindschreiben	*Tippen war früher das Schreiben mit zwei Fingern*
tirez/poussez; s. a. drücken, push	
Tischdame/Tischherr	*sie war bei dem Bankett seine Tischdame*
Tischherr/Tischdame	*er war bei dem Bankett ihr Tischherr*
Tischler/Tischlerin	
Tischlerin/Tischler	
Titel; s. Arbeitstitel, endgültiger Titel	
Tochter/Mutter	
Tochter/Sohn	*sie hat eine Tochter und zwei Söhne*
Tochter; s. natürliche Tochter	
Tochtergesellschaft/Muttergesellschaft	
Tod/Geburt; a. von der Wiege bis zur Bahre	*von der Geburt bis zum Tod*
Tod/Leben	*es geht um Leben oder Tod; ein Rennen auf Leben und Tod*
Tod; s. gewaltsamer Tod, natürlicher Tod, zum Tode betrübt s. himmelhoch	
Todesfall/Geburt	*einen Todesfall anmelden*
Todestag/Geburtstag	*das ist ihr Todestag*
Todsünde/läßliche Sünde	*(schwere Sünde)*
Toilettenfrau/Toilettenwart	
Toilettenwart/Toilettenfrau	
tolerant/intolerant, untolerant	*sich tolerant verhalten; tolerant gegenüber Andersdenkenden*
Toleranz/Intoleranz, Untoleranz	
Ton/Bild	*der Ton (Sprache, Musik usw.) ist ausgefallen, und es war nur das Bild auf dem Fernsehschirm zu sehen*
tonal/atonal	*(Musik)*
Tonfilm/Stummfilm	*den Tonfilm (den Film, der mit dem Bild auch Sprache wiedergibt) gibt es erst seit den zwanziger Jahren*
tonisch/klonisch	*(mit angespannten Muskeln; Medizin)*
Tonnenkilometer/Personenkilometer	*(für die Arbeitsleistung im Güterverkehr die Maßeinheit)*
Top/Bottom; a. Sklave	*(der sadistische Partner beim Sadomasochismus)*
Topf/Deckel	*den Deckel auf den Topf tun; für jeden Topf gibt es auch den passenden Deckel*
Topotaxis/Phobotaxis	*(Biologie)*

Tor/Weiser   *ein Tor kann mehr fragen, als zehn Weise*
                                                    beantworten können

Tor; s. Horizontaltor, vertikales Tor
Toraus/Seitenaus   *(Raum außerhalb der Torlinie; Ballspiele)*
Torera/Torero
Torero/Torera
töricht/weise   *er hat töricht gehandelt*
Tories/Whigs   *(Angehörige einer englischen Partei, aus*
                                                    der im 19. Jahrhundert die Konservati-
                                                    ven hervorgingen)

Torlinie/Seitenlinie   *(Ballspiele)*
tot/lebend   *tote Fische; tote Natur*
tot/lebendig   *man wollte ihn tot oder lebendig in die*
                                                    Hände bekommen; mehr tot als leben-
                                                    dig kam er dort an

total/partiell; a. teilweise   *total von etwas befallen; eine totale Über-*
                                                    einstimmung, Vernichtung; eine totale
                                                    Mondfinsternis

Total.../Teil... (Substantiv)   *z. B. Totalansicht/Teilansicht*
Totalansicht/Teilansicht
totalbeschädigt/teilbeschädigt
töten/leben lassen   *sie haben die Gefangenen getötet*
Tote[r]/Lebende[r]   *nicht nur an die Toten, auch an die Leben-*
                                                    den denken

totes Inventar/lebendes Inventar   *(zum Beispiel Möbel)*
totes Konto/lebendes Konto; s. a. Perso-
   nenkonto
tote Sprachen/lebende Sprachen   *(Sprachen, die nicht mehr gesprochen wer-*
                                                    den, zum Beispiel Latein)

Totgeborenes/Lebendgeborenes
Totgeburt/Lebendgeburt
tot sein/leben   *er ist (schon) tot; der Vater ist (schon) tot,*
                                                    aber die Mutter lebt (noch)

Toxin/Antitoxin   *(organischer Giftstoff)*
toxisch/atoxisch
traben; s. deutsch traben, leicht traben,
   Deutschtraben, Englisch traben
Traditionalismus/Modernismus   *Architekten als Vertreter des Traditiona-*
                                                    lismus

Traditionalist/Modernist   *er gehört unter den Architekten zu den*
                                                    Traditionalisten

trägerlos/mit Trägern   *eine trägerlose Schürze*
Trägheit/Beweglichkeit   *(Technik)*
Tragödie/Komödie; s. a. Lustspiel   *das ist eine Tragödie (auch übertragen:*
                                                    das ist ganz schlimm)

trainiert/untrainiert   *ein trainierter Körper*
Trampeltier/Dromedar   *das Trampeltier ist ein zweihöckriges Ka-*
                                                    mel, das Dromedar ist ein einhöckriges
                                                    Kamel

Trampschiff/Linienschiff	*ein Trampschiff ist ein Frachtschiff, das nicht an feste Routen gebunden ist*
Trampschiffahrt/Linienschiffahrt	*(Schiffahrt, deren Frachtschiffe nicht an feste Routen gebunden sind)*
transalpin[isch]/cisalpin[isch]; a. cisrhenanisch	*(nördlich der Alpen; von Rom aus: jenseits der Alpen)*
Transgression/Regression	*(Geologie)*
transitiv/intransitiv; s. a. nichtzielendes Verb	*ein transitives Verb muß ein Akkusativobjekt haben, das ins Passiv gesetzt werden kann, zum Beispiel: er wird geliebt, das Geheimnis wurde verraten*
Transitiv/Intransitiv[um]	*(transitives Verb)*
transitivieren/intransitivieren	*(ein intransitives Verb transitiv gebrauchen, zum Beispiel: „er phantasiert" zu er <u>phantasiert eine Situation</u>)*
Transitivität/Intransitivität	*(Sprachwissenschaft)*
Transitivum/Intransitiv[um]	*(transitives Verb)*
Transkription/Transliteration	*(Umschrift, genaue Wiedergabe der Laute der gesprochenen Sprache mit dem Ziel, jeden Laut genau zu bezeichnen, zum Beispiel mit dem phonetischen Alphabet der API = Association Phonétique Internationale)*
Transliteration/Transkription	*(Umwandlung einer Buchstabenschrift in eine andere, zum Beispiel vom Griechischen ins Lateinische)*
transparent/opak; a. undurchsichtig	*(durchsichtig)*
transrhenanisch/cisrhenanisch; a. cisalpin[isch], linksrheinisch	*(östlich des Rheins; von Gallien aus: jenseits des Rheins)*
Transversalwelle/Longitudinalwelle; s. a. Längswelle	*(Physik)*
transzendent/immanent	*(übersinnlich; außerhalb möglicher Erfahrung)*
Transzendenz/Immanenz	*(Philosophie)*
trauen/mißtrauen	*er traut ihm*
trauen/scheiden	*die beiden wurden (gestern) getraut*
Trauer/Freude	*bei den einen herrschte Trauer, bei den anderen Freude*
Trauerhaus/Freudenhaus	*(Haus, in dem getrauert wird; Luther)*
Trauerspiel/Lustspiel; s. a. Komödie	
Trauertag/Freudentag	
Traufenhaus/Giebelhaus	*(mit der Traufseite – wo sich die Dachrinne befindet – zur Straße stehendes Haus; Architektur)*
traumatisch/idiopathisch	*(durch ein Trauma entstanden; Medizin)*
Träumer/Träumerin	
Träumerin/Träumer	
traurig/fröhlich	*sie war traurig; ein trauriges Lied; eine traurige Stimmung*

Traurigkeit/Fröhlichkeit
Trauung/Scheidung
Travestie/Parodie   *(verspottende Verwendung ernster Dich-*
                                               tung bei Beibehaltung des Inhalts, aber
                                               in unpassender, lächerlich wirkender an-
                                               derer Form)
Treffer/Niete   *das war ein Treffer (Los mit einem Ge-*
                                               winn)
Treibhaus/Freiland
Treibhaus.../Freiland... (Substantiv)   *z. B. Treibhausgemüse/Freilandgemüse*
Treibhausgemüse/Freilandgemüse   *(Gemüse aus dem Treibhaus)*
Treibhauskultur/Freilandkultur
treife/koscher; a. rein   *(unrein, verboten; von Speisen bei den Ju-*
                                               den)
trennbar/untrennbar   *trennbare Verben (mit Ton auf der Vor-*
                                               silbe), z. B. übersetzen: er setzte ihn
                                               (mit der Fähre) über; er hat ihn überge-
                                               setzt
trennen/verbinden   *sein Rassismus hat uns getrennt*
Trennendes/Verbindendes
treppab/treppauf; a. hinauf   *sie mußte treppauf und treppab laufen*
treppauf/treppab; a. hinunter   *sie mußte treppauf und treppab laufen*
treten/getreten werden   *wir leben in einer Welt des Tretens und*
                                               Getretenwerdens
treu/untreu   *ein treuer Ehemann; sie ist treu*
treu bleiben/untreu werden   *er ist ihr/ihm treu geblieben*
Treue/Untreue   *sie sprachen über Treue und Untreue in*
                                               der Ehe
treue Seele/treulose Tomate   *du bist (wirklich) eine treue Seele (um-*
                                               gangssprachlich)
Treuhandvergleich/Erlaßvergleich   *(Rechtswesen)*
treulose Tomate/treue Seele   *du bist (aber) eine treulose Tomate (um-*
                                               gangssprachlich)
Triebwagen/Beiwagen   *(bei Straßenbahn und U-Bahn)*
Trinitarier/Unitarier   *(jemand, der sich zur Dreieinigkeit be-*
                                               kennt)
trinken/essen   *Essen und Trinken hält Leib und Seele zu-*
                                               sammen
Tristan und Isolde   *(Liebespaar in der mittelalterlichen Litera-*
                                               tur; Gottfried von Straßburg)
Trizeps/Bizeps; s. a. Beuger   *(Muskel; Anatomie)*
Trochäus/Jambus; a. Anapäst/Daktylus   *der Jambus und der Trochäus haben einsil-*
                                               bige Senkungen: der Jambus beginnt
                                               mit der Senkung (.-.-.-), der Trochäus
                                               beginnt mit der Hebung (-.-.-.)
trocken/fettig   *trockenes Haar*
trocken/feucht   *trockene Hitze, Luft*
trocken/naß   *die Wäsche ist schon trocken*
trockenes Brötchen/belegtes Brötchen   *(Brötchen ohne Butter und Belag)*

Trockenfeige/Frischfeige
Trockengemüse/Frischgemüse
Trockenpökelung/Naßpökelung   *(Fleischerei)*
Trockenrasierer/Naßrasierer   *er ist Trockenrasierer*
Trockenrasur/Naßrasur
Trockensauna/Dampfsauna   *er blieb in der Trockensauna*
Trockenzeit/Regenzeit   *(in tropischen und subtropischen Gebie-*
                                           ten)

trophogen/tropholytisch   *(Nahrung erzeugend)*
tropholytisch/trophogen   *(Nahrung zersetzend)*
Trophophyll/Sporophyll   *(nur der Assimilation dienendes Blatt; bei*
                                           Farnen)

Tröstende[r]/Getröstete[r]
Tröster/Trösterin
Tröster[in]/Getröstete[r]
Trösterin/Tröster; s. a. Tröstende[r]   *sie braucht eine Trösterin oder einen Trö-*
                                           ster in dieser Situation

Truppe; s. aktive Truppe
…tüchtig/…untüchtig (Adjektiv)   *z. B. fahrtüchtig/fahruntüchtig*
…tüchtigkeit/…untüchtigkeit (Substantiv)   *z. B. Fahrtüchtigkeit/Fahruntüchtigkeit*
Tugend/Laster   *er hat Tugenden, aber auch Laster; ohne*
                                           Tugend kein Laster
Tugend/Untugend   *Pünktlichkeit ist eine ihrer Tugenden; Tu-*
                                           genden und Untugenden (Unsitten,
                                           schlechte Gewohnheiten, kleinere La-
                                           ster) halten sich die Waage

Tugendhaftigkeit/Lasterhaftigkeit
Tumeszenz/Detumeszenz   *(Anschwellung; Vorerscheinung lebhaften*
                                           geschlechtlichen Verlangens wie Gefäß-
                                           erweiterung an den Genitalien)
tun/lassen   *das eine tun und das andere nicht lassen;*
                                           nicht die Straße entscheidet, was die Po-
                                           litik zu tun oder zu lassen hat, meinte
                                           die Politikerin

Tunica/Corpus   *(äußere Schicht; Botanik)*
Tunnel/Brücke   *der Zug fährt durch den Tunnel*
Tünnes und Scheel
Turba/Soliloquent   *(in die Handlung eingreifender Chor)*
turbulente Strömung/laminare Strömung   *(Physik)*
Türke/Türkin
Türkin/Türke
Tutand/Tutor   *(jemand, der von einem Tutor betreut*
                                           wird)
Tutor/Tutand   *(jemand, der jemanden wissenschaftlich*
                                           o. ä. betreut)
Tutsi/Hutu   *(ostafrikanische Bevölkerungsgruppe, die*
                                           ihrer traditionellen Kultur nach zu den
                                           Großviehzüchtern gehört und den mit
                                           ihr in Konflikt lebenden Hutu sozial
                                           übergeordnet ist)

tutti/solo   *(alle Instrumente zusammen; in konzertan-*
                                                      ter Orchestermusik im Gegensatz zu
                                                      den Solostellen)

Tutti/Solo   *(alle Stimmen, das ganze Orchester)*
Tuwort/Dingwort; s. a. Substantiv   *(Verb)*
Tweeter/Woofer   *(Hochtonlautsprecher)*
Typ; s. akustischer Typ, auditiver Typ, Ge-
notyp, optischer Typ, Phänotyp, visuel-
ler Typ
Typenhebelmaschine/Kugelkopfmaschine
typisch/untypisch, atypisch   *diese Reaktion ist typisch für ihn*

U

übel/wohl	*das Geld wohl oder übel lockermachen*
übelgesinnt/wohlgesinnt	*übelgesinnte Nachbarn*
übelriechend/wohlriechend	*eine übelriechende Flüssigkeit*
übelwollend/wohlwollend	*eine übelwollende Kritik*
über/in	*das Oberhemd über der Hose tragen*
über/unter; a. unter/auf	*über der Erde; die Schrift über dem Bild; sie wohnt über uns; sie steht gesellschaftlich über ihm; Temperaturen über dem Gefrierpunkt; der Kurs findet nur bei einer Teilnehmerzahl über 10 statt; sie ist schon über achtzig Jahre*
über/von	*Bücher über Thomas Mann*
über.../... (Adjektiv)	*z. B. überregional/regional*
über.../unter... (Adjektiv)	*z. B. überdurchschnittlich/unterdurchschnittlich*
über.../unter... (Verb)	*z. B. überschätzen/unterschätzen*
Über.../Unter... (Substantiv)	*z. B. Überfunktion/Unterfunktion*
überall/nirgends	*das gibt es überall*
Überbau/Basis	*(Politische Ökonomie)*
überbegabt/unterbegabt	
überbelegt/unterbelegt	*diese Wohnung ist überbelegt*
Überbelegung/Unterbelegung	*die Überbelegung eines Heims*
überbelichten/unterbelichten	*er überbelichtet immer die Bilder; um die Bilder nicht überzubelichten...*
überbelichtet/unterbelichtet	*der Film ist überbelichtet*
Überbelichtung/Unterbelichtung	*die Überbelichtung des Films*
Überbeschäftigung/Unterbeschäftigung	*(Wirtschaft)*
überbesetzt/unterbesetzt	*die Abteilung ist überbesetzt*
überbetrieblich/betrieblich	*überbetriebliche Fortbildungsseminare*
überbewerten/unterbewerten	*er überbewertete das; um die Leistung nicht überzubewerten*
Überbewertung/Unterbewertung	
überbezahlt/unterbezahlt	*eine überbezahlte Tätigkeit; er ist überbezahlt*
Überbezahlung/Unterbezahlung	*(eine zu hohe Bezahlung)*
überbieten/unterbieten	*den Preis überbieten*
überbrückbar/unüberbrückbar	*überbrückbare Gegensätze*
Überdruck/Unterdruck	*(Physik, Technik)*
überdurchschnittlich/unterdurchschnittlich	*eine überdurchschnittliche Bezahlung*
Übereinstimmung/Nichtübereinstimmung	
übereinzelsprachlich/einzelsprachlich	*einzelsprachliche Entsprechung zu einem übereinzelsprachlichen Begriff*

Überernährung/Unterernährung
Überfluß/Mangel   *es herrschte Überfluß an Lebensmitteln*
überfordern/unterfordern   *einige Schüler fühlen sich überfordert*
Überforderung/Unterforderung   *intellektuelle Überforderung eines Schülers*
Überführung/Unterführung   *(Straße o. ä. über einer anderen Straße)*
Überfunktion/Unterfunktion; s. a. Hypo-   *eine Überfunktion (zu starke Funktion)*
  funktion; a. Hypothyreose   *der Schilddrüse*
Übergabe/Übernahme   *die Übergabe (des Hauses) erfolgte letzten*
                                              Montag

Übergangsfarbe/Prinzipalfarbe
übergeben/übernehmen   *jemandem seine Praxis, sein Geschäft, die*
                                              Leitung, Führung übergeben; das Amt
                                              seinem Nachfolger übergeben

übergeordnet/untergeordnet   *eine übergeordnete Dienststelle; etwas ist*
                                              von übergeordneter Bedeutung
Übergewicht/Untergewicht   *sie hat Übergewicht (wiegt mehr als nor-*
                                              mal)
übergewichtig/untergewichtig   *viele Menschen sind übergewichtig*
Übergröße/Normalgröße   *Hosen für Übergrößen*
überhaben/unterhaben   *einen Pullover überhaben (übergezogen ha-*
                                              ben; umgangssprachlich)

Über-Ich/das Es   *(innere Kontrollinstanz; Psychologie)*
überindividuell/individuell   *überindividueller Stiltyp*
überirdisch/irdisch   *ein überirdisches Wesen*
überlegen/unterlegen   *sie ist ihm (geistig) überlegen*
Überlegenheit/Unterlegenheit
überlegt/unüberlegt   *sie handelt immer überlegt (besonnen)*
übermäßiges Intervall/vermindertes Inter-   *(Musik)*
  vall
Übernahme/Übergabe   *die Übernahme eines Geschäftes, der Füh-*
                                              rung, eines Amtes

übernational/national   *ein Problem auf übernationaler Basis lösen*
übernatürlich/natürlich   *übernatürliche Kräfte haben die Heilung*
                                              bewirkt
übernehmen/übergeben   *ein Geschäft übernehmen; die Leitung*
                                              übernehmen; das Amt von seinem Vor-
                                              gänger übernehmen
überordnen/unterordnen   *jemanden oder etwas einem anderen oder*
                                              einer Institution überordnen
überparteilich/parteilich   *eine überparteiliche Zeitung*
Überproduktion/Unterproduktion   *Überproduktion der Talgdrüsen*
überproportional/unterproportional   *etwas wirkt sich überproportional aus*
überqueren/unterqueren   *die Straße überquert die Bahnlinie*
überregional/regional   *eine (auch) überregional sehr bekannte*
                                              Frau

Überrepräsentanz/Unterrepräsentanz
überrepräsentiert/unterrepräsentiert   *diese Gruppe ist überrepräsentiert*
Überrepräsentierung/Unterrepräsentierung

überschätzen/unterschätzen	jemandes Einfluß überschätzen; er wurde lange Zeit überschätzt; die Wirkung eines Heilmittels überschätzen
Überschätzung/Unterschätzung	
überschaubar/unüberschaubar	das Angebot war überschaubar
Überschnitt/Unterschnitt	(Tischtennis)
überschreiten/unterschreiten	die Toleranzgrenze überschreiten; die Grenzwerte sind überschritten
Überschreitung/Unterschreitung	bei Überschreitung der zulässigen Werte
Überschuß/Unterschuß	
Überschußleiter/Mangelleiter	(Physik)
Übersetzer/Übersetzerin	
Übersetzerin/Übersetzer	
Übersetzung/Originaltext	das ist eine Übersetzung
Übersetzung/Untersetzung	(in bezug auf die Motordrehzahl; Kraftfahrzeugtechnik)
Übersetzung; s. Herübersetzung, Hinübersetzung	
übersichtig/kurzsichtig	sie ist übersichtig (weitsichtig) und braucht eine Brille
Übersichtigkeit/Kurzsichtigkeit	(Weitsichtigkeit)
übersichtlich/unübersichtlich	ein übersichtliches Gebiet, Gelände; etwas ist übersichtlich angeordnet
übersinnlich/sinnlich	die übersinnliche Welt
Überspannung/Unterspannung	(beim Strom)
übersteuern/untersteuern	das Auto übersteuert (fährt mit zum Außenrand der Kurve strebendem Heck auf den Innenrand der Kurve zu; Kraftfahrzeugtechnik)
über Tag[e]/unter Tag[e]	(Bergbau)
übertakeln/untertakeln	(zu viele Segel setzen; Seemannssprache)
Übertherapie/Untertherapie	(Medizin)
übertourig/untertourig	
übertragbar/unübertragbar	übertragbare Fahrausweise
Übertragung/Gegenübertragung	(Psychologie)
übertreiben/untertreiben; a. tiefstapeln	er hat in seinem Bericht die Gefahren übertrieben
Übertreibung/Untertreibung; a. Litotes, Understatement	
übertrieben/untertrieben	das ist übertrieben
überversichert/unterversichert	(höher versichert als der Versicherungswert ist)
überversorgt/unterversorgt	mit Medikamenten überversorgt sein
Überversorgung/Unterversorgung	eine Überversorgung (über das übliche und nötige Maß hinausgehende Versorgung) mit Vitaminen
überwindbar/unüberwindbar	diese Hindernisse sind überwindbar
überziehen/unterziehen	einen Pullover überziehen

üblich/unüblich	*bei ihnen ist üblich, sich die Hand zu geben; Trinkgelder sind dort üblich*
ug-Kern/gu-Kern	*(Atomphysik)*
Uhrzeigersinn; s. entgegen dem Uhrzeigersinn, im Uhrzeigersinn	
Ultraschall/Infraschall	*(Schall über 20 Kilohertz)*
um.../ab... (Verb)	*z. B. umbinden/abbinden (Schürze)*
umbinden/abbinden	*die Krawatte umbinden; sich eine Schürze umbinden*
umbinden/abnehmen	*die Armbanduhr umbinden*
Umgangssprache/Hochdeutsch, Hochsprache, Standardsprache, Schriftsprache	*(1. regional, soziologisch beeinflußte Sprache zwischen Standardsprache und Mundart, zum Beispiel die Umgangssprache im Ruhrgebiet; 2. salopp-emotionale, nachlässige Sprache, zum Beispiel: <u>er bringt das nicht</u> = er kann das nicht oder: <u>mehr ist nicht drin</u>)*
umgelautet/unumgelautet, umlautlos	*von „Bogen" gibt es einen umgelauteten Plural (die Bögen) und einen unumgelauteten/umlautlosen (die Bogen); „Mütterchen" ist eine umgelautete Ableitung von „Mutter"*
umkehrbar/unumkehrbar; s. a. irreversibel	*diese Entwicklung ist umkehrbar*
Umkehrfilm/Negativfilm	*(Film zum Fotografieren, bei dem bei der Entwicklung kein Negativ, sondern ein Positiv entsteht)*
Umkehrschub/Schub	*(Luftfahrt)*
Umklammerung/Ausklammerung	*eine Umklammerung liegt vor in „er <u>ist</u> auf seine Kinder <u>stolz</u>" im Unterschied zur Ausklammerung „er <u>ist stolz</u> auf seine Kinder" (Sprachwissenschaft)*
Umlaufvermögen/Anlagevermögen	*(Wirtschaft)*
umlautlos/umgelautet	*„Muttchen" und „Mutterchen" sind umlautlose Ableitungen von „Mutter"*
umschnallen/abschnallen	*den Gürtel umschnallen*
umstritten/unumstritten	*seine Kompetenz ist umstritten*
U-Musik/E-Musik; s. a. ernste Musik	*(Unterhaltungsmusik)*
Umweg; s. einen Umweg machen	
umweltfeindlich/umweltfreundlich	*diese Gesetze, Maßnahmen sind umweltfeindlich; eine umweltfeindliche Begradigung des Flußlaufes*
umweltfreundlich/umweltfeindlich	*diese Gesetze, Maßnahmen sind umweltfreundlich; die umweltfreundliche Verpackung kann recycelt werden*
umweltschädlich/umweltunschädlich	*umweltschädliches Verhalten*
umweltunschädlich/umweltschädlich	*Kältemittel müssen umweltunschädlich vernichtet werden*
un.../... (Adjektiv)	*z. B. unvorsichtig/vorsichtig*
Un.../... (Substantiv)	*z. B. Unrecht/Recht*
unabänderbar/abänderbar	*dieser Passus im Vertrag ist unabänderbar*

unabdingbar/abdingbar	*bestimmte Vereinbarungen sind unabding-* *bar (Rechtswesen)*
unabgeschlossen/abgeschlossen	*die Wohnung war unabgeschlossen*
unabgezählt/abgezählt	*unabgezählte Exemplare*
unabhängig/abhängig	*unabhängig von den Eltern*
unabhängig; s. kirchenunabhängig, kon- junkturunabhängig	
...unabhängig/...abhängig (Adjektiv)	*z. B. konjunkturunabhängig/konjunkturab-* *hängig*
Unabhängigkeit/Abhängigkeit	*er freut sich über seine Unabhängigkeit*
unabkömmlich/abkömmlich	*sie ist unabkömmlich*
unabsichtlich/absichtlich	*er hat ihn unabsichtlich getäuscht*
unadäquat/adäquat	
unähnlich/ähnlich	*sie ist ihrem Vater unähnlich*
unakademisch/akademisch	*unakademisches Benehmen*
unaktuell/aktuell	*dieses Thema ist jetzt unaktuell*
unakzeptabel/akzeptabel	*dieser Vorschlag ist unakzeptabel*
unalltäglich/alltäglich	*ein unalltäglicher Anblick*
unanfechtbar/anfechtbar	*diese Entscheidung ist unanfechtbar*
unangebracht/angebracht	*diese Bemerkung war unangebracht*
unangemeldet kommen/angemeldet sein	*er kam unangemeldet*
unangemessen/angemessen; s. a. adäquat	*die Strafe, der Preis ist unangemessen*
unangenehm/angenehm	*eine unangenehme Nachricht; eine unange-* *nehme Überraschung; in den Räumen* *ist es unangenehm kalt*
unangepaßt/angepaßt; a. Konformismus, Konformist	
unangreifbar/angreifbar	*unangreifbare Argumente vorbringen*
unannehmbar/annehmbar; s. a. akzeptabel	*unannehmbare Vorschläge*
unanschaulich/anschaulich	*eine recht unanschauliche Darlegung des* *Vorgangs*
unanständig/anständig	*sich unanständig benehmen; ein unanstän-* *diger Witz; unanständige Wörter*
Unanständigkeit/Anständigkeit	
unappetitlich/appetitlich	*das sieht sehr unappetitlich aus*
unartig/artig	*die Oma sagte, ihr Enkel sei unartig ge-* *wesen*
unartikuliert/artikuliert	*unartikuliert sprechen*
unaspiriert/aspiriert; s. a. behaucht	*im Altgriechischen stehen unaspirierte und* *aspirierte Laute in Opposition (Phone-* *tik)*
unästhetisch/ästhetisch	*ein unästhetischer Anblick*
unattraktiv/attraktiv	*sie ist unattraktiv; ein unattraktives An-* *gebot*
unauffällig/auffällig	*sie benahm sich unauffällig*
unaufgeklärt/aufgeklärt	*sexuell (noch) unaufgeklärte Jugendliche*
Unaufgeklärtheit/Aufgeklärtheit	
unaufgeräumt/aufgeräumt; a. ordentlich	*ein unaufgeräumtes Zimmer*

unauflösbar/auflösbar	*diese Probleme scheinen unauflösbar*
unaufmerksam/aufmerksam	*1. ein unaufmerksamer (unkonzentrierter) Schüler; 2. ein unaufmerksamer (nicht galanter, nicht fürsorglicher) Ehemann, Liebhaber*
Unaufmerksamkeit/Aufmerksamkeit	
unaufrichtig/aufrichtig	*sie ist unaufrichtig (sagt nicht die Wahrheit)*
unaufschiebbar/aufschiebbar	*eine unaufschiebbare Reise*
unausführbar/ausführbar	*dieses Projekt ist unausführbar*
unausgebildet/ausgebildet	*unausgebildete Arbeitskräfte*
unausgefüllt/ausgefüllt	*ein unausgefülltes Formular; übertragen: ein unausgefülltes Leben*
unausgeglichen/ausgeglichen	*sie ist sehr unausgeglichen*
Unausgeglichenheit/Ausgeglichenheit	*die Unausgeglichenheit ihres Wesens*
unausgelastet/ausgelastet	*er ist unausgelastet (hat nicht genügend Beschäftigung, könnte noch mehr tun); ein sexuell unausgelasteter Ehemann*
unausgereift/ausgereift	*ein unausgereifter Plan*
unausgeruht/ausgeruht	*er ist unausgeruht*
unausgeschlafen/ausgeschlafen	*(noch) unausgeschlafen sein; unausgeschlafen zum Dienst, zur Arbeit kommen*
unausgeschrieben/ausgeschrieben	*eine unausgeschriebene Handschrift*
unausgewogen/ausgewogen	*ein unausgewogenes Urteil*
Unausgewogenheit/Ausgewogenheit	
unautoritär/autoritär	*er ist unautoritär; eine unautoritäre Erziehung*
unbar/bar	*unbar bezahlen*
unbeabsichtigt/beabsichtigt	*eine unbeabsichtigte Wirkung*
unbeachtet/beachtet	*unbeachtete moderne Bilder hingen an der Wand; sie und ihre Leistungen blieben unbeachtet*
unbeantwortet/beantwortet	*der Brief ist noch unbeantwortet, blieb unbeantwortet*
unbearbeitet/bearbeitet	*der Antrag ist (noch) unbearbeitet*
unbebaut/bebaut	*ein unbebautes Grundstück*
unbedenklich/bedenklich	*das halte ich für unbedenklich*
unbedeutend/bedeutend	*1. seine Arbeiten sind unbedeutend, hielt man für unbedeutend; ein unbedeutender Maler; 2. eine unbedeutende (geringe) Summe*
unbedruckt/bedruckt	*unbedrucktes Papier; unbedruckte Stoffe*
unbeeindruckt/beeindruckt	*sie war von seinen Worten unbeeindruckt; sie blieb unbeeindruckt*
unbeeinflußt/beeinflußt	*eine von anderen unbeeinflußte Meinung*
unbefahrbar/befahrbar	*eine (zur Zeit) unbefahrbare Straße*
unbefahren/befahren	*eine unbefahrene Straße*
unbefangen/befangen	*der Junge war den Erwachsenen gegenüber ganz unbefangen (ohne Angst oder Hemmungen)*

unbefestigt/befestigt	ein unbefestigtes Ufer
unbefriedigend/befriedigend	eine unbefriedigende Lösung des Problems
unbefristet/befristet	unbefristete Aufenthaltsgenehmigung
unbefruchtet/befruchtet	eine unbefruchtete Eizelle, Blüte
unbegabt/begabt; a. talentiert, talentvoll	ein unbegabter Schüler; künstlerisch unbegabt
unbeglaubigt/beglaubigt	eine unbeglaubigte Kopie einer Urkunde
unbegreiflich/begreiflich	seine Reaktion ist unbegreiflich
unbegrenzt/begrenzt	eine unbegrenzte Anzahl
unbegründet/begründet	dieser Verdacht ist unbegründet
unbegütert/begütert; a. reich	eine unbegüterte (nicht über ein größeres Vermögen verfügende) Frau
unbehaart/behaart	seine Brust ist unbehaart
unbehaglich/behaglich	eine unbehagliche Umgebung
unbehandelt/behandelt	(chemisch) unbehandeltes Obst; diese Zitronen sind unbehandelt
unbehaucht/behaucht; s. a. aspiriert	unbehauchte (nicht aspirierte) Konsonanten; im Altgriechischen stehen behauchte und unbehauchte Laute in Opposition (Phonetik)
unbeheizbar/beheizbar	unbeheizbare Räume
unbeheizt/beheizt	unbeheizte Räume
unbeherrschbar/beherrschbar	diese Technik ist unbeherrschbar
unbeherrscht/beherrscht	er ist immer sehr unbeherrscht (hat sich bei Ärger usw. nicht unter Kontrolle)
Unbeherrschtheit/Beherrschtheit	seine Unbeherrschtheit im Streit; Unbeherrschtheit ist Weichheit gegenüber sich selbst
unbekannt/bekannt	eine unbekannte Gegend; ein unbekannter Dichter
unbekannt bleiben/bekannt werden	als Komponist blieb er unbekannt, aber als Dichter wurde er bekannt
unbekleidet/bekleidet; a. angezogen	er lag unbekleidet auf dem Bett
unbekömmlich/bekömmlich	ein unbekömmliches Essen
unbelastet/belastet	(von der Chemie) unbelastete Böden
unbelästigt bleiben/belästigt werden	die Frauen blieben unbelästigt von Papagallos
unbelebt/belebt	eine unbelebte Gegend, Straße; unbelebte Natur; unbelebte Materie
unbelehrbar/belehrbar	er ist unbelehrbar
unbelesen/belesen	er zitierte: „Zwanzigjährige sah ich wie Götter/Großzügig, unbelesen und schön."
unbelichtet/belichtet	der Film ist (noch) unbelichtet
unbeliebt/beliebt; a. populär	er ist bei den Kollegen unbeliebt
unbemannt/bemannt	unbemannter Weltraumflug (ohne Bemannung, ohne Menschen)
unbemannt/unbeweibt	(scherzhaft) sie ist noch unbemannt (hat noch keinen Mann)

unbemerkt/bemerkt	*ein unbemerkter Herzinfarkt; der Herzinfarkt blieb unbemerkt*
unbemittelt/bemittelt	*er ist unbemittelt (hat kein Geld)*
unbenutzbar/benutzbar	*der Raum ist unbenutzbar*
unbenutzt/benutzt	*ein (noch) unbenutztes Handtuch*
unbequem/bequem	*ein unbequemer Stuhl*
unberechtigt/berechtigt	*unberechtigte Klagen, Vorwürfe*
unberitten/beritten	*die unberittene (mit Pferden nicht ausgerüstete, nicht reitende) und die berittene Polizei*
unberücksichtigt/berücksichtigt	*die unberücksichtigten Ausgaben*
unberuhigter Stahl/beruhigter Stahl	*(Fachsprache)*
unberührt bleiben/berührt werden	*vom Geschehen unberührt bleiben*
unbeschädigt/beschädigt	*das Paket kam unbeschädigt an*
unbeschäftigt/beschäftigt	*er ist unbeschäftigt und langweilt sich*
unbescheiden/bescheiden; a. anspruchslos Unbescheidenheit/Bescheidenheit	*dieser Wunsch ist sehr unbescheiden*
unbeschnitten/beschnitten	*unbeschnittene Männer; unbeschnittene afrikanische Frauen; ein unbeschnittener Penis (bei dem die Vorhaut nicht entfernt worden ist)*
unbeschrankt/beschrankt	*ein unbeschrankter Bahnübergang (ohne Bahnschranken)*
unbeschränkt/beschränkt	*unbeschränkte Vollmachten; unbeschränkter Kartenverkauf*
unbeschrieben/beschrieben	*eine unbeschriebene Seite*
unbeseelt/beseelt	*unbeseelte Natur*
unbesetzt/besetzt	*der Posten, die Stelle ist (noch) unbesetzt*
unbesiedelt/besiedelt	*die Gegend ist (noch) unbesiedelt*
unbesiegt/besiegt	*unbesiegt sein, bleiben*
unbesonnen/besonnen Unbesonnenheit/Besonnenheit	*unbesonnen reagieren*
unbespielbar/bespielbar	*der Fußballplatz war (wegen des Regens) unbespielbar*
unbeständig/beständig Unbeständigkeit/Beständigkeit	*das Wetter ist unbeständig* *er ist wegen seiner Unbeständigkeit unbeliebt*
unbestechlich/bestechlich	*unbestechliche Beamte*
unbestimmt/bestimmt; a. definit, determiniert	*noch eine unbestimmte Zeit darauf verwenden müssen; „ein" ist ein unbestimmter Artikel*
unbeteiligt/beteiligt	*er war an dem Putsch unbeteiligt*
unbetont/betont	*eine unbetonte Silbe*
unbeträchtlich/beträchtlich	*eine (nur) unbeträchtliche Menge ging verloren*
unbeugbar/beugbar; s. a. deklinabel	*das Adjektiv „rosa" ist unbeugbar, also: mit einer rosa (nicht: rosanen) Bluse (Grammatik)*
unbevölkert/bevölkert	*die Gegend ist unbevölkert*

unbewachsen/bewachsen	*die eine Wand der Mauer ist unbewachsen, die andere bewachsen*
unbewacht/bewacht	*ein unbewachter Parkplatz*
unbewaffnet/bewaffnet	*er war unbewaffnet*
unbewältigt/bewältigt	*die unbewältigte Vergangenheit*
unbeweglich/beweglich; a. mobil/immobil	*1. unbewegliche Güter (Immobilien); 2. geistig unbeweglich; unbewegliche Feiertage (zum Beispiel Weihnachten)*
Unbeweglichkeit/Beweglichkeit	*körperliche Unbeweglichkeit*
unbewegt/bewegt	*unbewegt nahm er das Urteil auf*
unbewehrt/bewehrt	*(Technik)*
unbeweibt/beweibt	*(scherzhaft) er ist noch unbeweibt (hat noch keine Frau), doch sein Freund ist schon beweibt*
unbeweibt/unbemannt	*(scherzhaft) die unbeweibten Männer und die unbemannten Frauen trafen sich zu einer Party*
unbeweisbar/beweisbar	*die Erfolge dieser medizinischen Behandlung sind unbeweisbar*
unbewiesen/bewiesen	*es ist noch unbewiesen, ob er diese Tat begangen hat/daß er diese Tat begangen hat*
unbewohnbar/bewohnbar	*er hält diesen Raum für unbewohnbar*
unbewohnt/bewohnt	*dieses Haus ist unbewohnt*
unbewußt/bewußt	*eine Sucht unbewußt fördern; unbewußte Selbsttäuschung*
unbezahlbar/bezahlbar	*unbezahlbare Mieten, Preise*
unbezahlt/bezahlt	*unbezahlte Rechnungen; unbezahlten Urlaub nehmen*
unbezähmbar/bezähmbar	*unbezähmbare Triebe*
unbezwingbar/bezwingbar	*ein unbezwingbarer Gegner*
unbiegbar/biegbar	*(veraltet für: unbeugbar) ein unbiegbares Adjektiv, zum Beispiel „rosa"*
Unbildung/Bildung	*sein Verhalten zeugt von Unbildung*
unbillig/billig	*ein unbilliges Verlangen*
un... (mit Partizip II) bleiben/... werden	*z. B. unerwähnt bleiben/erwähnt werden*
unblutig/blutig	*die Flugzeugentführung fand ein unblutiges Ende*
unbrauchbar/brauchbar	*unbrauchbares Material*
unbrennbar/brennbar	*unbrennbare Stoffe*
unbunt/bunt	*unbunte und bunte Klecksgebilde*
unbürgerlich/bürgerlich	*ein unbürgerliches Leben führen*
unbürokratisch/bürokratisch	*die Anträge auf Entschädigung wurden sehr unbürokratisch bearbeitet*
unbußfertig/bußfertig	*(ohne Reue); unbußfertig sterben*
uncharakteristisch/charakteristisch	*das ist für sie (aber) uncharakteristisch*
uncharmant/charmant	*das hat er sehr uncharmant gesagt*

unchristlich/christlich	*unchristlich konträrer Gegensatz im Unterschied zu kontradiktorisch nichtchristlich; eine unchristliche Asylpolitik; sich unchristlich verhalten; unchristliche Intoleranz*
uncool/cool	*uncool reagieren (Jugendsprache)*
und/weniger	*fünf und vier sind neun*
Undank/Dank	*er hatte mit Dank, nicht mit Undank (mit unfreundlichem o. ä. Verhalten ihm, dem Wohltäter, gegenüber) gerechnet; Undank ist der Welt Lohn*
undankbar/dankbar	*1. undankbare (die Mühen der Eltern nicht entsprechend würdigende) Kinder; die Erben haben sich als undankbar erwiesen; 2. eine undankbare (viel Mühe bereitende, unerfreuliche) Aufgabe*
Undankbarkeit/Dankbarkeit	*mit dieser Undankbarkeit hatte sie nicht gerechnet*
undefiniert/definiert	*undefinierte Begriffe*
undeklinierbar/deklinierbar	*das Adjektiv „rosa" ist undeklinierbar*
undemokratisch/demokratisch	*eine undemokratische Gesinnung*
undenkbar/denkbar	*undenkbar ist diese Entwicklung nicht*
Underachievement/Overachievement	*(wider Erwarten schlechtes Ergebnis bei einer Leistung)*
Underachiever/Overachiever	*(jemand, der schlechter als erwartet abschneidet)*
Understatement/Overstatement; a. Übertreibung	*(Untertreibung)*
undeutlich/deutlich	*undeutlich sprechen, schreiben*
Undeutlichkeit/Deutlichkeit	*die Undeutlichkeit der einzelnen Buchstaben*
undeutsch/deutsch	*eine undeutsche Reaktionsweise; ist Humor eine undeutsche Eigenschaft?*
undialektisch/dialektisch	*(Philosophie)*
undicht/dicht	*der Wasserhahn, das Dach ist undicht*
undifferenziert/differenziert	*undifferenzierte Kritik; undifferenzierte Angaben*
undiplomatisch/diplomatisch	*sein Verhalten war sehr undiplomatisch*
undiszipliniert/diszipliniert	*undiszipliniertes Verhalten*
Undiszipliniertheit/Diszipliniertheit	
undogmatisch/dogmatisch	*undogmatisch urteilen, sich verhalten*
undramatisch/dramatisch	*dieses Treffen verlief − anders als erwartet − ganz undramatisch*
Undulationstheorie/Emissionstheorie	*(Theorie des Lichts als Wellenbewegung)*
Unduldsamkeit/Duldsamkeit	
undurchführbar/durchführbar	*dieser Auftrag ist undurchführbar*
Undurchführbarkeit/Durchführbarkeit	*von der Undurchführbarkeit des Plans war sie überzeugt*
undurchlässig/durchlässig	*die Grenze ist undurchlässig (man gelangt nicht über die Grenze)*

...undurchlässig/...durchlässig (Adjektiv)	z. B. lichtundurchlässig/lichtdurchlässig
undurchschaubar/durchschaubar	ein undurchschaubarer Plan
undurchsichtig/durchsichtig; a. motiviert, transparent	undurchsichtiges Glas; übertragen: ein undurchsichtiges Wort ist ein Wort, von dessen Wortkörper nicht auf die Wortbedeutung geschlossen werden kann, zum Beispiel: Haus im Unterschied zur Ableitung häuslich
Undurchsichtigkeit/Durchsichtigkeit	
uneben/eben	eine unebene Strecke
unebenbürtig/ebenbürtig	ein unebenbürtiger (ein zum Beispiel geistig oder gesellschaftlich nicht gleichwertiger) Partner
unebenmäßig/ebenmäßig	
unecht/echt	unechte Perlen; unechter Schmuck; übertragen: ein unechter Bruch (Bruch, der größer ist als ein Ganzes, zum Beispiel: vier Drittel − ⁴⁄₃; Mathematik)
uneffektiv/effektiv	diese Arbeit ist uneffektiv (hat wenig Nutzen)
uneffizient/effizient	
Uneffizienz/Effizienz	
unehelich/ehelich	uneheliche Kinder
unehrenhaft/ehrenhaft	unehrenhaft aus der Armee ausscheiden
unehrerbietig/ehrerbietig	er verhielt sich den älteren Menschen gegenüber unehrerbietig
unehrlich/ehrlich	unehrliche Absichten; er ist unehrlich gewesen
Unehrlichkeit/Ehrlichkeit	sie ist für Ehrlichkeit, denn Unehrlichkeit zerstöre die Vertrauensbasis
uneidlich/eidlich	eine uneidliche Falschaussage
uneigennützig/eigennützig; a. egoistisch	uneigennützig handeln
uneigentlich/eigentlich	eigentliche und uneigentliche Bedeutungen eines Wortes; das eigentliche und uneigentliche − metaphorische − Sprechen
uneingedenk/eingedenk	uneingedenk der Freundschaft, des Todes (ohne auf die Freundschaft, auf den Tod Rücksicht zu nehmen, ohne sich daran zu erinnern)
uneingeladen/eingeladen	uneingeladene Gäste; ich komme nicht uneingeladen
uneingelöst/eingelöst	uneingelöste Versprechen
uneingeschränkt/eingeschränkt	uneingeschränkte Bewegungsfreiheit, Vollmacht; uneingeschränkt schuldfähig
uneingeweiht/eingeweiht	er ist uneingeweiht
uneingewickelt/eingewickelt	die Ware war uneingewickelt
uneinheitlich/einheitlich	etwas ist uneinheitlich gemacht
Uneinheitlichkeit/Einheitlichkeit	

uneinig/einig	*uneinig über etwas sein*
Uneinigkeit/Einigkeit	*es herrschte Uneinigkeit bei den Verbündeten*
uneins/eins	*sie sind sich in der Einschätzung der Lage uneins*
uneinsichtig/einsichtig	*er ist uneinsichtig*
uneitel/eitel	*er zeigte sich ganz uneitel*
unelastisch/elastisch	*er reagierte ganz unelastisch*
unelegant/elegant	*unelegante Bewegungen; eine unelegante Lösung*
unempfänglich/empfänglich	*für etwas unempfänglich sein*
unempfindlich/empfindlich	*ein unempfindlicher Stoff; unempfindlich gegen Sonne*
...unempfindlich/...empfindlich (Adjektiv)	*z. B. frostunempfindlich/frostempfindlich*
unendlich/endlich	*das Leben ist endlich, aber viele leben so, als ob es unendlich sei; eine unendliche Menge von Sätzen aus einer endlichen Menge von Kernsätzen*
unentbehrlich/entbehrlich	*unentbehrliche Zutaten*
unentdeckt bleiben/entdeckt werden	
unentgeltlich/gegen Entgelt	*diese Broschüre gibt es unentgeltlich*
unenthüllt/enthüllt	
unentschlossen/entschlossen	*ich bin noch unentschlossen*
unentschuldbar/entschuldbar	*dieser Fauxpas ist unentschuldbar*
unentschuldigt/entschuldigt	*unentschuldigt fehlen*
unentsichert/entsichert	*das Gewehr ist unentsichert*
unerfahren/erfahren	*sie ist noch unerfahren*
unerforscht/erforscht	*unerforschte Gebiete*
unerfreulich/erfreulich	*eine unerfreuliche Entwicklung*
unerfüllbar/erfüllbar	*unerfüllbare Wünsche*
unerfüllt/erfüllt	*unerfüllte Träume, Wünsche*
unergiebig/ergiebig	*unergiebige Forschungen*
unerheblich/erheblich	*unerhebliche Unkosten*
unerigiert/erigiert; s. a. steif	*ein unerigierter (schlaffer) Penis*
unerklärbar/erklärbar	*eine unerklärbare Ursache; sein Verhalten ist unerklärbar (kann nicht erklärt werden)*
unerklärlich/erklärlich	*seine Reaktion ist unerklärlich (kann man gar nicht verstehen)*
unerlaubt/erlaubt	*unerlaubte Hilfsmittel; unerlaubte Entfernung von der Truppe; unerlaubte Steuertricks*
unerledigt/erledigt	*unerledigte Post; das blieb unerledigt*
unerotisch/erotisch	*ein unerotisches Aussehen; eine Brille mache unerotisch, meinte er*
unerreichbar/erreichbar	
unerschlossen/erschlossen	*(noch) unerschlossene Quellen der Geschichte*
unerschwinglich/erschwinglich	*das Auto ist (für ihn) unerschwinglich*

unersetzbar/ersetzbar	*das, was du verloren hast, ist unersetzbar*
unersprießlich/ersprießlich	*dieses Gespräch war unersprießlich*
unerträglich/erträglich	*die Hitze ist unerträglich; die finanziellen Belastungen sind unerträglich*
unerwähnt/erwähnt	*die unerwähnten Mitarbeiter*
unerwähnt bleiben/erwähnt werden	*diese Affäre blieb unerwähnt*
unerwünscht/erwünscht	*Zuschauer sind unerwünscht*
unerziehbar/erziehbar	
unethisch/ethisch	
unexakt/exakt	*unexakte Ergebnisse*
unfachgerecht/fachgerecht	*unfachgerechte Ausführung*
unfachmännisch/fachmännisch	*unfachmännische Ausführung der Reparatur*
unfähig/fähig	*ein unfähiger Mitarbeiter*
...unfähig/...fähig (Adjektiv)	*z. B. sie ist verhandlungsunfähig (ist nicht fähig zu verhandeln)/verhandlungsfähig*
Unfähigkeit/Fähigkeit	*die Unfähigkeit, über sich und seine Gefühle zu sprechen*
unfair/fair	*unfaire Konkurrenz; ein unfaires Spiel; sich unfair verhalten*
unfehlbar/fehlbar	*er hielt den unfehlbaren Papst für fehlbar*
unfein/fein	*unfeine Manieren*
unfest/fest	*unfeste Vorsilben sind ab-, an-, aus-, zum Beispiel in abreisen, anreisen, sich ausziehen: er reist ab, er reist an, er zieht sich aus*
unfixiert/fixiert	*(Fotografie)*
unflektierbar/flektierbar	*ein unflektierbares Adjektiv, zum Beispiel „lila"*
unflektiert/flektiert	*„gehen" ist eine unflektierte Form*
unflexibel/flexibel	*sie ist unflexibel (nicht anpassungsfähig, nicht wendig, kann sich nicht schnell auf etwas Neues ein- und umstellen)*
Unflexibilität/Flexibilität	
unfrankiert/frankiert	*ein unfrankierter Brief*
unfraulich/fraulich	*unfrauliche Kleidung; sich unfraulich benehmen*
unfrei/frei	*unfreie Bauern im Feudalismus; er fühlt sich unfrei*
Unfreiheit/Freiheit	*zwischen Freiheit und Unfreiheit wählen müssen*
unfreundlich/freundlich	*1. ein unfreundliches Gesicht machen; ein unfreundlicher Pförtner; 2. unfreundliches (wenig schönes) Wetter*
...unfreundlich/...freundlich (Adjektiv)	*(mit der Bedeutung: in seiner Art beeinträchtigend in bezug auf das im Basiswort Genannte) z. B. benutzerunfreundlich/benutzerfreundlich*
Unfreundlichkeit/Freundlichkeit	*er war wegen seiner Unfreundlichkeit bekannt*

Unfrieden/Frieden   *in Unfrieden voneinander scheiden; der Un-*
                                          frieden in uns
unfrisiert/frisiert   *unfrisierte Frauen*
unfruchtbar/fruchtbar; a. fertil, potent *die unfruchtbaren Tage der Frau; unfrucht-*
                                          barer Boden; übertragen: unfruchtbare
                                          Diskussionen

Unfruchtbarkeit/Fruchtbarkeit; a. Fertilität
ungalant/galant   *ungalante Bemerkung*
ungar/gar   *der Boden ist ungar (in einem für die Be-*
                                          stellung ungünstigen Zustand; Landwirt-
                                          schaft)

Ungar/Ungarin   *er ist ein gebürtiger Ungar*
Ungarin/Ungar   *sie ist eine gebürtige Ungarin*
ungastlich/gastlich   *ein ungastliches Haus*
ungebadet/gebadet   *ungebadet ins Bett gehen*
ungebahnt/gebahnt   *ungebahnte Wege*
ungebeugt/gebeugt   *eine ungebeugte Form, zum Beispiel: lau-*
                                          fen (Grammatik)
ungebildet/gebildet   *ein ungebildeter Mensch*
ungeboren/geboren   *wer das ungeborene Leben schützen will,*
                                          muß sich auch für das geborene ein-
                                          setzen

ungebräuchlich/gebräuchlich   *dieser Ausdruck ist ungebräuchlich*
ungebraucht/gebraucht   *ein (noch) ungebrauchtes Taschentuch*
ungebunden/gebunden   *1. ein ungebundenes Buch; 2. er ist noch*
                                          ungebunden (hat sich noch nicht an
                                          eine Partnerin gebunden)

ungedeckt/gedeckt   *ein ungedeckter Scheck (wenn auf dem be-*
                                          lasteten Konto der entsprechende Be-
                                          trag nicht verfügbar ist)

ungedient/gedient   *ungediente junge Männer (die keinen*
                                          Wehrdienst geleistet haben)
Ungedienter/Gedienter   *(jemand, der nicht beim Militär gedient*
                                          hat)
Ungeduld/Geduld   *mit Ungeduld kann man nichts erreichen*
ungeduldig/geduldig   *er ist sehr ungeduldig; ungeduldig wartete*
                                          er auf die Entscheidung
ungeeignet/geeignet   *für den Posten ungeeignet sein; er ist für*
                                          diesen Beruf ungeeignet
ungefährlich/gefährlich   *das ist ungefährlich; ein ungefährliches Ex-*
                                          periment
ungefällig/gefällig   *sie ist sehr ungefällig (tut anderen nicht*
                                          gern einen Gefallen)
ungefärbt/gefärbt   *die Bonbons sind ungefärbt*
ungefestigt/gefestigt   *eine ungefestigte Persönlichkeit*
ungeformt/geformt   *ungeformter Ton*
ungefreut/gefreut   *eine ungefreute (unerfreuliche) Sache*
                                          (schweizerisch)
ungefüllt/gefüllt   *ungefüllte Ostereier*

ungegenständlich/gegenständlich	sie malt ungegenständlich
ungegerbt/gegerbt	ungegerbtes Leder
ungeheizt/geheizt	ein ungeheiztes Zimmer
ungehorsam/gehorsam	ein ungehorsames Kind
Ungehorsam/Gehorsam	
ungeil/geil	ungeile (langweilig aussehende) Kleidung (Jugendsprache)
ungeklärt/geklärt	ungeklärte kriminalistische Fälle; die Ursache für den Brand ist noch ungeklärt
ungekrönt/gekrönt	ungekrönte Häupter
ungekünstelt/gekünstelt	sie spricht (ganz) ungekünstelt
ungekürzt/gekürzt	eine ungekürzte Ausgabe; die Hymne wurde ungekürzt gespielt
ungeladen/geladen	1. ungeladene Teilchen; 2. ungeladene Gäste
ungelegen/gelegen	der Vorschlag kam ungelegen
ungelenkig/gelenkig	er ist sehr ungelenkig
ungelernt/gelernt	ein ungelernter Arbeiter
ungeliebt/geliebt	eine ungeliebte Beschäftigung
ungelöst/gelöst	ungelöste Probleme
ungemahlen/gemahlen	ungemahlener Kaffee; Anis ungemahlen
ungemütlich/gemütlich	ein ungemütliches Zimmer
ungenannt/genannt	die ungenannten Mitarbeiter
ungenannt bleiben/genannt werden	er wollte ungenannt bleiben
ungenau/genau; s. a. präzise; a. akkurat	ungenaue Maße; ungenaue Vorstellungen von etwas
Ungenauigkeit/Genauigkeit	die Ungenauigkeit der Formulierung
ungenießbar/genießbar	das Essen war ungenießbar
ungenormt/genormt	ungenormte Abmessungen
ungenutzt/genutzt	ungenutzte Fläche
ungeöffnet/geöffnet	ein (noch) ungeöffneter Brief
ungeordnet/geordnet	ungeordnete Verhältnisse
ungepflastert/gepflastert	eine ungepflasterte Straße
ungepflegt/gepflegt	er ist sehr ungepflegt
ungeplant/geplant	das vierte Kind war ungeplant
ungeprüft/geprüft	ungeprüfte Rechnungen
ungerade/gerade	eine ungerade Zahl (die nicht durch eine andere geteilt werden kann, ohne daß ein Rest bleibt, zum Beispiel 11)
ungerecht/gerecht	das Urteil ist ungerecht; das finde ich ungerecht; lieber ein ungerechter Friede als ein gerechter Krieg
un...gerecht/...gerecht (Adjektiv)	z. B. unfachgerecht/fachgerecht
Ungerechte/Gerechte	er läßt regnen über Gerechte und Ungerechte (Bibel)
ungerechtfertigt/gerechtfertigt	ungerechtfertigte Vorwürfe
Ungerechtigkeit/Gerechtigkeit	
ungeregelt/geregelt	eine ungeregelte Arbeitszeit

ungereimt/gereimt	*ungereimte Verse*
ungern/gern	*eine Arbeit (nur) ungern übernehmen*
ungerührt/gerührt	*ungerührt vernahm er all die Greuel*
ungerundet/gerundet	*ungerundete Laute werden mit gespreizter Lippenstellung gesprochen (i, e), gerundete mit Verengung der Lippen (ü, ö); ein ungerundeter Vokal (Phonologie)*
ungesalzen/gesalzen	*ungesalzene Butter, Nüsse*
ungesättigt/gesättigt	*ungesättigte Lösungen (Chemie); ungesättigte Fettsäure (Pflanzenöl)*
ungeschält/geschält	*ungeschälter Reis*
Ungeschick/Geschick	*sein handwerkliches Ungeschick*
Ungeschicklichkeit/Geschicklichkeit	*seine Ungeschicklichkeit war bekannt*
ungeschickt/geschickt	*er ist ungeschickt; er hat sehr ungeschickt verhandelt*
ungeschlagen/geschlagen	*eine ungeschlagene Mannschaft*
ungeschlechtlich/geschlechtlich	*ungeschlechtliche Fortpflanzung*
ungeschliffen/geschliffen	*ein ungeschliffener Diamant*
ungeschminkt/geschminkt	*ein ungeschminktes Gesicht*
ungeschrieben/geschrieben	*ungeschriebene Briefe*
ungeschult/geschult	*ungeschulte Arbeitskräfte*
ungeschützter Geschlechtsverkehr/geschützter Geschlechtsverkehr	*(ohne Kondom)*
ungesellig/gesellig	*ein ungeselliger Mensch*
ungesetzlich/gesetzlich	*ungesetzliche Maßnahmen*
ungesichert/gesichert	*ungesicherte Ergebnisse*
ungesittet/gesittet	*sich ungesittet benehmen*
ungespritzt/gespritzt	*ungespritztes Obst (das nicht mit chemischen Mitteln wegen der Haltbarkeit o. ä. behandelt worden ist)*
ungestärkt/gestärkt	*ungestärkte Oberhemdenkragen*
ungestempelt/gestempelt	*ungestempelte Briefmarken*
ungesund/gesund	*eine ungesunde Ernährung, Lebensweise, Entwicklung*
ungesüßt/gesüßt	*den Tee ungesüßt trinken*
ungetrübt/getrübt	*die Freude war ungetrübt*
ungewartet/gewartet	*ungewartete Klimaanlage*
ungewiß/gewiß	*ob er kommt, ist ungewiß*
Ungewißheit/Gewißheit	
ungewöhnlich/gewöhnlich	*eine ganz ungewöhnliche Geschichte*
ungewohnt/gewohnt	*eine ungewohnte Beschäftigung*
ungewollt/gewollt	*ungewollte Schwangerschaft; ein ungewolltes Kind*
ungezähnt/gezähnt	*ungezähnte Briefmarken (ohne Zähnchen am Rand)*
ungezuckert/gezuckert	*ungezuckerte Erdbeeren*
ungiftig/giftig	*eine ungiftige Dampfwolke ist ausgetreten*
Unglaube/Glaube	*wenn Hilfe nötig ist, sollte Glaube oder Unglaube keine Rolle spielen*

unglaubhaft/glaubhaft	*eine unglaubhafte Darstellung*
Unglaubhaftigkeit/Glaubhaftigkeit	
ungläubig/gläubig	*ungläubige Menschen*
Ungläubige, der, die/der, die Gläubige; a. Christ/Heide, Moslem	
unglaubwürdig/glaubwürdig	*sie ist unglaubwürdig*
ungleich/gleich	*ungleiche Bedingungen; die Bretter sind ungleich lang*
ungleichartig/gleichartig	*ungleichartige Formen*
Ungleichbehandlung/Gleichbehandlung	*(vor dem Gesetz)*
Ungleichgewicht/Gleichgewicht	
Ungleichheit/Gleichheit	*es geht um Gleichheit oder Ungleichheit vor dem Gesetz; die Ungleichheit der Bedingungen*
ungleichmäßig/gleichmäßig	*er atmet ungleichmäßig; ein ungleichmäßig gehender Puls*
Ungleichmäßigkeit/Gleichmäßigkeit	
ungleichseitig/gleichseitig	*ungleichseitige Dreiecke*
Unglück/Glück	*im Glück und Unglück zusammenstehen; sie teilten Glück und Unglück miteinander; das bringt Unglück; Glück im Unglück*
unglücklich/glücklich	*unglücklich sein; jemanden unglücklich machen; sie sieht unglücklich aus; eine unglückliche Wendung des Geschehens; eine glücklich-unglückliche Liebe; diese Liebe machte ihn glücklich und unglücklich zugleich*
Unglückliche, der, die/der, die Glückliche	
unglücklicherweise/glücklicherweise	*unglücklicherweise begegneten sich die Kontrahenten auf der Tagung*
Unglückstag/Glückstag	*Freitag, der 13., gilt manchem als Unglückstag*
Ungnade/Gnade	*jemandem auf Gnade und Ungnade ausgeliefert sein*
ungnädig/gnädig	*er war heute sehr ungnädig (mißgelaunt, nicht wohlwollend)*
Ungrammatikalität/Grammatikalität	*die Ungrammatikalität eines Satzes*
ungrammatisch/grammatisch	*ein ungrammatischer Satz*
ungraziös/graziös	*ungraziöse Bewegungen*
ungültig/gültig	*ein ungültiger Fahrausweis*
Ungültigkeit/Gültigkeit	
Ungunst/Gunst	*die Ungunst der Stunde*
ungünstig/günstig	*ungünstige Vertragsbedingungen; ungünstiges Wetter; unter ungünstigen Bedingungen arbeiten*
unhaltbar/haltbar	*ein unhaltbares Tor (Sport); dieser Ball war unhaltbar*
unhandlich/handlich	*ein unhandliches Gerät, Buch*

unharmonisch/harmonisch	*das Fest klang unharmonisch aus*
Unheil/Heil	*Gentechnik — Heil oder Unheil für die Menschen?*
unheilbar/heilbar	*eine unheilbare Krankheit*
unheroisch/heroisch	*ein unheroisches Ende*
unhistorisch/historisch	*eine unhistorische Darstellung*
unhöflich/höflich	*er war (am Telefon) sehr unhöflich*
Unhöflichkeit/Höflichkeit	*er hat sie durch seine Unhöflichkeit verärgert*
unhörbar/hörbar	*ein unhörbarer Ton*
unhygienisch/hygienisch	*alles war sehr unhygienisch*
Uniform; s. in Uniform	
unifunktional/multifunktional	*(nur eine Funktion habend)*
unilateraler Konsonant/bilateraler Konsonant	*(Phonetik)*
unilineal/bilineal; a. matrilineal/patrilineal	*(nur die Reihe eines Elternteils betreffend)*
unintelligent/intelligent	*das ist nichts für unintelligente Menschen*
uninteressant/interessant	*dieser Vorschlag war (für ihn) uninteressant*
uninteressiert/interessiert	*er war sichtlich uninteressiert an Politik*
unirdisch/irdisch	*unirdische Verhältnisse*
Unisono/Heterophonie	*(Musik)*
Unitarier/Trinitarier	*(jemand, der die Einheit Gottes betont und den Trinitätsgedanken weitgehend nicht akzeptiert)*
Unitarismus/Föderalismus	*(Politik)*
Universalerbe/Miterbe	*er ist Universalerbe (erbt alles allein)*
Universalismus/Prädestination	*(Lehre, nach der der Heilswille Gottes alle Menschen umfaßt; Theologie)*
universitär/außeruniversitär	*die universitären (zur Universität gehörenden) Einrichtungen*
unkalkulierbar/kalkulierbar	*ein unkalkulierbares Risiko*
unkameradschaftlich/kameradschaftlich	*sich unkameradschaftlich verhalten*
unkeusch/keusch	*unkeusch leben*
unklar/klar	*unklare Verhältnisse; (nur) unklare Vorstellungen von etwas haben*
Unklarheit/Klarheit	*es herrscht noch Unklarheit über etwas; die Unklarheit seiner Gedanken*
unklug/klug	*es war unklug von dir, nichts zu sagen/das Angebot abzulehnen*
unkodiert/kodiert	*(unverschlüsselt)*
unkollegial/kollegial	*unkollegiales Verhalten; unkollegial handeln*
unkommentiert/kommentiert	*ein unkommentierter Text; eine unkommentierte Goethe-Ausgabe*
unkompetent/kompetent	*er ist unkompetent*
unkompliziert/kompliziert	*eine unkomplizierte Konstruktion; ein unkomplizierter Mensch (der nicht schwierig im Umgang ist)*

unkontrollierbar/kontrollierbar	*die geleistete Arbeitszeit ist unkontrollierbar*
unkontrolliert/kontrolliert	*unkontrollierter Zugang zum Haus*
unkonventionell/konventionell	*sich unkonventionell benehmen; eine unkonventionelle Methode; unkonventionelle Ansichten*
unkonzentriert/konzentriert	*er war bei der Arbeit sehr unkonzentriert*
unkooperativ/kooperativ	*unkooperatives Verhalten*
unkörperlich/körperlich	*sich etwas unkörperlich vorstellen*
unkorrekt/korrekt	*unkorrekte Angaben*
Unkorrektheit/Korrektheit	
unkorrigierbar/korrigierbar	*diese Mißbildung ist unkorrigierbar*
unkritisch/kritisch	*er ist sehr unkritisch*
unkultiviert/kultiviert	*unkultiviert wohnen; ein unkultivierter Mensch (ohne Umgangsformen usw.); sich unkultiviert benehmen*
Unkultur/Kultur	*die Unkultur des Wegsehens durch eine Kultur des Hinsehens ersetzen*
unkündbar/kündbar	*er ist unkündbar*
unkundig/kundig	*des Weges unkundig sein*
unkünstlerisch/künstlerisch	
un... (Partizip II) lassen/... (Infinitiv)	*z. B. unverändert lassen/verändern*
unlauter/lauter	*er hat unlautere (schlechte) Absichten; unlautere Gesinnung*
unleserlich/leserlich	*eine unleserliche Handschrift*
unlimitiert/limitiert	*eine unlimitierte Ausgabe der Gedichte*
unliniiert/liniiert	*ein unliniiertes Heft*
unlogisch/logisch	*die Begründung ist unlogisch*
unlösbar/lösbar	*unlösbare Probleme (die nicht gelöst werden können)*
unlöslich/löslich	*unlösliche Stoffe (die sich nicht auflösen; Chemie)*
Unlust/Lust	*Lust und Unlust hielten sich die Waage*
unmanierlich/manierlich	*sich unmanierlich benehmen (von Kindern)*
unmannbar/mannbar	*(veraltet für: noch nicht heiratsfähig; in bezug auf ein Mädchen)*
unmännlich/männlich	*sein Verhalten ist sehr unmännlich*
unmarkiert/markiert	*ein unmarkierter Wanderweg*
unmaskiert/maskiert	*der Räuber war unmaskiert*
unmaßgeblich/maßgeblich	*unmaßgeblich an etwas beteiligt sein*
unmäßig/maßvoll	*unmäßig im Essen sein*
unmenschlich/menschlich; s. a. human	*unmenschlich handeln; er hat sehr unmenschlich entschieden; unmenschliche Bedingungen*
unmerklich/merklich	*sich unmerklich verändern*
unmeßbar/meßbar	
unmilitärisch/militärisch	*unmilitärisch lange Haare*

unmittelbar/mittelbar; s. a. indirekt	*sie ist unmittelbar von der Maßnahme betroffen*
unmöbliert/möbliert	*ein unmöbliertes Zimmer*
unmodern/modern; a. in sein	*diese Farbe ist (jetzt) unmodern*
unmöglich/möglich	*die Erfüllung des Wunsches ist unmöglich*
Unmöglichkeit/Möglichkeit	*Diskussion über die Unmöglichkeit einer Vergewaltigung eines Mannes durch eine Frau*
Unmoral/Moral	*es ging in diesem Falle um Moral oder Unmoral der Jugendlichen*
unmoralisch/moralisch	*unmoralisches Verhalten*
unmotiviert/motiviert	*diese Jugendgruppe war unmotiviert (ihr fehlten die Anreize zu sinnvollem Tun)*
unmündig/mündig; a. majorenn	*noch unmündig sein*
Unmündigkeit/Mündigkeit	
unmusikalisch/musikalisch	*er ist unmusikalisch*
unnachgiebig/nachgiebig; a. nachgeben	*eine unnachgiebige Haltung; er zeigte sich unnachgiebig*
unnachgiebig sein/nachgeben	*er ist unnachgiebig*
unnachsichtig/nachsichtig	*sie ist unnachsichtig*
unnatürlich/natürlich	*eines unnatürlichen Todes sterben (durch Unfall, Mord)*
unnormal/normal	*er führt ein unnormales Leben*
unnötig/nötig	*unnötige Geldausgaben; das war unnötig*
unnumeriert/numeriert	*die Plätze sind unnumeriert*
unökonomisch/ökonomisch; a. wirtschaftlich	*das ist sehr unökonomisch gedacht*
unordentlich/ordentlich; a. aufgeräumt	*bei ihr sieht alles sehr unordentlich aus; er ist sehr unordentlich*
Unordnung/Ordnung	*die Unordnung im Zimmer; es herrschte eine gräßliche Unordnung*
unorganisch/organisch	*eine unorganisch verlaufende Entwicklung*
unorthodox/orthodox	*unorthodoxe Einstellung*
unpädagogisch/pädagogisch	*sie sind sehr unpädagogisch vorgegangen*
unparteiisch/parteiisch	*er ist unparteiisch*
unpassend/passend	*eine unpassende (unangebrachte) Bemerkung*
unpassierbar/passierbar	*der Tunnel ist zur Zeit unpassierbar*
unpathetisch/pathetisch	*unpathetische Worte*
unpedantisch/pedantisch	*unpedantisch entscheiden*
unpersonal/personal	*unpersonale Wesen (ohne Bewußtsein im Sinne von Bewußtheit, Gehirn usw.; Bioethik)*
unpersönlich/persönlich	*das waren sehr unpersönliche Worte*
unplangemäß/plangemäß	*mit etwas unplangemäß beginnen*
unplanmäßig/planmäßig	
unplausibel/plausibel	*eine unplausible Erklärung*
unpolemisch/polemisch	*die Bemerkung war ganz unpolemisch*

unpolitisch/politisch	*ein unpolitischer Mensch; eine unpoliti-sche Äußerung*
unpopulär/populär; s. a. beliebt	*eine unpopuläre Maßnahme; dieser Politi-ker ist unpopulär*
unpraktisch/praktisch	*er ist sehr unpraktisch (ungeschickt); un-praktische Kleidung; ein unpraktisch konstruierter Gegenstand*
unpräzise/präzise; s. a. genau	*sich unpräzise ausdrücken*
unproblematisch/problematisch	*die Regelung der Ansprüche ist unproble-matisch*
unproduktiv/produktiv	*eine unproduktive Arbeit; der Komponist hatte gerade eine unproduktive Phase*
unpünktlich/pünktlich	*er ist immer unpünktlich*
unqualifiziert/qualifiziert	*ein für diese Aufgabe unqualifizierter Mit-arbeiter; eine unqualifizierte (im Niveau nicht passende) Äußerung zu dem Thema*
unrasiert/rasiert	*er kam unrasiert an den Frühstückstisch*
unrationell/rationell	*sie arbeiten unrationell*
unrealisierbar/realisierbar	*dieses Projekt ist unrealisierbar*
unrealistisch/realistisch; s. a. realitätsnah	*unrealistische Normen; unrealistische Vor-stellungen von etwas haben; dieser Plan ist unrealistisch; dieser Termin für die Beendigung der Bauarbeiten ist unreali-stisch*
unrecht/recht	*er hat unrecht getan*
Unrecht/Recht	*wo ist die Grenze zwischen Recht und Un-recht?; Recht und Unrecht gibt es auf beiden Seiten*
Unrecht; s. zu Unrecht	
unrecht haben/recht haben	*er hatte mit seiner Prognose unrecht*
Unrecht leiden/Unrecht tun	*besser Unrecht leiden als Unrecht tun*
unrechtmäßig/rechtmäßig	*unrechtmäßige Beschäftigung von Arbei-tern auf dem Bau; etwas unrechtmäßig in Besitz nehmen*
Unrechtsstaat/Rechtsstaat	*die DDR wurde als Unrechtsstaat be-zeichnet*
Unrecht tun/Unrecht leiden	*besser Unrecht leiden als Unrecht tun*
unredlich/redlich	*eine unredliche Gesinnung; unredlich han-deln*
unreell/reell	*ein unreelles Angebot (dem die solide Grundlage fehlt)*
unreflektiert/reflektiert	*das geschah unreflektiert (ohne überlegt, darüber nachgedacht zu haben)*
unregelmäßig/regelmäßig; a. regulär	*die Zeitschrift erscheint in unregelmäßigen Abständen*
unreif/reif	*1. unreifes Obst; die Äpfel sind noch un-reif; 2. für ihr Alter ist sie noch recht unreif*
Unreife/Reife	*sittliche Unreife*

unrein/rein; a. koscher

unreines Fleisch; unreine Haut; übertragen: unreine Töne (Musik)

unreiner Reim/reiner Reim

(konsonantischer Halbreim; Reim, bei dem die Vokale nicht übereinstimmen, so daß ein offener mit einem geschlossenen Vokal reimt, zum Beispiel: finden/münden; trübt/beliebt; Metrik)

unrentabel/rentabel

ein unrentables (keinen Gewinn abwerfendes) Geschäft; die Bundesbahn legt die unrentablen Strecken still

unritterlich/ritterlich

sich unritterlich (ohne Zuvorkommenheit, Höflichkeit) benehmen

unromantisch/romantisch

der Abend verlief ganz unromantisch; er ist ganz unromantisch (hat keinen Sinn für Gefühle, Stimmung)

Unruhe/Ruhe

große Unruhe im Haus

unruhig/ruhig

unruhige Zeiten; sie war ganz unruhig; innerlich unruhig sein

unruhig werden/ruhig bleiben

er wurde unruhig, doch sie blieb ruhig

unrühmlich/rühmlich

eine unrühmliche Ausnahme

unrund/rund

(von einem Werkstück; Technik)

unsachgemäß/sachgemäß

etwas unsachgemäß benutzen, behandeln

unsachgerecht/sachgerecht

unsachlich/sachlich

unsachliche Kritik; unsachliche Einwände gegen ein Projekt

unsanft/sanft

er hat ihn unsanft (mit einem Schlag o. ä.) geweckt

unsauber/sauber; a. akkurat

das hat er unsauber (nicht korrekt) gearbeitet; unsauber spielen (auf einem Musikinstrument)

unschädlich/schädlich

unschädliche Stoffe; dieses Medikament ist unschädlich; diese Strahlen sind unschädlich

unscharf/scharf

unscharfe (verschwommene) Fotos; unscharfe [Landschafts]bilder

Unschärfe/Schärfe

die Unschärfe der Aufnahmen

unschicklich/schicklich

unschickliches Benehmen

unschlüssig sein/sich schlüssig werden

ich bin noch unschlüssig (bin noch unentschlossen), was ich tun soll

Unschuld/Schuld

über Schuld oder Unschuld des Angeklagten befinden

unschuldig/schuldig

der Angeklagte ist unschuldig

unselbständig/selbständig

der Junge ist (noch) sehr unselbständig (muß noch angeleitet usw. werden); Einkünfte aus unselbständiger Arbeit

Unselbständigkeit/Selbständigkeit

unselig/selig

unseligen Angedenkens

unsensationell/sensationell

sein Auftritt war ganz unsensationell

unsensibel/sensibel	*er hat unsensibel reagiert; ein unsensibler Mensch; ein unsensibler Umgang mit etwas*
unsentimental/sentimental	*sie ist ganz unsentimental*
unseriös/seriös	*ein unseriöses (nicht solides) Angebot; unseriöse Vermittler*
unsicher/sicher	*eine unsichere Geldanlage; er wirkt unsicher; das ist eine unsichere Sache; ein sicherer Freund erweist sich in unsicherer Lage*
Unsicherheit/Sicherheit	*man spürte seine Unsicherheit; ihre Unsicherheit fiel auf*
Unsicherheitsfaktor/Sicherheitsfaktor	*(etwas, was eine Sache unsicher macht)*
unsichtbar/sichtbar	*unsichtbarer Verfall*
unsigniert/signiert	*ein leider unsigniertes Exemplar dieses Romans*
unsinkbar/sinkbar	*das Schiff galt als unsinkbar*
Unsinn/Sinn	*Sinn und Unsinn einer Vorschrift; über Sinn und Unsinn dieser Aktion nachdenken*
unsinnlich/sinnlich	*sein leider ganz unsinnliches (unerotisches) Aussehen*
unsoldatisch/soldatisch	*eine unsoldatische Haltung*
unsolidarisch/solidarisch	*sie verhielten sich unsolidarisch*
unsolide/solide	*er ist sehr unsolide (ist oft zu Vergnügungen unterwegs usw.)*
unsozial/sozial	*sich unsozial verhalten*
unspezifisch/spezifisch	*unspezifische Reaktionen auf ein Medikament*
unsportlich/sportlich	*er ist unsportlich*
unstabil/stabil	*unstabile Verhältnisse*
unstatthaft/statthaft	*dieses Vorgehen ist unstatthaft*
unsterblich/sterblich	*er ist sterblich, aber sein Ruhm wird unsterblich sein*
Unsterblichkeit/Sterblichkeit; a. Mortalität	
unstrukturiert/strukturiert	
unsymmetrisch/symmetrisch	*unsymmetrisch angeordnet*
unsympathisch/sympathisch	*ein unsympathischer Mensch; er hat ein unsympathisches Wesen; unsympathisch wirken; sie ist mir sehr unsympathisch (ich mag sie nicht); er fand ihren Mann unsympathisch*
unsystematisch/systematisch	*unsystematisch arbeiten, vorgehen*
untalentiert/talentiert; a. begabt, talentvoll	*ein recht untalentierter Mann*
untätig/tätig	*seine Freizeit untätig verbringen*
untauglich/tauglich	*für eine bestimmte Aufgabe untauglich sein; für untauglich erklären*
...untauglich/...tauglich (Adjektiv)	*z. B. dienstuntauglich/diensttauglich*
Untauglichkeit/Tauglichkeit	

...untauglichkeit/...tauglichkeit (Substantiv)	z. B. Fahruntauglichkeit/Fahrtauglichkeit
unteilbar/teilbar; a. gerade	ein unteilbarer Besitz
unten/oben; a. droben	er liegt (im Etagenbett) unten; sie wohnt unten (im Parterre); unten im Schreibtisch liegt das Testament; unten im Tal; das steht unten auf der Seite; unten auf der Landkarte; unten im Süden; übertragen: wir hier unten, ihr da oben
untendrunter/obendrauf	untendrunter lag ein Tagebuch
untendrunter/obendrüber	untendrunter (darunter) einen Pullover tragen
untenherum/obenherum; s. a. obenrum	untenherum ist sie ziemlich stark (dick)
untenrum/obenrum; s. a. obenherum	untenrum ist sie ziemlich stark (dick)
unter/auf; a. über/unter	der Brief liegt unter dem Buch; die Katze sitzt unter dem Tisch
unter/ohne	unter Zufuhr von...
unter/über; a. auf/unter	unter dem Wandbehang; unter der Erde; sie wohnt unter uns; der Text unter dem Bild; unter 80 Jahre alt sein; unter dem Gefrierpunkt; wenn die angemeldete Teilnehmerzahl unter 10 liegt, findet der Kurs nicht statt; gesellschaftlich unter jemandem stehen
unter.../... (Adjektiv)	z. B. unterprivilegiert/privilegiert
unter.../auf... (Verb)	z. B. untertauchen/auftauchen
unter.../höher...	die unteren Dienstgrade
unter.../ober...	die untere Grenze; die unteren Schichten
unter.../ober... (Adjektiv)	z. B. unterirdisch/oberirdisch
unter.../über... (Adjektiv)	z. B. unterdurchschnittlich/überdurchschnittlich
unter.../über... (Verb)	z. B. unterbewerten/überbewerten
Unter.../Ober... (Substantiv)	z. B. Unterkiefer/Oberkiefer
Unter.../Über... (Substantiv)	z. B. Unterfunktion/Überfunktion
Unterarm/Oberarm	
unterbegabt/überbegabt	
Unterbegriff/Oberbegriff; a. Hyperonym	
Unterbekleidung/Oberbekleidung	
unterbelegt/überbelegt	diese Wohnung ist unterbelegt
Unterbelegung/Überbelegung	die Unterbelegung eines Heims
unterbelichten/überbelichten	er unterbelichtet immer die Bilder; um sie nicht unterzubelichten, muß man darauf achten, daß...
unterbelichtet/überbelichtet	unterbelichtete Bilder
Unterbelichtung/Überbelichtung	
Unterbeschäftigung/Überbeschäftigung	(Wirtschaft)
unterbesetzt/überbesetzt	die Abteilung ist unterbesetzt
Unterbett/Oberbett	

unterbewerten/überbewerten	er unterbewertet das; um es nicht unterzubewerten
Unterbewertung/Überbewertung	
Unterbewußtsein/Oberbewußtsein, Bewußtsein	(die seelisch-geistigen Vorgänge unter der Schwelle des Bewußtseins)
unterbezahlen/überbezahlen	sie waren bestrebt, die Angestellten unterzubezahlen
unterbezahlt/überbezahlt	er ist unterbezahlt; eine unterbezahlte Tätigkeit
Unterbezahlung/Überbezahlung	(eine zu geringe Bezahlung)
unterbieten/überbieten	Preise unterbieten; er hat das Angebot unterboten
unterbrechen/weitermachen	wir unterbrechen (für eine Stunde) die Sitzung und machen dann weiter
Unterbrechung/Wiederaufnahme	die Unterbrechung der Verhandlungen
unterbrochen werden/ausreden können	er wurde (in seiner Rede) unterbrochen
unter Deck/an Deck	alle Mann unter Deck
Unterdeck/Oberdeck	(Schiffsraum unter dem Zwischendeck, der den Schiffsrumpf nach unten abschließt)
unter dem Pantoffel stehen/die Hosen anhaben	er steht unter dem Pantoffel, denn seine Frau hat die Hosen an
Unterdruck/Überdruck	(Physik, Technik)
Unterdrückende[r]/Unterdrückte[r]	
Unterdrücker[in]/Unterdrückte[r]	Unterdrücker und Unterdrückte setzten sich zu Verhandlungen an einen Tisch
Unterdrückte[r]/Unterdrücker[in], Unterdrückende[r]	Unterdrücker und Unterdrückte setzten sich zu Verhandlungen an einen Tisch
unterdurchschnittlich/überdurchschnittlich	unterdurchschnittliche Ertragslage; unterdurchschnittliche Bezahlung
unter einem Pseudonym/unter seinem, ihrem richtigen Namen	er hat das Buch unter einem Pseudonym veröffentlicht
Unterernährung/Überernährung	Kinder starben an Unterernährung
unterfordern/überfordern	einige Schüler sind unterfordert, fühlten sich unterfordert
Unterforderung/Überforderung	intellektuelle Unterforderung eines Schülers
Unterführung/Brücke	der Zug fuhr erst durch eine Unterführung, dann über eine Brücke
Unterführung/Überführung	(Straße o. ä., die unter einer anderen Straße o. ä. hindurchführt)
Unterfunktion/Überfunktion; s. a. Hyperfunktion; a. Hyperthyreose	Unterfunktion (zu geringe Funktion) der Schilddrüse
Untergang/Aufgang	der Untergang der Sonne
Untergang; s. Monduntergang, Sonnenuntergang	
untergärig/obergärig	untergäriges Bier (bei dem sich bei der Gärung mit niedriger Temperatur die Hefe am Boden des Bottichs absetzt)

Untergärung/Obergärung	*(Brauerei)*
Untergebene[r]/Vorgesetzte[r]	*sein Buch ärgert die einstigen Vorgesetzten und die damaligen Untergebenen*
untergehen/aufgehen	*die Sonne geht abends im Westen unter*
untergeordnet/nebengeordnet	*der Nebensatz ist der untergeordnete Satz (Sprachwissenschaft)*
untergeordnet/übergeordnet	*eine untergeordnete Dienststelle; etwas ist von untergeordneter Bedeutung*
Untergewicht/Übergewicht	*sie hat Untergewicht (liegt unter dem als normal geltenden Gewicht)*
untergewichtig/übergewichtig	*manche Menschen sind untergewichtig*
Untergrenze/Obergrenze	*die Werte liegen an der Untergrenze (sollten nicht weiter unterschritten werden)*
unterhaben/überhaben	*einen Pullover unterhaben (untergezogen haben, unter dem Hemd haben; umgangssprachlich)*
unterhalb/oberhalb; a. dadrüber	*Einkünfte unterhalb des Existenzminimums; unterhalb des linken Auges; unterhalb vom Ort/des Ortes; unterhalb 1000 Meter*
Unterhaltungselektronik/ Leistungselektronik	*zur Unterhaltungselektronik gehören Videogeräte, Plattenspieler usw.*
Unterhaltungsmusik/ernste Musik; s. a. E-Musik	
Unterhaus/Oberhaus; a. Bundesrat, Senat	*das Unterhaus des britischen Parlaments*
Unterhaut/Oberhaut	*(Medizin)*
Unterhitze/Oberhitze	*(die von unten kommende Hitze im Backofen)*
unterirdisch/oberirdisch	*Kabel unterirdisch verlegen; die Rohre liegen unterirdisch*
Unterjunge/Oberjunge	*(Hüttenwesen; veraltet)*
Unterkiefer/Oberkiefer	
Unterkörper/Oberkörper	
Unterland/Oberland	*(tiefer gelegenes Land)*
Unterlänge/Oberlänge	*die Unterlänge eines Buchstabens*
Unterlassungsdelikt/Begehungsdelikt	*(strafbare Unterlassung einer Handlung, bei der dem Betreffenden vorgeworfen wird, daß er nicht eingegriffen habe, um ein Geschehen aufzuhalten, das bei seinem Eingreifen nicht zu strafrechtlichen Konsequenzen geführt hätte; Rechtswesen)*
Unterlauf/Oberlauf	*der Unterlauf des Flusses (der in der Nähe der Mündung liegt)*
unterlegen/überlegen	*sie ist ihm unterlegen*
Unterlegenheit/Überlegenheit	
Unterlid/Oberlid	*das Unterlid des Auges*
Unterlippe/Oberlippe	
Untermensch/Herrenmensch	*(NS-Sprache)*

Untermieter/Hauptmieter; a. Vermieter

*(jemand, der zu Miete bei einem Haupt-
mieter wohnt)*

Unternehmer; s. Generalunternehmer,
  Hauptunternehmer

unterordnen/überordnen

*jemanden oder etwas einem anderen oder
einer Institution unterordnen*

unterordnend/beiordnend, nebenordnend;
  s. a. koordinierend, parataktisch

*unterordnende Bindewörter sind zum Bei-
spiel „weil", „daß" (Sprachwissenschaft)*

Unterordnung/Nebenordnung; s. a. Koor-
  dination, Parataxe

Unterordnungskonzern/
  Gleichordnungskonzern

(Rechtswesen)

unterprivilegiert/privilegiert

unterprivilegierte Gesellschaftsschicht

Unterproduktion/Überproduktion

Unterproduktion der Talgdrüsen

unterproportional/überproportional

etwas wirkt sich unterproportional aus

unterqueren/überqueren

*die Bahngleise, den Bahnkörper unterque-
ren; die Stadtautobahn unterquert die
Straße, den Platz*

Unterrepräsentanz/Überrepräsentanz

unterrepräsentiert/überrepräsentiert

*die Gruppe ist unterrepräsentiert; die
Frauen sind in der Politik unterrepräsentiert*

Unterrepräsentierung/Überrepräsentierung

Unterricht; s. Epochalunterricht, Stunden-
  unterricht

unterschätzen/überschätzen

*eine Gefahr unterschätzen; jemandes Ein-
fluß unterschätzen; er hat seinen Gegner unterschätzt*

Unterschätzung/Überschätzung

unterscheidbar/ununterscheidbar

*die zweieiigen Zwillinge sind unter-
scheidbar*

Unterschenkel/Oberschenkel

Unterschicht/Oberschicht

*sie gehören zur Unterschicht der Bevölke-
rung*

Unterschiede/Gemeinsamkeiten

*Unterschiede zwischen zwei Sprachen; die
Unterschiede und die Gemeinsamkeiten
herausarbeiten*

unterschiedlich/gleich

unterschiedliche Interessen haben

Unterschnitt/Überschnitt

(Tischtennis)

Unterschrank/Oberschrank

ein Unterschrank für das Badezimmer

unterschreiten/überschreiten

*die normale Körpergröße unterschreiten;
die Toleranzgrenze unterschreiten; die
Grenzwerte sind unterschritten; den
Zeitplan unterschreiten*

Unterschreitung/Überschreitung

Unterschreitung der zulässigen Werte

unterschrieben/ununterschrieben

ein unterschriebener Vertrag

Unterschuß/Überschuß

(Defizit; Wirtschaft)

unter seinem, ihrem Namen/anonym

*er hat das Buch nicht anonym, sondern un-
ter seinem Namen veröffentlicht*

unter seinem, ihrem richtigen Namen/unter einem Pseudonym	*er hat das Buch unter seinem richtigen Namen veröffentlicht, nicht unter einem Pseudonym*
Unterseite/Oberseite	*die Unterseite des Blattes*
Untersetzung/Übersetzung	*(in bezug auf die Motordrehzahl; Kraftfahrzeugtechnik)*
Unterspannung/Überspannung	*(beim Strom)*
unterst.../oberst...	*die unterste Stufe*
unterständig/oberständig	*(Botanik)*
untersteuern/übersteuern	*das Auto untersteuert (fährt mit zum Innenrand der Kurve strebendem Heck auf den Außenrand der Kurve zu; Kraftfahrzeugtechnik)*
Unterstufe/Oberstufe	*die Schüler der Unterstufe*
Unterstützungsverband/Einsatzverband	*(Militär)*
Untersuchungsgrundsatz/ Verhandlungsgrundsatz	*(Rechtswesen)*
unter Tag[e]/über Tag[e]	*er arbeitet unter Tage (in einer unterirdischen Abbauanlage; Bergmannssprache)*
untertakeln/übertakeln	*(zu wenig Segel setzen; Seemannssprache)*
Untertan/Fürst, Monarch	
Untertasse/[Ober]tasse	*die Tasse auf die Untertasse stellen*
untertauchen/auftauchen	*sie ist untergetaucht (in den Untergrund)*
Unterteil/Oberteil	
Untertherapie/Übertherapie	*(zu geringe therapeutische Versorgung)*
Untertitel/Haupttitel	*der Untertitel eines Aufsatzes*
untertourig/übertourig	
untertreiben/übertreiben; a. hochstapeln	*er hat bei seinen Angaben (aus Bescheidenheit) untertrieben*
Untertreibung/Übertreibung; a. Hyperbel, Hyperbole, Overstatement	
untertrieben/übertrieben	*das ist aber untertrieben*
unterversichert/überversichert	*(zu niedrig versichert im Verhältnis zum versicherten Gegenstand)*
unterversorgt/überversorgt	*mit Medikamenten unterversorgt sein*
Unterversorgung/Überversorgung	*Unterversorgung (nicht ausreichende Versorgung) mit Vitaminen*
Unterwasser/Oberwasser	*(unter einer Stauanlage ausfließendes Wasser)*
unterziehen/überziehen	*ein Wollhemd unterziehen (unter das Oberhemd)*
Unterzug/Oberzug	*(Architektur)*
untolerant/tolerant	*er ist sehr untolerant*
Untoleranz/Toleranz	*er kämpft für Toleranz und gegen Untoleranz*
untrainiert/trainiert	*ein untrainierter Körper*
untrennbar/trennbar	*untrennbare Verben, z. B. (einen Roman) übersétzen (Ton auf dem Basiswort): er übersetzt den Roman; er schlug vor, den Roman zu übersetzen*

untreu/treu	ein untreuer Ehemann
Untreue/Treue	sie sprachen über Treue und Untreue in einer Partnerschaft
untreu werden/treu bleiben	er ist ihr/ihm untreu geworden
...untüchtig/...tüchtig (Adjektiv)	z. B. fahruntüchtig/fahrtüchtig
...untüchtigkeit/...tüchtigkeit (Substantiv)	z. B. Fahruntüchtigkeit/Fahrtüchtigkeit
Untugend/Tugend	Unpünktlichkeit ist eine ihrer Untugenden (eine ihrer unerfreulichen, unangenehmen Eigenschaften)
untypisch/typisch	diese Reaktion war untypisch für sie
unüberbrückbar/überbrückbar	unüberbrückbare Gegensätze
unüberlegt/überlegt	unüberlegt handeln
unüberschaubar/überschaubar	das Angebot war unüberschaubar
unübersichtlich/übersichtlich	ein unübersichtliches Gelände; eine unübersichtliche Aufstellung der Ausgaben; unübersichtlich angeordnet
unübertragbar/übertragbar	unübertragbare Fahrausweise
unüberwindbar/überwindbar	die Hindernisse sind unüberwindbar
unüblich/üblich	es ist (hier) unüblich, sich die Hand zu geben; Trinkgeld ist dort unüblich
unumgelautet/umgelautet	von „Bogen" gibt es einen umgelauteten Plural (die Bögen) und einen unumgelauteten (die Bogen)
unumkehrbar/umkehrbar; s. a. reversibel	diese Entscheidung ist unumkehrbar
unumstritten/umstritten	seine Kompetenz ist unumstritten
ununterscheidbar/unterscheidbar	die beiden Muster sind ununterscheidbar
ununterschrieben/unterschrieben	ein (noch) ununterschriebener Vertrag
unverändert/verändert	er war unverändert (noch genauso wie früher)
unverändert lassen/verändern	er will alles unverändert lassen
unverarbeitet/verarbeitet	unverarbeitete traumatische Erlebnisse
unveräußerlich/veräußerlich	unveräußerlicher Besitz
unverbindlich/verbindlich	eine unverbindliche Auskunft
unverbleit/verbleit; a. bleihaltig	unverbleites Benzin
unverblümt/verblümt	er gab ihm das sehr unverblümt (deutlich) zu verstehen
unverbraucht/verbraucht	seine Kräfte sind (noch) unverbraucht
unverbrennbar/verbrennbar	unverbrennbares Material
unverbunden/verbunden; s. a. syndetisch	unverbundene Sätze
unverbürgt/verbürgt	eine unverbürgte Nachricht
unverdächtig/verdächtig	er ist unverdächtig
unverdaulich/verdaulich	unverdauliche Bestandteile der Nahrung
unverdaut/verdaut	unverdaute Speisen
unverderblich/verderblich	diese Waren sind unverderblich
unverdient/verdient	ein unverdientes schweres Schicksal
unverdorben/verdorben	unverdorbene Jugend
unverdünnt/verdünnt	eine Flüssigkeit unverdünnt anwenden
unvereinbar/vereinbar	dieses Gesetz ist mit der Verfassung unvereinbar

Unvereinbarkeit/Vereinbarkeit
unverfälscht/verfälscht   *ein unverfälschtes Geschichtsbild*
unverfänglich/verfänglich   *eine unverfängliche Frage*
unvergänglich/vergänglich   *unvergängliche Werte*
Unvergänglichkeit/Vergänglichkeit
unvergessen/vergessen   *die schrecklichen Ereignisse sind unver-*
                                            gessen
unvergleichbar/vergleichbar   *das sind zwei ganz unvergleichbare Dinge*
unvergoren/vergoren   *unvergorener Traubensaft*
Unverhältnismäßigkeit/
  Verhältnismäßigkeit
unverheiratet/verheiratet   *er ist (noch) unverheiratet*
unverhohlen/verhohlen   *mit unverhohlener (nicht unterdrückter)*
                                            Schadenfreude
unverhüllt/verhüllt   *ein unverhülltes Denkmal; übertragen: un-*
                                            verhüllt seine Meinung sagen
unverkäuflich/verkäuflich   *diese Bilder sind unverkäuflich*
unverklemmt/verklemmt   *eine unverklemmte junge Frau*
unverkrampft/verkrampft   *sie hat ganz unverkrampft moderiert*
unverletzbar/verletzbar
unverletzt/verletzt   *er war unverletzt*
unvermeidbar/vermeidbar   *diese Kontroverse war unvermeidbar*
unvernünftig/vernünftig   *eine unvernünftige Entscheidung*
unveröffentlicht/veröffentlicht   *unveröffentlichte Schriften; dieser Aufsatz*
                                            ist (noch) unveröffentlicht
unverpackt/verpackt   *unverpackte Lebensmittel*
unverputzt/verputzt   *eine unverputzte Hauswand*
unverrichtet lassen/verrichten   *Neben der edlen Kunst, Dinge zu verrich-*
                                            ten, gibt es die edle Kunst, Dinge unver-
                                            richtet zu lassen (Chinesische Weisheit)
unverschleiert/verschleiert   *sie ging unverschleiert über die Straße*
unverschlossen/verschlossen; a. zu   *die Tür war unverschlossen; den Briefum-*
                                            schlag unverschlossen abgeben
unverschlüsselt/verschlüsselt   *eine unverschlüsselte Mitteilung*
unverschnürt/verschnürt   *ein unverschnürtes Päckchen*
unverschuldet/selbst verschuldet   *eine unverschuldete Notlage; ein unver-*
                                            schuldeter Unfall; sein Unglück ist un-
                                            verschuldet
unversöhnlich/versöhnlich   *ein unversöhnlicher Ton*
unversorgt/versorgt   *er starb und hinterließ eine unversorgte*
                                            Frau (deren Lebensunterhalt nicht gesi-
                                            chert war)
unverständlich/verständlich   *sein Verhalten ist unverständlich*
Unverständnis/Verständnis   *er traf auf Unverständnis mit seinen Ideen*
unverträglich/verträglich; a. kompatibel   *ein unverträgliches Medikament*
Unverträglichkeit/Verträglichkeit; a. Kom- *die Unverträglichkeit des Medikaments*
  patibilität
unvertretbar/vertretbar   *dieser Standpunkt ist unter ökologischen*
                                            Aspekten unvertretbar

unverwertbar/verwertbar	*unverwertbare Abfälle*
unverwundbar/verwundbar	*unverwundbar sein*
unverwundet/verwundet; a. verletzt	*unverwundet aus dem Krieg kommen*
unverwundet bleiben/verwundet werden	*er blieb im Krieg unverwundet*
unverzeihlich/verzeihlich	*diese Nachlässigkeit ist unverzeihlich*
unverzinslich/verzinslich	*ein unverzinsliches Darlehen*
unverzinst/verzinst	*unverzinstes Geld*
unverzollt/verzollt	*unverzollte Waren*
unvollendet/vollendet	*dieser Roman ist unvollendet*
unvollkommen/vollkommen	*der Mensch ist unvollkommen*
unvollständig/vollständig; s. a. komplett	*die Angaben sind unvollständig*
unvollzählig/vollzählig	*die Briefmarken dieses Satzes sind unvoll-* *zählig*
unvorbereitet/vorbereitet	*diese Nachricht traf ihn unvorbereitet*
unvoreingenommen/voreingenommen; a. subjektiv	*etwas unvoreingenommen beurteilen; er* *befragte sie unvoreingenommen*
unvorhersehbar/vorhersehbar	*eine unvorhersehbare Entwicklung; dieser* *Wandel war unvorhersehbar*
unvorschriftsmäßig/vorschriftsmäßig	*unvorschriftsmäßig parken*
unvorsichtig/vorsichtig	*unvorsichtig mit etwas umgehen; er war* *unvorsichtig und hat alles erzählt*
unvorsichtigerweise/vorsichtigerweise	*er hatte seine Pläne unvorsichtigerweise* *nicht geheimgehalten*
unvorstellbar/vorstellbar	*das sind unvorstellbare Gewinne*
unvorteilhaft/vorteilhaft	*unvorteilhaft eingekauft haben; unvorteil-* *haft (der Attraktivität abträglich) geklei-* *det sein*
unwahr/wahr	*eine unwahre Geschichte; wahr oder un-* *wahr?*
Unwahrheit/Wahrheit	*die Unwahrheit sagen*
unwahrscheinlich/wahrscheinlich	*etwas für unwahrscheinlich halten; es ist* *unwahrscheinlich, daß sie noch kommt;* *ein gutes Ergebnis ist unwahrscheinlich*
un... werden/... bleiben	*z. B. untreu werden/treu bleiben*
Unwert/Wert	*über Wert oder Unwert von etwas disku-* *tieren*
unwesentlich/wesentlich	*das ist (nur) eine unwesentliche Verbesse-* *rung*
unwichtig/wichtig	*das ist unwichtig für das Gelingen*
unwiderlegliche Vermutung/gesetzliche Vermutung	*(Vermutung, bei der kein Gegenbeweis zu-* *lässig ist; Rechtswesen)*
...unwillig/...willig (Adjektiv)	*z. B. zahlungsunwillig/zahlungswillig*
unwirksam/wirksam	*ein unwirksames Mittel*
unwirtschaftlich/wirtschaftlich; a. ökono- misch	*diese Methode ist unwirtschaftlich (erfor-* *dert mehr Ausgaben)*
Unwissende[r]/Wissende[r]	
unwissenschaftlich/wissenschaftlich	*eine unwissenschaftliche Methode*
unwissentlich/wissentlich	*unwissentlich die Unwahrheit sagen*
unwohl/wohl	*er fühlt sich bei ihm unwohl*

unwohnlich/wohnlich	*eine unwohnliche Umgebung*
unwürdig/würdig	*unwürdig untergehen; sich einer Auszeich-nung unwürdig erweisen*
...unwürdig/...würdig (Adjektiv)	*z. B. kreditunwürdig/kreditwürdig*
unzählbar/zählbar	*die Teilnehmer an der Demonstration wa-ren unzählbar*
unzeitgemäß/zeitgemäß	*unzeitgemäße Betrachtungen; etwas ist un-zeitgemäß*
unzensiert/zensiert	*die Zeitung konnte unzensiert erscheinen*
unzerbrechlich/zerbrechlich	*das Geschirr ist unzerbrechlich*
unzerstört/zerstört	*unzerstörte Städte*
unzivilisiert/zivilisiert	*sich unzivilisiert benehmen*
unzufrieden/zufrieden	*unzufriedene Mitarbeiter; der Lehrer ist mit den Leistungen der Schüler unzufrie-den; wenn Sie zufrieden sind, sagen Sie es weiter; wenn Sie unzufrieden sind, sa-gen Sie es mir (Werbespruch)*
Unzufriedenheit/Zufriedenheit	
unzugänglich/zugänglich	*er ist recht unzugänglich*
unzulässig/zulässig	*Ämterhäufung ist unzulässig*
unzumutbar/zumutbar	*diese Arbeit ist unzumutbar*
unzurechnungsfähig/zurechnungsfähig	*sie ist unzurechnungsfähig*
unzureichend/zureichend	*er wurde unzureichend informiert*
unzusammenhängend/zusammenhängend	*unzusammenhängend sprechen*
unzuständig/zuständig	*sich für unzuständig erklären*
unzustellbar/zustellbar	*die Briefe waren unzustellbar*
unzutreffend/zutreffend	*diese Behauptung ist unzutreffend*
unzuverlässig/zuverlässig	*sie ist unzuverlässig*
Unzuverlässigkeit/Zuverlässigkeit	
unzweckmäßig/zweckmäßig	*unzweckmäßige Kleidung*
upsizing/downsizing	*(EDV)*
Uranier/Dionäer; s. a. Heterosexueller	*(von Ulrichs 1864 geprägtes Wort für ei-nen Homosexuellen)*
Urin/Kot; s. a. Aa, Scheiße	*(Ausscheidung über die Blase)*
urinieren/defäkieren	*(Urin ausscheiden)*
Urkunde; s. Absichtsurkunde, Zufallsur-kunde	
Urlaub; s. Aktivurlaub, Faulenzerurlaub	
Urlauber/Urlauberin	*braungebrannte Urlauber und Urlaube-rinnen*
Urlauberin/Urlauber	*braungebrannte Urlauber und Urlaube-rinnen*
Urninde/Urning; s. a. Homosexueller, Schwuler	*Urninde und Urning sind von Ulrichs ge-prägte Wörter für die homosexuelle Frau, die Lesbierin, bzw. für den homo-sexuellen Mann, den Homosexuellen*

Urning/Dioning; s. a. Heterosexueller	*Urning und Dioning sind von Ulrichs – 1864 – geprägte Wörter für den gleichgeschlechtlich liebenden Mann, den Homosexuellen, bzw. für den andersgeschlechtlich liebenden Mann, den Heterosexuellen*
Urning/Urninde; s. a. Lesbierin	*Urning und Urninde sind von Ulrichs – 1864 – geprägte Wörter für den Homosexuellen bzw. für die Lesbierin*
Ursache/Wirkung; s. a. Finalität	*kleine Ursachen und große Wirkungen*
...us/...a (Substantivsuffix bei fremdsprachlichem Basiswort)	*(einen Mann oder eine Mannzugehörigkeit kennzeichnende Endung) z. B. Intimus, Animus/Intima, Anima*
usuell/okkasionell	*die usuelle Bedeutung eines Wortes; usueller (üblicher) Wortgebrauch; gesund/ krank ist ein usuelles Antonymenpaar*
Utopie/Wirklichkeit	*Utopie bleiben oder Wirklichkeit werden*

V

vadoses Wasser/juveniles Wasser	*(Geologie)*
Vagina/Penis; s. a. [männliches] Glied, Lingam, Schwanz, Yang	*Penis — äußeres männliches Geschlechtsorgan — und Vagina — inneres weibliches Geschlechtsorgan — sind die komplementären Kopulationsorgane*
vaginal/anal	*vaginaler und analer Koitus*
vaginal/klitoral	*vaginaler Orgasmus*
Vagotonie/Sympathikotonie	*(Medizin)*
Valutaverhältnis/Deckungsverhältnis	*(Rechtswesen)*
variabel/invariabel	*dieser Plan ist variabel*
variabel/konstant	*eine variable Größe (Mathematik)*
Variable/Konstante	*(eine mathematische Größe, die nicht gleichbleibt, sich ändert)*
variable Kosten/fixe Kosten	*(Wirtschaft)*
variant/invariant	*(Mathematik)*
Varianz/Invarianz	
variieren/konstant bleiben	*der Preis variiert*
Vasodilatation/Vasokonstriktion	*(Medizin)*
Vasodilatator/Vasokonstriktor	*(Anatomie)*
Vasokonstriktion/Vasodilatation	*(Medizin)*
Vasokonstriktor/Vasodilatator	*(Anatomie)*
Vater/Mutter; s. a. Mama, Mami, Mum	*manchmal sind Väter die besseren Mütter*
Vater/Sohn	*ein Walzer von Johann Strauß Vater*
Vater; s. kesser Vater, leiblicher Vater, Stiefvater	
Vaterfreuden/Mutterfreuden	*Vaterfreuden entgegensehen (bald Vater werden)*
Vaterherrschaft/Mutterherrschaft; s. a. Matriarchat	
väterlich/mütterlich	*das väterliche Erbe; das väterliche Haus*
väterlicherseits/mütterlicherseits	*die Großeltern väterlicherseits*
Vatertag/Muttertag	*(Himmelfahrtstag, an dem die Männer — eigentlich die Väter — sogenannte Herrenpartien machen; früher im Kremser)*
Vatertier/Muttertier	*(zur Zucht bestimmtes männliches Tier)*
Vati/Mutti; s. a. Mama, Mami, Mum, Mutter	
vegetative Funktionen/animalische Funktionen	*(Zoologie)*
Vektor/Skalar	*(durch einen Pfeil dargestellte physikalische oder mathematische Größe)*

velarer Vokal/palataler Vokal — *(dunkler, am Hintergaumen gesprochener Vokal, zum Beispiel: a, o, u)*

Vene/Arterie — *in den Venen fließt das Blut zum Herzen*

venös/arteriell — *(Medizin)*

ver.../be... (Verben mit antonymischen Basiswörtern) — *z. B. verneinen/bejahen; sich verfeinden/ sich befreunden*

ver.../ent...; a. de... (Verb) — *z. B. sich verloben/sich entloben*

ver.../er... (Verben mit nicht gleicher Basis) — *z. B. verbieten/erlauben*

ver.../ver... (Verben mit antonymischen Basiswörtern) — *z. B. verlängern/verkürzen*

verabschieden/begrüßen — *die Besucher wurden vom Chef verabschiedet*

verachten/achten — *ich verachte ihn, seine Gesinnung*

Veränderliche/Konstante — *(Mathematik)*

verändern/unverändert lassen — *sie will alles verändern, und er will alles unverändert lassen*

verändert/unverändert — *er war (sichtlich) verändert*

Veranstaltung; s. Abendveranstaltung, Vormittagsveranstaltung

verantwortungslos/verantwortungsvoll — *eine verantwortungslose Politik*

verantwortungsvoll/verantwortungslos — *eine verantwortungsvolle Politik*

verarbeitet/unverarbeitet — *verarbeitete traumatische Erlebnisse*

veräußerlich/unveräußerlich — *veräußerlicher Besitz*

Verb/Substantiv; s. a. Dingwort — *„kommen, laufen, sagen" sind Verben*

Verb; s. absolutes Verb, Auxiliarverb, Hilfsverb, relatives Verb, Vollverb

verbal/nonverbal — *verbale Verständigung; verbale Beleidigung (durch Worte)*

verbal angreifen/tätlich angreifen — *er wurde auf der Kundgebung verbal (mit Worten) angegriffen*

Verbalien/Realien — *(Wortkenntnisse; Pädagogik)*

Verbalinjurie/Realinjurie — *(Beleidigung durch Worte)*

Verbalstil/Nominalstil — *(Ausdrucksweise mit Verben statt Substantiven/Substantivierungen; gilt als lebendiger)*

verbessern, sich/sich verschlechtern — *er hat sich beruflich verbessert; sich im Fach Deutsch verbessern*

Verbesserung/Verschlechterung; a. Pejoration — *eine Verbesserung der Lage ist eingetreten*

verbieten/erlauben — *das Rauchen am Arbeitsplatz verbieten*

verbieten; s. das verbietet der Anstand

verbinden/trennen — *der Antirassismus hat uns verbunden*

Verbindendes/Trennendes — *es gibt mehr Verbindendes als Trennendes zwischen uns*

verbindlich/unverbindlich — *eine verbindliche Auskunft*

Verbindung; s. heterozyklische Verbindung, isozyklische Verbindung

verbleit/unverbleit; a. bleifrei — *verbleites Benzin*

verblümt/unverblümt

sie gab ihm ihr Mißfallen verblümt zu verstehen

verborgen, etwas/sich etwas borgen

er verborgte seinen Füllfederhalter

verborgen bleiben/offenbar werden

die Bestechung ist lange verborgen geblieben

Verbot/Erlaubnis

das Verbot zu rauchen

Verbot/Gebot

(Verkehrswesen)

Verbot; s. Aufenthaltsverbot

verboten/erlaubt

in Deutschland ist alles verboten, was nicht erlaubt ist

Verbotsschild/Gebotsschild

(Verkehrswesen)

Verbotszeichen/Gebotszeichen

(Verkehrswesen)

Verbraucher/Erzeuger, Hersteller; s. a. Produzent

(jemand, der Waren zum Verbrauch, zur eigenen Verwendung kauft)

Verbraucherpreis/Herstellungspreis

(Preis, zu dem etwas an den Verbraucher verkauft wird)

verbrauchsbedingte Abschreibung/Sonderabschreibung

(Rechtswesen)

Verbrauchsgut/Gebrauchsgut

(etwas, was nach einmaliger Verwendung verbraucht ist, zum Beispiel Nahrungsmittel; Wirtschaft)

verbraucht/unverbraucht; a. frisch

seine Kräfte sind (schon) verbraucht

verbrauchte Luft/frische Luft

Verbrechen/Strafe; a. Sühne

das war die Strafe für sein Verbrechen

Verbrecher/Verbrecherin

Verbrecherin/Verbrecher

verbreitender Buchhandel/herstellender Buchhandel

Verbreiterung/Verengung

die Verbreiterung der Straße

verbrennbar/unverbrennbar

verbrennbares Material

verbrennen/beerdigen

der Tote wurde verbrannt und nicht beerdigt

Verbrennung/Beerdigung

die Verbrennung (des Toten) erfolgt im Krematorium

verbunden/unverbunden; s. a. asyndetisch

verbürgt/unverbürgt

eine verbürgte Nachricht

verdächtig/unverdächtig

sein Verhalten ist verdächtig

verdaulich/unverdaulich

die verdaulichen Bestandteile der Nahrung

verdaut/unverdaut

verdaute Speisen

verdeckt/offen; a. direkt

verdeckte Ermittlungen

Verderb; s. auf Gedeih und Verderb

verderblich/unverderblich

(leicht) verderbliche Ware

Verdichtung/Verdünnung

(Physik)

Verdichtungswelle/Verdünnungswelle

(Physik)

Verdienstadel/Erbadel, Geburtsadel

verdient/unverdient

eine verdiente Ehrung

verdorben/unverdorben

verdorbene Jugend

verdrängen/bewältigen

die schlimmen Erlebnisse der Vergangenheit verdrängen

verdunkeln/entdunkeln	*im Krieg wurden die Fenster gegen Abend verdunkelt*
verdünnt/unverdünnt	*das Mittel verdünnt anwenden*
Verdünnung/Verdichtung	*(Physik)*
Verdünnungswelle/Verdichtungswelle	*(Physik)*
Verehrer/Verehrerin	
Verehrerin/Verehrer	
Verein; s. Idealverein, wirtschaftlicher Verein	
vereinbar/unvereinbar	*dieses Gesetz ist mit der Verfassung vereinbar*
Vereinbarkeit/Unvereinbarkeit	
vereinfachen/verkomplizieren	*dadurch wurde der Ablauf vereinfacht*
vereinzelt/in großer Zahl	*als das Werk in Betrieb genommen wurde, gab es vereinzelt auch Pannen*
verengen/erweitern	*verengte Blutgefäße*
Verengung/Verbreiterung	*zur Verkehrsberuhigung eine Verengung der Straße vornehmen*
vererben/erben	*sie vererbt ihm das Haus/er erbt von ihr das Haus*
Verfahren; s. Ermittlungsverfahren, Hauptverfahren	
Verfahrensrecht/materielles Recht	*(Rechtswesen)*
Verfall/Erneuerung	*Verfall und Erneuerung der Städte*
Verfall; s. Dialektverfall	
verfallen sein/gelten	*der Gutschein, die Fahrkarte ist (schon) verfallen*
verfälscht/unverfälscht	*ein verfälschtes Geschichtsbild*
verfänglich/unverfänglich	*eine verfängliche Frage*
Verfassung; s. oktroyierte Verfassung, paktierte Verfassung	
verfassungsgemäß/verfassungswidrig	*dieser Vorgang ist verfassungsgemäß*
verfassungswidrig/verfassungsgemäß	*dieser Vorgang ist verfassungswidrig*
verfeinden, sich/sich befreunden	*sie haben sich verfeindet*
verfeindet/befreundet	*die verfeindeten Nachbarn; er ist mit dem Angeklagten verfeindet; früher waren sie befreundet*
verfluchen/segnen	*er verfluchte sie*
Verfolgende[r]/Verfolgte[r]	
Verfolger[in]/Verfolgte[r]	
Verfolgte[r]/Verfolger[in], Verfolgende[r]	
Verfügungsgrundsatz/Amtsgrundsatz	*(Rechtswesen)*
verführen, jemanden/sich verführen lassen	*sie hat ihn verführt, und er hat sich verführen lassen*
verführen, jemanden/verführt werden	*er verführte sie/ihn*
verführend/verführt	*verführende Männer und verführte Mädchen*
Verführende[r]/Verführte[r]	

verführen lassen, sich/jemanden verführen	*sie hat ihn verführt, und er hat sich verführen lassen*
Verführer[in]/Verführte[r]	*sie ist die Verführerin und er der Verführte*
verführt/verführend	*verführende Männer und verführte Mädchen*
Verführte[r]/Verführer[in], Verführende[r]	
verführt werden/verführen	*das Mädchen, der Junge wurde von ihm/ ihr verführt*
vergangen/kommend	*vergangenen Dienstag*
Vergangenheit/Gegenwart, Zukunft	
vergangenheitsorientiert/zukunftsorientiert	*eine vergangenheitsorientierte Politik*
vergänglich/unvergänglich	*vergängliche Werte*
Vergänglichkeit/Unvergänglichkeit	
vergehen; s. Werden und Vergehen	
Vergeltungsschlag/Erstschlag	*(Militär)*
Vergesellschaftung/Privatisierung	*die Vergesellschaftung der Banken*
vergessen (Verb)/behalten	*seinen Namen hat er vergessen, doch ihren hat er behalten*
vergessen (Verb)/dran denken, denken an	*er hat die Verabredung vergessen*
vergessen (Verb)/in Erinnerung bleiben, sich erinnern an	*dieses Erlebnis hat er vergessen/dieses Erlebnis ist ihm in Erinnerung geblieben, an dieses Erlebnis hat er sich erinnert*
vergessen (Adjektiv)/unvergessen	*die schrecklichen Ereignisse sind vergessen*
vergeßlich sein/ein gutes Gedächtnis haben	*er ist sehr vergeßlich*
vergewaltigen/vergewaltigt werden	*eine Frau, einen Mann vergewaltigen*
vergewaltigt werden/vergewaltigen	*Männer wurden von Männern vergewaltigt*
vergleichbar/unvergleichbar	*vergleichbare Sprachen*
Vergnügen/Arbeit	*erst die Arbeit, dann das Vergnügen*
vergoren/unvergoren	
vergraben/ausgraben	*er hatte das Gewehr (im Garten) vergraben*
vergrößern/verkleinern	*den Betrieb vergrößern; ein Bild vergrößern; die Seite eines Buches beim Fotokopieren vergrößern*
vergrößern, sich/sich verkleinern	*wir haben uns vergrößert (das Geschäft erweitert)*
Vergrößerung/Verkleinerung	*die Vergrößerung des Betriebes; das ist eine Vergrößerung des Originalbildes*
Verhältnismäßigkeit/ Unverhältnismäßigkeit	*die Verhältnismäßigkeit der Mittel; die Verhältnismäßigkeit ist nicht gewahrt*
Verhältniswahl/Mehrheitswahl	*(Wahl, bei der die Mandate auf die verschiedenen Parteien nach dem Verhältnis der abgegebenen Stimmen vergeben werden; Politik)*
verhandlungsfähig/verhandlungsunfähig	*der Angeklagte ist verhandlungsfähig*
Verhandlungsgrundsatz/ Untersuchungsgrundsatz	*(Rechtswesen)*
verhandlungsunfähig/verhandlungsfähig	*der Angeklagte ist verhandlungsunfähig*

verheiratet/unverheiratet, ledig, alleinstehend	*einige sind verheiratet, einige unverheiratet*
verhohlen/unverhohlen	*mit (kaum) verhohlener Schadenfreude; nur verhohlen zeigte er seine Freude über seinen Erfolg*
verhüllen/enthüllen	*den von Christo verhüllten Reichstag wieder enthüllen*
verhüllt/unverhüllt	*ein (noch) verhülltes Denkmal; übertragen: seinen Unmut (nur) verhüllt zum Ausdruck bringen*
Verifikation/Falsifikation	*die Verifikation einer Theorie (die Bestätigung, die Beweisführung hinsichtlich der Richtigkeit einer Theorie)*
verifizieren/falsifizieren	*eine Hypothese verifizieren (ihre Berechtigung, Richtigkeit nachweisen)*
Verifizierung/Falsifizierung	*die Verifizierung einer Theorie (der Nachweis ihrer Richtigkeit)*
verkalkt sein/entkalkt werden	*der Boiler ist verkalkt*
Verkauf/Ankauf	*Ankauf und Verkauf antiquarischer Bücher; der Verkauf bibliophiler Bücher an einen Antiquar*
Verkauf/Kauf	*der Verkauf eines Grundstücks; er war zuständig für den Kauf und Verkauf von Immobilien*
verkaufen/ankaufen	*Antiquitäten ankaufen und verkaufen; er hat Aktien verkauft; Reliquien an- und wieder verkaufen*
verkaufen/kaufen; a. mieten, pachten	*er hat das Haus (an ihn) verkauft*
Verkäufer/Verkäuferin	*sie beschäftigt einen Verkäufer und zwei Verkäuferinnen*
Verkäufer[in]/Käufer[in]	*der Käufer verhandelte lange mit der Verkäuferin*
Verkäuferin/Verkäufer	*sie beschäftigt einen Verkäufer und zwei Verkäuferinnen*
Verkäufermarkt/Käufermarkt	*(Markt, bei dem sich der Verkäufer im Vorteil befindet, weil mehr nachgefragt als angeboten wird)*
verkäuflich/unverkäuflich	*verkäufliche Bilder; die ausgestellte Ware ist verkäuflich*
Verkaufskurs/Ankaufskurs	*(Kurs, zu dem man die Währung eines Landes verkauft; Bankwesen)*
Verkaufspreis/Einkaufspreis	*(Preis, zu dem die Ware an den Käufer verkauft wird)*
Verkaufspreis/Herstellungspreis	*(Preis, zu dem die Ware an den Käufer verkauft wird)*
Verkehr; s. Afterverkehr, Analverkehr, Fernverkehr, fließender Verkehr, Güterverkehr, Individualverkehr, Mundverkehr, Nahverkehr, öffentlicher Verkehr, Oralverkehr, Personenverkehr, Quellverkehr, ruhender Verkehr, Zielverkehr	

verkehrsarm/verkehrsreich	*eine verkehrsarme Straße, Gegend*
verkehrsgerecht/verkehrswidrig	*verkehrsgerechtes Verhalten*
verkehrsreich/verkehrsarm	*verkehrsreiche Straßen*
Verkehrswert/Einheitswert	*der Verkehrswert ist der Marktwert (bei Immobilien)*
verkehrswidrig/verkehrsgerecht	*verkehrswidriges Verhalten*
verkehrte Masche/glatte Masche	*(beim Stricken: linke Masche)*
verkleinern/vergrößern	*den Betrieb verkleinern; ein Bild verkleinern; eine Seite beim Fotokopieren verkleinern*
verkleinern, sich/sich vergrößern	*sie haben sich verkleinert (in bezug auf ein Geschäft, einen Laden)*
Verkleinerung/Vergrößerung	*die Verkleinerung des Betriebs; das ist eine Verkleinerung des Originalbildes*
verklemmt/unverklemmt	*ein verklemmter junger Mann*
verkommen lassen/instand halten, pflegen	*das Haus verkommen lassen*
verkomplizieren/vereinfachen	*dadurch wird das Ganze nur verkompliziert*
verkorken/entkorken; s. a. aufkorken	*die Flasche verkorken*
verkrampfen, sich/sich entkrampfen	*du hast dich ganz verkrampft, du mußt dich entkrampfen*
verkrampft/unverkrampft	*sie hat ganz verkrampft moderiert*
verkürzen/verlängern	*1. den Anlauf verkürzen; 2. den Termin verkürzen; die Arbeitszeit um eine Stunde verkürzen; den Aufenthalt verkürzen*
Verkürzung/Verlängerung	*Verkürzung der Ausbildungszeit*
verlangen; s. das verlangt der Anstand	
verlängern/kürzen	*das Kleid, den Rock, die Ärmel verlängern*
verlängern/verkürzen	*die Arbeitszeit um eine Stunde verlängern; den Aufenthalt verlängern*
Verlängerung/Verkürzung	*Verlängerung der Ausbildungszeit*
verlangsamen/beschleunigen	*das Tempo verlangsamen*
verlassen/betreten	*sie verläßt das Geschäft (wieder)*
verlassen/verlassen werden	*sie hat ihn verlassen (hat sich von ihm getrennt)/er ist von ihr verlassen worden*
verlassen werden/verlassen	*er ist (von ihr) verlassen worden*
Verleger/Verlegerin	
Verlegerin/Verleger	
verleihen, etwas/sich (Dativ) etwas leihen	*ich verleihe das Fahrrad (an ihn)*
verlernen/lernen	*eine Sprache (wieder) verlernen*
verletzbar/unverletzbar	
verletzen/wahren	*den Anstand verletzen*
verletzt/unverletzt; a. unverwundet	*er war verletzt*
verlieben, sich/sich entlieben	*man verliebt sich, aber man entliebt sich oft auch wieder schnell*
verlieren/gewinnen	*ein Spiel, beim Spiel verlieren; einen Wettkampf verlieren; eine Wette verlieren; den Krieg verlieren; einen Prozeß verlieren (im Rechtsstreit); Einfluß, Vertrauen verlieren*

verlieren/[wieder]finden — seine Schlüssel verlieren; ich habe den verlorenen Handschuh wiedergefunden

verlieren; s. das Gesicht verlieren

Verlierer/Verliererin — Verlierer und Verliererinnen haben sich gegenseitig getröstet

Verlierer[in]/Gewinner[in]; a. Sieger[in], Winnertyp — es gab weder Verlierer noch Gewinner; er ist der Verlierer und sie die Gewinnerin; bei der Wahl war er der Verlierer

Verliererin/Verlierer; a. Loser — Verlierer und Verliererinnen haben sich gegenseitig getröstet

verloben, sich/sich entloben — sie haben sich verlobt

Verlobung/Entlobung

Verlust/Gewinn; a. Sieg — mit Verlust verkaufen

vermaledeien/benedeien — (veraltet für: verwünschen, verfluchen)

vermännlicht/verweiblicht; a. gynoid — sie ist sehr vermännlicht

vermehren, sich/sich verringern — die Zahl der Kranken hat sich vermehrt

vermeidbar/unvermeidbar — vermeidbare Verluste

vermieten/entmieten; a. mieten — der Hauswirt hat die Wohnung vermietet

vermieten/mieten; a. kaufen, pachten — sie hat die Wohnung (ihm/an ihn) vermietet; ein Haus vermieten

Vermieter/Mieter; a. Charter, Hauptmieter — der Vermieter der Wohnung schickte dem Mieter die Jahresabrechnung

vermindertes Intervall/übermäßiges Intervall — (Musik)

verminen/entminen — das verminte Gebiet wieder entminen

Vermögensrecht/Personenrecht — (Rechtswesen)

Vermutung; s. gesetzliche Vermutung, unwiderlegliche Vermutung

vernehmungsfähig/vernehmungsunfähig — sie ist vernehmungsfähig

vernehmungsunfähig/vernehmungsfähig — sie ist vernehmungsunfähig (kann nicht vernommen werden)

verneinen/bejahen — er hat die Frage verneint

Verneinung/Bejahung; a. Affirmation — die Verneinung der Frage

vernetzt/stand-alone — (EDV)

Vernissage/Finissage — (Eröffnung einer Kunstausstellung)

Vernunftehe/Liebesehe

Vernunftheirat/Liebesheirat — das war eine Vernunftheirat

vernünftig/unvernünftig — ich halte diesen Entschluß für vernünftig

veröffentlicht/unveröffentlicht — dieser Aufsatz ist (schon) veröffentlicht

verpachten/pachten; a. kaufen, mieten — einen Garten, ein Lokal verpachten; ich verpachte (ihm/an ihn) mein Grundstück

verpackt/unverpackt — verpackte Lebensmittel

Verpackung/Inhalt — nicht auf die Verpackung, auf den Inhalt kommt es an

Verpackungsgewicht/Nettogewicht — (das, was die Verpackung allein wiegt)

Verpflichtungsgeschäft/Erfüllungsgeschäft — (Rechtswesen)

verprivatisieren/entprivatisieren — erst wurde verprivatisiert, dann wieder entprivatisiert

verpumpen, etwas/sich (Dativ) etwas pumpen	*ich verpumpe meine Schlittschuhe*
verputzt/unverputzt	*die Hauswand ist (schon) verputzt*
verraten/verraten werden	*er hat sie verraten*
verraten werden/verraten	*sie ist (von ihm) verraten worden*
Verrechnungsscheck/Barscheck	*(Scheck, der nicht in bar ausgezahlt, sondern auf das Konto gutgeschrieben wird)*
verrichten/unverrichtet lassen	*Neben der edlen Kunst, Dinge zu verrichten, gibt es die edle Kunst, Dinge unverrichtet zu lassen (Chinesische Weisheit)*
verriegeln/entriegeln	*die Tür verriegeln*
verringern, sich/sich vermehren	*die Zahl der Kranken hat sich verringert*
Vers; s. antiker Vers, germanischer Vers, in Versen	
Versal/der Gemeine; s. a. Kleinbuchstabe, Minuskel	
Versandbahnhof/Bestimmungsbahnhof	*der Versandbahnhof ist Mannheim, der Bestimmungsbahnhof ist St. Peter-Ording*
verschärfen/lockern	*Vorschriften verschärfen*
verschieden/gleich	*verschieden große Schuhe; sie sind ganz verschieden*
verschiedenartig/gleichartig	*verschiedenartige Geschenke*
Verschiedenartigkeit/Gleichartigkeit	
verschiedener Meinung sein/einer Meinung sein	*sie sind verschiedener Meinung (stimmen nicht überein)*
Verschiedenheit/Gleichheit	*die Verschiedenheit der Anschauungen*
verschiedensporig/gleichsporig	*(Botanik)*
Verschiedensporigkeit/Gleichsporigkeit	*(Botanik)*
verschlechtern, sich/sich bessern	*sein Befinden, Zustand hat sich verschlechtert; seine finanziellen Verhältnisse haben sich verschlechtert*
verschlechtern, sich/sich verbessern	*er hat sich im Fach Deutsch verschlechtert; er hat sich beruflich verschlechtert*
Verschlechterung/Verbesserung; a. Melioration	*eine Verschlechterung der Lage ist eingetreten*
verschleiert/unverschleiert	*sie ging verschleiert über die Straße*
verschließen, sich jemandem/sich jemandem öffnen	
verschlossen/offen	*er hat ihm den Brief verschlossen und nicht offen übergeben*
verschlossen/unverschlossen; s. a. offen/zu	*eine verschlossene Tür; das Schubfach war verschlossen; die Wohnung war verschlossen, denn unverschlossen verläßt sie sie nie*
verschlüsseln/entschlüsseln; s. a. dechiffrieren, dekodieren	*eine Meldung, einen Funkspruch verschlüsseln*
verschlüsselt/unverschlüsselt	*eine verschlüsselte Nachricht*
verschlüsselter Text/Klartext	

Verschlüsselung/Entschlüsselung; s. a. Decoding, Dekodierung	
verschnürt/unverschnürt	*ein verschnürtes Päckchen*
verschuldet/schuldenfrei	*sie sind (noch) verschuldet*
verschuldet; s. selbst verschuldet	
verschwinden/erscheinen	*vom Bildschirm verschwinden*
Versehen; s. aus Versehen	
versetzt werden/sitzenbleiben	*der Schüler wurde (in die nächste Klasse) versetzt*
Versichernde[r]/Versicherte[r]	
versichert; s. freiwillig versichert, pflichtversichert	
Versicherte[r]/Versichernde[r]	
Versicherungsgeber/Versicherungsnehmer	*(der Versichernde)*
Versicherungsnehmer/Versicherungsgeber	*(der Versicherte)*
versiegeln/entsiegeln	*die Polizei hatte die Tür, das Büro versiegelt*
Versmaß; s. Anapäst, Daktylus, Jambus, Trochäus	
Verso/Rekto	*(Rückseite eines Blattes einer Handschrift o. ä.)*
verso folio/recto folio	*(auf der Rückseite stehend)*
versöhnlich/unversöhnlich	*das waren versöhnliche Töne im Bundestag*
versorgt/unversorgt	*er starb und hinterließ eine versorgte Frau (deren Lebensunterhalt gesichert war)*
Versorgungseinheit/Gefechtseinheit	*(Militär)*
verstaatlichen/entstaatlichen, privatisieren	*Banken, eine Firma verstaatlichen*
Verstandesmensch/Gefühlsmensch	*er ist ein (reiner) Verstandesmensch*
verständlich/unverständlich	*das war eine verständliche Reaktion auf diese provokatorischen Worte*
Verständnis/Unverständnis	*er traf auf (viel) Verständnis mit seinen Ideen*
verstärken, sich/sich abschwächen	*der Lärm verstärkt sich*
versteckt/direkt	*wir nehmen Zucker oft versteckt (in Backwaren) zu uns*
versteckt/offen	*eine versteckte Drohung, Kritik; versteckte Diskriminierungen; versteckter Dissens (Rechtswesen)*
Verstopfung/Durchfall; s. a. Diarrhö	*sie leidet an Verstopfung*
Versuchsleiter/Versuchsperson	*(jemand, der einen Versuch mit Personen leitet)*
Versuchsperson/Versuchsleiter	*(Person, die sich für einen wissenschaftlichen o. ä. Versuch zur Verfügung gestellt hat)*
Vertebraten/Evertebraten, Invertebraten; s. a. Wirbellose	*Vertebraten sind Wirbeltiere (Zoologie)*

verteidigen/angreifen	*ein Gesetz verteidigen; eine Stadt verteidigen; er hat seinen Freund, der von anderen verbal und tätlich angegriffen worden war, verteidigt (sich für ihn eingesetzt)*
verteidigen/anklagen	*einen Angeklagten vor Gericht verteidigen*
Verteidiger; s. Offizialverteidiger, Pflichtverteidiger, Wahlverteidiger	
Verteidigung/Angriff; s. a. Offensive	*er ist gut in der Verteidigung, weniger gut im Angriff*
Verteidigung/Anklage	*die Anhörung von Anklage und Verteidigung (Rechtswesen)*
Verteidigungskrieg/Angriffskrieg	
Vertiefung/Erhebung	*(Stelle, die tiefer liegt als die sie umgebende Fläche)*
vertikal/horizontal; s. a. waag[e]recht	*eine vertikale (senkrechte, von oben nach unten führende) Linie; eine vertikale Bildlaufleiste (EDV)*
Vertikale/Horizontale	
vertikales Tor/Horizontaltor	*(beim alpinen Skirennen)*
Vertikalkonzern/Horizontalkonzern	*(Konzern mit Unternehmen aufeinanderfolgender Produktionen)*
Vertikalseismometer/ Horizontalseismometer	*(Technik)*
vertragen, sich wieder/sich zanken	*die Kinder haben sich gezankt und sich bald wieder vertragen*
verträglich/unverträglich	*ein verträgliches Medikament*
Verträglichkeit/Unverträglichkeit	*die Verträglichkeit des Medikaments*
vertragsgemäß/vertragswidrig	
vertragsgerecht/vertragswidrig	
vertragswidrig/vertragsgemäß, vertragsgerecht	
Vertrauen/Mißtrauen	*sein Vertrauen freute ihn*
Vertrauensfrau/Vertrauensmann	
Vertrauensmann/Vertrauensfrau	
Vertrauensschaden/Erfüllungsinteresse	*(Rechtswesen)*
vertraut/fremd	*in vertrauter Umgebung*
Vertraute/Vertrauter	*sie ist seine Vertraute und er ihr Vertrauter*
Vertrauter/Vertraute	*sie ist seine Vertraute und er ihr Vertrauter*
vertretbar/unvertretbar	*diese Kürzung der Bezüge ist vertretbar*
Vertreter/Vertreterin	*es gibt mehr Vertreter als Vertreterinnen*
Vertreterin/Vertreter	*es gibt mehr Vertreter als Vertreterinnen*
verübt/erlitten; a. Opfer	*eine verübte Vergewaltigung*
verurteilen/freisprechen	*er wurde verurteilt*
Verurteilung/Freispruch	*(Rechtswesen)*
Verwaltungspolizei/Vollzugspolizei	
Verwaltungsverordnung/Rechtsverordnung	*(Rechtswesen)*
verweiblicht/vermännlicht; a. android	*er ist verweiblicht*
verweichlicht/abgehärtet	*er ist verweichlicht*

verwertbar/unverwertbar	*(noch) verwertbare Abfälle*
verwöhnen, jemanden/sich verwöhnen lassen	
verwöhnen lassen, sich/jemanden verwöhnen	
verwundbar/unverwundbar	*er ist in seiner Position (leicht) verwundbar*
verwundet/unverwundet	*verwundet aus dem Krieg kommen*
verwundet werden/unverwundet bleiben	
verzaubern/entzaubern	*sein/ihr Aussehen hat ihn verzaubert, aber sein/ihr Wesen hat ihn wieder entzaubert*
verzeihlich/unverzeihlich	*diese kleine Nachlässigkeit ist verzeihlich*
verzerren/entzerren	*eine Funksendung aus Gründen der Geheimhaltung verzerren*
verzinslich/unverzinslich	*ein verzinsliches Darlehen*
verzinst/unverzinst	*verzinstes Geld*
verzollt/unverzollt	*verzollte Waren*
Veterinärmedizin/Humanmedizin	*(Tierheilkunde)*
Vetter/Cousine, Kusine, (veraltet) Base	*(Sohn des Bruders oder der Schwester von Vater oder Mutter, der Sohn des Onkels oder der Tante)*
via il sordino/con sordino	*(den Dämpfer abnehmen; bei Streichinstrumenten)*
Vieh; s. Großvieh, Kleinvieh	
viel/wenig	*viel Geld, Zeit haben; viel erlebt haben; er trinkt viel, sie aber trinkt wenig (Alkohol)*
viele/wenige	*viele waren gekommen; viele haben es sich angesehen, aber nur wenige haben etwas gekauft*
Vielehe/Einehe; s. a. Monogamie	*(Polygamie)*
vielleicht/bestimmt	*„Kommst du morgen?" „Vielleicht!"*
Vielmännerei/Vielweiberei; s. a. Polygynie	*(Polyandrie; Völkerkunde)*
vielseitig/einseitig	*er ist sehr vielseitig; vielseitig begabt*
Vielweiberei/Vielmännerei; s. a. Polyandrie	*(Polygynie; Völkerkunde)*
Vielzeller/Einzeller	*(Biologie)*
vielzellig/einzellig	*(Biologie)*
Vierhänder/Zweihänder	*(zum Beispiel ein Affe; früher: Herrentier)*
vierhändig/zweihändig; s. a. à deux mains	*auf dem Klavier vierhändig spielen*
Viertaktmotor/Zweitaktmotor	
vierter Fall/erster Fall; a. Casus rectus, Nominativ, Werfall	*der vierte Fall von „der Mann" lautet „den Mann"*
Vikar/Vikarin	
Vikarin/Vikar	
Violinschlüssel/Baßschlüssel	*(Notenschlüssel, der auf der Linie der Note g steht, auf der zweiten Notenlinie)*

Virilokalität/Matrilokalität	*(Brauch, daß das Paar nach der Heirat sei-nen Wohnsitz bei der Familie des Man-nes nimmt; Völkerkunde)*
Virilstimme/Kuriatstimme	*(früher: Stimme im Reichstag und Bundes-tag; Geschichte)*
virtuell/real	*virtuelle Untreue über Internet; ein virtuel-les (der Möglichkeit nach, anlagemäßig vorhandenes) Klassenzimmer (im Inter-net)*
virtuelles Bild/reelles Bild	*(Optik)*
virulent/avirulent	*(ansteckend)*
Vis absoluta/Vis compulsiva	*(direkte, gewaltsame Beeinflussung des Willens eines Opfers, wobei der Wille des Gezwungenen zum Beispiel durch Fesselung oder Niederschlagen völlig ausgeschaltet wird; Rechtswesen)*
Visagist/Visagistin	*(Maskenbildner)*
Visagistin/Visagist	*(Maskenbildnerin)*
Vis compulsiva/Vis absoluta	*(mittelbare oder unmittelbare Beeinflus-sung des Willens eines Opfers, zum Bei-spiel durch Einsperren, Bedrohen von Angehörigen mit der Waffe; Rechtswe-sen)*
Vision; s. hypnopompische Visionen	
visueller Typ/auditiver Typ; s. a. akusti-scher Typ	*(jemand, dem sich Gesehenes besser als Gehörtes einprägt)*
vita activa/vita contemplativa	*(ein auf Tätigkeit eingerichtetes Leben)*
vita contemplativa/vita activa	*(ein auf Inneres, Meditation angelegtes Le-ben)*
Vitalismus/Materialismus	*der biologische bzw. physiologische Mate-rialismus steht in Opposition zum Vita-lismus (Philosophie)*
Vitalseele/Bildseele	*(mit dem Körper verbundene Seele bis zum Tod; Völkerkunde)*
vitaminarm/vitaminreich	*vitaminarme Kost*
vitaminreich/vitaminarm	*vitaminreiche Ernährung*
vivant/pereant; a. Daumen runter, kreuzi-get ihn	*(sie sollen leben!)*
vivat/pereat; a. Daumen runter, kreuziget ihn	*(er, sie, es soll leben!)*
vivipar/ovipar; s. a. eierlegend	*(lebendgebärend)*
Viviparie/Oviparie	*(bei Tieren: das Lebendgebären)*
Vogel; s. Standvogel, Zugvogel	
Vogelmännchen/Vogelweibchen	
Vogelperspektive/Froschperspektive	*aus der Vogelperspektive (von oben)*
Vogelweibchen/Vogelmännchen	
vokal/instrumental	*(durch Gesang)*
Vokal/Konsonant; s. a. Mitlaut	*„a" ist ein Vokal*

Vokal; s. geschlossener Vokal, Hinterzun-
 genvokal, offener Vokal, palataler Vokal, velarer Vokal, Vorderzungenvokal

vokalisch/konsonantisch   *(einen Vokal betreffend)*

vokalischer Halbreim/konsonantischer   *unter einem vokalischen Halbreim ver-*
 Halbreim; s. a. unreiner Reim   *steht man eine Assonanz, also einen*
                                                Reim, bei dem die Konsonanten nach
                                                den reimenden Vokalen nicht überein-
                                                stimmen, zum Beispiel: trank/schafft

vokalisieren/konsonantieren   *(einen Konsonanten zu einem Vokal umbil-*
                                                den; Sprachwissenschaft)

Vokalist/Instrumentalist   *(Sänger im Unterschied zum Spieler eines*
                                                Musikinstrumentes)

Vokalist/Vokalistin; a. Sängerin
Vokalistin/Vokalist; a. Sänger

Vokalmusik/Instrumentalmusik   *(Musik, die von Singstimmen solistisch*
                                                oder chorisch, mit oder ohne Instrumen-
                                                talbegleitung ausgeführt wird)

Volks.../Kunst... (Substantiv)   *z. B. Volksmärchen/Kunstmärchen*

volkseigen/privat   *das war früher in der DDR ein volkseige-*
                                                ner Betrieb

Volkslied/Kunstlied   *(volkstümliches, im Volk gesungenes Lied*
                                                in Strophenform)

Volksmärchen/Kunstmärchen   *(Märchen, das im Volk entstanden und*
                                                mündlich überliefert ist)

Volksmehr/Ständemehr   *(in der Schweiz bei Volksabstimmungen*
                                                die Mehrheit der abgegebenen Stimmen
                                                der Gesamtbevölkerung)

voll/einfach   *eine volle Blüte (bei der Nelke)*
voll/halb   *mit voller Energie*
voll/hohl   *volle Wangen*
voll/leer   *ein voller Tank; ein volles Glas; ein voller*
                                                Saal; ein voller Magen; volle Kassen;
                                                der ICE war ganz voll

voll/schmal   *volle Lippen*
voll/schütter   *volles Haar*
voll/teilweise   *einen Betrieb voll automatisieren*
voll.../teil... (Adjektiv)   *z. B. vollbeschäftigt/teilbeschäftigt*
Voll.../Halb... (Substantiv)   *z. B. Vollwaise/Halbwaise*
Voll.../Teil... (Substantiv)   *z. B. Vollkasko/Teilkasko*
...voll/...los (Adjektiv)   *z. B. rücksichtsvoll/rücksichtslos*
vollautomatisch/halbautomatisch, teilauto-   *eine vollautomatische Waffe*
 matisch

vollautomatisieren/teilautomatisieren

Vollautomatisierung/Teilautomatisierung   *(völlige Automatisierung)*

Vollball/Hohlball   *(ein zum Beispiel mit Tierhaaren gefüllter*
                                                Ball)

vollbeschäftigt/teil[zeit]beschäftigt   *sie ist vollbeschäftigt*

Vollbeschäftigung/Teil[zeit]beschäftigung	*sie strebt eine Vollbeschäftigung an, nachdem sie wegen der Kinder lange Zeit eine Teilzeitbeschäftigung hatte*
Vollbild/Textabbildung	*(Abbildung, die eine ganze Seite beansprucht)*
Vollblut/Halbblut	*(reinrassig gezüchtetes Pferd)*
Vollcharter/Teilcharter	*(Wirtschaft)*
volle Kraft voraus/volle Kraft zurück	*(Seemannssprache; Kommando)*
volle Kraft zurück/volle Kraft voraus	*(Seemannssprache; Kommando)*
vollendet/unvollendet	*dieser Roman ist vollendet*
Vollendung/Beendigung	*die Vollendung einer Straftat (Rechtswesen)*
Vollform/Hohlform	*(über seine Umgebung konvex aufragendes Gelände, Hügel; Geologie)*
Vollform/Sparform	*(Sprachwissenschaft)*
Vollglatze/Teilglatze	
völlig/teilweise, zum Teil	*völlig zerstört; die Gleichberechtigung besteht völlig*
volljährig/minderjährig; s. a. minorenn	*mit 18 Jahren ist man volljährig*
Volljährigkeit/Minderjährigkeit; s. a. Minorennität	
Vollkasko/Teilkasko	*(Versicherung)*
vollkommen/unvollkommen	*kein Mensch ist vollkommen*
vollmast/halbmast	*vollmast (bis zur Spitze der Fahnenstange hochgezogen) flaggen*
Vollmatrose/Leichtmatrose	*(Seemann, der die Matrosenprüfung schon bestanden hat)*
Vollmilch/Magermilch	
Vollmilchschokolade/bittere Schokolade	
Vollmond/Halbmond, Neumond	*(Mond, wenn man ihn wie eine Scheibe sieht)*
Vollnarkose/Rückenmarksnarkose	
Vollpension/Halbpension	*Zimmer mit Vollpension*
Vollrente/Teilrente	
vollständig/unvollständig; a. inkomplett, teilweise	*die Angaben sind vollständig; die Sammlung ist vollständig*
Vollstreckungsabwehrklage/ Vollstreckungserinnerung	*(Rechtswesen)*
Vollstreckungserinnerung/ Vollstreckungsabwehrklage	*(Rechtswesen)*
Vollstreckungsverfahren/ Erkenntnisverfahren	*(Rechtswesen)*
Vollurteil/Teilurteil	*(Rechtswesen)*
Vollverb/Hilfsverb, Auxiliarverb	*„ist" ist ein Vollverb in „Gott ist"*
Vollwaise/Halbwaise	*er ist eine Vollwaise*
Vollwertversicherung/ Erstrisikoversicherung	*(Versicherungswesen)*
vollzählig/unvollzählig	*wir sind vollzählig*
Vollzeit/Teilzeit	*Arbeit für Vollzeit*

Vollzeit.../Teilzeit... (Substantiv)	*z. B. Vollzeitschule/Teilzeitschule*
Vollzeitarbeit/Teilzeitarbeit	
Vollzeitbeschäftigte[r]/ Teilzeitbeschäftigte[r]	
Vollzeitschule/Teilzeitschule	*(zum Beispiel die allgemeinbildenden Schu- len)*
Vollzugspolizei/Verwaltungspolizei	
Volum[en]prozent/Gewichtsprozent	*(auf den Rauminhalt bezogenes Prozent; Fachsprache)*
von/an	*ein Brief vom Vorstand*
von/auf; a. herauf, hinauf	*vom Tisch springen; er steigt vom Dach, von der Leiter; etwas von dem/vom Tisch nehmen; von dem/vom Baum klet- tern; er steigt vom Berg; er kommt vom Berg*
von/bis	*von heute bis morgen*
von/nach	*der ICE kommt von Hamburg und fährt nach Basel; von links nach rechts*
von/über	*Bücher von Thomas Mann*
von/zu	*er <u>kommt</u> <u>vom</u> Strand, und sie <u>geht</u> <u>zum</u> Strand; vom Zahnfleisch zum Zahn die Zähne putzen*
von Bedeutung/bedeutungslos	*diese Aussagen sind (für diesen Fall) von Bedeutung*
von Belang/ohne Belang; a. belanglos	*etwas ist von Belang*
von Bord gehen/an Bord gehen	*die Passagiere gehen von Bord*
von dannen/von hinnen	*von dannen heißt „von da weg"*
von der Seite/von vorn	*jemanden von der Seite fotografieren*
von der Stange/Maß..., nach Maß	*das ist ein Anzug von der Stange und kein Maßanzug/kein Anzug nach Maß*
von der Wiege bis zur Bahre; a. Geburt/ Tod	
voneinander/zueinander	*sich voneinander trennen*
voneinander weg/aufeinander zu	*sie bewegten sich voneinander weg*
von...her/nach...hin	*von Amerika her*
von hinnen/von dannen	*von hinnen heißt „von hier weg"*
von hinten/frontal	*er wurde von hinten angefahren*
von jetzt an/bis jetzt	*bis jetzt waren die Schwierigkeiten gering, doch von jetzt an werden sie größer*
von vorn/im Profil, von der Seite	*ein Foto von ihr von vorn*
von...weg/auf...zu	*von dem Haus weg gehen*
vor/hinter; a. dahinter	*vor der Mauer; sie sitzt vor mir; diese Er- fahrung liegt (noch) vor mir*
vor/in	*er ist vor einer Stunde angekommen, und sie wird in zwei Stunden ankommen; vor zwei Wochen ist das gemacht worden*

vor/nach	*vor dem Essen; vor dem Krieg; vor der Therapie; 10 Minuten vor zwölf; vor dem Geburtstag; vor Christi Geburt; Sie sind vor mir dran; vor jemandem ins Haus gehen*
vor/zurück	*drei Schritte vor und einen Schritt zurück; es geht nicht vor und nicht zurück*
vor.../nach...; s. a. post... (Adjektiv)	*z. B. vorweihnachtlich/nachweihnachtlich*
vor.../nach... (Verb)	*z. B. vorgehen/nachgehen (Uhr)*
vor.../rück... (Verb)	*z. B. vorverweisen/rückverweisen*
vor.../zurück... (Verb)	*z. B. sich vorbeugen/sich zurückbeugen*
Vor.../Haupt... (Substantiv)	*z. B. Vorvertrag/Hauptvertrag*
Vor.../Nach... (Substantiv)	*z. B. Vorsaison/Nachsaison*
Vor.../Rück... (Substantiv)	*z. B. Vorschau/Rückschau*
vorangestellt/nachgestellt	*vorangestellte Zusammenfassung*
vorarbeiten/nacharbeiten	*einige Stunden vorarbeiten*
Vorarbeiter/Vorarbeiterin	
Vorarbeiterin/Vorarbeiter	
voraus.../hinterher... (Verb)	*z. B. vorausfahren/hinterherfahren*
vorausdatieren/zurückdatieren	*einen Brief vorausdatieren (ein späteres Datum schreiben)*
vorausfahren/hinterherfahren	*da er den Weg wußte, ist er vorausgefahren, und die anderen sind hinterhergefahren*
vorausgehen/nachkommen	*sie geht (schon) voraus; geh du mal voraus, wir kommen (später) nach*
vorausgehend/folgend	*im vorausgehenden Text*
voraussein; s. seiner Zeit weit voraussein	
vorausweisend/rückweisend; a. anaphorisch	
Vorauszahlung/Nachzahlung	
Vorbau/Rückbau	*(Bergbau)*
Vorbeben/Nachbeben	*(ein Erdbeben ankündendes Beben)*
vorbehaltlos/mit Vorbehalt	
vorbehandeln/nachbehandeln	*ein Kleidungsstück (bei der Reinigung) vorbehandeln*
Vorbemerkung/Nachbemerkung; a. Epilog	
vorbereiten/nachbereiten	*eine Unterrichtsstunde vorbereiten*
vorbereitet/unvorbereitet	*diese Nachricht traf ihn vorbereitet*
Vorbereitung/Nachbereitung	*intensive Vor- und Nachbereitung des Unterrichts*
Vorbeter/Nachbeter	*(jemand, der die Gebete vorspricht)*
vorbeugen, sich/sich zurückbeugen	*sie beugte sich zu ihm vor und flüsterte ihm etwas ins Ohr*
Vorbörse/Nachbörse	*(Börsenwesen)*
vorbörslich/nachbörslich	
vorchristlich/nachchristlich	*(in der Zeit vor der Geburt von Christus liegend)*

vor Christus/nach Christus; s. auch: p. Chr. [n.], post Christum [natum]	*im Jahre 5 vor Christus*
vordatieren/rückdatieren, zurückdatieren, nachdatieren	*einen Brief vordatieren (ein späteres Datum schreiben)*
Vordatierung/Nachdatierung	
Vordeck/Hinterdeck	*(beim Schiff)*
vorder.../hinter...	*der vordere Eingang; die vorderen Plätze im Theater; er saß im vorderen Wagen; die vorderen Räder*
Vorder.../Hinter... (Substantiv)	*z. B. Vordergrund/Hintergrund*
Vorder.../Rück... (Substantiv)	*z. B. Vorderseite/Rückseite*
Vorderachse/Hinterachse	
Vorderansicht/Hinteransicht	*die Vorderansicht des Hauses*
Vorderausgang/Hinterausgang	
Vorderbein/Hinterbein	
Vorderbrücke/Hinterbrücke	*(Turnen)*
Vorderbrust/Hinterbrust	*(Zoologie)*
Vorderdeck/Achterdeck, Hinterdeck	*(beim Schiff)*
Vordereck/Hintereck	*(Kegeln)*
Vordereckkegel/Hintereckkegel	*(Kegeln)*
Vordereingang/Hintereingang	
Vorderfront/Hinterfront	*die Vorderfront des Hauses*
Vorderfuß/Hinterfuß	
Vordergassenkegel/Hintergassenkegel	*(Kegeln)*
Vordergaumen/Hintergaumen	
Vordergebäude/Hintergebäude	
Vordergrund/Hintergrund	*im Vordergrund des Bildes sieht man eine Gruppe zechender Männer*
Vorderhand/Hinterhand	*(beim Kartenspiel)*
Vorderhaus/Hinterhaus	*sie wohnt im Vorderhaus*
Vorderkegel/Hinterkegel	*(Kegelsport)*
Vorderkiemer/Hinterkiemer	*(Zoologie)*
Vorderlader/Hinterlader	*(alte Feuerwaffe, bei der Pulver und Blei von vorn in den Lauf geschoben werden; Waffentechnik)*
vorderlastig/hinterlastig; a. schwanzlastig	*(vorn mehr belastet als hinten; bei Schiffen, Flugzeugen)*
Vorderlinse/Hinterlinse	*(beim Fotoapparat)*
Vordermann/Hintermann	*der Vordermann in der Reihe; das ist mein Vordermann*
Vordermast/Hintermast	*der Vordermast eines Schiffes*
Vorderpausche/Hinterpausche	*(linker Haltegriff am Pferd, das in Querrichtung steht; Turnen)*
Vorderperron/Hinterperron	*(früher für: vorderer Bahnsteig)*
Vorderpfote/Hinterpfote	*die Vorderpfoten der Katze*
Vorderpranke/Hinterpranke	*die Vorderpranken des Tigers*
Vorderrad/Hinterrad	*die Vorderräder am Auto; das Vorderrad am Fahrrad*

Vorderradachse/Hinterradachse
Vorderradantrieb/Hinterradantrieb
Vorderreifen/Hinterreifen   *die Vorderreifen am Auto*
Vordersatz/Nachsatz; s. a. Apodosis   *(1. Nebensatz, der vor dem übergeordne-*
                                                  ten Satz steht, zum Beispiel: Wer zwei-
                                                  mal mit derselben pennt, gehört schon
                                                  zum Establishment; 2. Musik)
Vorderschiff/Achterschiff, Hinterschiff   *(vorderer Teil eines Schiffs)*
Vorderschinken/Hinterschinken   *(Schinken aus der Schulter des Schweins)*
Vorderschlitten/Hinterschlitten   *(Technik)*
Vorderseite/Hinterseite, Rückseite; a. Re-   *auf der Vorderseite des Blattes steht der Ti-*
  vers   *tel; die Vorderseite des Hauses*
Vordersitz/Hintersitz, Rücksitz   *auf dem Vordersitz im Auto sitzen*
Vorderspieler/Hinterspieler   *(Faustball)*
Vordersteven/Achtersteven, Hintersteven   *(vordere Begrenzung des Schiffskörpers,*
                                                  Abschlußbalken; Seemannssprache)
Vorderstübchen/Hinterstübchen
Vorderteil/Rückteil   *(beim Kleidungsstück: vorderes Teil)*
Vordertreppe/Hintertreppe
Vordertür/Hintertür   *er kam durch die Vordertür herein*
Vorderzimmer/Hinterzimmer   *(nach vorn hinaus liegendes Zimmer)*
Vorderzungenvokal/Hinterzungenvokal   *(palataler, am vorderen Gaumen gebilde-*
                                                  ter Vokal; Phonetik)
vorehelich/ehelich   *ein voreheliches (vor der Ehe gezeugtes)*
                                                  Kind
Voreid/Nacheid   *(vor der Vernehmung abgelegter Eid)*
voreingenommen/unvoreingenommen; a.   *er ist voreingenommen; er befragte sie vor-*
  objektiv   *eingenommen*
Vorerbe/Nacherbe   *(Rechtswesen)*
Vorerbschaft/Nacherbschaft   *(Rechtswesen)*
Vorfahre/Nachfahre, Nachkomme
vorfahren/nachkommen   *er fährt (schon) vor, um im Restaurant ei-*
                                                  nen Tisch zu bekommen, und wir kom-
                                                  men dann nach
vorfahren/zurückfahren   *zum Einparken ein Stückchen vorfahren;*
                                                  fahren Sie bitte einige Meter vor!
Vorgänger[in]/Nachfolger[in]   *er ist mein Vorgänger; Herr Krause ist der*
                                                  Vorgänger von Herrn Meier
vorgeburtlich/nachgeburtlich; s. a. post-
  natal
vorgehen/nachgehen   *die Uhr geht vor*
Vorgeschlecht/Folgegeschlecht   *(veraltet)*
Vorgesetzte[r]/Untergebene[r]   *sein Buch ärgert die einstigen Vorgesetzten*
                                                  und die damaligen Untergebenen
Vorgespräch/Hauptgespräch
Vorgriff/Rückgriff   *im Vorgriff auf die zukünftigen Gewinne*
Vorhand/Hinterhand   *(beim Kartenspiel, Reitsport)*
Vorhand/Rückhand; a. Backhand   *(Tennis)*

vorhanden sein/fehlen	*für den Bau des Schwimmbads ist das nötige Geld vorhanden*
vorher/hinterher; a. danach, nachdem	*vorher hat er den starken Mann markiert, hinterher – nach einem bestimmten Ereignis – war er ganz klein mit Hut; vorher weiß man noch nicht, wie es geht; vorher war sie begeistert, hinterher war sie enttäuscht*
vorher/nachher; a. danach	*kurz vorher; du kannst das doch (noch) vorher – bevor du gehst – machen/das kannst du doch auch nachher – wenn du wiedergekommen bist – noch machen*
vorhergehend/nachfolgend	*die vorhergehenden Äußerungen*
vorhersehbar/unvorhersehbar	*dieser Ausgang war vorhersehbar*
vorhinein; s. im vorhinein	
Vorhut/Nachhut	*(eine vorausgehende Gruppe)*
vorig.../dies..., nächst...	*vorige Woche war er verreist*
Vorkalkulation/Nachkalkulation	*(Wirtschaft)*
Vorkriegszeit/Nachkriegszeit	
Vorlauf/Nachlauf	*(Chemie, Technik)*
Vorlauf/Rücklauf	*(bei Kassetten)*
vorlaufen/nachkommen	*er läuft (schon) vor, und wir kommen dann später nach*
vorläufig/endgültig	*das vorläufige Tagungsprogramm; das vorläufige Wahlergebnis*
vormachen/nachmachen	*er hat ihm das vorgemacht; ich mache euch das vor, und ihr macht es mir nach*
Vormarsch/Rückzug	*die Soldaten befinden sich auf dem Vormarsch*
Vormieter[in]/Nachmieter[in]	*Frau Duske war Ihre Vormieterin*
vormittag/nachmittag	*morgen vormittag*
Vormittag/Nachmittag	*ein Konzert am Vormittag*
vormittags/abends; auch: p. m.	*um 9 Uhr vormittags*
vormittags/nachmittags; auch: p. m.	*vormittags einen Termin beim Arzt haben*
Vormittagsveranstaltung/ Abendveranstaltung; s. a. Soiree	
Vormund/Mündel	*(gesetzlicher Vertreter von Minderjährigen, die nicht unter elterlicher Sorge stehen, oder von Entmündigten)*
vorn/hinten	*vorn in der ersten Reihe sitzen; das Kleid ist vorn länger als hinten; nach vorn sehen; der Wind kam von vorn; er befindet sich vorn im Laden; das reicht hinten und vorn nicht*
vorn; s. nach vorn, nach vorn blicken, von vorn	
Vorname/Familienname, Nachname, Zuname	*sein Vorname ist Philipp*

vorne; s. vorn
vornüber/hintenüber   *vornüber fallen*
vorrangig/nachrangig   *dieses Thema ist vorrangig*
Vorratsproduktion/Auftragsfertigung
vorreformatorisch/nachreformatorisch
Vorrunde/Endrunde   *(Sport)*
vorrutschen/zurückrutschen   *einen Platz vorrutschen*
Vorsaison/Nachsaison; a. Hauptsaison   *Hotelpreise in der Vorsaison*
vorsätzlich/im Affekt   *er hat vorsätzlich gemordet*
Vorschau/Rückschau   *Vorschau auf die Themen der nächsten*
                                             Nummern der Zeitschrift

Vorschlag/Gegenvorschlag
vorschriftsgemäß/vorschriftswidrig
vorschriftsmäßig/unvorschriftsmäßig   *etwas vorschriftsmäßig tun*
vorschriftswidrig/vorschriftsgemäß
vorsichtig/unvorsichtig   *er war vorsichtig und hat nicht alles er-*
                                             zählt
vorsichtigerweise/unvorsichtigerweise   *er hat davon vorsichtigerweise nichts er-*
                                             zählt
Vorsicht ist besser als Nachsicht   *(scherzhafte Redensart)*
Vorsilbe/Nachsilbe; s. a. Suffix   *in „vertelefonieren" ist „ver-" eine Vor-*
                                             silbe
vorsingen/nachsingen   *die Lehrerin sang vor, was die Kinder*
                                             nachsingen sollten
Vorspann/Nachspann, Abspann   *(Film, Fernsehen)*
Vorspeise/Nachspeise   *eine Suppe als Vorspeise*
Vorspiel/Nachspiel   *1. Küssen, Streicheln gehören zum sexuel-*
                                             len Vorspiel; 2. (Musik); 3. (Theater)
vorsprechen/nachsprechen   *die Lehrerin sprach vor, die Schüler spra-*
                                             chen es nach
vorspringendes Kinn/fliehendes Kinn   *der Rennfahrer hat ein vorspringendes*
                                             Kinn
Vorsprung/Rückstand   *er hatte einen großen Vorsprung*
vorspulen/zurückspulen   *eine Kassette vorspulen*
vorstellbar/unvorstellbar   *das, was er sagte, war vorstellbar*
vorstellen/nachstellen, zurückstellen   *die Uhr [um] eine Stunde vorstellen (bei*
                                             Beginn der Sommerzeit)
Vorteil/Nachteil; s. a. Malus, Minus   *materielle Vorteile; das ist der Vorteil die-*
                                             ses Verfahrens; das hat den Vorteil,
                                             daß…
vorteilhaft/unvorteilhaft   *das Angebot ist (recht) vorteilhaft*
vortreten/zurücktreten   *aus einer Reihe vortreten; aus dem Glied*
                                             vortreten
vorübergehend/dauernd   *er ist (nur) vorübergehend zu Hause*
vorübergehend/ständig   *das sind nur vorübergehende Einschrän-*
                                             kungen

Vorverkauf; s. im Vorverkauf
Vorvertrag/Hauptvertrag

Vorverweis/Rückverweis
vorverweisen/rückverweisen
vorwärts/rückwärts

drei Schritte vorwärts; vorwärts — nach vorn — gehen, fahren; eine Rolle vorwärts

Vorwärtsgang/Rückwärtsgang

(Gang zum Vorwärtsfahren beim Auto)

Vorwärtssprung/Rückwärtssprung

(Wassersport)

vorweihnachtlich/nachweihnachtlich
Vorwort/Nachwort; s. a. Epilog
Vorzeitform/Jetztzeitform

(Geologie)

Vorzeitigkeit/Nachzeitigkeit

Vorzeitigkeit liegt vor, wenn die Handlung des Nebensatzes/Gliedsatzes vor der des Hauptsatzes liegt, zum Beispiel: wenn du mit deiner Arbeit fertig bist, zeige sie mir bitte; als das gute Wahlergebnis feststand, jubelten die Grünen (Sprachwissenschaft)

vorziehen/zurückschieben

den Tisch (aus der Ecke) vorziehen

vorziehen/zurückziehen

die Gardinen vorziehen

Votze; s. Fotze
Vulva/Penis; s. a. Penis/Vagina

der Penis ist das <u>männliche</u> äußere Geschlechtsorgan, und die Vulva (Scham, Pudendum femininum) ist das <u>weibliche</u> äußere Geschlechtsorgan mit Schamhügel, Schamlippen, Klitoris, Scheidenvorhof

W

waagerecht/senkrecht; a. vertikal	*ein waagerechter Strich*
Waagerechte, die/die Senkrechte	*(Mathematik)*
waagrecht; s. waagerecht	
Waagrechte, die; s. Waagerechte	
wachen/schlafen	*er mußte (beim Kranken) wachen, ich durfte schlafen*
wach sein/schlafen	*er ist (noch) wach, aber sie schläft (schon); sie ist (schon) wach, doch er schläft (noch)*
wachstumsfördernd/wachstumshemmend	
wachstumshemmend/wachstumsfördernd	
wackeln/fest stehen	*die Leiter wackelt*
Waffen; s. ABC-Waffen, Atomwaffen, konventionelle Waffen	
Wagen; s. Gebrauchtwagen, Neuwagen	
Wahl; s. direkte Wahl, indirekte Wahl	
Wählende[r]/Gewählte[r]	
Wähler/Wählerin	
Wählerin/Wähler	
Wähler[in]; s. Stammwähler[in], Wechselwähler[in]	
Wählerpartei/Mitgliederpartei	*(Partei, deren Macht vor allem von der Zahl ihrer Wähler abhängt; Politik)*
Wahlfach/Pflichtfach	*Chemie ist in der Schule ein Wahlfach*
Wahlfreund/Blutsfreund	*(veraltet für: erwählter Freund)*
Wahlgewinner/Wahlverlierer	*(Gewinner bei der Wahl)*
Wahlgrab/Reihengrab	*ein Wahlgrab − die von den Angehörigen selbst gewählte Grabstelle − ist teurer als ein Reihengrab*
Wahlkaisertum/Erbkaisertum	
Wahlkönigtum/Erbkönigtum	
Wahlleistung/Regelleistung	*Wahlleistung bei der Zahnarztbehandlung*
Wahlniederlage/Wahlsieg	
Wahlrecht; s. aktives Wahlrecht, passives Wahlrecht	
Wahlsieg/Wahlniederlage	
Wahlverlierer/Wahlgewinner	*(Verlierer bei einer Wahl)*
Wahlverteidiger/Pflichtverteidiger, Offizialverteidiger	*(Rechtswesen)*
wahr/falsch	*eine wahre Aussage*
wahr/unwahr	*eine wahre Geschichte*
wahren/verletzen	*den Anstand wahren*

wahren; s. das Gesicht wahren
Wahrheit/Dichtung

was ist Dichtung, was Wahrheit?; Goethes Dichtung und Wahrheit

Wahrheit/Unwahrheit

zwischen Wahrheit und Unwahrheit kann man nicht mehr unterscheiden; die Wahrheit sagen

Wahrheit; s. das ist die Wahrheit, die Wahrheit sagen, in Wahrheit
wahrheitsgemäß/wahrheitswidrig
wahrheitswidrig/wahrheitsgemäß
wahrscheinlich/unwahrscheinlich

ein gutes Ergebnis ist wahrscheinlich; etwas für wahrscheinlich halten; es ist wahrscheinlich, daß sie kommt

Währung; s. harte Währung, weiche Währung
Wald; s. Laubwald, Nadelwald
Wallach/Hengst; a. Stute

ein Wallach ist kastriert, ein Hengst nicht

Wallone/Flame

Wallonen sind Nachkommen romanisierter Kelten in Belgien

Wallonien/Flandern

Wallonien ist der südliche Landesteil Belgiens mit dem <u>französischen</u> Sprachgebiet

wallonisch/flämisch

die wallonische Mundart ist eine von den Wallonen gesprochene französische Mundart

WAN/LAN

(wide area network)

Wandelschuldverschreibung/ Gewinnschuldverschreibung

(Wirtschaft)

Wandelstern/Fixstern

ein Wandelstern ist ein Planet, ein nicht selbst leuchtender Himmelskörper

Wanderausstellung/Dauerausstellung

(Ausstellung, die an verschiedenen Orten nacheinander gezeigt wird)

Wanderer/Wanderin
Wanderin/Wanderer
Wange; s. blasse Wangen, rote Wangen
Warenausgang/Wareneingang

(Kaufmannssprache)

Wareneingang/Warenausgang

(Kaufmannssprache)

Warenexport/Warenimport
Warenimport/Warenexport
warm/kalt

warmes und kaltes Wasser; warme Hände haben; warmes Buffet; das Essen ist noch warm; mir ist warm; die warme Jahreszeit; warme Miete (mit Heizung)

Warmblut/Kaltblut

(Pferderasse, die als Reitpferd oder als Wagenpferd eingesetzt wird)

Warmblüter/Kaltblüter, Wechselwarmblüter

(Tier, dessen Körpertemperatur immer fast gleich bleibt; bei Säugetieren und Vögeln)

Warmbrüter/Kaltbrüter

(Tier, dessen Fortpflanzung in der warmen Jahreszeit geschieht)

Wärme/Kälte

5 Grad Wärme; übertragen: die Wärme ihrer Stimme

Wärmeabgabe/Wärmeaufnahme
Wärmeaufnahme/Wärmeabgabe
Wärmegrad/Kältegrad   (Grad über dem Gefrierpunkt)
Wärmepol/Kältepol
Wärmepunkt/Kältepunkt   (auf der Haut)
wärmer/kälter   gestern war es wärmer als heute; in wär-
                                            meren Gebieten lebt es sich angenehmer
Wärmerezeptor/Kälterezeptor   (auf der Haut)
Wärmesinn/Kältesinn   (Physiologie)
Warmfront/Kaltfront   (Meteorologie)
Warmluft/Kaltluft   (Meteorologie)
Warmstart/Kaltstart   (EDV)
Warmwasser/Kaltwasser
Warmwasserhahn/Kaltwasserhahn
Warmzeit/Kaltzeit, Eiszeit   (Geologie)
Warschauer Pakt/NATO   (historisch)
Wärter/Wärterin
Wärterin/Wärter
Wasser/Land   auf hoher See war ringsum nur Wasser
                                            und nirgends Land zu sehen

Wasser/Luft   die Temperaturen: Wasser 18°, Luft 22°
Wasser; s. juveniles Wasser, Salzwasser,
    Süßwasser, vadoses Wasser, wie Feuer
    und Wasser, zu Wasser
wasserabstoßend/wasseranziehend
wasserabweisend/wasseranziehend
wasseranziehend/wasserabstoßend, wasser-   (hygroskopisch)
    abweisend
wasserarm/wasserreich   ein wasserarmes Gebiet
wasserdicht/wasserdurchlässig
wasserdurchlässig/wasserdicht
Wasserfarbe/Ölfarbe   das Bild mit Wasserfarben malen
Wasserglasur/Fettglasur
Wasserkühlung/Luftkühlung   (Abführung von Wärme durch Wasser;
                                            Technik)
wasserlöslich/fettlöslich   wasserlösliche Gleitcreme; wasserlösliche
                                            Vitamine wie B1, B2, B6, B12, Biotin,
                                            Nikotinsäure, Panthotensäure, Folsäure;
                                            Vitamin C ist wasserlöslich
wasserlöslich/wasserunlöslich   wasserlösliches Pulver
wasserreich/wasserarm   ein wasserreiches Gebiet
Wassertemperatur/Lufttemperatur   die Wassertemperatur (der Nordsee) ist
                                            (nur) 16 Grad
wasserunlöslich/wasserlöslich   wasserunlösliches Pulver
Wasserweg/Landweg, Luftweg   auf dem Wasserweg Waren befördern
Wechselstrom/Gleichstrom   (Elektrizität)
Wechselwähler[in]/Stammwähler[in]   (jemand, der nicht immer die gleiche Par-
                                            tei wählt)

Wechselwarmblüter/Warmblüter	*(Tier, dessen Körpertemperatur von der Temperatur seiner Umgebung abhängt; Kaltblüter)*
Wechselwild/Standwild	*(Wild, das von einem Revier ins andere wechselt)*
wecken/schlafen lassen	*du mußt ihn wecken und kannst ihn nicht länger schlafen lassen*
weder ein noch aus wissen	*(ratlos sein)*
weder Fisch noch Fleisch	*(weder charakteristisch für das eine noch für das andere)*
weg/her	*weg mit den Sachen!*
weg/ran	*weg von der Wand!*
Weg; s. den Weg abkürzen, Hinweg, Rückweg	
weg.../her... (Verb)	*z. B. wegbringen/herbringen*
weg.../heran... (Verben mit gleichem Basiswort)	*z. B. weggehen von/herangehen an*
weg.../heran... (Verben mit nicht gleichem Basiswort)	*z. B. wegschieben/heranziehen*
weg.../hin... (Verb)	*z. B. sich wegbewegen/sich hinbewegen*
weg.../zu... (Verb)	*z. B. sich wegbewegen von.../sich zubewegen auf...*
wegbewegen, sich von etwas, jemandem/ sich hinbewegen zu etwas, jemandem; sich zubewegen auf etwas, jemanden	*er bewegt sich weg von mir und hin zu ihm/auf ihn zu*
wegbringen/herbringen	*er bringt das weg (vom Sprecher woandershin)*
weggehen/dableiben	*sie wollte weggehen, aber er wollte noch dableiben*
weggehen/herkommen	*er geht weg (vom Sprecher woandershin)*
weggehen von/herangehen an	*von dem Zaun weggehen*
weggehen von/hingehen zu	*er geht von mir weg und zu ihr hin*
weggehen von/kommen zu	*er geht von ihm weg und kommt zu mir*
weghören/hinhören	*er hört weg, wenn er etwas machen soll*
wegnehmen/wiedergeben	*jemandem den Führerschein wegnehmen*
wegräumen/stehenlassen	*das Geschirr nach der Party wegräumen*
wegschauen/hinschauen	*er schaute prüde weg*
wegschieben/heranschieben	*ich schiebe den Stuhl von mir weg, und er schiebt den Stuhl wieder zur mir heran*
wegschieben/heranziehen	*den Stuhl wegschieben von mir und dann wieder heranziehen zu mir (1 Standort)*
wegsehen/hinsehen	*sie sah schamhaft weg*
weg sein/dasein	*sie ist (schon) weg*
wegstellen/stehenlassen	*das Geschirr wegstellen*
wegtreten/antreten	*er ließ die Kompanie (wieder) wegtreten*
weg von/hin zu	*weg von der Unfallstelle!*
wegwerfen/aufheben	*alte Zeitschriften wegwerfen*
Wegwerfflasche/Pfandflasche; s. a. Mehrwegflasche	
wegziehen/herziehen	*die Familie Krause ist weggezogen*

wehe/wohl	*jedem wohl und keinem wehe*
Wehe; s. Wohl	
wehrdiensttauglich/wehrdienstuntauglich	*er ist wehrdiensttauglich*
wehrdienstuntauglich/wehrdiensttauglich	*er ist wehrdienstuntauglich*
Wehrgerechtigkeit/Wehrungerechtigkeit	*(Gleichbehandlung aller Wehrpflichtigen, vor allem hinsichtlich der nicht Eingezogenen des gleichen Jahrgangs)*
Wehrpflicht/Berufsarmee	*in diesem Land gibt es eine Wehrpflicht; die Wehrpflicht aufgeben und eine Berufsarmee aufstellen*
Wehrungerechtigkeit/Wehrgerechtigkeit	*(Ungleichbehandlung von Wehrpflichtigen, vor allem hinsichtlich der nicht Eingezogenen des gleichen Jahrgangs)*
Weib/Mann	*das 1914 erschienene Buch von Magnus Hirschfeld trug den Titel: „Die Homosexualität des Mannes und des Weibes" („Weib" veraltet für „Frau")*
Weibchen/Männchen	*das Weibchen (das weibliche Tier) kommt angeflogen*
...weibchen/...männchen (Substantiv)	*z. B. Vogelweibchen/Vogelmännchen*
weibisch/männlich; s. a. maskulin	*er sieht in diesem Aufzug weibisch aus (abwertend)*
Weiblein/Männlein	*ein altes Weiblein saß auf der Bank*
weiblich/männlich; s. a. maskulin; a. android	*1. eine weibliche Person; die weibliche Bevölkerung; weibliche Tiere; weibliche Blüten; weibliche Hormone; 2. weibliche Substantive wie „die Kanne", „die Lampe"; „die" ist der weibliche Artikel (Grammatik)*
weibliche Eizelle/männliche Samenzelle; s. a. Spermium	
weiblicher Reim/männlicher Reim; s. a. stumpfer Reim	*(reimende zweisilbige Wörter, zum Beispiel: Torte/Worte, dachte/machte)*
weibstoll/mannstoll	*er ist weibstoll*
Weibstollheit/Mannstollheit; s. a. Nymphomanie	
weibweiblich/mannmännlich; s. a. schwul	*(veraltet für: lesbisch) die weibweibliche Liebe*
weich/fest	*der Kranke bekommt weiche Nahrung*
weich/hart	*weiches Leder; ein weicher Bleistift; ein weich gekochtes Ei; übertragen: weiche Landung; Haschisch ist eine weiche Droge; ein weicher Akzent; sie hat so lange gebettelt, bis er schließlich weich geworden ist (nachgegeben hat)*
weicher Kragen/steifer Kragen	*(nicht gestärkter Kragen am Oberhemd)*
weiches Wasser/hartes Wasser	*(nur gering kalkhaltiges Wasser)*
weiche Währung/harte Währung	*(keine stabile Währung)*
Weichfutter/Hartfutter	*(zum Beispiel Kleie, Kartoffeln bei der Tierfütterung)*

Weichgummi/Hartgummi

Weichholz/Hartholz   *Nadelhölzer sind Weichhölzer*

weichlöten/hartlöten   *Weichlöten in Trinkwasserinstallationen*

Weichpackung/Hartpackung

Weichporzellan/Hartporzellan

Weihnachten; s. grüne Weihnachten, weiße
   Weihnachten

Wein; s. Flaschenwein, offener Wein, Rot-
   wein, Weißwein

weinen/lachen   *sie weint selten, aber sie lacht oft; mit ei-*
                                          nem lachenden und einem weinenden
                                          Auge

weise/töricht   *es war weise von ihm, das so zu tun*

Weiser/Tor   *ein Tor kann mehr fragen, als zehn Weise*
                                          beantworten können

weiß/farbig, schwarz   *die weiße Bevölkerung Südafrikas; weiße*
                                          Frauen und schwarze Frauen − er
                                          liebte beide

weiß/rot   *weißer Wein*

Weißbrot/Schwarzbrot   *(aus Weizenmehl hergestelltes Brot)*

weiße Blutkörperchen/rote Blutkörper-   *(kernhaltige, farblose Blutzellen)*
   chen; s. a. Erythrozyt

Weißei/Gelbei; s. a. Eigelb

Weiße[r]/ Farbige[r], Schwarze[r]   *Weiße und Farbige leben friedlich zu-*
                                          sammen

weißer Bruch/schwarzer Bruch   *(Weinbau)*

weißer Kreis/schwarzer Kreis   *(Landkreis, in dem die Preisbindung für*
                                          Mieten aufgehoben ist; in der Zeit nach
                                          dem Zweiten Weltkrieg in der alten
                                          Bundesrepublik)

weißer Mann/Rothaut   *(Europäer)*

weißer Terror/roter Terror   *(die Konterrevolution)*

weiße Substanz/graue Substanz   *(Anatomie)*

weiße Wäsche/Buntwäsche

weiße Weihnachten/grüne Weihnachten   *(Weihnachten mit Schnee)*

Weißgold/Gelbgold   *(legiertes Gold, das für Schmuck verarbei-*
                                          tet wird)

Weißkragenarbeit/Blaukragenarbeit   *(Angestellten-, Beamtenarbeit)*

Weißwäsche/Buntwäsche   *(weiße [Koch]wäsche)*

Weißwein/Rotwein   *er trinkt gern Weißwein*

Weisung; s. allgemeine Weisung

weit/eng   *ein weiter Rock; weite Hosen; weite Gren-*
                                          zen; übertragen: er hat einen weiten Ho-
                                          rizont

weit/nah   *die Berge sind (noch) weit; ein Haus weit*
                                          von der Stadt (entfernt)

weite Lage/enge Lage   *(Musik)*

weitergehen/stehenbleiben   *er ging weiter; bitte weitergehen und nicht*
                                          stehenbleiben

weitermachen/aufhören	*er will weitermachen und nicht aufhören*
weitermachen/unterbrechen	*wir machen (jetzt wieder) weiter*
weitherzig/engherzig	*eine weitherzige Auslegung des Paragraphen*
weitmaschig/engmaschig	*ein weitmaschiges Netz*
weitsichtig/kurzsichtig; s. a. myop	*sie ist weitsichtig und braucht eine Brille; übertragen: das ist weitsichtig gehandelt*
Weitsichtigkeit/Kurzsichtigkeit; s. a. Myopie	
Weitverkehrsnetz/lokales Netz	*(Kommunikationstechnik)*
weit weg von/nahe bei	*sie wohnt weit weg von ihm*
Weizen/Spreu	*die Spreu vom Weizen trennen*
Wellenberg/Wellental	*(oberster Teil einer Welle)*
Wellenstrahlen/Korpuskularstrahlen	*(Physik)*
Wellental/Wellenberg	*(tiefste Stelle zwischen zwei Wellen)*
welliges Haar/glattes Haar	
Welt; s. die Alte Welt, die Neue Welt	
weltabgewandt/weltzugewandt	
Weltgeistlicher/Ordensgeistlicher	
weltlich/geistlich	*ein weltliches Amt; weltlicher Besitz; weltliche Musik, Lyrik; weltliche Lieder*
weltlich/kirchlich	*weltliche soziale und kirchliche soziale Institutionen*
weltmännisch/provinziell	*sein Auftreten ist weltmännisch*
Weltpriester/Ordenspriester	
weltstädtisch/provinziell	*er fand Berlin weltstädtisch*
weltzugewandt/weltabgewandt	*sie ist weltzugewandt*
Wende/Halse	*(beim Segeln)*
wenden/halsen	*(beim Segeln: mit dem Bug durch den Wind drehen)*
Wenfall/Werfall; s. a. erster Fall, Nominativ	
wenig/viel	*wenig Geld, Zeit haben; wenig trinken; wenig erlebt haben*
wenige/viele	*(nur) wenige waren gekommen*
weniger/besonders	*diese Farbe ist weniger (nicht so) lichtempfindlich*
weniger/mehr	*er verdient weniger als sie; weniger Staat, mehr Eigenverantwortung*
weniger/und	*fünf weniger vier ist eins*
wenigsten; s. am wenigsten	
wenigstens/höchstens	*er verreist wenigstens 8 Tage*
... werden; in Verbindung mit Partizip II = Passiv/... Infinitiv = Aktiv; s. a. .../ ... lassen	*z. B. verführt werden/verführen; eingeladen werden/einladen; die Täter wissen bald auch nicht mehr, ob sie handeln oder gehandelt werden*
... werden/... bleiben; s. a. ... bleiben/ un... werden	*z. B. untreu werden/treu bleiben; alt werden/jung bleiben; Nichtraucher werden/ Raucher bleiben*

... werden; in Verbindung mit Part. II/ un... bleiben	z. B. erwähnt werden/unerwähnt bleiben
Werden und Vergehen	das Werden und Vergehen; zwischen Werden und Vergehen
Werfall/Wenfall; s. a. Akkusativ, vierter Fall	
werfen in/holen aus	etwas in die Tonne werfen
Werktag/Feiertag, Sonntag	der Zug verkehrt nur an Werktagen
werktags/sonntags	der Zug verkehrt nur werktags
Wert/Unwert	sich über Wert oder Unwert von etwas unterhalten
Wert; s. Einheitswert, Kurswert, Nennwert, Verkehrswert	
Werther und Lotte	(Liebespaar in Goethes „Werther")
wertlos/wertvoll	wertloser Schmuck; ein wertloser Hinweis
wertvoll/wertlos	wertvoller Schmuck; ein wertvoller Hinweis
Wertzoll/Gewichtszoll	(Zoll, der dem Wert der Ware entspricht)
wesentlich/unwesentlich	ein wesentlicher Vorteil; eine wesentliche Verbesserung
Wessi/Ossi; s. a. Ostler	(umgangssprachlich für: Westdeutscher; Person, die aus der alten Bundesrepublik – vor der Wiedervereinigung – stammt)
West/Ost	
West.../Ost... (Substantiv)	z. B. Westkontakte/Ostkontakte
Westdeutschland/Ostdeutschland; s. a. DDR, neue Bundesländer	
Westen/Osten	der Wind kommt aus Westen; übertragen: die Bevölkerung im Westen (als politischer Begriff)
westindisch/ostindisch	
Westkontakte/Ostkontakte	
Westler/Ostler; s. a. Ossi	(jemand aus dem Westen der Bundesrepublik; politisch)
westlich/östlich (Adjektiv)	westliche Winde; übertragen: westliche Denkweisen (politisch)
westlich/östlich (Präposition, Adverb)	westlich des Flusses; westlich vom Rhein
Whigs/Tories	(Angehörige einer englischen Partei, die die Opposition zu den konservativen Tories bildet; spätere Liberale; historisch)
wichtig/unwichtig	wichtige Dinge, Details; eine wichtige Mitteilung; Geld ist dabei wichtig
Widder/Hammel, Schöps	(nicht kastriertes männliches Schaf)
Widder/Schaf	(männliches Schaf)
Wider; s. das Für und Wider	
Widerdruck/Schöndruck	(das Bedrucken der Rückseite eines Druckbogens; Buchdruck)
widerlegen/beweisen	etwas widerlegen

widernatürlich/natürlich

widersetzen, sich/folgen

widersprechen/zustimmen

Widerstand; s. aktiver Widerstand, passiver Widerstand

Widerstandskämpfer/
   Widerstandskämpferin

Widerstandskämpferin/
   Widerstandskämpfer

widrig; s. verfassungswidrig

...widrig/...gemäß (Adjektiv)

...widrig/...gerecht (Adjektiv)

...widrig/...mäßig (Adjektiv)

wieder; s. schon wieder

wiederaufbauen/zerstören

wieder auf den Damm kommen/nicht auf
   dem Damm sein

wieder aufgreifen/fallenlassen

Wiederaufnahme/Unterbrechung

wiederaufnehmen/abbrechen

wieder aufnehmen/einstellen

wiederfinden/verlieren

Wiedergabe/Aufnahme

wiedergeben/wegnehmen

wie der Herr, so's Gescherr

Wiederholungstäter/Ersttäter

Wiedersehen/Abschied

wieder zu sich kommen/ohnmächtig
   werden

wie Feuer und Wasser

Wiege; s. von der Wiege bis zur Bahre

wild/gezüchtet

wild/zahm

wild wachsende Pflanze/Kulturpflanze

willensschwach/willensstark

Willensschwäche/Willensstärke

willensstark/willensschwach

Willensstärke/Willensschwäche

willig; s. der Geist ist willig

---

widernatürliches Geschlechtsempfinden

er widersetzte sich ihren Anweisungen

*dem Gesagten widersprechen; er hat ihm
widersprochen*

z. B. ordnungswidrig/ordnungsgemäß

z. B. verkehrswidrig/verkehrsgerecht

z. B. gesetzwidrig/gesetzmäßig

eine zerstörte Stadt wiederaufbauen
(wieder gesund werden)

ein Thema (wieder) aufgreifen

die Wiederaufnahme der Verhandlungen

Kontakte wiederaufnehmen

die Produktion wieder aufnehmen

ich habe den verlorenen Handschuh wiedergefunden

*ein Gerät zur Aufnahme und Wiedergabe
gesprochener Texte*

jemandem den Ausweis wiedergeben

*(die negativen Eigenschaften, die man
beim Vorgesetzten o. ä. findet, finden
sich auch bei den von ihm Abhängenden; Redewendung)*

*(jemand, der wiederholt in der gleichen Sache
straffällig geworden ist)*

*beim Abschied sich aufs Wiedersehen
freuen*

*die beiden sind seit Jahren schon wie
Feuer und Wasser (sind gegensätzlich in
Ansichten, Zielen usw.)*

wilde Erdbeeren

wilde Tiere; ein wilder Bär

(Botanik)

sie ist willensschwach

sie ist willensstark

...willig/...unwillig (Adjektiv)	z. B. zahlungswillig/zahlungsunwillig
windig/windstill	heute ist es (recht) windig
Windschatten/Windseite; a. Luv	im Windschatten
Windseite/Windschatten; a. Lee	auf der Windseite
windstill/windig	heute ist es windstill
Winkel; s. spitzer Winkel, stumpfer Winkel	
Winnertyp/Loser	(Mann mit Erfolg durch Charme)
Winter/Sommer	ein Mantel für den Winter
Winter.../Sommer... (Substantiv)	z. B. Wintermantel/Sommermantel
Winteranzug/Sommeranzug	
Winterbiwak/Sommerbiwak	
Winterei/Sommerei; s. a. Subitanei	(Dauerei; Zoologie)
Winterfahrplan/Sommerfahrplan	der Winterfahrplan der Bundesbahn
Winterfeder/Sommerfeder	(Winterhaar beim Schwarzwild)
Winterhaar/Sommerhaar	(Fell des Haarwilds im Winter)
Winterhalbjahr/Sommerhalbjahr	
Wintermantel/Sommermantel	
Wintermode/Sommermode	
Winterolympiade/Sommerolympiade	
Winterreifen/Sommerreifen	die Winterreifen aufziehen
winters/sommers	sommers wie winters machte er seine Spaziergänge im Park
Wintersaat/Sommersaat	
Wintersachen/Sommersachen	im Frühjahr die Wintersachen zur Reinigung bringen
Winterschäle/Sommerschäle	(Jagdwesen)
Winterschlußverkauf/ Sommerschlußverkauf	der Winterschlußverkauf mit den herabgesetzten Preisen für Wintersachen beginnt Ende Januar
Wintersemester/Sommersemester	die Vorlesungen im Wintersemester
Wintersonnenwende/Sommersonnenwende	Wintersonnenwende ist am 22. Dezember, Winteranfang
Winterurlaub/Sommerurlaub	der Winterurlaub wird von den Ärzten empfohlen
Winterzeit/Sommerzeit	die Uhr auf Winterzeit umstellen (wieder eine Stunde zurückstellen, so daß die Zeit dann der tatsächlichen entspricht)
winzig/riesig	eine winzige Torte
Wirbellose/Wirbeltiere; s. a. Vertebraten	(Tiere ohne Wirbelsäule)
Wirbeltiere/Wirbellose; s. a. Evertebraten, Invertebraten	
Wirklichkeit/Utopie, Illusion	dieser Plan kann Wirklichkeit werden oder Utopie bleiben
wirklichkeitsfern/wirklichkeitsnah	
Wirklichkeitsform/Möglichkeitsform; s. a. Konjunktiv	„kommt" ist in „wenn er kommt" eine Wirklichkeitsform
wirklichkeitsnah/wirklichkeitsfern	

wirksam/unwirksam   *ein wirksames Mittel gegen Gicht*
Wirkung/Ursache   *kleine Ursachen, große Wirkungen; zwi-*
                                     schen Wirkung und Ursache unter-
                                     scheiden

Wirkung; s. deklaratorische Wirkung, kon-
stitutive Wirkung
Wirkung zeigen/abprallen   *die Vorwürfe zeigten bei ihm Wirkung*
Wirt/Gast   *der Wirt begrüßte die Gäste in seinem*
                                     Lokal

Wirt/Wirtin   *der Wirt und die Wirtin standen hinter*
                                     dem Tresen
Wirtin/Wirt   *der Wirt und die Wirtin standen hinter*
                                     dem Tresen

Wirtschaft; s. Geldwirtschaft, Marktwirt-
schaft, Naturalwirtschaft, Planwirt-
schaft
wirtschaftlich/unwirtschaftlich; a. unöko-   *diese Methode ist recht wirtschaftlich (gün-*
nomisch   *stig, sparsam hinsichtlich der Aufwen-*
                                     dungen)

wirtschaftlicher Verein/Idealverein   *(Rechtswesen)*
Wirtspflanze/Gastpflanze   *(Pflanze als „Wirt" eines Parasiten; Biolo-*
                                     gie)

Wirtstier/Gasttier   *(Tier als „Wirt" eines Parasiten; Biologie)*
wissen/glauben   *das glaube ich nicht, das weiß ich*
wissen; s. nicht ein noch aus wissen
Wissende[r]/Unwissende[r]
Wissenschaft; s. Geisteswissenschaft, Na-
turwissenschaft
wissenschaftlich/populärwissenschaftlich   *sie schreibt wissenschaftliche und populär-*
                                     wissenschaftliche Artikel

wissenschaftlich/unwissenschaftlich   *eine wissenschaftliche Methode*
wissentlich/unwissentlich   *er hat wissentlich die Unwahrheit gesagt*
Witfrau/Witmann; s. a. Witwer   *(schweizerisch)*
Witmann/Witfrau; s. a. Witwe   *(schweizerisch)*
Witwe/Witwer; s. a. Witmann   *es wird Trost für die Witwen und Waisen*
                                     erbeten — und für die Witwer?

Witwer/Witwe; s. a. Witfrau   *es wird Trost für die Witwen und Waisen*
                                     erbeten — und für die Witwer?

Wochentag/Feiertag, Sonntag   *sein Geburtstag fällt dieses Jahr auf einen*
                                     Wochentag

wochentags/sonntags
wofür/wogegen   *wofür oder wogegen hat er sich denn enga-*
                                     giert?

wogegen/wofür   *wofür oder wogegen hat er sich denn enga-*
                                     giert?

woher/wohin   *woher kommst du, und wohin gehst du?*
wohin/woher   *woher kommst du, und wohin gehst du?*
wohinein/woraus   *wohinein willst du es stecken?*

wohl/übel	*etwas steht jemandem wohl an; wohl oder übel (notgedrungen) in den Vorschlag einwilligen; das Geld wohl oder übel lockermachen*
wohl/unwohl	*mir ist wohl bei dem Gedanken*
wohl/wehe	*jedem wohl und keinem wehe – das geht nicht*
wohlgesinnt/übelgesinnt	*wohlgesinnte Nachbarn*
wohlriechend/übelriechend	
Wohl und Wehe	*sein Wohl und Wehe hängt von dieser Entscheidung ab*
wohlwollend/übelwollend	*eine wohlwollende Kritik*
Wohnhaus/Geschäftshaus	*das sind alles Wohnhäuser und keine Geschäftshäuser*
wohnlich/unwohnlich	*es sieht sehr wohnlich aus*
Wohnräume/Geschäftsräume	*das sind alles Wohnräume und keine Geschäftsräume*
Wohnungsbau; s. freifinanzierter Wohnungsbau, sozialer Wohnungsbau	
Wohnviertel/Geschäftsviertel	*(Viertel, Stadtteil, in dem man wohnt im Unterschied zum Geschäftsviertel, in dem sich vor allem Geschäfte befinden)*
wolkenlos/bedeckt, bewölkt	*ein wolkenloser Himmel*
wollen/müssen	*die Tochter wollte studieren, der Sohn mußte studieren; der Mann sagt „Ich will", die Frau sagt „Er will"*
Woofer/Tweeter	*(Tieftonlautsprecher an elektroakustischen Anlagen)*
woraus/worein, wohinein	*woraus willst du es nehmen?*
worein/woraus	*worein willst du es stecken?*
Wort; s. Begriffswort, deutsches Wort, Fahnenwort, Feindwort, Fremdwort, Funktionswort, indigenes Wort, in Worten, jemandem das Wort erteilen, jemandem das Wort entziehen	
Wortanfang/Wortende	*der Buchstabe t am Wortanfang in Tasche*
Wortende/Wortanfang	*der Buchstabe t am Wortende in Mut*
Wörterbuch; s. Herwörterbuch, Hinwörterbuch	
Wortschatz; s. aktiver Wortschatz, passiver Wortschatz	
Wuchs; s. Großwuchs, Kleinwuchs, Riesenwuchs, Zwergwuchs	
Wunschgegner/Angstgegner	*(beim Sportwettkampf: jemand, den man sich aus irgendeinem Grunde von allen möglichen Gegnern als Gegner wünscht)*
würdig/unwürdig	*würdig untergehen; des Vertrauens würdig sein*
...würdig/...unwürdig (Adjektiv)	*z. B. kreditwürdig/kreditunwürdig*

X

x-Achse/y-Achse	*(Mathematik)*
X-Chromosom/Y-Chromosom	*(für das weibliche Geschlecht)*
xeno.../idio... (vor fremdsprachlicher Basis; Adjektiv)	*(mit der Bedeutung: fremd) z. B. xenomorph/idiomorph*
Xenoblast/Idioblast	*(Mineralogie)*
xenoblastisch/idioblastisch	*(Mineralogie)*
xenomorph/idiomorph	*(Geologie)*
xenophil/xenophob; s. a. fremdenfeindlich	*(fremdenfreundlich)*
Xenophilie/Xenophobie; s. a. Fremdenfeindlichkeit	*(fremdenfreundliche Einstellung)*
xenophob/xenophil; s. a. fremdenfreundlich	*(fremdenfeindlich)*
Xenophobie/Xenophilie; s. a. Fremdenfreundlichkeit	*(Fremdenfeindlichkeit)*
xero.../hygro... (vor fremdsprachlicher Basis; Adjektiv)	*(mit der Bedeutung: trocken) z. B. xerophil/hygrophil*
Xero.../Hygro... (vor fremdsprachlicher Basis; Substantiv)	*(mit der Bedeutung: Trockenheits-) z. B. Xerophilie/Hygrophilie*
Xerogel/Lyogel	*(flüssigkeitsarmes Gel; Chemie)*
xerophil/hygrophil	*(von Pflanzen, Tieren: einen trockenen Standort liebend)*
Xerophilie/Hygrophilie	*(Vorliebe von bestimmten Pflanzen, Tieren für einen trockenen Standort)*
Xerophyt/Hygrophyt	*(Pflanze, die Trockenheit liebt)*

Y

y-Achse/x-Achse	*(Mathematik)*
Yang/Yin; a. Frau, Vagina	*Yang ist die männliche Urkraft, das schöpferische Prinzip (chinesisch)*
Y-Chromosom/X-Chromosom	*(für das männliche Geschlecht)*
Yin/Yang; a. Mann, Penis	*Yin ist die weibliche Urkraft, das empfangende Prinzip (chinesisch)*
YMCA/YWCA	*(Young Men's Christian Association)*
Yoni/Lingam; s. a. Penis	*(in Indien Symbol des weiblichen Geschlechts)*
YWCA/YMCA	*(Young Women's Christian Association)*

Z

Z; s. A bis Z

Zahl/Kopf; s. a. Avers — *Kopf oder Zahl? (wenn eine Münze zur Herbeiführung einer Entscheidung hochgeworfen wird, welche Seite oben liegt)*

Zahl; s. Bruchzahl, Grundzahl, Kardinalzahl, Ordinalzahl, Ordnungszahl, ganze Zahl, rote Zahlen, schwarze Zahlen, in großer Zahl, in Zahlen

zählbar/unzählbar — *die Teilnehmer waren (noch) zählbar*

Zähler/Nenner; s. a. Divisor — *(Zahl über dem Bruchstrich)*

Zählspiel/Lochspiel — *(Golfspiel)*

zahlungsfähig/zahlungsunfähig; s. a. illiquid, insolvent — *er ist zahlungsfähig*

zahlungsunfähig/zahlungsfähig; s. a. liquid, solvent — *er ist zahlungsunfähig*

zahlungsunwillig/zahlungswillig — *ein zahlungsunwilliger Schwarzfahrer; der Schuldner war zahlungsunwillig*

zahlungswillig/zahlungsunwillig — *ein zahlungswilliger Schwarzfahrer; der Schuldner war zahlungswillig*

zahm/wild — *zahme Tiere; ein zahmer Bär*

zanken, sich/sich wieder vertragen — *gestern haben sie sich gezankt, und heute haben sie sich wieder vertragen*

Zäpfchen-R/Zungen-R — *(Phonetik)*

Zar/Zarin

Zarewitsch/Zarewna — *(Sohn des Zaren)*

Zarewna/Zarewitsch — *(Tochter des Zaren)*

Zarin/Zar

Zauberer/Zauberin — *er ist ein Zauberer*

Zauberin/Zauberer — *sie ist eine Zauberin*

Zauderer/Zauderin

Zauderin/Zauderer

Zeh/Finger — *fünf Zehen an jedem Fuß*

Zehengänger/Sohlengänger — *(Zoologie)*

Zeichen; s. Minuszeichen, Pluszeichen

Zeichenfeld/Zeigfeld — *(Sprachwissenschaft)*

Zeichner/Zeichnerin

Zeichnerin/Zeichner

Zeigfeld/Zeichenfeld; a. Onomasiologie — *(Sprachwissenschaft)*

Zeilenstil/Hakenstil — *(in altgermanischer Dichtung, in der Sinn- und Satzabschnitte nicht über die Langzeile hinausgehen)*

Zeit; s. Fixzeit, Gleitzeit, Kern[arbeits]zeit

zeitabhängig/zeitunabhängig
Zeitaufnahme/Momentaufnahme   *eine Zeitaufnahme ist eine Aufnahme mit*
                                     langer Belichtungszeit

Zeitfahren/Streckenfahren   *(Radsport)*
zeitgemäß/unzeitgemäß   *zeitgemäße Betrachtungen; etwas ist zeit-*
                                     gemäß

Zeitgewinn/Zeitverlust
zeitlich/räumlich   *in dem Satz „die Zeremonie dauerte eine*
                                     Stunde" ist „eine Stunde" die zeitliche
                                     Ergänzung (Sprachwissenschaft)

Zeitlupe/Zeitraffer   *eine Filmaufnahme in Zeitlupe (langsam)*
                                     zeigen

Zeitraffer/Zeitlupe   *eine Filmaufnahme in Zeitraffer zeigen*
                                     (stark beschleunigt ablaufen lassen)

zeitraubend/zeitsparend   *eine zeitraubende Tätigkeit*
Zeitsoldat/Berufssoldat   *(Soldat, der sich für eine bestimmte Zeit*
                                     zum Wehrdienst verpflichtet hat)

zeitsparend/zeitraubend   *diese Methode ist sehr zeitsparend*
zeitunabhängig/zeitabhängig
Zeit und Ewigkeit   *in Zeit und Ewigkeit*
Zeitverlust/Zeitgewinn
Zeitvertrag/Dauerbeschäftigung
zeitweilig/für immer   *er ist (vorerst nur) zeitweilig in Berlin*
Zeitwert/Neuwert   *die Versicherung ersetzt nur den Zeitwert*
                                     der Gegenstände (den Wert, den die Ge-
                                     genstände zu dem bestimmten Zeit-
                                     punkt wert sind)

Zeitzünder/Aufschlagzünder   *(Militär)*
Zenit/Nadir   *(höchster Punkt; Astronomie)*
zensiert/unzensiert
zentral/dezentral   *die Lage des Unternehmens soll zentral*
                                     sein

zentral/peripher   *etwas ist von zentraler Bedeutung*
Zentrale/Filiale; a. Neben…   *(zentrale Stelle eines Unternehmens,*
                                     Hauptstelle)

Zentralflughafen/Satellitenflughafen
Zentralisation/Dezentralisation
zentralisieren/dezentralisieren   *die Verwaltung zentralisieren (an einer*
                                     Stelle konzentrieren, zusammenfassen)

Zentralisierung/Dezentralisierung
Zentralismus/Föderalismus   *(Zusammenfassung politischer Macht an*
                                     einer Stelle)

Zentralverschluß/Schlitzverschluß   *(bei der Kamera)*
zentrifugal/zentripetal   *(in bezug auf einen sich bewegenden Kör-*
                                     per nach außen hin)

Zentrifugalkraft/Zentripetalkraft   *(Fliehkraft; Physik)*
zentripetal/zentrifugal   *(in bezug auf einen sich bewegenden Kör-*
                                     per zum Mittelpunkt hin)

Zentripetalbeschleunigung/   (Physik)
  Zentrifugalbeschleunigung
Zentripetalkraft/Zentrifugalkraft   (Physik)
Zentrum/Peripherie; a. Rand   er wohnt im Zentrum der Stadt; die sa-
          loppe Umgangssprache gelangt von der
          Peripherie der Sprache immer mehr in
          ihr Zentrum

zerbrechlich/unzerbrechlich   zerbrechliche Gegenstände
zerstören/wiederaufbauen   eine Stadt zerstören
zerstörend/aufbauend; a. konstruktiv   eine zerstörende Kritik
zerstört/unzerstört   zerstörte Städte
Zerstreuungslinse/Sammellinse; a. konvex
zeugungsfähig/zeugungsunfähig; a. impotent, infertil
Zeugungsfähigkeit/Zeugungsunfähigkeit;
  a. Impotenz, Infertilität
zeugungsunfähig/zeugungsfähig; a. potent,
  fertil
Zeugungsunfähigkeit/Zeugungsfähigkeit;
  a. Potenz, Fertilität
Ziege/Ziegenbock   (weibliches Tier)
Ziegel; s. Hochlochziegel, Langlochziegel
Ziegenbock/Ziege   (männliche Ziege)
ziehen/drücken, stoßen; s. a. poussez, push   (an Türen der Hinweis, daß man ziehen
          muß, damit die Tür aufgeht; englisch:
          pull)

ziehen/schieben   den Wagen ziehen (wenn man sich vor
          dem Wagen befindet)

ziehen aus/stecken in   den Stecker aus der Dose ziehen
Ziehmutter/Ziehvater; a. Pflegevater
Ziehvater/Ziehmutter; a. Pflegemutter
Ziel/Start   der Läufer ist am Ziel angekommen
Zieldiskette/Quelldiskette   (EDV)
zielendes Verb/nichtzielendes Verb; s. a. in-   „geben" ist ein zielendes – ein transitives
  transitiv   – Verb: er gibt das Buch seiner
          Freundin

Zielordner/Quellordner   (EDV)
Zielprogramm/Quellprogramm   (EDV)
Zielschiff/Startschiff   (Segelsport)
Zielsprache/Ausgangssprache; s. a. Mutter-   (Sprachwissenschaft)
  sprache
Zielverkehr/Quellverkehr   (Verkehr, der zu einem bestimmten Ziel,
          Ort hinführt; Verkehrswesen)

Ziergarten/Nutzgarten
Zierpflanze/Nutzpflanze
Ziffer; s. arabische Ziffer, römische Ziffer
Zimmer; s. Doppelzimmer, Einbettzimmer,
  Einzel[bett]zimmer, Zweibettzimmer

Zimmerantenne/Außenantenne, Freiantenne

Zimmertemperatur/Außentemperatur

Zimt; s. gestoßener Zimt, Stangenzimt

Zinsertrag/Zinskosten

Zinskosten/Zinsertrag

zivil/militärisch — *zivile Einrichtungen wurden beschossen; zivile Nutzung der Atomenergie*

Zivil; s. in Zivil

zivile Güter/Kriegsgüter

zivilisiert/unzivilisiert — *sich zivilisiert benehmen*

Zivilist/Soldat — *(jemand, der nicht zum Militär gehört)*

Zivilkammer/Strafkammer — *(Rechtswesen)*

Zivilprozeß/Strafprozeß — *(Prozeß, der in Fragen von Zivilsachen entscheidet)*

Zivilrecht/Strafrecht — *(in bezug auf Handlungen usw. privater Personen)*

Zivilsache/Strafsache — *(Rechtswesen)*

Zofe/Domina, Herrin — *(in einer sadomasochistischen weiblichgleichgeschlechtlichen Partnerschaft die masochistische Partnerin)*

Zollanschluß/Zollausschluß — *(Wirtschaft)*

Zollausschluß/Zollanschluß — *(Wirtschaft)*

zollfrei/zollpflichtig — *zollfreie Ware*

zollpflichtig/zollfrei — *zollpflichtige Ware*

Zonendeckung/Manndeckung — *(Ballspiele)*

Zönobit/Eremit — *ein Zönobit lebt in ständiger Klostergemeinschaft*

Zoologie/Botanik; s. a. Flora — *(Tierkunde)*

zu/auf; a. offen — *der Pfeil zeigte auf „zu"*

zu/aus — *Übergang zur Wortart Substantiv*

zu/nicht ... genug — *das Brett ist zu groß dafür*

zu/offen; a. unverschlossen — *wir stehen selbst enttäuscht und sehn betroffen/den Vorhang zu und alle Fragen offen (Bertold Brecht aus: Der gute Mensch von Sezuan)*

zu/von — *zu der Arbeitsstelle; zu ihm gehen; er geht zum Strand/er kommt vom Strand*

zu.../ab... (Verben mit gleichem Basiswort) — *z. B. zunehmen/abnehmen*

zu.../ab... (Verben mit nicht gleichem Basiswort) — *z. B. zustimmen/ablehnen*

zu.../auf... (Verben mit gleichem Basiswort) — *z. B. zuschließen/aufschließen*

zu.../auf... (Verben mit nicht gleichem Basiswort) — *z. B. zuschieben/aufziehen (ein Schubfach)*

zu.../ent... (Verb) — *z. B. zulaufen/entlaufen*

zu.../weg... (Verb) — *z. B. sich zubewegen auf .../sich wegbewegen von...*

zubekommen/aufbekommen
zu Bett gehen/aufbleiben

zubewegen, sich auf etwas, jemanden/sich
   wegbewegen von etwas, jemandem
zubinden/aufbinden
zubleiben/aufbleiben; a. aufmachen

zubringen/aufbringen

Zuchtperle/(echte) Perle, Naturperle
Zuckerbrot und Peitsche

Zuckstemme/Zugstemme
zudecken/abdecken

zudecken/aufdecken

zudrehen/aufdrehen; a. andrehen, anma-
   chen
zueinander/voneinander
[...]zu...end (Gerundivum)/...end (Partizip
   I)
zuerkennen/aberkennen

zuerst/zuletzt
Zufahrt/Abfahrt
Zufallsurkunde/Absichtsurkunde
zufliegen/auffliegen
zufließen/abfließen
zufrieden/unzufrieden

Zufriedenheit/Unzufriedenheit
zu Fuß gehen/fahren

Zug/Schub
Zugang/Abgang
zugänglich/unzugänglich
zugeben/abstreiten; a. dementieren

zugeflogen/entflogen

---

die Tür, den Koffer (nicht) zubekommen
ich gehe zu Bett; sie ging schon zu Bett,
   doch er blieb noch auf

die Schürze, den Sack zubinden
das Fenster bleibt zu!; die Schranke blieb
   zu
ich kann die Tür nicht zubringen (be-
   komme sie nicht geschlossen; umgangs-
   sprachlich)

mit Zuckerbrot und Peitsche (mal freund-
   lich-entgegenkommend, mal streng und
   fordernd, je nach Lage der Dinge)
(am Reck rasches Hochstemmen)
1. die Schreibmaschine zum Wegstellen zu-
   decken; 2. ein Frühbeet zudecken zum
   Schutz gegen Frost
einen Schlafenden zudecken; ein Grab, ei-
   nen Brunnen zudecken
den Gashahn, die Heizung zudrehen

zueinander kommen
z. B. auszubildend/ausbildend

jemandem die bürgerlichen Ehrenrechte
   wieder zuerkennen
du kommst zuerst an die Reihe
die Zu- und Abfahrten zum Parkhaus
(Rechtswesen)
die Tür flog zu
hier fließt das Wasser zu (in das Becken)
der Lehrer ist mit den Leistungen seiner
   Schüler zufrieden; sie ist zufrieden (mit
   ihrem Leben); wenn Sie zufrieden sind,
   sagen Sie es weiter; wenn Sie unzufrie-
   den sind, sagen Sie es mir (Werbe-
   spruch)
man sieht ihm seine Zufriedenheit an
fährst du oder gehst du zu Fuß zum Bahn-
   hof?; wir wollen zurück zur Natur, aber
   nicht zu Fuß dahin gehen
(Physik)
heute hatte das Krankenhaus 10 Zugänge
er ist (sehr) zugänglich (kommunikativ)
eine Tat zugeben; er hat zugegeben, das ge-
   tan zu haben
der zugeflogene Vogel

zugehen/aufgehen; s. a. sich öffnen	*die Tür, das Fenster geht (nicht) zu; die Blüten gehen am Abend zu*
Zügelhand/Degenhand	*(die linke Hand des Reiters)*
Zugewinngemeinschaft/Gütertrennung	*(eheliches Güterrecht)*
Zughand/Bogenhand	*(die Hand, die beim Schießen die Sehne anzieht)*
Zugphase/Druckphase	*(beim Schwimmen das Durchziehen der Arme)*
zu groß sein/passen	*die Schuhe sind zu groß*
Zugstemme/Zuckstemme	*(am Reck langsames Hochstemmen)*
zugunsten/zuungunsten	*zugunsten des Vereins*
Zugvogel/Standvogel	
zuhaben/aufhaben; a. geöffnet	*1. die Augen zuhaben; 2. das Geschäft hat (schon) zu; der Fleischer hat (noch) zu*
zuhaken/aufhaken	*die Gamaschen zuhaken*
Zuhälter/Prostituierte	*(Mann, der eine Prostituierte finanziell ausbeutet und sie unter Umständen daran hindert, ihre Lebensweise aufzugeben)*
zu Hause/auswärts	*zu Hause essen, wohnen*
zuhinterst/zuvorderst	*das Geld lag zuhinterst im Schreibtischfach*
Zuhörer[in]/Redner[in]	*der Redner musterte seine Zuhörer*
zukehren/abkehren	*die dem Wind zugekehrte Seite*
zuklappen/aufklappen	*die Motorhaube zuklappen; den Deckel (einer Kiste) wieder zuklappen; das Buch zuklappen*
zu klein sein/passen	*die Schuhe sind zu klein*
zuknöpfen/aufknöpfen	*die Weste, Bluse, Hose zuknöpfen*
zuknoten/aufknoten	*die Bänder zuknoten*
zuknüpfen/aufknüpfen	*einen Knoten zuknüpfen*
zukorken/aufkorken	*die Flasche zukorken*
zukriegen/aufkriegen; a. aufmachen	*die Tür, den Koffer (nicht) zukriegen*
Zukunft/Gegenwart, Vergangenheit	*das ist ein Projekt für die Zukunft, noch nicht für die Gegenwart; was in der Vergangenheit schlecht war, soll in der Zukunft besser werden*
zukünftig.../gegenwärtig...	*die gegenwärtigen und die zukünftigen Ausgaben*
zukunftsorientiert/vergangenheitsorientiert	*eine zukunftsorientierte Politik*
zu Lande/in der Luft, zu Wasser	*(Militär)*
zulassen/auflassen; a. aufmachen	*die Tür, das Fenster zulassen*
zulassen/aufmachen	*die Packung, den Brief zulassen, noch nicht aufmachen*
zulässig/unzulässig	*ein (verfassungsmäßig) zulässiger Einsatz von Truppen*
zulaufen/entlaufen	*eine zugelaufene Katze*
zu Lebzeiten/postum	*ein (schon) zu Lebzeiten veröffentlichtes Werk; der Preis wurde ihm postum und seinem Partner zu Lebzeiten verliehen*

zuletzt/zuerst	*du kommst zuletzt an die Reihe*
Zuluft/Abluft	*(Klimatechnik)*
zumachen/auflassen	*das Fenster zumachen und nicht länger auflassen*
zumachen/aufmachen; s. a. öffnen; a. aufschrauben	*1. das Fenster zumachen; 2. die Augen zumachen; 3. eine Kiste zumachen; 4. das Geschäft zumachen*
zumachen/aufschlagen	*das Buch zumachen*
zumachen/aufspannen	*den Regenschirm zumachen*
zum Teil/ganz, völlig	*das Haus wurde zum Teil zerstört*
zum Tode betrübt; s. himmelhoch	
zumutbar/unzumutbar	*diese Arbeit ist zumutbar*
zunähen/auftrennen	*die Taschen zunähen*
Zunahme/Abnahme	*Zunahme des Gewichts*
Zuname/Vorname	*Batzke ist ihr Zuname (Familienname)*
zunehmen/abnehmen	*1. er hat zugenommen; 2. der Lärm nimmt zu; die Schmerzen nehmen zu; 3. zunehmender Mond*
Zuneigung/Abneigung; a. Antipathie, Haß	*Zuneigung zu jemandem empfinden*
Zungenpfeife/Labialpfeife, Lippenpfeife	*(Orgel)*
Zungen-R/Zäpfchen-R	*(rollend gesprochenes R)*
zuoberst/zuunterst	*das Buch lag zuoberst*
zuraten/abraten	*er hat mir zugeraten (zum Kauf)*
zurechnungsfähig/unzurechnungsfähig	*er galt als zurechnungsfähig*
zureichend/unzureichend	*er wurde zureichend informiert*
zuriegeln/aufriegeln; a. aufmachen	*die Tür zuriegeln*
zurück/hin; a. einfach/hin und zurück	*hin sind wir gefahren, zurück gelaufen; eine Fahrkarte bitte: hin und zurück*
zurück/nach vorn, vor	*drei Schritte vor und einen zurück*
zurück; s. hin und zurück	
zurück.../hin... (Verb)	*z. B. zurückfahren/hinfahren*
zurück.../höher... (Verb)	*z. B. zurückstufen/höherstufen*
zurück.../vor... (Verb)	*z. B. zurückfahren/vorfahren*
zurückbekommen/auslegen	*ich habe das Geld (von ihm wieder) zurückbekommen*
zurückbeugen, sich/sich vorbeugen	*sie hat sich zu ihm zurückgebeugt (zum Beispiel von einer vorderen Reihe aus nach hinten)*
zurückblicken/nach vorn blicken	*wir wollen nach vorn und nicht zurückblicken*
zurückdatieren/vorausdatieren, vordatieren	*einen Brief zurückdatieren (ein früheres Datum schreiben)*
zurückfahren/hinfahren	*wir sind mit dem Auto (auch wieder) zurückgefahren*
zurückfahren/vorfahren	*fahren Sie bitte einige Meter zurück; zum Einparken ein Stückchen zurückfahren*
zurückgehen/steigen	*der Verbrauch ist zurückgegangen*
zurückreisen/hinreisen	*am 1. August bin ich zurückgereist*

zurückrutschen/vorrutschen	einen Platz zurückrutschen
zurückschalten/hochschalten	in den zweiten Gang zurückschalten
zurückschieben/vorziehen	den Tisch (in die Ecke) zurückschieben
zurückspulen/vorspulen	eine Kassette zurückspulen
zurückstellen/vorstellen	die Uhr [um] eine Stunde zurückstellen
zurückstufen/höherstufen	jemanden (in eine niedrigere Gehaltsstufe) zurückstufen
zurücktreten/vortreten	in eine Reihe zurücktreten; ins Glied zurücktreten; einen Schritt zurücktreten
zurückweichen/standhalten	er wich vor dem Feind zurück
zurückziehen/vorziehen	die Gardinen zurückziehen
zurückzu/hinzu	zurückzu (auf der Rückfahrt) mußte ich im Zug stehen
Zusage/Absage	er hat viele Zusagen (auf seine Einladung) bekommen
zusagen/absagen	wir haben sie eingeladen, und sie hat zugesagt (wird kommen)
zusammen/allein	er lebt mit ihr/ihm zusammen; sie spielt das Stück mit anderen zusammen; wir (das Paar) fahren zusammen in Urlaub; die Kinder zusammen (von Mutter und Vater) erziehen
zusammen/auseinander	Tanzschritte (beim Rheinländer): auseinander und zusammen
zusammen/einzeln	man sieht sie immer nur zusammen, nie einzeln
zusammen/getrennt	zahlen Sie zusammen oder getrennt? (im Restaurant); sie wohnen jetzt zusammen und nicht mehr getrennt (in zwei Wohnungen)
zusammen.../aus... (Verben mit gleichem Basiswort)	z. B. zusammenrollen/ausrollen (Teppich)
zusammen.../aus... (Verben mit nicht gleichem Basiswort)	z. B. zusammenschieben/ausziehen
zusammen.../auseinander... (Verben mit gleichem Basiswort)	z. B. zusammenklappen/auseinanderklappen
zusammen.../auseinander... (Verben mit nicht gleichem Basiswort)	z. B. zusammensetzen/auseinandernehmen
zusammenbekommen/auseinanderbekommen	den Klappstuhl nicht zusammenbekommen (zusammengelegt bekommen)
zusammenbleiben/auseinandergehen	die beiden sind trotz des Streits zusammengeblieben und nicht auseinandergegangen
zusammenbringen/auseinanderbringen	1. den Liegestuhl nicht zusammenbringen; 2. die Freundin hat sie zusammengebracht (hat gemacht, daß sie sich befreundet haben)
zusammenfalten/auseinanderfalten	die Zeitung zusammenfalten; eine Landkarte (wieder) zusammenfalten

zusammengesetzt/einfach	*eine zusammengesetzte – eine periphrasti-sche – Form des Verbs ist zum Beispiel „hat getrunken"*
zusammenhängend/unzusammenhängend	*zusammenhängend sprechen*
zusammenklappen/aufspannen	*den Schirm (wieder) zusammenklappen*
zusammenklappen/auseinanderklappen	*ein Gestell zusammenklappen*
zusammenkommen/auseinandergehen	*die Mitglieder kamen (zu einer Demonstra-tion) zusammen*
zusammenkuppeln/entkuppeln	
zusammenlegen/auseinanderfalten	*das Tischtuch zusammenlegen*
zusammennehmen, sich/sich gehenlassen	*er nimmt sich zusammen (beherrscht sich)*
zusammenrollen/ausrollen; a. aufrollen	*den Teppich zusammenrollen*
zusammenrücken/auseinanderrücken	*die Stühle zusammenrücken*
zusammenschieben/ausziehen	*den Tisch (wieder) zusammenschieben*
zusammenschrauben/ auseinanderschrauben	
zusammenschreiben/getrennt schreiben	*„sitzenbleiben" für „in der Schule nicht versetzt werden" wird nach der künfti-gen Rechtschreibung nicht mehr zusam-mengeschrieben*
Zusammenschreibung/Getrenntschreibung	*(Orthographie)*
zusammensetzen/auseinandernehmen	*das Spielauto (wieder) zusammensetzen*
zusammensetzen/auseinandersetzen	*die beiden Freunde wurden in der Klasse zusammengesetzt (saßen an einem Tisch)*
Zusammensetzung/Ableitung; s. a. Deriva-tion	*das Wort „Fensterscheibe" ist eine Zusam-mensetzung (Sprachwissenschaft)*
zusammenstreben/auseinanderstreben	*zusammenstrebende (in den Zielen ähn-liche, sich annähernde) Interessen*
zusammentreiben/auseinandertreiben	
zusammenziehen, sich/sich ausdehnen	*die Schienen ziehen sich bei Kälte zu-sammen*
Zusammenziehung/Ausdehnung	
zuschieben/aufschieben	*eine Schiebetür zuschieben*
zuschieben/aufziehen	*das Schubfach (wieder) zuschieben*
zuschließen/aufschließen	*die Tür, den Laden zuschließen*
zuschnallen/aufschnallen	*die Schuhe zuschnallen*
zuschnüren/aufschnüren	*ein Paket, die Schuhe zuschnüren*
zuschrauben/aufschrauben; a. aufmachen	*die Flasche zuschrauben*
zusein/aufsein; a. geöffnet, offen	*die Tür, das Fenster ist zu; der Hosen-schlitz ist zu; das Geschäft ist zu*
zu sich kommen/ohnmächtig werden	
zusperren/aufsperren	*das Haus, die Tür, den Schrank zusperren*
zusprechen/absprechen	*jemandem einen Besitz zusprechen*
zuständig/unzuständig	*sie ist dafür zuständig; sich für zuständig erklären*
Zustandsdelikt/Dauerdelikt	*(Rechtswesen)*

Zustandshaftung/Handlungshaftung	*(Haftung des Eigentümers für bewegliche und nicht bewegliche Dinge hinsichtlich der Gefahren, die von ihnen ausgehen, zum Beispiel bei Einsturzgefahr)*
zustellbar/unzustellbar	*(von postalischen Sendungen)*
zustimmen/ablehnen	*er stimmte dem Vorschlag zu*
zustimmen/widersprechen	*dem Gesagten zustimmen; er hat zugestimmt*
zustimmungsbedürftig/zustimmungsfrei	*zustimmungsbedürftiger Teil des Gesetzes*
zustimmungsfrei/zustimmungsbedürftig	*zustimmungsfreier Teil des Gesetzes*
Zustimmungsgesetz/Einspruchsgesetz	*(Rechtswesen)*
zustöpseln/aufstöpseln	*eine Flasche zustöpseln*
zuträglich/abträglich	*das ist der Gesundheit zuträglich*
Zuträglichkeit/Abträglichkeit	
zutreffend/unzutreffend	*eine zutreffende Beurteilung*
Zutreffendes/Nichtzutreffendes	*Zutreffendes bitte unterstreichen (auf einem Vordruck)*
zuungunsten/zugunsten	*eine Entscheidung zuungunsten des Vereins*
zu Unrecht/mit Recht	*ein zu Unrecht vergessenes Werk*
zuunterst/zuoberst; a. oben, obendrauf	*das Buch lag zuunterst*
zuverlässig/unzuverlässig	*sie ist zuverlässig*
Zuverlässigkeit/Unzuverlässigkeit	
zuviel/zuwenig	*er hat zuviel Arbeit; er hat zuviel bekommen*
zuvorderst/zuhinterst; a. hinten	*im Orchester sitzt er zuvorderst (ganz vorn)*
Zuwahl/Abwahl	*die Zuwahl von medizinischen Leistungen bei der Krankenversicherung*
Zuwanderung/Abwanderung	*Zuwanderung nach Deutschland*
zu Wasser/in der Luft, zu Lande	*(Militär)*
zuwenden/abwenden	*sie hat ihm ihr Gesicht zugewendet*
zuwenden, sich jemandem/sich von jemandem abwenden	*sie wandte sich ihm zu*
zuwenig/zuviel	*er hat zuwenig Freizeit; er hat zuwenig bekommen*
zuzählen/abziehen; s. a. subtrahieren	*5 zu 3 zuzählen (zu etwas hinzuzählen)*
zuziehen/aufziehen	*den Vorhang, die Gardine, den Reißverschluß zuziehen*
zuzüglich/abzüglich; a. ausschließlich	*zuzüglich des angegebenen Betrages*
zweckfrei/zweckgebunden	*(nicht an einen bestimmten Zweck gebunden)*
zweckgebunden/zweckfrei	*(nur für einen bestimmten Zweck zu verwenden)*
zweckmäßig/unzweckmäßig	*zweckmäßige Kleidung*
Zweckoptimismus/Zweckpessimismus	*(deutlich zur Schau getragener Optimismus, der eine bestimmte fördernde, stimulierende Wirkung haben soll)*

Zweckpessimismus/Zweckoptimismus	*(deutlich zur Schau getragener Pessimismus, der eine bestimmte hemmende, von etwas abhaltende Wirkung haben soll)*
Zweibettzimmer/Einbettzimmer; s. a. Einzelzimmer	*(Zimmer mit Schlafmöglichkeit für zwei Personen)*
zweieiig/eineiig	*zweieiige Zwillinge*
zweigleisig/eingleisig	*eine zweigleisige Strecke*
Zweigpostamt/Hauptpostamt	
Zweihänder/Vierhänder	*(der Mensch)*
zweihändig/vierhändig; s. a. à quatre mains	*(Klavierspiel)*
zweihäusig/einhäusig	*zweihäusige Pflanzen*
Zweihäusigkeit/Einhäusigkeit	*(Botanik)*
zweihöckrig/einhöckrig	*das Trampeltier ist ein zweihöckriges Kamel; das Dromedar ist ein einhöckriges Kamel*
Zweikammersystem/Einkammersystem	*(Rechtswesen)*
Zweireiher/Einreiher	*(Schneiderei)*
zweiseitiges Rechtsgeschäft/einseitiges Rechtsgeschäft	
zweispaltig/einspaltig	*zweispaltiger Druck*
zweisprachig/einsprachig	*zweisprachige Wörterbücher*
zweispurig/einspurig	*eine zweispurige Bahnstrecke*
Zweitaktmotor/Viertaktmotor	*(Technik)*
zweiteilig/einteilig	*ein zweiteiliger Badeanzug*
zweitrangig/erstrangig	*ein zweitrangiger (weniger guter) Musiker*
Zweitstimme/Erststimme	*ihre Zweitstimme — auch „Leihstimme" genannt — gab sie der FDP (bei der Wahl)*
Zwerg/Riese; s. a. Goliath	*er ist ein Zwerg*
Zwerg.../Riesen...; a. Groß..., Makro... (Substantiv)	*z. B. ein Zwergbetrieb/Riesenbetrieb*
Zwergbetrieb/Riesenbetrieb	*(ein recht kleiner Betrieb mit nur wenigen Angestellten)*
Zwergwuchs/Riesenwuchs; s. a. Großwuchs, Hypersomie, Makrosomie	*(Medizin)*
Zwietracht/Eintracht	*in Zwietracht (Streit, Unfrieden) leben*
Zwischen.../End... (Substantiv)	*z. B. Zwischenergebnis/Endergebnis*
Zwischenergebnis/Endergebnis	*das Zwischenergebnis bei der Auszählung der abgegebenen Stimmen für eine Partei bei einer Wahl*
Zwischenlagerung/Endlagerung	*die Zwischenlagerung von radioaktiven Abfällen*
Zwischenurteil/Endurteil	*(Rechtswesen)*
zyklothym/schizothym; a. leptosom	*(aufgeschlossen-umgänglich; nach Kretschmer; zum pyknischen Typ gehörend)*